Biblische Redensarten und Sprichwörter

Biblische Redensarten und Sprichwörter

3000 Fundstellen aus der Lutherbibel

gesammelt und erläutert von
Heinz Schäfer

Deutsche Bibelgesellschaft

Die Deutsche Bibliothek – CIP-Einheitsaufnahme

Biblische Redensarten und Sprichwörter : 3000 Fundstellen aus der Lutherbibel / ges. und erl. von Heinz Schäfer. – Stuttgart : Dt. Bibelges., 1998
ISBN 3-438-06212-7

ISBN 3-438-06212-7

© 1998 Deutsche Bibelgesellschaft, Stuttgart
Einband: Neil McBeath, Kornwestheim
Satz: Biblia-Druck, Stuttgart
Druck und Verarbeitung: Ebner Ulm
Alle Rechte vorbehalten

Printed in Germany

Inhalt

Einführung   7

Alphabetisches Verzeichnis der biblischen Bücher
und ihrer Abkürzungen   16

I. Die Bibelzitate in der Reihenfolge der biblischen Bücher   19

II. Suchregister von A bis Z   399

Einführung

Was finde ich in diesem Buch?

Die Bibel hat jahrhundertelang das Leben des deutschen Volkes geprägt. Für viele Menschen war sie das erste und oft einzige Buch; bei jeder Gelegenheit wurde sie zitiert, zahlreiche Passagen und vor allem die »Kernworte« kannte man auswendig. Solches Leben mit dem »Buch der Bücher« hat in unserer Sprache Spuren hinterlassen, deren Herkunft heute nur noch wenigen bewußt ist: Sprichwörter, Zitate, Redensarten, Begriffe, die wir ganz selbstverständlich gebrauchen. Oftmals haben sie ihr Eigenleben entfaltet und sich weit vom ursprünglichen Sinn entfernt. Manche Redensart ist auch nur noch Älteren vertraut und führt zu Nachfragen, wenn sie gebraucht wird.

Die bekannteren der Sprichwörter und Redensarten kann man in den »Geflügelten Worten« von Büchmann finden; aber nirgends ist bisher noch versucht worden, die Spuren der Bibel in unserer Alltags- und Literatursprache in ihrer ganzen Breite und Fülle zu erfassen. Dies geschieht in diesem Band auf der Basis der Lutherbibel, deren Wirkung auf die deutsche Sprachgeschichte kaum überschätzt werden kann und die auch in den Werken unserer Dichter vielfältig widerklingt.

Die heutigen Standardausgaben dieser klassischen Bibelübersetzung, die im Interesse allgemeiner Verständlichkeit einen »revidierten« Text bieten, lassen allerdings nicht mehr in allen Fällen die Herkunft sprachlicher Wendungen aus der Bibel Martin Luthers nachvollziehen. Die Wirkung der Lutherbibel durch die Jahrhunderte geht auf eine Textfassung zurück, die mit wenigen Ausnahmen bis zu den Revisionen zwischen 1956 und 1984 unverändert geblieben ist. In dieser einheitlichen, nur von Zeit zu Zeit orthographisch und in den grammatischen Formen angepaßten historischen Fassung war Luthers deutsche Bibel nicht nur das Glaubens- und Erbauungsbuch der evangelischen Christen, sondern zugleich das verbreitetste Lese- und Bildungsbuch in unserem Volk; auch die katholischen Bibelübersetzungen der Reformations- und Nachreformationszeit sind maßgeblich von Luthers Bibelsprache beeinflußt worden.

Die Wirkung der Lutherbibel auf die deutsche Sprachgeschichte ist eine doppelte: Zum einen vermittelte sie in einem lebendigen Deutsch die biblischen Inhalte – und damit auch Sprichwörter, Zitate, Redensarten und Begriffe aus der Welt der Bibel – in unseren Sprach- und Kulturraum hinein. Zum anderen prägte und bereicherte sie die neuhochdeutsche Schriftsprache aufgrund der einzigartigen Sprachkraft des Reformators, der den Urtext oft in souveräner Weise »eingedeutscht« hat.

Es wäre freilich ein Mißverständnis, würden wir annehmen, daß Luther selbst der Schöpfer all der oft so aussagestarken bis originellen Formulierungen war, die seine Übersetzung auszeichnen. Neben den Fällen, wo er Wendungen des hebräischen oder griechischen Urtextes wörtlich übernimmt und damit im deutschen Sprachbereich heimisch macht (wie in 1. Mose 39,7; Mt 11,21), gibt es die anderen Fälle, in denen er – getreu seiner Devise, »dem Volk aufs Maul zu sehen« – Wendungen der biblischen Sprachen durch ihm vertraute deutsche Wendungen ersetzt (wie in 2. Mose 15,9; 3. Mose 20,4). So wie er nicht als der Schöpfer der neuhochdeutschen Schriftsprache gelten kann, sondern sich einer ihm vorgegebenen mitteldeutschen Verkehrssprache bedient hat (»ich schreibe die Sprache der Meißner [kursächsischen] Kanzlei«), so kann man für viele dieser Wörter und Wendungen die ältere Herkunft teils direkt nachweisen, teils mit großer Wahrscheinlichkeit vermuten. Daß aber die teilweise nur regional gebräuchlichen Formulierungen in dieser Breite in der allgemeinen Sprache Fuß gefaßt haben, ist zweifellos der Lutherbibel und ihrer Wirkung zuzuschreiben.

In diesem Band ist überall dort auf die alte Textform zurückgegriffen worden, wo sich die heutige »revidierte« Fassung so weit von dieser »klassischen« Form entfernt, daß kein Bezug mehr zu den angeführten

Sprichwörtern usw. erkennbar ist. (Die Fälle werden gekennzeichnet durch ein in Klammern gesetztes »alt«.) Ansonsten folgt der Abdruck dem Text der heute in den evangelischen Kirchen gültigen Revision von 1984. Bibelausgaben mit diesem Text tragen einen entsprechenden Vermerk auf der Rückseite des Titelblatts.

Manche Redensart und mancher Begriff hat sich nur dort eingebürgert, wo man mit dem Zeugnis der Bibel und damit auch ihrem Sprachschatz intensiv lebte: im Raum des (im weitesten Sinne verstandenen) Pietismus. Der Bearbeiter hielt es für richtig, auch sie aufzunehmen und damit zugleich vor dem Vergessenwerden zu bewahren.

Die hier vorgelegte Sammlung hat für fünf verschiedene »Fundarten« Raum (die jedoch mit Ausnahme von Punkt 2 und 5 nicht als solche gekennzeichnet werden):

<u>1. Sprichwörter.</u> Sie haben ihren Ursprung vornehmlich in den biblischen Weisheitsschriften, vor allem im Buch der Sprüche, aber auch in den Evangelien. Bei manchen entspricht der »Volksmund« genau dem Wortlaut der Lutherbibel, etwa: »Wes das Herz voll ist, des geht der Mund über« (Mt 12,34); andere sind mühelos aus ihm abzuleiten, z.B. »Hochmut kommt vor dem Fall« aus Spr 16,18.

<u>2. Zitate.</u> Sätze aus der Bibel, die bei mehr oder minder passender Gelegenheit mündlich oder schriftlich vorgebracht werden, auch ohne die allgemeingültige Form des Sprichworts aufzuweisen, etwa: »Soll ich meines Bruders Hüter sein?« (1.Mose 4,9) Kennzeichnung: offener Kreis (o) nach der Stellenangabe auf dem linken Rand.

<u>3. Redensarten.</u> Sie nehmen den größten Raum in dieser Sammlung ein. Viele haben ihren Ursprung in der Welt der biblischen Geschichten, etwa »arm wie Lazarus« (Lk 16,20) oder »keuscher Josef« (1. Mose 39,9); andere verdanken wir der bildhaften Sprache der biblischen Lehr- und Prophetenbücher, von Luther liebevoll und leichtverständlich ins Deutsche gebracht, z.B. der »saure Gang« in Spr 4,12. Auch Redensarten, die wir heute in übertragenem Sinn gebrauchen, sind erfaßt, etwa: »Die Axt an die Wurzel legen« (Mt 3,10). Nicht wenige heute gebräuchliche Redensarten haben eine ironische Färbung; andere sind eher eine leichtfertige, scherzhafte bis gedankenlose Inanspruchnahme von Bibelworten in salopper Sprechweise, wie: »Etwas wie das Vaterunser können« (Mt 6,9-13). Wenn sie der Vollständigkeit halber

Einführung

mit aufgenommen sind, ist ihrer Verwendung damit nicht das Wort geredet.

4. Begriffe. Dazu gehören prägnantes Wortgut der Bibel wie etwa »Sündenbock« (3. Mose 16,21) oder Wortpaare wie »frei und ledig« (Lk 4,18). Einbezogen sind auch theologische Begriffe wie »Millennium« (Offb 20,2) oder kirchengeschichtliche Termini wie »Ökumene« (Apg 17,6), die zum Teil direkt auf den Urtext oder eine andere Übersetzung zurückzuführen sind.

5. Merkverse. Diese Kategorie fällt zweifellos etwas aus dem Rahmen, der mit »sprachliche Wirkungen der Bibel« abgesteckt ist. Es handelt sich um wichtige Kerntexte der Bibel – auch wenn längst nicht alle erfaßt sind, die in der Lutherbibel traditionellerweise fettgedruckt erscheinen –: eine Art »eiserner Ration«, die zum einen die entscheidenden Aussagen der Bibel für Glauben und Leben des Christen vor Augen stellt und zum anderen einen Überblick über Texte anbietet, deren Kenntnis eigentlich immer noch zur Allgemeinbildung gehören sollte. Als umfangreichere Stücke zählen dazu die Zehn Gebote, der 23. Psalm, die Seligpreisungen und das Vaterunser. Merkverse sind durch einen schwarz ausgefüllten Kreis (●) hinter der Stellenangabe auf dem linken Rand als solche gekennzeichnet. – Auch in dieser Kategorie von Texten sind im übrigen nicht wenige Zitate, Redensarten und Begriffe enthalten, die jeweils eigens (durch Unterstreichung wie bei den Kategorien 1 bis 4) ausgewiesen werden.

Wie gebrauche ich dieses Buch?

Der Band gliedert sich in einen Stammteil, in dem die zugrundeliegenden Bibeltexte abgedruckt werden, und ein umfangreiches Register, das zum Auffinden der gesuchten Sprichwörter, Redensarten usw. dient.

Der Stammteil

erfaßt die Bibeltexte in der Reihenfolge, in der sie in der Bibel vorkommen, mit Angabe von Buch, Kapitel und Vers. Zu den hierbei und auch sonst verwendeten Abkürzungen s. das Verzeichnis Seite 16-18.

Einführung

Wörtlich zitierter Bibeltext erscheint in **halbfetter** Schrift; die in Betracht kommenden Redensarten oder Begriffe sind unterstrichen. Bei Zitaten und Merkversen, gekennzeichnet durch die Zeichen o und • (s.o. Kategorien 2 und 5), werden nur zusätzlich in ihnen enthaltene Redensarten und Begriffe unterstrichen.

Auslassungen innerhalb der zitierten Texte sind durch »drei Punkte« (…) kenntlich gemacht, ausgenommen bei den häufig beiseite gelassenen Bindewörtern wie »denn« und »aber«. Auch wenn ein Satz über den zitierten Wortlaut hinaus weitergeht, werden in der Regel am Ende keine Punkte gesetzt.

Zum Verständnis notwendige Ergänzungen stehen in Klammern in normaler Schrift; die Sprecher bei direkter Rede werden in einem »Vorspann« genannt. (Man beachte zum letzten Punkt jedoch auch die Vorbemerkungen zu einzelnen Büchern und Buchgruppen, in denen klargestellt wird, wer in der Regel in dem betreffenden Buch als Sprecher gilt und deshalb im Einzelfall nicht mehr genannt wird, z.B. bei Propheten- und Apostelschriften die jeweiligen Verfasser, bei den Evangelien Jesus als der am meisten Zitierte.)

Für gewöhnlich wird – wie schon erwähnt – der Bibeltext in der Fassung der revidierten Lutherbibel von 1984 abgedruckt (bei Hinweisen: Rev). Ausnahmen sind durch eine auf den Bibeltext folgende Klammer: (alt) gekennzeichnet. Als »alt« gilt der Luthertext in seiner historisch wirksam gewordenen Form, d.h. praktisch der Text von 1545 (Ausgabe letzter Hand) bis 1956. Er wird zitiert nach einer Ausgabe der Lutherbibel von 1661 (hergestellt bei Balthasar Christoph Wüsten, Drucker und Buchhändler in Frankfurt am Main), weil hier im Unterschied zu den Bibeln der Lutherzeit die heutige Orthographie schon weitgehend eingeführt ist, andererseits noch so gut wie keine Eingriffe in den Text vorgenommen sind, wie sie die (bis 1956 gültige) kirchenamtliche Revision von 1892/1912 in gewissem Umfang immerhin schon vornimmt. Der Text von 1661 wird jedoch im Lautstand an den gegenwärtigen Gebrauch angepaßt, also etwa »vor-« statt »für-« (z.B. bei »fürnehmlich«), weil solche Abweichungen für die Herleitung von Redensarten usw. ohne Bedeutung sind. Wo der ältere Luthertext eine abweichende Verszählung hat, ist sie in der Klammer hinter »alt« angegeben.

Im Anschluß an den Bibeltext findet sich oft ein Verweis auf Parallelstellen, also auf weitere Bibelstellen, an denen dieselbe Redensart oder dasselbe Wort vorkommt. Die Angaben beziehen sich auf den revidierten Text, doch sind nur solche Stellen angeführt, an denen er mit dem »alten« Luthertext übereinstimmt. Oft kann nur eine Auswahl der wichtigeren Stellen gegeben werden. Welche Stelle jeweils wörtlich abgedruckt wird, richtet sich nach unterschiedlichen Kriterien: Es kann das erste Vorkommen oder eine bekannte oder besonders prägnante Formulierung sein; manchmal erhält auch eine neutestamentliche Stelle vor einer alttestamentlichen den Vorrang. Für den Benutzer ist es wichtig zu wissen, daß im Fall mehrfachen Vorkommens eines Begriffs oder einer Redensart die sprachgeschichtliche Wirkung nicht unbedingt von der Einzelstelle allein ausgeht, so daß es ratsam sein kann, die übrigen Stellen in einer Bibelausgabe nachzuschlagen. Wenn gelegentlich zweierlei Parallelstellen (zu zwei verschiedenen Wörtern oder Redensarten innerhalb eines Textes) angegeben werden, sind sie durch einen senkrechten Strich | getrennt oder werden auf zwei Zeilen notiert.

Die Erklärungen zu Bedeutung und Entstehung von Sprichwörtern, Redensarten und Begriffen erscheinen in normaler Schrift. Bei ihnen wird in der Regel unterschieden zwischen der ursprünglichen Bedeutung in der Bibel bzw. sprachgeschichtlich in der Luthersprache: (B) und der Bedeutung im heutigen Sprachgebrauch: (H), die oft weit auseinanderliegen können und deren Betrachtung nicht selten verblüfft, manchmal auch schmunzeln läßt.

Für den Sprachstand der Lutherbibel und ihrer Zeit wurde das große historische »Deutsche Wörterbuch«, begründet von Jakob und Wilhelm Grimm (16 z.T. mehrgeteilte Bände, begonnen 1854, vollendet 1954) zu Rate gezogen; für die Defintion der heutigen Bedeutungen war weithin maßgebend: Duden, Deutsches Universalwörterbuch A–Z, zweite, völlig neubearbeitete Auflage 1989. Bei Redensarten und Begriffen, die ausschließlich im kirchlichen Raum ihren Sitz haben, wurden die Definitionen vom Autor erarbeitet.

Die Herleitung der angeführten Sprichwörter, Redensarten und Begriffe aus der Lutherbibel erfolgt abgestuft nach Sicherheit, Wahrscheinlichkeit, Möglichkeit. In eindeutigen Fällen wird die heute gebräuchliche Form eines Wortes oder einer Redensart durch ein »Davon« eingeleitet; einen geringeren bzw. sehr eingeschränkten Grad vermuteter Abhängigkeit bezeichnen die Einleitung mit »Davon wohl« bzw. »Davon vielleicht«. Wo zwischen damaligen und heutigen Formen keine direkte Abhängigkeit, sondern eine Sprachverwandtschaft vorliegt – sei es, daß eine Wendung der Luthersprache in der Sprachgeschichte weiterentwickelt worden ist (zulaufen / Zulauf haben Ps 73,10), sei es, daß ein älterer oder gleich alter Sprachgebrauch sich gegenüber demjenigen der Lutherbibel durchgesetzt hat (im Schwang gehen / im Schwange sein Ps 85,14) –, wird ein »Vgl« = »vergleiche« vorangestellt.

Grundsätzlich ist hier zu bemerken: Diese Sammlung ist kein »Herkunftswörterbuch«, sondern möchte der Wirkungsgeschichte der Lutherbibel nachspüren, die jahrhundertelang eine Art »Leitwährung« unserer deutschen Sprache war. Gerade auch Wendungen, die Luther nachweislich aus der Literatur oder Volkssprache aufgegriffen hat (z.B. »die Augen gingen ihm über« in Joh 11,35), sind durch seine Bibelübersetzung zu ungeahnter Verbreitung gelangt.

Das alphabetische Register

als zweiter Teil des Bandes listet alles auf, was zum Auffinden eines Sprichworts oder Zitats, einer Redensart, eines Begriffs oder auch eines Merkverses dienen kann. Man findet als **halbfett** gedruckte Stichwörter alle Haupt-, Zeit-, Eigenschafts-, Umstands- und Fürwörter, die als im Gedächtnis haftengebliebene Ausgangswörter für eine Suche in Frage kommen. Zusätzlich sind bekannte Texte mit dem Anfangsbuchstaben des ersten Wortes in das Alphabet eingereiht. (Wo ein Stichwort der Wortbedeutung nach erklärt wird, wird es vor der angeführten Redensart eigens – in der im Register üblichen Abkürzung durch den Anfangsbuchstaben – wiederholt; vgl. z.B. »absagen«.)

Auf diese Weise ermöglicht das Register nicht nur ein schnelles Auffinden, sondern verschafft auch einen Überblick, was etwa an Sprichwörtern und Zitaten zu einem bestimmten Thema zur Verfügung steht. Meist ist im Register nicht nur das Stichwort, sondern ein ganzer Satz oder Halbsatz aufgeführt, der einen Anhaltspunkt gibt, ob etwas zur Sache paßt oder nicht.

Das Register verweist nicht auf Buchseiten, sondern auf Bibelstellen.

Einführung

Diese findet man im Stammteil in der biblischen Reihenfolge. Benutzer, denen die Ordnung der biblischen Bücher vertraut ist, werden die Stellen anhand der Hinweise am Kopf der Seiten leicht auffinden. Für Ungeübte gibt das <u>Alphabetische Verzeichnis der biblischen Bücher und ihrer Abkürzungen</u> auf den Seiten 16–18 die Seitenzahl des jeweiligen Buchbeginns an. (Bücher, aus denen nichts zitiert wird, sind ausgelassen.)

So ist ein auskunftsfreundliches Nachschlagewerk entstanden, das allen weiterhilft, die eine biblische Wendung in unserer Sprache besser verstehen oder direkt aus dem Buch der Bücher zitieren wollen. Insgesamt ergeben sich über 3000 Fälle, in denen biblische Inhalte mit ihren oft sehr griffigen Formulierungen in unsere Alltagssprache eingegangen sind und sie bereichert haben. (Die am Glaubensinhalt und Glaubensleben orientierten »Merkverse« fallen demgegenüber zahlenmäßig weniger ins Gewicht.) Mag manches der jüngeren Generation nicht mehr so geläufig sein, dürften diese oder jene von den Redensarten nur unter bibelvertrauten Zeitgenossen ihre Kenner und Liebhaber finden: jede Spur ist bewahrenswert, die sich in der Wirkungsgeschichte von Luthers sprachmächtiger Bibelübersetzung in unseren »Sprachleib« eingegraben hat.

Mit dieser Sammlung wird zugleich dem ursprünglichen Luthertext mit seiner kräftigen, bildhaften Sprache noch einmal gebührend Reverenz erwiesen. Der unter kirchenpraktischen Gesichtspunkten wohl unerläßliche Revisionsprozeß hat in unserem Jahrhundert so manche Redensart, die einst unsere Alltags- wie unsere Bildungssprache bereicherte, in der biblischen Quelle selbst zum Verschwinden gebracht. Vieles davon lebt in der Sprache weiter; es ins Bewußtsein zu rufen, ist nicht zuletzt eines der Ziele dieses Nachschlagewerks.

Mein Dank gilt allen, die am Zustandekommen dieses Buches Anteil haben, insbesondere dem früheren Cheflektor der Deutschen Bibelgesellschaft, Hellmut Haug, für die Beratung bei der Auswahl der Bibelworte und bei der Formulierung der Erläuterungen, vornehmlich in sprachgeschichtlicher Hinsicht.

Der Autor wünscht allen Benutzern – über die Freude an so mancher überraschenden Entdeckung hinaus –, was ihm selbst beim Zusammentragen widerfuhr: das große Staunen darüber, daß in dem lebenschaffenden Wort Gottes, uns zum Heil gegeben, auch dies – sozusagen als Beigabe – enthalten ist: eine Fülle von Sprichwörtern, Zitaten, Redensarten und Begriffen, die in ihrer Bildhaftigkeit ein Schatz unserer Sprache sind.

Freiburg, im Juli 1998 Heinz Schäfer

Alphabetisches Verzeichnis der biblischen Bücher und ihrer Abkürzungen

Amos	Am	217
Apostelgeschichte	Apg	327
Baruch	Bar	250
1.Chronik	1.Chr	117
2.Chronik	2.Chr	119
Daniel	Dan	211
Epheser	Eph	363
Esra	Esr	121
Ester	Est	125
Galater	Gal	361
Habakuk	Hab	220
Haggai	Hag	221
Hebräer	Hebr	385
Hesekiel	Hes	205
Hiob	Hiob	126
Hoheslied	Hld	177
Hosea	Hos	215
Jakobus	Jak	389
	Jdt (s. Judit)	
Jeremia	Jer	193
Jesaja	Jes	179
Joel	Joel	216
Johannes	Joh	316
1.Johannes	1.Joh	383
Jona	Jona	218

Biblische Bücher und Abkürzungen

Josua	Jos	84
Judas	Jud	391
Judit	Jdt	224
Klagelieder	Klgl	204
1.Könige	1.Kön	108
2.Könige	2.Kön	113
Kolosser	Kol	370
1.Korinther	1.Kor	347
2.Korinther	2.Kor	356
Lukas	Lk	298
1.Makkabäer	1.Makk	251
2.Makkabäer	2.Makk	252
Maleachi	Mal	222
	Mi (s. Micha)	
Markus	Mk	294
Matthäus	Mt	258
Micha	Mi	219
1.Mose	1.Mose	21
2.Mose	2.Mose	48
3.Mose	3.Mose	62
4.Mose	4.Mose	69
5.Mose	5.Mose	74
Nahum	Nah	220
Nehemia	Neh	123
Obadja	Obd	218
Offenbarung	Offb	391
1.Petrus	1.Petr	379
2.Petrus	2.Petr	382
	Phil (s. Philipper)	
Philemon	Phlm	379
Philipper	Phil	367
Prediger	Pred	173
Psalm(en)	Ps	137
Richter	Ri	87
Römer	Röm	341
Rut	Rut	92

Sacharja	Sach	221
1.Samuel	1.Sam	92
2.Samuel	2.Sam	101
Sirach	Sir	234
Sprüche	Spr	166
Stücke zu Daniel	St zu Dan	257
Stücke zu Ester	St zu Est	257
1.Thessalonicher	1.Thess	371
2.Thessalonicher	2.Thess	373
1.Timotheus	1.Tim	374
2.Timotheus	2.Tim	376
Titus	Tit	378
Tobias	Tob	231
Weisheit	Weish	226
Zefanja	Zef	220

Weitere Abkürzungen

(s. dazu die ausführlichen Erklärungen in der Einführung)

In den Erklärungen werden die Wörter »jemand« (jemandes, jemandem, jemanden) und »etwas« stets abgekürzt als: jmd (jmds, jmdm, jmdn) und: etw

alt	alter Luthertext (vor 1956)
(B)	Bedeutung in der Bibel und der Luthersprache
(H)	Bedeutung in der heutigen Sprache
iSv	im Sinne von
Rev	Revision, Revidierter Luthertext von 1984
o	Zitat
•	Merkvers
|	Trennstrich zwischen zwei Gruppen von Parallelstellen

Teil I
Die Bibelzitate in der Reihenfolge der biblischen Bücher

DAS ALTE TESTAMENT

Das 1. Buch Mose (Genesis)

1. Mose	Das 1. Buch Mose trägt auch den Namen <u>Genesis</u> Entstehungsgeschichte der Welt und der Menschengeschlechter (B); Werden, Entstehen, Ursprung (H)
1,1	○ **Am Anfang schuf Gott Himmel und Erde.** Himmel und Erde = das gesamte Schöpfungswerk Gottes (B); der Kosmos als eine Einheit; sein Erscheinungsbild als ein Oben und Unten (H) Himmel und Erde = ein Gericht aus gemischtem Kartoffel- und Apfelpüree mit gebratener Blut- und Leberwurst; nach den Kartoffeln in der »Erde« und den Äpfeln im »Himmel« benannt (H)
1,2	**Die Erde war <u>wüst und leer</u>.** wüst und leer = öd und verlassen. Meist scherzhaft gebraucht (H) Im hebräischen Grundtext: *tohu-wa-bohu*. Davon: Tohuwabohu = völliges Durcheinander, Wirrwarr, Chaos
1,3	○ **Gott sprach: Es werde Licht! Und es ward Licht.**
1,5	○ **Da ward aus Abend und Morgen der erste Tag.**
1,14	**Gott sprach: Es werden <u>Lichter</u> an der Feste des Himmels, die da scheiden Tag und Nacht und <u>geben Zeichen</u>, Zeiten, Tage und Jahre.** Davon vielleicht: Sternzeichen = Tierkreiszeichen Davon vielleicht: Zeichen geben = ohne Worte über etw informieren, etw anordnen
1,21	**Und Gott schuf große <u>Walfische</u>.** St zu Dan 3,55 Walfisch = volkstümlich für: Wal
1,26	○ **Gott sprach: Lasset uns Menschen machen, ein Bild, das uns gleich sei.**
1,27a	● **Gott schuf den Menschen zu seinem Bilde, zum Bilde Gottes schuf er ihn.**
1,27b	**… und schuf sie ein <u>Männlin und Fräulin</u>.** (alt) Fräulein = kinderlose ledige junge Frau

1. Mose

Davon wohl: Männlein und Weiblein = scherzhaft für Personen beiden Geschlechts

1,28 ○ Gott zu den ersten Menschen: **Seid fruchtbar und mehret euch und füllet die Erde und machet sie euch untertan.**

1. Mose 8,17; 9,1.7

1,31 ○ **Gott sah an alles, was er gemacht hatte, und siehe da, es war sehr gut.** (alt)

Siehe: Hinweis, daß etwas Wichtiges folgt (sehr oft in der Bibel)
Davon wohl: Sieh da! Siehe da! Sieh mal einer! = Ausrufe des überraschten Erkennens
Davon vielleicht: sehr gut = beste Zeugnisnote

2,1 **Also ward vollendet Himmel und Erde mit ihrem ganzen Heer.** (alt)

Davon: ein ganzes Heer = eine sehr große Menge

2,7 **Gott der Herr machte den Menschen aus einem Erdenkloß, und er blies ihm ein den lebendigen Odem in seine Nase.** (alt)

Erdenkloß: Bezeichnung für den Menschen, die ihn an seine Herkunft erinnern soll
Lebendiger Odem: davon: Lebensodem = Lebensgeist, Lebensfähigkeit

2,8 **Gott der Herr pflanzte einen Garten in Eden.**

Garten Eden = Paradies (B); besonders fruchtbares Gebiet (H)

2,9 **Gott der Herr ließ aufwachsen aus der Erde allerlei Bäume ... und den Baum des Lebens mitten im Garten und den Baum der Erkenntnis des Guten und Bösen.**

1. Mose 3,11; Offb 2,7

Baum des Lebens: davon: der Lebensbaum mit seinen immergrünen Nadeln
Baum der Erkenntnis: davon: vom Baum der Erkenntnis essen = durch Erfahrung klug, wissend werden; nicht gerade vom Baum der Erkenntnis gegessen haben = nicht gerade sehr klug, sehr begabt sein

2,18 ○ **Gott: Es ist nicht gut, daß der Mensch allein sei; ich will ihm eine Gehilfin machen, die um ihn sei.** (alt: ein Gehilfen, der ...)

Erste Hälfte sprichwörtlich; gesamter Text oft Bestandteil der Trauungsliturgie

1. Mose

Um jmdn sein = ständig bei jmdm zugegen sein

2,21 **Da ließ Gott der Herr einen tiefen Schlaf fallen auf den Menschen.**
Davon wohl: tief schlafen, Tiefschlaf = Stadium des traumlosen Schlafs

2,22 **Gott der Herr baute ein Weib aus der Rippe, die er von dem Menschen nahm.**
Davon wohl: etw sich nicht aus den Rippen schneiden können = etw Unmögliches nicht schaffen können; nicht wissen, woher man das Geld zu etw nehmen soll

2,23 **Da sprach der Mensch: Das ist doch Bein von meinem Bein und Fleisch von meinem Fleisch.**
Wird zitiert, wenn Eigentum an einer Sache festgestellt oder in Anspruch genommen werden soll

2,24 o **Darum wird ein Mann seinen Vater und seine Mutter verlassen und seinem Weibe anhangen, und sie werden sein e i n Fleisch.** Eph 5,31
Von Jesus wörtlich in Mt 19,5 zitiert. Bestandteil vieler Trauagenden
Davon: Vater und Mutter verlassen = scherzhafte Redensart beim Auszug von Kindern aus dem Elternhaus
Davon wohl: »Mann und Weib sind *ein* Leib«

2,25 **Sie waren beide nackt, der Mensch und sein Weib, und schämten sich nicht.**
Davon: leben, herumlaufen wie Adam und Eva = nackt
Davon auch: Adamskostüm, Evaskostüm = völlig unbekleidet

3,1 **Die Schlange war listiger als alle Tiere auf dem Felde.**
Davon: listig wie eine Schlange   Offb 12,9

3,3 **Die Frau zur Schlange: Von den Früchten des Baumes mitten im Garten hat Gott gesagt: Esset nicht davon, rühret sie auch nicht an, daß ihr nicht sterbet!**   1. Mose 2,9
Davon: verbotene Früchte = verlockende, aber verbotene Genüsse

3,4 **Die Schlange zur Frau: Ihr werdet mitnichten des Todes sterben.** (alt)
Keineswegs; gewiß nicht

3,5a **Die Schlange zur Frau: An dem Tage, da ihr davon** (von Früchten des Baumes der Erkenntnis des Guten und Bösen) **esset, werden eure Augen aufgetan.**

1. Mose

Davon wohl: jmdm gehen die Augen auf = jmd durchschaut plötzlich einen Sachverhalt

3,5b ○ Die Schlange zur Frau: **Ihr werdet sein wie Gott und wissen, was gut und böse ist.**

3,6 ○ **Das Weib ... nahm von der <u>Frucht</u> und aß und <u>gab ihrem Mann ... auch davon</u>, und er aß.**

In Kunst und Literatur wurde der »Baum der Erkenntnis« aus 1. Mose 2,9 schon früh mit dem Apfelbaum gleichgesetzt, ohne daß die Bibel dafür einen Anhaltspunkt liefert.

Davon: Adamsapfel = nach der Vorstellung, daß Adam das Kerngehäuse des verbotenen Apfels im Hals steckengeblieben sei und sich so der hervortretende Schildknorpel des männlichen Kehlkopfes gebildet habe

Davon: verführerische Eva = eine reizvolle Frau; Evastochter = Mädchen, Frau als typische Vertreterin des weiblichen Geschlechts

3,7 **Sie** (Adam und Eva) **wurden gewahr, daß sie nackt waren, und flochten <u>Feigenblätter</u> zusammen und machten sich Schurze.**

Feigenblatt = etw, was als Tarnung oder Verhüllung, auch als Vorwand dient

3,9 **Gott der Herr rief <u>Adam</u> und sprach zu ihm: <u>Wo bist du?</u>**

Davon: Adam, wo bist du? = Vorwurf, wenn sich jmd seiner Verantwortung entzieht; scherzhaft gerufen, wenn man jmdn, etw nicht finden kann; Name eines Suchspiels

3,11 Gott zu Adam: **Hast du nicht gegessen von dem Baum, von dem ich dir gebot, <u>du solltest nicht davon essen?</u>** 1. Mose 2,9

Davon: Sündenfall = Übertretung der Gebote Gottes (B); Verletzung einer moralischen Norm oder einer zwischen Menschen gültigen oder üblichen Regel (H)

3,14 Gott zur Schlange: **<u>Auf deinem Bauch</u> sollst du <u>gehen</u> und Erde essen dein <u>Leben lang</u>.** (alt)

Davon wohl: vor jmdm auf dem Bauch liegen, kriechen = unterwürfig sein

Leben lang: sehr häufig in der Bibel; davon vielleicht: lebenslang = ununterbrochen bis zum Ende des Lebens

3,16a ○ Gott zu Eva: **Du sollst mit Schmerzen Kinder gebären.** (alt)

Joh 16,21

1. Mose

3,16b   Gott zu Eva: **Dein Wille soll deinem Mann unterworfen sein, und er soll dein Herr sein.** (alt)   Eph 5,22

3,17   Gott zu Adam: **Verflucht sei der Acker um deinetwillen.**
Davon vielleicht das »Verflucht!«, mit dem man seinem Ärger über eine mißlungene Sache Ausdruck gibt; auch: Verflucht noch mal! Verhüllend aus »verflucht«: verflixt

3,18   Gott zu Adam: **Dornen und Disteln soll er** (der Acker) **dir tragen.**
Dornen und Disteln: Wortpaar, das für Mühsal und Fruchtlosigkeit steht

3,19   o Gott zu Adam: **Im Schweiße deines Angesichts sollst du dein Brot essen, bis du wieder zu Erde werdest, davon du genommen bist. Denn du bist Erde und sollst zu Erde werden.**
Im Schweiße des Angesichts = unter großer Anstrengung; manchmal auch nur gebraucht, um eine eigenhändig vollbrachte Leistung herauszustellen
Davon der Begräbnisspruch: »Erde zu Erde, Asche zu Asche, Staub zu Staub«

3,20   **Adam nannte sein Weib Eva** (alt: Heva).
Davon: seit Adams Zeiten = von jeher, solange man es sich denken kann; von Adam und Eva abstammen = sehr alt sein; bei Adam und Eva anfangen = bei seinen Ausführungen sehr weit ausholen

3,24   **Er** (Gott) **trieb den Menschen hinaus und ließ lagern vor dem Garten Eden die Cherubim ..., zu bewachen den Weg zu dem Baum des Lebens.**
Davon: Vertreibung aus dem Paradies = Gottes Antwort auf den Ungehorsam der ersten Menschen (B); Verlust angenehmer und behüteter Lebensverhältnisse (H)
Cherubim: siehe Hes 28,12.14

4,3   **Es begab sich aber nach etlicher Zeit, daß Kain dem Herrn Opfer brachte von den Früchten des Feldes.**
                                  3. Mose 4,23; 2. Kön 10,19; Mal 1,11-13
Opfer bringen: etw vom Ernte- oder Viehsegen als Opfer für Gott auf dem Altar verbrennen (B); durch persönlichen Verzicht etw zugunsten eines anderen hingeben; davon auch: zum Opfer fallen = umkommen, vernichtet werden; das Opfer einer Person oder Sache werden (H)

1. Mose

4,7	Gott zu Kain: **Wenn du fromm bist, so bist du <u>angenehm</u>.** (alt)

1. Chron 29,17; Pred 9,11; Hag 1,8; Apg 10,35; Phil 4,18

Jmdm wohlgefällig (B); eine positive Empfindung auslösend, erfreulich, wohltuend; Antwortfloskel, wenn sich Personen gegenseitig vorstellen (H)

4,8 **Kain erhob sich wider <u>seinen Bruder</u> Abel und schlug ihn tot.**

Davon: Brudermord; bezieht sich heute nicht nur auf leibliche Verwandte, sondern ist erweitert auf Angehörige des eigenen Volkes

4,9a ○ Gott zu Kain: **Wo ist dein Bruder Abel?**

Mahnung, die Verantwortung für den Mitmenschen zu bedenken und wahrzunehmen

4,9b ○ Kain zu Gott: **Soll ich meines Bruders Hüter sein?**

Rechtfertigungsversuch, wo die Not des Mitmenschen mit Gleichgültigkeit gesehen wird

4,10 ○ Gott zu Kain: **Die Stimme des Blutes deines Bruders <u>schreit zu mir von der Erde</u>.**

Davon: himmelschreiend = durch ein Übermaß an Unrecht empörend

4,12 ○ Gott zu Kain: **Unstet und <u>flüchtig</u> sollst du sein auf Erden.**

4. Mose 10,35; Jes 16,3; Jer 49,5

(Dauernd) auf der Flucht (B); eines Vergehens wegen untergetaucht; übertragen: von kurzer Dauer; im Vorübergehen, nebenbei (H)

4,15 **Der Herr machte ein <u>Zeichen an Kain</u>, daß ihn niemand erschlüge, der ihn fände.**

Davon: Kainsmal, Kainszeichen = göttliches Schutzzeichen, das einen Schuldigen der Verfolgung und Rache durch Menschen entziehen soll (B); Schuld, die jmdm gleichsam an der Stirn geschrieben steht (H)

4,23 Lamech zu seinen Frauen: **Einen Mann erschlug ich für meine Wunde und einen <u>Jüngling</u> für meine Beule.**

Pred 11,9; Lk 7,14

Heranwachsender (B); heute meist ironisch bis abwertend = unreifer, unfertiger junger Mann (H)

4,24 ○ Lamech zu seinen Frauen: **Kain soll siebenmal gerächt** (alt: gerochen) **werden, aber Lamech siebenundsiebzigmal.**

	Beispiel für das Prinzip unaufhörlicher Vergeltung (vgl dagegen Mt 18,21-22)
4,26	**Zu derselbigen Zeit fing man an zu <u>predigen</u> ...** (alt)
	Jes 40,6; Mt 4,17; Röm 10,17
	Die Botschaft, den Willen Gottes verkündigen (B+H); eindringlich ans Herz legen, anempfehlen (H)
5,1	**Dies ist das Buch von des <u>Menschen Geschlecht</u>.** (alt)
	Geschlecht = Abstammung, Abstammungslinie; davon: Menschengeschlecht = Menschheit
5,24	**Dieweil er (Henoch) ein göttliches Leben führte, nahm ihn Gott hinweg, <u>und ward nicht mehr gesehen</u>.** (alt)
	Scherzhaft für das plötzliche Entschwinden einer Person
5,27	**Sein (<u>Methusalahs</u>) ganzes <u>Alter</u> ward 969 Jahre.** (alt)
	Davon: (so) alt wie Methusalem = ein sehr alter Mann, dessen Jahre man schon nicht mehr nachrechnet. Die Entstehung der Wortform Methusal*e*m ist ungeklärt (hebräischer Urtext und Revision: Metuschelach)
6,4	**Es waren zu den Zeiten <u>Tyrannen</u> auf Erden.** (alt) Ps 71,4
	Tyrann: ohne gesetzliche Bindungen regierender Alleinherrscher; grausamer Gewaltherrscher (B); autoritäre Person, die ihre Stellung, ihre Macht dazu mißbraucht, andere, besonders Abhängige und Untergebene, zu unterdrücken (H)
6,9	**Noah war ein frommer Mann und ohne Tadel <u>zu seinen Zeiten</u>.**
	Davon: seinerzeit = zu jener angesprochenen Zeit; damals
6,10	**(Noah) zeugte drei Söhne. <u>Sem</u>, Ham und Jafet.**
	Davon: Semit = Angehöriger einer sprachlich und anthropologisch verwandten Gruppe von Völkern besonders in Vorderasien und Nordafrika
	Davon: Antisemitismus = Abneigung oder Feindschaft gegenüber den Juden (vgl Est 3,10)
6,13	o Gott zu Noah: **<u>Alles Fleisches Ende</u> ist vor mich gekommen.** (alt)
	Gott beschließt den Untergang von Mensch und Tier (B); davon wohl: den Weg (vgl 1. Kön 2,2) alles Fleisches gehen = zugrunde gehen; von Gegenständen = kaputtgehen (H)
6,17	Gott zu Noah: **Ich will eine <u>Sintflut</u> kommen lassen.**
	Mt 24,39; 2. Petr 2,5

Von Gott verordnete, alles umfassende Erdüberflutung (B); eine plötzlich auftretende übergroße Menge von etw: eine wahre Sintflut (H)

Luther schreibt das Wort »Sindflut«, spätere Bibelausgaben »Sündflut«; es besteht jedoch bei dem entsprechenden Wort im hebräischen Urtext kein Zusammenhang mit »Sünde«; das deutsche Wort bedeutet »immerwährende, gewaltige Flut«

Davon: »Nach mir die Sintflut« (Marquise de Pompadour nach der Schlacht bei Roßbach 1757) = was nach meinem Tod kommt, ist mir gleichgültig

Davon: vorsintflutlich = in der Bibel aus der Zeit vor der Sintflut berichtet (B); aus vergangener Zeit stammend, heute längst überholt (H)

6,19	Gott zu Noah: **Du sollst in den Kasten tun allerlei Tiere von allem Fleisch, je ein Paar <u>Männlin und Fräulin</u>.** (alt)

Davon wohl: Männchen und Weibchen = Tiere beiderlei Geschlechts (siehe auch 1. Mose 1,27 b)

7,7	(Noah) **ging in die <u>Arche</u>.**	Hebr 11,7

Noah und den Seinen von Gott als Schutz vor der Sintflut zugewiesene Zuflucht (B); geräumiges (altes) Fahrzeug; Zufluchtsort (H)

7,11	**An diesem Tag brachen alle Brunnen der großen Tiefe auf und <u>taten sich die Fenster des Himmels auf</u>.**

Davon wohl: der Himmel öffnet seine Schleusen = es regnet in Strömen

7,12	**Ein Regen kam auf Erden <u>vierzig Tage</u> und vierzig Nächte.**

Von der Dauer der Sintflut her wurde die Frist einer vierzigtägigen Isolierung zum Schutz vor Ansteckung bei der Pest festgelegt, und zwar im 14. Jh. in italienischen Häfen. Aus dem italienischen »quarantino« entstand das französische »quarantaine«, wovon wiederum das deutsche Fremdwort »Quarantäne« abgeleitet ist = vorübergehende Isolierung von Personen oder Tieren, die von einer ansteckenden Krankheit befallen sind oder bei denen Verdacht darauf besteht

8,11a	**Die (Taube) kam zu ihm um <u>Vesperzeit</u>.** (alt)

Abendzeit (B); Zeit, in der ein Imbiß eingenommen wird (H)

8,11b	**Siehe, ein <u>Ölblatt</u> hatte sie** (die <u>Taube</u>) **abgebrochen und trug's in ihrem Schnabel.**

1. Mose

Davon: Taube und Ölzweig als Friedenssymbole; Friedenstaube

8,21 ○ Gott: **Das Dichten und Trachten des menschlichen Herzens ist böse von Jugend auf.**
Wortpaar, das Denken und Streben des Menschen bezeichnend

8,22 • Gott: **Solange die Erde steht, soll nicht aufhören Saat und Ernte, Frost und Hitze, Sommer und Winter, Tag und Nacht.**
Gottes verbindliche Zusage über die Erhaltung seiner Schöpfung bis ans Ende der Zeit

9,3 Gott zu Noah und seinen Söhnen: **Alles, was sich regt und lebt, das sei eure Speise.**
Die gesamte Tierwelt

9,6 ○ Gott zu Noah: **Wer Menschenblut vergießt, dessen Blut soll auch durch Menschen vergossen werden.**
Wird als Begründung der Todesstrafe für begangenen Mord herangezogen

9,12 Gott: **Das ist das Zeichen des Bundes, den ich geschlossen habe zwischen mir und euch und allem lebendigen Getier bei euch auf ewig.**
1. Mose 9,16; 2. Mose 15,18; Hiob 19,24; Dan 4,31; Joh 3,16
Jeden Wechsel überdauernd, immerwährend (B); sich immer wiederholend, übermäßig lang, nicht enden wollend, z. B.: Laß doch dein ewiges Jammern! (H)

9,13 ○ Gott zu Noah: **Meinen Bogen habe ich in die Wolken gesetzt.** Hes 1,28; Sir 43,12
Davon: der Regenbogen als Friedenszeichen zwischen Gott und Mensch

10,8.9 **Nimrod ... war ein gewaltiger Jäger vor dem Herrn.**
Davon: ein Nimrod = ein leidenschaftlicher Jäger
Davon: ein gewaltiger Jäger vor dem Herrn = desgleichen, aber oft scherzhaft oder ironisch gemeint
Davon: ... vor dem Herrn = unterstreicht scherzhaft jmds Begabung oder Begeisterung, mit der er etw tut

11,1 **Es hatte alle Welt einerlei Zunge und Sprache.** Jos 23,14
Alle Welt = jedermann; davon: Allerwelts... = drückt in Bildungen mit Substantiven aus, daß etwas nichts Außergewöhnliches, sondern das Übliche, Normale ist; zB Allerweltsgeschmack

11,4 Die Menschheit: **Wohlauf, laßt uns eine Stadt und einen**

1. Mose

Turm bauen, dessen Spitze bis an den Himmel reiche, damit wir <u>uns einen Namen machen.</u> 1.Mose 11,7; Jer 31,6; Obd 1
Wohlauf! = eine Aufforderung, zu handeln; siehe auch Jes 55,1: wohlan. Von beiden Worten Begräbnislied und Spruch: »Wohlauf, wohlan zum letzten Gang …«
Namen machen: davon vielleicht: sich einen Namen machen = bekannt, berühmt werden

11,9 **Daher heißt ihr** (dieser Stadt) **Name <u>Babel</u>, weil der Herr daselbst <u>verwirrt</u> hat <u>aller</u> Länder <u>Sprache</u>.**
2. Kön 24,1ff; Ps 137,1; Dan 7,1; 1.Petr 5,13
Babel (auch: Babylon) = Hauptstadt des gleichnamigen antiken Reiches zwischen Euphrat und Tigris (B); Ruinenstadt am Euphrat (H)
Davon: Babel = Weltstadt, in der viele fremde Sprachen gesprochen werden
Davon: babylonisches Sprachengewirr = Vielfalt von Sprachen, die an einem Ort gesprochen werden; babylonische Sprachverwirrung = Unmöglichkeit, sich gegenseitig zu verstehen oder zu verständigen
Siehe auch Mt 1,11; Offb 14,8; 17,5

11,30 **Sarai** (Sara) **war <u>unfruchtbar</u>.** 1.Sam 2,5; Jes 54,1; Lk 1,7
Unfähig, Kinder zu bekommen

12,1 Gott zu Abraham: **Geh aus deinem <u>Vaterland</u> und von deiner Verwandtschaft und aus deines <u>Vaters Hause</u> in ein Land, das ich dir zeigen will.** Hebr 11,14.16
Vaterland = Land, aus dem man stammt, dessen Volk man sich zugehörig fühlt
Vaters Haus: davon: Vaterhaus = Elternhaus, in dem man aufgewachsen ist

12,3 o Gott zu Abraham: **In dir sollen gesegnet werden alle Geschlechter auf Erden.**
Erste der zahlreichen Verheißungen Gottes für die Erzväter (siehe dazu Apg 7,8), daß ihre Nachkommen nach seinem Plan und Willen eine die ganze Völkerwelt umschließende Bedeutung und Aufgabe haben

12,10a **Es kam eine <u>Teurung</u> in das Land.** (alt)
Lebensmittelverknappung (B); davon: Verteuerung = Preisanstieg (H)

1. Mose

12,10b Da zog Abraham hinab nach Ägypten, daß er sich dort als ein <u>Fremdling</u> aufhielte.
2. Mose 22,20; Eph 2,19; 1. Petr 1,1; Hebr 11,13
Jmd, der sich nicht in seiner gewohnten Umgebung aufhält, sich am anderen Ort als Fremder betrachtet oder fühlt und auch seiner Umgebung fremd vorkommt; im Wechsel mit »Fremder« erscheint der Begriff häufig im Alten und Neuen Testament

13,9 o Abraham zu Lot: **Willst du zur Linken, so will ich zur Rechten, oder willst du zur Rechten, so will ich zur Linken.**
Davon: abrahamsche Friedfertigkeit = Bereitschaft, einem anderen den Vortritt zu lassen, auf seine Wünsche einzugehen, auch wenn es Nachteile mit sich bringt

13,17 Gott zu Abraham: **<u>Mach dich auf</u> und durchzieh das Land in die Länge und Breite, denn dir will ich's geben.**
Sich aufmachen = sich auf den Weg machen, etw in Angriff nehmen; sehr häufig in der Bibel

14,18 **Melchisedek, der König von Salem, trug <u>Brot und Wein</u> heraus.**
Klgl 2,12; Lk 7,33
Brot und Wein als Grundnahrungsmittel; zugleich als die Elemente des Heiligen Abendmahls (siehe Brot und Kelch Mt 26,26-29)

14,20 Melchisedek zu Abraham: **Gelobt sei Gott der Höchste, der deine Feinde <u>in deine Hand gegeben</u> hat.**
In jmds Hand gegeben sein = ihm unterworfen sein

14,23 Abraham zum König von Sodom: **... daß ich von allem, was dein ist, nicht einen Faden noch einen Schuhriemen nehmen will, <u>daß du nicht sagest, du habest Abraham reich gemacht.</u>** (alt)
Sprichwörtlich für den Willen, seine Unabhängigkeit von jmdm zu bewahren

15,5 Gott zu Abraham: **<u>Zähle die Sterne; kannst du sie zählen?</u>**
Ps 147,4
Davon das Kinderlied: »Weißt du, wieviel Sternlein stehen ...«

15,15 Gott zu Abraham: **Du sollst <u>fahren zu deinen Vätern</u>.**
Zu den Vätern fahren = sterben

15,16 Gott zu Abraham: **Die Missetat der Amoriter <u>ist</u> noch nicht <u>alle</u>.** (alt)

1. Mose

Alle sein: vollständig sein, zu Ende gegangen sein (B); aufgebraucht sein; abgespannt, erschöpft sein (H)
Davon sprachlich: jmdn alle machen = ihn moralisch, gesellschaftlich ruinieren; Gaunersprache: ihn umbringen

16,4 **Als sie (Hagar) nun sah, daß sie schwanger war, achtete sie ihre Herrin gering.**
Geringachten = verachten, als unwesentlich, unbedeutend einschätzen

16,5 Sara zu Abraham: **Der Herr sei Richter zwischen mir und dir.** 1. Mose 31,53; 1. Sam 24,13.16
Gott als Schiedsrichter anrufen

16,12 ○ Gott zu Hagar: **Ismaels Hand wider jedermann und jedermanns Hand wider ihn.**
Prophezeiung über die Rolle der Nachkommen Ismaels in der Völkerwelt

16,13 • Hagar: **Du bist ein Gott, der mich sieht.** 1. Mose 22,14

17,1 • Gott zu Abraham: **Ich bin der allmächtige Gott; wandle vor mir und sei fromm.** 1. Mose 28,3; Offb 16,7
Davon: Allmächtiger Gott! = Ausruf der Bestürzung, der Verwunderung, des Bedauerns

18,3 Abraham zu Gott: **Herr, hab ich Gnade gefunden vor deinen Augen, so geh nicht an deinem Knecht vorüber.**
Vor jmds Augen Gnade finden = von jmdm (einem Höhergestellten) gnädig angesehen werden, jmds Gunst genießen (B, häufig); meist ironisch: vor jmdm bestehen können, auch ein Werk, eine Leistung (H)
An jmdm, etw vorübergehen = ihn, es unbeachtet lassen; auch: das Glück geht an jmdm vorüber

18,14 ○ Gott zu Abraham: **Sollte dem Herrn etwas unmöglich sein?**
Wird gebraucht als Erinnerung an die Allmacht Gottes

18,17.18 Gott: **Wie kann ich Abraham verbergen, was ich tue? Sintemal er ein großes und mächtiges Volk soll werden.**
(alt) Lk 1,1.34 (alt); Röm 1,17 (alt)
Veraltet, aber altertümelnd-scherzhaft auch heute noch gebraucht = weil, zumal

18,20 Gott: **Es ist ein großes Geschrei über Sodom und Gomorra, daß ihre Sünden sehr schwer sind.**
1. Mose 13,13; Hes 46,18; Mt 10,15

	Davon: wie Sodom und Gomorra = Zustand der Verworfenheit und des Lasters
18,25	Abraham zu Gott: **Das sei ferne von dir, daß du das tust und tötest den Gerechten mit dem Gottlosen.** Röm 3,31; 9,14; 11,1 Ablehnung eines Gedankens, einer Absicht (B, häufig); heute nur noch altertümelnd gebraucht
18,27	Abraham zu Gott: **Ach siehe, ich habe mich unterwunden, zu reden mit dem Herrn.** Sich unterwinden = sich etw erlauben, was eigentlich unzulässig oder zumindest unangemessen ist
18,32	Abraham zu Gott: **Man könnte vielleicht zehn (Gerechte) darin (in Sodom) finden.** Zehn Gerechte in Sodom = die Überlegung oder Feststellung, daß nicht alle an einer Sache Beteiligten Verwerfliches begangen haben
19,5	Die Männer von Sodom zu Lot: **Wo sind die Männer, die zu dir gekommen sind diese Nacht? Führe sie heraus zu uns, daß wir uns über sie her machen.** Davon die Annahme, daß in Sodom die Homosexualität gang und gäbe war. Schon früh wurde dafür der Begriff »Sodomie« geprägt. Später ging man unter Bezug auf Jud 7 (Unzucht mit »anderem Fleisch«) davon aus, daß in Sodom und ihrer Schwesterstadt Gomorra auch der Geschlechtsverkehr mit Tieren üblich war, was aber vermutlich eine Fehlinterpretation dieser Bibelstelle ist. Dennoch wird bis heute dafür der Begriff »Sodomie« verwendet, jedoch nicht mehr für Homosexualität
19,11	Die Engel bei Lot: **Sie schlugen die Leute vor der Tür des Hauses, klein und groß, mit Blindheit.** 5. Mose 28,28; 2. Kön 6,18 Klein und groß = alle, ohne Berücksichtigung des Alters oder des sozialen Ranges Mit Blindheit geschlagen sein: übertragen = etw Wichtiges nicht sehen, erkennen
19,15	**Da nun die Morgenröte aufging, hießen die Engel den Lot eilen.** (alt) Morgenröte = rote, rötliche Färbung des Himmels vor Sonnenaufgang Hießen ... eilen: davon vielleicht: Engelsgeduld (wie die Engel alle Mühe hatten, den widerstrebenden Lot aus dem untergehenden

Sodom in Sicherheit zu bringen; vgl Verse 16-22, aber auch 4. Mose 22,21ff) = sehr große, fast unerschöpfliche Geduld

19,16 **Die Männer (Engel) ergriffen ihn (Lot) ... bei der Hand, weil der Herr ihn <u>verschonen</u> wollte.**
Vor Schlimmem bewahren (B); mit etwas Lästigem, Unangenehmem nicht behelligen (H)

19,17 Der <u>Engel</u> zu Lot: **<u>Rette</u> dein Leben und sieh nicht hinter dich.** Hebr 1,14
Davon wohl: rettender Engel = Helfer zur rechten Zeit

19,24 **Da <u>ließ</u> der Herr <u>Schwefel und Feuer regnen</u> vom Himmel herab auf Sodom und Gomorra.**
Feuer und Schwefel über etwas regnen lassen = etw vollständig ausrotten, vernichten

19,25 **(Der Herr) vernichtete die Städte (Sodom und Gomorra) und die ganze Gegend und alle <u>Einwohner</u> der Städte.**
Jos 8,24; Mi 6,12
Jmd, der in einem Land, einer Gemeinde seinen festen Wohnsitz hat. Das Wort wurde erst durch die Lutherbibel weiter verbreitet

19,26 **Lots Weib sah hinter sich und <u>ward zur Salzsäule</u>.**
Davon: zur Salzsäule erstarren = so fassungslos oder entsetzt sein, daß man unbeweglich dasteht

20,5 Abimelech zu Gott: **Hab ich das doch getan mit <u>einfältigem Herzen</u>.** 2. Kor 8,2; 9,11; 11,3
Einfältig = lauter, aufrichtig, ohne Hintergedanken (B); gutmütigbeschränkt, naiv (H)

20,7 Gott zu Abimelech über Abraham: **Er ist ein <u>Prophet</u>.** Mt 1,22; 24,15; Lk 18,31; Apg 2,16.30; 3,22; 11,27.28; 21,10.11; Offb 10,7; 22,6
Im Alten Testament jmd, der sich von Gott berufen weiß (oder bei falschen Propheten: glaubt), als Mahner und Weissager Botschaften Gottes zu verkündigen, die das Leben des Gottesvolkes in der Gegenwart und dessen allernächste Zukunft betreffen. Das heute übliche Verständnis »jmd, der etw Zukünftiges vorauszusehen vermag«, ist bestimmt durch das Neue Testament, wo die Voraussage der Zukunft – vor allem im sog. Weissagungsbeweis (alttestamentliche Voraussagen erfüllen sich in Christus) und in der Zukunftsschau der Offenbarung – stärker in den Vordergrund tritt

1. Mose

Davon Wendungen wie: Ich bin doch kein Prophet! (wörtlich, aber mit anderem Sinn: Am 7,14) = das weiß ich natürlich auch nicht; oder: Man braucht kein Prophet zu sein, um das vorauszusehen

20,11 Abraham zu Abimelech: **Ich dachte, gewiß ist keine <u>Gottesfurcht</u> an diesem Orte.** Hiob 4,6; Ps 36,2; Sir 1,34
Ehrfurcht vor Gott; Bereitschaft, nach seinem Willen zu leben

21,1 **Der Herr <u>suchte</u> Sara <u>heim</u>.** 2. Mose 20,5, Ps 65,10; Apg 15,14
Heimsuchen = Eingreifen Gottes in Gnade und Gericht; hier – wie in 1. Sam 2,21 – schenkt Gott einer Frau die verheißene Schwangerschaft (B); in freundlicher oder egoistischer Absicht jmdn zu Hause aufsuchen, überraschen (H)

21,8 **Das Kind** (Isaak) **wuchs heran und wurde <u>entwöhnt</u>.**
1. Sam 1,22; Jes 11,8
Entwöhnen = einem Säugling allmählich die Muttermilch entziehen und ihn an andere Nahrung gewöhnen (B); jmdn von etwas bisher Gewohntem abbringen (H)

21,18 Der Engel zu Hagar: **Steh auf, nimm den Knaben und <u>führe ihn an deiner Hand</u>.**
Jmdn an der Hand führen = fürsorglich geleiten; vielleicht aufgenommen in einer Zeile des bekannten Zinzendorf-Liedes »Jesu, geh voran«: »... führ uns an der Hand bis ins Vaterland« (vgl auch 1. Mose 19,16; Ps 139,10)

21,23 Abimelech zu Abraham: **So <u>schwöre</u> mir nun <u>bei Gott</u>, daß du ... die Barmherzigkeit, die ich an dir getan habe, an mir auch tust.** 1. Sam 30,15
Bei Gott schwören = Gott zum Zeugen anrufen, daß die beschworene Sache der Wahrheit entspricht; lange gebrauchte Eidesformel
Davon: Bei Gott! = meist gedankenlos ausgesprochene Bekräftigungsformel; aus dem gleichbedeutenden französischen »par Dieu« entstand, um den Namen Gottes nicht in den Mund nehmen zu müssen, »parbleu« (Donnerwetter) und hieraus wiederum verballhornt »parapluie« (Regenschirm)

21,30 Abraham zu Abimelech: **Sieben Lämmer sollst du von meiner Hand nehmen, damit sie für mich ein <u>Zeugnis</u> seien, daß ich diesen Brunnen gegraben habe.**
2. Mose 20,16; Ps 119,46; Mt 24,14; Joh 1,7; Offb 1,9

1. Mose

Zeugenaussage vor Gericht; mündliche oder schriftliche Bestätigung einer Vereinbarung, eines Vorgangs; Bezeugung der Wahrheit Gottes vor Menschen (B); urkundliche Bescheinigung, meist mit Leistungsbewertung (H); im Pietismus: von der persönlichen Erfahrung geprägte Weitergabe einer Botschaft Gottes

22,2 Gott zu Abraham: **Nimm Isaak, deinen einzigen Sohn, den du liebhast, und geh hin in das Land <u>Morija</u> und opfere ihn dort zum Brandopfer.**

Davon: sein Morija (Moria) erleben = sein Liebstes bewußt und freiwillig hergeben

22,9.10 **Abraham baute dort** (im Land Morija) **einen Altar ... und band seinen Sohn Isaak, <u>legte ihn auf den Altar</u> ... und reckte seine Hand aus und faßte das Messer, daß er seinen Sohn schlachtete.** 1. Mose 8,20; 3. Mose 1,7-9

Davon: jmdn, etw auf dem Altar einer (gemeinsamen) Sache opfern = jmdn, etw zugunsten einer gemeinsamen Sache hergeben, aufgeben

22,12a o Der Engel zu Abraham: **Lege deine Hand nicht an den Knaben.**

Scherzhaft gemeinte Äußerung, die ein Kind vor der Züchtigung bewahren soll (H)

22,12b Gott zu Abraham: **Du ... hast deines einzigen Sohnes nicht verschont <u>um meinetwillen</u>.**

Mit Rücksicht auf mich, mir zuliebe

22,13 **Abraham ... nahm den Widder und opferte ihn ... <u>an seines Sohnes Statt</u>.**

An jmds Statt = an Stelle von jmdm

24,7 Abraham zu seinem Knecht: **Der Herr, der Gott des Himmels, der mich von meines Vaters Hause genommen hat und von meiner <u>Heimat</u> ...**

Land oder Ort, in dem man aufgewachsen ist (B) oder sich durch ständigen Aufenthalt zu Hause fühlt (H)

24,8 Abraham zu seinem Knecht: **So das Weib dir nicht folgen will, so <u>bist du</u> dieses Eides <u>quitt</u>.** (alt)

Einer Sache quitt (und ledig) sein = von etw befreit sein

24,14 Abrahams Knecht zu Gott: **Wenn nun eine <u>Dirne</u> kommt, zu der ich spreche: Neige deinen Krug, und laß mich trinken ...** (alt)

Junges Mädchen (B); Prostituierte (H)

24,16 **Das Mädchen** (Rebekka) **war sehr schön von Angesicht, eine Jungfrau, die noch von keinem Manne wußte.** Lk 1,27.34
Weibliche Person, die noch keinen Geschlechtsverkehr gehabt hat (B+H)

24,21 (Der Knecht Abrahams) **schwieg still, bis er erkannt hätte, ob der Herr zu seiner Reise Gnade gegeben hätte oder nicht.** Röm 12,3; Eph 4,7; Jak 4,6
Davon: der Herr hat Gnade gegeben = im Raum des Pietismus: Gott hat sich zu einer Tat, einer Arbeit bekannt, indem er Erfolg geschenkt hat

24,31 Laban zu Abrahams Knecht: **Komm herein, du Gesegneter des Herrn! Warum stehst du draußen?**
Vorlage für ein Adventslied von Paul Gerhardt: »Warum willst du draußen stehen, du Gesegneter des Herrn?« – Da und dort auch zitiert als Einladung an jmdn, ein Haus zu betreten

24,50 Laban und Betuël: **Das kommt vom Herrn, darum können wir nichts dazu sagen, weder Böses noch Gutes.**
Erkenntnis oder Meinung, daß eine Sache unmittelbar auf Gottes Handeln zurückgeht

24,53 **Danach zog er** (Abrahams Knecht) **hervor silberne und goldene Kleinode und Kleider und gab sie Rebekka.** (alt)
Ps 16,1; Spr 20,15
Kleinod = Schmuckstück; Kostbarkeit; auch in übertragenem Sinn

24,56 o Abrahams Knecht zu Laban und seiner Familie: **Haltet mich nicht auf, denn der Herr hat Gnade zu meiner Reise gegeben. Laßt mich, daß ich zu meinem Herrn ziehe.**
Ein häufig verwendeter Begräbnistext beim Heimgang eines frommen Menschen
Jmdn aufhalten = jmdn daran hindern, weiter seinen Weg fortzusetzen

24,67 (Rebekka) **wurde seine** (Isaaks) **Frau, und er gewann sie lieb.**
Ri 16,4; 1. Sam 18,1; 2. Tim 4,10
Jmdn liebgewinnen = jmdn ins Herz schließen

25,6 (Abraham) **schickte sie** (die Söhne der Nebenfrauen) **fort von seinem Sohn Isaak, nach Osten hin ins Morgenland.**
Das Land Richtung Morgen(sonne), dh im Osten: das Gebiet der

syrisch-arabischen Wüste; in Mt 2,1 wohl die Euphratländer, insbesondere Babylon (B); veraltet für Orient (H)

25,8 **Abraham verschied ..., als er <u>alt und lebenssatt</u> war.**
1. Chr 23,1; Hiob 42,17
Wortpaar, das erreichte Lebensalter und Lebenserfüllung im Zusammenhang sieht; lebenssatt = jmd, der das Leben bis zur Neige ausgekostet hat und davon gesättigt ist (B); jmd, der vom Leben genug hat und unter dem Eindruck steht, daß es ihm nichts mehr bringen wird (H)

25,17 **Ismael ... <u>nahm ab</u> und starb.** (alt)
Abnehmen = hinfällig werden; in anderer Bedeutung siehe 2. Sam 3,1; Joh 3,30

25,34 **Jakob gab Esau Brot und das <u>Linsengericht</u> ... So verachtete Esau seine <u>Erstgeburt</u>.** Hebr 12,16
Davon: (seine Erstgeburt) für ein Linsengericht hergeben = (etw Wertvolles) für etw Geringes hergeben, das nur im Augenblick ein Gegenwert zu sein scheint
Erstgeburt = besonderes Vorrecht des erstgeborenen Kindes in der Erbfolge

26,35 **(Die Frauen Esaus) machten Isaak und Rebekka lauter <u>Herzeleid</u>.** 1. Mose 42,38; Ps 16,4; Jer 2,19
Großer seelischer Schmerz, Kummer

27,29 Isaak im Segen über Jakob: **Völker müssen dir dienen, und Leute müssen dir <u>zu Fuße fallen</u>.** (alt)
Mt 17,14; Joh 11,32; Apg 16,29
Jmdm zu Fuß (Füßen) fallen = jmdm gegenüber sich unterwürfig zeigen

27,33 **Isaak entsetzte sich <u>über die Maßen</u> ...**
Auch: über alle Maßen = überaus   2. Kor 1,8; 4,17; Gal 1,13.14

27,36 Esau zu Isaak: **Er heißt mit Recht <u>Jakob</u>, denn er hat mich nun zweimal <u>überlistet</u>.**
Jakob läßt sich übersetzen mit Fersenhalter, Beinsteller = Überlister, Betrüger
Davon vielleicht: nicht der wahre Jakob = nicht das Richtige. Die Herkunft dieser Redensart wird aber auch anders begründet – siehe Apg 12,2

27,46 o Rebekka zu Isaak: **Was soll mir das Leben?**
Ausdruck einer umfassenden Frustration

1. Mose

28,12 **Ihm (**Jakob**) träumte, und siehe, eine** Leiter **stand auf Erden, die rührte mit der Spitze an den** Himmel**, und siehe, die Engel Gottes stiegen daran auf und nieder.**
Davon: Jakobsleiter, Himmelsleiter. Jakobsleiter in der Seemannssprache = mit Holzsprossen versehene Strickleiter, die außen am Schiff frei herunterhängen kann

28,17 Jakob in Bethel: **Wie** heilig **ist diese Stätte! Hier ist nichts anderes als** Gottes Haus**, und hier ist die** Pforte des Himmels**.**
Heilig (unzählige Male in der Bibel) = wesenhaft göttlich; Gott gehörend, ihm geweiht (B); im Unterschied zu allem Irdischen göttlich vollkommen und daher verehrungswürdig: die Heilige Dreieinigkeit (Dreifaltigkeit); zeichenhafte Handlungen im Raum der christlichen Kirchen: die heilige Taufe, das heilige Abendmahl; in der katholischen Kirche: heiliggesprochene Menschen, zB der heilige (Sankt) Augustin; weiterhin = durch seinen Ernst Ehrfurcht einflößend: heiliger Zorn, heilige Stille, heilige Scheu; außerdem redensartlich: jmdm ist nichts heilig; mit jmdm seine heilige Not haben; es ist mein heiliger Ernst; ferner »heilig« im Zusammenhang mit profanen Begriffen als Hinweis darauf, wie kostbar die Sache für den Betreffenden ist: Die Ruhe ist mir heilig; schwäbisch: heiligs Blechle (das Auto, aber auch einfach als Kraftausdruck gebraucht) (H)
Gotteshaus, Haus Gottes = Kirche, Anbetungsstätte
Pforte des Himmels = Ort eines besonderen Erlebnisses; aber auch: Zeitpunkt nahe dem Tod (Pforte der Ewigkeit) (H)
Davon: Himmelspforte = (volkstümlich) Eingang zum Himmel (H)

28,19 (Jakob) **nannte die Stätte** Bethel**; vorher aber hieß die Stadt Lus.** 1. Mose 31,13; 35,1; 1. Sam 7,16; 1. Kön 12,29; Am 5,5; 1. Makk 9,50
Bethel oder Bet-El: wörtlich = Gottes Haus (siehe 1. Mose 28,17); oft in Anspruch genommen als Name für kirchliche Einrichtungen; am bekanntesten Bethel bei Bielefeld, 1867 gegründete Pflegeanstalt, deren erster Leiter Friedrich von Bodelschwingh (1831–1910) war

29,17 **Lea hatte ein** blödes **Gesicht, Rahel war hübsch und schön.**
(alt)
Blöd(e) = von den Augen (sind gemeint mit »Gesicht«): schwach, stumpf; als Wesensart = mutlos, furchtsam; vgl Ri 7,3 alt: »blöde

1. Mose

und verzagt« (B); schwachsinnig; dumm; als Sachverhalt = unangenehm, ärgerlich (H)

29,26 Laban zu Jakob: **Es ist nicht <u>Sitte in unserm Lande</u>, daß man die jüngere** (Tochter) **weggebe vor der älteren.**
Davon vielleicht: Landessitte = die in einem Land herrschende, für ein Land besonders charakteristische Sitte

29,27 Laban zu Jakob: **<u>Halt</u> mit dieser** (Lea) **die Woche <u>aus</u>, so will ich dir diese** (Rahel) **auch geben um den Dienst, den du bei mir <u>noch andere sieben Jahre</u> dienen sollst.** (alt)
Aushalten = Schwieriges, Unangenehmes ertragen (B); standhalten, nicht ausweichen (H)
Noch andere sieben Jahre: davon vielleicht: langer Laban = hochgewachsene, hagere männliche Person; »lang« bezogen auf die Zeit, die Jakob bei Laban dienen mußte. Erwogen wird auch die Herkunft aus dem Slawischen (langer Laband, Labbatsch in Ostpreußen und Pommern)

30,1 ○ Rahel zu Jakob: **Schaffe mir Kinder, wenn nicht, so sterbe ich.**
Zitiert für einen absolut gesetzten Wunsch, gegenüber dem alles andere gleichgültig ist

30,32 Jakob zu Laban: **Ich will heute durch alle deine Herden gehen und aussondern alle gefleckten und bunten Schafe und alle <u>schwarzen Schafe</u>.**
Davon vielleicht: schwarzes Schaf = jmd, der in einer Gemeinschaft unangenehm auffällt und von ihr als Außenseiter betrachtet wird

31,1 Die Söhne Labans: **Nur von unseres Vaters Gut hat er** (Jakob) **solchen Reichtum <u>zuwege gebracht</u>.**
Zuwege bringen = etw zustande bringen; mit etw zuwege kommen = mit etw fertig werden

31,2 **Das Angesicht Labans ... war <u>nicht</u> gegen**(über) **ihm** (Jakob) **wie gestern und ehegestern.** (alt)
Davon vielleicht: ein Mensch, eine Sache ist nicht mehr wie gestern und ehegestern = das Verhältnis zu einem anderen, die Situation hat sich geändert

31,14 Rahel und Lea zu Jakob: **Wir haben <u>kein Teil noch Erbe</u> mehr in unseres Vaters Hause.** 2. Sam 20,1
Teil und Erbe haben = Anrecht am (zumeist) elterlichen Besitz haben

1. Mose

31,24 Gott zu Laban: **Hüte dich, mit Jakob anders zu reden als freundlich.**   5. Mose 6,12; Lk 12,15; 20,46; 1. Joh 5,21
Sich hüten = sich in acht nehmen, sich vorsehen. Ich werde mich hüten = Absage, etw Bestimmtes zu sagen oder zu tun

31,37 Jakob zu Laban: **Du hast all meinen Hausrat betastet.**
Das für einen Haushalt Erforderliche; selten noch gebraucht, dagegen nach wie vor üblich: Hausratversicherung = Versicherung der zu einem Haushalt gehörenden Sachen gegen Feuer, Wasser und Einbruch

31,40 Jakob zu Laban: **Des Tages kam ich um vor Hitze und des Nachts vor Frost, und kein Schlaf kam in meine Augen.**
Kein Schlaf kommt jmdm in die Augen = er kann nicht einschlafen

32,11 • Jakob: **Herr, ich bin zu gering aller Barmherzigkeit und aller Treue, die du an deinem Knechte getan hast.**

32,27 • Jakob: **Ich lasse dich nicht, du segnest mich denn.**

32,29 Der Bote Gottes: **Du sollst nicht mehr Jakob heißen, sondern Israel.** (alt: 28)   1. Mose 35,10; 1. Kön 18,31; 2. Kön 17,34
Israel = Gottesstreiter (wird auch als »Gott kämpft [für sein Volk]« gedeutet); erstmals an dieser Stelle; Name, der von Jakob auf alle seine Nachkommen überging

32,31 **Jakob hieß die Stätte Pniël** (Rev: Pnuël), **denn ich habe Gott von Angesicht gesehen, und meine Seele ist genesen.** (alt: 30)
Davon, im Raum des Pietismus gebraucht: Pniël-Erlebnis, Pniël-Erfahrung = Begegnung mit Gott, der Menschen durch Schwäche hindurch zu seinen Werkzeugen macht

33,13 Jakob zu Esau: **Mein Herr weiß, daß ich zarte Kinder bei mir habe, dazu säugende Schafe und Kühe; wenn sie auch nur einen Tag übertrieben würden, würde mir die ganze Herde sterben.**
Übertreiben = eine Schafherde bezüglich der Strecke überfordern, die an einem Tag zurückzulegen ist (B); in aufbauschender Weise darstellen; etw an sich Positives, Vernünftiges zu weit treiben (H)

33,15 Jakob zu Esau: **Was** (= warum) **ist's vonnöten?** (alt)
Vonnöten sein = nötig, dringend erforderlich sein

1. Mose

34,1 **Dina, Leas Tochter, … ging aus, die Töchter des Landes zu sehen.**
Davon: ausgehen, die Töchter des Landes zu (be)sehen = wird Männern auf Freiersfüßen nachgesagt

34,2 **Hamor, der des Landes Herr war …**
Davon sprachlich: Landesherr = Herrscher, Monarch eines Staates

34,3 **Sein** (Sichems) **Herz hing** an ihr (Dina).   Ps 62,11; Sir 47,21
Das Herz an jmdn, etw hängen = jmdn, etw sehr gern haben, unter allen Umständen behalten wollen

34,15 Jakobs Söhne zu Sichem und Hamor: **Wir wollen euch zu Willen sein, wenn ihr uns gleich werdet.**   1. Kön 12,7
Jmdm zu Willen sein = ausführen, tun, was jmd will, verlangt

35,17 **Es kam sie** (Rahel) **hart an** über der Geburt. (alt)
Jmdn kommt etw hart an = etw bedroht jmds Gesundheit, sein Leben (B); etw bedrängt jmdn, schmerzt ihn (H)

37,3 **Israel hatte Josef lieber als alle seine Söhne, weil er der Sohn seines Alters war, und machte ihm einen bunten Rock.**
Sohn des Alters = Spätgeborener
Bunter Rock: »den bunten Rock anziehen« bedeutete früher: zum Militärdienst eingezogen werden (H); Zusammenhang mit der Bibelstelle denkbar, aber nicht sehr wahrscheinlich

37,19 ○ Jakobs Söhne über ihren Bruder Josef: **Seht, der Träumer kommt daher!**
Charakterisierung eines stets in Gedanken versunkenen Menschen

37,26 Juda zu seinen Brüdern: **Was hilft's uns, daß wir unseren Bruder töten?**   Jer 2,18; Mt 16,26; 1. Kor 15,32; Jak 2,14
Welchen Sinn, welchen Wert hat es?

37,27 Juda zu seinen Brüdern über Josef: **Er ist unser Bruder, unser Fleisch und Blut.**   Jes 58,7
Jmds Fleisch und Blut = mit jmdm eng verwandt

37,35 Jakob: **Ich werde mit Leid hinunterfahren in die Grube.** (alt)   Ps 28,1; Jes 14,15
Davon: in die Grube, zur Grube fahren = sterben

37,36 **Die Midianiter verkauften ihn** (Josef) **in Ägypten an Potifar, des Pharao Kämmerer.**   Jer 38,7; Apg 8,27

1. Mose

Hochgestellter Hofbeamter (B); in einer Stadt zuständiger Beamter für die Verwaltung der Finanzen; Stadtkämmerer (H)

38,9 **Da Onan wußte, daß die Kinder nicht sein eigen sein sollten, ließ er's** (den Samen) **auf die Erde fallen und verderben, wenn er einging zu seines** (verstorbenen) **Bruders Frau.**

Nach Onan ist (fälschlicherweise) die Onanie benannt = Masturbation (sexuelle Befriedigung der eigenen Person durch manuelle Reizung der Geschlechtsorgane)

38,23 Juda: **Sie** (die Hure) **kann uns doch ja nicht Schande nachsagen.** (alt)

Jmdm etw nachsagen = von jmdm in dessen Abwesenheit etw behaupten, über ihn verbreiten

39,4 (Potifar) **setzte ihn** (Josef) **über sein Haus.**

Jmdn über sein Haus setzen = jmdm die Verwaltung seines Besitzes übergeben

39,7 **Es begab sich danach, daß seines** (Josefs) **Herrn Frau ihre Augen auf Josef warf.** St zu Dan 1,9

Davon im gleichen Sinn: ein Auge auf jmdn werfen = jmdn als Gegenstand des Begehrens anblicken (B+H); auch allgemeiner: sich für jmdn zu interessieren beginnen (H)

39,9 o Josef zu Potifars Frau, die ihn zum Ehebruch verführen will: **Wie sollte ich denn nun ein solch großes Übel tun und gegen** (alt: wider) **Gott sündigen?**

Aus diesem Sachverhalt: keuscher Josef; Frau Potifar = eine Verführerin

40,1 **Und es begab sich ..., daß sich der Mundschenk des Königs von Ägypten und der Bäcker versündigten an ihrem Herrn.** 2. Mose 9,34; Hiob 2,10; Dan 9,8; Apg 25,8

Sich versündigen = unrecht handeln, schuldig werden

40,20 **Da beging Pharao seinen Jahrstag.** (alt)

Davon: Jahrestag = Geburtstag (B); Tag, an dem sich vor einem Jahr oder mehreren Jahren etw Bedeutsames ereignet hat (H)

41,1-32 Der Traum des Pharao von den sieben fetten und sieben mageren Jahren

Sieben fette und sieben magere Jahre: oft im Zusammenhang mit Wohlstand und Elend eines Landes als Beispiel herangezogen

41,40 Der Pharao zu Josef: **Allein des königlichen Stuhls will ich höher sein denn du.** (alt) Est 3,1; Mt 23,2

43

1. Mose

Stuhl in der älteren Sprache = erhöhter Sitz, Thron, Ehren-, Amtssitz (siehe Richterstuhl 2. Kor 5,10); heute noch in: (akademischer) Lehrstuhl; im Raum der Katholischen Kirche: der Apostolische, Heilige, Päpstliche, Römische, bischöfliche Stuhl, der Stuhl Petri (Bezeichnung für das Amt des Papstes, den Papst als Träger des Amtes und die päpstlichen Behörden) (H)

41,43 Der Pharao über Josef: **Der ist des Landes Vater!**
Davon wohl: Landesvater; heute nur noch scherzhaft für den Regierenden eines Landes gebraucht

41,49 **Josef schüttete das Getreide auf, über die Maßen viel wie Sand am Meer.** 1. Mose 22,17; Jos 11,4; 1. Kön 5,9; Offb 20,8
Davon: wie Sand am Meer = eine unzählbare Menge

41,52 ○ Josef nennt seinen zweiten Sohn Ephraim; denn: **Gott hat mich wachsen lassen in dem Lande meines Elends.**
Zitiert als Zeugnis der Durchhilfe Gottes in schwerer Zeit

41,55 Der Pharao zu den Ägyptern: **Geht hin zu Josef; was der euch sagt, das tut.** Joh 2,5
Zitiert als Hinweis auf jmdn, der Verfügungsrecht über etw besitzt und an den man sich halten kann

42,1 Jakob zu seinen Söhnen: **Was seht ihr euch lange um?** (alt)
Sich lange umsehen = zögern, etwas Notwendiges zu tun

42,4 **Aber den Benjamin, Josefs Bruder, ließ Jakob nicht mit seinen Brüdern ziehen; denn er sprach: Es könnte ihm ein Unfall begegnen.** 1. Mose 42,38; 44,29
Fall, Unglück, Schaden, Verderben, Übel (B); ungewolltes Ereignis, bei dem Menschen verletzt, getötet werden oder Sachschaden entsteht (H)

42,6 **Als nun seine** (Josefs) **Brüder kamen, fielen sie vor ihm nieder zur Erde auf ihr Antlitz.**
2. Mose 25,20; 1. Kön 19,13; Hiob 13,24; Ps 4,7; Offb 4,7; 10,1
Gehobene Form für Gesicht; von Luther im Wechsel mit dem häufigeren »Angesicht« gebraucht und durch seine Bibelübersetzung vertraut gemacht

42,7 (Josef) **sah sie** (seine Brüder) **an und erkannte sie, aber er stellte sich fremd gegen sie.**
Sich fremd stellen, fremd tun = tun, als ob man sein(e) Gegenüber nicht kennt

42,22 Ruben zu seinen Brüdern: **Sagte ich's euch nicht ...**

Davon vielleicht: Hab' ich's nicht gesagt? = Feststellung, daß man mit einer früheren Aussage recht behalten hat

42,25 **Josef gab Befehl, ... ihnen (seinen Brüdern) ihr Geld wiederzugeben, einem jeden in seinen Sack, dazu auch <u>Zehrung auf den Weg</u>.** 1. Mose 45,21.23

Vgl: Wegzehrung = auf eine Wanderung, Reise mitgenommener Vorrat an Nahrungsmitteln

42,33 Josef zu seinen Brüdern: **Einen eurer Brüder lasset bei mir, und nehmet die <u>Notdurft</u> für euer Haus und ziehet hin.** (alt)

Das für den Lebensunterhalt Notwendige (B); Entleerung des Darms bzw der Harnblase (H); notdürftig = kaum ausreichend für etw (H)

43,9a Juda zu Jakob bezüglich Benjamin: **Ich will <u>Bürge</u> für ihn sein; <u>von meinen Händen sollst du ihn fordern</u>.**

Spr 11,15; Hiob 17,3; Sir 29,20

Bürge = jmd, der einem anderen für etw Gewähr bietet

Jmdn, etw von jmds Händen fordern = jmdn für jmdn, etw verantwortlich machen

43,9b Juda zu Jakob: **Wenn ich ihn (Benjamin) dir nicht wiederbringe ..., so will ich mein Leben lang die <u>Schuld tragen</u>.**

Dafür büßen (B); die Verantwortung für ein Unglück, einen Mißerfolg auf sich nehmen, zugewiesen bekommen (H)

43,16 Josef zu seinem Haushalter über seine Brüder: **Sie sollen <u>zu Mittag</u> mit mir <u>essen</u>.**

Die Mittagsmahlzeit einnehmen

43,23 ○ **Gehabt euch wohl!** (alt)

Mündlicher und schriftlicher Abschiedsgruß, heute: »Leb(t) wohl!«

43,29 Josef zu seinen Brüdern über <u>Benjamin</u>: **Ist das euer jüngster Bruder?**

Benjamin: Jüngster einer Familie oder Gruppe

43,32 **Die Ägypter dürfen nicht essen mit den Hebräern; denn es ist ein <u>Greuel</u> für sie.**

Gegenstände oder Handlungen, die aus geistlicher oder sittlicher Ablehnung heraus zu verabscheuen sind (B); grauenhafte, abstoßende Gewalttat; jmdm ist etw ein Greuel = es wird von ihm als höchst widerwärtig angesehen (H)

44,4 Josef durch seinen Haushalter zu seinen Brüdern: **Warum habt ihr <u>Gutes mit Bösem vergolten</u>?**

1. Mose

Gutes mit Bösem vergelten = sich undankbar und niederträchtig verhalten

44,10 Josef zu seinen Brüdern: **Bei welchem er** (der Becher) **gefunden wird, der sei mein Knecht; ihr aber sollt <u>ledig</u> sein.** (alt)
              4. Mose 30,4; Lk 4,18; 1. Kor 7,32
Frei (B); unverheiratet (B+H)

44,16 Juda zu Josef: **Womit können wir <u>uns rechtfertigen</u>?**
Sich rechtfertigen = sich gegen einen Vorwurf verteidigen (B+H), siehe auch Lk 18,14

45,12 Josef zu seinen Brüdern: **Eure Augen sehen es und die Augen meines Bruders Benjamin, daß ich <u>leibhaftig</u> mit euch rede.**
                       Kol 2,9
Mit den Sinnen unmittelbar wahrnehmbar, körperhaft, wirklich, echt

45,24 o Josef zu seinen Brüdern: **Zanket nicht auf dem Wege!**
Zitiert als Friedensmahnung

45,27 **Als er die Wagen sah, die ihm Josef gesandt hatte, um ihn zu holen, <u>wurde der Geist</u> Jakobs ... <u>lebendig</u>.**
Der Geist eines Menschen wird (wieder) lebendig = er nimmt intensiv Anteil an etw
Davon wohl: die Lebensgeister werden wieder wach = eine seelisch-geistige Ermattung weicht

46,27 **Alle <u>Seelen</u> des <u>Hauses</u> Jakobs, die nach Ägypten kamen, waren siebzig.**
2. Mose 2,1; Jos 24,15; 2. Sam 3,1; Ps 135,19; Mt 12,25; Joh 4,53; Apg 16,31
Seelen = (gezählte, lebende) Personen; siehe auch Ps 26,9
Haus = die Angehörigen der Familie, Sippe (B); Herkunft, Abstammung (H); davon: aus gutem Haus(e) = aus angesehener Familie

47,9 Jakob zum Pharao: **Wenig und böse ist <u>die Zeit meines Lebens</u> und langt nicht an die Zeit meiner Väter in ihrer <u>Wallfahrt</u>.** (alt)
Die Zeit meines Lebens: davon wohl: meine Lebenszeit = der Zeitraum bzw die Dauer des individuellen Lebens
Wallfahrt = das Leben als Wanderweg (B); aus religiösen Motiven unternommene Fahrt oder Wanderung zu einer heilig gehaltenen Stätte (H)

47,18 **<u>Als das Jahr um war</u> ...**

1. Mose

Ein Jahr ist um = es ist vergangen

47,25 Die Ägypter zu Josef: **Wir wollen dem Pharao <u>leibeigen</u> sein.** 3. Mose 19,20; 2. Kön 4,1

Persönlich und wirtschaftlich von jmdm vollständig abhängig, ohne Verfügung über sich selbst

47,29 Jakob zu Josef: **... daß du <u>die Liebe</u> und Treue <u>an mir tust</u> und begrabest mich nicht in Ägypten.**

Davon: Tu mir die Liebe (an) = sei so lieb, sei so gut

48,2 **Israel** (= Jakob) <u>**machte sich stark**</u> **und setzte sich auf im Bett.**

Davon vielleicht: sich für jmdn, etw stark machen = sich mit aller Energie für jmdn, etw einsetzen

48,19 Jakob zu Josef: **Ich <u>weiß wohl</u>, mein Sohn, ich <u>weiß wohl</u>.**
Jer 29,11; Joh 8,37; Apg 19,15

Etw wohl wissen = sich einer Sache durchaus bewußt sein

49,1 Jakob zu seinen Söhnen: **<u>Versammelt euch</u>, daß ich euch verkünde, was euch begegnen wird <u>in künftigen Zeiten</u>.**
Jos 10,6; Esr 10,7; Ps 50,5; Mt 18,20; Apg 4,31; Offb 19,17
Pred 2,16; 7,14; Jes 44,7; Mt 3,7

Sich versammeln = zusammenkommen; versammeln = zusammenrufen

Künftig = kommend, zukünftig; in künftigen Zeiten = in (ferner) Zukunft

49,5 Aus Jakobs Segen über seine Söhne: **Die Brüder Simeon und Levi, ihre Schwerter sind <u>mörderische</u> Waffen.**
Ps 144,10; Nah 3,1

Mörderisch = zum Morden gebraucht, geeignet; Mordtaten verübend (B); in hohem Maße unangenehm, abscheulich, furchtbar (H)

49,6 Aus Jakobs Segen über Simeon und Levi: **In ihrem <u>Mutwillen</u> haben sie Stiere gelähmt.** 1. Mose 39,14; 1. Kor 13,4

Mutwillen = Belieben, Willkür; vorsätzlich leichtfertiges oder boshaftes Verhalten

49,9 Aus Jakobs Segen über Juda: **Du bist <u>hochgekommen</u>, mein Sohn, vom Raube.**

Hochkommen = beruflich, gesellschaftlich vorwärtskommen

49,10 Aus Jakobs Segen über Juda: **Es wird das <u>Zepter</u> von Juda nicht weichen.** 4. Mose 24,17; Est 4,11; Ps 45,7; Hebr 1,8

1. Mose/2. Mose

Mit besonderen Verzierungen ausgeschmückter Stab als Zeichen der Macht und Würde eines Herrschers; davon: das Zepter führen, schwingen = die Führung haben, die Herrschaft ausüben (meist scherzhaft gebraucht)

49,18 ○ Aus Jakobs Segen über seine Söhne: **Herr, ich warte auf dein Heil!**
Als Prophetie auf den kommenden Messias gedeutet

49,25 Aus Jakobs Segen über Josef: **Von dem Allmächtigen seist du gesegnet mit <u>Segen oben vom Himmel herab</u>.** Mal 3,10
Davon vielleicht: Der Segen kommt von oben = Redensart bei Regenguß; aber auch zu finden in Schillers »Lied von der Glocke«: »... doch der Segen kommt von oben«

50,20 ○ Josef zu seinen Brüdern: **Ihr gedachtet es böse mit mir zu machen, aber Gott gedachte es gut zu machen.**

Das 2. Buch Mose (Exodus)

2. Mose Das 2. Buch Mose trägt auch den Namen <u>Exodus</u>
Auszug des Volkes Israel aus Ägypten (B); Auszug einer Gesamtheit, einer großen Menge (H); siehe 2. Mose 12,31

1,8 **Da kam ein neuer König auf in Ägypten, der <u>wußte nichts von Josef</u>.**
Nichts von Josef wissen = nicht über verdiente Persönlichkeiten der Vergangenheit orientiert sein; zitiert auch für jmd, der sich über Verdienste und Anordnungen eines Vorgängers hinwegsetzt

1,10 Der Pharao: **Wenn ein Krieg ausbräche, könnten sie** (die Hebräer) **<u>sich zu unsern Feinden schlagen</u>.**
Davon wohl: sich auf die andere Seite schlagen = von bisherigen Verbündeten abfallen und sich deren Gegner anschließen

1,13 **Und die Ägypter zwangen die <u>Kinder Israel</u> zu Dienst mit Unbarmherzigkeit.** (alt)
Kinder: hebräische Ausdrucksweise für Volkszugehörigkeit
Kinder Israel: gelegentlich noch verwendet für die Gesamtheit der Nachkommen Jakobs; im revidierten Text: Israeliten

1,14 (Die Ägypter) **machten ihnen** (den Israeliten) **ihr Leben sauer.**
Hiob 31,39

2. Mose

Jmdm das Leben sauer machen = ihm das Leben schwermachen (von Luther aufgegriffene deutsche Wendung; hebr.: bitter)

2,3 (Moses Mutter) **machte ein Kästlein von Rohr und verklebte es mit Erdharz und Pech und legte das Kind** (Mose) **hinein und setzte das Kästlein in das Schilf am Ufer des Nils.**

Von Mose im schwimmenden »Kästlein«: Moses = jüngstes Besatzungsmitglied, Schiffsjunge (»Moses« ist die lat. Form von »Mose«)

2,13 Mose zu einem Hebräer: **Warum schlägst du deinen Nächsten?** 2. Mose 20,16.17; Mt 5,43; Lk 10,27.29

Nächster = nahestehender, aber nicht verwandter Mensch; Nachbar, Volksangehöriger; ausgeweitet: Mitmensch

2,14a ○ Ein Hebräer zu Mose: **Wer hat dich zum Obersten oder Richter über uns gesetzt?** (alt) Jos 9,15; 10,24; 2. Chr 26,11; Dan 2,48

Oberster (Rev: Oberer oder spezielle Bezeichnungen): jmd, der in einer Gruppe, Stadt, Volk mit Machtbefugnis ausgestattet ist, in der Regel kollektiv, zusammen mit einer kleinen Zahl seinesgleichen; Mitglied der herrschenden Schicht, zB Oberhaupt, Ältester, Vorsteher, Aufseher, Beamter, Ratsherr; militärisch: Befehlshaber (B)

Davon wohl: Oberst als militärischer Rang (vgl Apg 21,31-33 Rev; alt: »oberster Hauptmann«) = höchster Dienstgrad der Stabsoffiziere (H)

Davon wohl auch: Oberster = jmd an der Spitze eines Unternehmens, einer Dienststelle (H, umgangssprachlich)

2,14b Mose: **Wie ist das laut geworden?** (alt)

Laut werden = bekanntwerden, in die Öffentlichkeit dringen

2,24 **Und Gott erhörte ihr** (der Israeliten) **Wehklagen.**
Ri 2,18; Am 5,18; 8,10

Wehklage, Wehklagen = laute Klage über einen großen Verlust, ein großes Unglück

3,5 ○ Gott zu Mose: **Zieh deine Schuhe von deinen Füßen; denn der Ort, darauf du stehst, ist heiliges Land.**

Zitiert, wenn über eine Sache gesprochen wird, die Ehrfurcht verlangt

3,6 **Mose verhüllte sein Angesicht; denn er fürchtete sich, Gott anzuschauen.** 1. Kön 19,13; Hes 12,6

2. Mose

Davon, ironisch gemeint: sein Angesicht verhüllen = drückt Erschütterung über jmds Unwissenheit aus

3,8 Gott zu Mose: **Ich bin herniedergefahren, daß ich sie** (die Israeliten) **... herausführe aus diesem Lande in ein gutes und weites Land, in <u>ein Land, darin Milch und Honig fließt</u>.**
4. Mose 14,8; Sir 46,10; Bar 1,20
Davon: ein Land, wo Milch und Honig fließt = Gebiet, wo alles im Überfluß vorhanden ist

3,13 Mose zu Gott: **Wenn ich zu den Israeliten komme und spreche zu ihnen: <u>Der Gott eurer Väter</u> hat mich zu euch gesandt ...**   2. Mose 15,2; 2. Kön 20,5; Apg 3,13; 22,14
Ein Gott, der schon den Generationen zuvor vertraut war; davon vielleicht: Gott der Väter = ein Gott, zu dem keine persönliche Beziehung, sondern nur eine über die zurückliegenden Generationen besteht

3,15 Gott zu Mose: **Der Herr, ... das ist mein Name ewiglich, dabei man mich nennen soll <u>für und für</u>.** (alt)
Für immer; ununterbrochen   Ps 90,1; 100,5; 145,13; Dan 4,31

3,19 Gott zu Mose: **Der König von Ägypten wird euch nicht ziehen lassen, er werde denn gezwungen durch <u>eine starke Hand</u>.**   4. Mose 20,20; Ri 3,10; Ps 89,14
Eine starke Macht (B); Umschreibung für: eine strenge Erziehung (H)

4,10 Mose zu Gott: **Ich hab ... eine schwere Zunge.**
Eine schwere Zunge haben = im Sprechen unbeholfen sein (B); leicht betrunken sein (H)
Davon wohl: etw geht jmdm schwer von der Zunge = etw auszusprechen fällt jmdm nicht leicht

4,15 Gott zu Mose: **Du sollst zu ihm** (Aaron) **reden und <u>die Worte in seinen Mund legen</u>.**   4. Mose 22,38; Jes 51,16
Davon: jmdm etw in den Mund legen = jmdn so beeinflussen, daß er eine bestimmte Aussage macht

4,16 Gott zu Mose: **Er** (Aaron) **soll <u>dein Mund sein</u>.**
Jmds Mund sein = jmds Sprachrohr sein

4,18 o Jitro zu Mose: **Geh hin mit Frieden.**
1. Sam 1,17; Mk 5,34; Apg 16,36
Abschiedsgruß, Abschiedswunsch; häufig in der Bibel zu finden, auch in der Formulierung: »Geh hin in Frieden«

2. Mose

4,21 Gott zu Mose: **Ich will sein** (des Pharao) **Herz <u>verstocken</u>, daß er das Volk nicht ziehen lassen wird.**
Mt 13,15; Röm 9,18; Hebr 3,13
Richtendes Handeln Gottes, das einem Menschen den Zugang zur Einsicht in das verwehrt, was zu seinem Heil ist (B)
Davon: verstockt sein = sich starrsinnig guten Argumenten verschließen (H)

5,9 Der Pharao zu seinen Vögten und Amtsleuten: **Man drücke die Leute** (die Hebräer) **mit Arbeit, daß sie <u>zu schaffen haben</u> und <u>sich nicht kehren an</u> falsche Rede.** (alt)
2. Mose 5,18; Spr 30,25 | 2. Mose 9,21
Zu schaffen haben = tätig sein müssen, um Arbeit pflichtgemäß zu bewältigen; etw schaffen = durch Arbeit etw hervor-, zustande bringen
Sich an etwas nicht kehren = sich um etw nicht kümmern

5,13 Die ägyptischen Vögte zu den Hebräern: **Erfüllt euer <u>Tagewerk</u>.**
Tägliche Arbeit, Aufgabe; Arbeit eines Tages

5,21 Die Aufseher der Israeliten zu Mose und Aaron: **Der Herr richte es, daß ihr unseren <u>Geruch stinkend gemacht</u> habt vor Pharao.** (alt) 2. Kor 2,16
Davon: im Geruch stehen als = betrachtet, angesehen werden als

Kap 7-11 Bericht über die zehn <u>Plagen</u>, die Gott über die <u>Ägypter</u> kommen ließ
2. Mose 9,14; vgl 1. Sam 4,8
Davon: ägyptische Plagen = dicht aufeinander folgende extreme Notstände

7,3 Gott zu Mose: **Ich will ... viele <u>Zeichen und Wunder</u> tun in Ägyptenland.** Ps 78,43; Jer 32,20; Dan 6,28; Apg 2,43; Röm 15,19
Davon: Es geschehen noch Zeichen und Wunder! = Ausruf des Erstaunens, der Überraschung, besonders über ein nicht mehr erwartetes oder für möglich gehaltenes Geschehen

7,16 Mose zum Pharao: **Du hast bisher <u>nicht hören wollen</u>.**
3. Mose 26,21; Jes 30,9; Hes 12,2
Nicht zur Kenntnis nehmen, nicht gehorchen wollen

7,23 **Der Pharao ... <u>nahm's</u> nicht <u>zu Herzen</u>.**
Jer 44,21; Mal 2,2; Weish 4,15; Lk 21,14
Sich etw zu Herzen nehmen = etw beherzigen, Folgerungen aus etw ziehen (B); an etw Anteil nehmen (H)

2. Mose

8,11   **Als der Pharao merkte, daß er <u>Luft gekriegt</u> hatte, verhärtete er sein Herz.**
Davon: (wieder) Luft kriegen = die Besserung einer (geschäftlichen) Notlage erleben

8,15   ○ Die Zauberer zum Pharao: **Das ist Gottes Finger.**
Hinweis auf Gottes Handeln, Eingreifen

8,22   Mose zum Pharao: **Siehe, wenn wir vor ihren** (der Ägypter) **Augen opfern, was ihnen ein Greuel ist, werden sie uns dann nicht <u>steinigen</u>?**
          2. Mose 17,4; 19,13; 1. Kön 21,10; Mt 23,37; Apg 7,58; Hebr 11,37
Meistgeübter Vollzug der Todesstrafe in der Antike; in Israel von Gott für bestimmte Vergehen festgelegt (B); eher scherzhafte Androhung einer kräftigen Mißbilligung (H)

10,21.22 Gott zu Mose: **Recke deine Hand gen Himmel, daß es <u>so finster</u> werde <u>in Ägyptenland, daß man's greifen mag</u>** (= kann) **... Da ward eine <u>dicke Finsternis</u> in ganz Ägyptenland drei Tage.** (alt)
Davon: eine ägyptische Finsternis = eine totale Finsternis
Davon: finster, daß man es (geradezu) mit Händen greifen kann = stockdunkel
Davon: dicke, dichte Finsternis = Dunkel, in dem man nichts erkennen kann

10,25   Mose zum Pharao: **Du mußt uns auch Opfer und <u>Brandopfer</u> geben.** (alt)
Das Ganzopfer eines Tieres, in der Septuaginta, dem griechischen Text, *holokautoma,* hernach im lateinischen Vulgatatext *holocaustum.* Daraus wurde für eine amerikanische Fernsehserie über den Judenmord im Dritten Reich der Begriff »Holocaust« gebildet

10,28   Der Pharao zu Mose: **Hüte dich, daß du mir <u>nicht mehr vor die Augen kommst</u>.**
Davon: jmdm nicht mehr vor (unter) die Augen kommen dürfen = vor jmdm nicht mehr erscheinen dürfen, jmdm nicht mehr erwünscht sein

11,3   **Mose war ein sehr <u>großer Mann</u> in Ägyptenland.** (alt)
Einflußreiche, angesehene Persönlichkeit

11,7   Gott zu Mose: **Gegen ganz Israel soll nicht ein Hund <u>mucken</u>, weder gegen Mensch noch Vieh.**
Mucken = einen Brummlaut von sich geben; davon sprachlich:

	gegen etw aufmucken = weil man mit etw nicht einverstanden ist, dagegen aufzubegehren versuchen
12,3	Gott zu Mose und Aaron: **Am zehnten Tage dieses Monats nehme jeder <u>Hausvater</u> ein Lamm.** Mt 13,27.52; 24,43 Familienoberhaupt (B); Leiter einer Anstalt, eines Heims oä (H)
12,4	Gott zu Mose und Aaron: **... bis es so viele sind, daß sie das Lamm <u>aufessen</u> können.** Ganz verzehren; nichts (auf dem Teller) übriglassen
12,11	Gott zu Mose und Aaron: **Ihr** (die Israeliten) **... sollt es** (das Lamm) **essen als die, die hinwegeilen, es ist des Herrn <u>Passa</u>.** 2. Mose 12,43; 2. Kön 23,21; Mt 26,2; Lk 2,41; Hebr 11,28 Davon: Passafest = jüdisches Fest zum Gedenken an den Auszug aus Ägypten
12,19	Gott zu Mose und Aaron: **Wer gesäuertes Brot ißt, der soll ausgerottet werden aus der Gemeinde Israel, auch ein Fremdling oder ein <u>Einheimischer</u> des Landes.** Hes 47,22 Einheimisch = in einer bestimmten Gegend lebend und dort ansässig (B+H); aus dem eigenen Land stammend, dort vorkommend, wachsend, entstanden, üblich (H)
12,31	Der Pharao zu Mose und Aaron: **Macht euch auf und <u>zieht aus</u> von meinem Volk, ihr und <u>die Kinder Israel</u>.** (alt) Davon: Auszug der Kinder Israel = ihr Exodus aus Ägypten (B); der auffallende (demonstrative) Weggang einer größeren Gruppe (scherzhaft) (H)
13,9	Gott zu Mose: **Darum soll dir's** (das Fest der ungesäuerten Brote) **sein ein Zeichen in deiner Hand und ein <u>Denkmal</u> vor deinen Augen.** (alt) Erinnerung, Erinnerungszeichen (B); zum Gedächtnis an eine Person oder ein Ereignis errichtete größere plastische Darstellung (H)
13,14	Gott durch Mose zum Volk Israel: **Wenn dich <u>heute oder morgen</u> dein Sohn fragen wird: Was bedeutet das? ...** Wann auch immer in Zukunft (B); in allernächster Zeit (H)
14,4	Gott zu Mose: **Ich will ... an aller seiner** (des Pharao) **Macht <u>Ehre einlegen</u>.** (alt) 1. Makk 5,57 Mit jmdm, etw Ehre einlegen = damit seine eigene Macht und Größe beweisen (B+H); mit jmdm, etw keine Ehre einlegen können = mit jmdm, etw keinen großen Eindruck machen, sich damit nicht besonders hervortun können (H)

2. Mose

14,7 (Der König von Ägypten) **nahm sechshundert <u>auserlesene</u> Wagen ...** Ri 20,15; 2. Kön 19,23; 1. Chr 7,40; 1. Makk 15,26
Auserlesen = aus der Menge als vorzüglich ausgesucht; fein, von besonderer Güte (B); intensivierend bei Adjektiven: sehr, überaus (H)

14,12 Die Israeliten zu Mose: **Ist's nicht das, was wir dir sagten in Ägypten: <u>Höre auf</u> und laß uns den Ägyptern dienen?** (alt)
2. Chr 25,16
Hör auf! = kategorische Forderung an jmdn, sein Reden, Tun zu beenden

15,6 Aus Moses Lobgesang: **Herr, deine <u>rechte Hand</u> tut große Wunder.** Ps 20,7; 63,9; 98,1; Apg 2,33
Gewöhnlich die stärkere und geschicktere und darum mehr leistend als die linke; der Platz zur Rechten = der Ehrenplatz

15,7 Aus Moses Lobgesang: **Mit deiner großen Herrlichkeit hast du deine Widersacher <u>gestürzt</u>.** Sir 1,27.37; 10,16
Davon: einen Machthaber, eine Regierung stürzen = sie aus dem Amt vertreiben

15,9 Aus Moses Lobgesang: **Der Feind gedachte: Ich will ... <u>meinen Mut an ihnen kühlen</u>.** Hiob 16,10
Von Luther aufgenommene deutsche Wendung (für »meine Gier sättigen« des Urtextes); bei Luther selbst auch schon in der Form: sein Mütchen an jmdm kühlen = seinen Übermut, Zorn an jmdm sättigen, auslassen

15,11 Aus Moses Lobgesang: **Herr, wer ist dir gleich, ... der so mächtig, heilig, <u>schrecklich</u>, löblich und wundertätig ist?**
Hiob 37,22; Joel 3,4; Hebr 10,27.31
Entsetzen erregend und verbreitend (B+H); auf Menschen bezogen: unleidlich, unerträglich (H)

15,18 Aus Moses Lobgesang: **Der Herr wird König sein <u>immer und ewig</u>.** Ps 45,7; 111,8
Wortpaar, das »ewig« bekräftigt; siehe 1. Mose 9,12

15,19 Aus Moses Lobgesang: **Pharao zog hinein ins Meer <u>mit Rossen und Wagen und Reitern</u>, und der Herr ließ das Meer wieder über sie fallen.** (alt) Ps 20,8
Daraus der Vers, der in Deutschland nach den Befreiungskriegen gegen die Heere Napoleons in Umlauf kam: »Mit Mann und Roß und Wagen hat sie der Herr geschlagen«

2. Mose

16,3 Die Israeliten: **Wollte Gott, wir wären in Ägypten gestorben durch des Herrn Hand, als wir bei den Fleischtöpfen saßen.**
Wollte Gott = religiös geprägte Wunschbekräftigung
Fleischtöpfe: davon: sich nach den Fleischtöpfen Ägyptens sehnen = sich in ein früheres (angebliches) Wohlleben zurückwünschen

16,4 Gott zu Mose: **Das Volk soll hinausgehen und** (von dem Manna) **sammeln täglich, was es des Tages (be)darf.** (alt)
Davon: Tagesbedarf = das für einen Tag Notwendige

16,20 **Etliche ließen davon** (vom Manna) **übrig bis morgen; da wuchsen Würmer darinnen.** (alt)
Davon vielleicht: Da ist der Wurm drin = da stimmt etwas nicht

16,35 **Die Israeliten aßen Manna vierzig Jahre lang.** Ps 78,24
Davon: vom Manna leben = versorgt sein

17,16 Mose: **Der Herr führt Krieg gegen Amalek von Kind zu Kindeskind.** Ps 45,18; Lk 1,48
In allen künftigen Generationen

18,22 Jitro zu Mose: **... wo eine große Sache ist, daß sie** (die Israeliten) **dieselbe an dich bringen.** (alt)
Bedeutende, wichtige Angelegenheit

20,2-17 • Die Zehn Gebote (Dekalog) 5. Mose 5,6-21
(2) **Ich bin der Herr, dein Gott, der ich dich aus Ägyptenland, aus der Knechtschaft, geführt habe.**
(3) **Du sollst keine anderen Götter haben neben mir.**
(4) **Du sollst dir kein Bildnis noch irgendein Gleichnis machen, weder von dem, was oben im Himmel, noch von dem, was unten auf Erden, noch von dem, was im Wasser unter der Erde ist:**
(5) **Bete sie nicht an und diene ihnen nicht! Denn ich, der Herr, dein Gott, bin ein eifernder Gott, der die Missetat der Väter heimsucht bis ins dritte und vierte Glied an den Kindern derer, die mich hassen, (6) aber Barmherzigkeit erweist an vielen Tausenden, die mich lieben und meine Gebote halten.**
(7) **Du sollst den Namen des Herrn, deines Gottes, nicht mißbrauchen; denn der Herr wird den nicht ungestraft lassen, der seinen Namen mißbraucht.**

2. Mose

(8) Gedenke des Sabbattages, daß du ihn heiligest. (9) Sechs Tage sollst du arbeiten und alle deine Werke tun. (10) Aber am siebenten Tage ist der Sabbat des Herrn, deines Gottes. Da sollst du keine Arbeit tun, auch nicht dein Sohn, deine Tochter, dein Knecht, deine Magd, dein Vieh, auch nicht dein Fremdling, der in deiner Stadt lebt. (11) Denn in sechs Tagen hat der Herr Himmel und Erde gemacht und das Meer und alles, was darinnen ist, und ruhte am siebenten Tage. Darum segnete der Herr den Sabbattag und heiligte ihn.

(12) Du sollst deinen Vater und deine Mutter ehren, auf daß du lange lebest in dem Lande, das dir der Herr, dein Gott, geben wird.

(13) o Du sollst nicht töten.

(14) o Du sollst nicht ehebrechen.

(15) o Du sollst nicht stehlen.

(16) Du sollst nicht falsch Zeugnis reden wider deinen Nächsten.

(17) Du sollst nicht begehren deines Nächsten Haus. Du sollst nicht begehren deines Nächsten Weib, Knecht, Magd, Rind, Esel noch alles, was dein Nächster hat.

20,24 Gott zum Volk Israel: **An welchem <u>Ort</u> ich meines <u>Namens Gedächtnis stiften</u> werde, da will ich zu dir kommen und dich segnen.** (alt)   Ps 111,14; Hebr 9,18

Davon (im Zusammenhang mit 2. Mose 33,7 und vielen weiteren Stellen, wo Luther »Hütte des Stifts« übersetzt): Stiftshütte = bewegliches Heiligtum, in dem Gott seit der Gesetzgebung am Sinai wohnte (B)

Stiften = feierlich gründen, einsetzen (B); größere finanzielle Mittel zur Gründung und Förderung von etw zur Verfügung stellen (davon: Stift); als Spende übergeben; für einen bestimmten Zweck zur Verfügung stellen (H)

21,11 Aus den Rechtsordnungen Gottes für Israel: **Erfüllt er** (der Mann) **an ihr** (der geheirateten Sklavin) **diese drei Pflichten nicht, so soll sie umsonst freigelassen werden, ohne <u>Lösegeld</u>.**
                                                                            4. Mose 3,46.49

Summe, mit der ein Sklave oder ein verpfändetes Grundstück freigekauft wird; im Neuen Testament (der Sache nach, aber sprach-

	lich erst seit der Revision: Mk 10,45): Jesu Lebenshingabe für die wegen ihrer Schuld dem Tod/der Verdammnis verfallenen Menschen (B); Geldbetrag, mit dem ein Gefangener, eine Geisel freigekauft werden soll (H)
21,20	Aus den Rechtsordnungen Gottes für Israel: **Wer seinen Sklaven oder seine Sklavin schlägt mit einem Stock, daß sie <u>unter seinen Händen sterben</u>, der soll dafür bestraft werden.**
	Jmdm unter den Händen sterben = sterben, während man sich mit dem Betreffenden beschäftigt
21,24	○ Aus den Rechtsordnungen Gottes für Israel: **Auge um Auge, Zahn um Zahn.**
	Vergehen gegen Leib und Leben werden in gleichem Umfang gerächt (Altes Testament); Jesus nimmt gegen die Aussage des Alten Bundes Stellung und heißt seine Jünger, »dem Übel nicht zu widerstreben« (Mt 5,38 – Neues Testament); Gleiches wird mit Gleichem vergolten (H)
22,1	Aus den Rechtsordnungen Gottes für Israel: **Wenn ein <u>Dieb</u> ergriffen wird, daß er <u>einbricht</u> ...** (alt: 2) Hiob 24,16
	Davon: Einbruch(s)diebstahl = nach (gewaltsamem) Einbrechen in ein Haus, einen Raum verübter Diebstahl
22,15	Aus den Rechtsordnungen Gottes für Israel: **Wenn jemand eine Jungfrau <u>beredet</u>, die noch nicht verlobt ist, und ihr beiwohnt ...** Jos 15,18; 2. Chr 18,2; Jer 43,3; Lk 6,11
	Bereden = überreden, durch heftiges Zureden umstimmen (B+H); über eine Sache miteinander reden; beraten (auch: sich bereden) (H)
22,20	Aus den Rechtsordnungen Gottes für Israel: **Die Fremdlinge sollst du nicht <u>schinden</u> noch unterdrücken.** (alt: 21)
	Ursprünglich: die Haut abziehen; übertragen: mißhandeln, plagen, bedrücken (B); jmdn durch übermäßige Inanspruchnahme seiner Leistungsfähigkeit quälen (H)
22,21	Aus den Rechtsordnungen Gottes für Israel: **Ihr sollt keine <u>Witwen und Waisen</u> beleidigen.** (alt: 22)
	Jes 9,16; Jer 7,6; Mal 3,5; Jak 1,27 | Lk 6,28; 2. Kor 7,12
	Witwen und Waisen = Stabreim, der zwei besonders schutzbedürftige Menschengruppen zusammenfaßt; in der Computersprache: Daten und Kommandos, die sich von Programmen un-

2. Mose

gewollt und unerwünscht auf die Festplatte übertragen und zu Störungen führen können (= Zurückgelassenes)
Beleidigen = sich durch Gedanken, Worte oder Taten an seinem Nächsten vergreifen (B); jmdn durch eine Äußerung oder Handlung in seiner Ehre angreifen, verletzen (H)

22,27 Aus den Rechtsordnungen Gottes für Israel: **Den Obersten in deinem Volk sollst du nicht lästern.** (alt: 28)

Ps 41,7; 73,8; Jes 60,14; Lk 23,29; Eph 4,31

Lästern, Lästerung = Schmähung und Beschimpfung eines anderen durch Wort und Tat (B); lästern über = sich über jmdn, der abwesend ist, abfällig, mit kritischen, ein wenig boshaften Kommentaren äußern (H). »Gott lästern« siehe Ps 10,13

23,6 Aus den Rechtsordnungen Gottes für Israel: **Du sollst das Recht deines Armen nicht beugen in seiner Sache.**

1. Sam 8,3; Hiob 34,12; Spr 17,23; Klgl 3,35

Davon: Rechtsbeugung = in der Rechtssprache: bei der Entscheidung einer Rechtssache im Amt begangenes Delikt der vorsätzlich falschen Anwendung des Rechts oder der Verfälschung von Tatsachen zugunsten oder zum Nachteil einer Partei

23,7 Aus den Rechtsordnungen Gottes für Israel: **Ich lasse den Schuldigen nicht Recht haben.** Hiob 9,15; 11,2; 34,6

Recht haben = im Recht sein
Vgl: Rechthaber = jmd, der seine Meinung stets für die richtige hält

23,21 Gott zum Volk Israel: **Er** (der Engel) **wird euer Übertreten nicht vergeben.** 4. Mose 14,41; Dan 9,11; Mt 15,3; Röm 2,27

Übertreten = gegen Gottes Gebote oder eines Regenten Anordnungen verstoßen (B); gegen eine Verordnung (vor allem bezüglich des Straßenverkehrs) verstoßen (H)

25,2 Gott zu Mose: **Sage den Kindern Israel, daß sie mir ein Hebopfer geben.** (alt) 2. Mose 29,27; 3. Mose 10,14

Als heilig angesehene Opfergabe, die als Teil von einem Ganzen zugunsten des Heiligtums oder seiner Priester »erhoben« wurde; auch einfach »Hebe« als erhobene Leistung (alt: 2. Mose 30,15; 3. Mose 7,14.32; 22,12; 4. Mose 31,52) (B)

Vgl: Hebesatz = von den Gemeinden für ein Rechnungsjahr zu bestimmender Prozentsatz bei Gewerbe- und Grundsteuer (H)

2. Mose

25,25 Gott zu Mose: **Eine Leiste ringsherum** (um den Tisch für die Schaubrote sollst du machen) **eine Handbreit hoch.**
1. Sam 17,4; Ps 39,6; Hes 40,5
Maßeinheit = die Breite einer Hand; allgemein: sehr kleine Strecke, geringer Abstand

26,1 Gott über die Zeltdecken der Stiftshütte: **Cherubim sollst du dran machen künstlich.** (alt)
Kunstvoll (B); diese Bedeutung noch erhalten in einer Zeile des bekannten Liedes »Lobe den Herren, den mächtigen König der Ehren«, in der 3. Strophe heißt es: »Lobe den Herren, der künstlich und fein dich bereitet«
Nicht natürlich, sondern mit chemischen und technischen Mitteln nachgebildet; gekünstelt, unnatürlich (H)

26,33 Gott zu Mose: **Du sollst den Vorhang an die Haken hängen ..., daß er euch eine Scheidewand sei zwischen dem Heiligen und dem Allerheiligsten.** 1. Kön 6,16; Hes 41,4; Hebr 9,3
Allerheiligstes = innerster Bereich der Stiftshütte und des Tempels (B); etw, was einem Menschen das wichtigste seiner Güter ist; ein Raum, zu dem nicht jeder Zutritt hat (H)

28,30 Gott zu Mose: (Aaron) **trage das Amt der Kinder Israel auf seinem Herzen vor dem Herrn allewege.** (alt)
Ps 40,12.17; Joh 7,6; Phil 4,4; 1. Thess 2,16
Auch: allerwege = überall und immer; unaufhörlich

28,41 Gott zu Mose: **... und sollst sie** (Aaron und seine Söhne) **salben und ihre Hände füllen und sie weihen, daß sie meine Priester seien.** Ri 17,5; 1. Kön 13,33; Hes 43,26
»Die Hände füllen« war eine besondere Opfersitte bei der Priesterweihe im Alten Bund (B); jmdm die Hände füllen = ihn für eine Aufgabe mit den nötigen Mitteln ausstatten (H)
Weihen: davon: Priesterweihe = vom Bischof vollzogene Weihe eines katholischen Geistlichen zum Priester (H)

30,25 Gott zu Mose: **Mache ein heiliges Salböl nach der Apotheker Kunst.** (alt) Sir 38,7; 49,1
Berufsbezeichnung. Im Mittelhochdeutschen war die »Apotheke« eigentlich nur ein Lagerraum und der »Apotheker« sein Verwalter, wobei die Ware aus Heilkräutern bestand. Nicht ausgeschlossen, daß Luther mit seiner Übersetzung an der Aufwertung der Berufsbezeichnung beteiligt war

2. Mose

30,34.35 Gott zu Mose: **Nimm dir Spezerei ... und reinen <u>Weihrauch</u> ... und mache <u>Räucherwerk</u> daraus.**
Hld 3,6; Jes 43,23; Jer 6,20; Mt 2,11; Offb 18,13
Spr 27,9; Jes 1,13; Offb 5,8; 8,3.4; 18,13

Weihrauch = Harz eines in Arabien und Indien wachsenden Strauches, das beim Verbrennen einen aromatisch duftenden Rauch entwickelt; Grundbestandteil der Weihrauchmischung (Räucherwerk), oft kurz »Weihrauch« genannt. Im israelitischen Gottesdienst als selbständiges Räucheropfer verbrannt oder als Zutat zum Speisopfer; in der katholischen Kirche und den orthodoxen Kirchen mit reicher Symbolik (vgl dazu Ps 141,2; Offb 5,8; 8,3.4 und den »Wohlgeruch« in 2. Kor 2,14-16) mannigfach im Gottesdienst verwendet

Von diesem Brauchtum: jmdm Weihrauch streuen, jmdn beweihräuchern = jmdn übertrieben loben, ehren

31,14 Gott zu Mose: **Darum <u>haltet</u> meinen <u>Sabbat</u>.**   3. Mose 26,2

Den Sabbat halten = das Gebot Gottes über die Heiligung des Sabbats befolgen (B); davon: Sabbatarier, Sabbatist = Anhänger einer christlichen Sekte, die nach jüdischer Ordnung den Sabbat einhält (H)

31,15 Gott zu Mose: **Am siebten Tag ist <u>Sabbat</u>, die heilige <u>Ruhe</u> des Herrn. Wer eine Arbeit tut am <u>Sabbattag</u>, soll des Todes sterben.** (alt)   1. Mose 2,3; 2. Mose 20,11

Davon: Sabbatruhe, und daraus entwickelt: Sonntagsruhe = die am Sonntag einzuhaltende Arbeitsruhe

Davon: Ruhetag = Tag, an dem nicht gearbeitet wird

32,1 Das Volk Israel zu Aaron: **<u>Mache uns Götter</u>, die vor uns hergehen.** (alt)   2. Mose 20,23; Ri 8,33; 1. Kön 14,9; Jer 16,20; Apg 7,40

Davon wohl: sich jmdn, etw zu seinem Gott machen = jmdn, etw zu seinem höchsten Gut erklären und ihn, es abgöttisch lieben

32,4.19 (Aaron) **bildete das <u>Gold</u> in einer Form und machte ein gegossenes <u>Kalb</u>. Und sie** (das Volk) **sprachen: Das ist dein Gott, Israel, der dich aus Ägyptenland geführt hat! Als Mose aber nahe zum Lager kam und das <u>Kalb</u> und das <u>Tanzen</u> sah, entbrannte sein Zorn.**   1. Kön 12,28

Davon: Tanz um das Goldene Kalb = Geldgier; Abhängigkeit von der Macht des Geldes

2. Mose

32,9 Gott zu Mose: **Ich sehe, daß es ein halsstarriges Volk ist.**
Ri 2,19; Hiob 15,26; Spr 29,1; Hab 2,4; Apg 7,51
Halsstarrig = eigensinnig; gegen bessere Einsicht auf seinem Willen beharrend

32,17 **Da nun Josua hörte des Volkes Geschrei, daß sie jauchzten ...** (alt) Ps 66,1; 98,4
Jauchzen = seiner Freude und Begeisterung durch Rufe, Schreie Ausdruck geben; ursprünglich: juchzen; davon: der Juchzer = Freudenschrei

32,20 **Mose nahm das Kalb, das sie gemacht hatten, und ... zermalmte es zu Pulver.**
Davon: Kalb Moses = dummer, einfältiger Mensch; noch nicht voll erwachsener, herumalbernder Mensch (vgl kalbern)

32,27 Mose zu den Söhnen Levi: **Ein jeder gürte sein Schwert um die Lenden.** Neh 4,12
Davon: das Schwert um die Lenden gürten = sich zum Kampf (besonders des Geistes) rüsten

32,33 Gott zu Mose: **Ich will den aus meinem Buch tilgen, der an mir sündigt.** Ps 51,3; Jes 43,25; Tob 12,9; Apg 3,19; Kol 2,14
Tilgen = in einem Buch, zB Lebens- oder Schuldenbuch, auslöschen (B); als fehlerhaft, nicht mehr gültig, unerwünscht oä gänzlich beseitigen; auslöschen, ausmerzen; durch Zurückzahlen beseitigen, ausgleichen, aufheben (H)

33,11 **Der Herr redete mit Mose von Angesicht zu Angesicht.**
Auge in Auge Ri 6,22; 1. Kor 13,12

33,13 Mose zu Gott: **Hab ich Gnade vor deinen Augen gefunden, so laß mich deinen Weg wissen.** Hiob 10,2; 13,23; 1. Kor 11,3; Kol 2,1
Jmdn etw wissen lassen: jmdn über etw in Kenntnis setzen

34,25 Gott zu Mose: **Das Opfer des Osterfests soll nicht über Nacht bleiben bis an den Morgen.** (alt)
Osterfest: Luther bezeichnet so das jüdische Passafest (vgl 2. Mose 12). Der Zusatz »-fest« ist vermutlich von dieser Stelle her auch für Weihnachten und Pfingsten üblich geworden

38,9 (Bezalel) **machte den Vorhof** (der Stiftshütte).
1. Kön 6,36; Neh 8,16; Ps 65,5; 84,3.11; Mk 14,68
Abgegrenzter Raum um die Stiftshütte und den Tempel; der Teil des Heiligtums, der dem Volk zugänglich war (B); vor einem Gebäude gelegener Hof (H)

Im pietistischen Sprachgebrauch: religiöser Bereich, in dem bewußtes Christsein nicht oder noch nicht vorhanden ist (Offb 11,2)

Das 3. Buch Mose (Levitikus)

3. Mose Das 3. Buch Mose trägt auch den Namen Leviticus (oder -kus) = »das levitische«, weil es vor allem Ordnungen Gottes für den Dienst der dem Stamm Levi angehörenden Priester und ihrer Helfer enthält. Im engeren Sinn heißen Leviten die mit den nichtpriesterlichen Aufgaben am Heiligtum Betrauten, neben den Hilfsdiensten zB Torhüter, Sänger/Musikanten, Schatzmeister
5. Mose 27,14; 2. Chr 35,3; Esr 10,5; Lk 10,32; Apg 4,36

Davon: jmdm die Leviten lesen = ursprünglich: aus den Vorschriften für Leviten vorlesen (B); jmdn wegen eines tadelnswerten Verhaltens nachdrücklich zur Rede stellen (H)

4,2 Aus dem Gesetz über Sündopfer: **Wenn jemand <u>aus Versehen</u> gegen irgendein Gebot des Herrn sündigte ...**
Aus Unachtsamkeit, ohne Absicht

5,12 Aus dem Gesetz über Sündopfer: **Der Priester soll <u>eine Handvoll</u> davon (Mehl) nehmen als Gedenkopfer.**
3. Mose 16,12; 1. Kön 17,12

Soviel eine Hand aufzunehmen vermag

9,24 **Da alles Volk das sah, <u>frohlockten</u> sie und fielen auf ihr Antlitz.** Ps 25,2; 42,5; 63,8; 95,1; 100,2; Apg 2,26
Frohlocken = seiner Freude laut Ausdruck geben, triumphieren (B); lebhafte Schadenfreude empfinden (H)

10,1 **Aarons Söhne Nadab und Abihu ... brachten ein <u>fremdes Feuer</u> vor den Herrn, das er ihnen nicht geboten hatte.**
Davon im Pietismus: fremdes Feuer auf den Altären = fremder, gottwidriger Geist unter Gottes Volk

10,20 **Als Mose das hörte, <u>ließ</u> er <u>sich's gefallen</u>.**
5. Mose 33,11; Ps 40,14; Dan 4,24

Sich etw gefallen lassen = etw (gnädig) annehmen, auf eine Bitte, einen Wunsch eingehen (B); Unangenehmes hinnehmen, über sich ergehen lassen (H)

Kap 11 Dieses Kapitel bringt die Gesetze über <u>reine und unreine Tiere</u>:

Anordnungen, was gegessen werden darf und was nicht. Was die Israeliten essen durften (in der Praxis wichtig sind noch heute die Trennung von Fleisch- und Milchküche nach 2. Mose 23,19 und die Bestimmung über das Blut; siehe 3. Mose 17,11), war »koscher« – ein Begriff, der in die deutsche Umgangssprache eingegangen ist = einwandfrei, erlaubt. Meist negativ gebraucht: Die Sache ist nicht ganz koscher

11,43 Gott zu Mose und Aaron: **Macht eure Seele nicht zum Scheusal und verunreinigt euch nicht an ihnen** (den kriechenden unreinen Tieren), **daß ihr euch besudelt.** (alt)   5. Mose 28,37
Gegenstand des Ekels, Abscheus (B); widerliches Tier; roher, brutaler Mensch, dessen Handeln mit Abscheu erfüllt; abstoßend häßlicher Mensch (H)

13,37 Aus der Verordnung über die Feststellung von Aussatz: **Ist es vor Augen, daß der Grind stehengeblieben und schwarzes Haar dort aufgegangen ist ...**   1. Sam 16,7; Ps 26,3; Eph 6,6
Vor Augen sein = sichtbar, offenbar sein
Vor aller Augen = für niemand verborgen

16,4 Gott zu Mose: (Aaron) **soll ... den leinenen Hut aufhaben.** (alt)
Einen Hut aufhaben = einen Hut tragen

16,21 Gott zu Mose: **Aaron soll ... alle Missetat der Israeliten ... dem Bock auf den Kopf legen und ihn ... in die Wüste bringen lassen.**
Davon: Sündenbock = Ziegenbock, auf den am Versöhnungstag jeden Jahres der Hohepriester symbolisch die ganze angehäufte Schuld des Volkes legte und ihn dann in die Wüste jagte (B); jmd, auf den man eigene oder die Schuld anderer abwälzt (H)
Davon: jmdn in die Wüste schicken = jmdn, mit dem man unzufrieden ist, entlassen (H)

16,29 Gott zu Mose: **Am zehnten Tag des siebten Monats sollt ihr euren Leib kasteien.** (alt)
Den Leib kasteien = fasten (B); vgl: sich kasteien (Dan 10,12 alt) = sich als Bußübungen Schmerzen, Entbehrungen auferlegen; enthaltsam leben (B+H)

17,11 ○ Gott zu Mose: **Des Leibes Leben ist im Blut.**   3. Mose 7,26.27
Die elementare Aussage über die Heiligkeit des Blutes im Alten

3. Mose

Bund. Sie kommt vor allem im Verbot des Blutgenusses zum Ausdruck

18,4 Gott zu Mose: **Meine Satzungen sollt ihr halten, daß ihr darin wandelt.** 4. Mose 15,15; Lk 1,6; Kol 2,20

Satzungen = die göttlichen Gebote (B); Satzung = schriftlich niedergelegte rechtliche Ordnung (H)

18,21 Gott zu Mose: **Du sollst auch nicht eins deiner Kinder geben, daß es dem Moloch geweiht werde.** Apg 7,43

Im Alten Orient als Gott angebetet, der Kinderopfer verlangte (B); davon = grausame Macht, die immer wieder neue Opfer fordert und alles zu verschlingen droht (H)

19,3 Gott zu Mose: **Haltet meine Feiertage.** Kol 2,16

Feiertag: im Gesetz des Alten Bundes als Ruhe- oder Festtag bezeichneter Tag, insbesondere der Sabbat (B); jährlich wiederkehrender arbeitsfreier Gedenktag (H)

19,18 ○ Gott: **Du sollst deinen Nächsten lieben wie dich selbst.**
Mt 22,39

Davon: Nächstenliebe = von Gott für sein Volk Alten und Neuen Bundes als verbindlich vorgeschriebene Haltung zum Volksgenossen bzw. Mitmenschen, begründet durch die Liebe Gottes zu uns Menschen (B); innere Einstellung, aus der heraus jmd bereit ist, seinen Mitmenschen zu helfen, Opfer zu bringen (H)

19,32 ○ Gott: **Vor einem grauen Haupt sollst du aufstehen und die Alten ehren.** Hiob 32,7; Spr 20,29; 1. Tim 5,1

Gebot Gottes für Einstellung und Verhalten zu Menschen reiferen Lebensalters, in biblischer Zeit schon ab 40 bis 50 Jahren

Aufstehen als Zeichen der Ehrerbietung, wenn jmd zu einer sitzenden Runde tritt

Davon: ein graues Haupt ehren = dem Alter Respekt erweisen

19,35 Gott: **Ihr sollt nicht ungleich handeln ... mit der Elle, mit Gewicht, mit Maß.** (alt) Spr 20,10; Mi 6,10.11; Mt 7,2

Davon: überall die gleiche Elle anlegen = alles gleichartig bewerten

Davon: mit gleichem Maß messen = an alle den gleichen Maßstab anlegen

20,4 Gott: **Wenn das Volk des Landes bei dem Menschen durch die Finger sehen würde, der eins seiner Kinder dem Moloch gegeben hat ...**

3. Mose

Das Vergehen eines anderen bewußt übersehen. Von Luther aufgegriffene deutsche Wendung; hebräisch: seine Augen verhüllen vor ...

20,17 Gott: **Wenn jemand seine Halbschwester nimmt, seines Vaters Tochter oder seiner Mutter Tochter, und sie miteinander Umgang haben, so ist das <u>Blutschande</u>.**
Blutschande = Geschlechtsverkehr zwischen engsten Blutsverwandten (B); Inzest (H)

20,21 Gott: **Wenn jemand seines Bruders Weib nimmt, das ist eine <u>schändliche</u> Tat.** (alt)   1. Sam 3,13; Hos 2,7; Röm 1,26
Schändlich = etw, was eine Schande ist; was den Menschen, als Abbild Gottes, verunehrt (B); so geartet, daß man es als niederträchtig empfindet; unerhört, überaus schlecht (die Straße ist in einem schändlichen Zustand); intensivierend bei Adjektiven: sehr, überaus (das Kleid war schändlich teuer) (H)

21,5 Aus den Gesetzen für die Priester: (Ein Priester) **soll keine <u>Platte</u> machen auf seinem Haupt.** (alt)
Glatze; noch umgangssprachlich im Gebrauch

21,10 Aus den Gesetzen für die Priester: **Wer <u>Hoherpriester</u> ist unter seinen Brüdern ...**   Mt 27,1; Hebr 2,17
Oberster Priester in Israel, der allein den Gottesdienst am großen Versöhnungstag vollziehen und als einziger dabei das Allerheiligste betreten durfte (B); davon ironisch: Hoherpriester, Hohepriesterin = Menschen, die in einer Kirche oder einer religiösen Gemeinschaft sich anmaßen, über alles ein Urteil fällen zu können (H)

21,18 Aus den Gesetzen für die Priester: **Keiner, an dem ein Fehler ist, soll** (als Priester) **herzutreten, er sei blind, <u>lahm</u> ...**
Hiob 29,15; Jes 35,6; Mt 11,5; Apg 3,2; Hebr 12,13
Gelähmt, durch Körperschaden oder -fehler zT oder ganz unbeweglich (B); ohne jeden Schwung, schwach (H)

22,10 Aus den Gesetzen für die Priester: **Kein anderer soll von dem Heiligen essen, noch des Priesters Hausgenoß noch <u>Taglöhner</u>.** (alt)   Hiob 7,1; Mal 3,5; Lk 15,19
Tagelöhner = Arbeiter, dem der Lohn allabendlich gezahlt wird

22,25 Aus den Opfergesetzen: (Tiere mit Gebrechen dürfen nicht geopfert werden;) **denn sie <u>taugen</u> nicht und haben einen Fehler.**   Jer 1,6; Hes 18,18

3. Mose

Brauchbar, geeignet, wert sein (B+H); gut, sittlich in Ordnung sein (nur B; siehe Ps 14,1); vgl (un)tauglich = (un)geeignet

23,27 Aus den Festgesetzen: **Am zehnten Tag in diesem siebenten Monat ist der <u>Versöhnungstag</u>** (alt: Versühnetag).
   3. Mose 25,9; 4. Mose 5,8; Röm 5,11; 11,15; 2. Kor 5,18.19; 1. Joh 2,2
Versöhnen, aussöhnen: im alten Luthertext = Sühne schaffen (so dafür die Revision: 3. Mose 1,4; 2. Sam 21,3; Hes 43,20); Sühne = etw, was jmd auf sich nimmt/nehmen muß, um für ein begangenes Unrecht, eine Schuld zu büßen
Davon: Versöhnungstag = Jom Kippur, hoher jüdischer Feiertag
Davon: Versöhnung = die Aufhebung der Gottentfremdung durch die Erlösungstat Christi (B); Friedensschluß zwischen einzelnen und Menschengruppen (H)

23,34 Aus den Festgesetzen: **Am fünfzehnten Tag dieses siebenten Monden ist das <u>Fest der Laubhütten</u>.** (alt)   Joh 7,2
Laubhütte = Hütte, die mit laubtragenden Zweigen bedeckt ist
Laubhüttenfest = mehrtägiges jüdisches Herbstfest (Erntedankfest) mit dem Brauch, in Laubhütten zu wohnen

24,12 (Die Israeliten) **legten ihn** (den Sohn der Schelomit, einen Flucher) **gefangen, bis ihnen <u>klare Antwort</u> würde durch den Mund des Herrn.**
Eindeutige Auskunft auf eine Frage

25,4.5 **Im siebenten Jahr soll das Land dem Herrn einen feierlichen Sabbat halten ... ein <u>Sabbatjahr</u> des Landes soll es sein.**   2. Mose 23,10.11
Brachjahr, in dem das Land nicht bearbeitet wird, sondern »Sabbatruhe« hat (siehe 2. Mose 31,15); übertragen gebraucht für ein Freijahr, in dem ein Theologe von seinen normalen Dienstverpflichtungen befreit ist, um sich der Weiterbildung oder einer wissenschaftlichen Arbeit zu widmen

25,9.10 Aus den Festgesetzen: **Du sollst <u>die Posaune</u> lassen <u>blasen</u> durch all euer Land ... am Tage der Versöhnung. Und ihr sollt das fünfzigste Jahr heiligen und sollt es ein Erlaßjahr heißen im Lande, allen, die drinnen wohnen; denn es ist euer <u>Halljahr</u>.** (alt)
Von hebräisch *jobel* (= Posaunenschall, Luther: Hall) kommt das »Jubeljahr« des Volkes Israel, jedes fünfzigste Jahr (B). Die deutsche Lautgestalt ist (schon vorlutherisch) beeinflußt durch das

Wort »Jubel«; aber auch »Jubiläum« ist schon im Mittelalter davon abgeleitet

Davon: Jubeljahr = heiliges Jahr in der katholischen Kirche (alle 25 Jahre); hiervon wiederum die Redensart: alle Jubeljahre einmal; davon: Jubelfeier, Jubelgreis, Jubelhochzeit, Jubelpaar u. a.; Jubiläum, Jubilar(in) (H)

Halljahr = alle 50 Jahre wiederkehrendes Erlaßjahr für das Volk Israel (B); Jubiläumsjahr, in dem Straftäter vorzeitig amnestiert werden (H)

25,17 Gott: **So <u>übervorteile</u> nun keiner seinen Nächsten.**
1. Kor 6,7.8; 2. Kor 7,2; 1. Thess 4,6

Übervorteilen = sich auf Kosten eines anderen einen Vorteil verschaffen

25,23 Gott zum Volk Israel: **Das Land ist mein, und ihr seid <u>Fremdlinge und Gäste</u> vor mir.** (alt) Eph 2,19

Wortpaar, das den Stand des Gottesvolkes im Alten und Neuen Bund kennzeichnet

25,29 Gott: **Wer ein <u>Wohnhaus</u> verkauft in einer Stadt mit Mauern ...**

Zum dauernden Aufenthalt genutztes Haus

25,39 Gott: **Wenn dein Bruder neben dir <u>verarmt</u> und sich dir verkauft, so sollst du ihn nicht als Sklaven dienen lassen.**
Spr 23,21

Verarmen: seine Existenzgrundlage verlieren (B); seinen Reichtum, sein Vermögen verlieren (H)

26,11 Gott zum Volk Israel: **Ich will ... euch nicht <u>verwerfen</u>.**
Ps 51,13; Spr 3,11; Mt 21,42; 1. Kor 1,19; Offb 12,10

Einen Menschen, eine Sache endgültig ablehnen (B); etw als untauglich, unrealisierbar aufgeben, nicht weiter verfolgen; in der Rechtsprechung = als unberechtigt ablehnen: eine Klage, Berufung (H)

26,20 Gott zu Israel: **Eure <u>Mühe und Arbeit</u> soll <u>verloren</u> sein.**

Mühe und Arbeit: Wortpaar = mit Schwierigkeiten und Belastungen verbundene Tätigkeit; siehe auch Ps 90,10

Verlorene Liebesmüh(e) = keiner Anstrengung wert, vergeblich. Als deutscher Titel des Lustspiels »Love's labour's lost« von W. Shakespeare (1564–1616) bekannt, möglicherweise von diesem Text beeinflußt

3. Mose

26,31 Gott zu Israel: **Ich will euren süßen <u>Geruch nicht riechen</u>.** (alt)
Gemeint ist der Duft des Opferrauchs
Davon vielleicht: jmdn nicht (mehr) riechen können = jmdn aus seiner Umgebung unausstehlich, widerwärtig finden; nichts mit jmdm zu tun haben wollen

26,36 Gott zu Israel: **Denen, die von euch überbleiben, will ich ein feig Herz machen ..., daß sie soll <u>ein rauschend Blatt jagen</u>.** (alt)
Von einem rauschenden Blatt gejagt werden = von einer Nichtigkeit beunruhigt werden

26,44 Gott über Israel: **Es ekelt mich nicht vor ihnen, so daß es mit ihnen <u>aus sein</u> sollte.** Ps 77,9; Dan 7,12; Mk 3,26
Zu Ende sein (siehe auch Klgl 3,22)

27,3.4 Gott zu Mose: (Wenn jemand durch ein Gelübde mir einen Menschen zugeeignet hat,) **so soll das die <u>Schatzung</u> sein: Ein <u>Mannsbild</u>, zwanzig Jahre alt bis ins sechzigste Jahr sollst du schätzen auf fünfzig silberne Schekel ..., ein <u>Weibsbild</u> auf dreißig Schekel.** (alt) Lk 2,2
Davon: Schätzung = Festlegung eines Geldwerts für eine sonst fällige (Opfer)leistung; Festsetzung und Einziehung von Steuern (B); Meinung über eine Anzahl, einen Vermögenswert (H)
Mannsbild = Mann, meist im Blick auf den Geschlechtsunterschied (auch 2. Mose 23,17 alt)
Weibsbild = Frau, wie »Mannsbild« ganz neutral (B); Frau, meist abwertend gebraucht (H)

27,16 Gott zu Mose: **Wenn jemand ein Stück Acker von seinem <u>Erbgut</u> dem Herrn gelobt ...** 4. Mose 18,20; 27,7; Mt 21,38
Der von den Vorfahren nach dem biblischen Erbrecht zustehende bzw. schon ererbte Besitz (B); Gesamtheit der Erbanlagen (H)

27,30 Gott zu Mose: **Alle <u>Zehnten</u> im Lande, vom Ertrag des Landes und von den Früchten der Bäume, <u>gehören dem Herrn</u> und sollen dem Herrn heilig sein.**
1. Mose 14,20; 28,22; Mal 3,10; Lk 18,12
Den Zehnten geben = Gebot Gottes an die Israeliten, den Zehnten allen Ertrags Gott und dem Dienst für ihn zu opfern (B); von vielen Christen geübte Sitte, den Zehnten des Einkommens zu opfern oder für christlich motivierte Projekte zu spenden (H)

27,32	Gott zu Mose: **Alles, was unter dem <u>Hirtenstabe</u> hindurchgeht, jedes zehnte davon soll heilig sein dem Herrn.**
Hirtenstab = in der Katholischen Kirche: Krummstab als Symbol der bischöflichen Würde; im pietistischen Liedgut öfter erscheinend als Symbol für das Hirtenamt Jesu (vgl Ps 23,4)

Das 4. Buch Mose (Numeri)

4. Mose	Der lateinische Name <u>Numeri</u> (= Zahlen) bezieht sich auf die beiden Volkszählungen in Kap 1–2 und 26
1,4	Gott zu Mose: **Ihr sollt zu euch nehmen je vom Geschlecht (= Stamm) einen <u>Hauptmann</u> über seines Vaters Haus.** (alt)
Ri 11,6; 1. Kön 11,24; Mt 8,5; 27,54; Apg 10,22; 22,25
Oberhaupt einer Sippe; Anführer einer Gruppe von Soldaten; römischer Befehlshaber (B); Offiziersdienstgrad der dritten Stufe, zwischen Oberleutnant und Major (H)
Siehe auch 2. Mose 2,14a
3,10	Gott zu Mose: **Aaron und seine Söhne sollst du setzen, daß sie ihres Priestertums <u>warten</u>.** (alt)
Einer Sache, Person warten: sich um etw, jmdn kümmern, für jmdn sorgen, jmdn pflegen, betreuen
Vgl: Wärter, Wärterin (Rut 4,16), Wartung
6,24-26	• Wortlaut des Segens, den Aaron und seine Söhne über Israel sprechen sollten: **Der Herr segne dich und behüte dich; der Herr <u>lasse sein Angesicht leuchten über dir</u> und sei dir gnädig; der Herr hebe sein Angesicht über dich und gebe dir Frieden.** Ps 67,2; Mt 17,2; Offb 1,16
Genannt der »Aaronitische Segen«, weil ihn Aaron und seine Söhne sprechen sollten (vgl Sir 50,22); im christlichen Gottesdienst oft zum Abschluß der Gemeinde zugesprochen
Davon: das Angesicht leuchten lassen über jmdm(n) = jmdm günstig gesinnt sein
9,13	Gott zu Mose: **Wer es ... <u>lässet anstehen</u>, das Passa zu halten, des Seele soll ausgerottet werden.** (alt)
Etw anstehen lassen (häufig im alten Luthertext) = etw unterlassen (B); etw, was dringend erledigt werden müßte, vor sich herschieben, hinausschieben (H)

4. Mose

10,10 Gott zu Mose: **Wenn ihr fröhlich seid an euren Festen und an euren <u>Neumonden</u>, sollt ihr mit den Trompeten blasen.**
Ps 81,4; Kol 2,16
Neumond = Mondphase, bei der die der Erde zugewandte Mondseite nicht von der Sonne beleuchtet wird, unsichtbar ist (H). Bei den Israeliten ein Tag der Freude und des Feierns, an dem nicht gearbeitet wurde. Der Neumond kennzeichnete jeweils den Beginn des Monats; an ihm wurden besondere Opfer dargebracht

11,18 Mose zum Volk Israel: **Euer Weinen ist <u>vor die Ohren</u> des Herrn <u>gekommen</u>.**
Jak 5,4
Davon wohl: jmdm kommt etw zu Ohren = jmd erfährt etw, was nicht allgemein bekannt ist

11,21 Mose zu Gott: **Sechshunderttausend Mann <u>Fußvolk</u> sind es, mit denen ich lebe.**
1. Sam 15,4; 2. Sam 10,6
Unberittenes Heer, im Unterschied zur Reiterei (B); die Masse der Angehörigen einer Organisation im Gegensatz zur Führungsspitze (H)

11,23 ○ Gott zu Mose: **Ist denn die Hand des Herrn zu kurz?**
Gibt es etwas, was für Gott zu schwer ist? Jes 50,2; 59,1

11,29 ○ Mose zu Josua: **Wollte Gott, daß alle im Volk des Herrn Propheten wären und der Herr seinen Geist über sie kommen ließe!**
1. Sam 10,6.11; Apg 2,4; 4,31
Begriffe und Text im Raum des Pietismus oft aufgenommen: Volk des Herrn = die Gläubigen des Neuen Bundes; Verlangen danach, daß Gott dieses sein Volk insgesamt mit den Gaben des Heiligen Geistes ausrüstet

12,3 **Mose war <u>ein sehr geplagter Mensch</u>, über alle Menschen auf Erden.** (alt)
Jes 53,8
Davon: geplagt wie Mose = von den Mitmenschen über Gebühr in Anspruch genommen

12,13 **Mose schrie zu dem Herrn: <u>Ach Gott</u>, heile sie** (Mirjam)!
Anruf Gottes mit der Bitte um Hilfe (B); gedankenlos verwendete Floskel am Satzanfang; den Namen Gottes verhüllend: (ach) du meine Güte! = Ausruf des Erschreckens, der Verwunderung (H)

13,33 Die Kundschafter nach ihrer Rückkehr aus dem Land Kanaan: **Wir sahen auch … <u>Enaks Kinder</u> von den Riesen.** (alt: 34)
Enakskinder, Enakssöhne = Riesen, großgewachsene Männer

4. Mose

14,15   Mose zu Gott: **Würdest du nun dies Volk töten <u>wie einen Mann</u>, so würden die Völker sagen ...**   Ri 20,1; 2. Sam 19,15
Davon: alle wie *ein* Mann: einmütiges Vorgehen

14,21   Der Herr: **So wahr, als <u>ich lebe</u> ...** (alt)
So wahr ich lebe: zahlreiche Stellen im Alten Testament, alle Selbstaussagen Gottes; dazu auf Gott bezogen: So wahr der Herr lebt = die Wirklichkeit Gottes als Bürge für die Glaubwürdigkeit einer Aussage (B); vgl heute: nicht wahr? = Vergewisserung und Bekräftigung einer Behauptung (H)

14,34   Gott zu Mose: **Ihr sollt vierzig Jahre eure Schuld tragen, auf daß ihr innewerdet, was es sei, wenn ich <u>die Hand abziehe</u>.**   Jos 10,6; 1. Kön 8,57; 1. Chr 28,20
Die Hand von jmdm abziehen = jmdm den Schutz, die Hilfe versagen, die ihm bisher zuteil wurde

15,34   (Die Israeliten) **legten ihn** (einen Sabbatbrecher) **gefangen, denn es war nicht <u>klar ausgedrückt</u>, was man mit ihm tun sollte.** (alt)
(Sich) klar ausdrücken = etw eindeutig und unmißverständlich zur Kenntnis geben

16,1.2   <u>**Korah**</u> **... samt Datan und Abiram und On ... <u>empörten sich</u> wider Mose und Aaron.** (alt)   Jud 11
Davon: Rotte Korah = zügellose Horde; »Rotte« wörtlich in 4. Mose 26,9; 27,3; Ps 106,17.18

16,3   Ein Teil der Israeliten zu Mose und Aaron: **Warum <u>erhebt ihr euch über</u> die Gemeinde des Herrn?**
   5. Mose 17,20; Hiob 19,5; 2. Thess 2,4
Sich über jmdn erheben = sich für besser als jmd halten

16,14   Datan und Abiram zu Mose: **<u>Wie fein</u> hast du uns gebracht in ein Land, darin Milch und Honig fließt!**
   4. Mose 24,5; Ps 133,1; Mk 7,9
Neben der Hauptbedeutung, die sowohl in der Bibel als auch im heutigen Sprachgebrauch in vielfältiger Hinsicht Positives wiedergibt, wird das Wort in B und H auch als Ironie eingesetzt, die auf das Gegenteil deutet = eine feine Verwandtschaft (auch Mk 15,29 alt: »Wie fein zerbrichst du ...«)

16,15   Mose zu Gott: **Ich habe ... keinem von ihnen** (der Rotte Korah) **<u>ein Leid getan</u>.**   Ps 105,15; Spr 31,12; Gal 4,12; 2. Petr 2,7
Jmdm ein Leid antun = jmdm Böses zufügen

4. Mose

Vgl: jmdm etw zuleid(e) tun = jmdm absichtlich Schaden zufügen, ihn kränken

17,23 Als Mose in die Hütte des Gesetzes ging, fand er den <u>Stab Aarons</u> vom Hause Levi grünen und die <u>Blüte</u> aufgegangen und <u>Mandeln</u> tragen. Hebr 9,4

Davon: Aron(s)stab = eine in Laubwäldern wachsende Pflanze mit kolbenförmigen, rotbraunen Blüten und roten Beeren

18,30 Gott zu Mose: **Wenn ihr das Beste davon hebet, so soll es den Leviten gerechnet werden wie ein <u>Einkommen</u> der Scheune und wie ein <u>Einkommen</u> der Kelter.** (alt)

Heben: siehe »Hebe« 2. Mose 25,2 Spr 10,16; 16,8

Einkommen = Gesamtsumme der regelmäßigen Einnahmen, Einkünfte, Bezüge (H)

20,17 Mose zum Edomiterkönig: **Die <u>Landstraße</u> wollen wir ziehen, <u>weder zur Rechten noch zur Linken weichen</u>, bis wir durch dein Gebiet hindurchgekommen sind.**

Jos 1,7; 1. Sam 6,12; 2. Kön 22,2; Spr 4,27; Jes 30,21

Landstraße = quer durchs Land führende (Haupt-) Straße (B); über Land führende kleinere, aber befestigte Straße, die besonders dem Verkehr zwischen den Orten dient (H)

Weder zur Rechten noch zur Linken (ab)weichen = geradlinig seinen Weg gehen; davon: Rechtsabweichler, Linksabweichler = jmd, der die Linie seiner Partei verläßt

20,19 Die Israeliten zu den Edomitern: **Wir wollen auf der <u>gebahnten</u> Straße ziehen.** Jes 49,11

Bahnen = einen Weg schaffen, gangbar machen

21,9 **Da machte Mose eine eherne Schlange und <u>richtete sie auf zum Zeichen</u>.** (alt)

Davon vielleicht: ein Zeichen setzen = etw tun, was richtungweisend ist

21,25 **Israel ... wohnte in allen Städten der Amoriter zu Hesbon und allen ihren <u>Töchtern</u>.** (alt)

Gemeint sind die umliegenden Ortschaften; davon: Tochter als Bezeichnung für abhängige Unternehmen: Tochterfirma, Tochtergesellschaft = Kapitalgesellschaft, die innerhalb eines Konzerns von einer Muttergesellschaft abhängt

21,29 Aus einem Lied: **Weh dir, Moab!**

1. Sam 4,7; Pred 10,16; Mt 11,21; 1. Kor 9,16; Offb 8,13

Weh mir (dir usw.) = Ausruf der Klage oder Bestürzung; Ausruf, mit dem man etw Schlimmes, Unheilvolles ankündigt oder androht

22,31 **Da öffnete der Herr dem Bileam die Augen, daß er den Engel des Herrn auf dem Wege stehen sah.**
2. Kön 6,17; Ps 119,18; Lk 24,31
Jmdm die Augen öffnen = ihn darüber aufklären, wie eine Sache, eine Situation in Wirklichkeit beschaffen ist

22,32 Der Engel zu Bileam: **Dein Weg ist vor mir verkehrt.**
Spr 10,9; 28,6
Verkehrter Weg = Weg, der Gott nicht gefällt; falscher Weg (B); Weg, der nicht zum gewünschten Ziel führt (H)

23,8 o Bileam zu Balak: **Wie soll ich (dem) fluchen, dem Gott nicht flucht?**
Zitiert als Warnung davor, Gottes Volk zu schmähen

31,11 (Die Israeliten) **nahmen allen Raub und alles, was zu nehmen war, Menschen und Vieh.**
Davon vielleicht: nehmen, was zu nehmen ist = nichts übriglassen

33,55 Gott zu Mose: **Wenn ihr die Bewohner des Landes nicht vor euch her vertreibt, so werden euch die, die ihr übriglaßt, zu Dornen in euren Augen werden und zu Stacheln in euren Seiten.** Jos 23,13
Davon: jmdm ein Dorn im Auge sein = ihm im Weg sein
Davon vielleicht: ein Stachel im Fleisch = etwas Quälendes, Peinigendes (vgl 2. Kor 12,7; Apg 26,14)

35,6 Gott zu Mose: **Von den Städten, die ihr den Leviten geben werdet, sollt ihr sechs zu Freistädten bestimmen, damit dahin fliehen kann, wer einen Totschlag getan hat.**
5. Mose 4,42; Jos 20,2; 1. Chr 6,42
Davon: Freistatt, Freistätte = Asyl, Zufluchtsort für Verfolgte
Totschlag = als Rechtsbegriff: Tötung eines Menschen ohne Vorsatz (B); vorsätzliche Tötung eines Menschen, für die das Gericht jedoch im Unterschied zum Mord keine niedrigen Beweggründe geltend macht (H)

35,12a Gott zu Mose: **Es sollen unter euch diese Städte eine Zuflucht sein vor dem Bluträcher.**
5. Mose 19,6; Jos 20,3; 2. Sam 14,11

	Naher Verwandter eines Ermordeten, der dessen Tod durch Tötung des Mörders zu rächen hatte (B)
	Davon: Blutrache = Form der Selbstjustiz, bei der ein getöteter Sippenangehöriger durch die Hinrichtung des Mörders und/oder seiner Angehörigen (Sippenhaftung) gerächt wird (H)
35,12b	Gott zu Mose: (Freistädte sind einzurichten, damit) **der nicht sterben muß, der einen Totschlag getan hat, bis er vor der Gemeinde vor Gericht gestanden hat.** Apg 25,10
	Vor Gericht stehen = in einem Gerichtsverfahren auf Schuld oder Unschuld beurteilt werden
35,33	Gott zu Mose: **Schändet das Land nicht, darin ihr wohnt.**
	1. Mose 34,5; Ps 4,3; Jes 13,16; Hes 39,7; Röm 1,24
	Schänden = entehren, entweihen; eine Frau durch Vergewaltigung entehren (B); jmdm, jmds Ehre oder Ansehen Schaden zufügen; etw, was Achtung, Respekt verdient, durch eine Handlung entweihen, beschädigen: einen Friedhof schänden (H)

Das 5. Buch Mose (Deuteronomium)

5. Mose	Das Buch heißt auch (griechisch-lateinisch) Deuteronomium = »Buch des 2. Gesetzes«, weil es in Kap 12–26 eine Wiederholung und zT Weiterentwicklung von Gesetzen aus 2. bis 4. Mose im Rahmen einer neuen Bundesverpflichtung (26,16–30,20) enthält, zB die Zehn Gebote aus 2. Mose 20 noch einmal in 5. Mose 5
	Soweit nicht anders angegeben, handelt es sich um Worte Moses an das Volk Israel
1,44	(Die Amoriter) **jagten euch, wie's die Bienen tun.** Ps 118,12
	Jmdn jagen, wie's die Bienen tun = heute zitiert im Sinne: eine verhältnismäßig unbedeutende Gefahr kann, weil sie erhebliche Unannehmlichkeiten mit sich bringt, auch sonst tapfere Leute zur Flucht veranlassen (ursprünglich Bild für einen Feind, gegen den Widerstand zwecklos ist)
2,5	Gott zu Mose: **Ich werde euch von ihrem** (der Söhne Esaus) **Land nicht einen Fuß breit geben.** Apg 7,5
	Kein Stück Land von der Breite eines Fußes

	Davon: »Fußbreit« in: keinen Fußbreit weichen, um jeden Fußbreit kämpfen (H)
2,10	Gott zu Mose: **Die Emiter haben <u>vorzeiten</u> darin** (in Ar) **gewohnt.** Jos 24,2; Lk 1,70; Hebr 1,1
	Vor langer Zeit, einstmals
3,26	Gott zu Mose: **<u>Laß genug sein</u>, sage mir davon nicht mehr.** (alt)
	Es genug sein lassen = damit aufhören
4,10	Gott zu Mose: **Versammle mir das Volk, daß sie meine Worte hören und lernen mich fürchten <u>all ihr Lebtag</u>.** (alt) Jer 22,21
	All sein Lebtag = das ganze Leben lang; sein Lebtag nicht = niemals
4,26	**Ich <u>rufe</u> heute <u>Himmel und Erde zu Zeugen</u> über euch ...** 5. Mose 32,1; Jes 1,2
	Davon: Himmel und Erde zu Zeugen anrufen = bei allem, was von Menschen unabhängig ist, die Wahrheit einer Behauptung beschwören
	Den Himmel statt Gottes um Hilfe und Schutz anzurufen, gibt uns die Bibel nirgendwo einen Anhaltspunkt. Dennoch mag eine Stelle wie diese dazu beigetragen haben, daß es zu zahlreichen, freilich gedankenlos gebrauchten »Anrufen« des Himmels kam: Gerechter Himmel!; Gütiger Himmel!; Himmel noch mal!; dazu derbe Flüche durch Kombination von »Himmel« mit »Herrgott«, »Sakrament« und »Kreuz«
4,28	**Dort** (zerstreut unter die Völker) **wirst du dienen den Götzen, die das <u>Werk von Menschenhänden</u> sind.** 1. Chr 21,13; Hiob 34,20; Dan 5,5; Apg 17,25
	Menschenhand = die handwerklich-künstlerisch schaffende Hand des Menschen, der Mensch als gestaltendes bzw zerstörendes Wesen
	Menschenwerk = vom Menschen Geschaffenes (und deshalb Unvollkommenes, Vergängliches)
4,29	**Wenn du ... den Herrn, deinen Gott, suchen wirst, so wirst du ihn finden, wenn du ihn <u>von ganzem Herzen und von ganzer Seele</u> suchen wirst.** 5. Mose 6,5; Jos 23,14; 1. Kön 2,4; Mt 22,37
	Begriffspaar = völlig, ohne Rückhalt auf etw eingestellt

5. Mose

4,30 **Wenn du geängstet sein wirst und dich das alles treffen wird in künftigen Zeiten, so wirst du dich bekehren zu dem Herrn, deinem Gott.**
1. Sam 7,3; Ps 22,28; Lk 1,16; Apg 3,19; 1. Petr 2,25; Jak 5,19
Jmdn bekehren = ihn dazu bringen, daß er Gott als seinen Herrn anerkennt (B); jmdn dazu bringen, daß er das Erlösungswerk Jesu für sich in Anspruch nimmt (Neues Testament); jmdn dazu bringen, daß er seine Meinung zugunsten der eigenen ändert (H)
Sich zu jmdm, etw bekehren = sinngemäß dieselben Bedeutungen

4,32 **Frage nach den früheren** (alt: vorigen) **Zeiten, die vor dir gewesen sind, von dem Tage an, da Gott den Menschen auf Erden geschaffen hat.** Hiob 8,8; Ps 143,5
Aufforderung, den Erfahrungsschatz der Vergangenheit zur Beurteilung der Gegenwart mit heranzuziehen

5,24 Die Ältesten Israels zu Mose: **Der Herr, unser Gott, hat uns sehen lassen seine Herrlichkeit und seine Majestät.**
1. Chr 29,11; Jes 2,10; Hebr 1,3; Jud 25
Größe, Erhabenheit (B); Titel und Anrede von Kaisern und Königen; Erhabenheit, Größe, die einer Sache innewohnt oder von ihr ausgeht (H)

6,4 o **Höre, Israel, der Herr ist unser Gott, der Herr allein.** (alt: Höre, Israel, der Herr, unser Gott, ist ein einiger Herr.)
Mk 12,29; 1. Kor 8,6
Der erste hebräische Satz, den ein jüdisches Kind lernt; das Glaubensbekenntnis des Judentums, das sog. Sch'ma Israel (= Höre, Israel; angeschlossen sind die Verse 5-9 sowie weitere verwandte Stellen). Der glaubenstreue Jude spricht ihn täglich

6,7 **Du sollst sie** (die Worte, die ich dir heute gebiete) **deinen Kindern schärfen.** (alt)
Davon sprachlich: einschärfen = mit allem Nachdruck zu einem bestimmten Verhalten, zur Befolgung einer Vorschrift anhalten; eindringlich ermahnen

7,16 **Du sollst ihrer** (der fremden Völker) **nicht schonen ..., denn das würde dir ein Strick sein.** (alt)
Schlinge als Falle, in der man sich verfängt; im selben Sinne »Stricke des Todes« (Ps 18,6; Spr 13,14), »Stricke des Teufels« (1. Tim 3,7 alt)

5. Mose

8,3 o **Der Mensch lebt nicht vom Brot allein, sondern von allem, was aus dem Mund des Herrn geht.**   Mt 4,4
Die erste Hälfte ist ein allgemein bekanntes Zitat, meist bezogen auf geistige Werte, die der Mensch neben der leiblichen Nahrung ebenfalls benötigt (vgl Joh 6,35)

10,17   **Der Herr, euer Gott, ist ... ein großer Gott.** (alt)   Ps 95,3
Davon wohl: Großer Gott! = gedankenloser Ausruf der Bestürzung, der Verwunderung, des Bedauerns
Davon: der Beginn eines der bekanntesten Choräle: »Großer Gott, wir loben dich ...«

11,18   **So fasset nun diese Worte zu Herzen.** (alt)
Zu Herzen fassen = mit innerer Anteilnahme aufnehmen, was gesagt wird

13,7   **Wenn dich ... das Weib in deinen Armen ... überreden würde heimlich und sagen: Laß uns gehen und anderen Göttern dienen ...** (alt)
Davon: eine Frau in den Armen = Bild für Verlangen und Hingabe bei Mann und Frau

13,18   **Laß nichts von dem, was dem Bann verfallen ist** (alt: nichts von dem Bann), **an deiner Hand kleben.**
                                             2. Mose 22,19; Jos 6,17; 7,12; Esr 10,8
Eine Person, ein Tier oder eine Sache, die dem Verfügungsbereich des Menschen entzogen und statt dessen Gott geweiht – im alten Luthertext dafür zumeist: »verbannt« – ist (B)
Bannware: Ware, die unter Umgehung der Zollgesetze ein- oder ausgeführt wird (H)

15,7   **Du sollst dein Herz nicht verhärten und deine Hand nicht zuhalten gegenüber deinem armen Bruder.**
                                                   2. Mose 7,3; Spr 28,14
Sein Herz verhärten = sich unzugänglich, abweisend verhalten
Die Hand zuhalten = eine Gabe verweigern

15,11   **Es werden allezeit Arme sein im Lande; darum gebiete ich dir und sage, daß du deine Hand auftust deinem Bruder, der bedrängt und arm ist.**   Ps 104,28; 145,16
Es werden allezeit Arme sein im Lande = ernüchternde Voraussage Gottes über die soziale Balance in seinem auserwählten Volk
Die Hand auftun = freigebig sein, um Not zu lindern

15,16   Über die Freilassung von Sklaven: **Wird er** (der Sklave) **zu dir**

sprechen: »Ich will nicht ausziehen von dir, denn ich habe dich und dein Haus lieb«, weil <u>ihm wohl bei dir ist</u> ... (alt)

Jmdm ist es bei jmdm wohl = es gefällt ihm dort

16,19 • **Du sollst** (bei Gerichtsverfahren) **<u>die Person nicht ansehen</u> und keine Geschenke nehmen; denn <u>Geschenke</u> machen die Weisen blind.**   2. Chr 19,7; Spr 24,23; Kol 3,25; Jak 2,9
1. Sam 12,3; Ps 15,5; Spr 17,23; Mi 3,11

Davon: ohne Ansehen der Person = ohne irgendwelche Rücksicht auf Herkunft, Stellung und Bedeutung eines Menschen
Geschenke = Bestechungsgeschenke in Prozessen

18,19 Gott zu Mose: **Wer meine Worte nicht hören wird, die er** (der kommende Prophet) **<u>in meinem Namen</u> redet, von dem will ich's fordern.**
    2. Mose 5,23; Mt 7,22; Lk 24,47; Joh 14,13; Apg 16,18; Röm 1,5

In jmds Namen = in jmds Auftrag, stellvertretend für jmdn

18,22 **Wenn der Prophet redet in dem Namen des Herrn und <u>es wird nichts daraus</u> und es tritt nicht ein, dann ist das ein Wort, das der Herr nicht geredet hat.**   Jes 8,10; Dan 11,17

Nichts daraus werden = nicht eintreffen; da wird nichts d(a)raus! = ein Plan, eine Absicht wird abgelehnt

19,4 **Wenn jemand seinen Nächsten erschlägt, nicht <u>vorsätzlich</u> ...**

Ganz bewußt und gewollt; davon in der Rechtssprache: vorsätzliche Körperverletzung

19,10 **... auf daß nicht unschuldig Blut in deinem Lande vergossen werde, das dir der Herr, dein Gott, gibt zum Erbe, und kommen <u>Blutschulden</u> auf dich.** (alt)
    1. Sam 25,26; Ps 51,16; Jes 4,4; Hos 4,2

Davon: Blutschuld = Verantwortung für einen Mord

19,15 **Es soll kein einzelner Zeuge gegen jemand auftreten ..., sondern <u>durch zweier oder dreier Zeugen Mund</u> soll eine Sache gültig sein.**   Joh 8,17; 2. Kor 13,1; Hebr 10,28

Davon: Zweier Zeugen Mund tut die Wahrheit kund. Davon Mephisto in Goethes »Faust«: »Durch zweier Zeugen Mund wird allerwegs die Wahrheit kund.«

21,22 **Wenn jemand eine <u>Sünde</u> getan hat, die <u>des Todes würdig</u> ist ...**   Apg 25,11; 1. Joh 5,16

Davon: Todsünde = Vergehen, das in Israel aufgrund des Gesetzes die Todesstrafe zur Folge hatte (B); Handlung, die alle Regeln und Verhaltensweisen der menschlichen Gemeinschaft, in der man lebt, außer acht läßt (H)
Todeswürdig = den Tod als Strafe verdienend

22,10 **Du sollst nicht <u>ackern</u> zugleich mit einem Rind und einem Esel.** 5. Mose 15,19; Ps 129,3; Am 9,13; Sir 6,19
Den Acker mit dem Pflug bearbeiten (B); viel und mühselig arbeiten (H)

23,3 **Es soll kein <u>Hurenkind</u> in die Gemeinde des Herrn kommen.** (alt: 2) Hos 1,2
Im Ehebruch gezeugtes Kind (Bastard) (B); Druckersprache = eine Zeile, die nicht an dieser Stelle stehen darf (Ausgangszeile am Anfang einer neuen Seite) und sich damit von der normalen Zeilenordnung abhebt; ähnlich wie ein »Hurenkind« früher ausgestoßen, isoliert und verachtet war und sich so deutlich von den ehelichen Kindern unterschied (H)

24,1 **Wenn jemand eine Frau zur Ehe nimmt und ... er etwas Schändliches an ihr gefunden hat, und er einen <u>Scheidebrief</u> schreibt und ... sie aus seinem Hause entläßt ...**
Mt 5,31; 19,7.8
Schriftstück, mit dem ein Israelit sich von seiner Frau aufgrund bestimmter Verfehlungen lossagen konnte (B); Nachricht an jmdn, daß man mit ihm nichts mehr zu tun haben will; Abschiedsbrief (H)

25,3 (Bei der Prügelstrafe soll man nur vierzig Schläge geben,) **auf daß nicht, so man mehr Schläge gibt, er zuviel geschlagen werde und dein Bruder <u>scheußlich</u> vor deinen Augen sei.** (alt) Weish 16,3
Ekelerregend, sehr häßlich (B); sehr übel, kaum erträglich in seiner Wirkung auf die Sinne; durch Gemeinheit, Roheit Entsetzen erregend; im höchsten Grade unangenehm: scheußliches Wetter (H)

25,4 o **Du sollst dem Ochsen, der da drischt, nicht das Maul verbinden.** 1. Kor 9,9; 1. Tim 5,18
Im Alten Testament real gemeint, als landwirtschaftliche Anweisung; im Neuen Testament im übertragenen Sinn auf die Verkündiger des Evangeliums bezogen = Wer im Dienst einer Sache

5. Mose

steht, soll sich auch von ihr ernähren können bzw Nutzen von ihr haben

27,8 **Du sollst auf die Steine alle Worte dieses Gesetzes schreiben, klar und deutlich.**
In gut lesbarer Schrift (B); eindeutig, keinen Irrtum zulassend (H)

27,15 **Verflucht sei, wer einen Götzen oder ein gegossenes Bild macht ..., ein Werk von den Händen der Werkmeister.**
2. Kön 12,12; 1. Chr 29,5; 2. Chr 24,13
Bildhauer; Bauleiter am Tempel (B); Leiter einer Arbeitsgruppe oder Werkstatt; eingesetzter erfahrener Facharbeiter (H)

28,13 **Der Herr wird dich zum Haupt machen und nicht zum Schwanz.** (alt) Jes 9,13
Davon: Kopf und Schwanz als erste und letzte Stufe von Ansehen und Bedeutung

28,21 **Der Herr wird dir die Pest anhängen.** Ps 78,66
Jmdm etw anhängen = jmdm etw Übles zuweisen, von dem er nicht mehr loskommt (B); jmdm etw Übles zuschreiben, aufbürden, in die Schuhe schieben; jmdm etw Unbrauchbares verkaufen, andrehen (H)

28,22 **Der Herr wird dich schlagen mit Schwulst, Fieber, Hitze, Brunst, Dürre, giftiger Luft und Geelsucht.** (alt)
Fieber, Hitze: davon vielleicht: Fieberhitze = durch Fieber hervorgerufene hohe Körpertemperatur
Geelsucht: Nebenform von Gelbsucht = die Funktion von Galle und Leber beeinflussende Krankheit, bei der sich Haut und Schleimhäute gelb verfärben

28,28 **Der Herr wird dich schlagen mit Wahnsinn, Blindheit und Rasen des Herzens.** (alt)
Wahnsinn = krankhafte Verwirrung im Denken und Handeln, Gestörtheit der geistig-seelischen Funktionen; in der heutigen Jugendsprache: Ausruf, der Außerordentliches konstatiert
Rasen = sich mit großer Geschwindigkeit (fort)bewegen; das Herz rast = sehr schneller Pulsschlag (andere Bedeutung siehe Apg 26,24)

28,29 **Du wirst tappen am Mittag, wie ein Blinder tappt im Dunkeln, und wirst auf deinem Wege kein Glück haben.**
Ps 140,12

Davon: im dunkeln tappen = in einer aufzuklärenden Sache noch keinen Anhaltspunkt haben

Kein Glück haben = jmdm fällt nichts Gutes zu, nichts gelingt ihm

28,35 **Der Herr wird dich schlagen mit bösen Geschwüren ... von den Fußsohlen bis zum Scheitel.** 2. Sam 14,25; Hiob 2,7

Davon: vom Scheitel bis zur Sohle = ganz und gar; von Kopf bis Fuß (diese Formulierung setzte sich durch gegenüber »vom Scheitel bis auf den Fuß, die Fersen«)

28,37 **Du wirst ... zum Sprichwort und zum Spott werden unter allen Völkern.**

1. Sam 10,12; 24,14; Hiob 17,6; Hes 16,44; Lk 4,23; 2. Petr 2,22

Anlaß spöttischer Reden, abschreckendes Beispiel (B); kurzer praktischer Satz, der eine Lebensweisheit enthält (B+H)

28,66 **Nacht und Tag wirst du dich fürchten und deines Lebens nicht sicher sein.**

Seines Lebens nicht (mehr) sicher sein = sich dauernd bedroht fühlen

29,19 **Da wird der Herr dem** (der sich um Gottes Fluch nicht kümmert) **nicht gnädig sein, sondern dann wird sein Zorn und Eifer rauchen über solchen Mann.** (alt: 20)

Davon vielleicht: es raucht = es gibt Streit, eine heftige Auseinandersetzung

29,28 **Das Geheimnis des Herrn, unsres Gottes, ist offenbart uns und unsern Kindern ewiglich.** (alt: 29)

»Geheimnis« ist eine Wortschöpfung Martin Luthers oder zuerst von ihm im religiösen Sinn gebraucht statt der älteren Form »das Geheim, die Heimlichkeit« (dazu er selbst: »Ich kann heutiges Tags kein Deutsch finden auf das Wort mysterium ... ich heiße es ein Geheimnis«; nach Grimm, Deutsches Wörterbuch 5, 2361) = eine Sache, die nicht erklärt werden kann, nicht offenbart werden soll

Davon vielleicht: ein offenes Geheimnis = etw, was bereits allgemein bekannt ist, aber offiziell noch geheimgehalten werden soll

30,9 **Der Herr, dein Gott, wird dir Glück geben zu allen Werken deiner Hände, ... zum Ertrag deines Ackers, daß dir's zugute komme.**

Jmdm, einer Sache zugute kommen = gut, nützlich für jmdn, etw sein, sich positiv auswirken

5. Mose

32,3 ○ Aus dem Lied des Mose: **Gebt unserm Gott allein die Ehre!**
Gott allein die Ehre geben = ihn wegen seiner Taten preisen, ohne selbst für sich einen Anteil in Anspruch zu nehmen
Davon: Gott allein die Ehre (soli Deo gloria) = auf deutsch oder lateinisch oft als Vorspruch für ein Werk gewählt, um deutlich zu machen, daß der Ruhm dafür Gott gebührt, der Weisheit und Kraft für das Gelingen gegeben hat
Die Aufforderung taucht als letzte Zeile aller Strophen in dem bekannten Choral von Johann Jakob Schütz (1640–1690) »Sei Lob und Ehr dem höchsten Gut« auf: »Gebt unserm Gott die Ehre!«

32,5 Aus dem Lied des Mose: **Das verkehrte und böse Geschlecht hat gesündigt wider ihn** (Gott)**; sie sind <u>Schandflecken</u> und nicht seine Kinder.** 2. Petr 2,13
Schandfleck = jmd, der Gott kennt, aber ihm durch seinen Lebenswandel Schande bereitet (B); etw, was in ärgerlicher Weise den ästhetischen oä Eindruck von etw beeinträchtigt (H)

32,8 Aus dem Lied des Mose: **Der <u>Allerhöchste</u> zerteilte die Völker und zerstreute der Menschen Kinder.** (alt)
Ps 7,18; Jes 14,14; Mk 5,7; Lk 6,35; Apg 7,48
Allerhöchster: Titel für Gott und Könige (B); ironisch: Mensch in Spitzenposition (H)
Vgl: allerhöchst: auf allerhöchste Anweisung; das Allerhöchste, was ich dir zugestehe

32,10 Aus dem Lied des Mose: **Der Herr <u>behütete</u> ihn** (Jakob) **<u>wie seinen Augapfel</u>.** Ps 17,8; Sach 2,12
Jmdn oder etw wie seinen Augapfel (be)hüten = besonders sorgfältig auf ihn, es achten (Augapfel = Bild für das Kostbarste)

32,14 Aus dem Lied des Mose: (Der Herr) **tränkte ihn** (Jakob = Israel) **mit edlem <u>Traubenblut</u>.** 1. Mose 49,11
Poetische Bezeichnung für (Rot-) Wein

32,15 Aus dem Lied des Mose: (Jeschurun = Israel) **hat den <u>Fels seines Heils</u> gering geachtet.**
Davon die deutsche Version des englischen Heilsliedes »Rock of ages, cleft for me«: »Fels des Heils, geöffnet mir ...«

32,18 Aus dem Lied des Mose: **Deinen** (Israels) **Fels, der dich gezeugt hat, hast du <u>aus der Acht gelassen</u>.** (alt) 1. Tim 4,14
Davon sprachlich: außer acht lassen = mißachten, nicht beachten, nicht berücksichtigen

5. Mose

32,22   Gott: **Das <u>Feuer</u> ist angegangen durch meinen Zorn und wird brennen bis in die unterste <u>Hölle</u>.** (alt)   Mt 5,22; 18,9
Davon: Höllenfeuer = sehr starkes Feuer

32,24   Aus dem Lied des Mose: **Vor Hunger sollen sie** (das Volk Israel, wenn es abfällt) **verschmachten und verzehrt werden vom Fieber und von <u>jähem Tod</u>.**
Jäher Tod = plötzlicher, unerwarteter Tod

32,33   Aus dem Lied des Mose: **Ihr** (der Feinde Israels) **Wein ist <u>Drachengift und</u> wütiger <u>Otterngall</u>.** (alt)   Hiob 20,16
Die Gallenblase ist nach alter Auffassung die Quelle des Schlangengifts; davon das Gift selbst = Galle; vgl: Gift und Galle (was schon Luther gern gebrauchte); Gift und Galle speien bzw spucken = sehr wütend sein, sehr heftig werden, sehr böse und gehässig auf etw reagieren

32,35   o Gott: **<u>Die Rache ist mein</u>, ich will vergelten.**
                                   Ps 94,1; Jes 34,8; 35,4; Röm 12,19; Hebr 10,30
Gottes Anspruch, selbst der Rächer aller Untaten zu sein (B); davon: Mein ist die Rache! = Ausruf eines nach Vergeltung Dürstenden (H)
Davon (und vielen ähnlich lautenden Stellen): Rachegott = (unzutreffende) Bezeichnung für den Gott des Alten Bundes; »Rache« bedeutet in diesen Zusammenhängen stets Wahrung der Rechtsordnung, Vergeltung eines Rechtsbruchs

33,1   **Dies ist der Segen, mit dem Mose, der <u>Mann Gottes</u>, die Israeliten vor seinem Tode segnete.**
                                   Ri 13,6; 1. Sam 9,6; 2. Kön 1,9.10; 2. Chr 8,14
Von Gott Bevollmächtigter, Beauftragter (B); saloppe Anrede, ärgerlich oder warnend gemeint (H)
Davon wohl: Gottesmann = meist ironisch gebrauchte Bezeichnung für einen Pfarrer oder Missionar

33,3   Aus Moses Segen über das Volk Israel: **Alle Heiligen ... werden sich <u>setzen zu deinen Füßen und</u> werden <u>lernen</u> von deinen Worten.**   Lk 10,39
Sich zu jmds Füßen setzen, zu jmds Füßen sitzen = sich von ihm belehren lassen

33,25   o Aus Moses Segen über den Stamm Asser: **Dein Alter sei wie deine Jugend!**

Einem Jubilar oft zugesprochener Wunsch, der langes Rüstigsein beinhaltet

33,29 Aus Moses Segen: **Wohl dir, Israel! Wer ist dir gleich?**
Ps 1,1; 32,1; 84,5.6; 89,16
Ausruf, der glücklich preist; häufig im Alten Testament und den Apokryphen

34,5 **So starb Mose, der Knecht des Herrn, daselbst im Lande Moab.** Jos 1,13; 2. Kön 9,7; Ps 18,1; 113,1; Jes 54,17; 2. Tim 2,24
Im Alten Bund oft Ehrentitel für einen Menschen, der eine besondere Berufung durch Gott erfahren hatte; auch in der Form »Knecht Gottes«, siehe 1. Chr 6,34 (B); Mensch, der sich in seinem Denken und Handeln Gott unterwirft (H)

34,6 (Gott) **begrub ihn** (Mose) **... Und niemand hat sein Grab erfahren bis auf den heutigen Tag.** Jud 9
Davon: sich um Moses Grab zanken (vgl Jud 9) = sich nutzlos streiten; Moses Grab suchen = sich vergeblich bemühen

Das Buch Josua

1,2 Gott zu Josua: **Zieh über den Jordan.**
Davon: über den Jordan gehen = sterben; in der religiösen Literatur oft als Eintritt ins Himmelreich geschildert, wobei das den Israeliten versprochene Gelobte Land mit dem Himmelreich in eins gesetzt wird

1,5.6 •Gott zu Josua: **Ich will dich nicht verlassen noch von dir weichen. Sei getrost und unverzagt.** Hebr 13,5
Häufig als Zuspruch für Christen gewählt, die am Anfang eines neuen Lebensabschnitts oder vor einer besonders schwierigen Aufgabe stehen

3,7 Gott zu Josua: **Heute will ich anfangen, dich groß zu machen vor ganz Israel.** 2. Sam 22,36; 1. Chr 29,12; Est 3,1
Jmdn groß machen = ihm Ansehen verschaffen
Sich großmachen = sich rühmen, prahlen, sich wichtig machen (H)

6,20 **Als das Volk den Hall der Posaunen hörte, erhob es ein großes Kriegsgeschrei. Da fiel die Mauer (Jerichos) um.**
Davon: Lärm machen wie die Posaunen vor Jericho = gewaltigen Lärm machen

Josua

6,26 Wenn er (der die Stadt Jericho wieder aufbaut) ihren <u>Grund legt</u>, das koste ihn seinen erstgeborenen Sohn.

1. Kor 3,10.11; Hebr 6,1

Grund = Fundament (B); den Grund zu (für) etw legen = die Voraussetzung dafür schaffen und damit beginnen (H)
Vgl: grundlegend = wesentlich, von entscheidender Bedeutung

7,15 Welcher erfunden wird im Bann, den soll man mit Feuer verbrennen ..., darum, daß er ... eine Torheit in Israel <u>begangen hat</u>. (alt)

Torheit = unverzeihliches frevelhaftes Handeln (B); eine Torheit begehen = in einer bestimmten Sache unvernünftig handeln (H)

8,31 ... wie geschrieben steht im <u>Gesetzbuch</u> des Mose.

2. Kön 22,8; 2. Chr 17,9; Neh 8,3

Für Israel = die »Tora« (Weisung), bestehend aus den fünf Büchern Mose (B); Buch, in dem alle Gesetze und Verordnungen zu einem bestimmten Sachgebiet enthalten sind, zB Bürgerliches Gesetzbuch (BGB) (H)

8,32 (Josua) schrieb auf die Steine das andere Gesetz, das Mose den Kindern Israel <u>vorgeschrieben</u> hatte. (alt)

Davon sprachlich: Vorschrift = Anweisung, deren Befolgung erwartet wird und die ein bestimmtes Verhalten oder Handeln fordert

9,21 Die Obersten Israels zum Volk: Laßt sie (die Gibeoniter) leben, daß sie <u>Holzhauer</u> und <u>Wasserträger</u> seien der ganzen Gemeinde. (alt)

5. Mose 29,10; Jer 46,22

Holzhauer = zuständig für die Beschaffung des Holzes im Bereich der Stiftshütte (B); Holzfäller (H)
Wasserträger = Leute, die die Stiftshütte mit Wasser zu versorgen hatten (B); jmd, der sich einem anderen bereitwillig unterordnet und für ihn Hilfsdienste verrichtet, etwa im Sport (Wasserträger bei der Tour de France), in der Politik (fürs »Grobe« zuständig)

10,12 Josua während der Verfolgung der fliehenden Amoriter: **Sonne, <u>steh still</u> zu Gibeon, und Mond, im Tal Ajalon!**

Ausruf der Verwunderung bei einem unerwarteten Ereignis; meist in der alten Formulierung: Sonne, stehe still!

10,31 Danach zog Josua und das ganze Israel mit ihm ... gen Lachis ... und <u>bestritten</u> sie (= die Stadt). (alt)

Josua

Bestreiten = gegen jmdn, etw kämpfen, Krieg führen (B); etw (eine Feststellung, einen Sachverhalt) ableugnen, für nicht zutreffend erklären (H)

11,14 **Allen <u>Raub</u> dieser (eroberten) Städte ... <u>teilten</u> die Kinder Israel <u>unter sich</u>.** (alt) Ps 22,19; Lk 22,17
Den Raub unter sich teilen = meist scherzhaft für die Aufteilung der einer Gemeinschaft zugewiesenen oder sonstwie zugefallenen Lebensmittel

13,1 Gott zu Josua: **Vom Lande <u>bleibt noch</u> sehr <u>viel einzunehmen</u>.**
Davon im pietistischen Sprachgebrauch: Es ist noch viel Land einzunehmen = noch viele (missionarische) Aufgaben sind anzupacken und zu bewältigen

18,3 Josua zu den Stämmen, die ihr Land noch nicht in Besitz genommen haben: **Wie lang seid ihr so <u>laß</u>, daß ihr nicht hingeht, das Land einzunehmen, das euch der Herr ... gegeben hat?** (alt) 2. Chr 29,11; Spr 10,4; 18,10; Jer 48,10
Laß = müde, matt, träge – mehrfach im alten Luthertext; davon sprachlich: lässig = träge, ohne Eifer (B; diese Form schon im alten Text an den angeführten Parallelstellen); ungezwungen und ohne große Förmlichkeit; leicht, ohne Schwierigkeiten (H)

23,13 Josua zum Volk Israel: (Die Völker) **werden euch zum <u>Fallstrick</u> und <u>Netz</u> werden.**
Lk 21,34 | Ps 25,15; 124,7; Spr 29,5; Klgl 1,13
Fallstrick = eine Schlinge, die als Falle ausgelegt wird; jmdm einen Fallstrick legen = jmdm hinterhältig eine Falle stellen
Netz = ausgespanntes Fangnetz; vgl: jmdm ins Netz gehen = von jmdm gefaßt, gefangengenommen werden

24,14 Josua zum Volk Israel: **So fürchtet nun den Herrn und dient ihm treulich und <u>rechtschaffen</u>.**
Ps 119,80; Mt 3,8; Apg 8,21; 1. Kor 11,19; 2. Tim 2,15
Aus »recht beschaffen« gebildetes Wort = von rechter Art, echt, ehrlich, untadelig (B); meist nur noch intensivierend vor Adjektiven und Verben: rechtschaffen müde, sich rechtschaffen plagen (H)

24,15 •Josua zum Volk Israel: **Wählt euch heute, wem ihr dienen wollt ... Ich aber und mein Haus wollen dem Herrn dienen.**

	Beliebter Trautext
24,23	Josua zum Volk Israel: **Neigt euer <u>Herz zu</u> dem Herrn, dem Gott Israels.** Ri 9,3; 1. Kön 11,2-4; Ps 116,2; Spr 2,2
	Neigen zu = eine Richtung geben, zuwenden, geneigt machen; das Ohr neigen = aufmerksam hören (B); sein (eigenes) Herz jmdm zuneigen = ihn zu lieben beginnen (H)

Das Buch der Richter

1,26	**Da zog derselbige Mann ins Land der Hethiter und baute eine Stadt und hieß sie Lus, die heißt noch <u>heutiges Tags</u>** (Rev: heutigentags) **so.** (alt) Jer 25,18; 44,2
	Vgl: heutzutage = in der gegenwärtigen Zeit, wie sie dem Zeitgenossen (gegenüber einer früheren) erscheint
2,10	**Als alle, die zu der Zeit gelebt hatten, <u>zu ihren Vätern versammelt</u> waren, kam nach ihnen ein anderes Geschlecht auf.** 1. Mose 15,15; Apg 13,36
	Zu den Vätern versammelt werden = sterben
3,16	**Ehud machte sich einen <u>zweischneidigen</u> Dolch.** Spr 5,4; Hebr 4,12; Offb 1,16
	Beidseitig mit Schneiden versehene Waffe (B); davon: zweischneidig = etw, was Nutzen, aber auch Schaden bringen kann (H)
3,25	**Niemand tat die Tür der <u>Laube</u> auf.** (alt)
	Bau aus leichtem Material wie Ästen, Reisern; luftiges Sommerhaus (»Sommerlaube« nach 3,20.24; eigentlich Obergemach des Hauses) (B); Pergola, offenes Gartenhaus (H)
5,7	Aus Deboras Siegeslied: **Still war's ... in Israel, bis du, Debora, aufstandest..., eine <u>Mutter in Israel</u>.** 2. Sam 20,19
	Sinnbildlich für eine Frau, die gute mütterliche Eigenschaften und Tätigkeiten vorlebt
5,15	Aus Deboras Siegeslied: **Ruben <u>hielt hoch von sich</u>.** (alt)
	Hoch von sich halten = sich als wichtig, bedeutend ansehen
5,16	Aus Deboras Siegeslied: **Warum ... <u>hältst du</u>** (Ruben) **<u>groß von dir</u> und <u>sonderst dich von uns</u>?** (alt)
	Groß von sich halten = sich als wichtig, bedeutend ansehen
	Sich absondern = seine eigenen Wege, abseits der Masse, gehen

Richter

5,27	Aus Deboras Siegeslied: (Sisera) **krümmte sich, fiel nieder zu ihren** (der Jaël) **Füßen.** Pred 12,3; Jes 21,3

Sich krümmen = eine krumme Haltung einnehmen; sich (vor Schmerzen) winden; krummlinig verlaufen (B+H)

5,31 ● Aus Deboras Siegeslied: **Die ihn** (den Herrn) **liebhaben, sollen sein, wie die Sonne aufgeht in ihrer Pracht!**

6,5 (Die Midianiter und Amalekiter) **kamen herauf mit ihrem Vieh und ihren Zelten wie eine große Menge Heuschrecken,** so daß weder sie noch ihre Kamele zu zählen waren, und **fielen ins Land,** um es zu verderben.
2. Mose 10,4; 1. Kön 8,37; Nah 3,15.17; Offb 9,3

Heuschreckenplage als Zeichen eines göttlichen Strafgerichts
Davon: wie Heuschrecken über ein Land, einen Ort, ein Haus herfallen = ausbeutend in Erscheinung treten

6,12 Ein Engel zu Gideon: **Der Herr mit dir, du streitbarer Held!**
Ri 11,1; 2. Sam 1,27

Streitbar = fähig und gerüstet, um in den Krieg zu ziehen (B); willens, sich mit jmdm kritisch auseinanderzusetzen, für etw zu kämpfen (H)
Ein streitbarer Held = ironisch für einen streitlustigen Menschen

6,23 Gott zu Gideon: **Friede sei mit dir!**
Ri 19,20; 1. Sam 25,6; 2. Sam 20,9; Dan 10,19

Friede: hebräisch *schalōm*
Davon: *Schalom!* = der schon früh und bis heute übliche Gruß unter Israeliten; siehe auch Lk 24,36

7,20 ○ Gideons Heer beim Angriff auf die Midianiter: **Hie Schwert des Herrn und Gideon!** (alt)
Aufruf zu Glaubensmut in bedrängter Situation

8,18 Sebach und Zalmunna zu Gideon: (Die Männer, die wir erschlagen haben) **waren wie du, und ein jeglicher schön wie eines Königs Kinder.** (alt)
Davon: schön wie ein Königskind

11,10 Die Ältesten von Gilead zu Jeftah: **Der Herr sei Zuhörer zwischen uns, wo wir nicht tun, wie du gesagt hast.** (alt)
Zeuge eines Gesprächs, einer Vereinbarung, eines Gelübdes (B); jmd, der zuhört, mithört; Besucher einer Vortrags-, Konzertveranstaltung; schon veraltet: Anrede bei Rundfunksendungen (H)

Richter

11,12	Jeftah zum König der Ammoniter: **Was hast du mit mir zu schaffen, daß du zu mir kommst, um gegen mein Land zu kämpfen?** Mt 27,19; Joh 2,4 (alt)
	Mit jmdm etw zu schaffen haben = zu jmdm in einer Beziehung stehen
11,35	Jeftah zu seiner Tochter: **Ich habe meinen Mund aufgetan vor dem Herrn und kann's nicht widerrufen.** Est 8,5.8
	Etw für nicht mehr geltend, für unrichtig erklären, öffentlich zurücknehmen
12,5.6	**Wenn einer von den Flüchtlingen Ephraims** (zu den Gileaditern am Jordan) **sprach: Laß mich hinübergehen! ..., ließen sie ihn sprechen: Schibbolet. Sprach er aber Sibbolet, weil er's nicht richtig aussprechen konnte, dann ergriffen sie ihn.**
	Davon: Schibbolet = Erkennungszeichen, Losungswort
13,5a	Der Engel zur Frau Manoachs: **Der Knabe** (Simson) **wird ein Geweihter Gottes sein von Mutterleibe an.** Ps 22,11; Jes 48,8; Apg 3,2
	Schon im Mutterleib (B); von Geburt an (H)
13,5b	Der Engel zur Frau Manoachs: **Er** (Simson) **wird anfangen, Israel zu erretten aus der Hand der Philister.** 1. Mose 10,14; Ri 14,3; 16,9; 1. Sam 17
	Volk, das zur Richterzeit oft gegen Israel Krieg führte und dann von David endgültig besiegt wurde (B); ein Philister = kleinbürgerlich engstirniger Mensch, Spießbürger (H)
14,3	Simson zu seinem Vater: **Nimm mir diese** (Philistertochter), **denn sie gefällt meinen Augen.**
	Den Augen gefallen = Freude, Genuß am Anblick von jmdm, etw haben
14,13	Die Philister zu Simson: **Gib dein Rätsel auf, laß uns hören!**
	Davon: Laß(t) hören! = Aufforderung zur Rede
14,14	Simson zu seinen Gesellen: **Speise ging aus von dem Fresser und Süßigkeit vom Starken.** Ri 9,11
	Süße oder etw Süßes, in diesem Fall Honig. Seit dem 18. Jh. verbreitet: »Süßigkeiten«
14,18	Simson zu den Philistern: **Wenn ihr nicht mit meinem Kalb gepflügt hättet,** so hättet ihr mein Rätsel nicht getroffen.

Mit jmds Kalb pflügen = durch einen jmdm Nahestehenden ein Geheimnis in Erfahrung bringen; allgemein = jmdm etw »abgucken« (Plagiat)

15,11 Simson zum Stamm Juda über die Philister: **Wie sie mir getan haben, so hab ich ihnen wieder getan.**
Vgl: »Wie du mir, so ich dir«

15,15 (Simson) **fand einen faulen Eselskinnbacken; da reckte er seine Hand aus und nahm ihn und schlug damit tausend Mann.** (alt)
Davon: mit Simsons Waffen fechten = sich mit einer ungewöhnlichen und schlechten Waffe erfolgreich verteidigen
Die revidierte Fassung hat anstelle des »faulen« Eselskinnbackens einen »frischen«, also gerade noch nicht morschen

16,6 Delila zu Simson: **Sage mir doch, worin deine große Kraft liegt.**
Davon: stark wie Simson

16,9 Delila zu Simson: **Philister über dir!**
Wird benutzt als Mahnung für einen selbstsicher gewordenen Christen

16,15 Delila zu Simson: **Wie kannst du sagen, du habest mich lieb, wenn doch dein Herz nicht mit mir ist?**
Jmds Herz ist mit jmdm = jmd ist jmdm innig zugetan

16,20 Simson: **Ich will mich ausreißen.** (alt)
(Sich) losreißen (B); weglaufen, um sich einer unangenehmen Situation, jmds Zugriff zu entziehen (H)

16,25 **Als ihr** (der Philisterfürsten) **Herz guter Dinge war, sprachen sie: Laßt Simson holen.**
Ri 19,6.22; Rut 3,7; 1. Sam 25,36; Pred 11,9
Guter Dinge sein = fröhlich, munter sein (B immer mit »Herz«)

17,3 Michas Mutter: **Ich habe das Geld dem Herrn geheiligt ..., daß man ein Bildnis und Abgott machen soll.** (alt)
Jes 48,5; Hos 9,10; 1. Thess 1,9; 1. Joh 5,21
Götzenbild, Götze (B); etw leidenschaftlich Verehrtes; ein vergöttertes Wesen (H)

17,6 o **Zu der Zeit war kein König in Israel, und jeder tat, was ihn recht dünkte.**
Wird zitiert als typisch für ein Gemeinwesen, dem es an angemessener Leitung fehlt

Richter

18,6 Der Levit zu den fünf Kundschaftern: **Ziehet hin mit Frieden.**
1. Sam 1,17; 2. Kön 5,19; Jdt 8,28
Segenswunsch beim Abschied (B; meist in der Form: »Geh hin ...«); heute in der Formulierung »Zieh hin in Frieden!« meist in negativem oder ironischem Sinn angewandt = mach, daß du fortkommst; tu, was du nicht lassen kannst, aber laß mich in Ruhe!

18,8 Die Stammesbrüder der fünf Kundschafter zu diesen: **Wie steht's mit euch?** Eph 6,21; Phil 2,19
Erkundigung über Stand oder Verlauf einer Angelegenheit

18,10 Die fünf Kundschafter zu ihrem Stamm: **Das Land ist weit und breit.** (alt)
Groß (B); als Adverb = in der ganzen Umgebung, ringsumher (H)

18,19 Die fünf Kundschafter zum Priester im Hause Michas: **Schweig und halt das Maul zu.** (alt) Sir 23,7 (alt)
Schweig! = Verbot, (weiter) zu reden
Halt das Maul (den Mund) = drastische Aufforderung, zu schweigen. Luther verwendet bewußt eine deutsche Wendung; hebräischer Text wörtlich: leg die Hand auf den Mund!

18,26 **So gingen die Daniter ihres Weges.**
Seines/seiner Wege gehen = weitergehen, fortgehen, ohne sich um das, was um einen herum geschieht, zu kümmern

19,8 Einer, der einen Gast auffordert, noch zu bleiben: **Laß uns warten, bis sich der Tag neigt.** Lk 9,12; 24,29
Der Tag neigt sich = es wird Abend

20,16 **Unter diesem ganzen Volk** (vom Stamm Benjamin) **waren siebenhundert auserlesene Männer, die linkshändig waren.** Ri 3,15
Für »linkshändig« in der alten Lutherfassung: »link«; vgl: linkisch = unbeholfen

21,19 Die Ältesten des Stammes Benjamin: **Es ist ein Jahrfest des Herrn zu Silo.** (alt) Sir 47,12
Davon: Jahresfest = jährliche Zusammenkunft mit festlichem Charakter

Das Buch Rut

1,9 Noomi zu Orpa und Rut: **Der Herr gebe euch, daß ihr Ruhe findet, eine jede in ihres Mannes Hause!**
Jer 6,16; Hab 2,4; Mt 11,29; 12,43; 2. Kor 7,5
Davon: (keine) Ruhe finden = seelisch unausgeglichen bleiben

1,12 Noomi zu Orpa und Rut: **Wenn ich spräche: Es ist zu hoffen ...** (alt)
Es ist wünschenswert

1,16a Rut zu Noomi: **Rede mir nicht darein.** (alt)
Jmdm in etw dreinreden = sich in jmds Angelegenheiten, in ein Gespräch einmischen und ihm seine eigene Meinung aufdrängen

1,16b.17 • Rut zu Noomi: **Wo du hingehst, da will ich auch hingehen; wo du bleibst, da bleibe ich auch. Dein Volk ist mein Volk, und dein Gott ist mein Gott ... Nur der Tod wird dich und mich scheiden.**
Beliebter Trautext

2,1 **Boas ... war ein weidlicher Mann.** (alt)
Weidlich = wacker, recht (B); als Adverb: in kaum zu übertreffendem Maße, gehörig, sehr: er hat ihn weidlich ausgenützt (H)

2,4 Boas zu den Schnittern: **Der Herr mit euch.** (alt)
Von der lateinischen Übersetzung »Dominus vobiscum« kam es zum deutschen »Der Herr sei mit euch« = in kirchlicher Liturgie oft verwendete Grußformel

4,7 **Es war von alters her ein Brauch in Israel ...**
Ps 74,12; Jes 46,9; 63,16; Klgl 5,21
Von den Vorfahren so überliefert (B); schon immer (H)

Das 1. Buch Samuel

1,8 Elkana zu Hanna: **Warum ist dein Herz so traurig? Bin ich dir nicht besser als zehn Söhne?** (alt)
Zitiert als tröstlicher Zuspruch des Ehemanns für die kinderlos gebliebene Gattin

1. Samuel

1,15 Hanna zu Eli: **Ich habe mein <u>Herz</u> vor dem Herrn <u>ausgeschüttet</u>.** Ps 42,5; Klgl 2,19
Sein Herz ausschütten = seine innere Not offenbaren

2,2 Aus dem Lobgesang der Hanna: **Es ist kein <u>Hort</u>, wie unser Gott ist.** (alt) Ps 18,3; 71,3; 89,27; 95,1
Schatz (»Hort der Nibelungen«), Kostbarkeit; von Luther gewählt für das hebräische *sur*, das »Fels« bedeutet und als einer der Namen Gottes gilt (B): »denn ›Hort‹ heißen wir, darauf wir uns verlassen und uns sein trösten« (B)

Ort, Institution, Person, die einem Bedürftigen, Schwachen oder einem geistigen Gut besonderen Schutz gewährt; Stätte, an der etw in besonderem Maße praktiziert wird: Hort des Lasters; Kinderhort: Betreuungsort für Kleinkinder (H)

2,6 • Aus dem Lobgesang der Hanna: **Der Herr tötet und macht lebendig, führt hinab zu den Toten und wieder herauf** (alt: führet in die Hölle und wieder heraus).

2,7 • Aus dem Lobgesang der Hanna: **Der Herr macht arm und macht reich; er erniedrigt und erhöht.**

2,10 **Die mit dem Herrn hadern, müssen <u>zugrunde gehen</u>, über ihnen wird er <u>donnern im Himmel</u>.** (alt)
Ps 82,7; Spr 16,18; Jer 48,36 | Ps 18,14; Hes 1,25
Zugrunde gehen: vernichtet werden, zerstört werden, untergehen
Donnern im Himmel: davon wohl der leichtfertige Fluch: Himmeldonnerwetter (noch mal)!

2,16 Ein Opfernder zum Diener des Priesters, der sich vorzeitig bedienen will: **Laß erst das Fett in Rauch aufgehen und nimm dann, <u>was dein Herz begehrt</u>.** 1. Kön 11,37; Ps 20,5; Pred 6,2
Meist als Zusatz zu der Feststellung, daß der Erfüllung bestimmter Wünsche nichts im Wege steht

2,30 • Gott zu Eli: **Wer mich ehrt, den will ich auch ehren; wer aber mich verachtet, der soll wieder verachtet werden.**

3,10 • Samuel zu Gott: **Rede, denn dein Knecht hört.**

3,11 Gott zu Samuel: **Ich werde etwas tun in Israel, wovon jedem, der es hören wird, beide <u>Ohren gellen</u> werden.**
2. Kön 21,12
Davon: die Ohren gellen = die Ohren werden von durchdringendem Schall erschüttert, etwa vom Lärm

1. Samuel

3,18 • Eli: **Es ist der Herr; er tue, was ihm wohlgefällt.**
Erkenntnis einer Führung Gottes und die Einwilligung dazu

3,20 **Ganz Israel von Dan bis Beerscheba ...**
Ri 20,1; 2. Sam 3,10; 24,2; 1. Kön 5,5
Das ganze Land, das ganze Volk: die Stadt Dan bildete den nördlichsten, die Stadt Beerscheba den südlichsten Punkt des damaligen Israel

4,13 **Sein** (Elis) **Herz war zaghaft über der Lade Gottes.** (alt)
Furchtsam, in Angst um etw (B); in ängstlicher, unsicherer Weise zögernd; nur zögernd vorgehend, handelnd (H)

4,16 Eli zum Boten: **Wie geht es zu, mein Sohn?** (alt)
1. Sam 5,7; Spr 31,27; Pred 9,11; 1. Kor 7,35; 14,40
Bitte um Bericht; davon wohl auch: Hier (da) geht es zu! = Beanstandung von Vorgängen und Verhältnissen

4,18 **Als er** (der Bote) **von der Lade Gottes sprach** (die die Philister erbeutet hatten), **fiel Eli rücklings vom Stuhl und brach seinen Hals.**
Vom Stuhl fallen: davon vielleicht: (fast) vom Stuhl fallen = sehr überrascht, entsetzt sein
(Sich) den Hals brechen = tödliche Verletzung durch Bruch der Halswirbel
Davon: etw bricht jmdm den Hals = etw verursacht jmds (geschäftlichen) Ruin; halsbrecherisch = sehr gewagt, tollkühn, lebensgefährlich

4,21 Die Frau des Pinhas (alt: Pinehas): **Sie hieß den** (von ihr geborenen) **Knaben Ikabod und sprach: Die Herrlichkeit ist dahin von Israel.** (alt)
Wird zitiert, wenn ein erfreulicher Zustand sich nicht als dauerhaft erweist, etwa: die weiße Herrlichkeit (der Schnee) ist dahin

7,12 **Samuel nahm einen Stein und stellte ihn auf ... und nannte ihn Eben-Eser** (alt: Eben-Ezer) **und sprach: Bis hierher hat uns der Herr geholfen.**
Eben-Eser (Ebenezer): Name christlicher Kirchen, Gruppierungen oder Hilfswerke
Bis hierher ... = Begründung für die Wahl des Namens, der »Stein der Hilfe« bedeutet

8,19 **Das Volk weigerte sich, auf die Stimme Samuels zu hören,**

und sie sprachen: Nein, sondern **ein König soll über uns sein.**
Verlangen eines Volkes nach einem repräsentativen Herrscher

Kap 9-10 Saul ging aus, seines Vaters Eselinnen zu suchen, und fand ein Königreich
Sprichwörtliche Zusammenfassung eines biblischen Berichts; steht für den Gedanken, daß aus einem kleinen, gehorsam übernommenen Auftrag ein großer werden (oder: sich ein großer Gewinn ergeben) kann

9,2 **Saul war ein junger, schöner Mann, ... eines Hauptes länger als alles Volk.**
Ein großgewachsener Mann

10,12 (Saul gerät mit anderen zusammen durch den Geist Gottes in Verzückung:) **Daher ist das Sprichwort gekommen: Ist Saul auch unter den Propheten?** 1. Sam 19,24
Ironisch zitiert, wenn Menschen bei der Behandlung religiöser Fragen sich selbst in den Vordergrund schieben

10,26 **Mit ihm** (Saul) **gingen die vom Heer, welcher Herz Gott rührte.** (alt)
Davon wohl: jmds Herz wird gerührt = es wird offen, weich für einen Menschen, ein Anliegen

10,27 (Saul) **tat, als hörte er's nicht.**
Tun, als ob man etw nicht hört = auf etw Gehörtes nicht reagieren

12,1 Samuel zum Volk Israel: **Ich habe ... einen König über euch gemacht.** (alt) Hos 8,4
Davon vielleicht: Königsmacher = jmd, der dank seiner eigenen einflußreichen Position in der Lage ist, jmdm zur (politischen) Macht zu verhelfen

12,2 Samuel zum Volk Israel: **Ich bin alt und grau geworden.**
Davon vielleicht: alt und grau bei etw werden = eine Sache dauert sehr lange

12,3 Samuel zum Volk Israel: **Aus wessen Hand hab ich ein Geschenk angenommen, um mir damit die Augen blenden zu lassen?**
Davon vielleicht: sich von etw blenden lassen = so stark von etw beeindruckt werden, die Sinne von etw so gefangennehmen lassen, daß man nichts anderes mehr wahrnimmt

1. Samuel

12,7 Samuel zum Volk Israel: **So tretet nun her, daß ich mit euch rechte vor dem Herrn wegen aller <u>Wohltaten</u> des Herrn, die er an euch und euren Vätern getan hat.**
Hiob 10,12; Ps 116,12; Mk 5,19; Apg 4,9; 2. Kor 8,4
Wohltat = helfende, heilende, bewahrende Tat (B); etw, was jmdm Erleichterung, Linderung verschafft (H)

13,14 Samuel zu Saul: **Der Herr hat sich <u>einen Mann</u> gesucht <u>nach seinem Herzen</u>.** Apg 13,22
Davon: jmd nach jmds Herzen = jmd, der jmdm für eine Aufgabe geeignet erscheint, der jmdm sympathisch ist
Davon im Pietismus: ein Mann nach dem Herzen Gottes = Mensch, der in Gehorsam und Vertrauen gegenüber Gott sein Leben führt

13,17 **Da zogen aus dem Lager der Philister drei Heerhaufen, das Land zu <u>verheeren</u>.**
Davon sprachlich: verheerend = furchtbar, entsetzlich; scheußlich

14,6 ● Jonatan zu seinem Waffenträger: **Es ist dem Herrn nicht schwer, durch viel oder wenig zu helfen.**

14,19 **Das <u>Getümmel</u> wurde im Lager der Philister immer größer.**
2. Sam 18,29; 1. Kön 1,41; Hes 26,10; Mt 9,23; Apg 20,10
Wildes Durcheinanderwogen bei Menschenansammlungen

14,45 Das Volk zu Saul: **Sollte Jonatan sterben ...? Das sei ferne! ... <u>Es soll kein Haar von seinem Haupt auf die Erde fallen</u>.**
2. Sam 14,11; 1. Kön 1,52; Lk 21,18; Apg 27,34
Es soll kein Haar von jmds Haupt auf die Erde fallen = uneingeschränkter Schutz für ein Leben

14,52 **Wo Saul einen tapferen und <u>rüstigen</u> Mann sah, den nahm er in seinen Dienst.**
Rüstig = zum Tragen einer Rüstung, zum Kriegsdienst fähig (B); noch nicht hinfällig, sondern noch leistungsfähig (H)

15,9 **Was <u>schnöde</u> und untüchtig war** (an Vieh), **das verbannten sie** (verbannen = mit dem Bann belegen). (alt)
Dürftig, wertlos. Zusammen mit Lk 16,9 ergibt sich der Begriff »schnöder Mammon« = Geld als etw, dem sich nachzujagen nicht lohnt (B); in besonders häßlicher, gemeiner Weise Geringschätzung, Verachtung zum Ausdruck bringend und dadurch beleidigend, verletzend, demütigend: schnöder Undank, jmdn schnöde im Stich lassen; jmds Vertrauen schnöde mißbrauchen (H)

1. Samuel

15,22 • Samuel zu Saul: **Gehorsam ist besser als Opfer.**

15,35a **Samuel sah Saul fortan nicht mehr bis an den <u>Tag seines Todes</u>.** Pred 7,1
Davon sprachlich: Todestag = Tag, an dem jmd stirbt

15,35b **Samuel <u>trug Leid um</u> Saul, weil es den Herrn gereut hatte, daß er Saul zum König über Israel gemacht hatte.**
1. Mose 27,41; 2. Sam 13,37; Esr 10,6; Jer 6,26
Um jmdn Leid tragen = nicht nur anläßlich seines Todes um ihn trauern, sondern etwa auch, weil er einen zu Lebzeiten enttäuscht oder nicht das erreicht hat, was man ihm zugetraut hat

16,7 • Gott zu Samuel: **Ein Mensch sieht, was vor Augen ist; der Herr aber sieht das Herz an.**

16,11 Samuel sprach zu Isai: **<u>Sind das die Knaben alle?</u>**
Scherzhafte Rückfrage, ob alle zu einer Gruppe Gehörenden anwesend sind

16,14 **Der <u>Geist</u> des Herrn <u>wich</u> von Saul.**
Davon wohl (im Zusammenhang mit 1. Sam 18,10.11): von allen guten Geistern verlassen sein = etw völlig Unsinniges, Törichtes tun

17,4 **Da trat aus den Reihen der Philister ein <u>Riese</u> heraus mit Namen <u>Goliat</u>.**
Ein Goliat = ein hochgewachsener Mann; auch: ein Riese Goliat

17,28 Eliab zu David: **<u>Ich kenne ... deines Herzens Bosheit.</u> Du bist nur gekommen, um dem Kampf zuzusehen.**
Ein eher scherzhaftes Auf-den-Kopf-Zusagen, daß man jmds geheime Absicht durchschaut

17,32 David zu Saul: **Es <u>entfalle</u> keinem Menschen <u>das Herz</u> um deswillen** (Goliats wegen). (alt) 1. Mose 42,28
Davon vielleicht: jmdm fällt, rutscht das Herz in die Hosen = jmd bekommt in einer bestimmten Situation plötzlich Angst, verliert den Mut

17,38.39 **<u>Saul</u> legte David seine <u>Rüstung</u> an und setzte ihm einen ehernen Helm auf sein Haupt und legte ihm einen <u>Panzer</u> an. Und David gürtete Sauls Schwert über seine Rüstung und mühte sich vergeblich, damit zu gehen; denn er hatte es noch nie versucht. Da sprach David zu Saul: Ich kann so nicht gehen, denn ich bin's nicht gewohnt; und er legte es ab.** 1. Sam 17,5; Jes 59,17; Eph 6,14; Offb 9,9

1. Samuel

Davon: Saulsrüstung = meist ein Bild für eine theologische Ausbildung, über die der Laie nicht verfügt und mit der er auch nicht umgehen kann

Panzer = Brustpanzer aus Metallplatten als Schutz für den Oberkörper bei kriegerischen Auseinandersetzungen (B); harte äußere Schutzhülle bei bestimmten Tieren; Platte, Gehäuse aus gehärtetem Stahl zum Schutz von Kriegsschiffen, Kampffahrzeugen, Befestigungen (H)

17,40 (David) **nahm die <u>Schleuder</u> in die Hand und ging dem Philister entgegen.**

Davidsschleuder = schlichte, aber vollmächtige Evangeliumsverkündigung

17,45 • David zu Goliat: **Du kommst zu mir mit Schwert, Lanze und Spieß, ich aber komme zu dir im Namen des Herrn Zebaoth.**

Davon: ein David gegen einen Goliat = Kampf eines Schwachen gegen einen übermächtigen Feind

18,1 **Als David aufgehört hatte, mit Saul zu reden, <u>verband sich das Herz Jonatans mit dem Herzen Davids</u>.**

Davon: wie David und Jonatan = Bild für echte Freundschaft
Herzen verbinden sich = Menschen gehen eine ganz enge Freundschaft ein

18,7 ○ Reigen der Frauen in Israel: **Saul hat tausend erschlagen, aber David zehntausend.**

Gilt als Beispiel, wie Neid entsteht

18,29 **Da fürchtete sich Saul noch mehr vor David und wurde sein <u>Feind sein Leben lang</u>.**

Jmds Feind sein Leben lang = unaufhörliche, unversöhnliche Feindschaft

19,5 Jonatan zu Saul: **Warum willst du dich denn <u>an unschuldigem Blut</u> versündigen, daß du David ohne Grund tötest?**

Ps 94,21; Jer 26,15; Jona 1,14; Mt 27,4

Unschuldiges Blut = jmd, der schuldlos ist und dessen Blut deshalb nicht vergossen werden darf (B); jmd, der mit einer Sache nichts zu tun hat; jmd, der noch nie mit einem Verbrechen, der Schlechtigkeit der Welt in Berührung gekommen ist (H)

19,20 (Die Boten Sauls) **sahen zwei Chor Propheten weissagen, und Samuel war ihr <u>Aufseher</u>.** (alt) 2. Chr 2,1; Jer 29,26; Dan 1,11

	Jmd, der die Aufsicht, die Verantwortung für die Einhaltung der (meist Arbeits-) Ordnung hat
20,3	○ David zu Jonatan: **Es ist nur ein Schritt zwischen mir und dem Tode!**
	Wissen um Todesgefahr, Todesahnung
20,30	Saul zu Jonatan: **Du ungehorsamer Bösewicht.** (alt)
	Schuft, Verbrecher (B+H); in bezug auf ein Kind eher: Schlingel, Schelm (H); im alten Luthertext auch auf den Teufel bezogen (Eph 6,16; 1. Joh 2,13.14)
20,39	**Nur Jonatan und David wußten um die Sache.**
	Um eine Sache wissen = über eine Angelegenheit informiert sein
22,2	**Es versammelten sich zu ihm** (David) **allerlei Männer, die in Not und Schuld und betrübten Herzens waren.** (alt)
	Betrübtes Herz = bedrückter seelischer Zustand Hiob 3,20
22,17	**Der König** (Saul) **sprach zu seinen Trabanten, die neben ihm standen ...** (alt)
	Trabant = Angehöriger der Leibwache (B); Mond, Satellit (Astronomie bzw Raumfahrt) (H)
23,23	Saul zu den Sifitern: **Beobachtet und erkundet jeden versteckten Ort, wo er** (David) **sich verkriecht.**
	Jos 10,27; 2. Sam 17,9; 1. Kön 22,25; Hiob 24,4
	Sich verkriechen = in ein Versteck kriechen, in dem man geschützt ist; sich aus Angst verstecken (B+H); sich zurückziehen: sich ins Bett verkriechen; sich vor Verlegenheit am liebsten verkriechen wollen (H)
24,15	○ David zu Saul: **Wem jagst du nach? Einem toten Hund, einem einzelnen Floh!**
	Zitat, mit dem jmd seine Bedeutung herabspielt, um seine Ungefährlichkeit zu beweisen
24,20	○ Saul zu David: **Wo ist jemand, der seinen Feind findet und läßt ihn mit Frieden seinen Weg gehen? Der Herr vergelte dir Gutes für das, was du heute an mir getan hast!**
	Illustration für Feindesliebe
25,5	David zu seinen zehn Boten: **Wenn ihr zu Nabal kommt, so grüßet ihn von meinetwegen freundlich.** (alt)
	Von mir (B); meinetwegen = von mir aus; ich habe nichts dagegen (H)

1. Samuel

25,10 ○ Nabal zu den Boten in bezug auf David: **Es werden jetzt der Knechte viel, die sich von ihren Herren reißen.** (alt)
Wird ironisch als Anfrage verwendet, wenn bisher unbekannte Führer religiöser Bewegungen sich zu Wort melden

25,17 Ein Bote zu Abigajil: (Nabal) **ist ein <u>heilloser</u> Mensch, dem niemand etwas zu sagen wagt.** 5. Mose 13,14; Hiob 34,18; Spr 6,12
Heillos = böse, abscheulich, schlimm (B); ungeordnet, verwirrt (ein heilloses Durcheinander) (H)

26,9 ○ David zu Abischai: **Wer könnte die Hand an den Gesalbten des Herrn legen und ungestraft bleiben?** 2. Sam 1,16; Ps 105,15
Warnung, von Gott berufenen Menschen zu schaden

26,14 David: **<u>Hörst du nicht</u>, Abner?** (alt)   2. Kön 19,25
Aufforderung zuzuhören; »hast du nicht gehört?« (Jes 40,28) = du müßtest doch wissen (B); Ermahnung eines Kindes, auf eine gegebene Anweisung einzugehen (H)

28,20 **Da <u>stürzte</u> Saul <u>zur Erde, so lang er war</u>.**
Jmd stolpert und fällt hin, so lang er ist = scherzhaft für tolpatschigen Fall; Matthias Claudius in seinem Gedicht »Die Geschichte von Goliath und David«: »… da fiel der große Esel hin, so lang und dick er war«

28,22 Die Totenbeschwörerin von Endor zu Saul: **Ich will dir einen Bissen Brot vorsetzen, daß du issest und <u>zu Kräften kommst</u>.**
Zu Kräften kommen = körperliche Schwäche überwinden

29,3 Achisch zu den anderen Fürsten der Philister: **Das ist David, … der nun bei mir gewesen ist <u>Jahr und Tag</u>.**
Etwas länger als ein Jahr (B); seit Jahr und Tag = seit undenklich langer Zeit; schon immer (H)

31,4 Saul zu seinem Waffenträger: **Zieh dein Schwert und erstich mich damit, daß nicht diese Unbeschnittenen kommen und mich erstechen und <u>treiben ihren Spott mit mir</u>.**
Seinen Spott mit jmdm, etw treiben = sich über jmds Gefühle, über eine Sache lustig machen, Schadenfreude äußern

Das 2. Buch Samuel

1,23	Aus Davids Klagelied: **Saul und Jonatan, holdselig und lieblich in ihrem Leben, sind <u>auch im Tod nicht geschieden</u>.** (alt)
	Verwendet in Nachrufen für zwei Menschen, die sich zugetan waren und zugleich den Tod fanden
1,26	○ David: **Es ist mir leid um dich, mein Bruder Jonatan, ich habe große Freude und Wonne an dir gehabt.**
	Verwendet bei Nachrufen
	Wonne = hoher Grad der Beglückung, des Vergnügens, der Freude (B+H); mit Wonne = mit dem größten Vergnügen (H)
1,27	○ Aus Davids Klagelied über Saul und Jonatan: **Wie sind die Helden gefallen und die Streitbaren umgekommen!**
	Verwendet als Predigttext bei Gefallenen-Gedenktagen
2,18	Asaël war <u>von leichten Füßen</u>, wie ein Reh auf dem Felde. (alt)
	Luther verwendet für hebräisches »schnell auf den Füßen« eine deutsche Wendung; davon sprachlich: (Bruder) Leichtfuß = leichtfertiger, leichtsinniger Mensch
2,26	○ Abner zu Joab: **Soll denn das Schwert ohne Ende fressen?**
	5. Mose 32,42
	Forderung, Krieg oder sonstiges Blutvergießen zu beenden
2,27	Joab zu Abner: **So wahr Gott lebt ...** Hiob 27,2; Jer 44,26; Am 8,14
	Einleitung einer Beteuerung oder eines Schwurs; noch häufiger: »So wahr der Herr lebt« (B); die Verbalanrufung Gottes beim Eid »ich schwöre bei Gott dem Allmächtigen« und »so wahr mir Gott helfe« stammt ihrem Sinn nach von dieser Formulierung (H)
3,1	**David ... <u>nahm zu</u> und das Haus Saul ... <u>nahm ab</u>.** (alt)
	Ps 12,2; Joh 3,30
	Zu- und abnehmen = Veränderung der Bedeutung oder Zahl von Menschen und Dingen (B); Veränderung des Körpergewichts (H)
3,34	Aus Davids Klage über den ermordeten Abner: **Deine <u>Hände</u> waren nicht <u>gebunden</u>.**
	Davon vielleicht: jmdm sind die Hände gebunden = er kann nicht handeln, wie er möchte oder sollte

2. Samuel

3,38   o David beim Tod Abners zu seinen Männern: **Wißt ihr nicht, daß an diesem Tag ein Fürst und Großer gefallen ist in Israel?**
Verwendet beim Nachruf auf bedeutende Persönlichkeiten

4,3   (Die Beerotiter flohen nach Gittajim) **und wohnten dort gastweise bis auf den heutigen Tag.**
Als Gast

4,4   **Jonatan ... hatte einen Sohn, der war lahm an beiden Füßen.**
Lahm = gelähmt (B+H); langsam, ohne Energie (H); vgl: Lahmfuß = jmd, der erteilte Aufträge nur sehr langsam erledigt

4,11   David zu Isch-Boschets Mördern: **Sollte ich sein Blut nicht fordern von euren Händen?**   Hes 3,18; 33,6
Jmds Blut von jmds Händen fordern = ihn für den Tod eines Dritten zur Rechenschaft ziehen

5,7   **David eroberte die Burg Zion; das ist Davids Stadt.**
              Ps 14,7; 65,2; 126,1; Röm 9,33; Hebr 12,22; Offb 14,1
              1. Kön 2,10; Jes 22,9; Lk 2,4.11
Zion = ursprünglich die alte, von David eroberte Jebusiterfestung (= Davidsstadt) auf dem Südosthügel Jerusalems, dann der Tempelberg, zuletzt ganz Jerusalem (B)
Davon: Zionismus = Ende des 19. Jahrhunderts entstandene jüdische Bewegung mit dem Ziel, einen nationalen Staat für Juden in Palästina zu schaffen; politische Strömung im heutigen Israel und im Judentum in aller Welt, die die in der Bibel bezeichneten Grenzen für das damalige Israel für den heutigen Staat in Anspruch nimmt (H)
Davidsstadt = Jerusalem

7,9   Gott durch Nathan zu David: **Ich will dir einen großen Namen machen gleich dem Namen der Großen auf Erden.**
Davon: die Großen der Erde = bedeutende Gestalten der Weltgeschichte

7,18   • David: **Wer bin ich, Herr Herr, und was ist mein Haus, daß du mich bis hierher gebracht hast?**

7,27   David: **Du, Herr Zebaoth, ... hast das Ohr deines Knechts geöffnet.**   Hiob 33,16; Jes 48,8; 50,5
Davon wohl: ein offenes Ohr für jmdn haben = jmds Bitten und Wünschen zugänglich sein

2. Samuel

8,15	**David ... schaffte <u>Recht und Gerechtigkeit</u> seinem ganzen Volk.** Ps 119,121; Pred 5,7; Jes 56,1; Jer 22,15
	Wortpaar, das gesetztes Recht und geübte Gerechtigkeit zusammenfaßt
8,16	Aus der Liste über Davids Beamte: **Joschafat, der Sohn Ahiluds, war <u>Kanzler</u>.** Apg 19,35
	Im Alten Testament hoher Beamter der israelitischen Könige (Hofmeister); im Neuen Testament Beamter der städtischen Verwaltung (B); kurz für: Bundeskanzler; leitender Beamter in der Verwaltung einer Hochschule (H)
8,18	Aus der Liste über Davids Beamte: **Benaja ... war über die <u>Crethi und Plethi</u>** (gesetzt). (alt) 2.Sam 15,18; 20,23; 1.Kön 1,38.44
	Leibwache der Könige David und Salomo; »Kreter und Philister«, aus denen sie sich rekrutierte; Rev: »Kreter und Pleter« (B)
	Davon: Krethi und Plethi = jedermann (Hinz und Kunz)
10,5	o David zu den von den Ammonitern geschändeten Gesandten: **Bleibt in Jericho, bis euer Bart gewachsen ist.**
	Zitat als Abfertigung von (noch) bartlosen Vorwitzigen
10,11	Joab zu Abischai: **Werden mir die Aramäer überlegen sein, so <u>komm</u> mir <u>zu Hilfe</u>.** Ri 5,23; 1.Kön 20,16; Jer 15,11; Dan 10,13
	Zu Hilfe kommen = unterstützen
11,15	Aus Davids <u>Brief</u> an Joab: **Stellt <u>Uria</u> vornehin, wo der Kampf am härtesten ist, und zieht euch hinter ihm zurück, daß er erschlagen werde und sterbe.**
	Uriasbrief = Brief, der dem Überbringer Unheil bringt (H)
11,25	David durch einen Boten zu Joab: **Laß dir das <u>nicht übel</u> gefallen; <u>das Schwert frißt jetzt diesen, jetzt jenen</u>.** (alt)
	Davon vielleicht: Nicht übel! = eigentlich recht gut; davon dann: nicht übel Lust haben, etw zu tun = nicht abgeneigt sein, etw zu tun, was man eigentlich nicht tun kann oder darf
	Der letzte Satz wird zitiert als Beweis für die Gefühlskälte von Regenten und Befehlshabern, die Menschenopfer einkalkulieren
12,3	Nathan zu David: **Der Arme hatte nichts als ein einziges kleines <u>Schäflein</u> ... und er <u>hielt's wie eine Tochter</u>.**
	Schäflein = jmd, der jmds Obhut, Führung anvertraut ist
	Jmdn wie seine Tochter (sein eigenes Kind) halten = ihm dieselbe Fürsorge, Liebe angedeihen lassen

2. Samuel

12,5 David zu Nathan: **Der Mann ist <u>ein Kind des Todes</u>, der das getan hat!**
Ein äußerst gefährdeter, dem Tode naher, dem Tode geweihter Mensch

12,7 Nathan zu David: **Du bist der Mann!**
Überführung eines sich als unschuldig ansehenden Menschen

12,8 ○ Gott durch Nathan zu David: **Ist das** (alles, was ich dir Gutes getan habe) **zu wenig, will ich noch dies und das dazu tun.**
Beschämender Hinweis auf Güte, die Gott einem Menschen erwiesen hat, oder auch ein Mensch dem anderen

12,15 **Der Herr schlug das Kind, das Urias Frau David geboren hatte, so daß es <u>todkrank</u> wurde.**
2. Kön 20,1; Ps 107,18; Lk 7,2; Phil 2,27
Sehr schwer krank und dem Tode nahe

13,4 Jonadab zu Amnon: **Warum <u>wirst du so mager von Tag zu Tag</u>, du Königssohn?**   2. Chr 21,19; 2. Petr 2,8
Davon: von Tag zu Tag magerer werden = sichtbar abnehmen
Von Tag zu Tag = immer mehr; stetig; täglich

13,15 **Ammon ward ihr** (der Tamar) **<u>überaus</u> gram, daß <u>der Haß größer war, als vorhin die Liebe war.</u>** (alt)
2. Mose 1,7; Hes 16,13; Röm 7,13
Überaus = in ungewöhnlich hohem Maße, Grade
Der Haß jetzt größer denn zuvor die Liebe = Umkehrung der Gefühle

13,19 **Tamar warf <u>Asche auf ihr Haupt.</u>**
Jdt 9,1; 1. Makk 3,47: 4,39; St zu Est 3,2
Zeichen von Trauer oder tiefer Erschütterung
Davon: sich Asche aufs Haupt streuen = (meist scherzhaft) demütig bereuen (H)
Davon: Aschermittwoch = in der Katholischen Kirche der Mittwoch vor dem ersten Fastensonntag und Beginn der Fastenzeit, in der Alten Kirche Beginn der öffentlichen Buße. Auch heute wird am Aschermittwoch das sog. Aschenkreuz als Zeichen der Buße auf Stirn oder Kopf gezeichnet bzw gestreut

13,30 **Als sie** (die Söhne des Königs) **noch <u>auf dem Wege waren</u>, kam das <u>Gerücht</u> vor David, Absalom habe alle Söhne des Königs erschlagen.**   Mt 5,25 | 1. Sam 2,24; 2. Kön 19,7; 2. Kor 6,8
Auf dem Weg sein = unterwegs zu einem bestimmten Ziel sein

2. Samuel

Gerücht = unbestimmte, unbestätigte Nachricht (B); etw, was allgemein gesagt, weitererzählt wird, ohne daß bekannt ist, ob es auch wirklich zutrifft (H)

14,25 **Es war in ganz Israel <u>kein Mann so schön wie Absalom</u> ...; von der Fußsohle bis zum Scheitel war nicht ein Fehl an ihm.**

Davon: so schön wie Absalom

14,26 **Wenn man sein (Absaloms) Haupt schor – das geschah alle Jahre, denn es war ihm zu schwer, so daß man es abscheren mußte –, so wog sein <u>Haupthaar</u> zweihundert Lot.**

2. Sam 18,9

Davon: Haare wie Absalom = dichtes, langes Haar

15,6 **So <u>stahl</u> Absalom (dem David) <u>das Herz</u> der Männer Israels.**

Jmds Herz stehlen = die Zuneigung jmds von einem anderen weg auf sich selbst lenken

Davon vielleicht: Herzensdieb = jmd, der unversehens oder gegen anfängliches Sträuben das Herz, die Liebe eines anderen gewinnt

15,26 •David zu Zadok: **Er (Gott) mach's mit mir, wie es ihm wohlgefällt.**

Zahlreiche geistliche Lieder nehmen diesen Satz fast wörtlich oder sinngemäß auf; etwa in Paul Gerhardts »Ich bin ein Gast auf Erden«, Strophe 7: »... auch alles hebt und trägt, nach dem's ihm wohlgefällt«

15,33 David zu dem Arkiter Huschai: **Wenn du mit mir gehst, wirst du <u>mir eine Last</u> sein.**

Hiob 7,20; Jer 23,36

Jmdm eine Last sein = jmdm durch seine Anwesenheit, seine Lebensweise, seinen Zustand zusätzliche Arbeit, Mühe oder Kosten bereiten

16,7 Schimi zu David: **Hinaus, hinaus, du <u>Bluthund</u>, du ruchloser Mann!**

Sir 34,27

Jmd, an dessen Händen Blut klebt (B); jmd, der foltert und mordet; Hund einer englischen Hunderasse mit ausgeprägtem Spürsinn (H)

16,22 **Absalom <u>beschlief</u> die Kebsweiber seines Vaters vor den Augen des ganzen Israel.** (alt)

Jmdn beschlafen = mit jmdm Geschlechtsverkehr haben (B); etw beschlafen = etw bis zum nächsten Tag überdenken, bevor man eine Entscheidung fällt (H)

2. Samuel

18,5 ○ David zu seinen Hauptleuten: **Fahret mir säuberlich mit dem Knaben Absalom.** (alt)
Bitte um Schonung für einen (jungen) Menschen, der jmdm am Herzen liegt

18,9 **Als das Maultier (Absaloms) unter eine große Eiche mit dichten Zweigen kam, blieb sein (Absaloms) Haupt an der Eiche hängen, und er <u>schwebte zwischen Himmel und Erde</u>.**
Davon: zwischen Himmel und Erde schweben = frei in der Luft; übertragen: keinen Bezug zur Wirklichkeit (mehr) haben

18,19 Ahimaaz zu Joab: **Laß mich laufen und dem König die gute Botschaft bringen, daß der Herr ihm <u>Recht verschafft hat</u> gegen seine Feinde.**   1. Mose 20,16; 2. Chr 6,23
Jmdm (sein) Recht verschaffen = jmdm zu dem ihm rechtmäßig zustehenden Sieg über einen Feind verhelfen (B); dafür sorgen, daß auf jmdn das gültige (für ihn günstige) Recht angewandt wird (H); siehe auch 2. Chr 6,35

18,31 Der Mohr als Bote Joabs: **Hier <u>gute Botschaft</u>, mein Herr und König (David)!**   1. Kön 1,42; 2. Kön 7,9; Spr 25,25; Jer 20,15
Erfreuliche Nachricht

19,1 ○ Davids Trauer über Absalom: **Mein Sohn, mein Sohn Absalom! Wollte Gott, ich wäre für dich gestorben!**
Zitiert als Ausdruck tiefer Trauer, in der das eigene Leben geringwertiger erscheint als das des Verstorbenen

19,4 **Das Volk <u>stahl sich weg</u> an dem Tage ..., wie sich ein Volk wegstiehlt, das <u>zu Schanden geworden</u> ist, wenn's im Streit geflohen ist.** (alt: 3)
        Ps 6,11; 22,6; 25,2.3; Jes 50,7; Röm 5,5; 1. Petr 3,16; 1. Joh 2,28
Sich wegstehlen = sich heimlich entfernen
Zuschanden werden = sich schämen müssen, (durch unerfüllte Erwartung) enttäuscht werden; scheitern

19,6 Joab zu David: **Du hast heute <u>schamrot</u> gemacht alle deine Knechte, die dir heute das Leben gerettet haben.**
        Ps 69,7; Jes 1,29; Jer 31,19; 2. Thess 3,14
Schamrot werden = rot werden über dem Gefühl, versagt zu haben oder sich eine Blöße gegeben zu haben

19,7 Joab zu David: **Du läßt heute merken, daß dir <u>nichts gelegen ist</u> an den Obersten und Kriegsleuten.**

2. Samuel

Davon: jmdm an etw, an jmdm (nichts) gelegen sein = ihm (nicht) wichtig sein

19,23 David zu den Söhnen der Zeruja: **Was hab ich mit euch zu schaffen ..., daß ihr <u>mir</u> heute <u>zum Satan werden</u> wollt?**

1.Chr 21,1; Mt 16,23

Jmdm zum Satan werden = ihn zum Tun eines Unrechts anreizen, ihn versuchen (B)

Davon vielleicht: Satan als Schimpfwort: Dieser Mensch ist ein Satan

19,36 o Barsillai zu David: **Ich bin heute achtzig Jahre alt. Wie kann ich noch unterscheiden, was gut und schlecht ist, oder schmecken, was ich esse und trinke, oder hören, was die Sänger und Sängerinnen singen?**

Selbstdiagnose eines Seniors

20,16 **Da rief eine <u>weise Frau</u> aus der Stadt: <u>Höret! Höret!</u>** (alt)

Weise Frau = Frau, die sich durch besondere Klugheit auszeichnet (B); veraltet: Hebamme; aber auch (umgangssprachlich verhüllend): Frau, die illegal Abtreibungen vornimmt

Höret ...: davon vielleicht: Hört, hört! = Zwischenruf in Versammlungen, mit dem man ironisch darauf hinweist, daß das Gehörte äußerst bemerkenswert ist

21,4 Die Gibeoniter zu David: **<u>Es ist uns nicht</u> um Gold noch Silber <u>zu tun</u> ...**

Jmdm ist es (nicht) um etw zu tun = jmd hat (kein) Interesse an etw

21,17 Die Krieger zu David: **Du sollst nicht mehr mit uns ausziehen in den Streit, daß nicht <u>das Licht</u> in Israel <u>verlösche</u>.** (alt)

Hiob 18,5; Spr 24,20; Jes 43,17

Davon vielleicht = das Lebenslicht erlischt

23,1 Aus Davids letzten Worten: **Es sprach der Mann, der <u>versichert</u> ist von dem Messias des Gottes Jakobs.** (alt)

Einer Sache sicher gemacht (B); durch Vertrag mit einer entsprechenden Gesellschaft gegen bestimmte Schäden abgesichert (H)

23,23 **David machte ihn** (Benaja) **zum <u>heimlichen Rat</u>.** (alt)

Vgl: Geheimer Rat, Geheimrat = Kurzform verschiedener früher üblicher Titel, zB Geheimer Regierungsrat, Geheimer Hofrat

24,10 <u>**Das Herz schlug**</u> **David, nachdem das Volk gezählt war.**

2. Samuel/1. Könige

Herzklopfen als Stimme des Gewissens (B); jmdm schlägt das Gewissen (H)

24,14 David zu Gad: **Laß uns in die Hand des Herrn fallen ...; <u>ich will nicht in der Menschen Hand fallen</u>.**

Jmdm in die Hand, die Hände fallen = ihm ausgeliefert sein (»Hände« vgl Ri 15,18; 1. Sam 27,1)

Davon: nicht in der Menschen Hände fallen wollen = nicht menschlicher Macht und Gunst ausgeliefert sein wollen

Das 1. Buch der Könige

1,51 Botschaft an Salomo: **Adonija fürchtet den König Salomo, und siehe, er <u>faßt die Hörner des Altars</u>.**

2. Mose 27,2; 29,12; Ps 118,27

Die Hörner des Altars fassen = Schutz suchen im Heiligtum bei lebensbedrohender Verfolgung; die Hörner des Altars (hornartige Aufsätze an den vier oberen Ecken) waren mit Opferblut bestrichen (B); Schutz an einem Ort suchen, an dem man unangreifbar ist (H)

2,2 David zu Salomo: **Ich <u>gehe</u> hin <u>den Weg aller Welt</u>. So sei getrost und <u>sei ein Mann</u>!**

Den Weg aller Welt (alles Fleisches; siehe 1. Mose 6,13) gehen = sterben

Sei ein Mann = sei, zeige dich mutig

3,7 Salomo zu Gott: **So bin ich ein kleiner Knabe, <u>weiß nicht weder meinen Ausgang noch Eingang</u>.** (alt)

Davon vielleicht: nicht mehr (weder) aus noch ein wissen = nicht wissen, wie es weitergehen soll

Eingang und Ausgang: siehe auch Ps 121,8

3,9 •Salomo zu Gott: **Du wollest deinem Knecht ein gehorsames Herz geben.**

3,26 Über die wahre Mutter des umstrittenen Kindes: **Ihr <u>mütterliches Herz</u> entbrannte in Liebe für ihren Sohn.**

Davon: ein mütterliches Herz (haben) = die für Kinder oder Schutzbefohlene vorhandene Hingabebereitschaft einer Frau

3,16-28 <u>Salomos Urteil</u> gegenüber zwei Frauen, die um die Mutterschaft für ein Kind streiten.

1. Könige

Davon: salomonisches Urteil = weises Urteil
Siehe auch 1. Kön 10,7: salomonische Weisheit

5,5 **Juda und Israel wohnten sicher, <u>jeder unter seinem Weinstock und unter seinem Feigenbaum</u>.**
2. Kön 18,31; Ps 105,33; Hos 2,14; Hag 2,19
Weinstock und Feigenbaum = Wortpaar als Bild für zufriedenstellenden Besitz (B)

7,8 (Salomo baute) **sein Haus, darinnen er wohnte, im <u>Hinterhof</u>.** (alt)
Hinterer Hof oder Hofteil (B); von Häusern eingeschlossener enger Hof, durch den Vorderbau von der Straße getrennt (H)

7,25 (Das große bronzene Wasserbecken, das »Meer«, stand auf zwölf Rindern, die zu je dreien in eine der vier Himmelsrichtungen blickten) **und das Meer stand obendrauf, und ihre <u>Hinterteile</u> waren nach innen gekehrt.**
Hinterteil = Rückseite, hinterer Teil einer Sache; vgl Apg 27,41 alt, wo das Heck des Schiffes »Hinterteil« genannt wird (B); Gesäß (H)

8,27 Salomo zu Gott: **Sollte Gott wirklich auf Erden wohnen? Siehe, <u>der Himmel und aller Himmel Himmel können dich nicht fassen</u> – wie sollte es dann dies Haus tun, das ich gebaut habe?**
Beschreibung der Unendlichkeit Gottes

8,29 o Salomo zu Gott: **Laß deine Augen offen stehen über diesem Hause Nacht und Tag.**
Oft verwendet bei der Einweihung von Kirchen

8,35 Salomo zu Gott: **Wenn <u>der Himmel verschlossen</u> wird, daß es nicht regnet, weil sie an dir gesündigt haben ...**
Lk 4,25; Offb 11,6
Davon: Der Himmel ist wie verschlossen = es fällt und fällt kein Regen; übertragen: die Verbindung zu Gott ist unterbrochen

8,39 Salomo zu Gott: **... so wollest du hören im Himmel, in dem <u>Sitz</u>, da du wohnest.** (alt) Hld 3,10
Ort, wo Gott wohnt (im Himmel, aber auch im Tempel: 8,13 alt statt »Stätte«); Thron für Könige und Regenten (B); Sitzfläche, Sitzgelegenheit (B+H); in einem Gremium Platz mit Stimmberechtigung; Ort, an dem sich eine Institution, Regierung, Verwaltung befindet (H)

1. Könige

8,66	**Die Israeliten gingen heim fröhlich und guten Mutes.**
	In froher, zuversichtlicher Stimmung 1. Kön 21,7; 2. Chr 7,10; Est 5,9
9,11	**Hiram, der König zu Tyrus, (brachte) Salomo Zedernbäume und Tannenbäume.** (alt)
	Tannenbaum = Tanne; davon: der Tannenbaum als spezielle Bezeichnung für den Weihnachtsbaum
10,7	Die Königin von Saba zu Salomo: **Nicht die Hälfte hat man mir gesagt. Du hast mehr Weisheit und Güter, als die Kunde sagte.**
	Davon: salomonische Weisheit = umfassendes Wissen, verbunden mit ausgewogener Lebensklugheit. Siehe auch 1. Kön 3,16-28: salomonisches Urteil
	Nicht die Hälfte …: davon: jmd hat nicht die Hälfte gesagt = jmd hat sehr mangelhaft informiert
10,18	**Der König (Salomo) machte einen großen Thron von Elfenbein.** 1. Kön 10,22; Hld 5,14; 7,5; Hes 27,6; Offb 18,12
	Die Substanz der Stoßzähne des Elefanten, die als wertvolles Material künstlerisch verarbeitet wird
	Das mittelhochdeutsche »Helfenbein« hielt sich bis ins 18. Jahrhundert; dann setzte sich die Schreibweise von Luthers Bibel durch
10,19	Vom Königsthron Salomos: (Es) **waren Lehnen auf beiden Seiten um das Gesäße.** (alt)
	Gesäß = Sitz (B); Teil des Körpers, auf dem man sitzt (H)
12,14	o Rehabeam zu den Israeliten der Nordstämme: **Mein Vater hat euer Joch schwer gemacht, ich aber will's euch noch schwerer machen. Mein Vater hat euch mit Peitschen gezüchtigt, ich aber will euch mit Skorpionen züchtigen.**
	Wird zitiert als warnendes Beispiel für überzogene Steuerbelastung (siehe 1. Kön 12,16)
12,16	o Die Israeliten der Nordstämme zu Rehabeam: **Was haben wir denn Teil an David oder Erbe am Sohn Isais? Israel, hebe dich zu deinen Hütten.** (alt)
	Zitiert als Aufforderung, die bisherige Solidarität zwischen Völkern, Volksteilen, Gruppen aufzugeben, weil ein Teil davon sich benachteiligt fühlt; siehe 1. Kön 12,14
14,4	**Ahija konnte nicht sehen, denn seine Augen starreten vor Alter.** (alt)
	Starren = starr, unbeweglich sein; damit verwandt: starrblind =

1. Könige

14,5   mit offen starrenden Augen blind; davon die Bezeichnung für die Augenkrankheit »Star«

14,5   Gott zum Propheten Ahija: **Rede mit ihr** (der Frau des Königs Jerobeam) **so und so.**

Redensart, mit der auf die nochmalige Wiedergabe einer bereits bekannten Sache verzichtet wird; in anderer Bedeutung: das kann man so und so sehen = verschieden sehen

14,9   Gott durch den Propheten Ahija zu Jerobeam: **Du ... hast dir andre Götter gemacht und gegossene Bilder, um mich <u>zum Zorn zu reizen</u>.**   Spr 30,33; Eph 6,4

Jmdn zum Zorn reizen = ihm Anlaß geben, heftigen Unwillen zu empfinden

18,19   Elia zu Ahab: **Versammle zu mir ganz Israel auf den Berg Karmel.**   1. Kön 18,42; 2. Kön 2,25; Hld 7,6

Davon: Karmeliter = katholischer Orden, der als Eremitengemeinschaft unter Führung des französischen Kreuzfahrers Berthold (gest. 1195) am Berg Karmel entstand; davon: Karmelitergeist = Destillat aus Heilkräutern

18,39   o Das Volk Israel auf dem Berg Karmel: **Der Herr ist Gott, der Herr ist Gott!**

Bekenntnisruf, der unbiblischen Gottesvorstellungen eine Absage erteilt

18,21   Elia zum Volk Israel: **<u>Wie lange hinket ihr auf beiden Seiten?</u> Ist der Herr Gott, so wandelt ihm nach, ist's aber Baal, so wandelt ihm nach.**

Hinken auf beiden Seiten = unentschlossen sein, obwohl man den rechten Weg weiß

18,26   Bei der Anrufung Baals auf dem Karmel: **Es war da <u>keine Stimme noch Antwort</u>.**

Keine Stimme noch Antwort = ohne erwartete Reaktion

18,41   o Elia zu Ahab: **Es rauscht, als wollte es sehr regnen.**

Zitiert, wenn ein Sturm einen starken Regenguß anzukündigen scheint

18,45   **Der Himmel wurde schwarz** von Wolken und Wind.

Der Himmel wird schwarz = Beschreibung eines nahenden Unwetters

19,4   o Der von Isebel verfolgte Elia zu Gott: **Es ist genug, so nimm nun, Herr, meine Seele; ich bin nicht besser als meine Väter.**

1. Könige

	Zitiert als Ausdruck von Lebensmüdigkeit und Frustration
19,18	Gott zu Elia: **Ich will übriglassen siebentausend in Israel, alle <u>Knie, die sich nicht gebeugt haben</u> vor Baal.** Röm 11,4
	Davon: vor Baal nicht die Knie beugen = nicht dem Druck oder der Verlockung einer verderblichen Ideologie nachgeben
19,19	**Elia ... fand Elisa ..., als er pflügte ... Und <u>Elia</u> ... warf seinen <u>Mantel</u> über ihn.** 2. Kön 2,8.18
	Davon, zusammen mit den als Parallelen angegebenen Stellen: Prophetenmantel = Zeichen der dem Propheten verliehenen Vollmacht (B); scherzhaft = Mantel eines Geistlichen (H)
20,11	o Ahabs Botschaft an Benhadad: **Wer den Harnisch anlegt, soll sich nicht rühmen wie der, der ihn abgelegt hat.**
	Bedeutet: man soll sich nicht vor der Schlacht rühmen
20,23	Die Großen des Königs von Aram: **Wenn wir mit ihnen** (den Israeliten) **in der Ebene kämpfen könnten – <u>was gilt's</u>, wir wollten sie überwinden!**

Hiob 1,11; Jes 14,24; Jer 13,21; Hes 13,12; Obd 8; Hab 2,6

	Angebot einer Wette
	Davon: gelt? = nicht wahr? Eigentlich: Es möge gelten!
21,19	Gott durch Elia zu Ahab: **An der Stätte, wo Hunde das <u>Blut</u> Nabots <u>geleckt haben</u>, sollen Hunde auch dein Blut lecken.** Ps 68,24
	Davon vielleicht: Blut geleckt haben = nachdem man etw erprobt, gekostet hat, Gefallen daran finden und nicht mehr darauf verzichten wollen
21,25	**Es war niemand, der <u>sich</u> so <u>verkauft</u> hätte, Unrecht zu tun vor dem Herrn, wie Ahab, den seine Frau Isebel verführte.**
	Sich verkaufen = sich unter verführerischem Einfluß dazu hergeben, darauf einlassen (B); für Geld oder Gewährung anderer Vorteile sich jmdm zur Verfügung stellen (H)
22,4	o Joschafat zu Ahab: **Ich will sein wie du, und mein Volk wie dein Volk.**
	Verbrüderungsangebot
22,26	Ahab zu Zedekia: **Nimm Micha und laß ihn bleiben bei Amon, dem <u>Bürgermeister</u>.** (alt)
	Oberster der Bürgerwehr (B); Oberhaupt der Stadt- oder Gemeindeverwaltung (H)

Das 2. Buch der Könige

1,2	Auftrag Ahasjas an seine Boten: **Geht hin und befragt <u>Baal-Sebub</u>, den Gott von Ekron, ob ich von dieser Krankheit genesen werde.** Mt 10,25

Davon möglicherweise (es gibt noch andere Herkunftsvermutungen): Beelzebub (siehe Mt 12,24). Baal-Sebub, eine Gottheit der Philister, bedeutet »Herr der Fliegen«; gemeint sind böse Geister (wahrscheinlich bewußte Entstellung aus Baal-Sebul = »Herr der hohen Wohnung«). Beelzebub (oder Beelzebul) galt im Judentum zur Zeit des Neuen Testaments als oberster Teufel

1,3	o Der Engel Gottes durch Elia zu den Boten Ahasjas: **Ist denn kein Gott in Israel, daß ihr hingeht, zu befragen Baal** (im Zitat verkürzt aus: Baal-Sebub; siehe 1,2)**?**

Provozierendes Zitat, das Christen daran erinnern soll, daß allein bei Gott Wegweisung und Hilfe zu erwarten ist

2,11	**Es kam ein <u>feuriger Wagen</u> mit feurigen Rossen ... Und <u>Elia</u> fuhr im Wetter gen Himmel.**

Davon scherzhaft: feuriger Elias = eine alte, fauchende und funkensprühende Dampflokomotive

2,12	o Elisa bei der Himmelfahrt Elias: **Mein Vater, mein Vater, Wagen Israels und seine Reiter!** (alt)

Wird zitiert beim Gedenken an einen verstorbenen Reichgottesarbeiter, der vielen Menschen seelsorgerlich beigestanden hat

2,23	Spottende Knaben zu Elisa: **<u>Kahlkopf</u>, komm herauf!**

Mann mit einer Glatze

3,11	Einer der Knechte Jorams zu Joschafat: **Hier ist Elisa ..., der Elia <u>Wasser auf die Hände</u> goß.**

Von der hier bezeugten Sitte, Waschwasser zu reichen: jmdm das Wasser nicht reichen können = tief unter ihm stehen

3,15	Elisa zu König Joram: **Bringt mir einen <u>Spielmann</u>!** 1.Sam 16,16; Ps 68,26; Sir 32,5

Harfen- bzw Zitherspieler (B); im Mittelalter fahrender Sänger; heute: Mitglied eines Spielmannszuges, einer besonders aus Trommlern und Pfeifern bestehenden Musikkapelle

2. Könige

4,19	Der Sohn der Schunemiterin (alt: Sunamitin): **O mein Haupt, mein Haupt!** (alt)
	Übernommen in unseren neuzeitlichen Sprachgebrauch mit »o mein Kopf, mein Kopf!« = Ausruf, der unerträgliche Kopfschmerzen beklagt
4,40	Prophetenjünger beim Genuß von wilden Gurken: **O Mann Gottes, der Tod im Topf!**
	Gift im Kochtopf (B); bezeichnet eine (von vornehinein) vergebliche Unternehmung (H)
5,7	Der König Israels nach Erhalt eines Briefes vom König von Aram: **Bin ich denn Gott, daß ich töten und lebendig machen könnte, daß er zu mir schickt, ich solle den Mann von seinem Aussatz befreien?** 5. Mose 32,39; 1. Sam 2,6
	Verweigerung von Leistungen, die menschliches Vermögen übersteigen
5,8	Elisa zum König Israels: **Laß ihn** (Naaman) **zu mir kommen, damit er innewerde, daß ein Prophet in Israel ist.**
	Innewerden, daß ein Prophet in Israel ist = zur Kenntnis nehmen, daß eine Persönlichkeit vorhanden ist, die eine schwierige Aufgabe lösen kann (H)
5,14	**Da stieg er** (Naaman) **ab und taufte sich im Jordan siebenmal, wie der Mann Gottes geredet hatte.** (alt)
	Mt 3,13; 28,19; Mk 10,38; Apg 2,38; Röm 6,3; 1. Kor 12,13; Hebr 6,2
	Erste Stelle des Luthertextes, an der das Wort »taufen« (in der Bedeutung von »untertauchen«) erscheint
	Taufe im Neuen Testament = Sakrament, durch das jmd in die Gemeinschaft der Christen aufgenommen wird; Ritual, bei dem der Kopf des Täuflings mit Wasser besprengt oder der Täufling in Wasser untergetaucht wird
	Vom griechischen Wort für Taufe *baptizein* kommt die Bezeichnung »Baptisten« für die Angehörigen einer Freikirche, in der nur die Erwachsenentaufe vollzogen wird
	»Taufen« wird heute profan vielfach genutzt: den Wein taufen = ihn mit Wasser strecken; vom Regen getauft werden = naß werden; mit Spreewasser getauft sein = ein geborener Berliner sein; ein Tier, ein Schiff, eine Sache taufen = ihnen Namen geben
6,16	Elisa zu seinem Diener in der belagerten Stadt Dotan: **Fürchte**

2. Könige

dich nicht, denn <u>derer sind mehr, die bei uns sind, als derer, die bei ihnen sind</u>!
Hinweis auf die Schutzmacht der Engel

7,4 ○ Vier Aussätzige bei der Belagerung von Samaria, bevor sie ins verlassene Lager der Feinde eindringen: **Lassen sie uns leben, so leben wir, töten sie uns, so sind wir tot.**
Zitat für die Meinung: Es kommt, wie es kommen soll

7,11 **Da riefen es die <u>Torhüter</u> aus ...**
Wächter am Stadttor (B); Torwart bei Ballspielen (H)

9,20 Der Wächter auf dem Turm von Jesreel: **Es ist <u>ein Treiben wie das Treiben Jehus</u>, des Sohnes Nimschis; denn er <u>treibt, wie</u> wenn er <u>unsinnig</u> wäre.** (alt)
Ein Treiben wie das Treiben Jehus = ein geschäftiges, aber sinnloses Unterfangen

9,30 **Als Jehu nach Jesreel kam und Isebel das erfuhr, <u>schminkte</u> sie ihr Angesicht.**   Jer 4,30; Hes 23,40
Zur Verschönerung des Gesichts Make-up auflegen (B+H); in übertragenem Sinn: etw schminken = etw beschönigen (H)

10,10 König Jehu zum Volk Israel: **So erkennt denn, daß <u>kein Wort des Herrn auf die Erde gefallen</u> ist.**   Jos 21,45
Kein Wort Gottes fällt auf die Erde = Feststellung, daß Verheißung und Fluch aus dem Mund Gottes stets in Erfüllung gehen

12,5 König Joasch zu den Priestern: **... Geld, wie es <u>gang und gäbe</u> ist.**   1. Mose 23,16
Gebräuchlich, üblich

12,6 König Joasch über das eingesammelte Geld: **Davon sollen sie (die Priester) ausbessern, was <u>baufällig</u> ist am Hause** (des Herrn).
In schlechtem baulichem Zustand befindlich, von Einsturz bedroht

14,10 König Joasch zu König Amazja, den es nach einem Zweikampf mit Joasch gelüstet: **Du hast die Edomiter geschlagen, des <u>überhebt</u> sich dein Herz. <u>Habe den Ruhm und bleib daheim.</u> Warum ringst du nach Unglück, daß du fallest und Juda mit dir?** (alt)
Sich überheben: vgl. überheblich — sich selbst zu hoch einschätzend und auf andere herabsehend oder eine solche Haltung erkennen lassend

2. Könige

Habe den Ruhm und bleibe daheim = Warnung vor Übermut nach einem Erfolg

17,11 (Die Israeliten) **trieben böse Stücke, womit sie den Herrn erzürnten.** (alt)

»Stück« mit negativem Adjektiv: böses, schlimmes, tolles Stück = etw Tadelnswertes

18,17 **Der König von Assyrien sandte ... den Erzkämmerer ... zum König Hiskia.** (alt)

      Spr 24,8; Hes 16,30; Apg 2,29; 1.Thess 4,16; 1.Petr 5,4

Erz... als Vorsilbe, vom griechischen »archi«, bezeichnet den höheren Rang: Erzengel, Erzbischof, dient aber auch zur Verstärkung von Adjektiv oder Substantiv: Erzbösewicht, erzfrech, Erzdemokrat u. a.

18,21 o Der Rabschake von Lachisch in einer Botschaft an König Hiskia: **Verläßt du dich auf diesen zerbrochenen Rohrstab, auf Ägypten, der jedem, der sich darauf stützt, in die Hand dringen und sie durchbohren wird?**

Mahnung, sich nicht auf irdische Mächte zu verlassen

19,3 Hiskias Botschaft an Jesaja: **Das ist ein Tag der Not, der Strafe und der Schmach – wie wenn Kinder eben geboren werden sollen, aber die Kraft fehlt, sie zu gebären.**

Bild für extreme Notlage: hilflos bleibt das Kind im Mutterleib stecken; auch als Bild gebraucht für: Neues drängt ans Licht – aber denen es zugedacht ist, die sind unfähig, es aufzunehmen

20,1 Jesaja zu Hiskia: **So spricht der Herr: Beschicke dein Haus, denn du wirst sterben.** (alt)

Beschicken = in Ordnung bringen (B); jmdn zu einer Veranstaltung abordnen; etw auf eine Ausstellung schicken (H)

22,9 Schafan zu König Josia: **Deine Knechte haben das Geld zusammengestoppelt, das im Hause** (des Herrn) **gefunden ist.** (alt)

Zusammenstoppeln = zusammenbringen, einsammeln (B); aus allen möglichen Bestandteilen notdürftig zusammensetzen, herstellen (H)

Das 1. Buch der Chronik

1.Chronik Chronik = geschichtliche Darstellung, in der die Ereignisse in zeitlich genauer Reihenfolge aufgezeichnet werden. Die beiden Chronikbücher der Bibel sind im Anfangsteil, der die Vorgeschichte enthält, zugleich auch umfangreiche Namenschroniken
         1. Kön 14,19.29; Esr 4,15; Neh 12,23; Est 10,2

4,33 **Alle Dörfer, die um diese Städte her waren, bis gen Baal, das ist ihre** (der Geschlechter Simeons) **Wohnung und ihre Sippschaft unter ihnen.** (alt)
Verwandtschaft, Sippe (B); heute meist abwertend gebraucht = üble Gesellschaft, Gesindel (H)

5,21 (Israelitische Stämme) **führten weg ihr** (der Hagariter) **Vieh ... und hunderttausend Menschen-Seelen.** (alt)
Menschenseelen = Menschen im Sinne der Anzahl; siehe 1. Mose 46,27 (B); davon: keine Menschenseele = niemand; Menschenseele = das Innerste des Menschen (H)

6,34 **Aaron und seine Söhne waren verordnet zum Dienst am Brandopferaltar ..., wie Mose, der Knecht Gottes, geboten hatte.** Apg 16,17; Tit 1,1
Im Alten Bund oft Ehrentitel für einen Menschen, der eine besondere Berufung durch Gott erfahren hatte; siehe auch 5. Mose 34,5 (B); Mensch, der sich in seinem Denken und Handeln ganz Gott unterwirft (H)

11,19 (Die Wasserschöpfer) **haben das Wasser unter Lebensgefahr** (alt: mit ihres Lebens Fahr) **hergebracht.**
Das Leben bedrohende, tödliche Gefahr

12,19 Amasai: **Dein sind wir, David, und mit dir halten wir's!**
Dein sind wir (bin ich) = Gelöbnis, jmdm anzugehören, jmdm untertan zu sein
Es mit jmdm halten = jmds Partei ergreifen, hinter ihm stehen

12,20 Die Fürsten der Philister über David: **Wenn er wieder zu Saul, seinem Herrn, überginge, könnte es uns den Hals kosten.**
Etw kostet jmdm (jmdn) den Hals = etw ist jmds Verderben, ruiniert ihn; ursprünglich real: etw kostet das Leben (durch Enthauptung oder Erhängen)

1. Chronik

16,14 Aus Davids Danklied: **Er ist der Herr, unser Gott, er richtet <u>in aller Welt</u>.** Ps 46,10; 83,19; Jer 51,41; Röm 1,8
Überall auf der Erde

16,34 • Aus Davids Danklied: **Danket dem Herrn, denn er ist freundlich, und seine Güte währet ewiglich.** Ps 106,1
Auch als Dankgebet am Ende einer Mahlzeit gebraucht

16,35 Aus Davids Danklied: **<u>Hilf uns, Gott</u>, unser Heiland!**
Ps 3,8; 25,5; 54,3; 62,2; 68,21; 69,2; 89,27; 106,47
Davon: der Vorname Gotthilf
Davon: Helf Gott! = Zuruf an einen Niesenden, nach der abergläubischen Vorstellung, daß beim Niesen etwas Böses in ihn hinein- oder aus ihm herausfahre

16,36a Aus Davids Danklied: **Gelobt sei der Herr, der Gott Israels, von Ewigkeit zu Ewigkeit!** Ps 103,17; 1. Petr 5,11; Offb 1,18
Verstärkend für »ewig«; siehe 1. Mose 9,12

16,36b Nach Davids Danklied: **Und alles Volk <u>sagte: Amen</u>!**
4. Mose 5,22; 5. Mose 27,11-26; Ps 106,48; 1. Kor 14,16
Bekräftigende Antwort der Gemeinde auf ein Gebet, zugleich dessen Ende bezeichnend; siehe auch 2. Kor 1,20
Davon: Es ist aus und amen = es ist unwiderruflich zu Ende; zum Amen in der Kirche kommen = ein Ende finden; so sicher wie das Amen in der Kirche

17,27 • David: **Was du, Herr, segnest, das ist gesegnet ewiglich.**

22,8 ○ Gott zu David: **Du sollst meinem Namen nicht ein Haus bauen, weil du vor mir so viel Blut auf die Erde vergossen hast.**
Wer Menschenblut vergießt, wird unwürdig für den Bau des Gotteshauses

22,16 ○ David zu Salomo: **Mache dich auf und richte es aus! Der Herr wird mit dir sein.**
2. Mose 18,18; Neh 13,10; Ps 103,20; Joh 12,19; 2. Tim 4,5
Im Pietismus: Ruf zu einem bestimmten Dienst für Gott
Etw ausrichten = eine Beauftragung wahrnehmen, eine Arbeit ausführen (B); etw (gegen Widerstände) zum Ziel bringen; eine Nachricht überbringen (H)
Nichts ausrichten (können) = keinen Erfolg vorweisen können

29,17 • David: **Ich weiß, mein Gott, daß du das Herz prüfst, und Aufrichtigkeit ist dir angenehm.**

Das 2. Buch der Chronik

5,13   Bei der Einweihung des Tempels: **Es war, als wäre es e i n e r, der trompetete und sänge, als hörte man e i n e Stimme loben und danken dem Herrn.**
Chor und Orchester in vollendeter Harmonie

6,13   Salomo ... <u>fiel</u> nieder <u>auf seine Knie</u> angesichts der ganzen Gemeinde Israel.   Dan 6,11; Mk 15,19
Davon: der Kniefall = das Fallen auf beide Knie als Zeichen der Verehrung, Unterwerfung (B)
Davon: einen Kniefall tun = entgegen bisheriger Überzeugung oder Handlungsweise sich bereuend einem anderen unterordnen (H)
Davon: kniefällig = demütig, flehentlich (H)

6,35   Aus Salomos Gebet bei der Tempeleinweihung: **Du wollest ihr** (deines Volkes) **Gebet und Flehen hören ... und ihnen <u>zu ihrem Recht helfen</u>.**   Jer 22,16; Klgl 3,59
Jmdm zu seinem Recht verhelfen (häufiger in der Form: jmdm Recht schaffen; zB Ps 26,1) = jmdn gegen ungerechte Angriffe von Feinden in Schutz nehmen; siehe auch 2. Sam 18,19 (B); dafür sorgen, daß auf jmdn das gültige (für ihn günstige) Recht angewandt wird (H)

9,18   **Der Thron** (Salomos) **hatte sechs Stufen und einen goldenen <u>Fußschemel</u>.**   Klgl 2,1
Niedrige kleine Bank als Fußstütze beim Sitzen

11,14   (Die Leviten) **verließen ihre <u>Vorstädte</u>.** (alt)
Vorstadt: Siedlung außerhalb der ummauerten Stadt (B); außerhalb des Stadtkerns gelegener Stadtteil (H)

13,12   Abija zu Jerobeam und den Israeliten: **Siehe, <u>mit uns</u> ist <u>an der Spitze</u> Gott.**   5. Mose 20,9; 2. Chr 20,27
Mit uns ...: siehe »Gott mit uns« Mt 1,23
An der Spitze des Heeres steht der Vorkämpfer oder Heerführer (B); an der Spitze von etw stehen = die höchste Position in einem bestimmten Bereich innehaben (H)

14,6   **Also bauten sie** (der Stamm Juda), **und es ging glücklich <u>vonstatten</u>.**   Esr 5,8

2. Chronik

Vonstatten gehen = stattfinden, ablaufen

15,7 • Der Prophet Asarja: **Seid getrost und laßt eure Hände nicht sinken; denn euer Werk hat seinen Lohn.**

16,9 • Der Seher Hanani zum König Asa: **Des Herrn Augen schauen alle Lande, daß er stärke, die mit ganzem Herzen bei ihm sind.**

Als scherzhafter Glückwunsch zur Trauung gern zitiert in der Form: »Herzliche Glückwünsche mit 2. Chronik 16,9.« Die zweite Hälfte des Verses lautet nämlich: »Du hast töricht getan, darum wirst du auch von nun an Krieg haben.«

16,12 Asa ... <u>suchte</u> auch <u>in</u> seiner <u>Krankheit nicht den Herrn</u>, sondern die Ärzte.

In Krankheit den Herrn suchen = Krankheit als Anruf Gottes

17,6 **Als er** (Joschafat) <u>**in den Wegen des Herrn noch mutiger wurde**</u>, entfernte er wieder die Opferhöhen und die Ascherabilder aus Juda.

In den Wegen des Herrn mutiger werden = Gehorsam gegen Gott läßt die Entschiedenheit für ihn wachsen

19,2 ○ Der Seher Jehu zu Joschafat, als dieser sich mit Ahab verbündet hatte: **Sollst du so dem Gottlosen helfen und die lieben, die den Herrn hassen?**

Mahnung, sich nicht auf die Seite der Gottlosen zu stellen

19,6 ○ Joschafat zu den Richtern: **Seht zu, was ihr tut! Denn ihr haltet Gericht nicht im Namen von Menschen, sondern im Namen des Herrn, und er ist bei euch, wenn ihr Recht sprecht.**

Mahnung an Rechtsprechende, sich ihrer Verantwortung vor Gott bewußt zu sein

20,7 Joschafat: **Hast du, unser Gott, nicht die Einwohner dieses Landes vertrieben ... und hast es gegeben dem Samen Abrahams, deines <u>Liebhabers</u>, ewiglich?** (alt)

Liebhaber Gottes = jmd, der Gott liebt und von Gott geliebt ist (B); Liebhaber = Mann als Sexualpartner (H)

20,26 (Drei Tage teilten die Israeliten die Beute aus ...) **Am vierten Tage aber kamen sie zusammen im <u>Lobetal</u>; denn dort lobten sie den Herrn.**

Davon: die »Lobetal«-Arbeit in Celle und Stübeckshorn; ein evangelisches Werk der Diakonie, das sich der Altenpflege und der Betreuung Behinderter widmet

22,4 **Darum tat er** (Ahasja), **was dem Herrn mißfiel, wie das Haus Ahab; denn sie waren seine <u>Ratgeber</u> nach seines Vaters Tod, ihm zum Verderben.**
Jmd, der jmdm einen Rat erteilt, jmdn berät; biblisch eine feste Funktion am Königshof (vgl 2. Sam 16,23); »Freund des Königs« (2. Sam 16,17-19); heute auch eine Sparte der Sachliteratur

30,18 **Auch war des Volks viel von Ephraim, Manasse, Issachar und Sebulon, die nicht rein waren, sondern aßen das <u>Osterlamm</u> nicht, wie geschrieben steht.** (alt)
Opferlamm des Passafestes; in der revidierten Lutherbibel mit »Passalamm« wiedergegeben (B); Backwerk in Form eines Lamms, an Ostern angeboten (H)

34,27 Die Prophetin Hulda durch Boten zu König Josia: **Darum daß dein Herz <u>weich geworden</u> ist und hast dich gedemütigt vor Gott ..., so hab ich dich auch erhört, spricht der Herr.** (alt)
              Hiob 4,5; 1. Thess 3,3 (alt)
Weich werden = seinen Widerstand aufgeben

Das Buch Esra

1,8 **Kyrus, der König von Persien, übergab sie** (die Geräte des Hauses des Herrn) **dem <u>Schatzmeister</u> Mitredat.**   Esr 7,21
Verwalter königlicher Schätze (B); jmd, der bei einem Verein, einer Partei oä die Kasse verwaltet (H)

3,7 (Jeschua und Serubbabel und ihre Brüder) **gaben ... <u>Speise und Trank</u> und Öl den Leuten von Sidon und Tyrus.**
            Dan 1,10; Kol 2,16; Hebr 9,10
Trank = Getränk; Speis(e) und Trank = die menschlichen Grundbedürfnisse

3,12.13 o **Viele von den betagten Priestern, Leviten und Sippenhäuptern, die das frühere Haus noch gesehen hatten, weinten laut, als nun dies Haus vor ihren Augen gegründet wurde. Viele aber jauchzten mit Freuden, so daß das Geschrei laut erscholl. Und <u>man konnte das Jauchzen mit Freuden und das laute Weinen im Volk nicht unterscheiden.</u>**

Esra

	Zitiert, wenn Schmerz und Freude dicht beieinander liegen
4,13	Die samaritanische Bevölkerung verklagt die Juden bei Artahsasta: **Wo diese Stadt** (Jerusalem) **gebaut wird und die Mauern gemacht, so werden sie** (die Juden) <u>Schoß</u>, Zoll und <u>jährliche Zinsen</u> **nicht geben.** (alt)

Schoß = was Bürger für die öffentlichen Aufgaben »zuschießen« müssen; Steuer, Abgabe

Jährliche Zinsen = jährlich fällige Abgabe an die Obrigkeit (B); Zinssumme, die für ein Jahr lang verliehenes Geld anfällt (H); siehe dazu »Wucher« Mt 25,27

6,1 **Da befahl der König Darius, daß man suchen sollte in der <u>Kanzlei</u> im Schatzhaus des Königs, die zu Babel lag.** (alt)

Aufbewahrungsraum für Schriftstücke (B); Büro eines Rechtsanwalts oder einer Behörde (H)

7,16 Artaxerxes zu Esra: **Was du sonst an Silber und Gold erhältst in der ganzen <u>Landschaft</u> Babel …**

Land in geographisch-politischem Sinn; Landschaft Babel = Kernland des Babylonischen Reiches (B); geographisches Gebiet mit bestimmter, von der Natur geprägter Eigenart, aber auch übertragen: politische Landschaft (H)

7,25 Artaxerxes zu Esra: **Setze <u>Richter und Pfleger</u> (ein), die alles Volk richten.** (alt)

Pfleger = jmd, der aufgrund des geltenden Rechts ein Land verwaltet, »Landpfleger« (siehe Mt 27,2) (B); in der Rechtssprache = vom Vormundschaftsgericht eingesetzte Vertrauensperson, die in bestimmten Fällen für jmdn die Besorgung rechtlicher Angelegenheiten übernimmt; Krankenpfleger (H)

Vgl: Rechtspflege = Anwendung und Durchsetzung des geltenden Rechts

7,27 Esra: **Gelobt sei der Herr …, der solches dem König <u>eingegeben</u> hat.** Neh 2,12; 2. Tim 3,16

Davon: Eingebung = plötzlich aufkommender, für etw entscheidender, wichtiger Gedanke

8,18 (Die Sippenhäupter) **brachten uns, weil <u>die gnädige Hand unseres Gottes über uns</u> war, einen klugen Mann …**

Die gnädige Hand Gottes ist über uns = Bekenntnis, das Gottes Führung bezeugt

8,22 • Esra: (Ich schämte mich, vom König Geleit und Reiter zu fordern, um uns auf dem Wege vor Feinden zu helfen. Denn wir hatten dem König gesagt:) **Die Hand unseres Gottes ist zum Besten über allen, die ihn suchen.**
Vertrauensbekundung gegenüber Gott

9,6 Aus Esras Bußgebet: **Unsere Missetat ist <u>über unser Haupt gewachsen.</u>**
Davon vielleicht: jmdm wächst jmd, etw über den Kopf = er, es entwickelt sich so, daß man ihm nicht mehr gewachsen ist, daß es nicht mehr bewältigt werden kann

10,19 (Die Priester) **<u>gaben die Hand darauf</u>** ...
Davon wohl: jmdm die Hand darauf geben = ein Versprechen durch Handschlag bekräftigen

Das Buch Nehemia

2,17 ○ Nehemia zu den Ratsherren: **Kommt, laßt uns die Mauern Jerusalems wieder aufbauen!**
Aufruf, sich für die Erneuerung des Gottesvolkes einzusetzen

2,2 König Artahsasta zu Nehemia: **Du bist <u>schwermütig</u>.** (alt)
Von Traurigkeit, innerer Leere, Mutlosigkeit erfaßt

2,12 Nehemia: **Ich hatte <u>keinem Menschen gesagt</u>, was mir mein Gott eingegeben hatte.**
Keinem Menschen davon sagen = absolutes Stillschweigen über etw bewahren

4,11 ○ (Die da Lasten trugen, arbeiteten so:) **Mit der einen Hand taten sie die Arbeit, und mit der andern hielten sie die Waffe.**
Gleichnishaft gebraucht für den Weg des Christen, der von Dienst und Kampf bestimmt ist

4,15 **So arbeiteten wir am Bau, während die Hälfte die Spieße bereit hielt, <u>vom Aufgang der Morgenröte, bis die Sterne hervorkamen</u>.**
Vom Aufgang der Morgenröte, bis die Sterne hervorkommen = poetische Form für: vom frühen Morgen bis zum späten Abend

5,19 ○ Nehemia: **Gedenke, mein Gott, zu meinem Besten an alles, was ich für dies Volk getan habe!**
Gebet zu Gott: Er möge der Vergelter für allen Dienst und allen

Nehemia

       Verzicht sein, die ein Mensch um des Gottesreiches willen auf sich genommen hat

6,5   **Da sandte Sanballat zum fünftenmal seinen Diener zu mir (Nehemia) mit einem <u>offenen Brief</u> in seiner Hand.**
Offener Brief = Brief, der nicht versiegelt ist (B); Nachricht, die nicht nur für den Empfänger, sondern auch für die Öffentlichkeit zur Kenntnisnahme bestimmt ist (B+H)

6,11   Nehemia, als er Todesdrohungen erhält: **Sollte <u>ein solcher Mann, wie ich bin</u>, in den Tempel gehen, daß er lebendig bliebe? Ich will nicht hineingehen.** (alt)
Davon vielleicht: ein Mann wie ich = Selbstdarstellung, die einen Menschen von anderen positiv abgehoben sein läßt

7,5   Nehemia: **Mein Gott <u>gab mir ins Herz</u>, daß ich die Vornehmen und die Ratsherren und das Volk versammelte ...**
Davon: jmdm etw ins Herz geben = jmdn zu etw veranlassen

8,10   • Nehemia zum Volk: **Seid nicht bekümmert; denn die Freude am Herrn ist eure Stärke.**

9,20   Aus dem Bußgebet des Volkes: **Du** (Gott) **gabst ihnen** (dem Volk Israel) **deinen <u>guten Geist</u>.**   Ps 143,10
Guter Geist = Gottes Geist, der das Gute im Menschen zu bewirken vermag (B); enthalten in den Redensarten: es herrschte ein guter Geist; sie war der gute Geist des Hauses (H)

9,28   Aus dem Bußgebet des Volkes: **Wenn sie** (unsere Väter) **aber <u>zur Ruhe kamen</u>, taten sie wieder übel vor dir.**
Davon: nicht zur Ruhe kommen = durch immer neue quälende Sorgen voll innerer Unruhe sein

11,9   **Joël ... war ihr** (der Einwohner Jerusalems) **<u>Vorsteher</u>.**   Est 1,8
Jmd, der führend, befehlend, verantwortlich »vor« anderen steht, der die Leitung einer Sache, einer Institution hat

11,24   **Petachja ... war <u>Befehlshaber</u> des Königs zu allen Geschäften an das Volk.** (alt)
Jmd, der mit Befehlsgewalt ausgestattet ist (B); militärischer Führer eines Großverbandes; Kommandeur (H)

13,26   (Salomo) **<u>war seinem Gott lieb</u>.**
                          Ps 119,47.72; Spr 21,3; Jdt 8,20; Sir 41,49
Jmdm lieb (und wert) sein = jmdm wichtig, wertvoll, sehr nahestehend sein; etw ist jmdm lieb (lieber als) = jmd schätzt etw, es gefällt ihm (mehr als)

Das Buch Ester

1,1	**Zu den Zeiten des <u>Ahasveros</u> ...**
	Persischer König (griechischer Name: Xerxes). Ahasver ist nach der Legende der »Ewige Jude«, im übertragenen Sinn ein ruhelos umherirrender Mensch
1,19	Der Weise Memuchan zu seinem königlichen Herrn Ahasveros: **Man lasse ein königlich Gebot von ihm** (dem König) **ausgehen und schreiben nach <u>der Perser und Meder Gesetz</u>, welches man nicht darf übertreten.** (alt) Dan 6,9
	Gesetz der Meder und Perser = unumstößliches Gesetz, feste Regel. Oft auch in negativer Bedeutung gebraucht: Das ist kein Gesetz der Meder und Perser
1,20	Memuchan zu Ahasveros: **Wenn dieser Erlaß des Königs ... bekannt würde in seinem ganzen Reich, ... so würden alle Frauen ihre Männer <u>in Ehren halten</u>.**
	Apg 5,34; Phil 2,29; Hebr 5,7
	Jmdn in Ehren halten = ihm Hochachtung erzeigen
2,3	Die Bediensteten zu Ahasveros: **Der König bestelle Schauer** (Männer, die sich umschauen) **in allen Landen seines Königreichs, daß sie allerlei junge, schöne Jungfrauen zusammenbringen gen Susan dem Schloß ins <u>Frauenzimmer</u>.** (alt)
	Frauengemach, Frauenhaus, Harem (B); davon abgeleitet dann Bezeichnung für dessen Insassinnen, zunächst für gesittete, vornehme Frauen, dann nur noch für als liederlich oder leichtfertig angesehene weibliche Personen (H)
3,8	Haman zu Ahasveros: **<u>Es gibt ein Volk, zerstreut und abgesondert unter allen Völkern</u> in allen Ländern deines Königreichs, <u>und ihr Gesetz ist anders als das aller Völker</u>.**
	Treffende Definition Israels
4,1	**Mardochai** (Rev: Mordechai) **schrie laut und <u>kläglich</u>.** (alt)
	Jer 3,21; Joel 1,10.18; Weish 18,20
	Klagend; so, daß es zum Klagen bewegt (B); mitleiderregend, beklagenswert (H)
4,16	Ester an Mordechai: **Ich will zum König hineingehen entgegen dem Gesetz. <u>Komme ich um, so komme ich um.</u>**

Zitiert als mutiger Entschluß, der auch die Gefahr nicht scheut

5,3 Ahasveros zu Ester: **Was begehrst du? Auch die Hälfte des Königreichs soll dir gegeben werden.** Mk 6,23
Angebot der Hälfte des Königreichs = (nicht wörtlich zu nehmende) Gunstfloskel

8,1 **Der König Ahasveros schenkte der Königin Ester das Haus Hamans, des Judenfeindes.**
Judenfeind = Antisemit

9,28 Aus dem Beschluß der Judenschaft über die Feier des Purimfestes: **Es sind die Purimtage, die nicht übergangen werden sollen unter den Juden, und ihr Andenken soll nicht untergehen bei ihren Nachkommen.**
Jüdisches Fest, das bis heute am 14. Adar des jüdischen Kalenders (im Frühjahr) zur Erinnerung an die Errettung der Juden vor dem Holocaust zur Zeit des Königs Xerxes gefeiert wird

Das Buch Hiob (Ijob)

1,1 **Es war ein Mann im Lande Uz, der hieß Hiob. Derselbe war schlecht und recht.** (alt)
Fromm (ohne Heuchelei) und rechtschaffen (B); schlecht = ursprünglich: glatt, eben; Bedeutungswandel im Spätmittelhochdeutschen zu »einfach, schlicht«. Schlecht und recht = so gut es geht; mehr schlecht als recht = nicht besonders gut (H)

1,14 **Ein Bote kam zu Hiob** (und brachte ihm eine Unglücksbotschaft).
Davon: Hiobspost, Hiobsbotschaft = schlechte Nachricht

1,20 **Da stand Hiob auf und zerriß sein Kleid und raufte sein Haupt.** (alt) Esr 9,3
Raufen = ursprünglich: an den Haaren ziehen, Haare ausreißen (»ausraufen«); davon: sich die Haare raufen = Ausdruck der Verzweiflung, Bestürzung

1,21 o Hiob: **Ich bin nackt von meiner Mutter Leibe gekommen, nackt werde ich wieder dahinfahren. Der Herr hat's gegeben, der Herr hat's genommen, der Name des Herrn sei gelobt!**
Zitat, das den Anspruch auf alle irdischen Güter verneint und zu-

	gleich – im bekannteren zweiten Teil – die Ergebung in Gottes Willen herausstellt
2,6	Gott zum Satan: **Siehe da, er** (Hiob) **sei in deiner Hand!**
	<div align="right">1. Mose 9,2; Jos 9,25; Hiob 12,10; Jer 26,14; Mt 17,22</div>
	In jmds Hand (Händen) sein = in jmds Gewalt sein
2,8	(Hiob) **nahm eine Scherbe und schabte sich und saß in der Asche.** <div align="right">Jona 3,6</div>
	In der Asche sitzen = Zeichen der Trauer und Buße (B); Trübsal blasen (H)
2,10a	○ Hiob zu seiner Frau: **Du redest, wie die närrischen Weiber reden.** (alt)
	Zitiert, wenn jmd etw Unbedachtes von sich gibt
2,10b	● Hiob zu seiner Frau: **Haben wir Gutes empfangen von Gott und sollten das Böse nicht auch annehmen?**
	Ausdruck der Ergebenheit in Gottes Willen
3,8	Hiob: **Es sollen sie** (die Nacht meiner Geburt) **verfluchen, die einen Tag verfluchen können, und die da kundig sind, den Leviatan zu wecken!** <div align="right">Hiob 40,25; Ps 74,14; Jes 27,1</div>
	Ungeheuer in Gestalt eines Drachens oder Krokodils als Sinnbild des Chaos und der gottfeindlichen Weltmächte
4,2	Elifas zu Hiob: **Du hast's vielleicht nicht gern, wenn man versucht, mit dir zu reden.**
	Etw nicht gern haben = etw nicht mögen; vgl den Ausruf: So was habe ich gern! = das gefällt, das paßt mir ganz und gar nicht
4,3-5	○ Elifas zu Hiob: **Siehe, du hast viele unterwiesen und matte Hände gestärkt; deine Rede hat die Strauchelnden aufgerichtet, und die bebenden Knie hast du gekräftigt. Nun es aber an dich kommt, wirst du weich, und nun es dich trifft, erschrickst du.**
	Zitiert (auch gekürzt) als Mahnung, anderen Gepredigtes auch im Krisenfall auf das eigne Leben anzuwenden
4,14	Elifas zu Hiob: **Da kam mich Furcht und Zittern an, und alle meine Gebeine erschraken.** <div align="right">Eph 6,5; Phil 2,12 | Ps 6,3</div>
	Furcht und Zittern: Wortpaar = Angstzustand
	Die Gebeine erschraken: davon: ein Schreck fährt jmdm durchs (ins) Gebein; auch: etw fährt jmdm in die Beine = etw erschreckt jmdn so sehr, daß es ihm durch alle Glieder, durch den ganzen Körper geht

Hiob

4,15	Elifas zu Hiob: **Es standen mir die Haare zu Berge.** Sir 27,15 Jmdm stehen die Haare zu Berge = jmd ist in höchstem Maße erschrocken, entsetzt
4,18	Elifas zu Hiob: **Siehe, unter seinen Knechten ist keiner ohne Tadel.** (alt) 1. Mose 6,9; 2. Sam 22,24; Ps 119,1; Hes 28,15; Phil 2,15 Davon sprachlich: untadelig, tadellos = in bewundernswerter Weise gut, einwandfrei
4,19	Elifas zu Hiob über die Menschen im Unterschied zu Engeln: **... welche auf Erden gegründet sind und von den Würmern gefressen werden.** Hiob 24,20; Jes 51,8; Sir 10,13; Apg 12,23 Drastischer Hinweis auf das, was nach dem Tod vom Menschen übrigbleibt
5,9	Elifas zu Hiob (von Gott): **... der große Dinge tut, die nicht zu erforschen sind, und Wunder, die nicht zu zählen sind.** 1. Kön 8,5; Ps 40,6; Jer 46,23 Sehr viel, von der Zahl her nicht erfaßbar
5,18	• Elifas zu Hiob: (Der Allmächtige) **verletzt und verbindet; er zerschlägt, und seine Hand heilt.**
6,4	○ Hiob zu Elifas: **Die Pfeile des Allmächtigen stecken in mir.** Die Erfahrung einer von Gott gesandten Anfechtung Ps 38,3
6,6	Hiob zu Elifas: **Wer mag kosten das Weiße um den Dotter?** (alt) Davon vielleicht: nicht gerade das Gelbe vom Ei = nicht gerade das Beste, Vorteilhafteste
7,1	○ Hiob zu Elifas: **Muß nicht der Mensch immer im Dienst stehen** (alt: im Streit sein) **auf Erden, und sind seine Tage nicht wie die eines Tagelöhners?** Zitiert als Hinweis auf Mühsal und Vergänglichkeit des irdischen Lebens
7,5	Hiob zu Elifas: **Mein Fleisch ist um und um eine Beute des Gewürms.** Hiob 18,11; 19,10; Jer 20,3; Hes 10,12 Ganz, rundherum, völlig
7,6	○ Hiob zu Elifas: **Meine Tage sind schneller dahingeflogen als ein Weberschiffchen** (alt: Weberspul). Zitiert für die Empfindung, wie schnell ein Leben abläuft
7,11	Hiob zu Gott: **Ich will reden in der Angst meines Herzens.** Ps 25,17; 61,3; 2. Kor 2,4 Davon: Herzensangst = große Bangnis

7,20a	Hiob zu Gott: **Hab ich gesündigt, was tue ich dir damit an, du Menschenhüter?**

Gott als Wächter über alles Tun und Treiben der Menschen
Vertraut in der Wendung ins Positive aus einer Zeile des Morgenliedes von Paul Gerhardt: »Wach auf, mein Herz, und singe«: »... dem Geber aller Güter, dem treuen Menschenhüter«

7,20b	Hiob zu Gott: **Warum machst du mich zum Ziel deiner Anläufe, daß ich <u>mir selbst eine Last</u> bin?**

Sich selbst eine Last sein = seiner selbst überdrüssig sein; mit sich selbst nicht mehr zurechtkommen

8,3	Bildad zu Hiob: **Meinst du, daß ... der Allmächtige <u>das Recht verkehrt</u>?** Hiob 33,27; Am 5,7

Das Recht verkehren = Recht in Unrecht verkehren, es so verändern, daß es eine gegenteilige Auswirkung hat

8,5	Bildad zu Hiob: **So du dich <u>bei Zeit</u> zu Gott tust ...** (alt)

Davon sprachlich: beizeiten = bald, recht-, frühzeitig

8,9	Bildad zu Hiob: **Wir <u>sind von gestern</u> und wissen nichts.**

Davon: von gestern sein = Eintagsfliegen sein, die keine ausreichende Erfahrung von Leben und Weltlauf haben (B); nicht auf dem Stand heutigen Wissens, heutiger Erkenntnis, heutiger Lebensart (H)

8,14	Bildad zu Hiob: **Seine** (des Ruchlosen) **Hoffnung ist ein <u>Spinnweb</u>.** Jes 59,5

Spinnwebe = Spinnengewebe, Spinnennetz (B); einzelner oder mehrere Spinnfaden (H)

9,2.3	Hiob zu Bildad: **Ich weiß sehr gut, ... daß ein Mensch nicht recht behalten kann gegen Gott. <u>Hat er Lust</u>, mit ihm <u>zu streiten</u>** (alt: zu hadern)**, so kann er ihm <u>auf tausend nicht eins</u> antworten.**
	Ps 1,2; 18,20; Hos 6,6; Röm 7,22; 2. Kor 5,8; 2. Thess 2,12

Lust haben = Freude, Gefallen an etw haben, Verlangen nach etw haben

Lust zu streiten: davon: Streitlust = (ständige) Bereitschaft, sich mit jmdm auseinanderzusetzen

Auf tausend nicht eins antworten können = stellt die absolute intellektuelle Unterlegenheit fest

9,5	Hiob zu Bildad: (Gott) **<u>versetzt Berge</u>, ehe sie es innewerden.**
	Mt 17,20; 1. Kor 13,2

Hiob

	Berge versetzen = Wunder vollbringen; unmöglich Scheinendes schaffen
9,32	Hiob zu Bildad: (Gott) **ist nicht <u>meinesgleichen</u>.** (alt)
	2. Mose 9,14
	Jmd meiner Art, meines Ranges, meiner gesellschaftlichen Stellung uä; entsprechend: deinesgleichen usw
10,1.2	Hiob zu Bildad: **Ich will ... zu <u>Gott</u> sagen: <u>Verdamme mich nicht!</u>**
	Davon vielleicht: Gott verdamm' mich (verdammich) = leichtfertig ausgesprochener Fluch, wenn etw schiefgeht
10,12	● Hiob zu Gott: **Leben und <u>Wohltat</u> hast du an mir getan.** Siehe 1. Sam 12,7
10,22	Hiob zu Bildad: (Ich gehe) **ins Land, da es <u>stockdicke finster</u> ist.** (alt)
	Vgl: stockfinster = absolut finster (von Stock = Kerker)
12,2	○ Hiob zu seinen Freunden: **Ja, ihr seid die Leute, mit euch wird die Weisheit sterben!**
	Ironisch gemeint; davon vielleicht: die Weisheit für sich gepachtet haben = sich für besonders klug halten
12,5	Hiob zu seinen Freunden: (Der Gerechte und Fromme) **ist ein ... verachtetes <u>Lichtlein</u> vor den Gedanken der Stolzen.** (alt)
	Ein kleines, kaum sichtbares und wenig beachtetes Licht
12,16	○ Hiob zu Zofar: (Gott) **ist stark und führet's aus. Sein ist, der da irrt und der da verführt.** (alt)
12,24	Hiob zu seinen Freunden: (Gott macht die Obersten des Volkes) **irre auf einem <u>Unwege</u>, da kein Weg ist.** (alt) Weish 5,7 (alt)
	Davon sprachlich: unwegsam = so beschaffen, daß man dort nur unter Schwierigkeiten gehen oder fahren kann
13,2	○ Hiob zu seinen Freunden: **Was ihr wißt, das weiß ich auch.**
	Selbstbewußtsein bezüglich des eigenen Wissensstandes
13,8	Hiob zu seinen Freunden: **Wollt ihr Gottes <u>Sache vertreten</u>?**
	Jmds Sache vertreten = als jmds Beauftragter seine Interessen wahrnehmen
13,26	Hiob: (Er fragt Gott nach dem Grund dafür,) **daß du so Bitteres über mich verhängst und über mich bringst <u>die Sünden meiner Jugend</u>.** Ps 25,7

Davon: Jugendsünden = Torheiten und Verfehlungen in der Jugendzeit

13,28 Hiob zu seinen Freunden: **... der ich doch wie ein <u>faul Aas</u> vergehe.** (alt)
Faul = faulend; davon mit Mißdeutung auf Faulheit: faules Aas = nicht zum Arbeiten aufgelegte Kreatur, Mensch oder Tier

14,1.2 ○ Hiob zu Zofar: **Der Mensch, vom Weibe geboren, lebt kurze Zeit und ist voll Unruhe, geht auf wie eine Blume und fällt ab, flieht wie ein Schatten und bleibt nicht.**
Ps 103,15; Jes 40,6; 1. Petr 1,24; Jak 1,10
In Bestattungsagenden enthalten

14,5 Hiob zu Gott: **Du hast <u>ein Ziel gesetzt</u>, das er** (der Mensch) **nicht überschreiten kann.**
Ziel = Grenze (B); sich ein Ziel setzen = etw Bestimmtes fest vornehmen, planen (H)

15,27 Elifas zu Hiob: (Der Gottlose) **<u>brüstet sich</u> wie ein <u>fetter Wanst</u> und <u>macht sich</u> feist und <u>dick</u>.** 5. Mose 32,15; Hiob 20,20; Ps 73,7
Sich brüsten = mit etw prahlen
Fetter Wanst = sehr dicker Mann
Sich dick machen = sich wichtigtun (B); scherzhaft: bei Tisch oder in einer Sitzreihe zuviel Platz beanspruchen (H)

15,32 (Der Gottlose) **wird ein Ende nehmen ... und <u>sein Zweig wird nicht grünen</u>.** (alt)
Davon vielleicht: auf keinen grünen Zweig kommen = keinen Erfolg haben; es zu nichts bringen (das »kommen auf« in der seit dem 15. Jh. belegten Redensart konnte bisher nicht erklärt werden)

15,35 Elifas zu Hiob: (Die Gottlosen) **<u>gehen schwanger</u> mit Mühsal** (alt: mit Unglück). Ps 7,15; Jes 59,4
Mit etw schwanger gehen = etw mit sich herumtragen, in sich austragen; sich schon eine Zeitlang mit einem bestimmten Plan beschäftigen

16,2 ○ Hiob zu seinen Freunden: **Ihr seid allzumal <u>leidige</u> Tröster!**
Meint: euer Trost ist das Gegenteil von Trost, nicht hilfreich
Leidig = leid- und kummerbringend, beschwerlich, widerwärtig (B); ärgerlich, unangenehm (H)

16,3 Hiob zu Elifas: **Wollen die leeren Worte <u>kein Ende haben</u>?**
Nicht aufhören Klgl 3,22; Dan 6,27; 7,14; Lk 1,33

Hiob

16,4 Hiob zu seinen Freunden: **Ich könnte ... mein Haupt über euch schütteln.**
2. Kön 19,21; Ps 22,8; Jes 37,22; Jer 18,16; Klgl 2,15; Mt 27,39
Den Kopf über jmdn schütteln = über jmdn spotten, sich über etw, jmdn entsetzen (B+H); sich über jmdn wundern (H)

16,7 Hiob zu Elifas: (Gott) **hat mich müde gemacht und alles verstört, was um mich ist.**
Verwüstet, verscheucht (B); aus dem seelischen Gleichgewicht gebracht, verwirrt (H)

16,9 Hiob zu Elifas: **Der mir gram ist, beißt die Zähne über mich zusammen.** (alt)   Ps 37,12 (alt)
Die Zähne zusammenbeißen = äußerst ergrimmt sein (B); ein Höchstmaß an Selbstbeherrschung aufbieten, um einen Schmerz ertragen zu können, einem Widerwillen nicht Ausdruck geben zu müssen (H)

16,10 Hiob zu Elifas: (Meine Widersacher) **haben mich schmählich auf meine Backen geschlagen.**
So geartet, daß es verachtenswert, als eine Schande anzusehen ist; siehe auch »schmähen« Ps 15,3

16,22 Hiob zu Elifas: **Nur wenige Jahre noch, und ich gehe den Weg, den ich nicht wiederkommen werde.**
Weg, von dem man nicht wiederkommt, dh nicht wieder zurückkommt = Weg, der im Grab endet

17,6 Hiob: (Gott) **hat mich zum Sprichwort unter den Leuten gemacht.**
Davon vermutlich: arm wie Hiob (was wörtlich so nicht erscheint, aber sich aus dem Zusammenhang als Situation Hiobs ergibt; vgl Hiob 1,21)
Siehe auch 5. Mose 28,37

17,7 Hiob zu Elifas: **Alle meine Glieder sind wie ein Schatten.**
Davon wohl: nur noch ein Schatten seiner selbst sein = äußerlich erkennbar krank, elend, vom Tod gezeichnet sein

17,9 Hiob zu Elifas: **Wer reine Hände hat, nimmt an Stärke zu.**
Reine Hände haben = unschuldig sein

19,23.24 Hiob zu Bildad: **Ach daß meine Reden ... aufgezeichnet würden als Inschrift, mit einem eisernen Griffel in Blei geschrieben, zu ewigem Gedächtnis in einen Fels gehauen!**
Jer 17,1

Davon wohl: mit ehernem Griffel (eingravieren) = unlöschbar (festhalten)

Zu ewigem Gedächtnis = Wunsch, jmd oder etw möge für alle Zeiten unvergessen sein

19,25 • Hiob zu Bildad: **Ich weiß, daß mein <u>Erlöser</u> lebt.**
Ps 19,15; 78,35; Jes 41,14; 59,20; 63,16; Jer 50,34

Erretter, Befreier (B); Beendiger eines schlimmen Zustands: Der Tod kam als Erlöser (H)

20,20 Zofar zu Hiob: **Sein** (des Gottlosen) **<u>Wanst</u> konnte nicht <u>voll werden</u>.** (alt) Hiob 15,27; Ps 73,7

Vgl: den Wanst füllen (so sonst bei Luther); davon: sich den Wanst vollschlagen = sich den Magen übermäßig füllen

21,8 Hiob zu Zofar: **Ihr** (der Gottlosen) **Same ist sicher um sie her, und ihre <u>Nachkömmlinge</u> sind bei ihnen.** (alt)

Nachkömmling = Nachkomme (B); lange nach den Geschwistern geborenes Kind (H)

21,18 Hiob zu Zofar: (Wie oft geschieht's denn, daß die Gottlosen werden) **wie <u>Spreu</u>, die der <u>Sturmwind</u> wegführt?** Ps 1,4; 35,5

Davon: wie Spreu im Wind (verweht werden)

21,23 Hiob zu Zofar: **Der eine stirbt <u>frisch und gesund</u> in allem Reichtum.** Tob 5,28

Die Aussage verstärkendes Wortpaar

22,12 Elifas zu Hiob: **Siehe, Gott ist <u>hoch droben</u> im Himmel.** (alt)

Bezüglich der Höhe weit entfernt

22,21 Elifas zu Hiob: **So <u>vertrage dich</u> nun mit Gott und mache Frieden.** Dan 11,17; Mt 5,25

Sich mit jmdm vertragen = ohne Streit, in Eintracht mit jmdm leben, auskommen

22,29 Elifas zu Hiob: **Wer seine <u>Augen niederschlägt</u>, dem hilft er** (Gott). Sir 19,24

Die Augen niederschlagen = sich (evtl schuldbewußt) demütigen

Davon in Tersteegens Lied »Gott ist gegenwärtig« die Aufforderung: »schlagt die Augen nieder«

24,14 Hiob zu Elifas: **Wenn der <u>Tag anbricht</u>, steht der Mörder auf und erwürgt den Elenden und Armen.** Apg 20,11; 2. Petr 1,19

Davon sprachlich: bei Tagesanbruch – in der Morgendämmerung

24,16 Hiob zu Elifas: **Am Tage verbergen sie** (Diebe und Ehebrecher) **sich und <u>scheuen</u> alle <u>das Licht</u>.**

Hiob

Das Licht scheuen = die Öffentlichkeit aus Angst vor Entdeckung fürchten; davon: lichtscheu = das Tageslicht meidend, überempfindlich auf Licht reagierend; die Öffentlichkeit aus Angst vor Entdeckung fürchtend

24,20 Hiob zu Elifas: (Der Sünder) **wird zerbrochen werden wie ein fauler Baum.** (alt)   Mt 7,17; Eph 4,29; 2. Petr 1,8
Faul = bei Pflanzen und Tieren: verdorben, morsch, ungenießbar; bei Menschen: träg, arbeitsscheu. Im übertragenen Sinn = unfruchtbar für Gott und Mitmenschen (B); auf Vorgänge und Dinge bezogen = sehr zweifelhaft, bedenklich, unsauber (H)

24,25 Hiob zu Elifas: **Wer will mich Lügen strafen?**
Jmdn Lügen strafen = jmdn einer Unwahrheit überführen
Etw Lügen strafen = beweisen, offenbar werden lassen, daß etw unwahr ist

27,5 Hiob zu seinen Freunden: **Das sei ferne von mir, daß ich euch recht gebe.**
Jmdm recht geben = sich seiner Meinung anschließen

27,6 Hiob zu Bildad: **Mein Gewissen beißt mich nicht.**
Davon: Gewissensbisse = quälendes Bewußtsein, unrecht gehandelt zu haben, an etw schuld zu sein

29,10 Hiob: **Ihre** (der Fürsten) **Zunge klebte an ihrem Gaumen.**
                                 Ps 22,16; 137,6; Klgl 4,4; Hes 3,26
Die Zunge klebt am Gaumen = bildlich für starken Durst

29,17 Hiob: **Ich zerbrach die Kinnbacken des Ungerechten und riß ihm den Raub aus den Zähnen.**
Jmdm den Raub aus den Zähnen reißen = jmdm im letztmöglichen Augenblick etw wegnehmen, was ihm nicht zusteht

30,1 Hiob: **Nun aber lachen mein, die jünger sind als ich, welcher Väter ich verachtet hätte zu stellen unter meine Schafhunde.** (alt)
Vgl gleichbedeutend: Schäferhund = dem Wolf ähnlicher großer Hund; Hund, der einem Schäfer beim Hüten der Schafe hilft

30,19 Hiob: **Man hat mich in den Dreck getreten und gleich geachtet dem Staub und Aschen.** (alt)
In den Dreck treten = in den Schmutz ziehen, entehren
Staub und Asche sein = nichts (mehr) bedeuten

30,24 Hiob: **Doch wird er** (Gott) **nicht die Hand ausstrecken ins Beinhaus ...** (alt)

	Aufbewahrungsort für ausgegrabene Gebeine auf Friedhöfen
31,7	Hiob: **Ist etwas <u>in meinen Händen beklebt</u>?** (alt)
	Beklebt = festgeklebt; davon: klebrige Finger haben = stehlen
32,7	Elihu zu Hiob und seinen Freunden: **Ich dachte: <u>Laß die Jahre reden</u>.** (alt)
	Dem Alter im Gespräch den Vortritt lassen
32,17	Elihu zu Hiob und seinen Freunden: **Auch ich will <u>mein Teil antworten</u>!**
	Sein Teil antworten = seinerseits sagen, was man für nötig hält
33,17	Elihu zu Hiob und seinen Freunden: (Im Traum öffnet Gott das Ohr des Menschen,) **damit er den Menschen von seinem Vorhaben abwende und von ihm die <u>Hoffart</u> tilge.**
	Ps 59,13; Spr 8,13; Hes 16,49; Hos 5,5; Am 6,8; Zef 2,10
	Von »Hochfahrt« = Dünkel, überhebliches Betragen, anmaßender Stolz
33,19	Elihu zu Hiob und seinen Freunden: (Gott) **straft ihn** (den Menschen) **mit <u>Schmerzen</u> auf seinem <u>Bette</u>.** (alt)
	Davon vielleicht: Schmerzenslager = im Liegen zu erduldende schmerzhafte Krankheit
33,25	Elihu zu Hiob und seinen Freunden: **Sein Fleisch blühe wieder wie in der Jugend, und er soll <u>wieder jung werden</u>.** Ps 103,5
	Erneuerung von Leib, Seele und Geist
34,22	Elihu zu Hiob und seinen Freunden: **Es gibt keine Finsternis und kein Dunkel, wo sich verbergen könnten die <u>Übeltäter</u>.**
	Ps 6,9; Spr 21,15; Jes 53,12; Mt 7,23; Lk 23,32; 2. Tim 2,9; 1. Petr 4,15
	Jmd, der etw Schlechtes, Verbotenes getan hat; in bezug auf Kinder heute eher scherzhaft gemeint
34,32	Elihu zu Hiob und seinen Freunden: **Hab ich's nicht <u>getroffen</u>, so <u>lehre du mich's besser</u>.** (alt)
	Etw treffen (vom Bild der Schußwaffe, mit der man ein Ziel trifft) = einen Sachverhalt zutreffend benennen, etw herausfinden, erkennen, erraten
	Lehre du mich's besser: davon im ironischen Sinn: lehre *du* mich ...; vgl: jmdn eines Besseren belehren = jmdm zeigen, daß er sich irrt
36,11	Elihu zu Hiob: **Gehorchen sie** (die für ihre Übertretung Bestraf-

Hiob

ten) **und dienen ihm** (Gott), **so werden sie bei guten Tagen alt werden und <u>mit Lust leben</u>.** (alt)

Lust = Vergnügen, Freude; vgl: Lebenslust = überquellende Lebensfreude; lebenslustig = das Leben genießend

36,26 Elihu zu Hiob: **Siehe, <u>Gott</u> ist <u>groß und unbekannt</u>.** (alt)

Davon vielleicht: der große Unbekannte = jmd, den ein Angeklagter als den Schuldigen bezeichnet, obwohl ihn niemand kennt

37,6 Elihu zu Hiob: **(Gott) spricht ... zum <u>Platzregen</u>, so ist der Platzregen da <u>mit Macht</u>.**

        Jes 32,2; Hes 13,11; Mt 7,25 | 2. Sam 6,14; Ps 20,7; 29,4; Jes 40,9

Platzregen = plötzlicher, sehr heftiger, in großen Tropfen fallender Regen von kürzerer Dauer

Mit Macht, mit aller Macht = mächtig, mit (ganzer) Kraft

38,4 Gott zu Hiob: **Wo warst du, da ich die Erde gründete? Sag mir's, <u>bist du so klug</u>!** (alt)

Davon: wenn du so klug bist = ironisch gemeinte Rückfrage

38,5 Gott zu Hiob: **Weißt du, wer ... über sie** (die Erde) **die <u>Richtschnur</u> gezogen hat?**   Jes 28,17

Schnur zum Ausrichten einer aufzuführenden Mauer, eines Bauwerks (B); allgemein gültige Wertvorstellung (H)

38,6 Gott zu Hiob: **Wer hat ihren** (der Erde) **<u>Eckstein</u> gelegt?**

      Ps 118,22; Jes 28,16; Mt 21,42; Apg 4,11; Eph 2,20; 1. Petr 2,6

Grund-, Schluß-, Hauptstein eines Bauwerks; übertragen: die Hauptstütze eines Projekts

38,11 Gott zu Hiob: (Wer hat das Meer mit Toren verschlossen, ... als ich ihm seine Grenze bestimmte ...) **und sprach: <u>Bis hierher sollst du kommen und nicht weiter</u>; hier sollen sich legen deine stolzen Wellen?**

Davon: Bis hierher und nicht weiter: auch im Lateinischen als »non plus ultra« zitiert = das ist die äußerste Grenze, mehr ist nicht möglich oder zulässig

38,16 Gott zu Hiob: **Bist du in den <u>Grund des Meeres</u> gekommen?** (alt)   Jes 51,10; Am 9,3; Jdt 5,10

Tiefe oder Boden des Meeres; davon sprachlich: Meeresgrund; vgl: Meeresboden

40,4 Hiob zu Gott: **Ich will meine <u>Hand auf</u> meinen <u>Mund legen</u>.**

            Hiob 29,9; Spr 30,32

	Die Hand auf den Mund legen = nichts weiter (oder nichts zu etw) sagen, sich spontan zum Schweigen entschließen
41,16	Gott zu Hiob: **Sein** (des Leviatans) **Herz ist so hart wie ein Stein.** Hes 11,19
	Ein Herz von (so hart wie) Stein = ein gefühlloses Herz
42,3	Hiob zu Gott: **Ich hab unweise geredet, was mir zu hoch ist und ich nicht verstehe.** Ps 139,6; Spr 24,7
	Jmdm ist etw zu hoch = etw übersteigt für jmdn das Verstehen, wird von jmdm nicht begriffen

Der Psalter (Psalmen)

Vorbemerkung: Nur bei einem Teil der Psalmen wird in der Bibel ein Verfasser (Dichter, Beter) angegeben. In diesen Fällen wird hier der Name vor dem Zitat angeführt.

1,1	**Wohl dem, der nicht ... sitzt, wo die Spötter sitzen.**
	Davon: auf der Spötterbank sitzen = gerne und häufig spotten
2,1	**Warum toben die Heiden?**
	Davon wohl: Heidenlärm = sehr großer, als äußerst störend empfundener Lärm
3,3	**Sela.**
	In zahlreichen Psalmen am Schluß eines Abschnittes zu finden; volkstümlich als Schlußzeichen beim musikalischen Vortrag gedeutet
	Davon: Sela! = abgemacht!, Schluß!
4,4	David: **Erkennet doch, daß der Herr seine Heiligen wunderlich führt.** (alt)
	Wunderlich = wunderbar (B); seltsam, sonderbar, launisch (H)
	Davon wohl: wunderliche Heilige = vom üblichen Reden und Handeln in befremdlicher Weise abweichende Menschen
4,5	●David: **Zürnet ihr, so sündiget nicht.**
4,9	●David: **Ich liege und schlafe ganz mit Frieden; denn allein du, Herr, hilfst mir, daß ich sicher wohne.**
	Abendgebet
	Von der lat. Übersetzung dieser Stelle »in pace ... requiescam«

Psalmen

entstand die Formulierung »requiescat in pace« (er, sie ruhe in Frieden!), oft nur mit den Anfangsbuchstaben RIP festgehalten, auf Traueranzeigen und Grabsteinen zu finden; im Deutschen als »Ruhe in Frieden!« oft bei Begräbnissen gesprochen

5,11 David: (Meine Feinde) sind **widerspenstig gegen dich** (Gott).
2. Tim 2,25
Sich gegen jmds Willen oder Absicht sträubend; sich jmds Anweisung widersetzend

6,4 o David: **Ach du, Herr, wie lange!**
Davon: Ach Herr, wie lange! = Ausruf eines Leidgeprüften

7,10 David: **Du, gerechter Gott, prüfest Herz und Nieren.**
Ps 26,2; Jer 11,20; Offb 2,23
Nieren = Sitz des Gewissens; siehe auch Ps 73,21
Davon: auf Herz und Nieren prüfen = gründlich, eingehend untersuchen

7,13 David: **Wahrlich, wieder hat einer sein Schwert gewetzt.**
Vgl: die Feder wetzen (als Schwert des Geistes) = einen scharfen Text verfassen

8,6 David: **Du** (Gott) **hast ihn** (den Menschen) **... mit Ehre und Herrlichkeit gekrönt.** Ps 65,12; 103,4; 2. Tim 2,5; Hebr 2,7.9
Krönen = die Krone aufsetzen, in eine Herrscher- oder Ehrenstellung einsetzen, mit etw ausstatten, auszeichnen (B); einer Sache, einem Werk einen wirkungsvollen Abschluß geben (H)

9,16 David: **Ihr** (der Heiden) **Fuß ist gefangen im Netz, das sie gestellt hatten.** Ps 35,8; 141,10
Davon wohl: sich im eigenen Netz verfangen = die Tücke, mit der jmd einem anderen schaden wollte, wird ihm selbst zum Verhängnis

9,17 David: **Der Gottlose ist verstrickt in dem Werk seiner Hände.**
Verstricken = in etw Unangenehmes hineinziehen
Sich selbst verstricken = sich durch sein eigenes Verhalten in eine schwierige, mißliche, ausweglose Lage bringen

9,20 David: **Herr, steh auf, daß Menschen nicht** (die) **Überhand kriegen.** (alt) Spr 28,12; Klgl 1,16
Davon sprachlich: die Oberhand gewinnen = sich gegen jmdn durchsetzen

10,13 **Warum soll der Gottlose Gott lästern?**
2. Mose 22,27; Mt 9,3; 26,65; Offb 16,11

Psalmen

Davon: Gotteslästerung = (öffentliche) Beleidigung, Beschimpfung, Herabsetzung Gottes

12,2 o **Hilf, Herr! Die Heiligen haben abgenommen.**
Stoßseufzer, wenn bei Christen Fehler und Mängel entdeckt werden (ursprünglich nur auf die Anzahl bezogen; siehe 2. Sam 3,1)

13,5 David: **... daß nicht ... meine <u>Widersacher</u> sich freuen, daß ich wanke.** 2. Mose 23,22; 1. Kön 11,14; Hiob 16,9; Klgl 1,5; Lk 18,3; 2. Thess 2,4; 1. Petr 5,8
Feind, Gegner (der zu schaden sucht); im Neuen Testament wird auch der Satan als der Widersacher der Gläubigen bezeichnet

14,1 David: (Die Toren) **<u>taugen nichts</u>.**
Hiob 15,3; Jer 1,6; Hes 18,18; Sir 41,14
Taugen: hier sittlich wertend = keine Tugend (abgeleitet von »taugen«!) haben; siehe auch 3. Mose 22,25
Davon wohl: Taugenichts = nichtsnutziger Mensch

16,1 David: **<u>Bewahre mich, Gott</u>; denn ich traue auf dich.**
Mt 16,22
Davon wohl: Gott bewahre! = Ausruf des Erschreckens, der Abwehr

16,4 David über die Götzendiener: **Ich will das Blut ihrer Trankopfer nicht opfern noch ihren Namen <u>in meinem Munde führen</u>.**
Davon: jmdn, etw dauernd im Munde führen = jmds Namen, etw dauernd im Gespräch erwähnen, als Wort gebrauchen

16,6 David: **<u>Das Los ist mir gefallen aufs Liebliche</u>; mir ist ein schön Erbteil geworden.** (alt)
Unverdienterweise ist mir etwas Gutes zugefallen

17,5 David zu Gott: **Erhalte meinen Gang auf deinen <u>Fußsteigen</u>.** (alt)
Fußsteig = schmaler, unbefestigter Fußweg

17,8 David zu Gott: **<u>Beschirme mich</u> unter dem Schatten deiner Flügel.** Ps 36,8; 57,2; 63,8
Beschirmen = beschützen (von Schirm = Deckung, Schild, Schutzdach) (B); jmdn bei Regen mit unter den eigenen Schirm nehmen (H); siehe auch Ps 32,7
Unter dem Schatten seiner Flügel (vom Bild der Henne oder den geflügelten Cherubim im Allerheiligsten des Tempels 1. Kön 8,6.7) = unter Gottes Schutz; siehe auch Ps 61,5 und Mt 23,37

Psalmen

17,15 • David zu Gott: **Ich will satt werden, wenn ich erwache, an deinem Bilde.**
Oft bezogen auf die Auferstehungshoffnung der Christen

18,30 • David zu Gott: **Denn mit dir kann ich Kriegsvolk zerschlagen und <u>mit meinem Gott</u> (kann ich) über Mauern springen.**
Ausdruck der Glaubenszuversicht

19,3 David: **<u>Ein Tag sagt's dem andern.</u>**
Davon der Anfang der letzten Strophe des bekannten Abendliedes: »Mein schönste Zier ...«: »Ein Tag, der sagt's dem andern ...«

19,13 David zu Gott: **<u>Wer kann merken, wie oft er fehlet?</u> Verzeihe mir die verborgenen Sünden!**
Fehlen = sich verfehlen (siehe Weish 5,6)
Warnung vor Hochmut

22,2 ○ David: **<u>Mein Gott, mein Gott,</u> warum hast du mich <u>verlassen</u>?**　　　　　　　　　　　　　　Joh 20,28 | Mt 27,46
Eines der sieben Worte Jesu am Kreuz
Davon wohl: mein Gott = gedankenlose Floskel am Beginn eines Satzes
Davon: gottverlassen = einsam, trostlos
Davon: jmd ist (wohl) ganz und gar von Gott verlassen = Ausruf des Unwillens, der Mißbilligung

22,7a David: **<u>Ich bin</u> ein Wurm und <u>kein Mensch</u>.**
Davon wohl: kein Mensch mehr sein = völlig erschöpft, am Ende seiner Kraft sein

22,7b David: **Ich bin ... ein Spott der Leute.**
Davon wohl: zum Spott der Leute werden = sich so verhalten, so dastehen, daß es andere zum Spott reizt

22,8 David: **Alle, die mich sehen, ... <u>sperren das Maul auf</u>.**
　　　　　　　　　　　　　　　　　Ps 35,21; Jes 57,4
Das Maul aufsperren = Zeichen der Verwunderung, der Entrüstung

22,9 David als Beter, seine Feinde zitierend: **Er <u>klage es dem Herrn</u>.**
Davon vielleicht: Gott sei's geklagt = leider

22,22 David zu Gott: **Hilf mir <u>aus dem Rachen des Löwen</u>!**
　　　　　　　　　　　　Dan 6,23; 2. Tim 4,17; Hebr 11,33
Im Rachen des Löwen = in großer Gefahr

22,28 David: **Es werden gedenken und sich zum Herrn bekehren <u>aller Welt Enden</u>** (alt: Ende).　　Ps 98,3; Jes 45,22; 52,10

Alle Bewohner der Erde

22,30 David: **Vor ihm** (Gott) **werden Knie beugen alle, die im Staub liegen, und die, so kümmerlich leben.** (alt)
In Kummer, in Sorge, in Not; ärmlich, armselig, dürftig (B); klein und schwächlich, in der Entwicklung zurückgeblieben; hinter den Ansprüchen, Erwartungen, gesetzten Zielen weit zurückbleibend (H)

23,1-6 • David: **Der Herr ist mein Hirte, mir wird nichts mangeln.**
(2) **Er weidet mich auf einer grünen Aue und führet mich zum frischen Wasser.**
(3) **Er erquicket meine Seele. Er führet mich auf rechter Straße um seines Namens willen.**
(4) **Und ob ich schon wanderte im finstern Tal, fürchte ich kein Unglück; denn du bist bei mir, dein Stecken und Stab trösten mich.**
(5) **Du bereitest vor mir einen Tisch im Angesicht meiner Feinde. Du salbest mein Haupt mit Öl und schenkest mir voll ein.**
(6) **Gutes und Barmherzigkeit werden mir folgen mein Leben lang, und ich werde bleiben im Hause des Herrn immerdar.**
Vers 4: Stecken und Stab: Wortpaar = verläßliche Stütze
Vers 5: Mit Öl salben: davon: mit einem Tropfen pietistischen Öls gesalbt sein = scherzhaft-ironisch: als Theologe durch die Erziehung im Elternhaus, durch Erfahrungen in der Jugendzeit oder während des Studiums mit dem Pietismus in engere Berührung gekommen und davon beeinflußt sein
Voll einschenken = ein Glas bis zum Rand füllen; siehe Ps 75,9

24,1 • David: **Die Erde ist des Herrn und was darinnen ist; der Erdkreis, und die darauf wohnen.**

25,6 David: **Gedenke, Herr, an deine Gerechtigkeit.**
Die lat. Übersetzung des ersten Wortes gab dem sechsten Sonntag vor Ostern den Namen: Reminiszere

25,15 David: **Meine Augen sehen stets auf den Herrn.**
Die lat. Übersetzung des zweiten Wortes *oculi* gab dem vierten Sonntag vor Ostern den Namen: Okuli

25,18 David zu Gott: **Siehe an meinen Jammer und Elend.** (alt)
Wortpaar: Jammer und Elend = schlimmer Zustand   Ps 10,14

Psalmen

26,6   David: **Ich wasche meine Hände in Unschuld.**   Mt 27,24
Die Hände in Unschuld waschen: nach 5. Mose 21,6.7 sinnbildliche Handlung, durch die man seine Unschuld in einer Sache bezeugt (B); beteuern, daß man an einer Sache nicht beteiligt ist und deshalb auch nicht zur Verantwortung gezogen werden kann (H)

26,9   David zu Gott: **Raffe meine <u>Seele</u> nicht hin mit den Sündern noch mein Leben mit den <u>Blutdürstigen</u>.**
Seele (hebr. Atem, Lebensodem) = Leben (B); das Innere des Menschen, sein Gefühlsleben, sein unsterblicher Teil (H)
Blutdürstig = mordgierig, blutrünstig

27,1   •David: **Der Herr ist mein Licht und mein Heil; vor wem sollte ich mich fürchten? Der Herr ist meines <u>Lebens Kraft</u>; vor wem sollte mir grauen?**
In Frageform gekleidete Vertrauenserklärung
Davon vielleicht: Lebenskraft = Vitalität

27,5   David: **Der Herr deckt mich in seiner Hütte zur <u>bösen Zeit</u>.**
Böse Zeit = schlimme Verhältnisse   Eph 5,16

27,7   David: **Herr, <u>höre</u> meine Stimme!**
Lat. Übersetzung: *exaudi* = erhöre! Davon: der Name des Sonntags zwischen Himmelfahrt und Pfingsten: Exaudi

27,8   David zu Gott: **Mein Herz <u>hält dir vor</u> dein Wort.**
Gal 4,16; 1. Tim 4,6
Jmdm etw vorhalten = jmdn an ein gegebenes Versprechen, eine Verpflichtung erinnern (B); sich kritisch-vorwurfsvoll bezüglich seines Verhaltens äußern

27,11   David zu Gott: **Leite mich auf <u>richtiger Bahn</u>.** (alt)
Ps 143,10; Spr 2,13; 4,11
Bahn = Weg, Lebensweg (B); Eisenbahn (H)
Rechte (richtige) Bahn = Weg, den Gottes Gebote weisen

27,14   David: **<u>Harre des Herrn!</u> Sei getrost und unverzagt und <u>harre des Herrn!</u>**   Ps 33,20; 130,5; Jes 40,31; Klgl 3,25
Diesem Text nachgedichtet ist das bekannte geistliche Lied von Johann Friedrich Räder (1815–1872): »Harre, meine Seele, harre des Herrn!«

31,3   David zu Gott: **<u>Sei mir</u> ein starker Fels!**   Ps 71,3
Die lat. Übersetzung der beiden ersten Wörter dieses Verses *esto mihi* gab dem siebten Sonntag vor Ostern den Namen: Estomihi

Psalmen

31,6 ○ David zu Gott: **In deine Hände <u>befehle</u> ich meinen Geist.**
                                             Röm 16,1; 2. Tim 2,2; 1. Petr 4,19; 5,2
Eines der sieben Worte Jesu am Kreuz (Lk 23,46)
Befehlen = anbefehlen, anvertrauen, empfehlen (B); einen Befehl geben, anordnen (H)
Davon: sich jmdm anbefehlen = sein Leben, Schicksal in jmds Hand legen, ihm anvertrauen

31,16 ● David zu Gott: **Meine Zeit steht in deinen Händen.**
Etw steht in jmds Hand = jmd hat die Verfügung darüber, nimmt die Sorge dafür auf sich

32,4 David zu Gott: **Deine <u>Hand war</u> Tag und Nacht <u>schwer auf mir</u>.** (alt)   Ri 1,35; 1. Sam 5,6
Davon: jmds Hand liegt schwer auf jmdm = jmd wird durch jmdn bedrückt, unterjocht

32,7 David zu Gott: **Du bist mein <u>Schirm</u>.**
Schutz, Zuflucht in Zeiten der Gefahr (B); aufspannbarer Regen- oder Sonnenschutz mit Schaft (H); siehe auch Ps 17,8

32,8 Gott zu David: **Ich will dich <u>mit meinen Augen leiten</u>.**
Davon: mit den Augen begleiten = ein (schützendes) Auge auf jmdn haben

34,9 ● David: **Schmecket und sehet, wie freundlich der Herr ist. Wohl dem, der auf ihn <u>trauet</u>!**
Trauen = vertrauen (B); jmdm, etw trauen = jmdm, einer Sache Glauben schenken, nichts Böses hinter jmdm, etw vermuten (H)

34,11 David: **Reiche müssen <u>darben und hungern</u>; aber die den Herrn suchen, haben keinen Mangel an irgendeinem Gut.**
Wortpaar: hungern und darben = Mangel haben

34,12 David: **Kommt her, ihr Kinder, höret mir zu! Ich will euch <u>die Furcht des Herrn lehren</u>.**
Furcht des Herrn = Furcht, ehrfürchtige Scheu vor Gott (B)
Davon vielleicht: jmdn das Fürchten lehren = jmdm Furcht einflößen

34,13 David: **Wer ist, der ... gerne <u>gute Tage</u> hätte?** (alt)
                                    Hiob 21,13; Spr 15,15; Pred 2,1; 1. Petr 3,10
Davon vielleicht: schon bessere Tage gesehen haben = schon eine erfreulichere Zeit erlebt haben

34,19 David: **Der Herr ... hilft denen, die ein <u>zerschlagenes Gemüt</u> haben.**

Psalmen

Davon vielleicht: jmdm schlägt etw aufs Gemüt = es wirkt deprimierend auf ihn

34,20 o David: **Der Gerechte muß viel leiden.** (alt)
Meist ironisch gebraucht bei erlebtem Spott

35,6 David: **Ihr** (der Widersacher) **Weg soll finster und schlüpfrig werden.** Ps 73,18
Glatt, glitschig (B); zweideutig, unanständig (H)

35,10 David: **Herr, wer ist dir gleich?**
5. Mose 33,29; 1. Sam 26,15; Ps 40,6; Hes 31,2; Offb 13,4
Rhetorische Frage, um die Größe, Besonderheit jmds aufzuzeigen und zu rühmen

35,14 David: **Als wäre es mein Freund und Bruder, so ging ich einher** (betrübt, wenn der Betreffende krank war). Ps 122,8
Wortpaar: charakterisiert innige Verbundenheit zweier Menschen

35,20 David: (Die Feinde) **ersinnen falsche Anklagen wider die Stillen im Lande.**
Fromme, die kein Aufsehen erregen und den Frieden lieben; eine Form pietistischen Selbstverständnisses, mitgeprägt von den beiden Bibelstellen 1. Thess 4,11 und 1. Tim 2,2

35,27a David: **Jubeln und freuen sollen sich, die mir gönnen, daß ich recht behalte.**
5. Mose 28,54; Ri 21,22; Ps 40,15; Phlm 20 | Hiob 13,18; Ps 51,6
Jmdm etw gönnen = Glück und Erfolg eines anderen gern und ohne Neid sehen
Recht behalten = durch den Ausgang einer Sache, eines Rechtsstreits sein Recht erhalten; siehe Hiob 9,2 (B); erleben, daß gegenüber anderen Meinungen die eigene sich schließlich als richtig erweist (H)

35,27b David: **Der Herr sei hoch gelobt, der seinem Knecht so wohl will!**
Jmdm wohlwollen = jmdm wohlgesinnt sein
Davon sprachlich: Wohlwollen = freundliche Gesinnung, die das Beste für jmdn im Auge hat

36,2 David: **Es ist von Grund meines Herzens von der Gottlosen Wesen gesprochen, daß keine Gottesfurcht bei ihnen ist.**
(alt) Ps 44,22
Davon vielleicht: im Grund des Herzens = im Innersten (siehe auch Phil 1,8)

36,3	David: (Die Gottlosen) **schmücken sich untereinander selbst, daß sie ... andere verunglimpfen.** (alt)
	Schmähen, beleidigen, verächtlich machen
36,10	○ David zu Gott: **Bei dir ist die Quelle des Lebens.**

Spr 13,14; 14,27; Jer 2,13; Joh 4,14

Quelle: vor Luther nur vereinzelt, durch ihn in die neuhochdeutsche Schriftsprache eingeführt; hier erstmals im übertragenen Sinn gebraucht

Davon: Quelle = Urgrund, Ursprung von etw, was als Wert empfunden wird

Davon: Lebensquelle = lebensspendende Kraft

Davon sprachlich auch: Fehlerquelle = etw, was zu einem Fehler führen kann, häufig zu einem Fehler führt

37,3	○ David: **Bleibe im Lande und nähre dich redlich.**
	Zitiert als Mahnung bei mutwillig geplantem Ortswechsel
37,5	● David: **Befiehl dem Herrn deine Wege und hoffe auf ihn; er wird's wohl machen.**
	Nach diesem Psalmvers hat Paul Gerhardt die zwölf Strophen seines Liedes »Befiehl du deine Wege« gedichtet, die jeweils mit einem Wort des Bibeltextes anfangen: Befiehl – Dem Herren – Dein – Weg usw
37,20	David: **Die Gottlosen werden ... vergehen, wie der Rauch vergeht.** Ps 102,4; Jes 51,6
	Vergehen, wie Rauch vergeht = ohne Spuren zu hinterlassen
37,28	David: **Der Herr ... verläßt seine Heiligen nicht.**
	Davon wohl: Der Herr (Gott) verläßt die Seinen nicht.
38,5	David: **Meine Sünden gehen über mein Haupt.**
	Davon vielleicht: bis über den Kopf in etw stecken = völlig von etw beansprucht, belastet sein
38,13	David: **Die mir übelwollen, ... gehen mit eitel Listen um.** (alt) Jes 32,6; Mi 2,1; 2. Kor 4,2; 1. Thess 2,5
	Jmdm übelwollen = für jmdn Schlechtes planen
	Mit etw umgehen = sich in Gedanken mit etw beschäftigen
38,15	David: **Ich muß sein wie einer, der nicht hört und keine Widerrede in seinem Munde hat.**
	Äußerung, mit der jmdm widersprochen wird
38,20	David: **Die mich unbillig hassen, sind groß.** (alt)
	Unbillig = zu Unrecht (B); unangemessen (H)

Psalmen

39,3 David: **Ich ... muß mein Leid in mich fressen.**
Das Leid in sich hineinfressen = ein Leid, etw Schmerzliches mit niemand teilen können oder wollen

39,5 David: **Herr, lehre mich doch, daß es ein Ende mit mir haben muß und mein Leben ein Ziel hat und ich davon muß.**
Ende = Tod; es geht mit jmdm zu Ende = sein Tod ist nah
Mein Leben ein Ziel: davon vielleicht: Lebensziel = Lebensende, Tod; heute = etw, was der Mensch in seinem Leben als Wichtigstes erreichen möchte

39,6 David zu Gott: **Siehe, meine Tage sind eine Handbreit bei dir.**
2. Mose 25,25; 1. Sam 17,4; Hes 40,5
Die Breite einer Hand = eine geringe (Längen-)Ausdehnung; hier ausnahmsweise zeitlich gebraucht

39,7a David: (Die Menschen) **gehen daher wie ein Schemen.** (alt: 8)
Etw, was nur in schwachen Umrissen, nicht deutlich zu erkennen ist; gespenstische, spukhafte Erscheinung

39,7b o David: (Die Menschen) **machen sich viel vergebliche Unruhe; sie sammeln und wissen nicht, wer es einbringen wird.**
Zitiert als Mahnung, die Vergänglichkeit alles Irdischen vor Augen zu haben

40,4 David: (Gott) **hat mir ein neues Lied in meinen Mund gegeben.**
Zusammen mit Ps 63,4 (Meine Lippen preisen dich): ein Lied auf den Lippen haben = singen

40,5 David: **Wohl dem, der seine Hoffnung setzt auf den Herrn!**
Ps 78,7; Jer 2,37; Weish 13,10; 1. Tim 5,5; 1. Petr 1,13
Davon: seine Hoffnung auf jmdn, etw setzen = seine Erwartungen auf jmdn, etw konzentrieren; auch (zT beeinflußt vom Setzen auf etw bei Spiel und Wette): auf jmdn, etw setzen = auf jmdn, etw bauen, daß er, es zu eigenem Nutzen erfolgreich ist

40,10 David: **Siehe, ich will mir meinen Mund nicht stopfen lassen.**
Röm 3,19
Jmdm den Mund stopfen = ihn zum Schweigen bringen

40,13a David: **Es haben mich umgeben Leiden ohne Zahl.**
1. Chr 22,4; Ps 104,25; 105,34; Hld 6,8

Davon sprachlich, verbreitet seit und durch Klopstock: zahllos = nicht zu zählen

40,13b David: (Meiner Sünden) **sind mehr als Haare auf meinem Haupt.**
Davon: Mehr Schulden als Haare auf dem Kopf haben = maßlos verschuldet sein

40,18 David: **Ich bin arm und elend; der Herr aber sorgt für mich.**
Ps 35,10; 70,6; Spr 31,9; Jes 41,17; Jer 22,16
Wortpaar, das eine schlimme, trostlose Lage anzeigt

41,9 David: **Sie haben ein Bubenstück über mich beschlossen.** (alt)
Üble Tat, Schurkerei

41,10 David: **Auch mein Freund, dem ich vertraute, der mein Brot aß, tritt mich mit Füßen.**
Dan 11,26; Sir 20,18; Joh 13,18; Hebr 10,29
Mit Füßen treten = verächtlich behandeln; davon: Fußtritt (in der älteren Bedeutung nur = Schritt, Auftreten des Fußes beim Gehen, Fußstapfe)
Davon auch: jmdm auf die Füße treten = jmdn zurechtweisen

42,2 • **Wie der Hirsch schreit nach frischem Wasser, so schreit meine Seele, Gott, zu dir.** (alt)

42,4 **Meine Tränen sind meine Speise Tag und Nacht, weil man täglich zu mir sagt: Wo ist nun dein Gott?** Ps 79,10; 115,2
(Meist höhnende) Frage des Ungläubigen an den Gläubigen, der in Not geraten ist

43,1 **Richte mich, Gott, und führe du meine Sache!** (alt)
Das erste Wort der lat. Übersetzung *iudica* gab dem vorletzten Sonntag vor Ostern den Namen: Judika

44,14 Zu Gott: **Du machst uns ... zu Spott und Hohn bei denen, die um uns her sind.** Ps 79,4; Jer 20,8; Hes 23,32
Davon: Das ist ja Hohn und Spott = ein Zerrbild von dem, was ist oder sein sollte

44,24 **Wache auf, Herr! Warum schläfst du?** Mk 14,37
Vorwurfsvolle Frage an jmdn, der wach sein sollte

46,5 **Dennoch soll die Stadt Gottes fein lustig bleiben.**
Stadt Gottes: davon Gottesstadt = Jerusalem Ps 87,3; Offb 3,12
Lustig = Vergnügen bereitend, anmutig, verlockend; vgl auch

1. Mose 3,6 alt: »... daß es ein lustiger Baum wäre« (B); vergnügt, fröhlich, heiter, ausgelassen (H)

48,2 **Groß ist der Herr und hochberühmt in der Stadt unsres Gottes.** (alt)   Jdt 11,6; Sir 44,20
Sehr bekannt und angesehen

48,10 **Gott, wir gedenken deiner Güte in deinem Tempel.**
                                                             Ps 44,1; 51,1; 65,1
Hier und an den angegebenen Parallelstellen erstmals als Anrede ohne Zusatz. Davon vielleicht die gedankenlos als Satzanfang verwendete Floskel »Gott«; dagegen geht die erweiterte Floskel »o Gott« nicht auf eine Formulierung der Lutherbibel zurück

49,18 ○ (Ein Reicher) **wird nichts bei seinem Sterben mitnehmen, und seine Herrlichkeit wird ihm nicht nachfahren.**

50,15 • Gott in einem Psalm Asafs: **Rufe mich an in der Not, so will ich dich erretten, und du sollst mich preisen.**
Anrufen = jmdn bitten, helfend einzugreifen (B); jmdn durch Rufen auf sich aufmerksam machen; mit jmdm telefonisch Verbindung aufnehmen (H)

51,9 David: **Wasche mich, daß ich schneeweiß werde.**   Jes 1,18
Weiß wie frisch gefallener Schnee

51,12.13 • David: **Schaffe in mir, Gott, ein reines Herz, und gib mir einen neuen, gewissen Geist. Verwirf mich nicht von deinem Angesicht, und nimm deinen heiligen Geist nicht von mir.** (alt)
Ein bekanntes Bußgebet
Heiliger Geist: hier erstmals in dieser Zusammensetzung (siehe Apg 2,4)

52,6 David über einen Tyrannen: **Du redest gern alles, was zum Verderben dient, mit falscher Zunge.**
                                     Ps 120,2; Spr 6,17; Jer 9,7; Mi 6,12
Mit falscher Zunge reden = lügnerisch, hinterhältig (B); das Gegenteil sagen von dem, was man meint (H)

52,7 David über einen Tyrannen: **Darum wird dich Gott auch ganz und gar zerstören.** (alt: 6)   4. Mose 17,28; Ps 77,9
Vollständig

53,5 David: **Wollen denn die Übeltäter sich nichts sagen lassen?**
                                                         Ps 82,5; Sir 21,7; Jak 3,17

	Sich etw (nichts) sagen lassen = (keine) Ratschläge annehmen; eigensinnig sein
54,6	David: **Siehe, <u>Gott steht mir bei</u>.**
	Davon: Gott steh mir (uns) bei! = Ausruf des Erschreckens
54,8	David zu Gott: **So will ich dir ein Freudenopfer bringen und deinen Namen, Herr, preisen, daß er so <u>tröstlich</u> ist.**
	Trostreich (B); beruhigend (H) Ps 69,17; Sach 1,13
55,3	Zu Gott: **Merke auf mich ..., wie ich so ruhelos klage und <u>heule</u>.** Ps 102,6; Jes 13,6; Jer 9,9; Mk 5,38; Jak 5,1
	Heulen = lautes Weinen und Klagen; siehe auch Ps 59,7 und Mt 8,12
55,5	David: **<u>Todesfurcht</u> ist <u>auf mich gefallen</u>.**
	Davon: von Todesfurcht befallen sein
55,22	David: **Ihre** (der Feinde) **Worte sind <u>gelinder</u> denn Öl.** (alt)
	Gelind = lind, sanft
	Davon vielleicht: gelinde gesagt = abschwächend, schonend, vorsichtig ausgedrückt
55,23	•David: **<u>Wirf</u> dein Anliegen <u>auf</u> den Herrn; der wird dich versorgen.**
	Etw (eine Last) auf jmdn werfen = etw auf jmdn abladen, es ihm überlassen
56,6	David: **Täglich <u>fechten</u> sie meine Sache <u>an</u>.**
	Anfechten (in juristischem Sinn) = die Rechtmäßigkeit von etw nicht anerkennen, bestreiten
	Anfechtung im geistig-seelischen Bereich siehe Mt 26,41a
56,8	David: **Gott, stoß diese Leute** (meine Widersacher) **<u>ohne alle Gnade</u> hinunter!** Jer 16,5
	Gnadenlos = schonungslos; auch: ohne Gnade und Barmherzigkeit = nur nach Recht und Gesetz
57,9	David: **Wach auf, <u>Psalter und Harfe</u>!**
	1.Chr 15,16; Neh 12,27; Ps 150,3
	Im Alten Testament sind beide als Saiteninstrumente genannt, die sowohl allein als auch im Chor oder zusammen mit anderen Instrumenten gespielt werden konnten. In der Neuzeit dachte man bei »Psalter« mehr an die Texte der Psalmbücher, woraus sich aus den beiden Wörtern der Name für christliche Liederbücher entwickelte
	Der Wortlaut dieser Bibelstelle ist in der ersten Strophe des be-

kannten Chorals von Joachim Neander (1650–1680) »Lobe den Herren, den mächtigen König der Ehren« wiedergegeben: »Psalter und Harfe, wacht auf ...«

57,10 David: **Herr, ... ich will dir lobsingen unter den Leuten.**
2. Sam 22,50; Ps 18,50; 146,2; Jes 12,5; Hebr 2,12

Davon vielleicht: Loblied; jmds Loblied singen = jmdm vor anderen hohe Anerkennung zollen

59,7 David: **Jeden Abend kommen sie** (die Übeltäter) **wieder, heulen wie die Hunde und laufen in der Stadt umher.**
Weish 17,19

Vgl: Hundegeheul. Das Wort »heulen« bezeichnet ursprünglich die langgezogenen, meist klagenden Laute bestimmter Tiere; auf den Menschen übertragen siehe Ps 55,3

60,14 ○ David: **Mit Gott wollen wir Taten tun.** Ps 108,14

Gebraucht als Wort des Glaubens, daß Gott sich zu dem Dienst und Werk der Gläubigen bekennen wird; häufiger verkürzt als »Mit Gott!« geläufig und dann als Bitte zu Gott um Schutz und Hilfe verstanden

61,5 David zu Gott: **Laß mich ... Zuflucht haben unter deinen Fittichen.** Ps 91,4

Davon: jmdn unter seine Fittiche nehmen = sich jmds annehmen, sich um ihn kümmern; siehe auch Ps 17,8 und Mt 23,37

61,7 David zu Gott: **Du wollest dem König langes Leben geben.**
Ps 21,5; 72,5

Davon vielleicht die Begrüßungsformel: »Lang lebe der König!«

62,9 David: **Hoffet auf ihn** (Gott) **allezeit, liebe Leute.**
Eindringliche Anrede, die niemand ausschließt (B); herablassend wirkende Anrede (H)

62,10 **Große Leute feilen** (Rev: täuschen) **auch; sie wägen** (Rev: wiegen) **weniger denn nichts, soviel ihrer ist.** (alt)

Feilen (fehlen) = verfehlen, Mißlingen haben, irren (B); Fehler machen (H)

Davon: Große Leute fehlen auch = selbst bedeutende Persönlichkeiten sind nicht ohne Fehler

Wägen (wiegen) = Gewicht, Bedeutung haben

62,11 ● David: **Fällt euch Reichtum zu, so hängt euer Herz nicht daran.**

Psalmen

63,12   David: **Die <u>Lügenmäuler</u> sollen verstopft werden.**
Ps 120,2; Sir 51,3
Lügenmaul = jmd, aus dessen Mund Lügen kommen

64,4   David: (Übeltäter,) **die <u>ihre Zunge schärfen</u> wie ein Schwert, mit ihren <u>giftigen Worten</u> zielen <u>wie mit Pfeilen</u>.**   Ps 57,5
Davon: scharfzüngig = zu spitzen, verletzenden Äußerungen neigend
Davon: vergiftete Pfeile verschießen = boshafte gehässige Bemerkungen machen

64,7   David: (Die Übeltäter) **sind <u>verschlagen</u> und haben Ränke im Herzen.**
Auf hinterhältige Weise schlau

64,10   David: **Alle Menschen werden sich fürchten und sagen: <u>Das hat Gott getan!</u>**
Geäußert beim Eindruck oder der Überzeugung, daß Gott selbst in einer bestimmten Situation eingegriffen hat

65,10   o David: **Gottes Brünnlein hat Wasser** (alt: Wassers) **die Fülle.**
Gottes Möglichkeiten, die Menschen zu beschenken und ihnen zu helfen, sind unerschöpflich

65,12   David zu Gott: **Deine Fußtapfen <u>triefen</u> von Segen.**
Von etw triefen = etw in Tropfen, aber auch »in Strömen« absondern; in übertragenem Sinn, mit ironischem Unterton: von/vor Edelmut, Sentimentalität, Moral triefen = dergleichen in unerträglichem Maß »absondern«, dh zu erkennen geben und äußern

66,1   **<u>Jauchzet</u> Gott, alle Lande!**
Die lat. Übersetzung des ersten Wortes *iubilate* gab dem dritten Sonntag nach Ostern seinen Namen: Jubilate

66,12   **Wir sind <u>in Feuer und Wasser</u> geraten. Aber du hast uns herausgeführt und uns erquickt.**   Jes 43,2
Die beiden unvereinbaren, aber im Übermaß tödlichen Elemente; im Versicherungsgewerbe als wesentliche Schadensfälle zusammengefaßt in: Feuer- und Wasserversicherung

66,20   **Gelobt sei Gott, der mein <u>Gebet</u> nicht verwirft.**
Zusammen mit Joh 16,24 ist dieser Vers bestimmend für das Anliegen des vierten Sonntags nach Ostern: Rogate = betet. Der Name selbst ist von den »rogationes« abgeleitet, den Bittgängen bei Flurprozessionen, die besonders in Notzeiten stattfanden

Psalmen

68,5 David: **Macht Bahn dem, der durch die Wüste einherfährt!**
Jes 40,3; 57,14
Bahn machen = einen Weg festtreten, eine Straße bauen oder herrichten, den Weg freimachen

68,6 David: **Ein Vater der Waisen und ein Helfer der Witwen ist Gott in seiner heiligen Wohnung.** Sir 4,10
Davon: Waisenvater = (früher) Leiter eines Waisenhauses

68,10 David: **Du gabst, Gott, einen gnädigen Regen.** Hes 34,26
Gnädiger Regen = reichlicher, dringend nötiger Regen; im übertragenen Sinn für eine geistliche Erweckung gebraucht, die Gott schenkt

68,18 David: **Gottes Wagen sind vieltausendmal tausend.**
Unzählbar 1. Mose 24,60; 5. Mose 1,11; Offb 5,11; 9,16

68,20 •David: **Gott legt uns eine Last auf, aber er hilft uns auch.**

69,3 David: **Die Flut will mich ersäufen.**
Ps 42,8; Dan 11,10; Jona 2,4; Sir 21,16
Große, strömende Wassermasse, die überraschend auftritt, zB durch Regenfall in einem ausgetrockneten Wadi; Wassermassen einer Überschwemmung (B); der im Wechsel der Gezeiten ansteigende oder schon wieder angestiegene Wasserstand; davon: eine Flut von etw = eine (unerwartet auftretende) größere Menge von etw (H)

69,4 David: **Ich habe mich müde geschrien, mein Hals ist heiser.**
Sich müde, heiser schreien = schreien bis zur Erschöpfung
Heiserer Hals: volkstümlich = durch Erkältung oder vieles Reden, Singen, Schreien oä fast tonlos gewordene Stimme

69,11 David: **Ich weine bitterlich und faste.** Jes 22,4; 33,7; Mt 26,75
Bitterlich weinen = seelisch erschüttert weinen

69,13 David: **In den Zechen singt man von mir.** (alt)
Zeche = Saufgelage (B); Rechnung für genossene Speisen und Getränke in einer Gaststätte (H)

69,16 David: **... daß mich die Wasserflut nicht ersäufe und die Tiefe nicht verschlinge.** (alt) Hiob 22,11; Ps 32,6; Jes 30,28
Strömende Wassermasse (siehe auch Ps 69,3)

69,25 David zu Gott: **Gieß deine Ungnade über sie (meine Feinde) aus.** Ps 85,5; Spr 19,12; Jes 10,25; Röm 2,8
Unwille, Zorn; vgl: bei jmdm (ursprünglich: einem Herrscher) in

Ungnade fallen, sein = sich jmds Unwillen zuziehen, zugezogen haben

69,28 David zu Gott: **Laß sie** (meine Feinde) **in eine Sünde über die andere fallen.** (alt: 29)

Davon: Sündenfall = Fall in eine schwere Sünde, Begehen einer solchen; speziell bezogen auf den Fall Adams und Evas (siehe 1. Mose 3,11)

69,29 David zu Gott: **Tilge sie** (meine Feinde) **aus dem Buch der Lebendigen, daß sie mit den Gerechten nicht angeschrieben werden.** (alt: 30)   Hebr 12,23 (alt)

Anschreiben = in ein Buch, auf eine Tafel anschreiben (B); zB: die Zeche anschreiben; gut oder schlecht angeschrieben sein = bei jmdm in gutem oder schlechtem Ansehen stehen (H)

69,35 David: **Es lobe ihn** (Gott) **Himmel, Erde und Meer und alles, was sich drin regt.** (alt: 36)

Die Gesamtheit der Schöpfung

71,9 o **Verwirf mich nicht in meinem Alter; verlaß mich nicht, wenn ich schwach werde.**

Schwach werden = nicht mehr im vollen Besitz seiner Kräfte sein; in übertragenem Sinn = einer Versuchung nachgeben

73,2 Asaf: **Ich hätte schier gestrauchelt mit meinen Füßen.** (alt)
Jer 20,9 | Ps 119,165; 2. Petr 1,10; Hebr 12,13

Schier = beinahe; aber auch = rein, blank: schieres Gold, schiere Bosheit

Straucheln = stolpern und fallen, sein Ziel nicht erreichen, scheitern; auf die schiefe Bahn geraten

73,9 Asaf: **Was sie** (die Gottlosen) **reden, das soll vom Himmel herab geredet sein.**

Wie vom Himmel herab geredet = absolut gültig

73,10 Asaf: **Darum fällt ihnen** (den Gottlosen) **der Pöbel zu und läuft ihnen zu in Haufen wie Wasser.**
Ps 94,15; 1. Makk 2,16 | Apg 17,5 | 1. Makk 3,9; 9,66

Jmdm zufallen = sich auf seine Seite schlagen

Pöbel = ungebildete, gemeine rohe Menschen von niedriger Denk- und Handlungsweise

Zulaufen: vgl Zulauf haben = die Menschen anziehen, bei ihnen gut ankommen, Erfolg haben

73,19 Asaf: (Die Gottlosen) **nehmen ein Ende mit Schrecken.**

Ein Ende mit Schrecken nehmen = ein schlimmes, furchtbares Ende erleben
Davon: Lieber ein Ende mit Schrecken als ein Schrecken ohne Ende

73,21 Asaf: **Als es mir wehe tat im Herzen und mich stach in meinen Nieren ...**
Vgl: Herzweh = Herzschmerzen; großer Kummer, tiefes Leid
Vgl: stechender Schmerz = ein wie von Nadelstichen hervorgerufener Schmerz
Nieren hier = Sitz des Selbstwertgefühls; davon wohl: jmdm geht etw an die Nieren = jmdn greift etw sehr an, regt ihn auf, nimmt ihn mit; siehe auch Ps 7,10

73,22 Asaf zu Gott: **Da war ich ein Narr und wußte nichts, ich war wie ein Tier vor dir.**
Narr = Mensch, der sein Denk- und Urteilsvermögen falsch gebraucht und dadurch in seinem Leben zu falschen Entscheidungen kommt (B+H); Karnevalist, Spaßmacher (H)
Wie ein Tier: auf den Menschen bezogen = ohne Einsicht, Verstand (B); triebhaft, roh, brutal (H)

73,25 • Asaf: **Wenn ich nur dich habe, so frage ich nichts nach Himmel und Erde.** Mk 4,38
Nichts nach jmdm, etw fragen = sich nicht um jmdn, etw kümmern

73,26 • Asaf: **Wenn mir gleich Leib und Seele verschmachtet, so bist du doch, Gott, allezeit meines Herzens Trost und mein Teil.** Jer 15,16
Leib und Seele = der ganze Mensch, äußerlich und innerlich; davon: mit Leib und Seele = mit Begeisterung und innerer Beteiligung
Meines Herzens Trost: davon: Herzenstrost = Erquickung in Leid und Unglück

74,17 Asaf zu Gott: **Du setzest einem jeglichen Land seine Grenze.**
(alt) 2. Mose 23,31
Davon sprachlich: Landesgrenze; das ursprünglich slawische Lehnwort »Grenze« wurde durch Luthers Einfluß in der deutschen Hochsprache eingebürgert (siehe auch Ps 104,9)

75,8 • Asaf: **Gott ist Richter, der diesen erniedrigt und jenen erhöht.** 1. Sam 2,7; Lk 1,52
Erhöhen – erniedrigen = in eine Ehren- und Machtstellung ein-

setzen oder aus ihr stürzen, nicht willkürlich, sondern im Sinne einer gerechten herrscherlichen Entscheidung

75,9 Asaf: **Der Herr hat einen Becher in der Hand und mit starkem Wein voll eingeschenkt und schenkt aus demselben** (ein); **aber die Gottlosen müssen alle trinken und die Hefe aussaufen.** (alt)

Davon: Der Rest ist für die Gottlosen, oder: Die Gottlosen bekommen den Rest = so sagt man im Scherz, wenn in einer Gesellschaft beim Einschenken von Wein und Bier oder auch beim Verteilen des Essens nur ein kleiner Rest übrigbleibt. Mit »Hefe« ist hier der Bodensatz, die Neige gemeint

77,14 • Asaf: **Gott, dein Weg ist heilig.**

Gottes Weg = Weg, den Gott in seinem Handeln an den Menschen geht; dieses Handeln selbst; seine Ratschlüsse und Entscheidungen

78,2 Asaf: **Ich will meinen Mund auftun zu Sprüchen und alte Geschichten aussprechen.** (alt)

Davon vielleicht: Das ist wieder die alte Geschichte = das ist hinlänglich bekannt, wiederholt sich immer wieder

Vgl: alte Geschichten ruhen lassen = Vergangenes nicht mehr aufführen

78,8 Asaf: **Ein ... Geschlecht, dessen Herz nicht fest war.**

Hebr 13,9

Davon: ein festes Herz = ein Herz, das sich durch keinerlei Verlockung von Gott abwenden läßt (B); ein gefestigter Charakter (H)

78,23 Asaf: (Gott) **gebot den Wolken droben und tat auf die Tür des Himmels.** (alt) Offb 4,1

Davon: Himmelstür = Eingang zum Himmel (siehe auch 1. Mose 28,17)

78,24 Asaf: (Gott) **ließ Manna auf sie** (die Israeliten) **regnen zur Speise und gab ihnen Himmelsbrot.**

Brot, das vom Himmel, von Gott kommt (vgl Joh 6,32.33) (B); davon: Brot, das zur rechten Zeit kommt (H)

79,9 Asaf: **Gott, ... vergib uns unsre Sünden um deines Namens willen!** 1. Sam 12,22; 2. Chr 6,32; Jes 48,9; Dan 9,19

Von dieser oder einer der ähnlich lautenden Stellen: Um Gottes willen! = Ausruf des Schreckens, der Abwehr

Psalmen

80,6 Asaf zu Gott: **Du speisest sie** (das Volk) **mit <u>Tränenbrot</u>.**
Speise, die man unter Kummer und Schmerzen zu sich nimmt
In Anlehnung an diesen Begriff legte J. W. Goethe dem Harfenspieler in »Wilhelm Meisters Lehrjahre« die Worte in den Mund: »Wer nie sein Brot mit Tränen aß, wer nie die kummervollen Nächte auf seinem Bette weinend saß, der kennt euch nicht, ihr himmlischen Mächte.«

81,3 Asaf: **Hebt an mit <u>Psalmen</u>.**
Davon oder von dem Begriff »Psalmen« insgesamt: Salm = aus dem Niederdeutschen für »Psalm«: umständlich-breites Gerede; einen langen Salm machen = lange und pathetisch reden

84,7 (Wohl den Menschen, ...) **die durch das <u>Jammertal</u> gehen und machen daselbst Brunnen.** (alt)
Ein schwieriger Lebensabschnitt, der »Jammer«, dh Not und Leiden, bringt
Davon schon vor Luther: diese Welt als Jammertal, dh Stätte überwiegenden oder stets drohenden Unglücks

84,12 • **Gott der Herr ist Sonne und Schild; der Herr gibt Gnade und Ehre. Er wird kein Gutes mangeln lassen den <u>Frommen</u>.**
Frommer = vom Glauben an Gott geprägter und sich an dessen Gebote haltender Mensch (B+H); die Frommen = verallgemeinernd für Menschen, deren Glaube nur Fassade ist oder zu sein scheint: »So sind sie, die Frommen!«

85,14 ... **daß Gerechtigkeit ... <u>im Schwang</u> gehe.** (alt)
Vgl: im Schwange sein = als Verhaltensweise, Gepflogenheit (vorübergehend) allgemein verbreitet sein

88,4 **Meine Seele ist <u>voll Jammers</u>.** (alt)
Erfüllt von Leid aufgrund äußerer Not (B); zum Jammern gestimmt, gezwungen (H); vgl: jammervoll = jämmerlich, durch fremde Schuld oder eigenes Unvermögen elend und beklagenswert

89,2 Etan: **Ich will singen von der <u>Gnade des Herrn</u> ewiglich.**
Die lat. Übersetzung gab dem zweiten Sonntag nach Ostern den Namen »Misericordias Domini« (eigentlich: »Die Barmherzigkeiten des Herrn [will ich besingen]«; Luther bevorzugt hier wie auch sonst das Wort »Gnade«); auch »Guter-Hirten-Sonntag« genannt

90,1.2 • Mose: **<u>Herr Gott</u>, du bist unsere Zuflucht für und für. Ehe denn die Berge wurden und die Erde und die Welt geschaffen wurden, bist du, Gott, von Ewigkeit zu Ewigkeit.** (alt)
Wohl aus den beiden ersten Wörtern dieses Psalms entstand das zusammengezogene »Herrgott«, meist gedankenlos gebraucht und als Kraftausdruck mißbraucht: Herrgott noch mal! Als Fluch: Herrgott(s)sakrament!, als Verstärkung: in aller Herrgottsfrühe

90,4 • Mose zu Gott: **Tausend Jahre sind vor dir wie der Tag, der gestern vergangen ist, und wie eine <u>Nachtwache</u>.**
Ri 7,19; Mt 14,25
Nachtwache: Für den Wachtdienst war die Nacht in drei Nachtwachen von ca vier Stunden eingeteilt (B); Nachtdienst, bei dem Wache gehalten werden muß (H)

90,9 Mose: **Wir bringen unsre Jahre zu wie ein <u>Geschwätz</u>.**
Eph 4,29; 1. Tim 1,6
Dummes, inhaltloses Gerede (B); Klatsch, Tratsch, verleumderisches Gerede (H)

90,10 • Mose: **Unser Leben währet <u>siebzig Jahre</u>, <u>wenn's hoch kommt</u>, so sind's <u>achtzig Jahre</u>, und wenn's <u>köstlich</u> gewesen ist, so ist's Mühe und Arbeit gewesen; denn es fähret schnell dahin, als flögen wir davon.** (alt)
Ps 92,2; Spr 22,1; Klgl 3,26.27; 1. Petr 3,4; Hebr 13,9
Die beiden Altersangaben bezeichnet man als »biblisches Alter«
Wenn's hoch kommt = wenn es viel ist
Köstlich = kostbar, wertvoll, etw Besonderes (B); amüsant und so komisch, daß man dabei viel Vergnügen empfindet (H)
Psalm 90,10 enthält oft gewählte Passagen für Arbeitsjubiläen und Nachrufe, ist jedoch kein Lobpreis der Arbeit, sondern spricht von der Mühe und Plage des Menschenlebens (»Arbeit« im älteren Sprachgebrauch = Mühsal, Plackerei; im Hebräischen wörtlich = Vergeblichkeit); etwa im Sinne: Wenn das Leben etw gebracht hat, war es nur Plage bzw vergebliche Mühe

90,12 • Mose zu Gott: **Lehre uns <u>bedenken, daß wir sterben müssen</u>, auf daß wir klug werden.** Sir 14,18
Davon das lateinische »memento mori«: Denke daran, daß du sterben mußt; Wahlspruch mehrerer katholischer Orden
Davon der Choral von Johann Rosenmüller (1620–1684): »Alle Menschen müssen sterben ...«

Psalmen

91,11.12 • (Gott) **hat seinen Engeln befohlen, daß sie dich behüten auf allen deinen Wegen, daß sie dich <u>auf den Händen tragen</u> und du deinen Fuß nicht an einen Stein stoßest.** Mt 4,6
Davon: jmdn auf den Händen tragen = ihm alle erdenkliche Pflege und Fürsorge angedeihen lassen

91,15 Antwort Gottes auf ein Gebet: **Er** (der Fromme) <u>**ruft mich an,**</u> **darum will ich ihn erhören.**
Die lat. Übersetzung *invocavit* (er hat mich angerufen) gab dem ersten Sonntag der Passionszeit (nach dem Aschermittwoch) den Namen: Invokavit

92,8 **Die Gottlosen <u>grünen</u> wie das Gras, und die Übeltäter <u>blühen</u> alle – nur um vertilgt zu werden für immer!** Jes 27,6
Davon: grünen und blühen = Wortpaar, das Fortschritt und Gedeihen einer Sache bezeugt

94,3 **Herr, ... wie lange sollen die Gottlosen <u>prahlen</u>?**
Großtun, sich rühmen; davon sprachlich: »Prahlhans« = Großtuer, Angeber

94,8 **Ihr Toren, <u>wann wollt ihr klug werden?</u>**
Davon wohl: Wann wirst du (endlich) klug werden?

94,15 <u>**Recht muß doch Recht bleiben.**</u>
Ausdruck des Beharrens auf vermeintlichem oder wirklichem Recht

95,10 **Es sind Leute** (das Volk Israel), **deren Herz immer den <u>Irrweg</u> will.**
Falsches, verkehrtes, nicht zum Ziel führendes Handeln, Verfahren

96,1 <u>**Singet**</u> **dem Herrn ein neues Lied!** Ps 98,1
Die lat. Übersetzung *cantate* hat dem vierten Sonntag nach Ostern den Namen gegeben: Kantate. Kantate nennt sich auch eine Vokalkomposition mit instrumentaler Begleitung, im ausgehenden 17. Jahrhundert eine Hauptform der evangelischen Kirchenmusik

103,1.2 • David: **Lobe den Herrn, meine Seele, und was in mir ist, seinen heiligen Namen! Lobe den Herrn, meine Seele, und vergiß nicht, was er dir Gutes getan hat!**

103,4 David: **(Lobe den Herrn,) der dich krönet mit <u>Gnade und Barmherzigkeit</u>.** Hos 2,21; Weish 3,9
Davon: aus Gnade und Barmherzigkeit = aus purem Mitleid

103,11	David: **So hoch der Himmel über der Erde** ist, **läßt er (Gott) seine Gnade walten über denen, die ihn fürchten.**

Ps 117,2

Davon: himmelhoch = unendlich hoch, sehr hoch; auch in übertragenem Sinn gebraucht: himmelhoch jauchzend

Gnade walten lassen = Milde, Nachsicht üben gegenüber einer Verfehlung

103,13 • David: **Wie sich ein Vater über Kinder erbarmt, so erbarmt sich der Herr über die, die ihn fürchten.**

103,14 David: (Der Herr) **kennt, was für ein Gemächte wir sind; er gedenkt daran, daß wir Staub sind.** (alt)

Etwas Geschaffenes, hinfälliges Geschöpf, Machwerk; sprachlich anderen Ursprungs: das Gemächt = die (va männlichen) Geschlechtsteile

103,15.16 • David: **Ein Mensch ist in seinem Leben wie Gras, er blüht wie eine Blume auf dem Felde; wenn der Wind darüber geht, so ist sie nimmer da.**

103,21 David: **Lobet den Herrn, alle seine Heerscharen!**

Ps 68,13; Lk 2,13

Davon: ganze Heerscharen = eine große Menge

104,9 Zu Gott: **Du hast eine Grenze gesetzt, darüber kommen sie (die Wasser) nicht und dürfen nicht wieder das Erdreich bedecken.**

Eine Grenze setzen: davon wohl: Grenzen setzen; alles hat seine Grenzen

104,15 **Der Wein erfreue des Menschen Herz.**   Pred 10,19

Zitiert wird so: Der Wein erfreut des Menschen Herz

104,16 **Die Bäume des Herrn stehen voll Saft.**

Davon: in vollem Saft stehen = kräftig grün sein

104,35 **Lobe den Herrn, meine Seele! Halleluja!**

Ein Halleluja anstimmen = Gott im Lied loben (B); aufatmend eine gute Nachricht zur Kenntnis nehmen (H)

105,5 **Gedenket seiner Wunderwerke, die er (Gott) getan hat.**

Sir 43,2; St zu Est 2,1

Davon: Wunderwerk = Werk, das durch seine Beschaffenheit zum Staunen führt

105,43 **So führte er (Gott) sein Volk in Freuden heraus und seine Auserwählten mit Jubel.**   1. Chr 16,13; Ps 106,5; Jes 43,20; 65,9

Davon (und von zahlreichen anderen Stellen): das auserwählte Volk = Israel

106,4.5 Zu Gott: **Beweise uns deine Hilfe, daß wir sehen mögen die Wohlfahrt deiner Auserwählten.** (alt)
Das Wohl, Wohlergehen des einzelnen, der Gemeinschaft, besonders in materieller Hinsicht (B); öffentliche Fürsorge (H)

107,9 (Der Herr) **sättigt die durstige Seele.**
Scherzhaft = ein dem Alkohol zugeneigter Mensch

107,42 **Aller Bosheit wird das Maul gestopft werden.**
Jmdm das Maul stopfen = ihn nachdrücklich am (lästerlichen) Reden hindern

108,1 David: **Gott, es ist mein rechter Ernst.** (alt)
Es ist jmds Ernst, es ist jmdm ernst mit etw = es ist von jmdm wirklich so gemeint, wie er es sagt; scherzhaft bezüglich eines Sohnes zitiert, der Ernst heißt

111,9 (Der Herr) **sendet eine Erlösung seinem Volk.**
Mt 20,28; Lk 21,28; Röm 3,24; 8,23; 1. Kor 1,30; Eph 4,30; Hebr 9,12
Befreiung aus schwerer Not, aus Schuld und Verdammnis (B); Befreiung von schwerem Leiden durch den Tod; Beendigung eines unangenehmen Zustands: Es war eine Erlösung, als die Gäste gingen (H)

111,10 ○ **Die Furcht des Herrn ist der Weisheit Anfang.**
Hiob 28,28; Spr 1,7
Furcht des Herrn = Ehrfurcht vor Gott; Gehorsam gegenüber seinen Geboten

113,3 **Vom Aufgang der Sonne bis zu ihrem Niedergang sei gelobet der Name des Herrn.** Ps 50,1
Ein Tageslauf; eigentlich räumlich gemeint = von Ost bis West

115,3 **Unser Gott ist im Himmel.**
5. Mose 4,39; Jos 2,11; Pred 5,1; Dan 2,28
Davon wohl: Gott im Himmel! = gedankenloser Ausruf der Bestürzung, der Verwunderung, des Bedauerns

115,5.6 (Die Götzen) **haben Augen und sehen nicht, sie haben Ohren und hören nicht.** Ps 135,16.17
Augen haben und nicht sehen, Ohren haben und nicht hören = angewandt auf Menschen, die in ihren Sinnen nicht wach sind oder Unangenehmes nicht wahrhaben wollen

116,3 **Die Angst der Hölle hatte mich getroffen.** (alt)

Davon: Höllenangst = überaus große Angst
Höllen...: drückt in Bildungen mit Hauptwörtern einen besonders hohen Grad von etw aus: Höllendurst, Höllenkrach, Höllentempo

116,9 **Ich werde wandeln vor dem Herrn im Lande der Lebendigen.**
Die lat. Übersetzung hat diesen Text im Wortlaut »Placebo Domino in regione vivorum« = Ich werde dem Herrn gefallen im Land der Lebendigen. Er war Bestandteil einer mittelalterlichen Totenmesse. Als später die Totenmesse professionell betrieben wurde, galten ihre Ausüber als »Placebos« = Heuchler, Ränkeschmiede. Seit etwa 200 Jahren von der Medizin aufgegriffen: Placebo = unwirksames Medikament, das einem echten Arzneimittel in Aussehen, Geschmack usw gleicht

116,11 o **Alle Menschen sind Lügner.** Röm 3,4

118,6 o **Der Herr ist mit mir, darum fürchte ich mich nicht; was können mir Menschen tun?**
Tun = antun, anhaben

118,23 **Das ist vom Herrn geschehen und ist ein Wunder vor unsern Augen.**
Meist ironisch gebraucht = es ist etw geschehen, was man zuallerletzt (von jmdm) erwartet hätte

118,26 **Gelobt sei, der da kommt im Namen des Herrn!**
Der Ausgangstext für einen Bestandteil der katholischen Messe, das »Benedictus«; im Neuen Testament zitiert als Jubelruf des Volkes beim Einzug Jesu in Jerusalem (Mt 21,9); auch der Lobgesang des Zacharias (Lk 1,68) wird nach seinem Anfang »Benedictus« genannt

Das lat. Zeitwort *benedicere* bedeutet wie das entsprechende hebr. Wort zugleich »segnen«; davon: benedeien = lobpreisen, segnen; gebenedeit = gesegnet (siehe auch Lk 1,42)

119,19 **Ich bin ein Gast auf Erden.**
Beginn eines Ewigkeitsliedes von Paul Gerhardt
Davon: Erdengast; oft schon von einem Neugeborenen gesagt

119,41 **Herr, laß mir deine Gnade widerfahren.** Jes 26,10; Eph 1,7.8
Gnade widerfahren lassen = Milde, Nachsicht zeigen gegenüber einer Verfehlung

119,70 **Ihr** (der Stolzen) **Herz ist dick wie Schmer.** (alt)

Psalmen

Fett, das von Tieren gewonnen wird; beim Menschen das Bauchfett; davon: Schmerbauch = dicker, vorgewölbter Bauch mit starkem Fettansatz

119,81 Zu Gott: **Meine <u>Seele</u> verlangt nach deinem <u>Heil</u>.**
Davon vielleicht: Seelenheil = Erlösung vom ewigen Verderben
Davon vielleicht (ironisch): Es hängt doch nicht dein Seelenheil davon ab = ein Verhalten, Reden, Handeln, als ob von einer bestimmten nebensächlichen Sache das Heil der Seele abhinge

119,113 Zu Gott: **Ich hasse die <u>Flattergeister</u> und liebe dein Gesetz.**
(alt)
Flattergeist = Mensch mit unbeständigem Charakter; das Wort ist zuerst bei Luther belegt, der es liebte und zu dieser Stelle vermerkte: »Flattergeister heißen hier die unbeständigen Geister, die immer etwas Neues finden und vornehmen, wie Ketzer pflegen zu tun.«

119,127 Zu Gott: **Darum liebe ich deine Gebote mehr als Gold und feines Gold.** Ps 19,11; Spr 8,19; Jes 13,12; Dan 2,32
Lauteres, reines Gold; davon: Feingold = reines, nicht legiertes Gold

119,130 Zu Gott: **Wenn dein Wort <u>offenbar</u> wird, so erfreut es.**
Spr 14,33; Mt 10,26; Lk 2,35; 1.Joh 3,10
Offen zutage tretend, klar ersichtlich (B+H); dem Anschein nach, wie es scheint (H)

119,158 Zu Gott: **Ich sehe die <u>Verächter</u>, und <u>es tut mir wehe</u>, daß sie dein Wort nicht halten.**
Spr 13,15; Mal 3,15.19; Apg 13,41 | Ps 73,21; Klgl 1,20; Sir 14,10
Verächter = jmd, der Gott und seine Gebote mißachtet (B); jmd, der kein Gefallen, keine Freude an etw hat, einer Sache keinen Wert beimißt, sie ablehnt (H)
Vgl: kein Kostverächter sein = ein sehr genießerischer Mensch sein; im Verzehr von etw nicht wählerisch sein
Es tut mir weh(e) = es verletzt mich seelisch

119,176 **Ich bin wie <u>ein verirrtes und verlorenes Schaf</u>.**
Mt 15,24; 18,12; 1.Petr 2,25
Ein verirrtes, ein verlorenes Schaf = ein vom rechten Weg abgekommener Mensch

120,6 **<u>Es wird meiner Seele lang</u>, zu wohnen bei denen, die den Frieden hassen.**

Jmdm wird etw lang = er wünscht das Ende herbei

121,1.2 • **Ich hebe meine Augen auf zu den Bergen, von welchen mir Hilfe kommt. Meine Hilfe kommt vom Herrn, der Himmel und Erde gemacht hat.** (alt)
Wallfahrtslied der Pilger auf dem Weg nach Jerusalem

121,6 (Der Herr behütet dich,) **daß dich des Tages die <u>Sonne</u> nicht <u>steche</u> noch der Mond des Nachts.** Jes 49,10; Jona 4,8
Die Sonne sticht = sie brennt heiß, stechend; davon sprachlich: Sonnenstich = durch starke Sonnenbestrahlung verursachte Reizung der Hirnhaut mit starken Kopfschmerzen, Schwindel, Übelkeit; übertragen: einen Sonnenstich haben = verrückt sein, etw Unsinniges tun

121,8 ○ **Der Herr behüte deinen <u>Ausgang und Eingang</u> von nun an bis in Ewigkeit!**
Segenswunsch beim Ausgang des Gottesdienstes oder einer Verabschiedung, auch am Grab; davon der Schlußchoral: »Unsern Ausgang segne Gott, unsern Eingang gleichermaßen ...«
Ausgang und Eingang = ausgehen und eingehen, ausziehen und zurückkehren, dh das Haus, die Stadt verlassen (zu einer Beschäftigung, einer Reise, einem Kriegszug; zB 1. Sam 18,13; 2. Sam 3,25 alt: »deinen Ausgang und Eingang erkunden«) und wieder dorthin zurückkehren (B); Eingang und Ausgang = Öffnungen, durch die man ein Gebäude oder ein Gelände betreten bzw verlassen kann (H)
Siehe auch 1. Kön 3,7

122,6 ○ **<u>Wünschet</u> Jerusalem <u>Glück</u>!**
Zitat, das Solidarität mit dieser Stadt bekundet
Luther macht hier Gebrauch von der Formel »Glück wünschen« (hebr. wörtlich: »Bittet um das Wohlergehen Jerusalems«); davon sprachlich: Glückwunsch = Wunsch für das Wohlergehen anläßlich eines Festes oder der freudigen Anteilnahme an einem Erfolg, einer Leistung

125,3 **Der Gottlosen Zepter wird nicht bleiben über dem <u>Häuflein</u> der Gerechten.** (alt) Sir 48,17
Auf Menschen bezogen = eine sehr kleine (zusammengeschmolzene) Schar; davon unter Einwirkung von Lk 12,32 (»Fürchte dich nicht, du kleine Herde«) der Choral von Jakob Fabricius aus dem Dreißigjährigen Krieg: »Verzage nicht, o Häuflein klein ...«

Psalmen

125,5 Die <u>abweichen</u> auf ihre <u>krummen Wege</u>, wird der Herr dahinfahren lassen mit den Übeltätern.

Davon vielleicht: vom Pfad der Tugend abweichen = etw Unrechtes tun

Davon: krumme Wege gehen = sich Vorteile unter Anwendung unerlaubter Mittel verschaffen; davon wohl auch: ein krummes Ding drehen (gleiche Bedeutung)

126,5 ○ Die <u>mit Tränen säen</u>, werden mit Freuden ernten.

Davon: Tränensaat = Werk oder Dienst, dessen Anfang notvoll oder schwierig war

127,1 ○ Salomo: **Wenn der Herr nicht das Haus baut, so arbeiten umsonst, die daran bauen.**

127,2 Salomo: <u>Seinen Freunden gibt er's</u> (der Herr) <u>schlafend.</u> (alt: 3)

Davon: Den Seinen gibt's der Herr im Schlaf = meist ironischer Kommentar, wenn jmdm ohne sein Bemühen oder Verdienst etw Gutes zufällt

127,3a ○ Salomo: **Kinder sind eine Gabe des Herrn.**

127,3b ... und <u>Leibesfrucht</u> ist ein Geschenk. 1. Mose 30,2

Kinder als Folge weiblicher Fruchtbarkeit (B); ungeborenes Kind im Mutterleib (H)

128,2 **Du wirst dich nähren <u>von deiner Hände Arbeit</u>; wohl dir, du hast's gut.** 1. Kor 4,12 | Jes 3,10

Davon: von seiner Hände Arbeit leben = sich seinen Lebensunterhalt durch eigene Erwerbstätigkeit verdienen

Es gut haben = in befriedigenden Verhältnissen leben

130,1 ○ <u>Aus der Tiefe</u> rufe ich, Herr, zu dir.

Nach der lat. Übersetzung des Anfangs als »De profundis« vertraut; in der katholischen Totenliturgie verwendet und in der Titelzeile von Luthers Lied »Aus tiefer Not schrei ich zu dir« aufgenommen

130,6 **Meine Seele wartet auf den Herrn von einer <u>Morgenwache</u> bis zur andern.** (alt) 2. Mose 14,24; 1. Sam 11,11

Die dritte (und schwierigste) Nachtwache = die letzten vier Stunden vor Sonnenaufgang; siehe Ps 90,4 (B); Andachtszeit am frühen Morgen (H)

132,15 Zusage Gottes: **Ich will ihre <u>Speise segnen</u>.**

Die Ernte segnen, so daß es reichlich zu essen gibt

Davon der Beginn eines Tischgebets: »Vater, segne diese Speise...«

133,1 ○ David: **Siehe, wie <u>fein und lieblich</u> ist's, wenn Brüder einträchtig beieinander wohnen!**

Wortpaar: fein und lieblich = erfreulich im Anblick

»Lieblich« wird auch ironisch gebraucht und damit ins Negative verkehrt = unangenehm, unerfreulich (»Das kann ja lieblich werden«)

137,2.4 Klage der Gefangenen zu Babel: **Unsere Harfen hängten wir an die <u>Weiden dort im Lande</u> ... Wie könnten wir des Herrn Lied singen in fremdem Lande?**

Davon wohl, zusammen mit dem Erscheinungsbild von hängenden Zweigen bei einer Art von Weidenbäumen: Trauerweide; von Linné mit Bezug auf diese Psalmstelle »Salix babylonica« genannt, obwohl diese Weidenart ursprünglich aus China stammt

137,5 ○ **Vergesse ich dein, Jerusalem, so werde meiner Rechten vergessen.** (alt)

Glühendes Bekenntnis zu Jerusalem in Form einer Selbstverfluchung (Rechte = rechte Hand; vergessen werden = von Gott vergessen sein, was als Gelähmtwerden oder Verdorren gedeutet wird)

139,5 ● David zu Gott: **Von allen Seiten umgibst du mich und hältst deine Hand über mir.**

140,6 David: **Die Hoffärtigen ... <u>stellen mir Fallen</u> auf den Weg.**

Hiob 18,10; Ps 69,23; Jer 5,26

Davon übertragen: jmdm eine Falle stellen = jmdn mit einer List überraschen, hereinlegen wollen

140,12 David: **Ein böses Maul wird kein Glück haben.** Spr 17,4

Person, die hinter dem Rücken anderer schlecht über sie redet

141,2 David zu Gott: **Mein Gebet müsse vor dir taugen wie ein Räuchopfer.** (alt) 2. Mose 30,8; Dan 2,46; Hos 2,15

Davon: ein Rauchopfer darbringen = ironisch umschreibend über jmdn oder von jmdm, der an Nikotingenuß gebunden ist und ihm gerade wieder zu frönen gedenkt

142,5 David: **Schau zur Rechten und sieh: da <u>will niemand mich kennen</u>.** Jer 9,5

Jmdn nicht kennen wollen = die Bekanntschaft mit jmdm verleugnen

143,2	David zu Gott: **Geh nicht ins Gericht** mit deinem Knecht. Hiob 22,4; Jes 3,14 Mit jmdm (scharf) ins Gericht gehen = jmdn vor sein Gericht ziehen, für seine Verfehlungen zur Rechenschaft ziehen (B); jmdn zurechtweisen (H)
145,14	David: **Der Herr ... richtet alle auf, die niedergeschlagen sind.** Ps 146,8 Durch einen Mißerfolg, eine Enttäuschung ratlos, mutlos, traurig
145,15.16	●David: **Aller Augen warten auf dich, und du gibst ihnen ihre Speise zur rechten Zeit. Du tust deine Hand auf und sättigst alles, was lebt, nach deinem Wohlgefallen.** Ps 104,27 Scherzhaft zu jmdm, der verspätet eintrifft
150,6	●**Alles, was Odem hat, lobe den Herrn!**

Die Sprüche Salomos (Sprichwörter)

Vorbemerkung: Mit Ausnahme der Kapitel 30 und 31 werden alle Texte König Salomo zugeschrieben.

1,10	○ **Mein Sohn, wenn dich die bösen Buben locken, so folge nicht.** Wenn dich die bösen Buben locken, so folge ihnen nicht = früher ernstgemeinte, heute eher scherzhaft vorgebrachte Ermahnung an die Adresse von Kindern und Jugendlichen
1,20	**Die Weisheit ... läßt sich hören auf den Gassen.** (alt) Weisheit der Gasse = die Sprichwörter
2,7	○ **Er** (Gott) **läßt es den Aufrichtigen gelingen.**
2,16	**... daß du nicht geratest an die Frau eines andern, an eine Fremde, die glatte Worte gibt.** Einschmeichelndes Reden
3,5	●**Verlaß dich auf den Herrn von ganzem Herzen, und verlaß dich nicht auf deinen Verstand.**
3,9.10	**Ehre den Herrn mit deinem Gut ..., so werden deine Scheunen voll werden.** Vgl: die Scheuer voll haben = im Unterschied zu anderen genug (von etw) besitzen
3,15	(Weisheit) **ist edler als Perlen.**

Edel = von erlesener Kostbarkeit; bei Menschen = adlig, (innerlich) vornehm; drückt heute in Bildungen mit Substantiven oft aus, daß jmd oder etw als etwas Hochwertigeres angesehen wird: Edelganove, Edelkrimi, Edelporno usw

3,24 **Liegst du, so wirst du <u>süß schlafen</u>.** Pred 5,11
Süß vom Schlaf (schon vor Luther) = angenehm, auch: tief; davon: süßer Schlaf; schlafe süß!

4,12 **... daß, wenn du gehst, dein <u>Gang</u> dir nicht <u>sauer</u> werde.**
Sauer = beschwerlich; ein saurer Gang = irgendwo hingehen müssen, wo einen Unangenehmes erwartet (von Luther aufgegriffene deutsche Wendung für hebr.: beengter Schritt)

4,24 **Sei kein <u>Lästermaul</u>.**
Jmd, der über einen Abwesenden abfällig oder boshaft redet

5,17 o **Habe du sie** (deine Frau) **allein, und kein Fremder mit dir.**

6,6 o **Geh hin zur Ameise, du Fauler, sieh an ihr Tun und lerne von ihr!**
Abgekürzt zitiert: Geh hin zur Ameise und lerne von ihr!

6,9 o **Wie lange liegst du, Fauler! Wann willst du aufstehen von deinem Schlaf?**
Weckruf für Langschläfer

6,11 **So** (wenn du zu lange schläfst) **wird dich die Armut <u>übereilen</u> wie ein <u>Fußgänger</u>.** (alt) Ps 55,16
Jmdn übereilen = unversehens über jmdn kommen (B); etw übereilen = etw zu rasch ausführen, ohne die Folgen zu bedenken; sich übereilen = vorschnell, unüberlegt handeln (H)
Fußgänger = zu Fuß Reisender, Wanderer (B); zu Fuß gehender Verkehrsteilnehmer (H)

6,13 (Ein loser Mensch) **winket mit Augen, deutet mit Füßen, <u>zeiget mit Fingern</u>.** (alt) Jes 58,9
Mit den Augen winken = mit den Augen (heimlich oder heimtückisch) Zeichen geben; im gleichen Sinne wie heute: mit den Augen (dh Augenlidern) zwinkern, aber ausschließlich in der negativen Absicht, jmdn zu verspotten oder sich zu seinem Schaden zu verabreden
Mit Fingern zeigen = heimlich Fingerzeichen geben; vielleicht schon im Sinn von: mit Fingern auf jmdn zeigen = jmdn (nur für andere erkennbar) verdächtigen; aber noch nicht in der Bedeutung: jmdn (seines Verhaltens wegen) öffentlich anprangern

Sprüche

6,19	**... ein falscher Zeuge, der <u>frech Lügen redet</u> ...** Spr 19,5

Davon: frech lügen = ohne Scheu bewußt die Unwahrheit sagen

7,12   **Jetzt ist sie** (die Frau im Hurengewand) **draußen, jetzt <u>auf der Gasse</u> und lauert <u>an allen Ecken</u>.**

Jes 42,2; Jer 11,6; Klgl 4,14; Mt 6,2

Auf der Gasse (den Gassen) = auf der Straße, in der Öffentlichkeit
An allen Ecken = an allen Straßenecken; überall

7,20   (Der Ehemann) **hat den <u>Geldsack</u> mit sich genommen.** (alt)

Geldbeutel (B); davon: auf seinem Geldsack sitzen = geizig sein; als Bezeichnung für eine Person = jmd, der sehr reich, aber geizig ist (H)

8,2   **<u>Öffentlich</u> am Wege steht sie** (die Weisheit).

Jer 2,2; Apg 16,37; 19,19; Gal 2,14

Offen vor aller Augen, für alle sichtbar (B); für die Allgemeinheit zugänglich, benutzbar; auf sie bezogen (H)

8,5   **Merkt, ihr <u>Albernen</u>, die <u>Witze</u>, und ihr Toren, nehmt es zu Herzen.** (alt)

Albern = einfältig, unverständig (B); töricht, abgeschmackt, kindisch, lustig (H)

Die Witze (Einzahl) = Weisheit, Klugheit, Erkenntnis; der Witz (so Jes 44,19 alt; Rev: Verstand) = Gescheitheit (jmd hat »Witz«); ein Witziger ist ein kluger und zugleich besonnener Mensch (B); Witz = Kurzgeschichte oder Rätselfrage mit überraschender witziger Pointe oder Antwort (H)

8,6   **Höret, denn ich will reden, was <u>fürstlich</u> ist.** (alt)

Einem Fürsten angemessen = edel (B); einem Fürsten gehörend, auf ihn bezogen; in seiner Reichlichkeit, Großzügigkeit, Prächtigkeit einem Fürsten entsprechend, zB fürstliches Trinkgeld (H)

8,14   Die Weisheit: **Mein ist beides, <u>Rat und Tat</u>.**

Wortpaar = Planung und Ausführung

9,17   **Die <u>verstohlenen</u> Wasser sind süß, und das verborgene Brot ist <u>niedlich</u>.** (alt)

Verstohlen = heimlich entwendet, gestohlen (B); darauf bedacht, daß es nicht bemerkt wird; unauffällig, heimlich (H)

Niedlich = Lust erweckend, wünschenswert, angenehm (B); durch Anmut, Zierlichkeit Gefallen erregend, Entzücken hervorrufend; lieb, goldig, reizend (H)

10,2   **<u>Unrecht Gut</u> hilft nicht.**

Durch Unrecht erworbener Besitz
Davon wohl: »Unrecht Gut gedeiht nicht«

10,12 ○ **Haß erregt <u>Hader</u>; aber die Liebe deckt alle Übertretungen zu.** 1. Petr 4,8
Hader = Streit
Davon vielleicht: mit dem Mantel der christlichen Nächstenliebe zudecken = über eine Verfehlung oä großzügig hinwegsehen

10,19 ○ **Wo viele Worte sind, da geht's ohne Sünde nicht ab.**

10,20 **Des Gerechten <u>Zunge</u> ist kostbares <u>Silber</u>.**
Davon vielleicht der erste Teil des Sprichworts: Reden ist Silber, Schweigen ist Gold

10,28 ● **Das Warten der Gerechten wird Freude werden.**

11,16 **Ein <u>holdselig</u> Weib erhält (= erlangt) die Ehre.** (alt)
Spr 5,19; 26,25
Holdselig = liebenswürdig, anmutig, freundlich; heute eher scherzhaft oder ironisch gebraucht; vgl Engelsgruß an Maria (Lk 1,28 alt): »Gegrüßet seist du, Holdselige!«

12,4 ○ **Eine tüchtige Frau** (alt: ein fleißiges Weib) **ist ihres Mannes Krone.**

12,6 **Der Gottlosen Reden richten <u>Blutvergießen</u> an.**
Sir 8,19; 27,16; Hebr 9,22
Mord oder Totschlag, bei dem das Blut der Getöteten fließt (vgl 1. Mose 9,6); auch: Vergießen des Bluts der Opfertiere (B); Töten, zu dem es bei einer feindlichen Auseinandersetzung kommt (H)

12,10 ○ **Der Gerechte erbarmt sich seines Viehs.**

13,18 **Wer sich gern zurechtweisen läßt, wird <u>zu Ehren kommen</u>.**
Ansehen gewinnen 2. Sam 6,22

13,24 ○ **Wer seine Rute schont, der haßt seinen Sohn; wer ihn aber lieb hat, der züchtigt ihn bald** (Rev: beizeiten). (alt)

14,30 **<u>Neid ist Eiter in Beinen.</u>** (alt)
Meist in der Form: »Neid ist Eiter in den Gebeinen«

14,31 ○ **Wer dem Geringen Gewalt tut, lästert dessen Schöpfer.**

14,34 ● **Gerechtigkeit erhöht ein Volk; aber die Sünde ist der Leute Verderben.**

15,1 **<u>Eine linde Antwort stillt den Zorn.</u>**
Lind = weich, zart, mild; vgl: gelinde; davon etwa auch: lindgrün = ein zarthelles Grün

15,13 **<u>Ein fröhliches Herz macht ein fröhliches Angesicht.</u>**

Ein fröhliches Herz = Freude, die das Herz erfüllt (B); ein unbeschwert frohes Gemüt; Anlage, dem Leben die guten Seiten abzugewinnen (H)

15,17 **Besser ein Gericht Kraut mit Liebe als ein gemästeter Ochse mit Haß.**

15,19 **Der Weg des Faulen ist dornig.** (alt)
Davon wohl: ein dorniger Weg = ein Leidensweg

16,9 o **Des Menschen Herz erdenkt sich seinen Weg; aber der Herr allein lenkt seinen Schritt.** 1. Mose 8,21
Menschliches Herz, Menschenherz = Organ des Denkens und Wollens (B); der Mensch in seinem Fühlen, im Empfinden von Freude und Schmerz (H)
Davon wohl: »Der Mensch denkt und Gott lenkt«

16,18 **Wer zugrunde gehen soll, der wird zuvor stolz; und stolzer Mut kommt vor dem Fall.** (alt)
Davon, vielleicht mit Einwirkung von Sir 3,30 (alt: »Hochmut tut nimmer gut«): Hochmut kommt vor dem Fall

16,31 **Graue Haare sind eine Krone der Ehre.**
Davon vielleicht: in Ehren ergraut sein = alt geworden sein, ohne daß man sich etw hat zuschulden kommen lassen

16,32 **Ein Geduldiger ist besser als ein Starker.**

16,33 **Los wird geworfen in den Schoß; aber es fällt, wie der Herr will.** (alt)
Davon vielleicht: etw fällt jmdm in den Schoß = etw wird jmdm zuteil, ohne daß er sich darum zu bemühen braucht

17,5 o **Wer den Armen verspottet, verhöhnt dessen Schöpfer.**

18,10 **Der Name des Herrn ist ein festes Schloß; der Gerechte läuft dahin und wird beschirmt.** (alt)
Nebst Ps 46 ist dieser Vers (mit »Schloß« = »Burg«) der Ausgangspunkt für Martin Luthers Lied »Ein feste Burg ist unser Gott«

19,17 o **Wer sich des Armen erbarmt, der leiht dem Herrn; der wird ihm wieder Gutes vergelten.** (alt)   Röm 11,35
Davon wohl: »Vergelt's Gott!«

20,1 **Der Wein macht Spötter** (alt: lose Leute)**, und starkes Getränk macht wild.**   Lk 1,15
Von starker (alkoholischer) Wirkung; vgl Starkbier

20,12 o **Ein hörendes Ohr und ein sehendes Auge, die macht beide der Herr.**

21,29 Der Gottlose <u>fährt mit dem Kopf hindurch</u>; aber wer fromm ist, des Weg wird bestehen. (alt)
Davon vielleicht mit beeinflußt: mit dem Kopf durch die Wand wollen = Unmögliches erzwingen wollen

22,2 o **Reiche und Arme müssen untereinander** (= miteinander, untereinander gemischt) **sein; der Herr hat sie alle gemacht.** (alt)

22,6 **Wie man <u>einen Knaben gewöhnt</u>, so läßt er nicht davon, <u>wenn er alt wird</u>.** (alt)
Davon vielleicht: »Jung gewohnt, alt getan«

23,1 **Wenn du sitzest und issest mit einem Herrn, so merke, <u>wen du vor dir hast</u>.** (alt)
Davon: bedenken, wen man vor sich hat = sich auf die Wichtigkeit seines Gegenübers einstellen

23,20 **Sei nicht unter den Säufern und <u>Schlemmern</u>.** Spr 28,7
Jmd, der gern gut und reichlich ißt und trinkt

23,26 o **Gib mir, mein Sohn, dein Herz.**

23,31.32 o **Sieh den Wein nicht an, wie er so rot ist und im Glase so schön steht: Er geht glatt ein, aber danach beißt er wie eine Schlange und sticht wie eine Otter.**

24,4 **Durch ordentliches <u>Haushalten</u> werden die <u>Kammern voll</u> kostbarer, lieblicher Habe** (alt: voll aller köstlicher und lieblicher Reichtümer).
Haushalten = sparsam wirtschaften (B); vgl: mit seinen Kräften haushalten (H)
Volle Kammern = sprichwörtlich für großen Besitz

24,8 **Wer sich vornimmt, Böses zu tun, den nennt man einen <u>Erzbösewicht</u>.** 2. Makk 8,34 (alt)
Ein von Grund auf schlimmer Mensch; vgl 2. Kön 8,17

24,26 <u>**Eine richtige Antwort ist wie ein lieblicher Kuß.**</u>

25,3 o **Der Himmel ist hoch und die Erde tief, und der Könige Herz ist unerforschlich.**

25,11 o **Ein Wort, geredet zu rechter Zeit, ist wie goldene Äpfel auf silbernen Schalen.**
Davon: das Wort zur rechten Zeit = eine Aussage, die den Nagel auf den Kopf trifft und in einem entscheidenden Augenblick gemacht wird

25,14 o **Wer viel redet und hält's nicht, der ist wie <u>Wolken und Wind</u> ohne Regen.** (alt)

Sprüche

Wind und Wolken = Stabreim, der das Zusammenspiel der beiden Elemente wiedergibt

25,17   Entzieh (= halte fern) **deinen Fuß vom Hause deines Nächsten. Er möchte <u>dein überdrüssig</u> und dir gram werden.** (alt)
Jmds, einer Sache überdrüssig werden (sein) = seiner, ihrer leid sein, sich nicht mehr dafür interessieren

26,11   o **Wie ein Hund wieder frißt, was er gespien hat, so ist der Tor, der seine Torheit immer wieder treibt.**   2. Petr 2,22

26,14   o **Ein Fauler wendet sich im Bett wie die Tür in der Angel** (nämlich: anstatt aufzustehen).

26,17   o **Wer vorübergeht und sich mengt in fremden Streit** (alt: Hader), **der ist wie einer, der den Hund bei den Ohren zwackt.**

26,20   o **Wenn kein Holz mehr da ist, so verlischt das Feuer, und wenn der Verleumder weg ist, so hört der Streit** (alt: Hader) **auf.**

27,1   o **Rühme dich nicht des morgigen Tages; denn du weißt nicht, was heute sich begeben mag.** (alt)

27,6   **Das Küssen des Hassers ist ein <u>Gewäsche</u>.** (alt)
Gewäsch = Lug und Trug (B); leeres Gerede (H; auch schon in Luthers Schriften)

27,10   <u>**Ein Nachbar in der Nähe ist besser als ein Bruder in der Ferne.**</u>

27,17   <u>**Ein Messer wetzt das andre**</u> **und ein Mann den andern.**
Meint: Im Umgang mit anderen (Männern) bekommt ein Mann den richtigen »Schliff«; heute zitiert im Sinne: Eine Gefälligkeit ist die andere wert

28,20   o **Ein treuer Mann wird viel gesegnet.** (alt)

29,21   **Wenn ein Knecht von Jugend auf zärtlich gehalten wird, so will er danach ein <u>Junker</u> sein.** (alt)
Davon vielleicht: den Junker spielen = die Arbeit scheuen und seinen Liebhabereien nachgehen

29,22   **Ein <u>Grimmiger</u> tut viel Sünde.**   Jer 32,31
Grimmig = sehr zornig, wütend (B+H); schrecklich, übermäßig: grimmige Kälte, grimmiger Hunger (H)

29,25   o <u>**Vor Menschen sich scheuen bringt zu Fall;**</u> **wer sich aber auf den Herrn verläßt, wird beschützt.** (alt)
5. Mose 1,17; Hiob 32,6; Lk 18,2 | Hiob 12,19; Spr 13,6

Sich vor Menschen scheuen = aus Furcht davor, wie Menschen auf etw reagieren werden, Unrechtes tun oder sagen, es nicht anprangern oder verhindern; in diesem Sinne: Menschenscheu (B); Menschen scheuen, menschenscheu sein = schüchtern, abweisend im Umgang mit Menschen sein (H)

Jmdn zu Fall bringen = jmdn ins Verderben stürzen; siehe »zu Fall kommen« Sir 22,33

30,2 Agur: **Ich bin der Allertörichtste, und Menschenverstand habe ich nicht.**

Verstand eines Menschen, menschlicher Verstand (im Unterschied zum Tier); davon vielleicht mitbeeinflußt: der gesunde Menschenverstand = der normale, klare Verstand eines Menschen, als Übersetzung von »common sense«

30,33 ○ Agur: **Wer die Nase hart schneuzt, zwingt Blut heraus; und wer den Zorn reizt, zwingt Hader heraus.** (alt)

31,8 ○ Lemuel: **Tu deinen Mund auf für die Stummen und für die Sache aller, die verlassen sind.**

31,10 Aus dem Lob der tüchtigen Hausfrau: **Wem ein tugendsam Weib beschert ist, die ist viel edler denn die köstlichen Perlen.** (alt)

Ein tugendsam Weib = leicht ironisch für eine Ehefrau, die ihrem Mann in Treue ergeben ist

31,30 ○ Aus dem Lob der tüchtigen Hausfrau: **Lieblich und schön sein ist nichts; ein Weib, das den Herrn fürchtet, soll man loben.**

Der Prediger Salomo (Kohelet)

Vorbemerkung: Als Verfasser der Bücher »Prediger« und »Hoheslied« nennt die Bibel den König Salomo.

1,2 **Es ist alles ganz eitel, sprach der Prediger.**

Pred 12,8; Jes 40,17; Gal 5,26; Phil 2,3

Eitel = nichtig, vergeblich, vergänglich (B); selbstgefällig, eingebildet: ein eitler Mensch; aber gleichzeitig = rein, lauter (im Sinne von »pur«): eitel Sonnenschein (H)

Davon: Alles ist eitel

1,7 **Alle Wasser laufen ins Meer.**

	Davon: Alle Flüsse laufen ins Meer = alle Dinge verlaufen nach der ihnen innewohnenden Art
1,8	**Das Auge sieht sich <u>nimmer satt</u>.** (alt) Spr 30,16; Jes 56,11
	Davon: Nimmersatt = jmd, der in einer bestimmten Beziehung immer hungrig ist, nie genug bekommt
	Davon vielleicht auch: sich nicht satt sehen können = nicht aufhören können, es sich anzusehen
1,9	o **Es geschieht nichts Neues unter der Sonne.**
	Meint: Alles ist schon einmal dagewesen
1,18	o **Wo viel Weisheit ist, da ist viel Grämen, und wer viel lernt, der muß viel leiden.**
2,5	**Ich machte mir Gärten und <u>Lustgärten</u>.** Hld 4,13; Sir 24,40
	Lustgarten = parkartiger Garten, im Unterschied zum Nutzgarten zur Lust, zur reinen Freude angelegt
2,16	**Die <u>künftigen Tage</u> vergessen alles.** (alt)
	Davon: in künftigen Tagen = in (ferner) Zukunft
3,1	<u>**Ein jegliches hat seine Zeit.**</u>
	Davon: Alles hat seine Zeit = nichts ist für immer vorgesehen. Davon in Paul Gerhardts Lied »Sollt ich meinem Gott nicht singen« die Schlußzeile aller Strophen: »Alles Ding hat seine Zeit, Gottes Lieb in Ewigkeit.«
	Alles zu seiner Zeit = alles in seiner bestimmten zeitlichen Ordnung
3,2	o **Geboren werden hat seine Zeit, sterben hat seine Zeit.**
3,3	o **Abbrechen hat seine Zeit, bauen hat seine Zeit.**
3,4	o **Weinen hat seine Zeit, lachen hat seine Zeit.**
3,7	o **Schweigen hat seine Zeit, reden hat seine Zeit.**
3,8a	o **Lieben hat seine Zeit, hassen hat seine Zeit.**
3,8b	o **Streit hat seine Zeit, Friede hat seine Zeit.**
3,12	**Da merkte ich, daß es nichts Besseres dabei** (dh angesichts der Mühe und Plage des Menschenlebens) **gibt als fröhlich sein und <u>sich gütlich tun</u> in seinem Leben.**
	Etw genießerisch und behaglich verzehren
3,13	**Ein Mensch, der da ißt und trinkt und hat guten Mut bei all seinem Mühen, das ist eine <u>Gabe Gottes</u>.**
	Sir 26,17; Joh 4,10; Röm 6,23; 2. Tim 1,6
	Davon: Gottesgabe; deutsche Übersetzung der griechischen Namen »Theodor« und »Dorothea«

4,9-11	○ So ist's ja besser zwei denn eins ... Fällt ihrer einer, so hilft ihm sein Gesell auf. Wehe dem, der allein ist, wenn er fällt ... Auch wenn zwei beieinander liegen, wärmen sie sich. Wie kann ein einzelner warm werden? (alt)
4,17	Bewahre deinen Fuß, wenn du zum Hause Gottes gehst, und <u>komm, daß du hörest</u>.

Mahnung, sich auf das Wichtigste des Gottesdienstbesuches einzustellen; häufig Inschrift über Kirchenportalen

5,1	○ Sei nicht schnell mit deinem Munde und laß dein Herz nicht eilen, etwas zu reden vor Gott; denn Gott ist im Himmel und du auf Erden; darum laß deiner Worte wenig sein.
5,2	○ Wo viel Sorgen ist, da kommen Träume. (alt)
5,4	○ Es ist besser, du gelobst nichts, als daß du nicht hältst, was du gelobst.
5,6	○ Wo viel Träume sind, da ist Eitelkeit und viele Worte. Aber fürchte du Gott. (alt)
7,13	○ Sieh an die Werke Gottes; denn wer kann das schlecht (= gerade) machen, was er krümmt? (alt: 14)
7,16	○ Sei nicht allzu gerecht und allzu weise, daß du dich nicht verderbest. (alt: 17)
7,29	○ Gott hat den Menschen aufrichtig gemacht; aber <u>sie suchen viele Künste</u>.

Davon die Zeilen im Abendlied »Der Mond ist aufgegangen« von Matthias Claudius: »Sie suchen viele Künste und kommen weiter von dem Ziel.«

9,1	**Gerechte und Weise und ihr Tun <u>sind in Gottes Hand</u>.**

Hiob 12,10; Weish 3,1

In Gottes Hand sein = oft gebrauchte Wendung, die das Wissen um den Schutz Gottes zum Ausdruck bringt

9,4	○ Ein lebender Hund ist besser als ein toter Löwe.
9,10	○ Alles, was dir vor die Hände kommt, es zu tun mit deiner Kraft, das tu.
10,2	**Des Weisen Herz ist <u>zu seiner Rechten</u>, aber des Toren Herz ist <u>zu seiner Link</u>en.**

Diese Bibelstelle bezieht sich nicht auf die Anatomie, sondern auf die Zielrichtung der menschlichen Gedanken: schon im Alten Bund ist, wie bei den Griechen und später bei den Römern, rechts = gut, links = schlecht

Prediger

10,16   ○ Weh dir, Land, dessen König ein Kind ist!

10,20   Fluche dem König nicht in deinem Herzen und fluche dem Reichen nicht in deiner Schlafkammer; denn <u>die Vögel des Himmels führen die Stimme</u>, und die Fittiche haben, sagen's nach. (alt)
Davon vielleicht: ein Vögelein singen hören = auf geheimnisvolle Weise Kunde von etw Verborgenem erhalten

11,1   ○ Laß dein Brot über das Wasser fahren, so wirst du es finden auf lange (= nach langer) Zeit. (alt)
Gedacht ist vom Verfasser vermutlich an den Handelsverkehr zur See; als Gleichnis verwendet für: Wohltun trägt immer Zinsen, auch wenn du lange darauf warten mußt

11,3   Wenn der <u>Baum fällt</u>, ... <u>auf welchen Ort</u> er fällt, <u>da</u> wird er <u>liegen</u>. (alt)
Davon: Wo der Baum hinfällt, da liegt er auch = mit dem Tod eines Menschen enden seine Möglichkeiten, auf sein Geschick Einfluß zu nehmen

11,6   ○ Frühe säe deinen Samen und tu deine Hand des Abends nicht ab; denn du weißt nicht, ob dies oder das geraten wird. Und wenn beides geriete, so wäre es desto besser. (alt)

11,9   ○ Freue dich, Jüngling, in deiner Jugend, und laß dein Herz guter Dinge sein in deinen jungen Tagen. Tu, was dein Herz gelüstet und deinen Augen gefällt; aber wisse, daß dich Gott um das alles vor Gericht ziehen wird.

12,1   ● Denk an deinen Schöpfer in deiner Jugend, ehe die bösen Tage kommen und die Jahre sich nahen, da du wirst sagen: Sie gefallen mir nicht.

12,5   (Denk an deinen Schöpfer, ehe die bösen Tage kommen ...,) **wenn man vor den Höhen sich fürchtet und sich ängstigt auf dem Wege, <u>wenn der Mandelbaum blüht</u> ...**
Von früheren Auslegern so verstanden: wenn die grauen Haare kommen, und in diesem Sinn zitiert

12,12   ○ Hüte dich, mein Sohn! ... Denn viel Büchermachens ist kein Ende, und viel Predigen macht den Leib müde. (alt)

Das Hohelied Salomos

1,1 **Das Hohelied Salomos.**
Alt: »Das Lied aller Lieder«; aber in der Buchüberschrift »Das Hohe Lied Salomos«
Davon: ein hohes Lied (das Hohe Lied) singen = eine Tat, ein Ideal rühmen oder verherrlichen

1,5 **Ich bin schwarz, aber gar lieblich.** (alt: 4)
Vorlage für den in den 60er Jahren geschaffenen Slogan »black is beautiful«

1,7 **Sage mir an, du, den meine Seele liebt, wo du weidest.**
Bekenntnis einer nicht nur oberflächlichen Zuneigung

1,15 o **Siehe, meine Freundin, du bist schön; ... deine Augen sind wie Taubenaugen.** Spr 7,4; Lk 15,9
Preis von Frauenschönheit
Freundin = weibliche Form von Freund; Geliebte (B); »Freundin« als Bezeichnung für die einem Mann mehr oder minder intim zugetane Frau hat wohl hier (mehrfach im Hohenlied) ihren Ursprung (H)

2,1 **Ich bin eine Blume zu Saron** (Rev: Scharon) **und eine Rose im Tal.** (alt)
Vergleich von Frauenschönheit mit der Lieblichkeit der Blumen

2,5 **Ich bin krank vor Liebe.**
Davon: liebeskrank = von einer Liebesbeziehung oder Liebesvorstellung so erfaßt, daß der körperliche Zustand darunter leidet

2,12 **Der Lenz ist herbeigekommen.** Sir 50,8
Dichterisch = Frühling

2,15 o **Fangt uns die Füchse, die kleinen Füchse, die die Weinberge verderben.**
Als Allegorie angewandt auf die kleinen Sünden, die die Verbindung zu Gott aushöhlen

2,16 **Mein Freund ist mein, und ich bin sein.** (alt)
In Mystik und Minnesang Erklärung, daß zwei Menschen uneingeschränkt einander zugehören; vielleicht ist die Aussage

über das Hohelied variiert in die mittelalterliche Liebesdichtung (Minnesang) eingegangen. Sie ist auch im Kirchenlied zu finden

4,9 **Du hast mir das Herz genommen, meine Schwester, liebe Braut.**
Feststellung eines Liebenden, daß er sein Herz an die Geliebte verloren hat, ihr mit dem ganzen Herzen, mit allen Gedanken und Sinnen verfallen ist

5,11 **Seine** (des Freundes) **Locken sind kraus, schwarz wie ein Rabe.**
Davon wohl: rabenschwarz = tiefschwarz wie das Gefieder der Raben; gesteigert durch Verbindung mit »kohlschwarz«: kohlrabenschwarz, kohlpechrabenschwarz

6,9 **Aber e i n e ist meine Taube.**
Bis heute benutzt als Kosewort des Mannes für Ehefrau oder Freundin, vor allem auch in der Verkleinerungsform: mein Täubchen

7,5 **Dein** (der Fürstentochter) **Hals ist wie ein elfenbeinerner Turm.** (alt: 4)
Davon: Elfenbeinturm = Symbol für die selbstgewählte Isolation des Künstlers, Wissenschaftlers oä, der in seiner eigenen Welt lebt, ohne sich um Gesellschaft und Tagesprobleme zu kümmern; davon: sich in seinen Elfenbeinturm zurückziehen

8,6a ○ **Setze mich wie ein Siegel auf dein Herz.** (alt)
Zitiert im Sinne von: Der Gedanke an mich soll dein Herz gegen den Einfluß eines(s) anderen immun machen; ursprünglicher Sinn (an den Geliebten gerichtet): Trage mich auf der Brust, auf dem Herzen wie das Siegel, das Männer als kostbares, nicht zu verlierendes Eigentum an einer Schnur um den Hals zu tragen pflegten

8,6b ○ **Liebe ist stark wie der Tod.**
Der Unausweichlichkeit des Todes wird hier die Stärke einer echten Liebesbeziehung gegenübergestellt

Vorbemerkung zu den Prophetenbüchern des Alten Testaments

Wenn nicht anders vermerkt, sind die Urheber der Texte mit den Autoren der betreffenden Bücher identisch. Oftmals sprechen sie nicht nur im Namen Gottes, sondern geben ein direktes Gotteswort wieder. Wo das »ich« in einem Text sich auf Gott bezieht, wird er als »Autor« kenntlich gemacht. Angesprochen sind, wo nicht anders notiert oder aus dem Text hervorgehend, die Israeliten der Königreiche Juda bzw Israel.

Der Prophet Jesaja

1,3 ○ Gott: **Ein Ochse kennt seinen Herrn und ein Esel die Krippe seines Herrn; aber Israel kennt's nicht, und mein Volk versteht's nicht.**
Davon vielleicht: Futterkrippe = einträglicher Posten, bei dem man unmittelbar Zugang zu etwas hat, dessen man sich zu eigenem Vorteil und Nutzen bedienen kann

1,4 **O wehe des sündigen Volks!** (alt) 2. Kön 3,10; Klgl 5,16; Hes 30,2
Davon sprachlich: O weh! = Ausruf der Klage oder Bestürzung; uralter deutscher Ausdruck, von Luther neben einfachem »Wehe!« gebraucht

1,5 ○ **Das ganze Haupt ist krank, das ganze Herz ist matt.**
Diagnose der Sündenfolgen (des elenden Zustands des Volkes) im Bild einer Krankheit (B); eine Leib und Seele umfassende Krankheit; Diagnose eines maroden Staatswesens (H)

1,6 **Von der Fußsohle bis aufs Haupt ist nichts Gesundes an ihm (Israel), sondern Wunden und Striemen und Eiterbeulen.** (alt)
Davon: Korruption als Eiterbeule der Gesellschaft

1,11 **Was soll mir die Menge eurer Opfer? spricht der Herr. Ich bin satt der Brandopfer von Widdern.**
Davon wohl, in Verbindung mit der verbreiteten Wendung »einer Sache nicht satt werden können« (siehe Hes 16,28): jmdn, etw satt haben = jmdn nicht mehr leiden, ertragen können; etw leid sein, nicht länger dulden wollen

1,18 Gott: **Wenn eure Sünde auch blutrot ist, soll sie doch schneeweiß werden.**

Jesaja

Intensiv rot

1,22 **Dein Silber ist Schaum geworden.** (alt)
Davon: Silber ist zu Schaum geworden = wertvoller Besitz, Vermögen hat sich in nichts aufgelöst; das vermeintlich Echte hat sich als bloßer Schein herausgestellt

2,4 (Gott) **wird richten unter den Heiden und zurechtweisen viele Völker. Da werden sie ihre Schwerter zu Pflugscharen und ihre Spieße zu Sicheln machen.** Mi 4,3
Prophetischer Ausblick auf die Heilszeit Gottes, die den Weltfrieden bringt; heute oft ohne Rücksicht auf diesen Zusammenhang als Forderung für unsere Zeit zitiert. Sichel und Pflugschar werden dabei oft als Symbole bildlich eingebracht

3,4 Gott: **Ich will ihnen Jünglinge zu Fürsten geben, und Kindische sollen über sie herrschen.** (alt) 1. Kor 13,11 (alt)
Kindisch sein = kindlich, noch Kind sein; oder (von Alten gesagt): wieder Kind sein (siehe Sir 3,15) (B); sich als Erwachsener unangemessen wie ein Kind benehmen (H)

3,5 **Das Volk wird Schinderei treiben, einer über den andern.** (alt)
Unterdrückung, Bedrängung (B); Qual, Strapaze: Diese Arbeit war eine arge, einzige Schinderei (H)

3,16 Gott kündigt den Frauen Jerusalems das Strafgericht an: **Darum, daß die Töchter Zion stolz sind und gehen mit aufgerichtetem Halse, mit geschminkten Angesichtern, treten einher und schwänzen ...** (alt)
Schwänzen = schwänzeln, geziert gehen, einherstolzieren (B); in der Studentensprache seit dem 18. Jahrhundert: etw schwänzen = an etw (planmäßig Stattfindendem, besonders am Unterricht) nicht teilnehmen, weil man gerade keine Lust dazu hat

3,24 **Eine Glatze** (wird sein) **für ein kraus(es) Haar.** (alt)
Gelockt (B); kurz geringelt, regellos wirr (H); vgl: Kraushaar

4,2 **Zu der Zeit wird, was der Herr sprießen läßt, lieb und wert sein.**
Wortpaar = etw, was man schätzt, kostbar

5,11 **Weh denen, die des Morgens früh auf sind, des Saufens sich zu befleißigen.** (alt)
Aufsein = nicht im Bett liegen (B); geöffnet, nicht geschlossen sein (H)

Früh aufsein = am frühen Morgen aufgestanden sein
Sich befleißigen = sich um etw eifrig bemühen, sich etw angelegen sein lassen; vgl: beflissen = mit großem Eifer um etw bemüht

5,14 **Daher hat die Hölle ... den Rachen aufgetan ohn alle Maße.** (alt)
Ohne alle Maße = maßlos, über das gewöhnliche Maß weit hinausgehend, unmäßig

5,20 o **Weh denen, die Böses gut und Gutes böse nennen, die aus Finsternis Licht und aus Licht Finsternis machen, die aus sauer süß und aus süß sauer machen!**
Bildhaft zitiert für das Bestreben, bestimmte Vorgänge so zu deuten, daß Wirklichkeit und Wahrheit ins Gegenteil verkehrt werden

5,22 o **Weh denen, die Helden sind, Wein zu saufen!**
Davon vielleicht: Du bist mir ja ein rechter (netter, schöner) Held! = scherzhaft oder ironisch: Was du dir da geleistet hast, ist nicht besonders rühmlich

6,2 **Serafim standen über ihm** (Gott), **ein jeder hatte sechs Flügel: mit zweien deckten sie ihr Antlitz, mit zweien deckten sie ihre Füße, und mit zweien flogen sie.**
Davon: serafisch = von der Art eines Serafs; engelgleich

6,3 o Die Serafim: **Heilig, heilig, heilig ist der Herr Zebaoth, alle Lande sind seiner Ehre voll!**
Davon der Lobgesang in der katholischen Messe: »Sanctus, sanctus, sanctus ...«; im evangelischen Raum teilweise in Abendmahlsliturgien

6,5 **Weh mir, ich vergehe! Denn ich bin unreiner Lippen und wohne unter einem Volk von unreinen Lippen.**
Ausdruck des Empfindens, etw nicht ertragen, vor jmdm nicht bestehen zu können, so daß man glaubt, die Besinnung zu verlieren, sterben zu müssen

6,8 o Gott zu Jesaja: **Wen soll ich senden? Wer will unser Bote sein?** Jesaja: **Hier bin ich, sende mich!**
Zitiert als Ruf zum Dienst für Gott und Antwort, die Dienstbereitschaft signalisiert

7,9 o **Glaubt ihr nicht, so bleibt ihr nicht.** (alt: Gläubet – bleibet)

8,10 o **Beschließt einen Rat, und es werde nichts daraus; beredet euch, und es geschehe nicht! Denn hier ist Immanuel!**

Zitiert, wenn menschliche Pläne und Absichten nicht zum Zug kommen, weil Gottes Ratschluß dem entgegensteht

Immanuel: siehe Mt 1,23

8,14 (Der Herr Zebaoth) **wird ein Fallstrick sein und <u>ein Stein des Anstoßes</u>** (alt: Anstoßens) **und <u>ein Fels des Ärgernisses</u> für die beiden Häuser Israels.** Röm 9,32.33; 14,13; 1. Petr 2,8

Stein des Anstoßes = Stein, an dem man sich stößt und zu Fall kommt (B); Ursache einer Verärgerung (H). Davon: Anstoß nehmen = Ärger, Unwillen über etw empfinden

Fels des Ärgernisses: eine Verstärkung des ersten Bildes (Ärgernis: vgl 1. Kor 1,23)

8,21.22 (Sie) **werden über sich** (= nach oben) **<u>gaffen</u> und unter sich die Erde ansehen.** (alt) Sir 3,23

Begierig oder neugierig suchend blicken (B); verwundert anstarren (H)

8,23 o **Es wird nicht dunkel bleiben über denen, die in Angst sind.**

11,1 **Es wird eine <u>Rute aufgehen von dem Stamm Isai</u> und ein Zweig aus seiner <u>Wurzel</u> Frucht bringen.** (alt)

Prophetischer Hinweis auf den Messias, der aus dem Geschlecht Davids (bzw dessen Vaters Isai) stammen soll

Davon der Anfang des Weihnachtsliedes »Es ist ein Ros (= Reis, siehe Jes 53,2) entsprungen aus einer Wurzel zart; wie uns die Alten sungen, von Jesse (= Isai) kam die Art«

11,6.8 • **Da werden die Wölfe bei den Lämmern wohnen und die Panther bei den Böcken lagern. Ein kleiner Knabe wird Kälber und junge Löwen und Mastvieh miteinander treiben. Ein Säugling wird spielen am Loch der Otter, und ein entwöhntes Kind wird seine Hand stecken in die Höhle der Natter.**

Prophetische Schau des kommenden Friedensreiches

11,14 **Edom und Moab werden ihre <u>Hände</u> gegen sie** (Juda und Ephraim) **<u>falten</u>.** (alt)

Die Hände falten = ursprünglich Zeichen dafür, daß man jmdm untertan sein will (B); Gebetshaltung (H)

12,3 **Ihr werdet mit Freuden Wasser schöpfen aus dem <u>Heilbrunnen</u>.** (alt)

Quelle, die Heilung oder (bildlich) Heil bringt (B); Quelle mit heilkräftigem Wasser, zumeist: Heilquelle (H); gleichbedeutend etwa der Ortsname Heilbronn (von einem gesundmachenden Brunnen = Quelle)

13,14 (Die Völker) **sollen sein ... wie eine <u>Herde ohne Hirten</u>.**
Davon: Herde ohne Hirte = Stabreim; eine Gruppe, der der Leiter fehlt

14,12 **Wie bist du <u>vom Himmel gefallen</u>, du schöner <u>Morgenstern</u>!**   Hiob 38,7; 2. Petr 1,19; Offb 21,16
Zahlreiche Schriftausleger beziehen diese Stelle und die folgenden Verse auf Luzifer, der einst als Engel sich gegen Gott erhob und gestürzt wurde (vgl Offb 12,9). Davon: gefallener Engel = Mädchen, das seine Unschuld verloren hat
Morgenstern = der auffallend hell leuchtende Planet Venus am Abend- und Morgenhimmel

14,15 **Ja, <u>zur Hölle fährst du</u>!** (alt)
Davon: »Fahr zur Hölle!« = heftige, fluchartige Verwünschung

16,9 Über Moab: **Ich ... <u>vergieße</u> viel <u>Tränen</u> über dich.**
Tränen vergießen = weinen; keine Träne über etw vergießen = etw Verlorenes, nicht mehr Brauchbares nicht für wert halten, daß man ihm eine Träne nachweint

17,4 **Zu der Zeit wird die Herrlichkeit Jakobs <u>dünne</u> sein.** (alt)
Dünn = schwach, gering

19,3 Gott über Ägypten: **Ich will ihre <u>Anschläge</u> zunichte machen.**   Est 8,3; Ps 83,4; Spr 15,26
Anschlag = Plan; Vorsatz, der einen anderen schädigt (B); gewalttätiger, auf Vernichtung, Zerstörung gerichteter Angriff; Attentat (H)

19,18 **Zu der Zeit werden fünf Städte in Ägyptenland <u>die Sprache Kanaans sprechen</u>.**
Für profane Rede den Sprachschatz alter Bibeln, vor allem der Lutherbibel, verwenden; »Sprache Kanaans« = altväterliches Bibel- und Kirchendeutsch

21,4 **Mein <u>Herz zittert</u>.**
Das Herz zittert = es ist von Furcht erfaßt

21,11 o **Hüter, ist die Nacht schier** (= bald) **hin?** (alt)
Gebraucht als Ruf der Sehnsucht nach der Wiederkunft Jesu und der Aufrichtung des Gottesreiches

Jesaja

25,1 **Deine Ratschlüsse von alters her sind <u>treu und wahrhaftig</u>.**
Wortpaar: Aussage über das Wesen Gottes   Offb 3,14; 19,11

25,6 **Der Herr Zebaoth wird auf diesem Berge** (Zion) **allen Völkern ein fettes Mahl machen, ein Mahl von <u>reinem Wein</u>.**
Davon vielleicht, unter Einwirkung von Offb 14,10: jmdm reinen Wein einschenken = jmdm die volle Wahrheit sagen, auch wenn sie unangenehm ist

25,8 ○ **Gott der Herr wird die Tränen von allen Angesichtern abwischen.**   Offb 7,17; 21,4
Verheißung für das Menschengeschlecht in Gottes neuer Welt; oft Bestandteil von Bestattungsliturgien und Grabsteininschriften

26,3 **Du** (Jerusalem) **erhältst stets Friede nach gewisser <u>Zusage</u>.** (alt)
Verheißung Gottes für sein Volk (B); zustimmender Bescheid auf eine Einladung hin; Zusicherung, sich in einer bestimmten Angelegenheit jmds Wünschen entsprechend zu verhalten (H)

26,19 ○ **Deine Toten werden leben.**
Verheißung für Israels Wiedererstehen als Volk

28,1 **Weh der prächtigen <u>Krone der Trunkenen</u> von Ephraim!**
Davon vielleicht: einen in der Krone haben = betrunken sein

28,6 (Der Herr Zebaoth wird sein) **ein Geist des Rechts für den, der <u>zu Gericht sitzt</u>.**
Zu Gericht sitzen = über einen Angeklagten bei Gericht verhandeln (B); jmds Haltung, Tun, Ansichten verurteilen (H)

28,10 ○ **Hier ein wenig, da ein wenig!**
Ironisch über das insgesamt magere Ergebnis einer Sache

28,15 Priester und Propheten in Jerusalem: **Wir haben <u>Lüge zu unserer Zuflucht ... gemacht</u>.**
Davon: zu einer Lüge Zuflucht nehmen = sich durch eine Unwahrheit vor Unannehmlichkeit oder Strafe schützen

28,16a Gott: **Siehe, ich lege in Zion einen <u>Grundstein</u>.** (alt)   Jer 51,26
Stein, der in einer feierlichen Zeremonie symbolisch als erster Stein der Grundmauer eines Gebäudes gesetzt wird; den Grundstein zu etw legen = die Grundlage für die Entwicklung von etw schaffen

28,16b ○ **Wer glaubt, der flieht nicht.**
Glaube als Grund der Furchtlosigkeit

28,19 • **Die Anfechtung lehrt aufs Wort merken.** (alt)

28,29	○ **Sein** (des Herrn Zebaoth) **Rat ist wunderbar, und er führt es herrlich hinaus.**
	Lobpreis der Gedanken und Taten Gottes
29,9	**Starret hin und werdet bestürzt, seid <u>verblendet</u> und werdet blind!** Jes 44,18; Mt 23,16; Joh 12,40; 2. Kor 4,4; 1. Joh 2,11
	Geblendet, unfähig zu vernünftigem Erkennen und Überlegen, zur Einsicht
29,13	Gott: **Dies Volk naht mir mit seinem Munde und <u>ehrt mich mit seinen Lippen</u>, aber ihr Herz ist fern von mir.** Mt 15,8
	Davon: Lippenbekenntnis = Bekenntnis, das sich nur in Worten, nicht aber in Taten äußert
29,16	○ **Wie kehrt ihr alles um! Als ob der Ton dem Töpfer gleich wäre!** Jes 45,9; Jer 18,6; Röm 9,21
	Erinnerung an das wahre Verhältnis (in bezug auf Weisheit und Macht) zwischen Geschöpf und Schöpfer (= Töpfer)
29,24	**Die, welche irren in ihrem Geist, werden <u>Verstand annehmen</u>.**
	Davon: Nimm doch Verstand an! = werde (endlich) vernünftig!
30,5	**Sie müssen alle zuschanden werden an dem Volk** (den Ägyptern), **das ihnen nichts nützen kann, weder zur Hilfe noch sonst zu Nutz, sondern nur zu <u>Schande und Spott</u>.**
	Davon: Spott und Schande = Stabreim, der Schadenfreude mit Verlust an Ansehen verbindet
30,9	**Sie** (das Volk Israel) **sind ein ungehorsames Volk und <u>verlogene</u> Söhne.**
	Verlogen = immer wieder lügend; unaufrichtig
30,15	○ **Durch Stillesein und Hoffen würdet ihr stark sein.**
	Der Weg zu innerer Stärke des Gläubigen
30,21	○ **Deine Ohren werden hinter dir das Wort hören: <u>Dies ist der Weg; den geht!</u>**
	Angebot für verbindliche Wegweisung
30,28	**Sein** (Gottes) **Odem** (ist) **wie eine <u>Wasserflut</u>, die <u>bis an den Hals</u> reicht.** Jes 8,8
	Davon wohl: Das Wasser steht jmdm bis zum Hals = jmd steckt in Schulden, ist in großen Schwierigkeiten
32,6	**Ein Narr redet von Narrheit ..., damit er die hungrigen Seelen <u>aushungere</u> und den Durstigen das Trinken wehre.**
	(alt)

Aushungern = bis zur völligen Entkräftung hungern lassen

32,9 **Wohlan, ihr <u>stolzen Frauen</u>, höret meine Stimme!**
Stolze Frau = Frau, die durch Gestalt, Auftreten und Rede Selbstbewußtsein ausstrahlt

33,8 **Man hält nicht <u>Treu und Glauben</u>.** 1. Makk 8,1
Davon: auf Treu und Glauben = im Vertrauen auf die Redlichkeit eines anderen; deutsche Entsprechung der lat. juristischen Formel »bona fide«

33,15 **Wer seine <u>Ohren zustopft</u>, daß er nichts von Blutschuld höre ...** Spr 21,13; Klgl 3,8
Davon: sich die Ohren zustopfen = etw nicht hören wollen; verstopfte Ohren haben = unzugänglich für eine Sache sein

33,17 **Deine Augen werden den König sehen in seiner Schöne.** (alt)
Davon wohl das geistliche Volkslied: »Schönster Herr Jesu ...«

33,22 • **Der Herr ist unser Richter, der Herr ist unser Meister, der Herr ist unser König; der hilft uns!**

34,8 **Es kommt der <u>Tag der Rache</u> des Herrn.**
Zeitpunkt der Vergeltung

34,12 Gottes Strafgericht über Edom: **... daß ihre Herren heißen müssen <u>Herren ohne Land</u> und alle ihre Fürsten ein Ende haben.** (alt)
So wurden Regenten tituliert, die ihre Länder an Feinde verloren hatten; am bekanntesten wohl »Johann ohne Land« (1167–1216), Bruder des Richard Löwenherz; Luther verwendet die bekannte Formel in seiner freien Übersetzung des hebr. Textes

34,14 Vom Strafgericht Gottes über Edom: **Der <u>Kobold</u> wird daselbst herbergen.** (alt)
Zwerghafter Geist, der zu lustigen Streichen aufgelegt, zuweilen auch boshaft und tückisch ist; ursprünglich ein helfender Hausgeist

34,15 **Der Igel wird auch daselbst nisten und ... brüten und <u>aushecken</u>.** (alt)
Ausbrüten; davon sprachlich: etw aushecken = etw mit List ersinnen, sich ausdenken, planen

35,3 ○ **Stärket die müden Hände und erquicket die strauchelnden Knie.** Hebr 12,12

Jesaja

38,1 Jesaja zu Hiskia: **Bestelle dein Haus, denn du wirst sterben.**
Sein Haus bestellen = seine Angelegenheiten ordnen, weil der Tod naht

38,14a Hiskia: **Ich winselte wie ein Kranich ... und girrte wie eine Taube.** (alt)
Das Girren oder Gurren der Tauben wurde ursprünglich als Klagelaut gedeutet, erst später als Liebeslaut
Davon: girren (gurren) wie eine Taube = schmeichelnd, verführerisch, kokettierend sprechen, lachen

38,14b **Herr, ich leide Not!** Weish 11,5; Sir 4,1
Davon sprachlich: notleidend = hilfsbedürftig

38,17 • **Siehe, um Trost war mir sehr bange. Du aber hast dich meiner Seele herzlich angenommen, daß sie nicht verdürbe.**
Ps 8,5; Hes 34,11; Phil 4,14; Hebr 2,16
Sich jmds annehmen = sich um ihn kümmern

40,1 ○ **Tröstet, tröstet mein Volk! spricht euer Gott.**
Zuspruch Gottes für die nach Babel deportierten Bewohner Jerusalems und Judas

40,3 **Es ist eine Stimme eines Predigers in der Wüste: Bereitet dem Herrn den Weg.** (alt) Mal 3,1; Mt 3,3; Joh 1,23
Davon: Prediger, Rufer in der Wüste = Verkündiger einer Botschaft, die keinen Widerhall findet
Davon wohl: Wegbereiter = jmd, der durch sein Denken oder Handeln die Voraussetzung für etwas Neues schafft

40,15 ○ **Siehe, die Völker sind geachtet wie ein Tropfen am Eimer und wie ein Sandkorn auf der Waage.**
Aussage über die Machtlosigkeit der Völkerwelt gegenüber dem Heilshandeln Gottes an seinem Volk

40,17 **Alle Völker ... gelten ihm** (dem Herrn) **als nichtig.**
Jona 2,9; Phil 3,21
Soviel wie nichts, Quantité négligeable; in der Rechtssprache = ungültig

40,29 • **(Der Herr) gibt dem Müden Kraft, und Stärke genug dem Unvermögenden.**
Unvermögend = kraftlos (B); wenig oder kein Vermögen besitzend (H)

40,30 **Die Knaben werden müde und matt.** (alt) 5. Mose 25,18
Wortpaar als Verstärkung

Jesaja

40,31 • **Die auf den Herrn harren, kriegen neue Kraft, daß sie auffahren mit Flügeln wie Adler.**
Harren = geduldig und vertrauensvoll warten, hoffen
Adler = großer Greifvogel, ohne genaue zoologische Festlegung, oft als Geier, Aasgeier (B); der die Flügel spreizende Adler wird häufig als Wappentier in Anspruch genommen (H)

41,14 **Fürchte dich nicht, ... du armer Haufe Israel.**
In der Soldatensprache = ein kleiner, versprengter Trupp; vgl: verlorener Haufe

41,26 **Da ist kein Verkündiger, keiner, der etwas hören ließe.** (alt)
Verkündiger = jmd, der etw zu verkündigen, zu melden, anzusagen hat (B); im evangelischen Bereich, mit Einwirkung der Formel »das Evangelium verkündigen« (1. Kor 15,1; 2. Kor 11,7; 1. Petr 4,6): jmd, der das Wort Gottes predigt

42,3 • **Das zerstoßene Rohr wird er** (der Knecht Gottes) **nicht zerbrechen, und den glimmenden Docht wird er nicht auslöschen.** (alt)
Bedeutet: Der Bevollmächtigte Gottes (»Knecht« siehe 1. Chr 6,34) hat für die Armen und Elenden in der Völkerwelt Schonung und Hilfe bereit

42,6 Gott zu seinem Knecht (= Bevollmächtigten): **Ich ... mache dich ... zum Licht der Heiden.**   Lk 2,32; Apg 13,47
Zusage Gottes, daß der kommende Messias auch der Heiland der Völkerwelt sein wird

42,18.20 Gott: **Hört, ihr Tauben ... Deine Ohren waren offen, aber du hast nicht gehört.**
Davon vielleicht, da im Zusammenhang mit der Prophetenpredigt stehend: tauben Ohren predigen = jmdm etw sagen, was er nicht zur Kenntnis nehmen will

43,1 • **Fürchte dich nicht, denn ich habe dich erlöst; ich habe dich bei deinem Namen gerufen; du bist mein!**

43,24 **Mir hast du Arbeit gemacht mit deinen Sünden.**
Jmdm Arbeit machen = ihm die eigene Last aufbürden

44,2 **So spricht der Herr, der dich gemacht und zubereitet hat ...**
(alt)   1. Mose 18,7; 2. Sam 7,24; 1. Kön 5,32; Apg 10,10; 2. Kor 3,3
Bereiten, zu einem bestimmten Gebrauch herstellen, machen (B); (von Speisen oä) für den Genuß, den Gebrauch fertig, bereit machen (B+H)

Jesaja

44,6 • Der Herr Zebaoth: **Ich bin der Erste, und ich bin der Letzte, und außer mir ist kein Gott.** Jes 48,12; Offb 1,17; 22,13

44,11 **Siehe, alle ihre** (der Götzenmacher) <u>Genossen</u> **werden zuschanden.** Gal 6,10
Genosse = Kamerad, Begleiter, Gefährte (B); Mitglied einer Genossenschaft; Anhänger der gleichen (linksgerichteten) politischen Weltanschauung, besonders als Anrede für den Parteifreund (H)

44,13 **Der Zimmermann ... behaut das Holz und <u>zirkelt</u> es ab.**
Abzirkeln = mit dem Zirkel abmessen
Davon sprachlich: seine Worte abzirkeln = abwägen, wohlüberlegt setzen

44,21 Gott: **Israel, <u>vergiß mein nicht</u>!** (alt)
Kurzform für »vergiß meiner (= mich) nicht«
Davon sprachlich: Vergißmeinnicht = Blume; gilt als Symbol der Freundschaft und Erinnerung; früher auch Bezeichnung für kleine, hübsch aufgemachte Büchlein mit Raum für die Eintragung von Geburtstagen usw

45,9 **Weh dem, der <u>mit seinem Schöpfer hadert</u>, nämlich <u>der Scherben</u>** (= die Scherbe) **mit dem Töpfer des Tons!** (alt)
Davon vielleicht: mit seinem Schicksal hadern = mit seiner Lebensfügung unzufrieden sein
Davon: Er ist nur noch ein Scherben (süddeutsch) = gesagt von einem Menschen: Er wirkt geradezu zerbrechlich

45,15 ○ **Fürwahr, du bist ein verborgener Gott.**
Hiob 17,2; Jes 53,4; Lk 23,47; Apg 17,27
Wird öfter als Bestattungstext gewählt, wenn ein Mensch unerwartet oder unbegreiflich früh von Gott abgerufen worden ist
Fürwahr = eine Bekräftigung des Gesagten; heute nur noch altertümelnd, zitathaft verwendet

47,3 Gott: **Ich will mich rächen, und es soll mir's kein Mensch <u>abbitten</u>.** (alt)
Durch Bitten von etw abbringen
Davon sprachlich: Abbitte leisten = jmdn für ein zugefügtes Unrecht förmlich um Verzeihung bitten

48,4 Gott zum Volk Israel: **Ich weiß, daß du hart bist ... und deine <u>Stirn ehern</u>.**
Davon wohl: mit eherner (eiserner) Stirn = dreist eine (falsche)

Jesaja

Position verteidigend; vgl: jmdm die Stirn bieten = sich jmdm entgegenstellen, ihm Widerstand leisten

49,15 • Gott: **Kann auch ein Weib ihres Kindleins vergessen, daß sie sich nicht erbarme über den Sohn ihres Leibes? Und ob sie seiner vergäße, so will ich doch deiner nicht vergessen.**

49,16 ○ Gott: **Siehe, in die Hände habe ich dich gezeichnet.**
Ursprünglich über und zu Zion gesagt, der Stadt Jerusalem mit ihren Mauern

50,2 **Ist mein <u>Arm</u> nun <u>so kurz</u> geworden, daß er nicht mehr erlösen kann?** Jes 59,1
Davon vermutlich das Gegenteil: einen langen Arm haben = weitreichenden Einfluß haben

50,4 **Alle Morgen weckt er** (Gott) **mir das Ohr, daß ich höre, wie <u>Jünger</u> hören.** Mt 10,1.24; Lk 14,26; Joh 13,35; Apg 11,26; 15,10; 16,1
Jmd, der sich als Schüler einem »Meister«, Lehrer, einer geistlichen Autoritätsperson anschließt und unterordnet (B); überzeugter Anhänger einer Person, Sache (H)

52,11 ○ **Reinigt euch, die ihr des Herrn Geräte tragt!**
Vom Dienst der Priester des Alten Bundes auf den Dienst der Verkündiger im Neuen Bund übertragen

53,4 **Wir hielten ihn** (den Knecht Gottes) **für den, der geplagt und <u>von Gott geschlagen</u> und <u>gemartert</u> wäre.**
Apg 23,3 | 2. Makk 7,7.20
Von Gott geschlagen = verdiente Strafe für begangenes Unrecht
Davon vielleicht auch: Schicksalsschlag = trauriges, einschneidendes Ereignis in jmds Leben
Martern = jmdm absichtlich körperlich oder seelisch Schmerz zufügen; das Wort ist schon althochdeutsch entwickelt worden aus dem griechisch-lateinischen *martys/martyr* (= zunächst Zeuge, später Blutzeuge; Märtyrer)

53,5 • **Die Strafe liegt auf ihm** (dem Knecht Gottes), **auf daß wir Frieden hätten, und durch seine Wunden sind wir geheilt.**
1. Petr 2,24

53,7 (Der Knecht Gottes) **<u>tat seinen Mund nicht auf</u> wie ein Lamm, das zur Schlachtbank geführt wird.** Apg 8,32
Davon vielleicht: den Mund nicht aufmachen = schweigen, wo man reden sollte

	Sich wie ein Lamm (ein Schaf) zur Schlachtbank führen lassen = eine Strafe oä geduldig hinnehmen
54,10	•**Es sollen wohl Berge weichen und Hügel hinfallen, aber meine Gnade soll nicht von dir weichen.**
54,11	**Du Elende, über die <u>alle Wetter</u> gehen, und du <u>Trostlose</u> ...** (alt)
	Davon vielleicht: Alle Wetter! = Ausruf des Erstaunens, der Bewunderung
	Trostlos = ohne Trost (B); deprimierend, ohne jeden Reiz, häßlich (H)
55,1	**<u>Wohlan</u>, alle, die ihr durstig seid, kommt her zum Wasser!** 1.Mose 19,9; 1.Sam 10,19; Jes 5,1; Zef 2,9
	Aufforderung, zu handeln; siehe auch 1.Mose 11,4: »Wohlauf!« Von beiden Wörtern Begräbnislied und Spruch: »Wohlauf, wohlan zum letzten Gang...«
55,8	•**Meine Gedanken sind nicht eure Gedanken, und eure Wege sind nicht meine Wege, spricht der Herr.**
56,10	Klage über die Hirten des Volkes: **Stumme Hunde sind sie, die nicht bellen können.**
	Stummer Hund = ein von Gott zur Verkündigung seiner Botschaft Beauftragter, der sie verschweigt oder verdreht
56,12	Die Hirten des Volkes: **Kommt her ..., wir wollen <u>uns vollsaufen</u>.**
	Sich vollsaufen = sich betrinken
57,2	**Die richtig ... gewandelt haben, kommen zum Frieden und ruhen in ihren Kammern.** (alt)
	Davon: Ruhekammer = Grab
57,19	**<u>Friede, Friede</u> denen in der Ferne und denen in der Nähe.** Ri 6,23; 1.Sam 25,6; Esr 4,17; Mt 10,13; Joh 14,27; Röm 5,1; Phil 4,7; Kol 1,20
	Das hebräische *schalōm,* auch eine Begrüßungsformel (siehe Ri 6,23), bedeutet vor allem Friede, Wohlergehen, aber auch Heil, Freude, und als Friede mit Gott im Neuen Testament auch Vergebung
58,1	**Erhebe deine Stimme <u>wie eine Posaune</u> ...**
	Wohl davon die heiter-ironische Voraussage über den Weg eines jungen Geistlichen: »Er wird einmal eine Posaune des Herrn werden...«

Jesaja

58,5 **Soll das ein Fasten sein, wenn ein Mensch seinen <u>Kopf hängen läßt</u>?**
Davon: den Kopf hängenlassen = mutlos sein; Kopfhänger = trübseliger, mutloser Mensch

59,4 **<u>Mit Unglück</u> sind sie <u>schwanger</u>.** (alt)
Davon wohl: unheilschwanger = Schlimmes ausbrütend

59,5 **Sie <u>brüten Basiliskeneier</u> und <u>wirken Spinnweben</u>.** (alt)
Basilisk = auf orientalische Vorstellungen zurückgehendes Fabelwesen mit tödlichem Blick, das von einer Schlange oder Kröte aus einem Hühnerei ausgebrütet worden sein soll. Davon: Basiliskenblick = stechender, böser Blick
Spinnweben wirken: davon vielleicht: ein Netz (von Intrigen) spinnen

59,11 **Wir <u>brummen</u> alle <u>wie die Bären</u>.**
Brummen = Klagen (B); wie ein Bär brummen = etw in tiefer Stimmlage von sich geben; vgl Jer 48,36

60,17 **Ich will zu deiner <u>Obrigkeit</u> den Frieden machen.**
   Mt 8,9; Lk 12,11; Röm 13,1; 1. Tim 2,2; Tit 3,1
Die übergeordnete, regierende Gewalt (B); veraltet, meist nur mit ironischem Unterton gebraucht = Träger weltlicher oder geistlicher Macht (H)

61,1.2 **Der Geist Gottes des Herrn ... hat mich gesandt, ... zu verkündigen <u>ein</u> gnädiges <u>Jahr des Herrn</u>.** Lk 4,19
Davon: im Jahr des Herrn; lat. Anno Domini, abgekürzt A.D., früher jeder Jahreszahl vorangesetzt. Davon die Ableitungen: Anno dazumal/dunnemal, Anno Tobak = alte, längst überholte Zeit; in, aus alter Zeit; vgl »Jubeljahr« 3. Mose 25,9.10

62,10 **Machet Bahn, <u>räumet die Steine auf</u>.** (alt)
Aufräumen = beiseite schaffen (B); Ordnung schaffen (H)
Davon vielleicht: jmdm Steine aus dem Weg räumen = für jmdn vorhandene Schwierigkeiten beseitigen

63,19 Aus dem Buß- und Bittgebet des Volkes: **<u>Ach daß du den Himmel zerrissest und führest herab!</u>**
   Ps 6,2; 14,7; Jer 22,18; Klgl 1,9; Mt 20,30; 26,45; Offb 3,15
Ach, ach daß = Einleitung einer Klage, eines Wunsches (B+H)
Ach = Ausdruck der Betroffenheit, des Schmerzes, des Mitleids (B+H), der Überraschung (H)

64,6 **Alle unsere Gerechtigkeit ist wie ein <u>unflätig</u> Kleid.** (alt)

	Unflätig = unrein, befleckt (B); in höchst ungebührlicher Weise derb, grob, unanständig (H)
64,8	**Herr ..., <u>sieh</u> doch an, daß wir alle <u>dein Volk</u> sind!**
	Davon: Herr, sieh dein Volk an! = ironisch gemeinter Stoßseufzer, wenn Mängel und Schwächen innerhalb einer Gruppe von Menschen auftreten
65,4	**Sie (mein Volk) essen <u>Schweinefleisch</u> und haben Greuelsuppen in ihren Töpfen.** Jes 66,17; 1. Makk 1,50; 2. Makk 6,18; 7,1
	Fleisch von einem nach dem alttestamentlichen Gesetz unreinen Tier und daher für die Juden verboten (B)
65,8	o **Verdirb es nicht, denn es ist ein Segen darin!**
	Mahnung, eine Gabe Gottes nicht wegzuwerfen
65,20	**Die <u>Knaben von hundert Jahren</u> sollen sterben, und die <u>Sünder von hundert Jahren</u> sollen verflucht sein.** (alt)
	Davon vielleicht: alter Knabe = burschikose Anrede gegenüber einem guten Bekannten
	Davon: alter Sünder = scherzhafte Begrüßung eines Freundes, der als Lebemann bekannt ist
66,10	**<u>Freuet euch</u> mit Jerusalem!**
	Das lateinische *laetare* gab den Namen für den vierten Sonntag der Passionszeit = Lätare
66,12	o Siehe, ich breite aus ... den Frieden wie einen Strom.
66,13	• Ich will euch trösten, wie einen seine Mutter tröstet.

Der Prophet Jeremia

1,6	**Ach Herr Herr, ich tauge nicht zu predigen; denn <u>ich bin zu jung</u>.**
	Selbsteinschätzung bezüglich einer zugedachten Aufgabe
2,13	Gott durch Jeremia zum Volk Israel: **Mein Volk tut eine zwiefache Sünde: mich, die lebendige <u>Quelle, verlassen</u> sie und <u>machen</u> sich hie und da ausgehauene <u>Brunnen</u>, die doch löcherich (löchrig) sind und kein Wasser geben.** (alt)
	Davon: die Quelle verlassen und Brunnen graben = etw Überflüssiges oder gar Schädliches tun, statt sich das Naturgegebene zunutze zu machen

Jeremia

2,23   Zu dem untreuen Gottesvolk: **Sieh doch, wie du es treibst!**
         Spr 23,35; Jer 9,2
       Es treiben = sich in fragwürdiger, anstößiger Weise verhalten

2,27   **Sie kehren mir den Rücken zu.**   Neh 9,29; Sach 7,11
       Jmdm den Rücken (zu)kehren = nichts mehr mit ihm zu tun haben wollen

2,31   Gott: **Warum spricht denn mein Volk: Wir sind die Herren?** (alt)
       Davon vielleicht: sein eigener Herr sein = von niemandem abhängig, an niemandes Weisungen gebunden sein

2,32   **Vergißt wohl eine Jungfrau ihren Schmuck oder eine Braut ihren Schleier?**
       Brautschleier = Teil der bräutlichen Kleidung

2,37   Zu Israel: **Du mußt ... deine Hände über dem Haupt zusammenschlagen.** (alt)
       Die Hände über dem Kopf zusammenschlagen = seiner Erschütterung über etw Ausdruck geben; Luther setzt eine deutsche Geste für eine hebräische (die Hände auf den Kopf legen) ein (B); seiner Verwunderung über etw Ausdruck geben (H)

3,2   **An den Wegen sitzt du** (die untreue Frau) **und lauerst auf sie** (fremde Männer) **wie ein Araber in der Wüste.**
       Gedacht ist bei diesem Bild wohl an den räuberischen Beduinen, dem die Wüste Heimat ist, der er sich bei seinen Raubzügen anzupassen versteht

4,3   **Pflüget ein Neues und säet nicht unter die Hecken!** (alt)
       Im pietistischen Sprachgebrauch = einen Neuanfang in der Lebensführung im Dienst für Gott wagen

4,30   Gerichtsankündigung für Juda und Jerusalem: **Die dir jetzt hofieren, werden dich verachten.** (alt)
       Jmdm (jmdn) hofieren = jmdm den Hof machen; sich mit dem Ziel, etw zu erreichen, mit besonderer Höflichkeit und Dienstbarkeit um jmds Gunst bemühen

5,23   **Dies Volk hat ein abtrünniges, ungehorsames Herz,** (sie) **bleiben abtrünnig und gehen immerfort weg.** (alt)
       Ständig, fortdauernd, immer wieder

5,24   **Laßt uns den Herrn, unsern Gott, fürchten, der uns Frühregen und Spätregen gibt zur rechten Zeit.**
         5. Mose 11,14; Spr 16,15; Sach 10,1; Jak 5,7

Spätregen: oft übertragen gedeutet als zeitlich späte Segnung des Volkes Gottes; davon: Spätregen-Mission = charismatisch geprägte Bewegung, in Südafrika entstanden, hat auch in Deutschland Gemeinden

5,27 **Ihre Häuser sind voller Tücke, wie ein Vogelbauer voller Lockvögel ist.** Sir 11,31
Lockvogel = gefangener Vogel, der freilebende Vögel in eine Falle locken soll; bildlich: jmd, der (etw, was) zu zweifelhaften Dingen oder Geschäften verleiten soll

6,1 **Blaset die Drommete auf der Warte Tekoa.** (alt)
2. Sam 13,34; Jes 21,8; Sir 37,18
Hochgelegener Platz, befestigter Turm, von dem aus man die Umgebung gut überblicken kann; davon: von jmds Warte aus = von jmds Standpunkt aus

6,14 Gott über die Propheten und Priester: (Sie) **heilen den Schaden meines Volks nur obenhin, indem sie sagen: »Friede! Friede!«, und ist doch nicht Friede.**
Trügerische Botschaft, die über die wahre Situation hinwegtäuscht

7,6 (Bessert euer Leben und Tun, daß ihr) **... nicht andern Göttern nachlauft zu eurem eigenen Schaden.**
Zum eigenen Schaden = zu einer Beeinträchtigung, die man sich selbst zufügt

7,11 **Haltet ihr dies Haus, das nach meinem Namen genannt ist, für eine Mördergrube?** (alt) Mt 21,13 (alt)
Schlupfwinkel für Verbrecher
Davon: aus seinem Herzen keine Mördergrube machen = frei heraus sagen, was man denkt

8,7 o **Der Storch unter dem Himmel weiß seine Zeit, Turteltaube, Kranich und Schwalbe halten die Zeit ein, in der sie wiederkommen sollen; aber mein Volk will das Recht des Herrn nicht wissen.**
Klage Gottes über sein Volk, das nicht den Heimweg zu ihm beschreiten und sich seinen Ordnungen wieder zukehren will

8,20 **Der Sommer ist dahin.**
In der Poesie öfter verwendete Formulierung

9,16 **So spricht der Herr Zebaoth: ... bestellt Klageweiber.**
Klageweib = berufsmäßige Klagefrau bei einem Todesfall (B); gern und oft jammernder Mensch (H)

Jeremia

9,22.23 • **Ein Weiser rühme sich nicht seiner Weisheit, ein Starker rühme sich nicht seiner Stärke, ein Reicher rühme sich nicht seines Reichtums. Sondern wer sich rühmen will, der rühme sich dessen, daß er klug sei und mich kenne, daß ich der Herr bin.**

10,3 **Der Heiden Götter sind <u>lauter</u> Nichts.** (alt)
Nur, nichts als

10,6 **Herr, ... dein Name ist groß, und** (du) **kannst es <u>mit der Tat beweisen.</u>** (alt)
Etw mit der Tat beweisen = belegen, daß ein Anspruch zu Recht besteht, daß Worte und Taten dasselbe aussagen

10,24 **Züchtige mich, Herr, doch <u>mit Maßen</u>.**   Jer 30,11; 46,28
Maßvoll, gemäßigt
Davon vielleicht: alles mit Maßen = der Sache angemessen

12,5 ○ **Wenn dich die müde machen, die zu Fuß gehen, wie will dir's gehen, wenn du mit den Reitern laufen sollst?** (alt)
Warnung vor Selbstüberschätzung

13,14 Gericht Gottes an Israel: (Ich) **will weder schonen noch <u>übersehen</u>.** (alt)   Am 7,8; Weish 11,23; Apg 6,1
(Absichtlich) nicht sehen, bemerken

13,17 **Meine Augen müssen <u>mit Tränen fließen</u>, daß des Herrn Herde gefangen wird.** (alt)
Davon vielleicht beeinflußt: Tränen fließen = Ausdruck des Schmerzes, wenn (plötzlich) Betrübliches auf jmdn zukommt

13,23 **<u>Kann</u> etwa <u>ein Mohr seine Haut wandeln</u> oder ein Panther seine Flecken?**
Davon: einen Mohren weiß waschen wollen, oder kurz: Mohrenwäsche = Unmögliches, Widersprüchliches versuchen; einen offensichtlich Schuldigen als Unschuldigen hinstellen

14,6 **Das Wild ... <u>schnappt nach</u> der <u>Luft</u>.** (alt)
Davon vielleicht: nach Luft schnappen = nach Atem ringen (B+H); geschäftlich in schlechter Lage sein (H). Davon Weiterbildung: Luft schnappen = einen Spaziergang machen

14,8 (Gott) **du Trost Israels und ihr <u>Nothelfer</u>. Warum stellst du dich, als wärest du ein <u>Gast im Lande</u>?** (alt)   Dan 6,28
Nothelfer = der Helfer in einer Notlage; in der katholischen Kirche besonders einer der vierzehn in dieser Eigenschaft verehrten Heiligen

Gast im Lande: davon vielleicht entwickelt: Gastland = Staat, der jmdn gastweise aufnimmt

14,11 Gott zu Jeremia: **Du sollst nicht für dies Volk um Gnade bitten.**
Nachsicht, Milde für eine Verfehlung erbitten

15,1 Gott zu Jeremia: **Wenn gleich Mose und Samuel vor mir stünden, so habe ich doch kein Herz zu diesem Volk.** (alt)
Davon vielleicht: ein Herz für jmdn haben = freundlich, mitfühlend, hilfsbereit sein

15,2 **Wen der Tod trifft, den treffe er!**
Davon die Sprichwörter: »Wen's trifft, den trifft's«; »Wie's trifft, trifft's« = wen ein Schicksalsschlag trifft, ist nicht vorhersehbar

15,16 • **Dein Wort ward meine Speise, sooft ich's empfing, und dein Wort ist meines Herzens Freude und Trost; denn ich bin ja nach deinem Namen genannt, Herr, Gott Zebaoth.**

15,19 • Gott zu Jeremia: **Wenn du dich zu mir hältst, so will ich mich zu dir halten.** Ps 59,10; Zef 3,2; Apg 8,13
Sich zu jmdm halten = sich an jmdn halten, ihm treu, verbunden sein, sich ihm eng anschließen

15,20 **Wenn sie auch wider dich streiten, sollen sie dir doch nichts anhaben.**
Jmdm etw anhaben = jmdm Schaden zufügen (gewöhnlich verneint gebraucht)

16,5 Gott zu Jeremia: **Du sollst in kein Trauerhaus gehen, weder um zu klagen noch um zu trösten.**
Haus, in dem sich ein Trauerfall ereignet hat, die Angehörigen eines Verstorbenen in Trauer sind

16,19 **Die Heiden werden zu dir** (dem Herrn) **kommen von der Welt Ende.** (alt) Jes 43,6
»Der Welt Ende« bei Luther häufig im räumlichen Sinn (und nie mit der Mehrzahl »Enden« wie in der Revision)
Davon: vom Ende der Welt = aus einer ganz entlegenen, unbekannten Gegend

17,7 • **Gesegnet ist der Mann, der sich auf den Herrn verläßt und dessen Zuversicht der Herr ist.**
Segnen = Gottes gnädiges Handeln an dem Menschen, der ihm wohlgefällt; die Bitte eines Menschen zu Gott für einen ande-

ren, Gott möge ihn segnen (B); über jmdn das Kreuzeszeichen machen; jmdm, einer Sache seinen Segen geben (damit einverstanden sein); mit etw gesegnet sein (etw Bestimmtes besitzen; ironisch eher auf Negatives deutend); davon: absegnen = befürworten, genehmigen (H)

17,8 (Wer sich auf den Herrn verläßt) **sorgt sich nicht, wenn ein dürres Jahr kommt.**
Davon: dürre Jahre = eine wenig ertragreiche, unfruchtbare Periode

17,9 o **Es ist das Herz ein trotzig und verzagt Ding; wer kann es ergründen?**

17,11 **Wie ein Vogel, der sich über Eier setzt, die er nicht gelegt hat, so ist, wer unrecht Gut sammelt.**
Davon vielleicht mitbeeinflußt: ungelegte Eier = Dinge, die noch nicht spruchreif sind

17,14 **Heile du mich, Herr, so werde ich heil; hilf du mir, so ist mir geholfen.**
Davon vielleicht: jmdm ist (schon) geholfen, wenn ... = jmdm ist schon durch eine bestimmte, verhältnismäßig geringfügige Unterstützung gedient

18,18 Die Einwohner Judas und Jerusalems: **Laßt uns ... nichts geben auf alle seine** (Jeremias) **Rede!** (alt)
Nicht hören auf ... (B); nichts halten von ... (H)

19,3 Gott: **Ich will ein solch Unglück über diese Stätte gehen lassen, daß, wer es hören wird, ihm die Ohren klingen sollen.** (alt)
Davon wohl: jmdm klingen die Ohren, hätten die Ohren klingen müssen (weil man anderswo von ihm spricht, gesprochen hat – in lobendem oder kritischem Sinn)

22,19 (Jojakim) soll **wie ein Esel begraben werden, fortgeschleift und hinausgeworfen vor die Tore Jerusalems.**
Davon: Eselsbegräbnis = eine Beerdigung, die weder an geweihtem Ort noch mit kirchlicher Feierlichkeit vonstatten ging, sondern einfach ein Verscharren bedeutete

22,24 **Wenn ... der König von Juda ein Siegelring wäre an meiner rechten Hand, so wollte ich dich** (= ihn) **doch abreißen.**
Hag 2,23; Sir 17,18; 49,13
Fingerring mit einem in eine Metallfläche oder einen Stein eingra-

Jeremia

vierten Siegelbild, das anstelle einer Petschaft benutzt wird; siehe auch Hld 8,6a

22,27 **In das Land, wohin sie** (die Israeliten) **von Herzen gern wieder kämen, sollen sie nicht zurückkehren.** Jdt 12,15
Sehnsüchtig, mit Freuden

22,29 o **O Land, Land, Land, höre des Herrn Wort!**

23,9 **Mein Herz will mir in meinem Leibe brechen.**
Ps 69,21; Jer 31,20; Apg 21,13
Das Herz bricht = Leid, Kummer verwunden zutiefst
Davon: Herzensbrecher = Mann, der viele Frauenherzen betört, der viel Erfolg bei Frauen hat

23,24 •**Meinst du, daß sich jemand so heimlich verbergen könne, daß ich ihn nicht sehe? spricht der Herr. Bin ich es nicht, der Himmel und Erde erfüllt?**

23,28 **Wie reimen sich Stroh und Weizen zusammen? spricht der Herr.**
Sich zusammenreimen = wie Reimwörter zueinander passen; davon: sich etw zusammenreimen = sich etw auf Grund von Überlegungen, Erfahrungen zu erklären suchen; oft in negativem Sinn: sich irgend etw zusammenreimen

23,29 •**Ist mein Wort nicht wie ein Feuer, spricht der Herr, und wie ein Hammer, der Felsen zerschmeißt?**

25,20 (Der Zornbecher Gottes gilt allen Völkern, auch) **allen Ländern gegen Abend, allen Königen im Lande Uz, allen Königen in der Palestiner Land ...** (alt)
Palestiner = Philister, die den Küstenstreifen westlich von Juda bewohnten; davon schon seit Herodot: Palästina als geographische Bezeichnung des gesamten Westjordanlandes zwischen Libanon und Sinaiwüste

26,14 Jeremia zum Volk Israel: **Siehe, ich bin in euren Händen, ihr möget's** (= könnt es) **machen mit mir, wie es euch recht und gut dünkt.** (alt) Jos 9,25
Davon vielleicht: Mit mir könnt ihr es ja machen = ihr könnt mir auf der Nase herumtanzen

27,2 Gott zu Jeremia: **Mache dir ein Joch und hänge es an deinen Hals.** (alt) 1. Mose 27,40; 5. Mose 28,48; Jes 10,27
Joch am Hals = etw, dem man unterworfen und wodurch die persönliche Freiheit stark eingeschränkt ist

Jeremia

29,7 • **Suchet der Stadt Bestes ... und betet für sie zum Herrn; denn wenn's ihr wohlgeht, so geht's auch euch wohl.**

30,6 Gott: **Wie kommt es denn, daß ich sehe, wie ... alle Angesichter so bleich sind?**
Sehr blaß; vom Gesicht = ohne die normale natürliche Farbe, sei es vor Schreck, sei es als Dauerzustand (B+H); davon: bleich wie der Tod; von sehr heller, weißlich-gelber Färbung; fast farblos wirkend (H)

30,12 **Dein Schaden ist verzweifelt böse.**
Vor Adjektiv, steigernd = sehr, überaus

30,16 **Alle, die dich gefressen haben, sollen gefressen werden.**
Davon vielleicht: fressen und gefressen werden = Prinzip der Ellbogengesellschaft

31,3 • **Ich habe dich je und je geliebt, darum habe ich dich zu mir gezogen aus lauter Güte.**
Je und je = schon immer (B); dann und wann, immer wieder einmal (H)

31,8 Gott: (Ich will mein Volk) ... **sammeln aus den Enden der Erde, ... Blinde, Lahme, Schwangere und Kindbetterinnen.** (alt)
Kindbetterin = Wöchnerin, von Kindbett = Wochenbett

31,26 **Ich ... hatte so sanft geschlafen.**
Sanft schlafen = ungestört, traumlos schlafen

31,29 ○ **Die Väter haben saure Trauben gegessen, und den Kindern sind die Zähne stumpf geworden.** Hes 18,2
Sprichwörtlich als Ausdruck der Meinung, eine Generation müsse für die Untaten der vorigen büßen

31,34 Gott: **Ich will ihnen ihre Missetat vergeben und ihrer Sünde nimmermehr gedenken.**
Davon (von Luther selbst gebraucht): »Vergeben und vergessen!« = eine Schuld ist in jeder Hinsicht bereinigt, auch die Erinnerung daran ist ausgelöscht

32,8 Hanamel zu Jeremia: **Kauf meinen Acker zu Anatot ...; denn du hast Erbrecht dazu.** (alt)
Mit dem Tod des Erblassers entstehendes Recht auf den Nachlaß oder seinen Erwerb (der Begriff hier allerdings unpassend angewandt, da es um die Auslösung eines andernfalls zu verpfändenden Besitztums geht; vgl 3. Mose 25,25) (B); Gesamtheit der

32,19 • Gebet zu Gott: (Du großer und starker Gott,) **groß von Rat und mächtig von Tat, und deine Augen stehen offen über allen Wegen der Menschenkinder.**

32,44 **Man wird Äcker um Geld kaufen und <u>verbriefen</u>, <u>versiegeln</u>.**
Verbriefen = durch Brief, dh schriftliche Urkunde, rechtsgültig feststellen; davon: verbrieft = durch Urkunde feierlich bestätigt, garantiert
Versiegeln = durch ein Siegel verschließen
Vom Siegeln der Urkunde kommt die Rechtsformel »Brief und Siegel«; davon: jmdm Brief und Siegel geben = fest zusichern

35,2 Gott zu Jeremia: **Führe sie** (die Rechabiter) **in des Herrn Haus, in der <u>Kapellen</u> eine.** (alt)
Kapelle = kleines Gotteshaus oder abgeteilter Raum mit Altar in einer größeren Kirche; auch (wie hier) logenähnlicher Raum in Kirchen zum Gebrauch hochstehender Personen (Rat, Fürsten); davon: die Sänger und Musikanten, die dort auftreten, die ein Fürst sich hält = Hofkapelle; davon: kleineres Orchester, das besonders Unterhaltungs- und Tanzmusik spielt

36,6 Jeremia zu Baruch: **Lies die Schriftrolle ... dem Volk vor im Hause des Herrn am <u>Fasttage</u>.**
Fasttag = öffentlicher Bußtag aus besonderem Anlaß, verbunden mit Gottesdienst und Fasten (B); kirchlich: der Freitag, an dem man auf Fleischgenuß verzichtet; Tag, an dem man auf die Nahrungsaufnahme verzichtet; vgl: einen Fasttag einlegen (H); siehe auch Mt 6,16

37,4 **Jeremia <u>ging</u> noch unter dem Volk <u>aus und ein</u>.**
Joh 10,9; Apg 1,21; 9,28
Aus- und eingehen bzw ein- und ausgehen = (regelmäßig) aus dem Haus, der Stadt gehen und wieder zurückkehren; frei aus- und eingehen; in einem bestimmten Umkreis ungehindert, öffentlich verkehren (B); bei jmdm aus- und eingehen = bei jmdm verkehren (H)

38,11 **Ebed-Melech ... nahm zerrissene und <u>vertragene</u> alte Lumpen.** (alt)
Vertragen = abgetragen

Jeremia

38,22 Die Frauen des Königs zum König: **Deine Tröster haben dich ... in den Schlamm geführt und <u>lassen dich</u> nun <u>stecken</u>.** (alt)

Jmdn stecken lassen (wie im Schlamm oder Sumpf) = sich um jmdn, der in Not oder in eine kritische Situation geraten ist, nicht mehr kümmern; das sinnverwandte »im Stich lassen« geht vermutlich auf den ritterlichen Kampf zurück: man läßt jmdn ohne Beistand im Kampfgewühl und liefert ihn dem »Stich« (Lanzenstich) der Gegner aus

42,17 **Sie seien, wer sie wollen.**
Beteuerung, daß für niemand eine Ausnahme gemacht wird

42,20 Jeremia warnt vor der Auswanderung nach Ägypten: **Ihr werdet sonst euer Leben <u>verwahrlosen</u>.** (alt)

Durch eigene Schuld, versäumte Pflicht zu Schaden bringen (von wahrlos = achtlos); davon sprachlich: verwahrlost = durch Mangel an Pflege, Vernachlässigung in einen unordentlichen, schlechten Zustand gekommen

46,20 **Ägypten ist wie eine schöne junge Kuh; aber es kommt von Norden der <u>Schlächter</u>.**

Jmd, der berufsmäßig Tiere schlachtet (B); Fachkraft in einem Schlachthof; jmd, der ohne Skrupel Menschen mordet (H)

48,26 Aus der Weissagung über Moab: **Macht sie** (das Volk von Moab, als Frau gedacht) **trunken, ... daß sie ... <u>die Hände ringen</u> müsse.** (alt)

Seiner Verzweiflung Ausdruck geben

48,30 Gott über Moab: **Er ... <u>untersteht sich</u>, mehr zu tun, als sein Vermögen** (= Können) **ist.** (alt)   Dan 7,25; 1. Makk 14,45; Apg 18,10

Sich unterstehen = sich herausnehmen, erdreisten, etw zu tun, wozu man nicht fähig (B), nicht befugt ist (B+H)

48,36 **Darum <u>brummt</u> mein Herz über Moab wie eine Drommete.** (alt)

Brummen = klagen (B); etw unverständlich und in mürrischem Ton sagen (H)

48,44 Gott: **Ich will über Moab kommen lassen das <u>Jahr seiner Heimsuchung</u>.**   Jer 23,12

Davon: Jahr der Heimsuchung = ein Jahr, in dem sich ein Schicksalsschlag an den anderen reiht

49,20 Weissagung gegen Edom: **Was gilt's, ob nicht die <u>Hirtenkna-</u>**

ben sie (die Festung Edom) **schleifen werden und ihre Wohnung zerstören?** (alt)
Hirtenknabe = altertümlich und dichterisch für Hirtenjunge; vertraut vor allem durch Ludwig Uhlands Gedicht »Droben stehet die Kapelle« mit der Schlußzeile »Hirtenknabe, Hirtenknabe, dir auch singt man dort einmal«

49,32 Weissagung über arabische Stämme: **In alle Winde will ich die zerstreuen, die das Haar rundherum abscheren.**
Hes 5,10.12; 12,14; Sach 2,10
Zerstreut in alle Winde = zerstreut in alle Himmelsrichtungen

50,43 **Dem König von Babel wird so angst und bange werden wie einer Frau in Kindsnöten.** Hes 30,16; Sir 4,19; 1. Makk 13,2
Angst und bange sein, werden, machen: verstärkendes Wortpaar, das große Furcht ausdrücken will

51,14 **Der Herr Zebaoth hat ... geschworen: Ich will dich** (die Stadt Babel) **mit Menschen füllen, als wären's Käfer; die sollen dir ein Liedlein singen.** (alt)
Von Luther aufgegriffene deutsche Redensart; hebräisch: »Triumphgeschrei über dich anstimmen«; vgl: von etw ein Lied(lein) singen können (zu singen wissen) = über etw aus eigener unangenehmer Erfahrung zu berichten wissen

51,39 Gerichtsankündigung Gottes für die Einwohner von Babel: (Ich) **will sie trunken machen, daß sie matt werden und zum ewigen Schlaf einschlafen,** von dem sie nimmermehr aufwachen sollen.
Davon: den ewigen Schlaf schlafen = tot sein

51,44 Gott: **Ja, ich habe den Bel zu Babel heimgesucht und habe aus seinem Rachen gerissen,** was er verschlungen hatte.
Hiob 36,16
Davon: jmdm etw aus dem Rachen reißen = etw unter hohem Einsatz retten

51,46 **Euer Herz könnte weich werden und verzagen.**
»Weich« vom Herzen = schwach, mutlos (B); sich schnell mancherlei Eindrücken öffnend (H); davon dann: herzerweichend = im Innersten anrührend

51,58 Weissagung vom Untergang Babels: **Die Mauern der großen Babel sollen untergraben ... werden, daß der Heiden Arbeit verloren sei.** (alt)

Untergraben: Hohlräume unter einem Bauwerk ausschachten, so daß die Mauern einstürzen (B); nach und nach an der Vernichtung von etw arbeiten; etw kaum merklich, aber zielstrebig zerstören: das Ansehen, die Gesundheit oä (H)

Der Heiden Arbeit: davon vielleicht mitbestimmt: Heidenarbeit = mit großer Mühe und viel Zeitaufwand verbundene Arbeit. In Zusammensetzungen tritt »Heiden« oft als Verstärkung auf: Heidenangst, Heidengeld, Heidenkrach – vermutlich anstelle eines Fluch-Kraftworts wie »Herrgott«

52,25 (Der Hauptmann nahm) **den Heerfürsten, der das <u>Landvolk</u> zu <u>mustern</u> pflegte ...** (alt)

Landvolk = die freien Männer, Vollbürger des Landes außerhalb der Hauptstadt (B); Landbevölkerung (H)

Mustern = Männer auf ihre Wehrtauglichkeit hin untersuchen (B+H); jmdn gründlich, kritisch, prüfend ansehen, betrachten (H)

Die Klagelieder Jeremias

<u>Klagelieder Jeremias</u>   2. Chr 35,25; Am 5,1
Davon: Jeremiade = wortreiche, bewegte Klage
Klagelied: davon: ein Klagelied über jmdn, etw anstimmen

1,2 **Sie** (Jerusalem) **weint des Nachts, daß ihr <u>die Tränen über die Backen laufen</u>.**
Die Tränen laufen über die Backen = sichtbares Zeichen von Trauer oder Erschütterung (hebr. nur: ihre Tränen auf ihren Backen)

1,12 **Euch allen, die ihr vorübergeht, sage ich: <u>Schaut doch und seht, ob irgendein Schmerz ist wie mein Schmerz</u>.**
In der christlichen Kunst wird der Text oft in Anspruch genommen als Unterschrift für die Darstellung des vom Kreuz abgenommenen Christus in den Armen seiner Mutter Maria als der Mater dolorosa (schmerzensreiche Mutter) beim Vesperbild (Pietà)

2,11 **Ich habe mir fast <u>die Augen ausgeweint</u>.**   Bar 2,18
Sich die Augen ausweinen; auch: sich die Augen aus dem Kopf weinen = sehr stark weinen (deutsche Wendung; hebräisch: durch Tränen vergehen meine Augen)

2,12 Von den Säuglingen und Kindern: **... da sie auf den Gassen in**

	der Stadt verschmachten wie die tödlich Verwundeten und in den Armen ihrer Mütter <u>den Geist aufgeben</u>. Apg 5,5 Den Geist aufgeben = sterben (B); auf das mit einem Motor betriebene Fahrzeug oder Gerät angewandt, wenn es nicht mehr funktioniert (H)
2,14	Zur Tochter Zion: **Deine Propheten ... haben dir gepredigt lose Predigten, damit sie dich <u>zum Land hinaus predigten</u>.** (alt) Davon vielleicht: jmdn zur Kirche hinauspredigen = ihn durch Inhalt oder Form der Predigt vom künftigen Besuch abhalten
2,16	○ Die triumphierenden Feinde: **Wir haben's erlangt, wir haben's erlebt.** Triumph über ein erreichtes Ziel
3,9	(Gott) **hat meinen <u>Weg vermauert</u>.** Jmdm den Weg vermauern = jmds Plan vereiteln
3,17	**Meine <u>Seele</u> ist aus dem <u>Frieden</u> vertrieben.** Davon vielleicht: Seelenfrieden = innere Ruhe, Ausgeglichenheit
3,22	**Die Güte des Herrn ist's, daß wir nicht <u>gar aus</u> sind.** Jes 14,4 Davon sprachlich: jmdm, etw den Garaus machen = ihn, es vernichten
3,39	○ **Was murren denn die Leute im Leben? Ein jeder murre wider seine Sünde!**
3,41	**Laßt uns <u>unser Herz</u> samt den Händen <u>aufheben</u> zu Gott im Himmel!** Davon das lateinische *sursum corda*, das als »Empor die Herzen!« liturgisch gebraucht wird
3,65	Zu Gott: **<u>Laß</u> sie (meine Widersacher) deinen Fluch <u>fühlen</u>!** Ri 8,16 Fühlen lassen = spüren, erleben lassen; vgl: »Wer nicht hören will, muß fühlen«

Der Prophet Hesekiël (Ezechiël)

2,1	Gott zu Hesekiel: **Du <u>Menschenkind</u>, tritt auf deine Füße, so will ich mit dir reden.** 1 Mose 11,5; 4. Mose 23,19; Ps 36,8; 45,3 Jmd, dessen Vorfahren auch (nur) Menschen waren; im hebr. Sprachgebrauch = betontes »Mensch« (B); zur Bezeichnung der

Hesekiel

Qualität, des Zustandes eines Menschen, zB: sie ist ein feines, ein unglückliches Menschenkind (H)
Davon: Menschenskind! = Ausruf des Erstaunens, Erschreckens, Vorwurfs

2,4 **Die Söhne, zu denen ich dich sende, haben harte Köpfe.**
Harter Kopf = sinnbildlich für einen kaum beeinflußbaren Menschen

2,7 **Du sollst ihnen meine Worte sagen, sie gehorchen oder lassen es.**
Jmdm gehorchen oder es lassen = auf eine Anweisung positiv oder negativ reagieren; oft auch so formuliert: etw tun oder es lassen

2,10 **Darin** (auf der Schriftrolle) **stand geschrieben Klage, Ach und Weh.**
Davon: ach und weh schreien = jammern und klagen

3,9 Gott zu Hesekiel: **Ja, ich habe deine Stirn so hart wie einen Demant, der härter ist als ein Fels, gemacht.** (alt)
Davon: Hart wie ein Diamant

3,19 Gott zu Hesekiel: **Wenn du den Gottlosen warnst und er sich nicht bekehrt von seinem gottlosen Wesen und Wege, so wird er um seiner Sünde willen sterben, aber du hast dein Leben errettet.**
Davon nach der lateinischen Übersetzung: »Dixi et salvavi animam meam« (Ich habe es gesagt und damit meine Seele errettet) = zitiert als Bekräftigung einer Warnung vor einem vermeidbaren Übel

4,1 Gott zu Hesekiel: **Nimm dir einen Ziegelstein; den lege vor dich hin und entwirf darauf die Stadt Jerusalem.**
Entwerfen = planend zeichnen, skizzieren (B); einen Plan, eine Skizze fertigen; etw in erster, vorläufiger Fassung niederschreiben (H)

5,17 Gott: **Es soll Pest und Blutvergießen bei dir umgehen.**
Sich in einer Menschengruppe, einem Volk oder Gebiet vom einen zum anderen ausbreiten

6,11 Gott zu Hesekiel: **Strample mit deinen Füßen und sprich: Wehe über alle Greuel der Bosheit im Hause Israel!** (alt)
Mit den Füßen strampeln = abwechselnd mit den beiden Beinen aufstampfen (B); abwechselnd mit den Beinen heftige, zappelnde Bewegungen machen (H)

Hesekiel

7,5 **Siehe, es kommt ein Unglück über das andere!**
Davon wohl (vielleicht beeinflußt von Hiob 1,13-19): Ein Unglück kommt selten allein = ein Unglück scheint das nächste nach sich zu ziehen

7,19 **Sie** (die Bewohner Israels) **werden sich damit nicht sättigen und ihren Bauch damit** (mit Silber und Gold) **nicht füllen.**
Ps 17,14; Jer 51,34; Lk 15,16
Sich den Bauch mit etw füllen = sich den Bauch mit etw vollschlagen; etw mit Genuß, auch Gier verschlingen (B); unmäßig Speise zu sich nehmen (H)

8,11 **Es ging ein dicker Nebel auf vom Räucherwerk.** (alt)
Dichter Nebel

13,18 Gott: **Wenn ihr nun die Seelen gefangen habt unter meinem Volk, verheißt ihr denselbigen das Leben.** (alt)
Davon: Seelenfang = mit allen Mitteln betriebene Gewinnung leichtgläubiger Menschen für einen angeblich (allein-)seligmachenden Glauben

16,22 Gott zu Jerusalem: **Bei all deinen Greueln ... hast du nie gedacht an die Zeit deiner Jugend.** Hes 23,19; Hos 2,17
Davon sprachlich: Jugendzeit = Lebensabschnitt zwischen Kindheit und Erwachsensein

16,28 Gott zu Jerusalem: **Du triebst Hurerei mit den Kindern Assur und konntest des nicht satt werden.** (alt)
Einer Sache nicht satt werden, etw nicht satt bekommen = von etw immer mehr haben wollen

16,44 **Alle die, so Sprichwort pflegen zu üben, werden von dir dies Sprichwort sagen: Die Tochter ist wie die Mutter.** (alt)
Davon vielleicht: »Wie die Mutter, so die Tochter« = die Tochter übernimmt von der Mutter gute und schlechte Gewohnheiten. Vielleicht auch Gedankenanstoß zu dem scherzhaften Vers: »Wie der Acker, so die Rübchen, wie der Vater, so die Bübchen, wie die Mutter, so die Töchter – oder immer etwas schlechter.«

16,49 Gott zu Jerusalem: **Siehe, das war deiner Schwester Sodom Missetat: Hoffart und alles vollauf.** (alt)
In reichlichem Maße (B); völlig, ganz und gar (H)

18,7 **Wer dem Hungrigen sein Brot mitteilt ...** (alt) Röm 1,11
Mitteilen = jmdn an etw (Gutem) teilhaben lassen (B); jmdn

Hesekiel

	von etw in Kenntnis setzen, eine Information mit ihm teilen (H)
20,3	Gott zu den Ältesten Israels: **Ich will von euch <u>ungefragt</u> sein.** (alt)
	Davon: ungefragt sein wollen = von vornherein nicht bereit, auf eine Frage eine Antwort zu geben
21,12	Gott zu Hesekiel: (Es werden) **alle <u>Hände sinken</u>, aller <u>Mut fallen</u>.** (alt: 7) Neh 6,16; Jdt 15,1
	Davon: die Hände sinken lassen = ermattet oder verzagt aufgeben, untätig werden
	Davon vielleicht auch: den Mut sinken lassen = verzagen
21,21	○ Gott zu Hesekiel: **Hau drein zur Rechten und Linken!**
	Aufforderung, nach allen Seiten den (geistigen) Kampf zu führen
22,11	**Sie** (die Verräter) **<u>notzüchtigen</u> ihre eigenen Schwestern.** (alt)
	Vgl: Notzucht = Vergewaltigung
22,25	**Fürsten ... <u>reißen</u> Gut und Geld <u>an sich</u>.**
	2. Chr 32,1; Hiob 15,8; 20,19; Mi 2,2; Mt 11,12
	An sich reißen = sich gewaltsam oder durch List verschaffen
	Geld und Gut = der Besitz insgesamt
22,26	Gott: **Seine** (des Landes) **Priester tun meinem Gesetz Gewalt an und entweihen, was mir heilig ist; <u>sie machen zwischen heilig und unheilig keinen Unterschied</u>.**
	Zwischen heilig und unheilig nicht unterscheiden = die Ansprüche Gottes den menschlichen Belangen gleichsetzen
22,30	Gott: **Ich suchte unter ihnen, ob jemand ... <u>wider den Riß stände</u> gegen mich für das Land, daß ich's nicht verderbte.** (alt)
	Antiquiert: wider den Riß stehen; im pietistischen Raum noch vertraut für: in die Bresche springen = für jmdn einspringen, eintreten
23,18	Gott über Jerusalem: **... da wurde ich auch ihrer überdrüssig, wie ich ihrer Schwester** (Samaria) **<u>müde geworden</u> war.**
	Jes 1,14; 57,10; Jer 15,6; Hos 8,10
	Jmds, einer Sache müde werden = genug davon haben, das Interesse daran verlieren
23,27	Gott zu Jerusalem: **Ich will deiner <u>Unzucht</u> ... ein Ende machen.**
	Mt 15,19; Apg 15,20; Röm 13,13; 1. Kor 5,1; Gal 5,19; Jud 7; Offb 9,21

Hesekiel

Gegen die sittliche Norm verstoßendes Verhalten zur Befriedigung des Geschlechtstriebs

23,34 Gott zu Jerusalem: (Den <u>Kelch</u> des Jammers und Trauerns deiner Schwester Samaria) **mußt du rein** (Rev: bis zur Neige) **austrinken.** (alt)   Jes 51,17; Jer 49,12; Mt 20,22; 26,39; Joh 18,11; Offb 14,10
Davon: den bitteren Kelch bis zur Neige leeren müssen = alles Erdenkliche an Not und Leiden durchzustehen haben
Rein = hier im Sinne von: völlig, ganz und gar

23,42 **Es erhob sich in der Stadt ein großes <u>Freudengeschrei</u>.**
Lautstarker Ausdruck der Freude

24,17 Gott zu Hesekiel: **Heimlich darfst du <u>seufzen</u>.**
Einer Not wortlos, durch Stöhnen oder Klagelaute, Ausdruck geben

25,6 Gott zum Volk von Ammon: **Darum, daß du <u>mit deinen Händen geklitschet</u> und <u>mit den Füßen gescharret</u> und über das Land Israel von ganzem Herzen so höhnisch dich gefreut hast ...** (alt)
Klitschen: ablautende Form von »klatschen« = schallend schlagen
In die Hände klatschen = Geste des Spotts (B); Beifallskundgebung (H)
Mit den Füßen scharren = Mißfallenskundgebung (so vielleicht schon Luther vertraut; hebräisch: mit den Füßen stampfen)

27,3 **O Tyrus, du sprichst: <u>Ich bin die Allerschönste!</u>**
Davon vielleicht: Allerschönste(r): meist ironisch in negativem Sinn gebraucht

28,12.14 Aus der Klage über den König von Tyrus: **Du bist ... <u>aus der</u> (= über die) <u>Maßen schön</u> ... Du bist <u>wie ein Cherub</u>.** (alt)
Davon: schön wie ein Cherub = engelgleich

28,17 Über den König von Tyrus: **Weil sich dein Herz erhob, ... darum habe ich dich zu Boden gestürzt und ein <u>Schauspiel</u> aus dir gemacht vor den Königen.**   1. Kor 4,9; Hebr 10,33
Jmd, der zur öffentlichen Belustigung zur Schau gestellt wird (B); Drama oder Aufführung eines Dramas (H)

32,2 Über den Pharao (im Bild des Krokodils): **Du ... <u>trübest das Wasser</u> mit deinen Füßen.** (alt)
Davon vielleicht: kein Wässerchen trüben können = absolut harmlos sein

Hesekiel

32,3 Gott zum Pharao: **Ich will mein Netz über dich auswerfen durch einen großen Haufen Volks, die dich sollen <u>in mein Garn jagen</u>.** (alt)   Hab 1,15
Garn = Fangnetz; davon sprachlich: jmdm ins Garn gehen = von jmdm überlistet werden

33,33 **Wenn <u>es kommt, was kommen soll</u>, siehe, so werden sie <u>erfahren, daß ein Prophet unter ihnen gewesen ist</u>.** (alt)
Es kommt, was kommen soll (muß) = schicksalsergebene Feststellung
Erkennen, daß ein Prophet unter ihnen gewesen ist = gerne zitiert in dem Sinne, die Menschen würden den Wert des Betreffenden erst nach seinem Weggang oder Tod erkennen

34,2 o **Wehe den Hirten ..., die sich selbst weiden!**
Unheilsankündigung für Seelsorger, die nur ihren eigenen Vorteil im Auge haben

34,11 o Gott: **Siehe, ich will mich meiner Herde selbst annehmen.**
Verheißung Gottes für Zeiten, in denen die beauftragten (Seelen-)Hirten sich verweigern oder versagen

35,5 Gott über Edom: **Weil ihr <u>ewige Feindschaft</u> hattet gegen die Israeliten ...** (will ich auch euch bluten lassen).
Gegnerschaft, für die kein Ende abzusehen ist

36,5 Gott: **Ich habe in meinem <u>feurigen Eifer</u> geredet gegen die Heiden.**
Eifer = von Gott: leidenschaftlich-eifersüchtiges Wachen über seine Ehre (B); emsiges Streben, Fleiß, Tatendrang (H)
Feuriger Eifer: andernorts (Hebr 10,27 alt) direkt: Feuereifer = brennender Eifer, Zorn (B); besonders großer Eifer (H)

36,26 Gott: **Ich will euch ein <u>neues Herz</u> und einen <u>neuen Geist</u> in euch geben.**
Ein neues Herz = ein völlig – zum Guten – verändertes Wesen (B+H); ein Implantat: ein Herzschrittmacher bzw dessen Auswirkungen; Spenderherz (H)
Ein neuer Geist = ein Denken, das von Gottes Geist geleitet wird (B); ein völlig verändertes Denken (H)

37,9 **So spricht der Herr: Wind, komm herzu <u>aus den vier Winden</u>!** (alt)
Davon wohl: aus allen Windrichtungen kommen = von überallher kommen

38,10.11 Weissagung gegen Gog: **Du wirst auf Böses sinnen und denken: Ich will ... über die kommen, die still und sicher leben.**
Existenzwunsch vieler Menschen

46,1 Anweisung für den neuen Tempel: **Das Tor am inneren Vorhof im Osten soll an den sechs Werktagen zugeschlossen sein.**
Werktag = Wochentag, an dem der Mensch seiner Arbeit nachgehen darf (B); Tag, an dem allgemein gearbeitet wird, im Unterschied zu Sonn- und Feiertagen (H)

46,9 **Das Volk im Lande, das vor den Herrn kommt auf die hohen Feste ...** (alt)
Hohes Fest = eines der Hauptfeste des religiös-kultischen Jahreslaufs im alten Israel (B); Weihnachten, Ostern, Pfingsten; Fest, dem man besondere Bedeutung beimißt (H)

48,18 Anweisung für ein landwirtschaftlich nutzbares Gebiet: **Das gehört zur Unterhaltung derer, die in der Stadt arbeiten.** (alt)   Jer 52,34
Erhaltung, Versorgung mit dem Lebensnotwendigen, Unterhalt (B); auf Vergnügen und Entspannung angelegte Beschäftigung, Zeitvertreib; Gedankenaustausch im Gespräch (H)

Der Prophet Daniel

1,20 **Der König fand sie** (Daniel und seine Gefährten) **in allen Sachen, die er sie fragte, zehnmal klüger und verständiger als alle Zeichendeuter und Weisen in seinem ganzen Reich.**
       Bar 4,28
Zehnmal + Komparativ = Vergleich, der einen großen Unterschied feststellt

2,5 Nebukadnezar über den Inhalt seines Traums: **Es ist mir entfallen.** (alt)
Dem Gedächtnis entfallen = plötzlich aus dem Gedächtnis getilgt sein

2,21 ● (Gott) **ändert Zeit und Stunde; er setzt Könige ab und setzt Könige ein.**
Zeit und Stunde = genaue Festlegung eines Termins

Daniel

2,33 **Seine** (des Bildes) <u>Füße</u> **waren teils von Eisen und teils <u>von</u> <u>Ton</u>.**
Davon: auf tönernen Füßen stehen = keine feste Grundlage haben
Davon auch: Koloß auf tönernen Füßen (bezogen auf die Größe des Bildes, vgl Dan 2,31) = Mensch oder Projekt von großen Ausmaßen, aber ohne solide Grundlage
Davon auch beeinflußt: auf schwachen Füßen stehen = nicht sicher sein

3,4 **Der <u>Ehrenhold</u> rief <u>überlaut</u>: <u>Das lasset euch gesagt sein,</u> ihr Völker, Leute und Zungen!** (alt)
Ehrenhold (Luther 1545: Ehrnhold): davon die verballhornte volkstümliche Nebenform: Herold = jmd, der eine wichtige Nachricht verkündet
Überlaut = übermäßig laut, zu laut
Sich etw gesagt sein lassen = etw zur Kenntnis nehmen müssen

3,5 **Ihr sollt niederfallen und <u>das goldene Bild anbeten</u>, das der König Nebukadnezar hat aufrichten lassen.**
Ein goldenes Bild anbeten = sich dem Götzendienst hingeben (B); dem Materialismus verhaftet sein (H); siehe auch 2. Mose 32,4: Goldenes Kalb

4,13 Aus dem Traum Nebukadnezars: **Das menschliche Herz soll von ihm genommen und ein <u>viehisch</u> Herz ihm gegeben werden.** (alt)
Viehisch = wie Vieh und deshalb menschenunwürdig (B); von roher Triebhaftigkeit zeugend, brutal, bestialisch; emotional verstärkend: überaus stark (H)

4,33 Nebukadnezar: **Zur selbigen Zeit <u>kam ich wieder zur Vernunft</u>.** (alt: 32)
(Wieder) zur Vernunft kommen = (wieder) für sachgemäße Überlegung zugänglich sein; von Luther als Wendung vorgefunden (hebräisch: »mein Verstand kam mir wieder«)

5,5 **Im gleichen Augenblick gingen hervor Finger <u>wie von</u> <u>einer Menschenhand</u>, die <u>schrieben</u> gegenüber dem Leuchter <u>auf die</u> getünchte <u>Wand</u> in dem königlichen Saal.**
Davon vielleicht beeinflußt: wie von Geisterhand = wie durch eine unsichtbare Hand oder Kraft bewegt

Davon: Zeichen an der Wand = vor einem Unheil warnendes Vorzeichen

5,14 Belsazar zu Daniel: **Ich habe von dir <u>hören sagen</u>, daß du den Geist der heiligen Götter habest.** (alt)
Davon sprachlich, schon vor Luther: vom Hörensagen = ein Wissen lediglich aus Erzählungen anderer

5,25 **So aber lautet die Schrift ...: Mene <u>mene tekel</u> u-parsin.**
Menetekel = geheimnisvolles Anzeichen eines drohenden Unheils

5,26 Daniel zu Belsazar: **Mene, das ist, Gott hat dein Königreich <u>gezählt</u> und <u>vollendet</u>.** (alt)
Davon vielleicht beeinflußt: jmds Tage sind gezählt = jmds Leben geht zu Ende
Vollendet = zu Ende gebracht, beendet (B+H); vollkommen; mit allem ausgestattet, was dazugehört (H)

5,27 Daniel zu Belsazar: **Tekel, das ist, man hat dich auf der Waage <u>gewogen und zu leicht befunden</u>.**
Geprüft und für zu schlecht, für ungenügend befunden

6,11 **Daniel ... hatte an seinem Obergemach <u>offene Fenster nach Jerusalem</u>.**
In der Sprache des Pietismus = Verbindung mit Gott im Gebet

6,17 **Sie warfen ihn** (Daniel) **<u>zu den Löwen in den Graben</u>.** (alt: 16)   St zu Dan 2,33
Davon: wie Daniel in der Löwengrube = in großer Gefahr ohne erkennbare Aussicht auf Hilfe. Erstmals in der Revision von 1964 wurde auch im Bibeltext »Graben« durch »Grube« ersetzt

6,19 **Der König** (Darius) **ging weg in seine Burg und blieb <u>ungegessen</u>.** (alt: 18)
Ohne gegessen zu haben; vgl scherzhaft: Komm ungegessen = ohne gegessen zu haben

6,21 **Als er** (Darius) **zum Graben kam, rief er Daniel mit <u>kläglicher Stimme</u>.** (alt: 20)   Joel 1,10; Weish 18,10
Klägliche Stimme = eine Stimme, die hilflosen Jammer ausdrückt; kläglich = klagend, Mitleid erregend; minderwertig, geringwertig (B+H)

7,3 **Vier <u>große Tiere</u> stiegen herauf aus dem Meer.**
Davon vielleicht: ein großes (hohes) Tier = eine Person von großem Ansehen, hohem Rang (vielleicht unter Hinzunahme des

	endzeitlichen »Tieres« und seiner Bedeutung in der Offenbarung, Offb 13,1 ff)
8,17	Der Engel Gabriel zu Daniel: **Dies Gesicht geht auf die <u>Zeit des Endes</u>.** Dan 11,35
	Davon: Endzeit = Zeitspanne, die dem Ende der bestehenden Welt vorangeht
9,4	**Ach <u>lieber Herr</u>, du großer und schrecklicher Gott …** (alt)
	Davon und unter Hinzunahme der zahlreichen Stellen von der Liebe Gottes zu den Menschen: Lieber Gott!, Ach du lieber Gott! = Ausruf der Bestürzung, des Erstaunens; der liebe Gott = landläufige, respektlose Benennung Gottes
10,19	Der himmlische Bote zu Daniel: **Fürchte dich nicht, du <u>lieber Mann</u>!** (alt)
	Davon vielleicht beeinflußt: Mein lieber Mann! = Ausruf des Erstaunens, des Unwillens
11,31	**Seine Heere werden … einen <u>Greuel der Verwüstung</u> aufrichten.** (alt)
	Götzenbild oder Altar eines fremden Gottes, wodurch der Tempel entweiht wird (B); besonders augenfälliges Chaos, scherzhaft für angerichtetes Durcheinander (H)
11,44	Aus Daniels Prophezeiung über den antigöttlichen Weltherrscher: **Er wird mit großem Grimm ausziehen, <u>willens</u>, viele zu vertilgen und zu verderben.** (alt) 1. Sam 2,25
	Willens sein, etw zu tun = bereit, entschlossen sein, etw zu tun
12,1	**Es wird eine … <u>trübselige</u> Zeit sein.** (alt)
	Trübselig = durch seine Beschaffenheit von niederdrückender Wirkung auf das Gemüt (B+H), traurigen Gedanken nachhängend oder sie ausdrückend (H)
12,2	**Viele, die <u>unter der Erde schlafen</u> liegen, werden aufwachen, die einen zum ewigen Leben, die andern zu ewiger <u>Schmach und Schande</u>.** Ps 69,20
	Davon: in (unter) der Erde schlafen = tot sein
	Schmach und Schande = verstärkender Doppelbegriff für Kränkung, Herabwürdigung, Demütigung; »Schmach und Schande über dich!« = scherzhaft zu jmdm, der sich nicht nach den Vorstellungen des Ausrufenden verhalten hat
12,3	o **<u>Die Lehrer werden leuchten wie des Himmels Glanz</u>.** (alt)

Der Prophet Hosea

3,1 Gott zu Hosea: **Gehe noch eins** (noch einmal) **hin und <u>buhle</u> um das <u>buhlerische</u> und ehebrecherische Weib.** (alt)

Hes 23,7

Buhlen um = um die Liebe eines Menschen anderen Geschlechts werben (B); davon: heftig um etw werben, sich um etw bemühen, etwa die Gunst der Wähler (H)

Buhlen mit = ein Liebesverhältnis mit jmdm unterhalten; davon sprachlich: buhlerisch (B)

4,1 <u>**Es ist keine Treue**, keine Liebe und keine Erkenntnis Gottes **im Lande.**</u>

Davon: Es ist keine Treue mehr im Lande = Ausruf nach einer erlebten Enttäuschung durch Freunde; oft auch scherzhaft zitiert

6,1 •**Kommt, wir wollen wieder zum Herrn; denn er hat uns zerrissen, er wird uns auch heilen, er hat uns geschlagen, er wird uns auch verbinden.**

Ruf zur Umkehr

7,6 Klage über die Unbußfertigkeit Israels: **Ihr Herz ist in heißer <u>Andacht</u> wie ein Backofen, wenn sie Böses ersinnen. Ihr Grimm schläft die ganze Nacht, aber am Morgen brennt er <u>lichterloh</u>.** (alt)

Andacht = Sammlung der Gedanken, gesammelte Aufmerksamkeit (B); Sammlung der Gedanken zur Betrachtung von Gottes Wort und zum Gebet; kurzer Gottesdienst (H)

Lichterloh = mit hellen, aufschlagenden Flammen brennend

7,8 ○ **Ephraim ist wie ein Kuchen, den niemand umwendet.**

Ein nicht gewendeter Teig verbrennt – so auch ein Leben, das einseitig nur Annehmlichkeiten genießt

8,7 **<u>Sie säen Wind und werden Ungewitter einernten.</u>** (alt)

Davon: Wer Wind sät, wird Sturm ernten = wer etwas Böses tut, wird durch ein weit größeres Übel bestraft

8,9 **Ephraim gibt den Heiden <u>Tribut</u>.** (alt)

Abgabe, die ein besiegtes Volk dem Sieger zu erbringen hat (B); davon: Tribut zollen (von Zoll = Abgabe) = eine Leistung anerkennen; einer Sache Opfer bringen (H)

8,14	Israel vergißt seines Schöpfers und baut <u>Kirchen</u>. (alt) Kirche = Gotteshaus (B+H); im Protestantismus der darin gehaltene Gottesdienst; eine in einer festen Organisationsform zusammengeschlossene christliche Glaubensgemeinschaft; Gesamtheit dieser Glaubensgemeinschaften (H) Luther verwendet das Wort hier im Alten Testament anachronistisch, vermutlich in Anspielung auf die vielen Kirchenbauten des Mittelalters und einen nur äußerlichen Gottesdienst
10,8	○ **Ihr Berge, bedecket uns! und: Ihr Hügel, fallet über uns!** Lk 23,30; Offb 6,16 Versuch, sich vor dem richtenden Gott zu verbergen
10,12	● **Säet Gerechtigkeit und erntet nach dem Maße der Liebe!**
11,4	○ Gott: **Ich ließ sie** (das Volk Israel) **in Seilen der Liebe gehen.**
11,8	Gott zu Israel: **Mein Herz <u>ist andern Sinnes</u>, all meine Barmherzigkeit ist entbrannt.** Anderen Sinnes sein = (vom Herzen gesagt) anders gestimmt, von etw anderem bestimmt sein (B); eine andere Meinung, Absicht haben (H)
13,9	**Israel, <u>du bringst dich ins Unglück</u>.** Jos 6,18; 1. Sam 14,29; Jes 3,9 Jmdn ins Unglück bringen = jmdn in eine schlimme Lage bringen, ihm großen Schaden zufügen
14,4	● **Wir wollen nicht mehr auf Rossen reiten, auch nicht mehr sagen zu den Werken unserer Hände: Ihr seid unser Gott. Denn bei dir** (Gott) **finden die Verwaisten Gnade.**

Der Prophet Joel (Joël)

1,4	**Was die Käfer übriglassen, das frißt das <u>Geschmeiß</u>.** Ekelerregendes Ungeziefer und dessen Brut (B); widerliche, verabscheuungswürdige Menschen (H)
2,13	**<u>Zerreißet eure Herzen</u> und nicht eure Kleider.** Davon: herzzerreißend = jammervoll, erschütternd; »es zerreißt mir das Herz, wenn ich sehe ...«
2,21	● **Fürchte dich nicht, liebes Land, sondern sei fröhlich und getrost; denn der Herr kann auch große Dinge tun.** (alt)
2,25	**Ich will euch die Jahre <u>erstatten</u>, deren Ertrag die Heuschrecken ... gefressen haben.**

3,5 **Wer des Herrn <u>Namen anrufen</u> wird, der soll errettet werden.** Röm 10,13
Zurückzahlen, ersetzen, vergüten (B auch: einen Mangel ausgleichen, Kol 1,24)
Petrus nimmt in seiner Pfingstpredigt diese Stelle auf und bezieht sie auf den »Herrn« Jesus (Apg 2,21). Seinen Namen anzurufen bringt Rettung und Heil. »Jesus!« und »O Jesus!« sind auch heute als Hilferuf und Preisung im pietistischen Raum vertraut. Vom Brauch der Anrufung des Jesusnamens kommt dann freilich auch die gedankenlos-leichtfertige Benutzung in folgenden Varianten: oje, Jesses, o Jesses, Jesses Maria (= Jesus und Maria, im katholischen Raum gebräuchlich). Siehe auch Apg 7,59 zu »herrje« uä

Der Prophet Amos

3,3 o Können etwa zwei miteinander wandern, sie seien denn einig untereinander?
3,6 o Ist etwa ein Unglück in der Stadt, das der Herr nicht tut?
3,9 **Sehet, welch ein großes <u>Zetergeschrei</u> und Unrecht darin (in Israel) ist!**
Not- und Hilferuf von Opfern oder Zeugen eines Verbrechens; bei Mord: Zeter und Mord(io) schreien (vgl »Mordschrei« Jer 4,19.20 alt); als Redensart = im Verhältnis zum Anlaß übergroßes Geschrei erheben
4,11 Gott zu den Obersten Israels: **Ihr waret <u>wie ein Brand</u>, der <u>aus dem Feuer gerissen</u> wird.** (alt)
Wie ein Brand aus dem Feuer gerettet (gerissen): im Sprachgebrauch des Pietismus = wider alles Erwarten von einem gottfernen Leben zum rettenden Glauben an Christus gekommen
4,12 o **<u>Schicke dich</u>, Israel, und begegne deinem Gott!** (alt)
Sich schicken = sich bereitmachen
5,4 •Gott: **Suchet mich, so werdet ihr leben.**
5,23 Gott zu Israel: **Tu weg von mir das <u>Geplärr</u> deiner Lieder!**
Von plärren = blöken, schreien, heulen: ein widerliches, störendes Geschrei, Lärmen
8,11 •**Siehe, es kommt die Zeit, spricht der Herr, daß ich einen Hunger ins Land schicken werde, nicht einen Hunger nach**

Brot oder Durst nach Wasser, sondern nach dem Wort des Herrn, es zu hören.

9,6 (Der Herr Zebaoth) **ist es, der seinen <u>Saal</u> in den <u>Himmel</u> baut.**
Davon: Himmelssaal = Wohnung Gottes; in verschiedene Choräle übernommen, etwa in die (im neuen Evang. Gesangbuch nicht mehr enthaltene) Schlußstrophe von »Ach bleib bei uns, Herr Jesu Christ«: »... zu dir in deinen Himmelssaal«

Der Prophet Obadja

7 Aus der Weissagung über Edom: **Alle deine <u>Bundesgenossen</u> werden dich zum Lande hinausstoßen.**
Bundesgenosse = Verbündeter   1. Makk 8,12; 10,6; 11,33; 12,14

Der Prophet Jona

1,7 **Als sie** (die Schiffsleute) **<u>losten, traf's</u> Jona.**
Das Los trifft jmdn = es fällt auf jmdn; davon: mit einem Los einen Treffer erzielen

2,7 •**Du hast mein Leben aus dem Verderben geführt, Herr, mein Gott!**

4,3 **So nimm nun, Herr, meine Seele von mir; denn <u>ich möchte lieber tot sein als leben</u>.**   Jer 8,3; Tob 3,6

4,4 ○ Gott zu Jona: **Meinst du, daß du billig zürnst?** (alt)
Mahnung, Ursache und Sinn menschlichen Zorns zu bedenken

4,11 Gott zu Jona: **Mich sollte nicht jammern Ninive, eine so große Stadt, in der mehr als hundertundzwanzigtausend Menschen sind, die <u>nicht wissen, was rechts oder links ist</u>?**
Ohne geistliche Orientierung sein (B); sich überhaupt nicht (mehr) auskennen, sich nicht zurechtfinden, völlig verwirrt sein; auch: vor Aufregung »nicht mehr wissen, wo rechts und links ist« (H)

Der Prophet Micha

2,4 Gott über die Machthaber in Juda: **Zur selben Zeit wird man einen Spruch von euch machen.** Hab 2,6
Ein geflügeltes Wort, einen Spottvers prägen und verbreiten
Davon: Sprüche machen, klopfen = sich in großtönenden Worten äußern, hinter denen nicht viel steckt; vielleicht auch unter Hinzunahme von 1. Kön 5,12 und Spr 1,1

2,11 ○ **Wenn ich ein Irrgeist wäre und ein Lügenprediger und predigte, wie sie saufen und schwelgen sollen – das wäre ein Prediger für dies Volk!**

4,13 **Mache dich auf und drisch, du Tochter Zion! ... Du sollst viele Völker zermalmen.** Ri 6,11; 1. Chr 21,20; Am 1,3; 1. Kor 9,10
Dreschen = Getreidekörner durch einen Dreschflegel oder maschinell aus den Hülsen lösen; Völker vernichtend schlagen (B); vgl: verdreschen = verprügeln; Dresche = Prügel (H)

6,8 ● **Es ist dir gesagt, Mensch, was gut ist und was der Herr von dir fordert, nämlich Gottes Wort halten und Liebe üben und demütig sein vor deinem Gott.**

6,16 Gott zum Volk Israel: **Darum will ich dich zur Wüste machen und ihre Einwohner** (so), **daß man sie anpfeifen soll.** (alt)
Klgl 2,15.16 (alt)
Aggressiv mit pfeifendem Geräusch anfahren, wie die Gänse oder der Wind (B); in scharfem Ton zurechtweisen (H)

7,3 **Die Gewaltigen ... drehen's, wie sie wollen.** Sir 19,22
Etw drehen = einer Sache eine willkürliche Wendung, Deutung geben (wie: verdrehen); davon: Dreh = Einfall, Kunstgriff, womit sich ein Problem zu eigenen Gunsten lösen läßt. »Da ist nichts zu drehen und zu deuteln« = etw ist ganz eindeutig

7,8 ● **Wenn ich auch im Finstern sitze, so ist doch der Herr mein Licht.**

Der Prophet Nahum

2,11 Nun muß sie (Ninive) **verheert und geplündert werden, daß ... <u>die Knie schlottern</u>.**
Knieschlottern = Furcht, die die Knie zittern läßt

3,16 ○ Über Ninive: **Du hast mehr Händler, als Sterne am Himmel sind.**

Der Prophet Habakuk

1,3 ○ **Es geht Gewalt vor Recht.**
Gewalt triumphiert und wird nicht zur Rechenschaft gezogen

2,3 **Die Weissagung wird ... endlich frei <u>an den Tag kommen</u>.**
Sich als gültig herausstellen (B); allgemein bekannt werden (H)

2,4 • **Wer halsstarrig ist, der wird keine Ruhe in seinem Herzen haben, der Gerechte aber wird durch seinen Glauben leben.** Röm 1,17; Gal 3,11; Hebr 10,38

2,6 ○ **Weh dem, der sein Gut mehrt mit fremdem Gut – wie lange wird's währen?**

Der Prophet Zefanja

1,5 **... die auf den Dächern anbeten <u>des Himmels Heer</u>.**
1. Mose 2,1; 2. Kön 17,16; Jer 19,13; 33,22
Davon wohl: Himmelsheer = zumeist auf die Sterne bezogen; manchmal ist auch die Engelwelt gemeint (vgl 1. Kön 22,19; Lk 2,13)

1,11 **Das ganze <u>Krämervolk</u> ist dahin.**
Krämerschar, von Krämer = Kleinhändler (B); in unserer Zeit abwertend; davon dann »Krämervolk« als Schimpfwort für eine bevorzugt Handel treibende Nation, so für die Engländer vor dem Ersten Weltkrieg

1,15 **Dieser Tag ist ein <u>Tag des Grimmes</u>.**

	Grimm = Zorn; davon das lateinische »Dies irae« (Tag des Zorns), als Hymnus im katholischen Traueramt (Requiem) enthalten
3,11	**Ich will die <u>stolzen Heiligen</u> von dir tun.** (alt)
	Fromme, die sich etw auf ihr Frommsein einbilden

Der Prophet Haggai

1,6	Schilderung einer Wirtschaftskrise: **... und wer Geld verdient, der legt's in einen <u>löchrigen Beutel</u>.**
	Einen löchrigen Beutel haben = nie Geld haben
2,6	**Es ist noch ein kleines dahin, daß ich <u>Himmel und Erde ... bewegen</u> werde.** (alt) Jes 13,13
	Davon vielleicht: Himmel und Erde (Hölle) in Bewegung setzen = alles versuchen und aktivieren, um etw zu erreichen

Der Prophet Sacharja

2,9	**Ich will, spricht der Herr, <u>eine feurige Mauer rings um sie her</u> sein.**
	Eine feurige Mauer rings um das Volk Gottes = zitiert als Schutz Gottes in gefährlicher Lage
2,10	**<u>Hui, hui,</u> flieht aus der Mitternacht Lande, spricht der Herr.** (alt: 6) Hiob 39,25
	Hui = lautmalend für Schnelligkeit, vom Sausen des Windes; vgl: bei jmdm muß immer alles hui gehen; im (in einem) Hui = sehr schnell und dadurch unsorgfältig
2,12	o **Wer euch antastet, der tastet meinen Augapfel an.**
	Zusage Gottes für sein auserwähltes Volk Israel; »Augapfel« siehe 5. Mose 32,10
4,7	(Serubbabel) **soll aufführen den ersten Stein** (= Grundstein), **daß man rufen wird: <u>Glück zu!</u> Glück zu!** (alt)
	Glückwunsch zu einem Vorhaben und Grußformel
5,2	**Ich sehe einen fliegenden <u>Brief</u>, der ist zwanzig <u>Ellen lang</u> und zehn Ellen breit.** (alt)
	Davon vielleicht: ein ellenlanger Brief = ein übermäßig langer Brief

Sacharja/Maleachi

8,23 ○ Zu der Zeit werden zehn Männer aus allen Sprachen der Heiden **einen** jüdischen Mann beim Zipfel seines Gewandes ergreifen und sagen: Wir wollen mit euch gehen, denn wir hören, daß Gott mit euch ist.
Prophetie von der künftigen Aufgabe Israels beim Kommen des Gottesreichs

9,3 Tyrus ... sammelt ... <u>Gold wie Kot</u> auf der Gasse. (alt)
Davon vielleicht: Geld wie Dreck (haben)

12,2 ○ Siehe, ich will Jerusalem zum Taumelbecher zurichten für alle Völker ringsumher.
Prophetischer Hinweis auf die endzeitliche Bedeutung dieser Stadt, in deren Schicksal viele Nationen verwickelt sein werden (»Taumelbecher« = Becher, dessen Inhalt Taumeln verursacht)

12,4 Über Jerusalem will ich meine <u>Augen offen haben</u>. (alt)
Die Augen offenhaben über = wachsam beobachten, schützend wachen über (B+H); die Augen offenhalten = nach etw andauernd Ausschau halten (H)

14,7 ○ Um den Abend wird es licht sein.

Der Prophet Maleachi

1,6 ● Ein Sohn soll seinen Vater ehren und ein Knecht seinen Herrn. Bin ich nun Vater, wo ist meine Ehre? Bin ich Herr, wo fürchtet man mich?

1,13 Ihr sprecht: Siehe, es ist nur Mühe, und <u>schlagt's in den Wind</u>. (alt)
Etw in den Wind schlagen = dem Rat, der Warnung eines anderen keine Beachtung schenken (vermutlich von Luther aufgenommene deutsche Wendung für einen andersartigen hebr. Ausdruck)

2,10 ● Haben wir nicht alle **einen** Vater? Hat uns nicht **ein** Gott geschaffen? Warum verachten wir denn einer den andern?

3,2 ● Wer wird den Tag seines Kommens ertragen können, und wer wird bestehen, wenn er erscheint?

3,4 Es wird dem Herrn wohlgefallen das Opfer Judas und Jerusalems wie vormals und <u>vor langen Jahren</u>.

Maleachi

Weit zurückliegend

3,9 **Darum seid ihr verflucht, daß euch <u>alles unter den Händen zerrinnt</u>.** (alt)

Unter den Händen zerrinnen = sich schnell verringern, aufzehren

3,16 **Vor ihm** (Gott) **ist ein <u>Denkzettel</u> geschrieben für die, so den Herrn fürchten.** (alt)

Notizzettel zur Erinnerung an einen Vorgang oder eine Person (B); exemplarische Strafe oder als Warnung anzusehende unangenehme Erfahrung: einen Denkzettel verabreichen, verpassen (H)

3,24 (Der wiederkehrende Elia) **soll das Herz der Väter bekehren zu den Söhnen und das Herz der Söhne zu ihren Vätern, auf daß ich nicht komme und das Erdreich mit dem <u>Bann schlage</u>.**

Bann = Strafe, die vom zuständigen Bannherrn (Regent oder Richter) bei der Übertretung eines mit dem Bann belegten Gebots verhängt wird: biblisch Vernichtung, weltlich in der Regel Verbannung, kirchlich Exkommunikation; Kirchenbann als Ausschluß aus der (katholischen) Kirche mit Verlust der ewigen Seligkeit als Folge

Jmdn mit dem Bann schlagen = ihn und sein Eigentum der Vernichtung preisgeben (B); jmdn in seinen Bann schlagen = seine Aufmerksamkeit ganz gefangennehmen, ihn fesseln (H)

DIE APOKRYPHEN

Vorbemerkungen zu den Apokryphen

Apokryph = zweifelhaft; nicht zum Gültigen, Anerkannten gehörend. Luther urteilt über die Apokryphen wie folgt: »Das sind Bücher, so der Heiligen Schrift nicht gleich gehalten und doch nützlich und gut zu lesen sind.«

In der Verszählung weicht die Lutherbibel, nach der hier zitiert wird, teilweise stark von fast allen anderen Bibelausgaben mit Apokryphen ab. Eine tabellarische Übersicht aller Abweichungen hat die Deutsche Bibelgesellschaft veröffentlicht in dem Taschenbuch »Bibelkunde im Überblick« (Stuttgart 1997), S. 197–207. Die Tabelle ermöglicht ein rasches Auffinden der betreffenden Stellen in anderen Bibelausgaben und das Nachschlagen von Stellen, die in der Literatur nach anderer Zählung angeführt werden, in Ausgaben der Lutherbibel.

Das Buch Judit

6,3	Holofernes zu Achior: **Du ... mußt <u>sterben und verderben</u>.** Verstärkendes Wortpaar	
7,14	Die Einwohner von Betulia zu Usija und den Ältesten: **Wir ... müssen ... vor Durst verschmachten und <u>jämmmerlich umkommen</u>.**	Bar 2,25
	Elend, leidvoll ums Leben kommen (B); einen schlimmen, würdelosen Tod sterben (H)	
8,11	o Judit zu den Ältesten: **Wollt ihr dem Herrn nach eurem Gefallen Zeit und Tag bestimmen, wann er helfen soll?**	
10,3	(Die Witwe Judit) **setzte eine <u>Haube</u> auf und zog ihre schönen Kleider an.** (alt)	Jes 3,20
	Damit im Zusammenhang: unter der Haube sein = verheiratet sein (früher trugen die verheirateten Frauen als Zeichen ihrer Würde eine Haube)	

Judit

10,20 Die Diener des Holofernes beim Anblick der Judit: **Die Hebräer sind gewiß nicht zu verachten, wenn sie so schöne Frauen haben.**
Davon sprachlich: nicht zu verachten sein = untertreibend: durchaus begrüßenswert, erstrebenswert sein

11,13 Judit zu Holofernes: **Und wird nicht ein Hund dich dürfen anbellen.** (alt)
Gemeint: Es besteht nicht die geringste Gefahr für dich

12,11 **Am vierten Tage machte Holofernes ein Abendmahl.** (alt)
Festliches Abendessen   Lk 14,16.24; 1. Kor 11,20; Offb 3,20
In spezieller Bedeutung: Abschiedsmahl Jesu mit seinen Jüngern in der Nacht vor seiner Kreuzigung; im Protestantismus Bezeichnung für das Sakrament, bei dem mit Bezug auf Jesu Abschiedsmahl Christus für die Gläubigen in Brot und Wein gegenwärtig ist (siehe dazu Mt 26,17-30). Hierfür ist der Begriff »Abendmahl« von Luther eingeführt worden (katholisch: Eucharistie)
Davon: Darauf will ich das Abendmahl nehmen = das weiß ich ganz sicher

12,13 Der Kämmerer Bagoas zu Judit: **Schöne Frau, mein Herr will dich ehren.**
Als galante Anrede – wie hier – auch heute noch üblich

12,21 **Holofernes ... trank so viel, wie er sonst nicht zu trinken pflegte.** (alt)
Soviel trinken, wie man sonst nicht zu trinken pflegt = Schilderung übermäßigen Alkoholgenusses über das übliche, zugleich verträgliche Maß hinaus

13,8 **Judit ergriff Holofernes beim Schopf.**   St zu Dan 2,35
Luther verwendet eine verbreitete deutsche Wendung; davon sprachlich: eine Gelegenheit beim Schopf packen = eine Chance nutzen

13,16 (Judit) hieß sie (die Ältesten der Stadt) **still sein und zuhören.** (alt)
Geläufige Mahnung, vor allem gegenüber Kindern

15,16 **Alle** (Bewohner von Betulia) **waren fröhlich, sangen und sprangen**, Mann und Frau, jung und alt.
Singen und springen: oft gebrauchter (Stab-)Reim

Die Weisheit Salomos

Vorbemerkung: Alle Texte werden Salomo zugeschrieben.

2,2 **Ohngefähr sind wir geboren und fahren wieder dahin, als wären wir nie gewesen.** (alt)
Ohne (böse) Absicht, rein zufällig (B); in diesem Sinn in neuerer Zeit: von ungefähr; ohngefähr/ungefähr = nicht genau gerechnet, schätzungsweise, etwa (B+H)

2,7 **Laßt uns die <u>Maienblumen</u> nicht versäumen.** (alt)
Blumen, die im Mai blühen; speziell Maiglöckchen

2,12 Die Gottlosen: (Der Gerechte) **macht uns viel <u>Unlust</u>.** (alt)
Unbehagen, Ärger (B); Lustlosigkeit, Mangel an innerem Antrieb; Widerwille (H)

2,22 (Ihre Bosheit hat die Gottlosen so verblendet,) **daß sie <u>Gottes heimliches Gericht</u> nicht erkennen. Denn sie haben die Hoffnung nicht, daß ein <u>heiliges Leben</u> belohnt werde.** (alt)
Gottes heimliches Gericht = strafendes und Gerechtigkeit schaffendes Handeln Gottes in der Geschichte, für das er sich Zeit läßt und das sich oft anders auswirkt, als Menschen es erwarten
Heiliges Leben = Lebenswandel, der sittliche Reinheit und konsequente Nächstenliebe bezeugt (H)

3,4 (Die Gerechten) **sind doch <u>gewisser Hoffnung</u>, daß sie nimmermehr sterben.** (alt)
Eine gewisse Hoffnung haben = eine fest umrissene, begründete Hoffnung haben (B); ein gewisses Maß an Hoffnung, eine nicht genau bestimmbare Zuversicht haben (H)

4,6 **Kinder, so aus <u>unehelichem Beischlaf</u> geboren werden, müssen zeugen von der Bosheit wider die Eltern, wenn man sie fragt.** (alt)   Joh 8,41 | Weish 7,2
Unehelich = außerhalb einer Ehe geboren
Beischlaf = altertümlich und Rechtssprache: Geschlechtsverkehr

5,6 **Darum so haben wir <u>des rechten Weges gefehlet</u> ...** (alt)
                                             Klgl 3,11
Fehlen = verfehlen; den rechten Weg verfehlen = von Gottes Weg (schuldhaft) abirren (B); sich verirren (H)

Weisheit

6,5	Ihr (Könige) **seid seines** (Gottes) **Reichs <u>Amtleute</u>. Aber ihr <u>führet</u> euer <u>Amt</u> nicht fein.** (alt)
	Amtleute = in ein Regierungs- oder Richteramt Berufene (B); Amtmann, Amtmänner, auch Amtsleute = Beamte des gehobenen Dienstes (H)
	Ein Amt führen: davon sprachlich: Amtsführung = die dienstlichen Obliegenheiten, die zur Verwaltung eines öffentlichen Amtes gehören
6,24	**Was Weisheit ist ..., will ich euch ... nicht verbergen, sondern forschen <u>von Anfang der Kreaturen</u>.** (alt)
	Mk 16,15; Röm 8,19.39; 2. Kor 5,17; Gal 6,15
	Kreatur = von Gott geschaffenes Wesen (B); bedauernswerter oder verachtenswerter Mensch; willenloses, gehorsames Werkzeug eines anderen (H)
	Von Anfang der Kreatur(en) = seit der Schöpfung
6,25	**Ich <u>will</u> mit dem giftigen Neid <u>nichts zu tun haben</u>.**
	Mit jmdm, etw nichts zu tun haben wollen = mit jmdm, etw nichts im Sinn haben, nichts damit zu schaffen haben wollen
7,1	**Auch ich bin <u>ein sterblicher Mensch</u> wie alle andern.**
	Sterblicher Mensch = Mensch in seiner Beschränkung, die sich am deutlichsten in der Todesverfallenheit kundgibt
7,17	(Gott) **gab mir sichere Erkenntnis dessen, was ist, so daß ich den Bau der Welt begreife und das Wirken der <u>Elemente</u>.**
	Element = in der antiken und mittelalterlichen Naturphilosophie einer der vier Urstoffe Feuer, Luft, Wasser und Erde (B); mit chemischen Mitteln nicht weiter zerlegbarer Stoff; Grundbestandteil, Grundbegriff, typisches Merkmal; Bauteil (H)
7,18	(Gott hat mir gegeben gewisse Erkenntnis aller Dinge ...:) **<u>der Zeit Anfang, Ende und Mittel</u>, wie <u>der Tag</u> zu- und <u>abnimmt</u>, wie die <u>Zeit des Jahres</u> sich ändert.** (alt)
	Anfang, Mitte und Ende = die Gesamtheit des zeitlichen Ablaufs einer Sache, eines Vorgangs
	Der Tag nimmt ab = es geht auf den Abend, die Nacht zu
	Zeit des Jahres: davon sprachlich: Jahreszeit, Jahreszeiten = Frühling, Sommer, Herbst und Winter
8,3	(Die Weisheit) **ist herrlichen <u>Adels</u>.** (alt: 2)
	Adel = von edler Herkunft (B); Gesamtheit von Familien, die durch Geburt einem in früherer Zeit mit bestimmten Vorrechten

	ausgestatteten Stand angehören; vornehme, edle Gesinnung, innere Würde (H)
8,8	(Die Weisheit) ... weiß die <u>Rätsel aufzulösen</u>. (alt)
	Davon sprachlich: ein Rätsel lösen = eine Denkaufgabe, meist als Umschreibung eines Gegenstandes oä, raten und das richtige Ergebnis entdecken; Auflösung = die richtige Lösung, Zusammenstellung der richtigen Antworten auf Rätselfragen
8,13	**Ich werde <u>einen unsterblichen Namen</u> durch sie** (die Weisheit) **bekommen.** (alt)
	Unsterblicher Name = steht für: man wird in allen kommenden Zeiten an jmdn denken und ihn rühmen
8,19	**Ich war ein Kind <u>guter Art</u>.** (alt)
	Davon sprachlich: gutartig = auf ein Tier bezogen: nicht widerspenstig oder gefährlich; auf einen Tumor bezogen: keine Metastasen bildend und für das Leben des Patienten nicht gefährlich
8,20	**Da ich wohl erzogen war, wuchs ich** (auf) **zu einem <u>unbefleckten</u> Leibe.** (alt)
	Weish 3,13; 4,9; 1. Petr 1,4.19; 2. Petr 3,14; Hebr 7,26; 13,4; Jak 1,27
	Wird als Schriftbeleg herangezogen für die Unbefleckte Empfängnis Marias, ein 1854 durch Papst Pius IX. verkündetes Dogma der römisch-katholischen Kirche, das Maria, die Mutter Jesu, als von jedem Makel der Erbsünde bewahrt erklärt; Feiertag 8. Dezember
11,16	**<u>Womit jemand sündigt, damit wird er auch geplagt.</u>** (alt: 17)
	Als Sprichwort bekannt: Womit jemand sündigt, damit wird er auch bestraft = die Folgen der Sünde zeigen sich auf dem gleichen Gebiet, auf dem sie begangen werden
11,22	**Die Welt ist vor dir wie das <u>Zünglein an der Waage</u>.** (alt: 23)
	Der Zeiger am Waagbalken als kleinstes Teil des Ganzen (B); das Entscheidende; Person oder Sache, die bei etw den Ausschlag gibt (H)
11,26	**Du schonst aller, denn sie sind dein, Herr, du <u>Liebhaber des Lebens</u>.** (alt: 27)
	Freund alles Lebens, alles Lebendigen
12,3	**Als du den früheren Bewohnern deines <u>heiligen Landes</u> feind warst ...**
	Heiliges Land = Palästina als Land der biblischen Heilsgeschichte
12,10	**Ihre** (der Kanaaniter) **Bosheit war ihnen <u>angeboren</u>.** (alt)

Von Geburt an vorhanden, bestehend

12,19 **Deinen Kindern gibst du damit zu verstehen, sie sollen guter Hoffnung sein, daß du wollest Buße für die Sünden annehmen.** (alt)
Zu verstehen geben = aufzeigen, erklären (B); indirekt wissen lassen (H)
Guter Hoffnung sein = heute nur noch eingeengt auf: schwanger sein

14,8 **Verflucht soll das sein, was mit Händen geschnitzt ist, wie auch der, der es schnitzte.**
Von Menschenhänden geschnitzt = von Menschen gemacht; davon sprachlich: handgeschnitzt = nicht maschinell gefertigt

14,18 **Damit er (der König) noch mehr verehrt würde, lockte der Ehrgeiz der Künstler** (alt: der Künstler Ehrgeizigkeit) **auch die an, die ihn noch nicht kannten.**
Davon: Künstlerehrgeiz = starkes oder übertriebenes Streben nach Erfolg und Anerkennung im Bereich des schöpferischen Gestaltens

15,4 **Uns verführen nicht der Menschen böse Fündlein noch der Maler unnütze Arbeit, nämlich ein buntes Bild mit mancherlei Farbe.** (alt)
Erfindung, Erdichtung (B); überflüssige und abseitige Lehre oder These, mit denen sich ihre Erfinder oder Befolger wichtig tun (H)

15,8 **Das ist eine elende Arbeit, wenn er (der Töpfer) aus demselben Ton einen nichtigen Gott macht, so er selbst doch nicht lange zuvor von Erde gemacht ist.** (alt)
Erbärmliche, schlechte Arbeit (B); mühselige Arbeit (H)

15,9 **Seine** (des Töpfers) **Sorge steht darauf, ... daß er um die Wette arbeite mit den Goldschmieden und mit den Silberschmieden.** (alt)
Mit der Absicht, schneller, besser als der andere zu sein, sich mit ihm zu messen

15,12 **Sie halten auch das menschliche Leben für einen Scherz und menschlichen Wandel für einen Jahrmarkt.** (alt)
Etw für einen Scherz halten = es nicht ernst nehmen
Jahrmarkt: einmal oder mehrmals im Jahr stattfindender Markt mit Verkaufs- und Schaubuden

Weisheit

15,15 (Die Feinde des Volks sind törichter und elender als ein kleines Kind,) da sie alle Götzenbilder der Heiden für Götter halten, die mit ihren Augen nicht sehen, mit ihren Nasen nicht **Luft holen** ... können.
Atem holen, einatmen

16,12 **Es heilte sie** (deine Kinder) **weder Kraut noch Pflaster**, sondern dein Wort, Herr, das alles heilt.
Es heilt weder Kraut noch Pflaster = weder eingenommene noch äußerlich angewandte Medizin bringt Heilung
Vgl: Dagegen ist kein Kraut gewachsen = gegen etw gibt es kein Mittel

16,13 **Du** (Gott) **hast Gewalt über Leben und Tod.**
Davon wohl die Formel aus Begräbnisagenden: Der Herr über Leben und Tod ... (siehe auch Röm 14,8)

16,20 **Dagegen nährtest du dein Volk mit Engelspeise, und unermüdlich gewährtest du ihnen Brot vom Himmel, das ... jedem nach seinem Geschmack** (alt: Schmack) **war.**
Davon vielleicht beeinflußt: jeder nach seinem Geschmack = jeder nach seinem subjektiven Geschmacksurteil, seinen Wünschen entsprechend, nach Belieben

17,7 **Das Gaukelwerk der schwarzen Kunst lag auch danieder.** (alt)
Gaukelwerk = kunstreiche Vorspiegelung, Vortäuschung
Schwarze Kunst = Zauberkunst (B); davon abgeleitet: Buchdruckerkunst (der verwendeten schwarzen Farbe wegen)

17,11 **Ein erschrocken Gewissen versieht sich immerdar des Ärgsten.** (alt)
Erschrockenes Gewissen = ein schlechtes Gewissen, das Strafe fürchtet; ein zartes Gewissen, das auch eine kleine Sünde ernst nimmt

17,19 **Ob etwa ein Wind pfiff oder ... der Widerhall aus den Schluchten der Berge schallte: es erschreckte sie und machte sie verzagt.**
Echo

17,20 **Über die Ägypter hatte sich tiefe Nacht ausgebreitet.**
Finstere, mond- und sternlose Nacht

18,23 **Da jetzt die Toten mit Haufen übereinander fielen, stand er**

(Aaron) **im Mittel** und steuerte dem Zorn und wehrte ihm den Weg zu den Lebendigen. (alt)

Im Mittel stehen = sich in die Mitte stellen, dazwischentreten; vgl: sich für jmdn ins Mittel legen = sich für jmdn einsetzen

Das Buch Tobias (Tobit)

1,16 (Tobias) **... hatte bei sich zehn Pfund Silbers, damit ihn der König begabt hatte.** (alt)   Dan 1,4
Beschenkt (B); mit besondern Anlagen, Fähigkeiten ausgestattet (H)

1,17 **Als er** (Tobias) **unter den vielen Israeliten einen Armen aus seinem Stamm ... sah, lieh er ihm das Geld und nahm einen Schuldschein** (alt: eine Handschrift) **von ihm.**
                                                                        Kol 2,14 (alt)
Schriftliche Bestätigung einer Tatsache, eines Vorgangs (B); die charakteristische persönliche Schreibart; Gepräge, das jmd seinen Werken und Taten aufgrund seiner persönlichen Eigenart verleiht (H)

2,12 **Diese Prüfung ließ Gott über ihn** (Tobias) **kommen, damit die Nachwelt an ihm ein Beispiel der Geduld hätte wie an dem heiligen Hiob.**
Davon: geduldig wie Hiob

2,22 **Über dieser Rede** (des Tobias) **ward seine Hausfrau zornig.** (alt)
Frau des Hauses, die den Haushalt besorgt (B); Frau ohne sonstigen Beruf, die sich dem Haushalt widmet (H)

3,1 **Da erseufzte Tobias tief.** (alt)
Davon sprachlich: tief (auf)seufzen = einem Kummer wortlos Ausdruck geben

3,10 Die Magd zu Sara, der Tochter Raguels: **Wenn wir nur von dir nicht auch einen Sohn oder eine Tochter auf Erden sehen müssen, du Männermörderin.**
Davon scherzhaft: männermordend = als Frau in gefährlichem Maße verführerisch; als Frau Männer in starkem Maße beanspruchend und verschleißend

3,18 Sara: (Du weißt, Herr, daß ich keines Mannes begehrt habe ...)

und habe mich nie <u>zu unzüchtiger und leichtfertiger Gesellschaft gehalten.</u> (alt)

Davon wohl: sich in schlechter Gesellschaft aufhalten = Gemeinschaft mit Leuten haben, die alles andere als ein Vorbild sind

4,4 Tobias zu seinem Sohn: **Denke daran, was für Gefahren sie** (deine Mutter) **ausgestanden hat, als sie dich <u>unter dem Herzen trug</u>.**

Ein Kind unter dem Herzen tragen = ein Kind erwarten, schwanger sein

4,9 Tobias zu seinem Sohn: **Hast du viel, so gib reichlich; <u>hast du wenig, so gib doch das Wenige von Herzen</u>.**

Davon: Es ist wenig, kommt aber von Herzen; wenig, aber von Herzen = vergleichsweise geringe Zuwendung, die aber mit innerer Anteilnahme erfolgt

5,23 Tobias zu seinem Sohn: **So zieht hin! Gott sei mit euch auf dem Wege, und sein <u>Engel geleite</u> euch!**

Davon: Engelgeleit = ein Schutzengel als Begleitung

5,25 Die Mutter des jungen Tobias zu ihrem Mann: **Den <u>Trost unsres Alters</u> hast du uns genommen und weggeschickt.**

Trost des Alters = nicht nur für die eigenen Kinder, sondern auch für andere Personen benutzt, die alten Menschen Hilfe und Stütze sind; manchmal auch ironisch verwendet: Der Alkohol war der Trost seines Alters.

5,29a Der alte Tobias zu seiner Frau: **Ich glaube, daß <u>ein guter Engel</u> Gottes ihn** (den Sohn) **geleitet.**

Vielfach verwendet = Helfer; inspirierend: Das hat dir ein guter Engel eingegeben

5,29b **Da schwieg seine** (des Tobias) **Mutter still und <u>gab sich zufrieden</u>.**

Sich zufrieden geben = etw als ausreichend, als gut genug akzeptieren

Zusammen mit Ps 116,7 Grundlage für das Paul-Gerhardt-Lied »Gib dich zufrieden und sei stille ...«

6,3 o Tobias, als der Fisch ihn verschlingen will: **O Herr, er will mich fressen!**

Zitiert, wenn jemand gähnend den Mund zu weit aufsperrt; oft auch nur angedeutet durch Nennung der Bibelstelle: »Tobias 6, Vers 3«

6,18	Der Engel Rafael zu Tobias: (Ich will dir sagen, über welche der Teufel Gewalt hat,) **nämlich über diejenigen, welche Gott verachten und allein um** (der) **Unzucht willen Weiber nehmen <u>wie das dumme Vieh</u>**. (alt)

Auch: wie das liebe Vieh = im Unterschied zu dem, was dem Menschen angemessen ist

7,13 Raguel zu Tobias: **Ich zweifle nicht, daß Gott meine <u>heißen Tränen</u> und Gebete erhört hat.**
Heiße Tränen = in großer Betrübnis vergossene Tränen

7,16 **Sie nahmen einen Brief und schrieben die <u>Ehestiftung</u>.** (alt)
Ehevertrag (B); vgl: eine Ehe stiften = eine Ehe bewirken, herbeiführen (ursprünglich im rechtsverbindlichen Sinne)

7,17 In der Familie Raguels: (Sie) **lobten Gott und hielten <u>Mahlzeit</u>.** (alt)   2. Makk 2,28; Mt 22,4
Mahl, gemeinsames Essen; vgl: Gesegnete Mahlzeit = Wunsch, daß Gott segnen möge, was man zu sich nimmt; gedankenlos verkürzt in: Mahlzeit!
Prost Mahlzeit = das ist ja eine schöne Bescherung, das kann ja schlimm werden

8,6 (Tobias und Sara) **standen auf und beteten beide fleißig, <u>daß sie Gott behüten wollte</u>**. (alt)   1. Mose 28,15; Hiob 29,2
Davon wohl, mit Einfluß von 4. Mose 6,24: Behüt dich/euch Gott! = Abschiedsgruß; davon das Zitat aus dem »Trompeter von Säckingen« (Viktor v. Scheffel): »Behüt dich Gott, es wär so schön gewesen, behüt dich Gott, es hat nicht sollen sein.«
Davon: gottbehüte, auch gottbewahre: abwehrende oder verneinende Beteuerung = auf keinen Fall, bestimmt nicht

9,4 Tobias zum Engel: **Du weißt, mein Vater <u>zählt Stunden und Tage</u>.** (alt)
Davon: Tage und Stunden zählen = ein bestimmtes Ereignis kaum abwarten können

9,5 Tobias zum Engel: **Du siehst, wie sehr mich Raguel gebeten hat, so daß ich's ihm nicht <u>abschlagen</u> kann.**
Ablehnen, verweigern, nicht gewähren

9,11 Gabael zu Tobias: **<u>Gott gebe</u>, daß ihr eure Kinder und eure Kindeskinder seht bis ins dritte und vierte Glied.**
Davon: Gebe Gott, daß ... = hoffentlich ist es so, daß ...

9,12	Und <u>als alle Amen gesagt hatten,</u> setzten sie sich zu Tische. 5. Mose 27,15; 1. Chr 16,36; Ps 106,48; 1. Kor 14,16; 2. Kor 1,20 Bezeugt (wie auch die Parallelstellen) die alte Sitte, beim Tischgebet (und anderen Gebeten) das Amen am Schluß gemeinsam zu sprechen
10,11	Raguel ... ließ ihn (Tobias) **<u>gesund und fröhlich</u> von sich ziehen.** (alt) Wortpaar = Ausdruck des Wohlbefindens
11,9	**Der Hund, den sie** (der Engel und Tobias) **mitgenommen hatten, ... <u>wedelte mit dem Schwanz.</u>** Mit dem Schwanz wedeln: hat sich durch die Lutherbibel gegenüber älteren Ausdrucksweisen durchgesetzt Der Hund wedelt mit dem Schwanz: in zahlreiche Sprichwörter eingegangen, etwa: Der Hund wedelt nicht umsonst mit dem Schwanz; wenn man vom Hund redet, wedelt er mit dem Schwanz; wenn der Hund einen Knochen sieht, wedelt er mit dem Schwanz – ua Heute auch oft sarkastisch in der Umkehrung benutzt: Der Schwanz wedelt mit dem Hund
12,18	Der Engel zu Tobias: **<u>Gott hat's so haben wollen,</u> daß ich bei euch gewesen bin.** (alt) Eine Begebenheit rückblickend als Gottes Führung sehen
13,9	**Lobt den Herrn, all ihr seine Auserwählten, haltet <u>Freudentage</u> und preist ihn!** Freudentag = Tag, der Anlaß gibt, sich zu freuen
14,15	**Als sie** (die Schwiegereltern des Tobias) **starben, <u>drückte er ihnen die Augen zu.</u>** Die Augen zudrücken = Verstorbenen diesen letzten Dienst erweisen

Das Buch Jesus Sirach

1,12	**Wer den Herrn fürchtet, dem wird's wohlgehen <u>in der letzten Not.</u>** (alt) Beim Sterben
1,19	**Wer den Herrn fürchtet, dem wird's wohlgehen, und wenn er <u>Trosts bedarf</u>, wird er gesegnet sein.** (alt: 18)

Sirach

Davon: trostbedürftig = Zuspruch benötigend

3,11 o **Der Segen des Vaters baut den Kindern Häuser, aber der Fluch der Mutter reißt sie nieder.**

3,20 **Je höher du bist, desto mehr dich demütige, so wird dir der Herr <u>hold sein</u>.** (alt: 19)
Jmdm, einer Sache hold sein = geneigt, gewogen sein; jmdn, etw gern haben

3,24 **<u>Was deines Amts nicht ist</u>, da laß deinen Fürwitz.** (alt)
Was jmds Amt ist = was mit bestimmten Pflichten und Aufgaben für jmdn verbunden ist. Vgl: von Amts wegen = Tätigkeit oder Aufgabe, die von jmdm aufgrund des ihm anvertrauten Amtes wahrgenommen wird

3,27 **<u>Wer sich gern in Gefahr gibt, der verdirbt darinnen.</u>** (alt)
Davon: Wer sich in Gefahr begibt, der kommt darin um

3,30 o **Hochmut <u>tut</u> nimmer gut.** (alt)
Guttun = etw Gutes bringen (B); bei jmdm eine gute Wirkung haben (H)

3,31 **<u>Ein vernünftiger Mensch</u> lernt Gottes Wort gern.** (alt)
Mensch, dessen Vernunft für Gottes Reden offen ist (B); Mensch, der sich in seinem Denken, Reden und Handeln von der Vernunft leiten läßt (H)

4,31 **<u>Strebe nicht wider den Strom.</u>** (alt)
Wider den Strom = gegen den Strom; vgl: gegen den (oder: nicht mit dem) Strom schwimmen = sich der herrschenden Meinung widersetzen, sich nicht anpassen

4,35 **Sei nicht wie ein Löwe in deinem Hause und kein <u>Wüterich</u> gegen deine Hausgenossen.**
Davon wohl: Zu Hause ein Löwe, draußen ein Lamm = daheim ein Tyrann, in der Öffentlichkeit sanftmütig und nachgiebig
Wüterich = jmd, dessen Zornanfälle man jederzeit fürchten muß

5,8 **Verziehe nicht, dich zum Herrn zu bekehren, und <u>schieb es nicht von einem Tag auf den andern</u>.** (alt)
Davon vielleicht: Verschiebe nicht auf morgen, was du heute kannst besorgen

5,16 **Sei nicht ein <u>Ohrenbläser</u> und verleumde nicht mit deiner Zunge.** (alt)
Jmd, der jmdm etw einflüstert, jmdn verleumdet

6,4 **<u>Ein giftiger Mensch</u> schadet sich selber.** (alt)

Sirach

Ein von Bosheit und Gehässigkeit geprägter Mensch

6,5 **Wer das Beste zur Sache redet, von dem redet man wiederum das Beste.** (alt)

Davon vielleicht: zur Sache reden = bei seiner Rede alle Umschweife beiseite lassen und sich auf das beschränken, worum es geht

6,11 **Solange dir's gutgeht, tritt er** (mancher Freund) **auf wie du selbst und lebt in deinem Hause, als wäre er der Hausherr.**

Mt 10,25; Mk 14,14; Lk 12,39; 22,11; 2. Tim 2,21

Auftreten wie = ein bestimmtes Verhalten zeigen, sich in bestimmter Art benehmen

Hausherr = Familienoberhaupt, Haushaltungsvorstand (B); jmd, der berechtigt ist, über ein Haus zu verfügen (H)

6,14 **Ein treuer Freund ist ein starker Schutz; wer den findet, der findet einen großen Schatz.**

Davon: Ein treuer Freund ist ein großer Schatz

6,22 (Die Weisheit) **ist für ihn** (den Unverständigen) **ein schwerer Prüfstein.**

Etw, woran sich jmd bewähren, woran etw seine Richtigkeit beweisen muß

6,26 **Beuge deine Schultern, nimm sie** (die Weisheit) **auf dich und sperre dich nicht gegen ihre Bande.**

Sich gegen etw sperren = sich einer Sache heftig widersetzen, sich ihr gegenüber verschließen; für einen Vorschlag nicht zugänglich sein

7,40 **Was du tust, so bedenke das Ende.** (alt: 39)

Davon: Was du auch tust, bedenke das Ende.

8,4 **Streite nicht mit einem großmäuligen Schwätzer.**

Hiob 11,2; Jer 5,13; Sir 9,25; Tit 1,10

Jmd, der ohne viel Überlegung gern und viel redet

8,5 **Scherze nicht mit einem groben Menschen.** (alt)

Grober Mensch = Mensch ohne Feingefühl

8,18 **Wandere nicht mit einem Tollkühnen, daß er dich nicht in Unglück bringe.** (alt)

Tollkühn = von einem Wagemut beseelt, der die Gefahr nicht achtet; sehr waghalsig

9,7 **Gaffe nicht in der Stadt hin und wieder und laufe nicht durch alle Winkel.** (alt)   2. Chr 28,24

Sirach

Entlegene, enge Ortsteile oder Räume: alle Winkel eines Zimmers, eines Hauses; in allen Winkeln etw suchen

9,15 **Ein neuer Freund ist ein neuer Wein; laß ihn alt werden, so wird er dir wohl schmecken.** (alt) Hiob 20,12
Wohl = gut
Davon sprachlich: wohlschmeckend = dem Gaumen angenehm

9,24 **Das Werk lobt den Meister.**
Davon: Das Werk lobt seinen Meister. Von Friedrich Schiller in »Das Lied von der Glocke« übernommen: »Von der Stirne heiß rinnen muß der Schweiß, soll das Werk den Meister loben; doch der Segen kommt von oben.« (Zur letzten Zeile siehe 1. Mose 49,25)

10,1 **Wo eine verständige Obrigkeit ist, da geht es ordentlich zu.** (alt)
Geordnet, ordnungsgemäß, den geltenden bürgerlichen Vorstellungen entsprechend, anständig (B); auf Ordnung haltend, ordnungsliebend; nach einer bestimmten Ordnung eingesetzt (ordentlicher Professor); als Adverb: sehr, geradezu, regelrecht (H)

10,11.12 **Wenn der Arzt schon lang daran flickt, so gehet's doch endlich also: Heute König, morgen tot.** (alt)
Davon vielleicht: Heute rot – morgen tot

10,29 **Stehe nicht auf deinem eigenen Kopf in deinem Amt.** (alt)
Davon: auf seinem eigenen Kopf bestehen = für einen Entschluß an seiner eigenen Meinung festhalten, die von anderen nicht geteilt wird

11,8 **Du sollst nicht urteilen, ehe du die Sache gehört hast, und laß die Leute erst ausreden.**
Jmdn ausreden lassen = jmdn zu Ende sprechen lassen

11,11 **Mancher läßt sich's sauer werden, müht sich und rennt dem Reichtum nach und fällt doch immer mehr zurück.**
Davon: sich etw sauer werden lassen = sich mit etw abmühen; die mit etw verbundene Mühe nicht scheuen

11,16 **Was er** (Gott) **beschert, das gedeiht immerdar.** (alt: 17)
1. Mose 24,14; 27,20; 33,5; Spr 31,10
Davon wohl unser Tischgebet mitbestimmt: »Komm, Herr Jesu, sei unser Gast und segne, was du uns bescheret hast.«
Davon in ironischem Sinn: die Bescherung = unangenehme Überraschung

Sirach

11,19 Mancher sagt: Nun will ich mir ein gutes Leben machen ...
– doch er weiß nicht, daß <u>sein Stündlein so nahe</u> ist.
Das Stündlein ist nah = die Sterbestunde rückt heran. Davon auch der Choral von Nikolaus Herman (1500–1561): »Wenn mein Stündlein vorhanden ist«

11,29 <u>**Du sollst niemand rühmen vor seinem Ende.**</u> (alt: 30)
Davon: Rühme niemand vor seinem Ende = alle Tage eines Lebens müssen in dessen Beurteilung einbezogen werden

11,34 **Hüte dich vor solchen Buben – sie <u>haben nichts Gutes im Sinn</u>.**
Nichts Gutes im Sinn haben = Böses planen

12,13 **Wer hat Mitleid mit einem <u>Schlangenbeschwörer</u>, der gebissen wird?**
Jmd, der durch Musik Schlangen zu tanzähnlichen, rhythmischen Bewegungen veranlaßt (B+H; ältester Beleg hier bei Luther)

12,15.17 **Der Feind <u>gibt</u> wohl <u>gute Worte</u>, ... kann sogar dabei weinen; aber im Herzen plant er schon, dich in die Grube zu stürzen.**
Jmdm (nur) gute Worte geben = jmdn mit Floskeln abspeisen
Nicht für Geld und gute Worte = auf keinen Fall, um keinen Preis

12,19 **Seinen Kopf wird er** (der falsche Freund bei deinem Schaden; Vers 17) **schütteln und <u>in die Faust lachen</u>.** (alt)
Sich ins Fäustchen lachen = voll heimlicher Schadenfreude oder Genugtuung sein

13,1 <u>**Wer Pech angreift, der besudelt sich damit.**</u>
Davon: Wer Pech angreift, besudelt sich = der Umgang mit Schlechtem, Schmutzigem beschädigt

13,2 **Geselle dich nicht zum Mächtigen und Reichen; du <u>lädst</u> sonst <u>eine schwere Last auf dich</u>.**
Eine schwere Last auf sich laden = etw besonders Bedrückendes auf sich nehmen

13,8 **(Der Reiche) ladet dich einmal oder drei(mal) zu Gast betrüglich, bis er <u>dich um das Deine bringe</u>, und spottet dein zuletzt.** (alt)
Jmdn um das Seine bringen = ihm (mit List) seinen Besitz abnehmen

13,14 **Mit seinen freundlichen Gebärden <u>holt</u> er** (ein Mächtiger) <u>**dich aus**</u>. (alt: 16)

	Jmdn ausholen = jmdn ausfragen, aushorchen
13,26	**Wenn ein Reicher ... sich mit Worten vergriffen hat, so gibt man ihm noch recht.**
	Sich mit Worten, im Wort vergreifen = etw Falsches sagen (B); Worte, Ausdrücke wählen, die der betroffenen Person, Sache nicht angemessen sind (H)
13,28	**Wenn der Reiche redet, so schweigen alle, und seine Worte hebt man in den Himmel.**
	Davon: jmdn, etw in den Himmel heben = jmdn, etw übermäßig loben
13,29	**Wenn der Arme redet, spricht man: Wer ist der? Und so er fehlet, so muß er herhalten.** (alt)
	Herhalten müssen = sterben, leiden, Anfeindung oder Spott erdulden müssen (B); als etw herhalten müssen = für etw dienen müssen, als etw benutzt werden (H)
13,31	**Was einer im Sinn hat; das sieht man ihm an den Augen an.**
	Jmdm etw an den Augen ansehen = seine Gedanken erraten
14,1	**Wohl dem, der sich nicht mit Reden vergeht und davon ein böses Gewissen hat!** Sir 14,2; 19,8; 20,23; Hebr 10,22
	Das von schlechtem oder falschem Tun belastete Gewissen
14,3	**Einem Lauser steht's nicht wohl an, daß er reich ist.** (alt)
	Knausriger, geiziger Kerl (B); auch kurz für: Lausbub, Lausekerl = frecher, nichtsnutziger Bursche (H)
14,6	**Es ist nichts schlimmer, als wenn einer sich selbst nichts Gutes gönnt; und das ist die rechte Strafe für seinen Geiz.**
	Sich selbst nichts (Gutes) gönnen = sich selbst gegenüber knauserig sein
14,15	**Du mußt doch deinen sauren Schweiß andern lassen und deine Arbeit den Erben übergeben.** (alt)
	Davon: mit (unter) saurem Schweiß = besonders mühevoll
14,18	**Alles Fleisch verschleißt wie ein Kleid.** (alt)
	Verschleißen = zugrunde gehen, verderben; von Kleidern und Apparaturen = sich abnutzen, unbrauchbar werden
15,9	**Ein Gottloser kann nichts Rechtes lehren; denn es kommt nicht von Gott.** (alt)
	Nichts Richtiges, Brauchbares, zu Billigendes
15,10	**Zu rechter Lehre gehört die Weisheit; so gibt Gott Gnade dazu.** (alt)

Gott gibt (gebe) Gnade dazu = er läßt (lasse) gnädig gelingen: frommer Wunsch für ein Werk, das getan werden soll

16,1a **Freue dich nicht, daß du viel <u>ungeratene Kinder</u> hast.** (alt)
Sir 22,3
Ungeraten = im Hinblick auf die Erziehung nicht so, wie es erwartet wurde oder allgemein erwartet wird; ungezogen

16,1b **<u>Poche</u> nicht <u>darauf</u>, daß du viele Kinder hast, wenn sie Gott nicht fürchten.** (alt)   Ps 75,5.6
Auf etw pochen = mit etw prahlen, trotzen (B); energisch, unnachgiebig sich auf etw berufen, auf etw bestehen (H)

16,15 **Sage nicht: Der Herr <u>sieht nach mir</u> nicht.**
Nach jmdm sehen = auf jmdn achten (B); bei jmdm (kurz) hereinsehen, sich um ihn kümmern (H)

16,18 **Berg und Tal zittern, wenn er** (Gott) **heimsucht; sollte er denn <u>in dein Herz</u> nicht <u>sehen</u>?** (alt)
Jmdm ins Herz sehen = seine innersten Beweggründe kennen

16,22 **Wenn's** (das Drohen Gottes) **<u>ein roher Mensch</u> hört, bleibt er doch bei seiner Torheit.** (alt)
Ein ungebildeter, unerzogener, unreifer Mensch (B); ein anderen gegenüber gefühlloser, andere körperlich oder seelisch leicht verletzender Mensch (H)

16,25 **Gott hat von Anfang seine Werke <u>wohl geordnet</u>.** (alt)
In guter Ordnung (geschaffen); davon sprachlich: eine Sammlung ist wohlgeordnet = alles ist am angemessenen Platz; ein Anliegen wird wohlgeordnet vorgetragen = nicht alles durcheinander, sondern in logischer Folge

18,6 **Selbst wenn ein Mensch dabei** (beim preisenden Aufzählen der Werke Gottes) **<u>sein Bestes getan</u> hat, so ist's noch kaum angefangen.**
Sein Bestes tun = alle Kraft für etw einsetzen

18,18 **Ein Narr rückt's einem <u>unhöflich</u> auf.** (alt)
Ungezogen, roh, plump (B); die guten Umgangsformen verletzend (H); »aufrücken« = vorhalten

18,19 **<u>Lerne zuvor selbst, ehe du andere lehrest.</u>**
Davon: Man muß erst lernen, ehe man lehren kann

18,26 **<u>Es kann vor Abend ganz anders werden, als es am Morgen war</u>; so schnell wandelt sich alles vor Gott.**
Von Ämilie Juliane von Schwarzburg-Rudolstadt (1637–1706)

in ihr Lied »Wer weiß, wie nahe mir mein Ende« übernommen (Strophe 2): »Es kann vor Nacht leicht anders werden, als es am frühen Morgen war ...«

18,30 **Folge nicht deinen bösen Lüsten, sondern <u>brich</u> deinen Willen.** (alt)
Davon: den Willen brechen = (jmdm oder sich selbst) den Eigenwillen austreiben (B); jmds Willen brechen = jmdm die Kraft zur Durchsetzung seines Willens nehmen (H)

19,2 o **Wein und Weiber betören die Weisen.**
Zitat mit doppeltem Stabreim

19,5 **Wer ... unnütze Schwätzer hasset, der <u>verhütet Schaden</u>.** (alt)
Davon sprachlich: Schadenverhütung = Rechtssprache: Maßnahme zur Verhinderung von Einbußen an materiellen und geistigen Gütern

19,7 **Du sollst es** (Böses, das du hörst) **<u>weder Freund noch Feinden sagen</u>.** (alt)
Davon vielleicht der Stabreim: Freund und Feind = Vertrauter und Gegner
Vgl: jmd ist weder jmds Freund noch Feind = er ist jmdm gegenüber gleichgültig, neutral

19,16 **<u>Es entfährt oft einem ein Wort und meint's doch nicht also.</u>** (alt)
Davon vielleicht: nicht so, nicht böse gemeint = entschuldigend für eine ungeschickt formulierte Aussage

19,22 **Es ist mancher <u>scharfsinnig</u>, aber ein Bösewicht.**
Mit durchdringendem Verstand begabt, der schnell das Wesentliche erfaßt

20,8 **Wer viel <u>plaudert</u>, der macht sich feindselig.** (alt)
Plaudern = ausplaudern, Geheimnisse oä verraten

20,20 (Der Narr bzw Böse) **<u>fällt</u> gefährlicher durch solche** (eigentlich: seine) **<u>Rede</u>, denn so er vom Söller fiele.** (alt)
Die lat. Übersetzung hat für den hier geschilderten Vorgang eines Ausgleitens beim Sprechen die Formulierung »lapsus linguae«, der so in unseren Sprachgebrauch übernommen wurde = das Sichversprechen

20,21 **Ein grober, <u>ungezogener Mensch</u> plaudert unvorsichtig.** (alt)

Ungezogen = alle Erziehung vermissen lassend (»grob« siehe Sir 8,5)

21,5 **Wer hochmütig ist, kommt zuletzt von <u>Haus und Hof</u>.**
Gesamter Besitz (Stabreim)

21,11 **Die Gottlosen gehen auf einem feinen <u>Pflaster</u>, des <u>Ende</u> der <u>Höllen</u> Abgrund ist.** (alt)
Davon wohl beeinflußt: Der Weg zur Hölle ist mit guten Vorsätzen gepflastert

21,12 **Wer Gottes Gebot hält, der <u>folgt seinem Kopf</u> nicht.** (alt)
Seinem (eigenen) Kopf folgen = auf Rat oder Einwand anderer nicht hören

21,26 <u>**Es ist Unvernunft**</u>**, einem <u>an der Tür horchen</u>.** (alt)
Davon vielleicht: es ist eine Unvernunft = es ist eine Verhaltensweise, die nicht von der Vernunft bestimmt ist
An der Tür horchen = versuchen, durch eine verschlossene Tür Dinge mitzuhören, die nicht für die Ohren des Lauschenden bestimmt sind

21,27 **Die unnützen <u>Wäscher</u> plaudern, was nichts <u>zur Sache dient</u>; die Weisen aber <u>bewegen</u>** (bewägen von: wiegen!) **ihre <u>Worte</u> mit der <u>Goldwaage</u>.** (alt)
Wäscher = übertragen: Plauderer, Schwätzer; damit im Zusammenhang: Waschweib = geschwätziger, klatschsüchtiger Mensch
Zur Sache dienen: davon wohl: sachdienlich = der Bearbeitung, Aufklärung bestimmter, meist krimineller Zusammenhänge förderlich
Worte mit der Goldwaage bewegen: davon und von Sir 28,29 (**Warum wägest du nicht auch deine Worte auf der Goldwaage?**): jedes Wort auf die Goldwaage legen = in seinen Äußerungen sehr vorsichtig sein; alles wortwörtlich, übergenau nehmen

21,28 **Die Narren <u>haben ihr Herz im Maul</u>.** (alt)
Davon wohl: das Herz auf der Zunge haben = immer alles mitteilen, ungehemmt über alles reden

21,29 **Ein Narr lacht überlaut; ein <u>Weiser lächelt</u> nur ein wenig.**
Davon: weises Lächeln = gelassene Heiterkeit

22,4 **Eine vernünftige Tochter <u>kriegt</u> wohl <u>einen Mann</u>; aber eine ungeratene Tochter <u>läßt man sitzen</u>, und sie bekümmert ihren Vater.** (alt)

Einen Mann kriegen = als Frau nicht unverheiratet bleiben (müssen)

Jmdn sitzenlassen = trotz Eheversprechen ihn/sie schließlich nicht heiraten; auch: ein gegebenes Versprechen nicht einlösen

22,7 **Wer einen Narren lehrt, der flickt Scherben zusammen.** (alt)

Davon: Scherben flicken = eine nutzlose Arbeit verrichten

22,11 **Man soll über einen Toten nicht zu sehr trauern; denn er ist zur Ruhe gekommen.**

Zur Ruhe kommen = in diesem Zusammenhang: zur Grabesruhe kommen

22,19 **Ein Herz, das seiner Sache gewiß ist, das fürchtet sich vor keinem Schrecken.**

Von Luther aufgegriffene deutsche Wendung; davon: seiner Sache sicher sein = von der Richtigkeit seines Handelns oä fest überzeugt sein

22,23 **Wenn man das Auge drückt, so gehen Tränen heraus.** (alt)

Davon vielleicht: auf die Tränendrüsen drücken = mit etw durch die Art der Darstellung Rührung hervorrufen wollen

22,33 **Könnte doch ein Schloß an meinen Mund gelegt ... werden, damit ich nicht zu Fall komme!** Sir 28,28

Ein Schloß vor dem Mund haben = in bezug auf etw schweigen, sich nicht äußern; jmdm ein Schloß vor den Mund legen, hängen = jmdn in einem bestimmten Zusammenhang zum Schweigen veranlassen

Zu Fall kommen = stürzen, scheitern (siehe auch Spr 29,25)

24,17 **Ich bin hoch gewachsen wie eine Zeder auf dem Libanon.**

Ps 92,13; Jes 2,13

Wohl nur im Bereich der Bibelkenner gebrauchter Vergleich für einen Menschen von hohem Wuchs

24,18 **Ich (die Weisheit) bin aufgewachsen ... wie die Rosenstöcke, so man zu Jericho erzeucht** (zieht). (alt)

Nach dieser Bibelstelle wurde schon lange vor Luther die im Gefolge der Kreuzzüge nach Europa gebrachte »Jerichorose« benannt, ein Kreuzblütler des Mittelmeerraums, der bei Trockenheit seine Blätter so nach innen rollt, daß ein kugeliges Gebilde entsteht, das der Steppenwind dahintreibt und das sich erst unter dem Einfluß von Feuchtigkeit wieder zur »Rose« entrollt

Sirach

24,29	**Wer von mir** (der Weisheit) **trinkt, den dürstet immer nach mir.**
	Davon vielleicht beeinflußt: Wissensdurst = Drang, sein Wissen immer weiter zu vermehren
25,4	(Eins von drei Dingen, die dem Weisen mißfallen:) **wenn ... ein alter Narr ein Ehebrecher ist.**
	Jmd, der aufgrund seiner Lebenserfahrung anders reden und handeln sollte, als er es tut
25,12	**Wohl dem, der einen treuen Freund hat!** Sir 22,28
	Davon: Freundestreue
25,18	**Es ist keine List über Frauenlist.** (alt: 19)
	Schon vor Luther in der Form »Weiberlist«; trotzdem wohl Einfluß auf die Sprichwörter: »Weiberlist geht über alle List« und »Weiberlist, nichts drüber ist«
	Weiberlist = den Frauen angeblich angeborene Gabe, ein angestrebtes Ziel nicht durch offenes Vorgehen, sondern durch eine List zu erreichen
25,21	**Es ... ist kein Zorn so bitter als der Frauen Zorn.** (alt: 22)
	Davon: Es ist kein Zorn so bitter wie Frauenzorn
25,24	**Ihr Mann muß sich ihrer** (seiner bösen Frau) **schämen, und wenn man's ihm vorwirft, so tut's ihm im Herzen weh.**
	(alt: 25) Hes 43,10; Zef 3,11; Mk 8,38; Röm 1,16; 6,21; 2. Tim 1,8.12.16 Tob 2,23
	Sich jmds, einer Sache schämen = empfinden, daß eine Tat, eine Rede, ein Gedanke schlecht war
	Jmdm etw vorwerfen = jmdm sein Verhalten, sein Handeln tadelnd vor Augen führen
25,33	**Wie man Wasser nicht durchbrechen lassen soll, so soll man einem bösen Weibe seinen Willen nicht lassen.**
	Jmdm seinen Willen lassen = jmdm gestatten, zu tun, sich zu verhalten, wie er es für richtig hält
26,2	**Ein häuslich Weib ist ihrem Mann eine Freude.** (alt) Tit 2,5
	Gern um das Hauswesen sich kümmernd, im Hause weilend und wirkend (B); das Zuhause und das Familienleben liebend (H)
26,16	**Ein freundlich Weib erfreuet ihren Mann, und wenn sie vernünftig mit ihm umgeht, erfrischt sie ihm sein Herz.** (alt)
	Vernünftig mit jmdm umgehen = im Umgang mit ihm verständig sein

Das Herz erfrischen: davon: herzerfrischend = ungekünstelt und belebend

26,17 o **Eine Frau, die schweigen kann, ist eine Gabe Gottes.**

26,28 **Ein Kaufmann kann sich schwerlich hüten vor Unrecht.** (alt)
Nur schwer, kaum

27,14 **Der Narren ... Lachen ist eitel Sünde, und kitzeln sich doch damit.** (alt)
Sich kitzeln = sich in etw gefallen, damit aufreizen; vgl: Kitzel im Sinne von Reiz, Lust, Vergnügen

27,15 **Wo es Streit gibt, muß man sich die Ohren zuhalten.**
Etw nicht (mit)hören wollen   Mi 7,16; Apg 7,57

27,29 **Wer eine Grube gräbt, der fällt selbst drein.** (alt)
                            Ps 7,16; 57,7; Spr 26,27; Pred 10,8
Davon:»Wer andern eine Grube gräbt, fällt selbst hinein«

29,5 **(Wer Geld leihen will,) küßt einem die Hand.**
Handkuß als übertriebene Höflichkeit, Schmeichelei, womit man etw erreichen will (B+H); in unserer Kultur ursprünglich gesellschaftlicher Brauch gegenüber Höherstehenden (Adel oder Damen), gewährt von Königen, Fürsten als Zeichen ihrer Huld

29,27 **Hilf deinem Nächsten aus, soviel du kannst; doch sieh dich vor, daß du nicht selbst darüber zu Schaden kommst.**
             2. Sam 22,49 | Mal 2,15; Mt 7,15; Mk 8,15; 12,38; 13,9.23; 2. Joh 8
Aushelfen = im alten Luthertext häufig bezüglich Gottes Hilfe im Sinn von einfachem »helfen« (B); jmdm etw geben oder leihen und ihm damit in einer vorübergehenden Notlage, aus einer Verlegenheit helfen (H)
Sich vorsehen = sich in acht nehmen, sich hüten
Zu Schaden kommen = eine Schädigung erleiden, als materieller Nachteil oder Verlust (B+H); sich eine Verletzung zuziehen (H)

29,29 **Es ist besser geringe Nahrung unter einem bretternen eigenen Dach als köstlicher Tisch unter den Fremden.** (alt: 26)
Unter eigenem Dach = im eigenen Haus

30,9 **Zärtle mit deinem Kinde, so mußt du dich hernach vor ihm fürchten.** (alt)
Zärteln = nachgiebig sein, verwöhnen (B); davon sprachlich: ver-

zärteln = mit übertriebener Fürsorge umhegen und dadurch verweichlichen

30,14 **Es ist besser, einer sei arm und dabei frisch und gesund als reich und ungesund.** (alt)
Davon wohl: »Besser arm und gesund als reich und krank«

30,26 ○ Sorge macht alt vor der Zeit.

30,27 ○ Einem fröhlichen Herzen schmeckt alles wohl. (alt)

31,20 **Sei nicht ein unsättiger** (unersättlicher) **Fraß.** (alt) Sir 31,24 (alt)
Fresser (B); davon sprachlich: Vielfraß = maßloser Esser (H)

31,21 **Wenn du mit vielen zu Tisch sitzt, so greif nicht zuerst zu.**
Zugreifen beim Essen: vgl die Einladung: Bitte zugreifen!

31,24 **Ein unsättiger** (unersättlicher) **Fraß schläft unruhig und hat das Grimmen und Bauchweh.** (alt)
Leibschmerzen; übertragen = Unbehagen über einen Vorgang oder eine Entwicklung (H)

31,29 **Von einem kargen Filz redet die ganze Stadt übel.** (alt)
Geiziger Mensch

32,5 ○ **Irre die Spielleute nicht, und wenn man Lieder singt, so wasche nicht drein.** (alt)
Anfang zitiert als Mahnung, Sänger und Musikanten nicht durch lautes Reden zu stören (»irren«)
Dreinwaschen: von »waschen/watschen« = plaudern; siehe Gewäsch Spr 27,6

32,6 **Spare dir deine Weisheit für andere Zeiten.**
Etw sich sparen, weil es unnötig, überflüssig ist: Erklärungen, Worte, Ratschläge

32,11 **Wenn man ihn** (einen Jüngling) **fragt, soll er es kurz machen.** (alt)
Es kurz machen = nicht lange reden, etw knapp formulieren

32,19 **Wer's nicht mit Ernst meint, der wird daran** (am Gesetz) **zu Fall kommen.**
Davon sprachlich: ernstgemeint = aufrichtig, ehrlich gemeint

32,21 **Ein Gottloser läßt sich nicht strafen und weiß sich zu behelfen mit anderer Leute Exempel.** (alt)
Sich behelfen = sich helfen, sich entschuldigen (hier: mit dem Verhalten anderer, die ein schlechtes Exempel = Beispiel geben) (B); sich mit einem (unzureichenden) Ersatz begnügen; ohne jmdn, etw zurechtkommen, ohne Hilfe fertig werden (H)

> Anderer Leute ...: Genitiv, bezogen auf Verhältnisse oder den Besitz anderer Menschen: anderer Leute Kinder, anderer Leute Gärten usw

33,2 **Ein Weiser läßt sich das Gesetz nicht verleiden.**
> Jmdm etw verleiden = bewirken, daß jmd an etw keine Freude mehr hat

33,29 **Müßigang lehrt viel Böses.**
> Davon vielleicht: »Müßigang ist aller Laster Anfang«

33,30 **Halte Maß in allen Dingen.** (alt)
> Maßhalten = das rechte Maß einhalten, Mäßigung üben

33,31 **Hast du einen Knecht, so halt über ihn als (wie) über dich selbst; denn wer ihm was tut, der meint dein Leib und Leben.** (alt)   2. Makk 7,37
> Stabreimformel für »eigenes Leben«

34,13 **Oft bin ich in Gefahr des Todes gekommen.** (alt)
> Davon sprachlich: Todesgefahr = gefährliche Situation, die die Möglichkeit eines tödlichen Ausgangs einschließt

35,11 o **Was du gibst, das gib gern.**

36,1 **Herr, allmächtiger Gott, erbarme dich unser!**
> Davon vielleicht (bezüglich eines Zustands): daß Gott erbarm', zum Gotterbarmen = jämmerlich schlecht

36,28 **Wie man nicht vertraut einem Straßenräuber, ... also traut man auch nicht einem Mann, der kein Nest hat.** (alt)
> Räuber, der Straßenpassanten auflauert

37,8 **Jeder Ratgeber will raten, aber einige raten zu ihrem eignen Nutzen.**
> Davon sprachlich: Eigennutz = rücksichtsloses Bedachtsein auf den eigenen Vorteil

37,22 **Mancher ist wohl geschickt, andern zu raten, aber ist sich selber nichts nütze.** (alt)
>   Hiob 15,3; Ps 60,13; Weish 4,3; Mt 5,13; Joh 6,63; 2. Tim 2,14
> Davon sprachlich: Nichtsnutz = jmd, der nichts Nützliches, nichts Sinnvolles tut, nichts leistet

37,33.34 o **Viel Fressen macht krank ... Viele haben sich zu Tode gefressen; wer aber mäßig ißt, der lebt desto länger.**
>   Sir 31,23.32
> Sich zu Tode ... (fressen, fasten, grämen usw): von Luther aufge-

nommene deutsche Wendung; gebraucht auch zur Steigerung emotionaler Zustände: zu Tode betrübt, erschrocken usw

Mäßig = das rechte Maß einhaltend, maßvoll (B); wenig befriedigend, mittelmäßig (H)

37,14 (Man fragt ja nicht) **einen trägen <u>Hausknecht</u>, wieviel man leisten kann.**

Knecht für das Haus, zu Dienstleistungen rund um ein Haus verpflichteter Mann

38,1 o **Ehre den Arzt ..., damit du ihn hast, wenn du ihn brauchst.**
38,4 o **Der Herr läßt die Arznei aus der Erde wachsen, und ein Vernünftiger verachtet sie nicht.**
38,15 o **Wer vor seinem Schöpfer sündigt, der soll dem Arzt in die Hände fallen!**
38,16 **Wenn einer stirbt, so ... bestatte ihn <u>ehrlich zum Grabe</u>.** (alt)

Ehrlich = in allen Ehren, mit allen Ehrenerweisungen (B); aufrichtig, offen; ohne Täuschungsabsicht mit Geld- und Sachwerten umgehend (H)

Davon: ein ehrliches Begräbnis = ehrenhafte Bestattung auf dem öffentlichen Friedhof mit allen üblichen Feierlichkeiten, was Verbrechern und Selbstmördern früher versagt wurde

38,23 **Denke daran** (wenn du um einen Verstorbenen trauerst)**: wie er gestorben, so mußt du auch sterben. <u>Gestern war's an mir, heute ist's an dir.</u>**

Davon: »Heute mir, morgen dir«

39,16 **Ich habe noch etwas mehr zu sagen, denn ich bin wie ein <u>Vollmond</u>.** (alt)

Vollmond = voller Mond, der als runde Scheibe leuchtet

39,20 **Lobt ihn** (Gott) **mit <u>Singen und Klingen</u>.**

Sich reimendes Wortpaar: Mund und Instrument sollen zusammenwirken

39,25 (Gott) **sieht alles <u>vom Anfang der Welt</u>.**

Von Urzeiten an, seit eh und je   Mt 13,35; 24,21; Offb 13,8

40,1 **Ein schweres Joch liegt auf den Menschenkindern von Mutterleib an, bis sie zur <u>Erde</u> zurückkehren, die unser aller <u>Mutter</u> ist.**

Davon: Mutter Erde

40,4 (Da sind immer Sorge, Furcht, Hoffnung und zuletzt der Tod)

Sirach

... sowohl bei dem, der Purpur und Krone trägt, wie bei dem, der einen <u>groben Kittel</u> anhat.

Davon beeinflußt: Unter einem groben Kittel schlägt oft ein mitfühlendes Herz

41,1 o **<u>O Tod, wie bitter bist du</u>, wenn an dich ein Mensch denkt, der gute Tage und genug hat und ohne Sorgen lebt!**

41,15 **Sieh zu, daß du <u>einen guten Namen</u> behältst.** Sir 41,16

Davon: einen guten Namen haben = angesehen sein; einen guten Namen zu verlieren haben = bei entsprechendem Verhalten Gefahr laufen, daß man sein Ansehen einbüßt

41,19 o **Man schämt sich oft, wo man sich nicht zu schämen brauchte, und billigt oft, was man nicht billigen sollte.**

42,7 **Alle <u>Ausgabe und Einnahme anschreiben</u> ...** (alt)

Einnahmen und Ausgaben = Summe des Zahlungsverkehrs
Anschreiben = schriftlich festhalten, notieren (B); eine Geldsumme, die jemand schuldig bleibt, für die spätere Bezahlung notieren (B+H)

43,7 **Nach dem <u>Mond</u> rechnet man die Feste; er ist ein Licht, das <u>abnimmt</u> und wieder <u>zunimmt</u>.**

»Zunehmen« statt »wachsen«: wohl unter dem Einfluß der Lutherbibel; davon: zu- und abnehmender Mond = die Mondphasen

43,28 **<u>Summa</u>: durch sein Wort bestehet alles.** (alt)

Aus dem Lateinischen, eingedeutscht: Summe = alles zusammengezählt oder zusammengefaßt; Ergebnis (auch eines Gedankengangs); gesteigert als Gesamtsumme: summa summarum = Summe der Teilsummen, Endergebnis

44,5 (Unsere Väter) **haben <u>Musicam</u> gelernt und <u>geistliche Lieder</u> gedichtet.** (alt) Eph 5,19; Kol 3,16

Musica: Vorläufer unseres deutschen Wortes »Musik«, das bei Luther noch nicht vorkommt (belegt 1561)

Geistliches Lied = religiöses Gott preisendes Lied im Unterschied zum weltlichen Lied

44,8 (Unsere Väter) **haben <u>ehrliche Namen</u> hinter sich gelassen.** (alt)

Ehrlicher Name: Name eines ehrlichen Menschen, dh Name, der nicht durch schlechte Worte oder Taten belastet ist

48,1 **Der Prophet Elia brach hervor wie ein Feuer, und sein Wort <u>brannte wie eine Fackel</u>.**

Brennen wie eine Fackel = lichterloh, helleuchtend brennen; gemeint ist hier: als ein helles Licht in dunkler Zeit

50,24 • **Nun danket alle Gott, der große Dinge tut an allen Enden, der uns von Mutterleib an lebendig erhält und uns alles Gute tut.** Apg 17,30; 28,22

Davon 1. Strophe des Chorals von Martin Rinckart (1586–1649) »Nun danket alle Gott ...«

An allen Enden = überall

51,7 (Du, Gott, hast mich gerettet) ... **vor den falschen Kläffern und Lügnern.** (alt)

Kläffer = Schwätzer, Verleumder (B); kleiner, giftig bellender Hund (H)

51,31 **Kommt zu mir in die Schule!** (alt)

Aufforderung, zum Lernen in jmds Schule zu gehen; davon sprachlich: bei jmdm in die Schule gehen = von jmdm etw lernen

Das Buch Baruch

4,26 **Meine zarten Kinder mußten auf rauhem Wege gehen.**

Zartes Kind = Kind, das aufgrund seines Lebensalters über wenig Kraft verfügt (B); Kind, das infolge seiner körperlichen Konstitution krankheitsanfällig ist (H)

Rauher Weg = mühsam zu begehender Weg; davon die Zeile aus N. L. v. Zinzendorfs (1700–1760) Lied »Jesu, geh voran«: »Führst du uns durch rauhe Wege ...«

6,49 Aus dem Brief Jeremias an die Gefangenen in Babel: **Wenn Krieg oder sonst ein Unglück über sie kommt, ratschlagen die Pfaffen untereinander, wo sie sich zugleich mit den Götzen verbergen wollen.** (alt)

Pfaffe = ursprünglich ohne Abwertung: Geistlicher, Priester; seit Luther abwertend für den katholischen Klerus, hier: für heidnische Götzenpriester; heute Schimpfwort für den Klerus beider Konfessionen

Das 1. Buch der Makkabäer

1,1	**Alexander, der Sohn Philipps, ... der erste <u>Monarch</u> aus Gräcia** (Griechenland) ... (alt)
	Gekrönter Alleinherrscher in einem Staat mit entsprechender Verfassung
2,21	Der Priester Mattatias: **<u>Da sei Gott vor!</u>** (alt)
	Davor behüte uns Gott!
3,60	Judas Makkabäus: **<u>Was Gott im Himmel will, das geschehe!</u>**
	Davon: Wie Gott will (unter Einwirkung von Mt 26,39.42)
5,28	**Judas ... stürmte die Stadt ..., <u>ehe sie sich's versahen</u>.** (alt)
	Jes 47,11; Jer 50,24; Sir 9,19; 23,31
	Ehe man sich's versieht = schneller, als man erwartet
6,31	**Die Juden ... <u>stritten ritterlich</u>.** (alt) 1. Makk 9,10
	Ritterlich streiten = tapfer kämpfen (B); sich ritterlich verhalten = edel, anständig, vornehm, fair sein (H)
7,35	Nikanor: **Ich will dieses Haus** (das Heiligtum zu Zion) **verbrennen, sobald ich <u>glücklich</u> wieder herkomme.**
	Vom Glück begünstigt, erfolgreich (B+H); zu guter Letzt, endlich (H)
7,50	**So wurde wieder <u>Friede im Lande</u> Juda.**
	Friede im Land = Friede innerhalb der Grenzen eines Landes
8,1	**Judas hörte von den Römern, daß sie sehr mächtig waren und fremde Völker gern <u>in Schutz nahmen</u>.**
	In Schutz nehmen = gegen jmds Anfeindung, Anklage verteidigen
8,23	Aus dem Vertragstext des Bündnisses zwischen Juden und Römern: **Gott gebe ... Glück und Frieden <u>zu Wasser und zu Lande</u>!**
	Auf dem Meer ebenso wie auf dem Erdboden
9,41	o **Da ward aus der Hochzeit ein Herzeleid.** (alt)
9,55	**Der <u>Schlag rührte</u> ihn** (Alkimus).
	Jmdn trifft (rührt) der Schlag — er erleidet einen Schlaganfall (Apoplexie) (B); er ist starr vor Staunen, Entsetzen, Schreck (H)
10,43	Demetrius im Brief an die Juden: **Wer beim König in irgend-**

1. Makkabäer/2. Makkabäer

einer Sache eine Strafe <u>verwirkt hat</u> und in den Tempel von Jerusalem oder in sein Gebiet flieht, der soll dort sicher sein.

Etw verwirken = sich etw durch eigene Schuld zuziehen (B); ein Besitzrecht, einen Anspruch durch eigene Schuld einbüßen (H)

12,18 Der Hohepriester Jonatan im Brief an die Spartaner: ... **und bitten um Antwort.**

Allgemein verbreitete Formulierung, die sich auch in der Abkürzung »U. A. w. g.« (= Um Antwort wird gebeten) auf einer Einladungskarte niederschlägt

12,51 (Als) **die Feinde sahen, daß es ihnen <u>ihr Leben gelten</u> sollte** ... (alt)

Davon: Es gilt das Leben = das Leben steht auf dem Spiel; sich verhalten, als gelte es das Leben = alles für eine Sache einsetzen

16,6 **Johannes ... sah, daß das Volk eine <u>Scheu</u> hatte, sich ins <u>Wasser</u> zu begeben.** (alt)

Vgl: wasserscheu = Angst, mit Wasser in Berührung zu kommen

Das 2. Buch der Makkabäer

1,9a Die Juden in Jerusalem an die Juden in Ägypten: **Wir begehren, daß ihr jetzt wollt die <u>Kirchweihe</u> mit uns halten.** (alt)

Einweihung eines Gotteshauses, Erinnerungstag daran (hier: Tempelweihe); davon: jährlich gefeiertes ländliches Fest mit Jahrmarkt und anderen Vergnügungen

1,9b **<u>Datum</u> im hundertundneunundsechzigsten Jahr, zu der Zeit des Königs Demetrius.** (alt: 10)

Aus dem von Luther übernommenen lateinischen Wort, das ursprünglich »(dem Boten) gegeben« bedeutet, ist die dem Kalender entsprechende Zeitangabe geworden

1,10 Die Juden in Jerusalem im Brief an die Juden in Ägypten: **Wir ... wünschen Aristobul, des Königs Ptolemäus <u>Schulmeister</u>, ... Glück und Heil.** (alt: 11)

Lehrer; im Lauf der Zeit nur noch abwertend gebraucht; davon: schulmeistern = in pedantischer Art korrigieren und belehren

2,25 **Es will schwer sein, die <u>Historien</u>, weil sie also auf einem Haufen liegen, recht zu fassen.** (alt)

2. Makkabäer

	Historie = (spannende) Erzählung mit geschichtlichem Hintergrund
2,32	Der Verfasser des Buches: **Wir wollen nicht mehr tun, denn** (= als) **aufs kürzeste die Summa fassen.** (alt)
	Fassen = (schriftlich oder mündlich) abfassen, verfassen
	Vgl: sich kurz, kürzer fassen = eine Darstellung, einen Bericht auf das Wesentliche beschränken
2,33	Der Verfasser des Buches: (Wir) **wollen nun zu der Historie greifen, ... daß nicht die Vorrede größer werde denn** (= als) **die ganze Historia.** (alt)
	Davon: Die Einleitung ist länger als die ganze Geschichte
3,8	**Heliodor ... wandte vor, er müsse Rente einnehmen in Nieder-Syrien und Phönizien.** (alt)
	Rente = regelmäßiger Ertrag von Grundstücken (B); dasselbe von Kapitalanlagen; regelmäßiger, monatlich zu zahlender Geldbetrag, der jmd bei Erreichen einer Altersgrenze oder bei Erwerbsunfähigkeit zusteht (H)
3,19	**Etliche** (Jungfrauen) **lagen in den Fenstern.** (alt)
	Davon: im Fenster liegen = sich über die Fensterbrüstung legen und neugierig auf alles sein, was sich in der Öffentlichkeit begibt (B+H)
3,31	**Heliodor, der jetzt in den letzten Zügen lag ...** Mk 5,23
	In den letzten Zügen liegen = im Sterben liegen; eigentlich: die letzten Atemzüge tun
3,38	**... wenn er** (dein Feind) **überhaupt mit dem Leben davonkommt.**
	Mit dem Leben davonkommen = einer tödlichen Gefahr entrinnen
4,1	**Simon ... redete dem Onias übel nach, wie er solch Unglück gestiftet hätte.** (alt) 2. Kor 8,20
	Vgl: üble Nachrede (bei Luther noch: Afterrede; 2. Kor 12,20; 1. Petr 2,1) = Rechtssprache: Verbreitung einer beleidigenden und unzutreffenden Behauptung, die einem anderen Menschen schadet
4,11	**Die guten löblichen Sitten ... tat er** (Jason) **gar ab.** (alt)
	Löblich = zum Lob gereichend, lobenswert 2. Mose 15,11
4,17	o Der Verfasser des Buches: **Mit Gottes Wort ist nicht zu scherzen.**

2. Makkabäer

4,19 (Die Boten Jasons) **baten darum, es** (das gespendete Geld) **nicht zum Opfer zu verwenden, weil <u>sich</u> das <u>nicht schicken</u> würde.**
Es schickt sich nicht = es gehört sich nicht

4,21 **Nachdem Ptolemäus Philometor, der junge König in Ägypten, seinen ersten <u>Reichstag ausgeschrieben</u> hatte ...** (alt)
Reichstag = Versammlung der Reichsstände in Gegenwart eines Regenten (B); Parlament eines Reiches oder Gebäude dafür (H)
Ausschreiben = öffentlich und schriftlich zur Kenntnis bringen

4,34 (Andronikus) **erstach ihn** (Onias) **wider alles Recht.** (alt)
Entgegen dem bestehenden Recht; davon sprachlich: widerrechtlich

4,42 **Den <u>Kirchenräuber</u> fingen sie bei der <u>Schatzkammer</u>.** (alt)
Kirchenräuber = Dieb von Gegenständen, die sich in Kirchen befinden
Schatzkammer = Räumlichkeit in einem öffentlichen Gebäude, in dem der Staatsschatz aufbewahrt wurde

5,9 **Wie er** (Jason) **viele Leute aus ihrem Vaterland vertrieben hatte, so mußte er auch selbst <u>im Elend sterben</u>.** (alt)
Im Ausland sterben (B); unter ärmlichen, unwürdigen Umständen sterben (H)

6,7 **Man trieb die Juden mit roher Gewalt alle Monate zum Opferschmaus, wenn der König** (Antiochus) **seinen <u>Geburtstag</u> feierte.**
Einziges Vorkommen des von Luther schon vorgefundenen Wortes; sonst übersetzt Luther diesen Gedenktag stets mit »Jahrstag« (während es hier um eine monatliche Gedenkfeier geht)

6,13 Der Verfasser des Buches: **Das <u>ist eine große Gnade</u>, daß Gott den Sündern steuert.** (alt)
Davon: Es ist eine große Gnade, wenn ...: ironisch über die herablassende Haltung eines anderen

6,21 (Eleasar) **sollte sich stellen, als wäre es geopfertes Schweinefleisch, und sollte es dem König <u>zuliebe</u> essen.** (alt)
Um jmdn einen Gefallen zu tun; um jmds, einer Sache willen

6,23a (Eleasar) **bedachte sich, wie es seinem ... <u>eisgrauen</u> Kopf ... gemäß war.** (alt)
Eisgrau = weißgrau wie Eis (Steigerung von »grau«, um die höhere Altersstufe zu bezeichnen)

2. Makkabäer

6,23b (Eleasar) **sagte dürr heraus: Schicket mich immer unter die Erde hin in das Grab.** (alt)
Mit dürren Worten, ohne Umschweife und rhetorische Floskeln; vgl gleichbedeutend: trocken

6,25 Eleasar zu seinen Peinigern: (Es will meinem Alter übel anstehen, daß ich auch so heuchle) **... und mein Leben so eine kleine Zeit, die ich noch zu leben habe, also friste ...** (alt)
Sein Leben fristen = den Tod noch hinausschieben (B); ein kümmerliches Leben führen (H)

6,27 Eleasar: **Darum will ich jetzt fröhlich sterben, wie es mir altem Mann wohl ansteht.** (alt)
Fröhlich sterben = im Frieden, willig sterben
Ich alter Mann, ich alte Frau: Altershinweis als Grund für eine bestimmte Haltung oder Erwartung (vgl Phlm 9)

6,29 (Die Kriegsknechte) **meinten, er** (Eleasar) **hätte es aus Trotz gesagt.** (alt)   Ps 49,15; 2. Makk 9,7
Trotz = Herausforderung, Anmaßung, Frechheit, Widerspenstigkeit (B); etw aus Trotz sagen, tun = hartnäckig, eigensinnig Widerstand gegenüber einer Autorität leisten (H)

7,28 o Die Mutter der sieben Märtyrer zu ihrem jüngsten Sohn: **Sieh Himmel und Erde an und alles, was darin ist, und bedenke: Dies hat Gott alles aus nichts gemacht, und wir Menschen sind auch so gemacht.**

8,8 **Es lag dem König** (Philippus) **viel daran.** (alt)
Viel daran liegen = wichtig sein

9,6 **So geschah ihm** (Antiochus) **eben recht, weil er andere Leute mit so vielen und bisher unerhörten Martern geplagt hatte.**
Jmdm geschieht etw recht = jmd wird so behandelt, wie er es verdient hat
Unerhört = wovon man noch nicht gehört hat (B); außerordentlich groß, ungeheuer (B+H)

9,18 **Als aber die Qualen nicht nachlassen wollten ..., verzweifelte er an seinem Leben.**
Am Leben verzweifeln = allen Lebensmut verlieren

11,30 König Antiochus in einem Brief an die Juden: **Darum all die Juden, die zwischen heute und dem dreißigsten Tag des April reisen werden, sollen freies, sicheres Geleit haben.** (alt)

2. Makkabäer

       Freies (sicheres) Geleit = Zusicherung, daß jmd frei und sicher sein Ziel erreicht; allgemein im älteren Rechtswesen: freier Abzug (eines Gefangenen oder Angeklagten) unter schützender Begleitung (B+H)

11,33 König Antiochus in einem Brief an die Juden: **Gott befohlen.** (alt)
Wunsch beim Abschied oder am Schluß von Briefen

12,21 **Timotheus ... schickte Weib und Kind, und was nicht im Krieg taugte, in einen Flecken** (wo sie sicher waren). (alt)
1. Makk 5,23; St zu Est 1,4
Weib und Kind = Sammelbezeichnung für die Familienangehörigen eines Mannes
Im Krieg taugen: davon wohl, mindestens sprachlich: kriegstauglich (vgl auch die im alten Luthertext häufige Wendung »zum Heer taugen«, zB 4. Mose 4,30)

13,15 (Judas Makkabäus) **gab ihnen diese Worte zur Losung: Gott gibt Sieg.** (alt)
Leitwort, Parole, Wahlspruch, nach dem man sich richten will (B)
Davon, und zugleich nach dem Losverfahren bei der Auswahl: als Tagesspruch durch das Los jeweils für ein Jahr im voraus ermittelte Bibelstelle, veröffentlicht im Losungsbuch der Herrnhuter Brüdergemeine; schon im 16. Jahrhundert: soldatisches Losungswort als Erkennungszeichen der Krieger eines Heeres untereinander (H)

13,25 **Als aber der König** (Antiochus) **nach Ptolemais kam, sahen die Ptolemaier den Vertrag nicht gern.**   1. Mose 28,8
Etw nicht gern sehen = etw beargwöhnen, mißbilligen, nicht wollen

15,20 **Als es nun zum Treffen kommen sollte und die Feinde zusammengezogen ... worden waren ...**
Gefecht, Schlacht (B); geplante offizielle oder private Begegnung, Zusammenkunft (H)

15,40 Der Verfasser des Buches: **Allezeit Wein oder Wasser trinken, ist nicht lustig, sondern zuweilen Wein, zuweilen Wasser trinken, das ist lustig.** (alt)
Beides hat sein Recht: auf die richtige Mischung, Abwechslung kommt es an

Stücke zum Buch Ester

1,2 Artaxerxes: **Ich ... war darauf bedacht, meine Untertanen gnädig und mild zu regieren, damit ein jeder ... den <u>lieben Frieden</u> genießen könnte.**
Lieber Friede = erstrebenswertes, kostbares Gut: um des lieben Friedens willen
Davon vielleicht beeinflußt: um des lieben Friedens willen

3,1 **Die Königin Ester kehrte sich zum Herrn in solchem <u>Todeskampf</u>.** (alt)
Ein Kampf, bei dem es um Leben und Tod geht – im Sinne von Todesangst (B); das Ringen eines Sterbenden mit dem Tod (H)

4,3 **Ihr (Esters) Herz war voll <u>Angst und Sorge</u>.** (alt: 5)
Angst und Sorge = Wortpaar, das Furcht vor einem Ereignis und seinen Folgen ausdrückt

5,16 Artaxerxes an seine Statthalter: **Jedes Land und jede Stadt, die dies Gebot nicht halten, die sollen <u>mit Schwert und Feuer</u> vertilgt werden.** Dan 11,33
Davon: mit Feuer und Schwert verheeren = (eine Stadt, einen Landstrich und die Bewohner) durch Brennen und Morden verwüsten; (ein abweichendes Religionsbekenntnis) mit Feuer und Schwert ausrotten = mit allen Mitteln dagegen vorgehen

Stücke zum Buch Daniel

1,1-64 Die <u>Geschichte von Susanna und Daniel</u> führte zu der Redewendung: keusche Susanna = zurückhaltende, ehrbare Frau

DAS NEUE TESTAMENT

Vorbemerkungen zu den Evangelien (Mt, Mk, Lk, Joh)

Bei den abgedruckten Sätzen handelt es sich um Worte Jesu, soweit nichts anderes angegeben ist oder es sich nicht um Erzähltext handelt.

Erscheinen die Texte gleichlautend oder ähnlich in mehr als einem der vier Evangelien, so werden sie im allgemeinen nach der ersten Fundstelle zitiert. Auf die Angabe von Parallelen in weiteren Evangelien wurde in solchem Fall verzichtet.

Das Evangelium nach Matthäus

1,11 **Josia zeugte Jechonia** (Rev: Jojachin) **und seine Brüder um die Zeit des babylonischen Gefängnisses.** (alt)
Davon: babylonische Gefangenschaft = Verschleppung der Juden nach Babylon (587 v.Chr.), die ab 538 mit der Rückkehr in die Heimat endete (B); in der Kirchengeschichte nennt man so die Zeit, in der die Päpste, aus Rom vertrieben, in Avignon hofhielten (1309–1377); Luther sprach im Blick auf die Mißstände seiner Zeit von der »Babylonischen Gefangenschaft der Kirche« (Schrift: »De captivitate Babylonica ecclesiae«); neuerdings in übertragenem Sinn Situation der christlichen Kirchen, die ihrem eigentlichen Auftrag nicht (mehr) gerecht werden (H)

1,21 Der Engel zu Josef: (Maria) **wird einen Sohn gebären, des Namens sollst du Jesus heißen; denn er wird sein Volk selig machen von ihren Sünden.** (alt)
Davon: JHS = Jesus Hominum Salvator (Jesus, Erlöser [»Seligmacher«] der Menschen); oft auf Kruzifixen und Grabsteinen zu finden; die den drei Buchstaben angepaßte Übertragung ins Deutsche lautet: Jesus, Heiland, Seligmacher

1,23 **Sie werden seinen Namen Emanuel** (Rev: Immanuel) **heißen, das ist verdolmetscht: Gott mit uns.** (alt)   Jes 7,14; 8,10

Davon die Vornamen Emanuel, Immanuel

Dolmetschen = in mündlicher und v. a. schriftlicher Form übersetzen (B); einen gesprochenen oder geschriebenen Text für jmdn mündlich übersetzen (H)

Gott mit uns = Inschrift auf dem Koppelschloß der deutschen Militäruniform bis zum Ende des Zweiten Weltkrieges

1,25 **Er** (Josef) **berührte sie** (Maria) **nicht, bis sie einen Sohn gebar.**

Davon: Josefsehe = eheliche Verbindung, in der die Partner (aus religiösen Gründen) auf den geschlechtlichen Vollzug der Ehe verzichten

2,1 **Als Jesus geboren war in Bethlehem in Judäa zur Zeit des Königs Herodes, siehe, da kamen Weise aus dem Morgenland nach Jerusalem.**

Davon vielleicht: die fünf Weisen = umgangssprachlich für fünf kompetente Wirtschaftswissenschaftler, die Prognosen für die wirtschaftliche Zukunft der Bundesrepublik erstellen; ebenso ist aber möglich, daß diese Wortschöpfung auf die »sieben Weisen« zurückgeht, griechische Philosophen und Staatsmänner des 7./6. Jahrhunderts vor Christus

2,9 **Der Stern, den sie** (die Weisen) **im Morgenland gesehen hatten, ging vor ihnen her.**

Davon wohl: sich von seinem (einem guten, glücklichen) Stern leiten lassen, seinem Stern folgen = einer inneren Eingebung, seinem inneren Drang folgen

2,16 **Herodes ... schickte aus und ließ alle Kinder in Bethlehem töten und in der ganzen Gegend, die zweijährig und darunter waren.**

Davon: bethlehemitischer Kindermord

Davon: Herodesprämie = Zuschuß der Europäischen Union für die Schlachtung und Vernichtung männlicher Kälber, um die Überschußaufzucht abzubauen. Die Beschränkung auf männliche Opfer ergibt sich aus dem Zusammenhang in Mt 2 und aus dem vergleichbaren Vorgang 2. Mose 1,16

2,20 o Der Engel zu Josef: **Sie sind gestorben, die dem Kindlein nach dem Leben getrachtet haben.**

Jmdm nach dem Leben trachten = es auf seinen Tod abgesehen haben, ihn beseitigen wollen

Matthäus

Verwendet als Hinweis, daß eine Bedrohung vorüber ist

3,2 Johannes der Täufer: **Tut Buße, denn das Himmelreich ist nahe herbeigekommen!**   Esr 7,26; Hiob 42,6; Mt 4,17; Apg 2,38; Röm 2,4; 2. Petr 3,9 | Mt 7,21; 13,11; 18,1; 19,23; 23,13

Buße = Einsicht bezüglich eigener Schuld, ihre Bereuung und Bitte zu Gott um Vergebung (B); religiöse Handlung zur Wiedergutmachung einer Untat oder zur Besserung (B+H); Rechtsbegriff: Bußgeld, Geldbuße (H)

Himmelreich = Ort und Zeit, wo Gottes Herrschaft Maß und Ziel aller Dinge ist (B); Ort der ewigen Seligkeit, Paradies; ein Himmelreich für eine bestimmte Sache = scherzhaft: einer bestimmten Sache gegenüber dem Himmelreich den Vorzug geben, zB bei Durst: Ein Himmelreich für ein Bier! (H)

3,4 **Johannes** (der Täufer) **hatte ein Gewand aus Kamelhaaren.**

Kamelhaar = zu Decken, Mänteln ua verarbeitetes Gewebe aus den teils groben und steifen, teils weichen und feinen Haaren der Kamele (B); davon: Kamelhaardecke, Kamelhaarmantel

3,7 **Als er** (Johannes der Täufer) **viele Pharisäer und Sadduzäer sah zu seiner Taufe kommen, sprach er zu ihnen: Ihr Otterngezücht, wer hat euch denn geweiset, daß ihr dem künftigen Zorn entrinnen werdet?** (alt)

      Mt 5,20; 9,14; 16,6; 23,13; Mk 7,3; Lk 18,10; Joh 3,1; Apg 23,6

Pharisäer = Gruppe im Judentum, die versuchte, den Geboten Gottes im eigenen Leben wie im Volk absolute Geltung zu verschaffen, indem die Befolgung aufgrund mündlicher Überlieferungen bis ins kleinste festgelegt wurde (B); selbstgerechter, hochmütiger, heuchlerischer Mensch; heißer Kaffee mit Rum und geschlagener Sahne, die den Anschein erwecken soll, man trinke keinen Alkohol, sondern nur Kaffee (H)

Otterngezücht = ein Nest voll giftiger Schlangen; übertragen: üble Gesellschaft

3,9 Johannes der Täufer: **Gott vermag dem Abraham aus diesen Steinen Kinder zu erwecken.**

      5. Mose 18,15; Ri 2,18; 3,9; 1. Sam 2,35; Hag 1,14

Davon wohl: Erweckung = Anruf Gottes zu völliger Hingabe an ihn (B); Bekehrung einer größeren Anzahl von Menschen zum Glauben an Christus (H)

Matthäus

3,10 Johannes der Täufer: **Es ist schon <u>die Axt</u> den Bäumen <u>an die Wurzel gelegt</u>.**
Die Axt an die Wurzel legen = einer faulen Sache zu Leibe rücken

3,11 Johannes der Täufer: **Der nach mir kommt, ... der wird euch mit dem heiligen Geist und <u>mit Feuer taufen</u>.**
Davon: die Feuertaufe = erste, harte Bewährungsprobe

3,12 Johannes der Täufer: **Er wird ... seinen <u>Weizen</u> in die Scheune sammeln; aber die <u>Spreu</u> wird er verbrennen.**
Davon: die Spreu vom Weizen scheiden, trennen = Wertloses vom Wertvollen trennen (vielleicht mit Einwirkung von Mt 25,32)

3,16 (Jesus) **sah den <u>Geist Gottes wie eine Taube</u> herabfahren und über sich kommen.**
Davon: die Taube als Sinnbild des Heiligen Geistes

3,17 o Eine Stimme vom Himmel: **Dies ist mein lieber Sohn, an dem ich Wohlgefallen habe.**

4,4 Zum Versucher: **Es steht <u>geschrieben</u>.**
Mt 4,6.7.10; 21,13; 26,31; Lk 24,46; Apg 23,5
Berufung auf eine im Alten Testament niedergeschriebene Anordnung oder Verheißung (B); Berufung auf den genauen Wortlaut eines Textes (H)

4,8 **Darauf führte ihn (Jesus) der Teufel mit sich auf einen sehr hohen Berg und zeigte ihm <u>alle Reiche der Welt und ihre Herrlichkeit</u>.** Offb 11,15
Zitiert als (manchmal auch ironisch gebrauchtes) Bild für das Herrschaftsgefüge, für Macht und Pracht auf dieser Erde

4,10 Zum Versucher: **<u>Heb dich weg von mir, Satan!</u>** (alt)
Abwehr einer Versuchung; auch in der Fassung: »Weiche von mir, Satan!« bekannt (vgl Ps 6,9; Mt 7,23)

4,15 **... das <u>heidnische</u> Galiläa ...** Gal 2,14; 1. Petr 4,3
Heidnisch = nicht von Juden bewohnt, sondern von Menschen, die Gottes Gesetz nicht kennen; die Lebensführung solcher Menschen (B); nichtchristlich von Völkern oder Menschen, die den christlichen Glauben nicht oder nicht mehr kennen; unchristliche Lebensweise (H)

4,16 **Die da saßen am Ort und Schatten des Todes, <u>denen ist ein Licht aufgegangen</u>.** (alt) Hiob 25,3; Ps 112,4; Jes 58,10

Matthäus

Davon vielleicht: jmdm geht ein Licht auf = jmd versteht, durchschaut plötzlich etw

4,19 Zu Petrus und Andreas: **Folgt mir nach; ich will euch zu Menschenfischern machen!**
Menschenfischer = Menschen, die andere für das Gottesreich gewinnen, aus der Verstrickung in die Welt und vor dem ewigen Verderben retten sollen (B+H); die andere zu ihrem Glauben oder ihrer Weltanschauung bekehren wollen (H)

4,23 **Jesus ... predigte das Evangelium.** Mt 11,5; 24,14; Mk 10,29; Apg 5,42; Röm 1,16; Gal 1,5; Phil 1,27; Offb 14,6
Die frohe Botschaft von der Liebe Gottes in Jesus Christus (B); Äußerung oder Schrift, an deren Richtigkeit bzw maßgebenden Charakter man bedingungslos glaubt und die man als höchste Instanz für das eigene Handeln anerkennt (H)

4,24 **Sie brachten zu ihm** (Jesus) **alle Kranken, mit mancherlei Leiden und Plagen behaftet, Besessene, Mondsüchtige und Gelähmte.** Mt 8,28; 11,18; Joh 7,20; 10,21; Apg 8,7
Mit etw behaftet sein = unter einer Krankheit leiden (B); etw Negatives an sich haben; etw als Mangel, Nachteil haben; mit einem Makel behaftet sein (H)
Besessen = von bösen Geistern beherrscht (B); von etw völlig beherrscht, erfüllt; davon: wie besessen (H)
Mondsüchtig = epileptisch, weil die Anfälle mit dem Mondwechsel in Verbindung gebracht wurden (B); an Schlafwandeln leidend (H)

Kap 5-7 Jesu Bergpredigt, gerichtet an seine Jünger. Enthält zahlreiche Texte, die als Zitate, Sprichwörter oder Redensarten in unsere Sprache eingegangen sind
Davon: nach der Bergpredigt leben = sich in seiner Lebensführung an das halten, was Jesus hier verkündigt hat

5,3-10 • **Selig sind, die da geistlich arm sind; denn ihrer ist das Himmelreich.** Ps 35,14; Jes 51,19; 2. Kor 12,21
(3)

(4) **Selig sind, die da Leid tragen; denn sie sollen getröstet werden.** 1. Mose 37,34; 1. Sam 6,19; 2. Sam 13,37; Esr 10,6

(5) **Selig sind die Sanftmütigen; denn sie werden das Erdreich besitzen.**

(6) **Selig sind, die da hungert und dürstet nach der Gerechtigkeit; denn sie sollen satt werden.**

(7) **Selig sind** die Barmherzigen; denn sie werden Barmherzigkeit erlangen.
(8) **Selig sind**, die reinen Herzens sind; denn sie werden Gott schauen.
(9) **Selig sind** die Friedfertigen; denn sie werden Gottes Kinder heißen.
(10) **Selig sind**, die um der Gerechtigkeit willen verfolgt werden; denn ihrer ist das Himmelreich.

Als »Seligpreisungen« bekannt
Selig sein = glücklich zu preisen; der Seligkeit teilhaftig sein (B); meist spöttisch oder scherzhaft: drückt aus, daß die beschriebene Person in etw schwelgt, sich dem damit verbundenen oder ausgelösten Gefühl allzu bereitwillig hingibt; aber auch: einem anderen spöttisch das Seligsein überlassen: Von mir aus kann er selig werden mit seinem Geld! (H)
Vers 3: Die geistlich Armen, Armen im Geist = Menschen, die sich ihrer inneren Armut bewußt sind, die nur Gott aufheben kann (B); ironisch gemeinte Bezeichnung für einfältige Menschen (H)
Vers 4: Leid tragen = von Luther aufgenommene Wendung für »trauern/Trauer tragen«; davon: Leidtragender = in Trauer über den Verlust eines Angehörigen gekommene Person; aber auch: jmd, der unter etwas Bestimmtem zu leiden hat (H)

5,13 o Zu den Jüngern: **Ihr seid das Salz der Erde.**
Salz wirkt konservierend und geschmackssteigernd, eine kleine Menge hat große Wirkungen; vgl: das Salz in der Suppe sein

5,14 o Zu den Jüngern: **Ihr seid das Licht der Welt.**

5,15 **Man zündet nicht ein Licht an und setzt es unter einen Scheffel.**
Ursprünglicher Sinn: Wer berufen ist, Licht für andere zu sein (siehe Mt 5,14), darf sich in dieser Eigenschaft nicht verstecken
Davon (in Verbindung mit Mt 5,16): sein Licht nicht unter den Scheffel stellen = seine Klugheit, sein Wissen selbstbewußt herausstellen

5,16 **Laßt euer Licht leuchten vor den Leuten.**
Ursprünglicher Sinn: durch gute Taten Licht in die Welt bringen
Davon: sein Licht leuchten lassen = sein Wissen, Können zeigen, zur Geltung bringen

Davon vielleicht auch: nicht gerade ein großes Licht (eine Leuchte) sein = nicht besonders klug, gebildet sein

5,18 **Bis daß Himmel und Erde zergehe, wird nicht zergehen der kleinste Buchstab noch ein Tittel vom Gesetz, bis daß es alles geschehe.** (alt)

Der kleinste Buchstabe im Hebräischen ist das Jod, griechisch Jota; davon: kein Jota = nichts; von etw kein Jota abweichen = auf etw ganz fest beharren

Das Wort »Tittel« (auch Titul, Tüttel, alle Schreibweisen vorkommend) bezieht sich auf ein Häkchen oder Strichlein in der hebräischen Schrift, wie sie zur Zeit Jesu geschrieben wurde. Es bedeutet in der älteren Sprache ein Pünktchen oder Tüpfelchen und ist gleichlautend mit dem Wort für die Brustwarze.

Davon: Tüttelchen, später Tüpfelchen = winzige Kleinigkeit; kein Tüpfelchen = nichts; das Tüpfelchen auf dem i = die letzte Feinheit, Kleinigkeit

5,22 **Wer** (zu seinem Bruder) **sagt: Du Narr!, der ist des höllischen Feuers schuldig.** Mt 18,9; 23,33

Höllisch = zur Hölle gehörend (B); sehr groß, stark, mächtig: höllischen Respekt vor jmdm haben, höllischen Durst haben, höllisch kalt sein (H)

5,26 **Du wirst nicht von dannen** (aus dem Gefängnis) **herauskommen, bis du auch den letzten Heller bezahlt hast.** (alt)

Lk 12,59

Davon: bis auf den letzten Heller = unerbittlich die letzte Barschaft, alles Ersparte drangeben müssen; vgl: keinen Heller mehr haben = völlig mittellos sein; auf Heller und Pfennig bezahlen = restlos begleichen

5,37 o **Eure Rede sei: Ja, ja; nein, nein. Was darüber ist, das ist vom Übel.**

5,39 o (Ihr sollt nicht widerstreben dem Übel, sondern:) **Wenn dich jemand auf deine rechte Backe schlägt, dem biete die andere auch dar.** (alt: So dir jemand einen Streich gibt auf deinen rechten Backen, dem biete den andern auch dar.)

5,41 **Wenn dich jemand nötigt eine Meile** (mitzugehen)**, so gehe mit ihm zwei.** (alt)

Davon: die zweite Meile (mitgehen) = Stichwort für den Dienst des Christen am Mitmenschen, der über das ausdrücklich Erbetene hinausgehen soll

5,44.45a **Liebet eure Feinde, segnet, die euch fluchen, tut wohl denen, die euch hassen, bittet für die, so euch beleidigen und verfolgen, auf daß ihr Kinder seid eures Vaters im Himmel.** (alt)
Davon: Feindesliebe
In der allerersten Lutherübersetzung von 1522 findet sich für »fluchen« noch der Ausdruck »maledeyen«. Davon sprachlich: vermaledeien = verfluchen, verwünschen; vermaledeit = übel, schlecht

5,45b o (Gott) **läßt seine Sonne aufgehen über Böse und Gute** und **läßt regnen über Gerechte und Ungerechte.**
Davon: seine Sonne scheinen lassen über Böse und Gute = keinen Unterschied machen

5,48 o **Darum sollt ihr vollkommen sein, wie euer Vater im Himmel vollkommen ist.** Röm 12,2; 1. Kor 2,6; Phil 3,12.15; Kol 1,28
Davon die Lehre des Perfektionismus, daß Vollkommenheit als Ziel des christlichen Leben nicht nur zu erstreben, sondern auch tatsächlich zu erreichen ist; Perfektionismus im säkularen Raum = übertriebenes Streben nach Vervollkommnung

6,1 **Habt acht auf eure Frömmigkeit, daß ihr die nicht übt vor den Leuten, um von ihnen gesehen zu werden; ihr habt sonst keinen Lohn bei eurem Vater im Himmel.** 1. Mose 15,1
Davon wohl: Gotteslohn = Belohnung einer guten Tat durch Gott; um Gotteslohn = unentgeltlich, ohne etw für eine Leistung zu erhalten

6,2a **Wenn du Almosen gibst, sollst du nicht lassen vor dir posaunen, wie die Heuchler tun.** (alt)
Tob 12,9; Sir 7,11; Lk 12,33; Apg 3,2; 9,36; 10,4
Almosen = Gabe für die Armen (B); geringes, dürftiges Entgelt, das in keinem Verhältnis zu jmds angemessener Forderung steht (H)
Vor dir posaunen: davon: ausposaunen = etw, was nicht bekannt werden soll, überall erzählen

6,2b **Wahrlich, ich sage euch: Sie** (die Heuchler) **haben ihren Lohn dahin.** (alt)
Jmd hat seinen Lohn dahin = er hat keinen Lohn (mehr) zu erwarten

Matthäus

6,3   ○ **Wenn du Almosen gibst, so <u>laß deine linke Hand nicht wissen, was die rechte tut</u>.**
Bedeutet: Gutes tun, ohne darüber zu reden, ja, ohne sich etw darauf einzubilden
Davon: bei jmdm weiß die linke Hand nicht, was die rechte tut; manchmal auch gebraucht im Sinn von: mit der einen Hand geben, mit der andern Hand nehmen

6,6   ○ **Wenn du betest, so geh in dein Kämmerlein.**

6,7   **Wenn ihr betet, sollt ihr nicht viel <u>plappern</u> wie die Heiden; denn sie meinen, sie werden erhört, wenn sie <u>viele Worte machen</u>.**
Plappern = gedankenlos reden
Viele Worte machen = Überflüssiges reden

6,8   <u>**Euer Vater weiß, was ihr bedürfet, ehe denn ihr ihn bittet.**</u>
(alt)
Davon: »Eh man noch ein Wörtlein spricht, weiß schon Gott, was uns gebricht«

6,9-13   ● **Darum sollt ihr so beten: <u>Unser Vater</u> im Himmel!**
(9)   **Dein Name werde geheiligt.**
(10)   **Dein Reich komme.**
Dein <u>Wille</u> geschehe wie <u>im Himmel</u> so auf Erden.
(11)   **Unser <u>tägliches Brot</u> gib uns heute.**
(12)   **Und vergib uns unsre Schuld, wie auch wir vergeben unsern Schuldigern.**
(13)   **Und führe uns nicht in Versuchung,**
sondern <u>erlöse uns von dem Bösen</u>.
Denn dein ist das Reich und die Kraft und die Herrlichkeit in Ewigkeit. Amen.

Vers 9: Davon für das gemeinsame Gebet der Christenheit: das Unservater (reformierte Bezeichnung); das Vaterunser (lutherische und katholische Bezeichnung); letzteres ergibt sich aus der griech. und lat. Wortstellung; lateinisch: »pater noster«

Davon: Paternoster = Aufzug mit mehreren vorne offenen Kabinen, die ständig in der gleichen Richtung umlaufen; so genannt nach den aneinandergereihten Perlen der »Paternosterschnur«, einer älteren Bezeichnung für den Rosenkranz

Ein Vaterunser lang = der Zeitraum, der zum Beten eines Vaterunsers nötig ist; alle Vaterunser lang = in ziemlich kurzen Zeitabständen

Jmd ist wie das katholische Vaterunser = nämlich ohne »Kraft und Herrlichkeit« (die katholische Version hatte ursprünglich den Lobpreis am Ende von Vers 13 nicht)

Etw wie das Vaterunser können = es sehr gut können, aber nur mechanisch vollziehen

Einen mit drei Vaterunsern laufen lassen = ihm nur einen leichten Verweis erteilen, eine geringe Strafe geben

Vers 10: Aus »dein Wille geschehe im Himmel« mag entstanden sein: Um Himmelswillen! = Ausruf des Erschreckens, der Abwehr; es kann aber auch verhüllend für »Um Gottes willen!« stehen

Vers 11: Das tägliche Brot = das Lebensnotwendige

Vers 13: Davon: einer aus der siebten Bitte (»erlöse uns von dem Bösen«, alt: von dem Übel) = ein böser Kerl

6,16 **Wenn ihr fastet, sollt ihr nicht sauer dreinsehen wie die Heuchler.** 2.Sam 12,16; Neh 1,4; Jes 58,3.4; Mt 4,2; Lk 18,12; Apg 13,2 | Jes 33,14; Mt 7,5; 15,7; 22,18; 23,13

Fasten = sich des Essens (und Trinkens) enthalten als Zeichen der Demütigung vor Gott und der Reue, der Trauer, als Unterstützung der Bitte um göttlichen Eingriff in Notlagen (B); sich für eine bestimmte Zeit ganz oder teilweise der Nahrung enthalten oder auf den Genuß bestimmter Speisen verzichten – meist, um das Körpergewicht zu reduzieren (H)

Sauer dreinsehen (Luther für griech.: finster, mürrisch): davon: mit saurer Miene = Ausdruck des Verdrusses über etw; davon vielleicht auch: sauer sein = verärgert, wütend sein

Heuchler = jmd, der sich anders gibt, als er ist; der anderes sagt, als er denkt

6,19 **Ihr sollt euch nicht Schätze sammeln auf Erden, wo sie die Motten und der Rost fressen.** Spr 21,6; Tob 12,9; Sir 29,14; 1.Tim 6,19; Jak 5,3 | Hiob 13,28; Jes 50,9; Jak 5,2

Schätze sammeln – Reichtum anhäufen (B); wertvolle Güter erwerben und aufbewahren (H)

Motten und Rost: davon: Mottenfraß = das Zerfressen von Wollstoffen, Pelzen oä durch Motten; Rostfraß = die allmähliche Zerstörung von Eisen durch Rosten

Matthäus

6,21 ○ Wo dein Schatz ist, da ist auch dein Herz.

6,24 <u>Niemand kann zwei Herren dienen</u> ... Ihr könnt nicht Gott dienen und dem <u>Mammon</u>.
Davon: Mammonsdiener = jmd, der sich völlig von Geld und Besitz abhängig macht (vgl Lk 16,9)

6,26 • Seht die Vögel unter dem Himmel an; sie säen nicht, sie ernten nicht, sie sammeln nicht in die Scheunen; und euer himmlischer Vater ernährt sie doch. Seid ihr denn nicht viel mehr als sie?

6,27 Wer ist unter euch, der <u>seiner Länge eine Elle zusetzen</u> möge? (alt)
Davon: seiner Länge eine Elle zusetzen = größer erscheinen (wollen), als man ist

6,28 Schaut <u>die Lilien auf dem Feld</u> an, wie sie wachsen.
Davon: wie die Lilien auf dem Feld = sorglos

6,31 Ihr sollt nicht sorgen und sagen: <u>Was werden wir essen? Was werden wir trinken? Womit werden wir uns kleiden?</u>
Zusammenfassung der nächstliegenden Bedürfnisse

6,33 • Trachtet zuerst nach dem <u>Reich Gottes</u> und nach seiner Gerechtigkeit, so wird euch das (übrige) alles zufallen.
Weish 10,10; Mt 19,24; Mk 12,34; Lk 9,62; Joh 3,3.5; Apg 1,3; 14,22; Röm 14,17; 1. Kor 4,20; Offb 12,10
Reich Gottes = wo Gottes Herrschaft Maß und Ziel aller Dinge ist

6,34 ○ Sorgt nicht für morgen, denn der morgige Tag wird für das Seine sorgen. Es ist genug, daß jeder Tag seine eigene Plage hat.

7,1.2 • Richtet nicht, damit ihr nicht gerichtet werdet ... Denn ... mit welchem Maß ihr meßt, wird euch zugemessen werden.
Sinn: Richtet (= verurteilt) nicht andere, damit ihr nicht von Gott nach dem gleichen Maßstab zur Rechenschaft gezogen werdet

7,3 ○ Was siehst du den Splitter in deines Bruders Auge und nimmst nicht wahr den Balken in deinem Auge?
Groteskes Mißverhältnis zwischen kleinlicher Kritik an anderen und Blindheit für die eigenen viel schlimmeren Fehler

7,6 Ihr sollt das Heilige nicht den Hunden geben, und eure <u>Perlen</u> sollt ihr nicht <u>vor die Säue werfen</u>.

	Perlen vor die Säue werfen = etw Wertvolles Leuten anbieten, die es nicht zu schätzen wissen
7,7	●Bittet, so wird euch gegeben; suchet, so werdet ihr finden; klopfet an, so wird euch aufgetan. Davon: Wer sucht, der findet Davon: anklopfen = bei jmdm vorsichtig um etw bitten, wegen etw fragen
7,9	**Wer ist unter euch Menschen, der seinem Sohn, wenn er ihn bittet um <u>Brot</u>, einen <u>Stein</u> biete?** Jmdm Steine geben statt Brot = jmdn mit leeren Trostworten abspeisen, statt ihm wirklich zu helfen
7,12	○ **Alles, was ihr wollt, daß euch die Leute tun sollen, das tut ihnen auch!** Tob 4,16 Seit dem 16. Jahrhundert als »Goldene Regel« menschlichen Zusammenlebens bezeichnet. Davon das Sprichwort »Was du nicht willst, daß man dir tu, das füg auch keinem andern zu«
7,13.14	●**Gehet ein durch die enge Pforte. Denn die Pforte ist weit und <u>der Weg ist breit</u>, der zur Verdammnis abführt, und ihrer sind viele, die darauf wandeln. Und die Pforte ist enge und <u>der Weg ist schmal</u>, der zum Leben führt, und wenig ist ihrer, die ihn finden.** (alt) Das Gleichnis Jesu vom breiten und vom schmalen Weg ist im 19. Jahrhundert zu einem Bild ausgestaltet worden, das weite Verbreitung fand Davon abgeleitet das Sprichwort: Schmal ist der Weg zur Tugend, breit der zur Sünde
7,15	**Seht euch vor vor den <u>falschen Propheten</u>, die <u>in Schafskleidern</u> zu euch kommen, inwendig aber sind sie reißende <u>Wölfe</u>.** Falscher Prophet = Prophet, der nicht im Auftrag Gottes zu den Menschen spricht (B); jmd, bei dem nicht zutrifft, was er verbreitet; jmd, dem man nicht vertrauen kann (H) Wölfe in Schafskleidern: davon: ein Wolf im Schafspelz sein = sich harmlos geben und freundlich tun, aber dabei böse Absichten hegen und gefährlich sein
7,16	○ **An ihren Früchten sollt ihr sie erkennen.**
7,21	●**Es werden nicht alle, die zu mir sagen: Herr, Herr!, in das**

Matthäus

Himmelreich kommen, sondern die den Willen tun meines Vaters im Himmel.

7,24 **Wer diese meine Rede hört und tut sie, der gleicht einem klugen Mann, der sein Haus auf Fels baute.**

Esr 8,18; Sir 20,29

Kluger Mann = neben dem wörtlichen Sinn häufig gebraucht für einen Menschen, der seinen Vorteil wahrzunehmen weiß (heute: clever)

7,26 **Wer diese meine Rede hört und tut sie nicht, der gleicht einem törichten Mann, der sein Haus auf Sand baute.**

Davon: auf Sand bauen = sich auf etw sehr Unsicheres einlassen, stützen, verlassen; von Georg Neumark (1621–1681) in seinen Choral »Wer nur den lieben Gott läßt walten« übernommen: »Wer Gott, dem Allerhöchsten, traut, der hat auf keinen Sand gebaut«

Auch: etw in den Sand setzen = mit etw Mißerfolg haben

8,12 **Die Kinder des Reichs werden hinausgestoßen in die Finsternis; da wird sein Heulen und Zähneklappern (alt: Zähneklappen).** Mt 13,42.50; 22,13; 24,51; 25,30

Verzweiflungsvolle Angst, große Furcht

8,20 **Die Füchse haben Gruben, und die Vögel unter dem Himmel haben Nester; aber der Menschensohn hat nichts, wo er sein Haupt hinlege.**

Davon: nicht haben, wo man sein Haupt hinlegt = kein Bett, keine Ruhestätte, kein Heim haben

8,22 Zu einem Schriftgelehrten: **Folge du mir, und laß die Toten ihre Toten begraben!**

Die Toten ihre Toten begraben lassen = in der Nachfolge Jesu sich nicht durch Mitmenschen und Verhältnisse behindern lassen (B); Unabänderliches geschehen sein lassen (H)

8,27 o Die Menschen über Jesus: **Was ist das für ein Mann, daß ihm Wind und Meer gehorsam sind?**

8,29 Geister, die aus zwei Besessenen sprechen, zu Jesus: **Bist du hergekommen, uns zu quälen, ehe es Zeit ist?**

Mt 26,18; Mk 1,15; Lk 1,20; Joh 7,6; Offb 1,3

Der hier und an anderen Stellen vorkommende griechische Begriff »kairos« bezeichnet den für etw entscheidenden, günstigen Zeitpunkt

9,2	Zu einem Gelähmten: **Sei getrost, mein Sohn, <u>deine Sünden sind dir vergeben</u>.** 2. Mose 34,9; 2. Chr 7,14; Hiob 7,21; Ps 103,3; Mi 7,18; Lk 7,49; 1. Joh 1,9; 2,12
9,9	**Jesus ... sah ... einen Menschen <u>am Zoll sitzen</u>, der hieß Matthäus.** Als Zollbeamter tätig sein
9,10	**Da kamen viele <u>Zöllner und Sünder</u> und <u>saßen zu Tisch</u> mit Jesus und seinen Jüngern.** Mt 11,19; Lk 15,1 Zöllner und Sünder = Menschen, die gegen Gottes Gebote leben und deshalb von den Frommen verachtet werden (B); Menschengruppe, die kein Ansehen genießt; oft mit ironischem Unterton gebraucht (H) Zu Tisch sitzen = eine Mahlzeit einnehmen, Tischgemeinschaft haben
9,12	**<u>Die Starken bedürfen des Arztes nicht, sondern die Kranken.</u>** Davon: Die Gesunden bedürfen des Arztes nicht, sondern die Kranken
9,16	**Niemand <u>flickt ein altes Kleid mit einem Lappen von neuem Tuch</u>; denn der Lappen reißt doch wieder vom Kleid ab, und der Riß wird ärger.** Davon: ein neues Kleid mit einem alten Lappen flicken (und umgekehrt) = zwei durch ihr verschiedenes Alter nicht zusammenpassende Dinge (oder Menschen) miteinander verbinden
9,17	**Man <u>füllt</u> nicht <u>neuen Wein in alte Schläuche</u>.** Jungen Wein in alte Schläuche füllen = etw nicht grundlegend, durchgreifend erneuern, sondern nur notdürftig ändern, umgestalten
9,36	**Als er (Jesus) das Volk sah, jammerte es ihn; denn sie waren verschmachtet und zerstreut <u>wie die Schafe, die keinen Hirten haben</u>.** Hes 34,5; 1. Petr 2,25 Davon: Menschen wie Schafe ohne Hirten = Menschengruppe ohne Leitfigur
10,2	**Die Namen der zwölf <u>Apostel</u> sind diese ...** Joh 13,16; Apg 2,42; Röm 1,1; 1. Kor 12,28; Eph 2,20; Offb 21,14 Apostel (griech.) bedeutet »Ausgesandter«; ursprünglich Bezeichnung für die Zeugen der Auferstehung Jesu, die von ihm ausgesandt wurden; in speziellem Sinn eingegrenzt auf die zwölf Jün-

ger, die Jesus selbst ausgesandt (und nach Lk 6,1 Apostel genannt) hat. Daneben wurden auch von den urchristlichen Gemeinden ausgesandte Missionare Apostel genannt (B); oft ironisch = (allzu) eifriger Befürworter oder Vertreter einer (neuen) Lehre, etwa: Naturapostel, Apostel der Gewaltlosigkeit; leitende Person in der Neuapostolischen Kirche (Stammapostel) (H)

10,5-14 Zu den Aposteln: **Geht nicht den Weg zu ..., sondern geht zu ... Geht ...**
Davon (in Verbindung mit der damit übereinstimmenden Schilderung der Apostelreisen in der Apostelgeschichte; vgl Apg 20,13): per pedes apostolorum = zu Fuß wie die Apostel; auch die deutsche Formulierung ist sprichwörtlich

10,8a Jesus zu seinen Jüngern: **Treibt die Teufel aus.** (alt)
Davon: Teufelsaustreibung = Exorzismus; Austreibung böser Geister durch Wort oder Geste

10,8b o Zu den Jüngern: **Umsonst habt ihr's empfangen, umsonst gebt es auch.**

10,10a Zu den Jüngern: (Ihr sollt haben) **keine Reisetasche, auch nicht zwei Hemden, keine Schuhe, auch keinen Stecken.**
Davon die Ordensregel für die sogenannten »Barfüßer« (Mönchs- und Nonnenkongregationen), denen das Tragen von Fußbekleidung verboten ist oder denen nur Sandalen gestattet sind

10,10b o **Ein Arbeiter ist seiner Speise wert.**

10,14 Zu den Jüngern: **Wenn euch jemand nicht aufnehmen ... wird, so geht heraus ... und schüttelt den Staub von euren Füßen.** Apg 13,51
Den Staub von den Füßen schütteln = nichts mehr mit einem Ort und seinen Bewohnern zu tun haben wollen, die Beziehungen zu ihnen abbrechen, sie Gottes Gericht überlassen (B); einen Ort (für immer) verlassen (H)

10,15 Zu den Jüngern: **Wahrlich, ich sage euch: Dem Lande der Sodomer und Gomorrer wird es erträglicher ergehen am Jüngsten Gericht als solcher Stadt.** (alt)   Mt 12,41
Jüngstes Gericht = letztes Gericht, göttliches Gericht über die Menschheit am Tag des Weltuntergangs

10,16 o Zu den Jüngern: **Siehe, ich sende euch wie Schafe mitten unter die Wölfe. Darum seid klug wie die Schlangen und ohne Falsch wie die Tauben.**

Davon: ein Schaf unter Wölfen = ein Harmloser, Unschuldiger unter Gerissenen, Raubgierigen
Klug wie die Schlangen = in besonderem Maße klug (B); listig (H)

10,17 **Sie** (die Menschen) **werden euch überantworten vor ihre Rathäuser.** (alt)
Rathaus = Gebäude, in dem der Rat einer Stadt, das städtische Gericht tagt (B); Gebäude, das Sitz der Gemeindeverwaltung und der kommunalen Ämter ist (H)

10,22 ○ **Wer bis an das Ende beharrt, der wird selig werden.** Jak 1,25
Auf etw beharren = unerschütterlich, zäh daran festhalten (B+H); auf etw bestehen (H); vgl: Beharrungsvermögen = Ausdauer, Standhaftigkeit; physikalisch: Trägheit

10,24 ○ **Der Jünger steht nicht über dem Meister und der Knecht nicht über seinem Herrn.**

10,27 Zu den Jüngern: **Was euch gesagt wird in das Ohr, das predigt auf den Dächern.**
Davon: etw auf (von) den Dächern predigen = es laut und offen verkünden
Davon vielleicht: Die Spatzen pfeifen es von den Dächern = das ist längst kein Geheimnis mehr, jeder weiß davon

10,34 ○ **Ich bin nicht gekommen, Frieden zu bringen, sondern das Schwert.**
Bezieht sich auf die Entzweiungen, die es über der entschiedenen Jesusnachfolge zwischen Menschen geben kann

10,38 **Wer nicht sein Kreuz auf sich nimmt und folgt mir nach, der ist meiner nicht wert.** Hebr 11,38
Sein Kreuz auf sich nehmen = einen von Gott bestimmten (schweren) Weg für sich akzeptieren
Jmds wert sein = seiner würdig sein

11,6 ○ **Selig ist, wer sich nicht an mir ärgert.** Mt 13,57
Sich an jmdm ärgern = an jmds Wesen, Reden oder Handeln Anstoß nehmen (B); in der gleichen (zT abgeschwächten) Bedeutung: sich über jmdn ärgern (H)

11,7 **Was seid ihr hinausgegangen in die Wüste zu sehen? Wolltet ihr ein Rohr sehen, das der Wind hin- und herweht?**
Davon: wie ein schwankendes Rohr im Wind sein = in seinen Entschlüssen unsicher sein, sich leicht von außen beeinflussen lassen

11,12	(Diejenigen,) **die Gewalt tun, die reißen es** (das Himmelreich) **zu sich.** (alt) 2. Chr 32,1; Mi 2,2 (alt)

Davon sprachlich: Gewalttäter = jmd, der unter Anwendung von körperlicher Gewalt ein Verbrechen begeht
Zu sich reißen: vgl: etw an sich reißen = sich einer Sache mit Gewalt bemächtigen

11,15	○ **Wer Ohren hat, der höre!**

Mt 13,9.43; Offb 2,7.11.17.29; 3,6.13.22; 13,9

11,18	**Johannes ist gekommen, aß nicht und trank nicht; so sagen sie: Er hat den Teufel.** (alt)

Den Teufel haben = vom Teufel besessen sein; davon vielleicht: den Teufel im Leib haben = wild und unbeherrscht sein

11,21	An zwei galiläische Städte: **Wären solche Taten in Tyrus und Sidon geschehen, wie sie bei euch geschehen sind, sie hätten längst in Sack und Asche Buße getan.**

Est 4,3; Jes 58,5; Dan 9,3; Jona 3,6

Davon: in Sack und Asche Buße tun, in Sack und Asche gehen = Reue über Fehlverhalten zeigen

11,28-30	● **Kommt her zu mir, alle, die ihr mühselig und beladen seid; ich will euch erquicken. Nehmt auf euch mein Joch und lernt von mir; denn ich bin sanftmütig und von Herzen demütig; so werdet ihr Ruhe finden für eure Seelen. Denn mein Joch ist sanft und meine Last ist leicht.** Jer 6,16

Mühselig und beladen = die Aussage verstärkendes Wortpaar
Von Herzen demütig = von Herzen kommende, nicht nur vorgespiegelte Demut; davon: Herzensdemut
Ruhe für die Seelen: davon wohl: Seelenruhe; seelenruhig = mit unerschütterlicher Ruhe
Sanftes Joch: davon vielleicht: ein schweres, ein leichtes (sanftes) Joch = eine schwere oder leichte Lebensbürde. Die lat. Übersetzung »iugum meum suave est« (= mein Joch ist süß) führte im Deutschen lange vor Luther zu der Formel »süßes Joch«. Daraus (zusammen mit der »leichten Last«) die Redensart »eine süße Last« = etw, was man gerne auf sich nimmt; meist auf einen geliebten Menschen und dessen Bedürfnisse bezogen

12,24	Die Pharisäer über Jesus: **Er treibt die Teufel** nicht anders **aus als durch Beelzebub**, der Teufel Obersten. (alt) Mt 10,25

Den Teufel durch (mit) Beelzebub austreiben = ein Übel durch ein anderes, schlimmeres bekämpfen. Zu Beelzebub siehe 2. Kön 1,2

12,25 ○ **Jedes Haus, das mit sich selbst uneins ist, kann nicht bestehen.**

12,30 ○ **Wer nicht mit mir ist, der ist gegen mich; und wer nicht mit mir sammelt, der zerstreut.**

12,31 **Alle Sünde und <u>Lästerung</u> wird den Menschen vergeben; aber die <u>Lästerung</u> gegen den Geist wird nicht vergeben.**
Mt 15,19; Eph 4,31; 1. Tim 6,4; Offb 2,9; 13,5.6

Das im griechischen Urtext dafür verwendete Wort »blasphemia«, das ganz allgemein »Lästerung« bedeutet, führte zu dem Fremdwort Blasphemie = verletzende, höhnende Äußerung über etw Heiliges; Gotteslästerung

12,32 **Wer etwas redet <u>gegen den heiligen Geist</u>, dem wird's <u>nicht vergeben</u>.**
Davon: die Sünde wider den Heiligen Geist

12,34 **Wes das Herz voll ist, des geht der Mund über.**
Wes/des = wessen/dessen; der ursprüngliche Sinn also: »Wovon das Herz voll ist, davon geht der Mund über.« Heute zumeist von jmdm gesagt, der ein großes Mitteilungsbedürfnis hat

13,3 (Jesus) **redete zu ihnen** (den Menschen) **mancherlei <u>durch Gleichnisse</u>.** (alt) Mt 13,35
Davon: in Gleichnissen reden = etw verschlüsselt wiedergeben; abstrakte Gedanken oder Vorgänge durch den Vergleich mit einer anschaulichen, konkreten Handlung verständlich machen

13,5 **Etliches <u>fiel in das Steinige</u>, da es nicht viel Erde hatte.** (alt)
Davon: Ermahnung, die auf steinigen Boden fällt = die nicht angenommen wird

13,8 **Etliches <u>fiel auf ein gut Land</u> und <u>trug Frucht</u>, etliches <u>hundertfältig</u>, etliches sechzigfältig, etliches dreißigfältig.** (alt)
1. Mose 1,11; Hebr 6,7; Offb 22,2
Davon: auf guten (fruchtbaren) Boden fallen = bereitwillig aufgenommen, befolgt werden
Davon: Frucht tragen = Erfolg nach entsprechender Bemühung
Davon: Es hat sich hundertfach gelohnt = der Einsatz für eine Sache hat sich vielfach ausgezahlt

13,12 ○ **Wer da hat, dem wird gegeben.**

13,13 <u>**Mit sehenden Augen sehen sie nicht.**</u>

Davon: sehenden Auges = leichtsinnig; obwohl man das Unglück kommen sieht

13,21 (Der, bei dem der Same auf Steingrund fällt,) **hat keine Wurzel in sich, sondern er ist <u>wetterwendisch</u>.**
So launenhaft wie das Wetter; so veranlagt, daß man mit plötzlichem Umschwung seines Verhaltens rechnen muß

13,25 **Als die Leute schliefen, kam sein** (dessen, der guten Samen säte) **Feind und <u>säte Unkraut zwischen den Weizen</u>.**
Unkraut unter den Weizen säen = in gute Beziehungen heimlich Böses einbringen

13,29.30 Antwort des Hausvaters im Gleichnis vom Unkraut unter dem Weizen auf die Frage der Knechte, ob sie das Unkraut ausjäten sollen: **Nein, damit ihr nicht <u>zugleich den Weizen mit ausrauft, wenn ihr das Unkraut ausjätet. Laßt beides miteinander wachsen bis zur Ernte.</u>**
Davon: den Weizen mit dem Unkraut ausjäten = das Gute mit dem Bösen vernichten
Davon: Weizen und Unkraut wachsen lassen bis zur Ernte = Urteil und Gericht dem himmlischen Richter überlassen

13,38 o **Der Acker ist die Welt.**
13,39 o **Die <u>Ernte</u> ist das Ende der Welt.** Joel 4,13
Ernte = hier: Zeit und Vorgang des Erntens; Bild für Rechenschaft über den Ertrag des Menschenlebens

13,43 o **Die Gerechten werden leuchten wie die Sonne in ihres Vaters Reich.**

13,46 **Als er** (der Kaufmann im Gleichnis) **eine kostbare** (alt: <u>köstliche</u>) **<u>Perle</u> fand, ging er hin und verkaufte alles, was er hatte, und kaufte sie.**
Köstliche Perle: Ziel oder Gegenstand, für den jmd alles andere aufzugeben bereit ist; siehe auch Spr 31,10

13,47 **Das Himmelreich ist gleich einem Netze, das ins Meer geworfen ist, damit man allerlei <u>Gattung</u> fängt.** (alt)
Gesamtheit von Einzelwesen, Dingen, Formen, die in wesentlichen Eigenschaften übereinstimmen

13,48 Aus dem Gleichnis vom Fischnetz: **Aber die <u>faulen</u>** (Fische) **werfen sie** (die Fischer) **weg.** (alt)
Davon wohl: faule Fische = Ausflüchte

13,52 **Darum gleicht jeder Schriftgelehrte, der ein Jünger des**

Himmelreichs geworden ist, einem Hausvater, der <u>aus seinem Schatz Neues und Altes hervorholt</u>.

Aus seinem Schatz Altes und Neues hervorholen = Altüberliefertes und von Jesus neu Gebrachtes lehrend vermitteln (B); Überliefertem und Unbekanntem Raum geben (H)

13,55 o Die Einwohner von <u>Nazareth</u>: **Ist er** (Jesus) **nicht <u>eines Zimmermanns Sohn</u>?** (alt)

Wird zitiert, wenn jmd seiner Herkunft wegen disqualifiziert werden soll

Davon: der Zimmermannssohn aus Nazareth = Jesus

13,57 **<u>Ein Prophet gilt nirgends weniger als in seinem Vaterland und in seinem Hause</u>.**

Meist in der Form: Der Prophet gilt nichts in seinem Vaterland = jmds Fähigkeiten oder Gaben werden in seiner näheren Umgebung oft nicht erkannt

In diesem Zusammenhang auch die Redewendung: nicht weit her sein = unbedeutend, geringwertig sein, nichts gelten

14,7.8 (Herodes) **versprach ihr** (der Tochter der Herodias) **mit einem Eid, er wolle ihr geben, was sie <u>fordern</u> würde. Und ... von ihrer Mutter angestiftet ..., sprach sie: Gib mir hier auf einer Schale <u>das Haupt</u> Johannes des Täufers!**

Davon wohl: jmds Kopf fordern = die Entlassung jmds, der in höherer Stellung Verantwortung trägt, verlangen

14,19 (Jesus) **nahm die fünf Brote und die zwei <u>Fische</u>.**

Wohl von dieser Geschichte der Speisung der Fünftausend ist der Fisch zum Gleichnis der Wundermacht Jesu geworden. Das griechische Wort für Fisch *(ichthys)* wurde mit seinen einzelnen Buchstaben von der jungen Christenheit für die Anfangsbuchstaben fünf griechischer Wörter gebraucht: »**I**esous **Ch**ristos **Th**eou (h)**Y**ios **S**oter« (*ch* und *th* im Griechischen ein Buchstabe; anlaufendes *h* gilt nicht als Buchstabe) – zu deutsch: Jesus Christus, Gottes Sohn, Heiland. Der Fisch wurde zum Erkennungszeichen der ersten Christen und wird heute wieder in gleicher Weise gebraucht

14,20 **<u>Sie aßen alle und wurden satt</u> und <u>sammelten</u> auf, was an <u>Brocken</u> übrigblieb, zwölf Körbe voll.**

Sie aßen alle und wurden satt: dankbar zitiert, wenn es gelang, eine größere Gesellschaft zu verköstigen

Brocken sammeln: davon: die früher durchgeführte »Brockensammlung« der Betheler Anstalten, mit der entbehrliche Kleidung und andere Gegenstände für die Betreuten erbeten wurden

14,27 ○ Zu den Jüngern: **Seid getrost, ich bin's; fürchtet euch nicht!**

14,31 Zu Petrus: **O du Kleingläubiger.** (alt) Mt 6,30; 8,26; 16,8; Lk 12,28
Kleingläubig = Mangel an Vertrauen beweisend (B); ängstlich zweifelnd; pessimistisch sich äußernd (H)

14,36 (Die Leute brachten von überall her Kranke) **und baten ihn** (Jesus), **daß sie nur seines Kleides Saum anrühreten.** (alt)
Nur den Saum seines Kleides berühren: Bild für großes Vertrauen zu Jesus

15,11 ○ **Was zum Mund hineingeht, das macht den Menschen nicht unrein; sondern was aus dem Mund herauskommt, das macht den Menschen unrein.**

15,14 **Lasset sie** (die Pharisäer und Schriftgelehrten) **fahren, sie sind blind und der Blinden Leiter.** (alt)
Davon: blinde Blindenleiter = zur Belehrung anderer berufene Menschen, die jedoch selbst unwissend sind

16,3 Zu den Pharisäern und Sadduzäern: **Könnt ihr … nicht … über die Zeichen der Zeit urteilen?**
Vorgänge, die das Kommen des Gottesreiches ankündigen (B); im pietistischen Raum: Vorgänge, die auf die baldige Wiederkunft Jesu hindeuten (H)

16,9 Jesus zu den Jüngern: **Vernehmt ihr noch nichts?** (alt)
Ps 17,1; Pred 9,17; Apg 22,29; 1. Kor 2,14
Etw vernehmen = auffassen, verstehen (B); hören, zur Kenntnis nehmen (B+H)
Jmdn vernehmen = gerichtlich, polizeilich befragen, verhören (H)

16,17 Zu Petrus: **Fleisch und Blut haben dir das nicht offenbart.**
1. Kor 15,50; Gal 1,16; Hebr 2,14
Menschen; menschliche Art und Denkweise (B); die menschliche Leiblichkeit; davon: jmdm geht etw in Fleisch und Blut über = es wird zur selbstverständlichen Gewohnheit; man beherrscht es, ohne nachdenken zu müssen (H)

16,18 **Du bist Petrus, und auf diesen Felsen will ich meine Gemeinde bauen.** Mt 7,24
Bauen auf: bildlich = sich gründen, stützen, vertrauen auf

Davon (schon Sir 34,7): auf jmdn, etw bauen = sich in einer bestimmten Sache auf jmdn, etw verlassen

16,19 Zu Petrus: **Ich will dir die Schlüssel des Himmelreichs geben: alles, was du auf Erden binden wirst, soll auch im Himmel gebunden sein, und alles, was du auf Erden lösen wirst, soll auch im Himmel gelöst sein.** Mt 18,18

Davon in der römisch-katholischen Kirche die »Schlüsselgewalt« der Päpste als Nachfolger von Petrus; vgl »Schlüsselgewalt« als juristischen Begriff = die Befugnis des einen Ehepartners, den anderen in Dingen, die die Haushaltsführung betreffen, mit rechtlicher Wirkung zu vertreten

Davon: Himmel(s)schlüssel(chen) = im Frühling blühende Pflanze; Primel

Davon: zahlreiche Redewendungen, die Petrus als Himmelspförtner und Wetterregenten darstellen: Petrus schließt den Himmel auf; Petrus meint es gut/schlecht mit uns = wir haben schönes/schlechtes Wetter

Lösen: davon: die Absolution (wörtlich: Loslösung) erteilen, mit der Sünde vergeben wird

16,23a **Hebe dich, Satan, von mir; du bist mir ärgerlich.** (alt)

Anstößig (B); verdrossen, aufgebracht, unwillig; mißlich, unerfreulich, unangenehm, unerquicklich (H); vgl: ärgern, Ärgernis

16,23b Zu Petrus: **Du meinst nicht, was göttlich, sondern was menschlich ist.** 4. Mose 24,4; Apg 17,29; 2. Kor 11,2; Phil 2,6; 1. Thess 2,13; 2. Petr 1,3.4

Gott eigen, zugehörend; von Gott ausgehend, stammend; auf Gott bezogen (B); (einem) Gott, einer Göttin ähnlich; scherzhaft: herrlich, so daß man nur staunen kann (H)

16,24 **Will mir jemand nachfolgen, der verleugne sich selbst.** (alt)
Jos 24,27; Hiob 31,28; Mt 10,33; 26,34; 1. Tim 5,8

Verleugnen = durch Lüge verbergen, verneinen; jmdn, etw verleugnen = sich nicht zu jmdm, etw bekennen; sich selbst verleugnen = von sich absehen, sich hintansetzen (B)

Davon: Selbstverleugnung = gänzliches Zurückstellen der eigenen Bedürfnisse und Wünsche zugunsten eines anderen oder einer Sache

Sich verleugnen lassen = jmdm sagen lassen, man sei nicht da (H)

Matthäus

16,26 ○ **Was hülfe es dem Menschen, wenn er die ganze Welt gewönne und nähme doch Schaden an seiner Seele?**
Davon vielleicht: nicht um die Welt = um keinen Preis
An etw Schaden nehmen = in einer bestimmten Hinsicht geschädigt, beeinträchtigt werden

17,2 (Jesus) **wurde verklärt vor ihnen** (den drei Jüngern). 2. Kor 3,18
Verklären = in himmlische Klarheit verwandeln, verherrlichen (B); einen beseligten, glücklichen Ausdruck verleihen: ein Lächeln verklärt sein Gesicht; sich verklären = die Vergangenheit verklärt sich in der Erinnerung (H)
Davon: Verklärung = Verherrlichung Jesu durch den Lichtglanz der himmlischen Welt

17,4 Petrus auf dem Berg der Verklärung: **Herr, hier ist gut sein! Willst du, so will ich hier drei Hütten bauen, dir eine, Mose eine und Elia eine.**
Davon: Hier ist gut sein! = Ausruf des Wohlbehagens über ein schönes Fleckchen Erde
Davon: Hütten bauen = sich niederlassen

17,5 Bei der Verklärung Jesu: **Siehe, da überschattete sie eine lichte Wolke.**
Davon: eine Wolke überschattet jmdm etw = seine Freude, seine Stimmung wird durch etw gedämpft

17,15 Der Vater des mondsüchtigen Jungen: **Herr, erbarme dich über meinen Sohn!** Tob 8,10; Sir 36,1.14; St zu Est 2,5
Der griechische Urtext »kyrie eleison« ist Bestandteil kirchlicher Responsorien

17,20 Zu den Jüngern: **Wenn ihr Glauben habt wie ein Senfkorn, so könnt ihr sagen zu diesem Berge: Heb dich dorthin!, so wird er sich heben; und euch wird nichts unmöglich sein.**
Davon: Senfkornglaube = das Vertrauen, daß Gott aus etw Unbedeutendem etw Großes machen kann

18,3 **Wenn ihr nicht ... werdet wie die Kinder, so werdet ihr nicht ins Himmelreich kommen.**
Davon: werden wie die Kinder = arglos und voll Vertrauen
Davon im Abendlied von Matthias Claudius (1740–1815) »Der Mond ist aufgegangen ...« die Zeile: »Laß uns einfältig werden und vor dir hier auf Erden wie Kinder fromm und fröhlich sein«

Matthäus

18,6 Wer einen dieser Kleinen, die an mich glauben, zum Abfall verführt, für den wäre es besser, daß <u>ein Mühlstein an seinen Hals gehängt</u> und er <u>ersäuft würde im Meer, wo es am tiefsten ist.</u>
Davon: wie ein Mühlstein am Hals = eine fast unerträgliche Last
Davon: jmdn ersäufen im Meer, wo es am tiefsten ist = ihn für alle Zeiten verschwinden lassen

18,7 **Wehe dem Menschen, durch welchen <u>Ärgernis</u> kommt!** (alt)
Anstoß; speziell als Verleitung zu Sünde, Zweifel, Abfall vom Glauben
Davon sprachlich: Erregung öffentlichen Ärgernisses (»erregen« vgl Apg 17,6) = Rechtsbegriff: Verletzung des sittlichen Gefühls eines durchschnittlichen Beobachters in sexueller Hinsicht

18,8 Zu den Jüngern: **Es ist besser für dich, daß du lahm oder verkrüppelt zum Leben eingehst, als daß du <u>zwei Hände</u> oder <u>zwei Füße</u> hast und wirst in das ewige Feuer geworfen.**
Davon vielleicht: zwei (gesunde) Hände haben = fähig zur Arbeit sein
Davon vielleicht: zwei Füße haben = fähig sein, zur Erledigung einer Aufgabe einen Weg unter die Füße zu nehmen

18,15 **Hört er auf dich, so hast du deinen Bruder <u>gewonnen</u>.**
Spr 7,21; 1.Kor 9,19-22; 1.Petr 3,1
Jmdn gewinnen = ihn für Christus, den Glauben, das Heil gewinnen (B); jmds Liebe, Herz, Vertrauen erringen; jmdn für etw gewinnen = ihn für eine Sache, einen Plan erwärmen (H)

18,17 Zu den Jüngern über den Sünder, der sich auch von der Gemeinde nicht zurechtweisen läßt: **Halte ihn als einen <u>Heiden</u> und Zöllner.** (alt) 1.Kor 5,1; Eph 4,17; 1.Thess 4,5; 1.Tim 5,8
Heide = Nichtjude bzw Nichtchrist; hier auf einen Menschen bezogen, der zwar nominell Jude oder Christ ist, dies aber durch seine Lebensführung nicht beweist; leben wie ein Heide = im Widerspruch zu Gottes Geboten (siehe auch »heidnisch« Mt 4,15)

18,20 •**Wo <u>zwei oder drei</u> versammelt sind in meinem Namen, da bin ich mitten unter ihnen.** 5.Mose 17,6; Jes 17,6; Joh 2,6
Zwei oder drei = geläufige, nicht fest definierte Mengenangabe

Matthäus

18,27 Im Gleichnis vom Schalksknecht: **Die Schuld erließ er ihm** (der Herr dem Knecht) **auch.** Mi 7,18
Davon sprachlich: Schuldenerlaß = die Aufhebung einer Verbindlichkeit

19,6 ○ **Was Gott zusammengefügt hat, das soll der Mensch nicht scheiden!** Jer 3,1; Mt 5,31; Lk 16,18; 1. Kor 7,10.15
In Agende/Liturgie für die Trauung enthalten
Scheiden: davon sprachlich: die Scheidung = Ehescheidung

19,12 ○ **Wer es fassen kann, der fasse es!**

19,24 ○ **Es ist leichter, daß ein Kamel durch ein Nadelöhr gehe, als daß ein Reicher ins Reich Gottes komme.**
Nadelöhr = kleinste denkbare Öffnung (B); Engpaß; Straßenteil, an dem es öfter zu Stauungen kommt (H)

19,26 ○ **Bei Gott sind alle Dinge möglich.**

19,30 ○ **Viele, die die Ersten sind, werden die Letzten und die Letzten werden die Ersten sein.** Mt 20,16
Davon: Die Letzten werden die Ersten sein

20,1 **Das Himmelreich gleicht einem Hausherrn, der früh am Morgen ausging, um Arbeiter für seinen Weinberg einzustellen.**
Davon in Verbindung mit den Versen 10-12: ein Mann oä der ersten Stunde = jmd, der von Anbeginn dabei war, mitgewirkt hat
Davon: Arbeiter im Weinberg des Herrn = im Pietismus geläufige Wendung: Menschen, die sich zur Verbreitung der Frohen Botschaft rufen lassen

20,6 **Um die elfte Stunde ging er** (der Besitzer des Weinbergs) **aus und fand andere** (Arbeiter) **und sprach zu ihnen: Was steht ihr den ganzen Tag müßig da?**
Es ist die elfte Stunde = kurz vor dem Ende einer Sache, eines Zeitabschnitts

20,8 **Der Herr des Weinbergs sprach zu seinem Schaffner ...** (alt)
Verwalter (B); jmd, der in öffentlichen Verkehrsmitteln Fahrkarten verkauft und kontrolliert (H)

20,12 Die den ganzen Tag über tätigen Arbeiter im Weinberg zu dessen Besitzer: **Diese letzten haben nur eine Stunde gearbeitet, doch du hast sie uns gleichgemacht, da wir des Tages Last und Hitze getragen haben.** (alt)

Gleichmachen = die Unterschiede, die zwischen etw bestehen, beseitigen; davon sprachlich: Gleichmacherei = Aufhebung objektiv vorhandener (natürlicher, sozialer) Unterschiede

Des Tages Last und Hitze tragen = den ganzen Tag über in der Sonnenhitze arbeiten; andauernd und stark in Anspruch genommen sein

20,15 o Der Besitzer des Weinbergs zu einem der Arbeiter: **Habe ich nicht Macht, zu tun, was ich will, mit dem, was mein ist? Siehst du <u>scheel</u> drein, weil ich so gütig bin?**

Macht = Vollmacht, Recht; Machthaber = wer die politische Macht hat

Scheel = schielend; neidisch

20,25 Zu den Jüngern: **Ihr wißt, daß die <u>weltlichen</u> Fürsten herrschen.** (alt) Tit 2,12

Weltlich = der diesseitigen, irdischen Welt angehörend, ihr eigentümlich; irdisch, sinnlich (B); nicht geistlich (weltlicher Beruf); nicht kirchlich oder sakral (weltliches Bauwerk) (H)

20,26 Zu den Jüngern: **Wer unter euch groß sein will, der sei euer <u>Diener</u>.** Joh 12,26; Röm 13,4; 2. Kor 3,6; Eph 6,21; 1. Tim 4,6

Hierfür findet sich im griechischen Urtext »diakonos«, davon: Diakon = evangelischer kirchlicher Amtsträger, der in einer Kirchengemeinde karitative und soziale Arbeit leistet; römisch-katholischer, orthodoxer oder anglikanischer Geistlicher, der einen Weihegrad unter dem Priester steht

20,27 o Zu den Jüngern: **Wer da will der Vornehmste sein, der sei euer Knecht.** (alt)

20,28 **Der Menschensohn ist nicht gekommen, daß er <u>sich dienen lasse</u>, sondern daß er diene.**

Davon sprachlich: sich bedienen lassen = die Dienste anderer (über das übliche Maß hinaus) in Anspruch nehmen

21,9 **Die Menge, die** (beim Einzug Jesu in Jerusalem) **ihm vorangign und nachfolgte, schrie: <u>Hosianna</u> dem Sohn Davids!**

Davon: Heute »Hosianna!« und morgen »Kreuzigt ihn!« rufen (vgl Mk 15,13) = sinnbildlich für den Stimmungswandel eines Volkes oder einer Gruppe von Menschen

22,8 o Aus dem Gleichnis von der königlichen Hochzeit: **Die Hochzeit ist zwar bereit, aber die Gäste waren's nicht wert.**

22,12 Aus dem Gleichnis von der königlichen Hochzeit: **Freund, wie**

Matthäus

bist du hereingekommen und hast doch **kein hochzeitlich Kleid an?** (alt)
Sinnbildlich für jmd, der sich in eine Gesellschaft eingeschlichen oder eingedrängt hat, zu der er nicht gehört oder paßt

22,14 **Viele sind berufen, aber wenige sind auserwählt.**
Jes 41,9; Apg 13,2; Röm 8,28; Gal 5,13; 1. Tim 6,12; Offb 19,9 |
1. Chr 16,13; Ps 89,4; Jes 42,1; Lk 18,7; Röm 8,33
Berufen = von einem Höherstehenden für eine bestimmte Aufgabe, Stellung in Anspruch genommen (B); zum Inhaber eines Amts ernannt; befähigt, begabt, geeignet für etw (H)
Auserwählter = jmd, der zu etw Bestimmtem, Besonderem ausersehen ist (B); scherzhaft: Freund(in), Verlobte(r) (H)

22,17 Die Pharisäer zu Jesus: **Ist's recht, daß man dem Kaiser Zins gebe oder nicht?** (alt)   Spr 28,8; Hes 22,12; Mt 25,27
Steuerzahlung (B); Betrag, den jmd von der Bank für seine Einlagen erhält oder den er für zeitweilig ausgeliehenes Geld bezahlen muß (B+H)

22,20 Zu den Pharisäern: **Wessen ist das Bild und die Überschrift** (des Silbergroschens)? (alt)
Aufschrift; auch Aufschrift über dem Kreuz Jesu (Lk 23,38 alt; Joh 19,19.20 alt) (B); das, was zur Zusammenfassung des Inhalts über einem Text geschrieben steht (B+H)

22,21 o Zu den Abgesandten der Pharisäer: **Gebt dem Kaiser, was des Kaisers ist, und Gott, was Gottes ist!**

22,30 **In der Auferstehung werden sie** (die Menschen) **weder heiraten noch sich heiraten lassen, sondern sie sind wie Engel im Himmel.**   2. Makk 12,43; Mt 22,23; Joh 5,29; Apg 23,6; Hebr 6,2
Auferstehung = hier und 22,28: ewiges Leben nach der endzeitlichen Totenerweckung; sonst: Wiedererweckung aller Verstorbenen zu einer neuen Existenz am Weltende
Davon: (fröhliche) Auferstehung feiern = scherzhaft oder ironisch von längst Vergessenem, Überholtem: plötzlich wieder in Mode kommen oä
Wie Engel im Himmel: davon vielleicht: engel(s)gleich = wie ein Engel

22,37-39 ● Zu einem Schriftgelehrten: **Du sollst den Herrn, deinen Gott, lieben von ganzem Herzen, von ganzer Seele und von ganzem Gemüt. Dies ist das höchste und größte Gebot. Das** andere aber ist dem gleich: **Du sollst deinen Nächsten lieben wie dich selbst.** 5. Mose 6,5 | 3. Mose 19,18

Gott lieben: davon, wohl über das lateinische Amadeus: Gottlieb = männlicher Vorname

23,4 Über die Schriftgelehrten und Pharisäer: **Sie binden schwere und unerträgliche Bürden und legen sie den Menschen auf den Hals; aber sie wollen dieselbigen <u>nicht mit einem Finger regen</u>.** (alt)

Davon vielleicht: für etw keinen Finger regen, krumm machen = sich nicht für jmdn, etw einsetzen

23,6 (Die Schriftgelehrten und Pharisäer) **<u>sitzen</u> gern <u>obenan bei Tisch</u> und in den Synagogen.**

Davon: bei Tisch oben(an) sitzen = die Plätze für angesehene Gäste einnehmen

23,8a Zu den Jüngern: **Ihr sollt euch nicht <u>Rabbi</u> nennen lassen.**
Mt 26,25.49; Mk 9,5; 11,21; Joh 1,38.49; 4,31; 6,25

Im Judentum Anrede = verehrter Lehrer (wörtlich: »mein Großer«)

23,8b o Zu den Jüngern: **Einer ist euer Meister; <u>ihr</u> aber <u>seid alle Brüder</u>.** Apg 28,14; Gal 2,4; 2. Thess 2,13; 1. Tim 6,2; 1. Joh 3,14

Alle sind Brüder: davon wohl alle Bruderschaftsparolen; Jesus hatte nur seine Jünger im Blick

23,12 o **Wer sich selbst erhöht, der wird erniedrigt; und wer sich selbst erniedrigt, der wird erhöht.**

23,15 **Weh euch, Schriftgelehrte und Pharisäer, ihr Heuchler, die ihr Land und Meer durchzieht, damit ihr einen <u>Judengenossen</u> gewinnt.** Apg 2,11; 6,5; 13,43

Übersetzung des griechischen Wortes »Proselyt« = Nichtjude, der voll zum jüdischen Glauben übergetreten ist

Davon: Proselyten machen = mit aufdringlichen Methoden Anhänger für eine Religion oder eine Ideologie gewinnen; jmdn rasch bekehren, ohne ihn wirklich zu überzeugen

23,23 **Weh euch, Schriftgelehrte und Pharisäer, ihr Heuchler, die ihr den Zehnten gebt von Minze, Dill und Kümmel und laßt das Wichtigste im Gesetz beiseite, nämlich das Recht, die Barmherzigkeit und den Glauben! Doch <u>dies sollte man tun und jenes nicht lassen</u>.**

Davon: Das eine tun und das andere nicht lassen = nicht zwei Pflichten gegeneinander ausspielen

Davon: das Tun und Lassen = Aktivität ebenso wie der Verzicht darauf; davon im bekannten Schlußchoral von Hartmann Schenck (1634–1681) »Unsern Ausgang segne Gott« die Zeile: »Segne unser Tun und Lassen ...«

23,24 Zu den Schriftgelehrten und Pharisäern: **Ihr verblendeten Leiter, die ihr <u>Mücken seihet und Kamele verschlucket</u>!** (alt)
Davon: Mücken seihen/aussieben und Kamele verschlucken = auf Nebensächlichem bestehen, aber Wichtiges außer acht lassen

23,27 Zu den Schriftgelehrten und Pharisäern: **Ihr seid wie die <u>übertünchten</u> Gräber, die <u>von außen hübsch</u> aussehen, <u>aber innen</u> sind sie <u>voller</u> Totengebeine und lauter <u>Unrat</u>!**
Hes 13,10-12
Übertüncht = mit Tünche überstrichen; davon: übertünchen = Häßliches, Schlimmes unsichtbar machen
Davon vielleicht: Außen hui, innen pfui

23,28 Zu den Schriftgelehrten und Pharisäern: **<u>Von außen scheint ihr vor den Menschen fromm.</u>**
Davon wohl: scheinheilig = Frömmigkeit vortäuschend (B); Aufrichtigkeit, Nichtwissen oder Freundlichkeit vortäuschend; heuchlerisch (H)
Eine andere Deutung läßt den Begriff vom »Heiligenschein« kommen, der in der bildlichen Darstellung einen Lichtschein oder Strahlenkranz um das Haupt einer als heilig erklärten irdischen Person legt

23,37 **Jerusalem, ... wie oft habe ich deine Kinder versammeln wollen, <u>wie eine Henne versammelt ihre Küchlein unter ihre Flügel</u>; und ihr habt nicht gewollt!** (alt)
Davon in Paul Gerhardts Abendlied »Nun ruhen alle Wälder« die Strophe: »Breit aus die Flügel beide, o Jesu, meine Freude, und nimm dein Küchlein ein ...«

24,2 Über den Tempel: **Es wird hier <u>nicht ein Stein auf dem andern bleiben</u>.**
Davon: keinen Stein auf dem anderen lassen = etw völlig zerstören

24,4 o Zu den Jüngern: **Seht zu, daß euch nicht jemand verführe.**

24,12 **Weil <u>die Ungerechtigkeit überhandnehmen</u> wird, wird <u>die Liebe in vielen erkalten</u>.**
1. Mose 7,18; Jer 52,6; Dan 8,23; Hos 4,2; Lk 23,23

	Überhandnehmen = die Oberhand gewinnen, erschreckend anwachsen
	Die Ungerechtigkeit nimmt überhand – die Liebe erkaltet in vielen: wird zur Charakterisierung von Zuständen immer wieder gebraucht
24,28	**Wo ein Aas ist, da sammeln sich die Adler.** (alt)
	Bild dafür, daß das Kommen des Menschensohns (des wiederkommenden Christus) nicht übersehen werden kann; heute so zitiert: »Wo (ein) Aas ist, da sammeln sich die Geier« = Räuber ahnen, wo sie Beute machen können
24,30	**Dann wird erscheinen das Zeichen des Menschensohns am Himmel.** Dan 7,13; Mt 8,20; 12,8; 26,64; Joh 3,14; 12,23; Apg 7,56
	Menschensohn (alt zumeist in der Form: des Menschen Sohn) = Selbstbezeichnung Jesu Christi (die auf seine Menschengestalt, sein menschliches Leiden, Sterben und Auferstehen sowie auf seine Wiederkunft als Richter der Welt hinweist)
24,32a	**An dem Feigenbaum lernt ein Gleichnis.** Mt 21,19; Lk 13,6
	Sinnbild für das Volk Israel und seinen Weg bis zur Wiederkunft des Messias
24,32b	Zu den Jüngern: **Wenn seine** (des Feigenbaums) **Zweige jetzt saftig werden, so wißt ihr, daß der Sommer nahe ist.**
	Saft enthaltend (B+H); kräftig (H); davon sprachlich: so beschaffen, daß es jmdn empfindlich trifft, unangenehm berührt: saftiger Preis, saftige Ohrfeige
24,35	○ **Himmel und Erde werden vergehen; aber meine Worte werden nicht vergehen.**
24,38	Über die Menschen zur Zeit Noahs: **Sie aßen, sie tranken, sie freiten und ließen sich freien.** (alt)
	Redensart, mit der eine Eheschließung (resigniert) zur Kenntnis genommen wird
24,42	● Zu den Jüngern: **Wachet; denn ihr wißt nicht, an welchem Tag euer Herr kommt.**
25,9	Die klugen Jungfrauen im Gleichnis zu den törichten, die Öl von ihnen erbitten: **Nicht also, auf daß nicht uns und euch gebreche.** (alt)
	Wird gebraucht, um ungerechtfertigte Forderungen abzuwehren
25,10	Aus dem Gleichnis von den klugen und törichten Jungfrauen: **Die Tür ward verschlossen.** (alt)

	Knapp formulierte Feststellung, daß es zu einem bestimmten Bereich keinen Zugang mehr gibt
25,15	Im Gleichnis von den anvertrauten Zentnern: **Dem einen gab er fünf <u>Zentner</u> Silber, dem andern zwei, dem dritten einen, jedem nach seiner Tüchtigkeit.**
	Im griechischen Urtext findet sich für Zentner *talanton*, woraus unser deutsches »Talent« geworden ist = Begabung, die jmdn zu ungewöhnlichen bzw über den Durchschnitt hinausragenden Leistungen auf einem bestimmten Gebiet befähigt
25,21	Im Gleichnis von den anvertrauten Zentnern: **Ei, du frommer und getreuer Knecht ...** (alt)
	Empfindungswort, das Verwunderung, aber auch Zustimmung, Lob ausdrücken kann
25,24	Der untreue Knecht im Gleichnis von den anvertrauten Zentnern: **Herr, ich wußte, daß du ein harter Mann bist; <u>du erntest, wo du nicht gesät hast</u>.**
	Ernten, was (wo) man nicht gesät hat = das Ergebnis der Leistung anderer für sich in Anspruch nehmen
25,25	Der untreue Knecht im Gleichnis von den anvertrauten Zentnern: **Ich <u>verbarg deinen Zentner in der Erde</u>.**
	Davon (in Verbindung mit der Parallele Lk 19,20, wo von »Pfund« die Rede ist): sein Pfund vergraben = seine Fähigkeiten nicht nutzen
25,27	Im Gleichnis von den anvertrauten Zentnern: **Du solltest mein Geld zu den Wechslern getan haben, und wenn ich gekommen wäre, hätte ich das Meine zu mir genommen mit Wucher.** (alt) Neh 5,7; Jer 15,10
	Wucher = Zinsen (B); Praktik, beim Verleihen von Geld, beim Verkauf von Waren einen unverhältnismäßig hohen Gewinn zu erzielen: »Das ist ja Wucher!« (B+H)
	Davon (in Verbindung mit dem Gleichnis von den anvertrauten Pfunden; Lk 19,23 alt gleichfalls: »mit Wucher«): mit seinem Pfund wuchern = seine Begabung, seine Fähigkeiten klug anwenden
25,32	Vom Weltgericht: **Alle Völker werden vor ihm** (dem Menschensohn) **versammelt werden. Und er wird sie <u>voneinander scheiden</u>, wie ein Hirt <u>die Schafe von den Böcken</u> scheidet.**

	Davon: die Schafe von den Böcken scheiden = die Guten von den Schlechten trennen
25,33	(Der Menschensohn) **wird die Schafe <u>zu seiner Rechten</u> und die Böcke <u>zu seiner Linken</u> stellen.**
	Die Einteilung der Parteien in »rechte« und »linke« und die ihr zugrundeliegende Sitzordnung im Parlament könnte neben der allgemeinen volkstümlichen Bewertung der beiden Seiten von dieser Bibelstelle zumindest mitbestimmt sein (siehe auch Pred 10,2)
25,40	•Der Menschensohn als Weltenrichter zu den Wohltätern: **Was ihr getan habt einem von diesen meinen geringsten Brüdern, das habt ihr mir getan.**
25,46	(Die Unbarmherzigen) **werden in die <u>ewige Pein</u> gehen.** (alt) Pein = schmerzhafte Strafe (B); Qual, quälender Schmerz (H) Davon: Ort der ewigen Pein = Hölle
26,10	Zu den Jüngern über die Frau, die ihn in Betanien salbte: **Sie hat <u>ein gutes Werk</u> an mir <u>getan</u>.** Davon: ein gutes Werk tun = etw vollbringen, was anderen zugute kommt (siehe auch Apg 9,36)
26,15	(Die Hohenpriester) **boten ihm** (<u>Judas</u>) **dreißig Silberlinge.** Ein Judas = einer, der treulos an jmdm handelt, Zuneigung heuchelt, aber ihn verrät; davon: Judaslohn = Bezahlung eines Verräters Jmdn für dreißig Silberlinge verraten = jmdn für (wenig) Geld verraten Vom Zusammenhang (Verrat des Judas) vielleicht mitbestimmt: verraten und verkauft sein = hilflos ausgeliefert, preisgegeben, im Stich gelassen sein
26,22	(Die Jünger) **wurden sehr betrübt und fingen an, jeder einzeln, ihn zu fragen: <u>Herr, bin ich's?</u>** Gebraucht als (Selbst-) Aufforderung, die Schuld zuerst bei sich selbst zu suchen, bevor man andere anklagt
26,26-28	•**Als sie** (Jesus und seine Jünger) **aßen, nahm Jesus das <u>Brot</u>, <u>dankte</u> und <u>brach's</u> und gab's den Jüngern und sprach: <u>Nehmet, esset, das ist mein Leib</u>. Und er nahm den <u>Kelch</u> und <u>dankte</u>, gab ihnen den und sprach: <u>Trinket alle daraus; das ist mein Blut</u> des Bundes** (alt: <u>des Neuen</u> Testaments), **das vergossen wird für viele zur Vergebung der Sünden.**

1. Kor 11,23-29

Nehmet ... Trinket: Einsetzungsworte des heiligen Abendmahls (zu Abendmahl siehe Jdt 12,11)
Brach das Brot: davon: Brotbrechen = das Abendmahl; siehe Apg 2,42
Leib: davon Leib des Herrn = das Brot als Bestandteil des Abendmahls
Kelch = kurz für: Abendmahlskelch
Dankte: Für das »Danken« (Dankgebet) Jesu über dem Kelch hat der griechische Urtext (abweichend vom Dank über dem Brot) das Verb *eucharistein*; davon: Eucharistie = schon in der frühen Christenheit und in der römisch-katholischen Kirche bis heute die Bezeichnung für das Abendmahl; auch von Protestanten gebraucht, wo es um die Abendmahlsgemeinschaft mit anderen Konfessionen geht
Testament: hier = Verfügung, Bund; davon dann »Neues Testament« als Bezeichnung für die Schriften des neuen Bundes (Evangelien, Apostelgeschichte, Briefe, Offenbarung) in Gegenüberstellung zu den Schriften der hebräischen Bibel als dem »Alten Testament« (siehe 2. Kor 3,14)

26,38 **Meine Seele ist <u>betrübt bis an den Tod</u>.**
Davon: zu Tod betrübt = so sehr betrübt, daß es dem Sterben gleichkommt (B); zutiefst betrübt (H)
Vgl: »tod-« als emotionale Verstärkung vor einem Adjektiv: todmüde, todtraurig

26,39 In Gethsemane: **Mein Vater, ist's möglich, so <u>gehe dieser Kelch an mir vorüber</u>** (alt: von mir).
Davon: der (bittere) Kelch ist an jmdm vorübergegangen = ein drohendes schweres Leiden oder Schicksal konnte von ihm abgewendet werden

26,41a **Wachet und betet, daß ihr nicht in <u>Anfechtung</u> fällt!**
_{Lk 8,13; 22,28; Apg 20,19; 1. Petr 1,6; Jak 1,2.12}
Im geistig-seelischen Bereich = Verlockung, die bisher gültige Grundsätze im Leben eines Menschen ins Wanken bringen will (B); Beunruhigung, Bekümmerung; meist negativ verwendet: dies ficht mich nicht an (H)
Anfechten im juristischen Sinn: siehe Ps 56,6

26,41b ○ **Der Geist ist willig; aber das Fleisch ist schwach.**
Die Erkenntnis der Notwendigkeit einer Tat, eines Verhaltens und

die Bereitschaft dazu ist vorhanden, wird aber durch Kraftlosigkeit, die Schwachheit der menschlichen Natur, blockiert (B); oft in dem Verständnis zitiert, daß guter Wille und Bequemlichkeit, Schwäche im Kampf gegen eine Versuchung oder Sucht miteinander ringen (H)

26,43 **Ihre** (der Jünger) **Augen waren voll Schlafs.** (alt)
Jmds Augen sind (noch) voller Schlaf = er hat Mühe, wach zu werden; anders: ein Auge voll Schlaf nehmen = wenig, für ganz kurze Zeit schlafen

26,45.46 Zu den Jüngern in Gethsemane: **Ach, wollt ihr weiter schlafen und ruhen? ... Siehe, er ist da, der mich verrät.**
Davon: Der Verräter schläft nicht = der Verräter nutzt jede Möglichkeit, einem anderen zu schaden
Von den schlafenden Jüngern im Garten Gethsemane am Ölberg, seit dem 15. Jahrhundert häufig auf Altarbildern und in plastischen Gruppen (sog. »Ölberg«) dargestellt, wird häufig die Redensart »wie ein Ölgötze dasitzen/dastehen« hergeleitet: Ölgötze verkürzt aus Ölberggötze. Es handelt sich dabei jedoch um ein volkstümliches Mißverständnis. Als »Ölgötzen« bezeichnete man in der Reformationszeit die mit Ölfarbe bemalten und mit Öl gesalbten (geweihten) Heiligenstatuen; nur hier macht der Ausdruck »Götze« einen Sinn

26,49 **Alsbald trat er** (Judas) **zu Jesus ... und küßte ihn.**
Davon: Judaskuß = hinterhältige, heuchlerische Freundlichkeit

26,52 ○ **Wer das Schwert nimmt, der soll durchs Schwert umkommen.**

26,58 **Petrus folgte ihm** (Jesus) **von ferne bis zum Palast des Hohenpriesters ..., um zu sehen, worauf es hinaus wollte.**
Rut 3,18
Worauf etw hinaus will = wie etw sich entwickelt, zu welchem Ergebnis es kommt

26,64 Zum Hohenpriester: **Du sagst's.** (alt)
Davon: Du sagst es = genauso ist es

26,71 ○ Eine Magd über Petrus: **Dieser war auch mit dem Jesus von Nazareth.**
Oft gewählter Begräbnistext für Verstorbene, die zu Lebzeiten treue Nachfolger Jesu gewesen sind

26,73 Die Umstehenden zu Petrus: **Wahrhaftig, du bist auch einer von denen; denn deine Sprache verrät dich.**
Auch einer von denen: Du bist auch so einer = Zuweisung eines Menschen zu einer (in der Regel) negativ bewerteten Menschengruppe
Deine Sprache verrät dich: meist zu Menschen gesagt, denen eine biblisch gesättigte Sprache zu eigen ist; aber auch, wenn eine Mundart darüber Auskunft gibt, in welchem Landesteil ein Sprecher zu Hause ist

26,74 (Petrus) **fing an, sich zu verfluchen und zu schwören: Ich kenne den Menschen nicht. Und alsbald krähte der Hahn.**
Davon: der Hahn auf dem Kirchturm, der sich dem jeweiligen Wetter folgend dreht
Davon vielleicht: nach jmdm, etw kräht kein Hahn = niemand kümmert sich um jmdn, etw; niemand fragt nach jmdm, etw

27,4 o Die Hohenpriester und Ältesten zu dem reuigen Judas: **Was geht uns das an? Da sieh du zu!**
Distanzierung von einer Sache, in die man verwickelt ist
Sieh zu = kümmere dich darum, gib acht; häufig im Alten und Neuen Testament

27,25 o Antwort des Volkes an Pilatus: **Sein** (Jesu) **Blut komme über uns und unsere Kinder!**
Von christlicher Seite durch die Jahrhunderte hindurch gebraucht als Beweis für die Verantwortung der Juden am Tod Jesu und die daraus (fälschlich) abgeleitete Berechtigung, sie in allen Generationen zu diskriminieren und zu verfolgen

27,29 (Die Soldaten) **flochten eine Dornenkrone und setzten sie ihm** (Jesus) **aufs Haupt.**
Jmdm eine Dornenkrone flechten = jmdm große Qualen und Schmerzen bereiten

27,33 **Sie kamen an die Stätte mit Namen Golgatha, das heißt Schädelstätte.**
Davon: sein Golgatha erleben = den allertiefsten Schmerz erleiden
Davon: Schädelstätte = Ort, an dem der Tod immer wieder reiche Ernte hält bzw reiche Ernte hielt

27,40	Die am Kreuz Jesu Vorübergehenden: **Hilf dir selber, wenn du Gottes Sohn bist, und steig herab vom <u>Kreuz</u>!**

Mt 10,38; 27,32; Apg 2,23; 1. Kor 1,17.18; Phil 2,8

Die gekreuzten Balken, an denen Aufrührer von den Römern angenagelt (»gekreuzigt«) wurden

Davon: zu Kreuze kriechen = unter demütigenden Umständen in einer bestimmten Lage einem anderen gegenüber nachgeben; direkt entstanden aus dem Brauch bei der Liturgie des Karfreitags, sich dem Kreuz Christi auf den Knien zu nähern

Ein Kreuz schlagen = sich bekreuzigen

Drei Kreuze hinter jmdn machen = froh sein, daß man mit jmdm nichts mehr zu tun hat

Es ist ein Kreuz mit jmdm = jmd bereitet dauernd große Schwierigkeiten

»kreuz-« in Verbindung mit Adjektiven zur emotionalen Verstärkung: kreuzelend, kreuzanständig usw

27,42	○ Die Hohenpriester, Schriftgelehrten und Ältesten unter dem Kreuz Jesu: **Andern hat er geholfen und kann sich selber nicht helfen.**
27,46	**Um die neunte Stunde schrie Jesus laut: <u>Eli, Eli, lama asabtani?</u> das heißt: <u>Mein Gott, mein Gott, warum hast du mich verlassen?</u>**

Eines der sieben Worte Jesu am Kreuz. Sowohl in der Sprache Jesu wie in der deutschen Formulierung aufgenommen von Menschen, die Gottes tröstende Gegenwart nicht mehr wahrnehmen können (siehe Ps 22,2)

27,53	(Viele Leiber der entschlafenen Heiligen standen auf) **und gingen aus den Gräbern nach seiner** (Jesu) **Auferstehung und kamen in <u>die heilige Stadt</u>.**

1. Makk 2,7; 2. Makk 1,12; Mt 4,5; Offb 11,2; 21,2; 22,19

Jerusalem als Stadt, in der der heilige Gott seine »Wohnung« (Tempel) hat

27,54	Der Hauptmann und seine Soldaten unter dem Kreuz Jesu: **<u>Wahrlich</u>, dieser ist Gottes Sohn gewesen!**

4. Mose 14,30; Jer 3,23; Mt 5,18; 1. Joh 2,5

Fürwahr, in Wahrheit, in der Tat, wirklich

27,64	Die Hohenpriester und Pharisäer zu Pilatus: **Befiehl, daß man das Grab bewache bis zum dritten Tag, damit nicht seine**

Matthäus/Markus

(Jesu) **Jünger kommen und ihn stehlen und zum Volk sagen: Er ist auferstanden von den Toten, und <u>der letzte Betrug ärger wird als der erste</u>.**
Der letzte Betrug wird ärger als der erste = ein Betrug zieht den anderen nach sich mit immer schlimmeren Folgen

28,18 ○ **Mir ist gegeben alle Gewalt im Himmel und auf Erden.**

28,19 ○ Zu den Jüngern: **Taufet sie** (die Völker) **auf den Namen des Vaters und des Sohnes und des heiligen Geistes.**
Zusammen mit 2. Kor 13,13 ist diese Stelle das Fundament für das biblische, im Glaubensbekenntnis festgehaltene Zeugnis von der göttlichen Dreieinigkeit (Trinität). Im katholischen Raum wird der Begriff »Dreifaltigkeit« verwendet

28,20 ● Zu den Jüngern: **Siehe, ich bin bei euch alle Tage bis an der Welt Ende.** 1. Petr 4,7
Davon: Weltende = Ende des Zeitenlaufs
Von der alten Zitierweise des Matthäus-Schlusses, bezogen auf die gesamten Schlußverse als »letzten« Teil und vielleicht mit speziellem Bezug auf das letzte Wort »Ende«: bei jmdm ist Matthäi am letzten = er ist finanziell am Ende

Das Evangelium nach Markus

1,7 Johannes der Täufer: **Es kommt einer nach mir, der ist stärker als ich; und ich bin <u>nicht wert</u>, <u>daß ich</u> mich vor ihm bücke und <u>die Riemen seiner Schuhe löse</u>.**
Nicht wert sein, jmdm die Riemen seiner Schuhe zu lösen = Vergleich von Begabung und Fähigkeit zweier Menschen

1,15 **<u>Die Zeit ist erfüllt</u>, und das Reich Gottes ist herbeigekommen.** Lk 9,51; Joh 7,8; Gal 4,4; Eph 1,10
Erfüllte Zeit = Zeitpunkt, an dem alles geschehen ist, was bis dahin geschehen sollte

1,22 (Jesus) **lehrte mit Vollmacht und <u>nicht wie die Schriftgelehrten</u>.**
Ironisch gebraucht, um lebensfremde Wissensvermittlung zu kennzeichnen und sich von ihr abzugrenzen

1,27 **Sie entsetzten sich alle ... und sprachen: Was ist das? Was ist das für <u>eine neue Lehre</u>?** (alt) Apg 17,19

Steh für bedeutsame neue Theorien in allen Wissensbereichen

2,9 o Zu dem Gichtbrüchigen: **Steh auf, nimm dein Bett und wandle.** (alt)
Gelegentlich zitiert als Aufforderung, die Aufgaben und Möglichkeiten des Lebens wahrzunehmen

3,17 (Jesus gab den Zebedäus-Söhnen Jakobus und Johannes) **den Namen Boanerges, das heißt** <u>Donnersöhne</u> (alt: <u>Donnerskinder</u>).
Bezeichnung für leicht erregbare und in Zorn geratende Menschen

3,21 (Jesu Verwandte) **sprachen: Er** (Jesus) **wird** <u>von Sinnen kommen.</u> (alt)
Den Verstand verlieren; davon: von Sinnen sein = nicht mehr zurechnungsfähig sein

4,22 <u>**Es ist nichts verborgen, was nicht offenbar werde.**</u> (alt)
Davon, zusammen mit anderen antiken Sentenzen: Die Sonne bringt es an den Tag = auch das Verborgenste kommt irgendwann ans Licht

5,9 Antwort eines unreinen Geistes auf die Frage nach seinem Namen: **<u>Legion</u> heiße ich; denn wir sind viele.**　　Mt 26,53
Davon: ihre Zahl ist Legion = unüberschaubar groß

5,26 (Die blutflüssige Frau) **hatte <u>viel erlitten von vielen Ärzten</u>.**
Ironisch für erlebte Grenzen ärztlicher Kunst

5,33 **Die** (blutflüssige) **Frau ... fiel vor ihm** (Jesus) **nieder und sagte ihm die ganze Wahrheit.**
Die ganze Wahrheit sagen = nichts verschweigen

5,36 o Zum Synagogenvorsteher Jairus: **Fürchte dich nicht, glaube nur!**

5,39 Jesus im Haus des Jairus: **Was tummelt und weint ihr?** (alt)
Tummeln = lärmen (B); sich tummeln = sich lebhaft-fröhlich, ausgelassen hin und her bewegen; sich beeilen (H)

6,20 **Wenn er ihn** (Herodes den Täufer Johannes) **hörte, wurde er sehr unruhig; doch <u>hörte er ihn gern</u>.**　　Mk 12,37
Jmdn gern hören – auf seine Reden oder Vorträge erpicht sein

6,26 **Wegen des Eides und derer, die mit am Tisch saßen, wollte er** (König Herodes) **sie** (die Tochter der Herodias) **keine <u>Fehlbitte tun</u> lassen.**
Eine Fehlbitte tun = vergeblich bitten

Markus

6,48 (Jesus) **sah, daß sie** (die Jünger) **sich abplagten beim Rudern, denn** <u>der Wind</u> **stand ihnen** <u>entgegen</u>. Apg 27,4
Damit sprachlich zusammenhängend, schon zu Luthers Zeit bekannt: Gegenwind = Wind, der in der entgegengesetzten Richtung weht, in der man sich bewegt; auch in übertragenem Sinn gebraucht: Gegenwind bekommen = Widerstand für die eigenen Absichten erleben (H)

7,37 ○ Das Volk über Jesus: **Die Tauben macht er hörend und die** <u>**Sprachlosen**</u> **redend.** Mk 9,17
Sprachlos = stumm (B); so überrascht, daß man im Augenblick keine Worte findet (H)

8,25 (Der Blinde) **... wurde wieder zurechtgebracht, so daß er alles** <u>**scharf sehen**</u> **konnte.**
Genau sehen (B); ein optimales Sehvermögen besitzen (H)
Davon sprachlich: scharfsichtig = mit scharfen Augen, mit Scharfblick begabt

9,18 Der Vater des besessenen Knaben zu Jesus: **Wo er** (der sprachlose Geist) **ihn erwischt, reißt er ihn; und er ...** <u>**knirscht mit den Zähnen**</u>**.**
Mit den Zähnen knirschen = im Zorn (oder im Schlaf; hier: bei einem Anfall) mit den Zähnen ein hartes, mahlendes Geräusch erzeugen; davon sprachlich: zähneknirschend = widerwillig, mit erkennbarem Unwillen

9,23 ○ Zum Vater des besessenen Knaben: **Alle Dinge sind möglich dem, der da glaubt.**

9,34 (Die Jünger) **hatten auf dem Weg miteinander verhandelt,** <u>**wer der Größte sei**</u>**.**
Davon wohl: der Größte sein = auf einem bestimmten Gebiet, mit einer bestimmten Leistung alle anderen hinter sich zurücklassen

9,40 ○ Zu den Jüngern: **Wer nicht gegen uns ist, der ist für uns.**

10,18 Jesus zum reichen Jüngling: **Was heißest du mich gut? Niemand ist** <u>gut</u> **denn der einige** <u>Gott</u>**.** (alt)
Davon vielleicht: Guter Gott! = Ausruf der Verwunderung, der Bestürzung, des Bedauerns

12,42 **Eine arme Witwe ... legte zwei** <u>**Scherflein**</u> (in den Gotteskasten) **ein.**
Kleinste Münze, ein halber Heller (Scherf = Bruchteil; vgl Scherbe)

	Davon: sein Scherflein zu etw beisteuern, beitragen = einen kleinen finanziellen Beitrag zu etw leisten
13,35	Zu den Jüngern: **So wacht nun; denn ihr wißt nicht, wann der Herr des Hauses kommt, ob am Abend oder zu Mitternacht oder um den Hahnenschrei oder am Morgen.**
	Der Herr des Hauses = der Eigentümer (B); der Familienvater, meist ironisch gemeint (H); davon dann: Herr im Haus sein = im familiären Bereich zu bestimmen haben
	Um den Hahnenschrei = zu Beginn der vierten Nachtwache, 3 Uhr morgens (B); kurz vor oder bei Sonnenaufgang (H); vgl: mit dem ersten Hahnenschrei aufstehen
14,14	Zu einem Jerusalemer Hausbesitzer: **Wo ist das Gasthaus, darinnen ich das Osterlamm esse mit meinen Jüngern?** (alt)
	Herberge, Speisehaus (B); Gaststätte (H)
14,50	**Da verließen ihn** (Jesus) **alle und flohen.**
	Da verließen sie ihn = angewandt von jmdm oder über jmdn, der den Faden seiner Rede verloren hat oder den sein Gedächtnis im Stich läßt
15,29	Die Zuschauer beim Kreuz Jesu: **Pfui dich, wie fein zerbrichst du den Tempel und baust ihn in drei Tagen!** (alt)
	Verhöhnung (B); Ausdruck des Mißfallens, Ekels, der moralischen Entrüstung (H)
15,37	**Jesus schrie laut und verschied.** 2. Makk 6,31
	Verscheiden = feierliche oder dezente Form von: sterben. Für Traueranzeigen und Begräbnisreden noch in den Formen gebraucht: verschied, ist verschieden
15,43	**Josef von Arimathäa, ein angesehener Ratsherr, ... ging hinein zu Pilatus und bat um den Leichnam Jesu.**
	Esr 9,2; Hiob 3,14; Spr 8,15; Jes 1,26
	Mitglied des Hohen Rates; Mitglied eines Beratergremiums (B); Mitglied eines Stadtparlaments (H)
16,3	Die Frauen am Grab Jesu: **Wer wälzt uns den Stein von des Grabes Tür?**
	Davon vielleicht: jmdm fällt ein Stein vom Herzen = jmd ist sehr erleichtert über etw
16,15	Zu den Jüngern: **Gehet hin in alle Welt.**
	In alle Welt = überallhin auf dieser Erde

	Davon das Sprichwort: »Es ist nicht jeder ein Apostel, der hingeht in alle Welt«
16,16	**Wer glaubt und getauft wird, der wird selig werden.**
	Davon das ironische: Wer's glaubt, wird selig; meint: Ich glaube das niemals
	Dasselbe bedeutet: Der Glaube macht selig
16,17	**Die Zeichen, die folgen werden denen, die da glauben, sind diese: in meinem Namen werden sie böse Geister austreiben, in** (alt: mit) **neuen Zungen reden ...**
	Apg 10,46; 1. Kor 12,10; 13,8; 14,2 ff
	Zungenrede = Gabe des Heiligen Geistes, am ersten Pfingstfest den Jüngern Jesu verliehen (B); das Hervorbringen fremdartiger Laute und unverständlicher Worte im Zustand religiöser Ekstase (Glossolalie); in Zungen reden = begeistert, aber unverständlich reden (H)

Das Evangelium nach Lukas

1,2	Lukas über die Zeugen der Worte und Taten Jesu: **... die es von Anfang an selbst gesehen haben und Diener des Worts gewesen sind.**
	Auch: Diener am Wort = Verkündiger des Evangeliums
1,28	Der Engel Gabriel zu Maria: **Sei gegrüßt, du Begnadete!**
	Davon das lateinische »Ave Maria« (Sei gegrüßt, Maria) = in der katholischen Kirche der Anfang des an die Mutter Jesu gerichteten Gebets
	Davon auch: Englischer Gruß = Bezeichnung des »Ave Maria«; in der Kunstgeschichte die bildliche Darstellung der Szene der Begrüßung Marias durch den Engel
1,34	Maria zu dem Engel: **Wie soll das zugehen, da ich doch von keinem Mann weiß?**
	Davon: zu etw kommen wie die Jungfrau zum Kind = ohne eigenes Zutun unerklärlicherweise etw empfangen
1,37	o Der Engel Gabriel zu Maria: **Bei Gott ist kein Ding unmöglich.**
	1. Mose 18,14; Jer 32,17.27
1,38	Maria zum Engel: **Siehe, ich bin des Herrn Magd.**
	Davon im Adventslied »Es ist ein Ros entsprungen« (mit Bezug auf

	die ältere Wortbedeutung von Magd = Jungfrau) die Zeile: »Marie, die reine Magd«
1,42	Elisabeth zu Maria: **Gebenedeiet ist die Frucht deines Leibes.** (alt)
	Bestandteil des »Ave Maria«, das in Kirchen mit ausgeprägter Marienfrömmigkeit und bei Wallfahrten häufig benutzt wird
	Davon: gesegneten Leibes sein = schwanger sein (gebenedeit = gesegnet)
1,61	o **Ist doch niemand in deiner** (des Zacharias) **Verwandtschaft, der so** (nämlich Johannes) **heißt.**
	Einwand gegen die Wahl ungewöhnlicher Namen
1,66	o Die Nachbarn angesichts der Vorgänge um Geburt und Namensgebung des Täufers Johannes: **Was ... will aus diesem Kindlein werden?**
	Zitiert bezüglich eines Kindes, dessen Entwicklung in irgendeiner Weise bemerkenswert ist
1,74.75	**... daß wir ihm** (Gott) **dienten ... in Heiligkeit und Gerechtigkeit, die ihm gefällig ist.** (alt) Gal 1,10; Phil 4,18; Tit 2,9
	Sein Gefallen findend; vgl: jmdm gefällig sein = jmdm einen Gefallen tun, auf seine Wünsche eingehen; hilfsbereit sein
1,79	**... damit es** (das Licht) **erscheine denen, die sitzen in Finsternis und Schatten des Todes.** Tit 2,11
	Vom griechischen *epiphainein* kommt unser Fremdwort »Epiphanie« = Erscheinung, und davon Epiphanias, das Erscheinungsfest, begangen am 6. Januar, nach dem die folgenden Sonntage benannt sind
2,1	**Es begab sich aber zu der Zeit, daß ein Gebot von dem Kaiser Augustus ausging ...**
	Mt 7,28; 18,31; Mk 1,9; Lk 16,22; Apg 9,37
	Sich begeben = sich ereignen
2,7	(Maria) **legte ihn** (das Jesuskind) **in eine Krippe; denn sie** (Maria und Josef) **hatten sonst keinen Raum in der Herberge.**
	Krippe = Futtertrog für Tiere; Weihnachtskrippe als figürliche Darstellung des Geschehens der Heiligen Nacht mit dem Mittelpunkt Krippe; daraus später die »Kinderkrippe« = Einrichtung zur Betreuung von Kleinkindern
	Keinen Raum in der Herberge haben: davon: auf Herbergsuche sein = Unterkunft benötigen

Lukas

2,11 • Der Engel zu den Hirten: **Euch ist heute der Heiland geboren, welcher ist Christus, der Herr.**

2,13 **Alsbald war da bei dem <u>Engel</u> die Menge der himmlischen <u>Heerscharen</u>.**
Davon: Engelschar = Gruppe von Engeln

2,14 • Die Engelscharen auf dem Hirtenfeld: **Ehre sei Gott in der Höhe und Friede auf Erden und den Menschen ein <u>Wohlgefallen</u>.** (alt)   Ps 145,16; Jes 42,1; Mt 3,17; Phil 2,13
Von der lateinischen Fassung der Hymnus »Gloria in excelsis Deo et in terra pax hominibus bonae voluntatis« = Bestandteil der katholischen Messe
Wohlgefallen = tiefe innere Freude an etw (B); Befriedigung über etw (H)
Davon vielleicht: sich in Wohlgefallen auflösen = zur allgemeinen Zufriedenheit ausgehen, sich auflösen

2,22 **Als die Tage ihrer (Marias) <u>Reinigung</u> nach dem Gesetz des Mose um waren, brachten sie ihn (Jesus) nach Jerusalem, um ihn dem Herrn <u>darzustellen</u>.**   3. Mose 12,4
Davon in der katholischen Kirche das Marienfest Mariä Reinigung, besser bekannt unter der volkstümlichen Bezeichnung »Mariä Lichtmeß«, abgeleitet von der Kerzenweihe und einer Lichterprozession; Datum: 2. Februar
Darstellen: davon Bezeichnung dieses Vorgangs als »Darstellung Jesu (im Tempel)«

2,27 (Simeon) **kam <u>auf Anregen</u> des Geistes in den Tempel.**
Auf Drängen (B); auf Vorschlag (H)

2,29.30 • Simeon: **Herr, nun läßt du deinen Diener in Frieden fahren, wie du gesagt hast; denn meine Augen haben deinen Heiland gesehen.**
Häufig als Begräbnistext verwendet

2,44 (Jesu Eltern) **meinten, er wäre unter den <u>Gefährten</u>.**
                                 Apg 9,7; 19,29; 2. Kor 8,23
Hier: Weggefährten, Reisegesellschaft; sonst: jmd, der durch Freundschaft oder gleiche Lebensumstände mit jmdm verbunden ist; davon sprachlich: Lebensgefährte = Gefährte, mit dem sich jmd zu gemeinsamem Leben verbunden hat – meist ohne Eheschließung

2,49 ○ Der zwölfjährige Jesus im Tempel zu Maria und Josef: **Wißt**

	ihr nicht, daß ich sein muß in dem, was meines Vaters ist?
2,52	Jesus **nahm zu an Weisheit, Alter** und Gnade bei Gott und den Menschen.
	Davon: zunehmen an Alter und Weisheit = meist von einem Kleinkind gesagt, bei dem man merkt, daß es verständig reagiert
3,14	Johannes der Täufer zu den Soldaten: **Tut niemandem Gewalt oder Unrecht.**
	1. Sam 12,3; Est 7,8; Ps 119,121; Spr 14,31; Mal 3,5; Mt 20,25
	Jmdm Gewalt (an)tun = jmdm gegenüber seine Macht zur Geltung bringen gegen den Willen des Betroffenen (B); jmdn vergewaltigen, körperlich oder seelisch (B+H)
4,18	(Der Geist des Herrn) **hat mich gesandt, zu predigen ... den Zerschlagenen, daß sie frei und ledig sein sollen.**
	Wortpaar = verstärktes »frei« (B); unbehindert, ohne Rücksichten nehmen zu müssen (H)
	Ledig = los (von Gefangenschaft, Schuld, Ansprüchen anderer)
4,23	Zu den Bürgern von Nazareth: **Ihr werdet mir freilich dies Sprichwort sagen: Arzt, hilf dir selber!**
5,4	○ Zu Petrus: **Fahre auf die Höhe und werfet eure Netze aus.** (alt)
	Gebraucht als Aufruf, das Evangelium auszubreiten
5,5	●Petrus zu Jesus: **Meister, wir haben die ganze Nacht gearbeitet und nichts gefangen; aber auf dein Wort will ich die Netze auswerfen.**
	Davon: auf jmds Wort hin = Bereitschaft, im Vertrauen auf die Zusage eines anderen etw zu tun
5,6	(Auf Jesu Wort hin hat Simon Petrus zusammen mit den andern in seinem Boot das Fischernetz zum Fang ausgeworfen.) **Und als sie das taten, fingen sie eine große Menge Fische.** Joh 21,6
	Vermutlich von diesem außerordentlichen »Fischzug Petri« der Gruß der Sportfischer: »Petri Heil!«
5,8	●Petrus zu Jesus: **Herr, gehe von mir hinaus, ich bin ein sündiger Mensch.** (alt)
5,15	**Es kam die Sage von ihm** (Jesus) **je** (= immer) **weiter aus und kam viel Volks zusammen.** (alt)
	Gerücht, Kunde (B); ursprünglich mündlich überlieferter Bericht

über eine im einzelnen nicht verbürgte, nicht alltägliche, oft wunderbare Begebenheit (H)

6,15 In der Aufzählung der von Jesus erwählten Jünger: **... und Simon, genannt <u>Zelotes</u>.** (alt)
Eingebürgert in der Form: Zelot = Angehöriger einer religiösen Widerstandspartei (B); Eiferer, religiöser Fanatiker (H)

6,18 **Die** (= Die, die) **<u>von unsaubern Geistern umgetrieben</u> wurden, die wurden gesund.** (alt)
Davon wohl: von einem bösen Geist umgetrieben = zwanghaft Bösem zugetan

6,23 **<u>Freuet euch</u> alsdann** (in der Verfolgung) **und <u>hüpfet</u>; denn siehe, euer Lohn ist groß im Himmel.** (alt)
Davon: vor Freude hüpfen

6,25 **Wehe euch, die ihr <u>voll seid</u>, denn euch wird hungern.** (alt)
Voll sein = gesättigt, ja übersättigt sein

6,38 **Gebt, so wird euch gegeben. Ein <u>volles</u>, gedrücktes, <u>gerütteltes</u> und <u>überflüssiges</u> Maß wird man in euren Schoß geben.** (alt) Mt 23,32; Eph 4,13
Gerüttelt voll = randvoll; ein gerüttelt Maß = sehr viel (meist Negatives)
Überflüssig = überfließend, sehr reichlich (B); für einen bestimmten Zweck nicht erforderlich und ihm dienlich, daher überzählig und unnütz (H)

6,45 **<u>Ein guter Mensch</u> bringt Gutes hervor aus dem guten Schatz seines Herzens.**
Jmd, der im Innersten gut ist (B); jmd, der für die Anliegen der Mitmenschen ein offenes Ohr und Hilfe bereit hat (H)

7,6 Der Hauptmann von Kapernaum zu Jesus: **Ach Herr, <u>bemühe dich nicht</u>; ich bin nicht wert, daß du unter mein Dach gehst.**
Davon: Bitte, bemühen Sie sich nicht = machen Sie sich keine Umstände

7,37 **Und siehe, eine Frau war in der Stadt, die war eine <u>Sünderin</u>.**
Der Bericht über Jesu Salbung durch die Sünderin hat für sie zu der Bezeichnung »die große Sünderin« geführt; später verband man damit den Namen der Magdalena, die von Lukas an dieser Stelle nicht genannt wird. Die daraus entstandene »büßende Mag-

	dalena« geht auf die Kombination der Salbungsgeschichten in Lk 7 und Joh 12 zurück, wobei man die Maria von Joh 12,3 mit der Maria Magdalena von Lk 8,2 in eins setzte
7,41	Zum Pharisäer Simon: **Ein Gläubiger hatte zwei Schuldner.** Jes 24,2; Lk 16,5; Röm 1,14; 15,27
	Jmd, der von jmdm Geld geliehen hat; übertragen (B; Röm): jmd, der jmdm gegenüber verpflichtet ist
7,47	•Über die Sünderin, von der Jesus gesalbt wurde: **Ihr sind viele Sünden vergeben, denn sie hat viel geliebt.** (alt)
	Um der mißverständlichen und oft mißbrauchten Begründung (»denn ...«) eine unverfängliche und durchaus dem Sinn entsprechende Wendung zu geben, übersetzt Rev: »Ihre vielen Sünden sind vergeben, denn sie hat viel Liebe gezeigt.«
8,1.2	(Im Gefolge Jesu befand sich auch) **Maria, die da Magdalena heißt, von welcher waren sieben Teufel ausgefahren.** (alt)
	Davon vielleicht: die böse Sieben = zänkische, streitsüchtige Ehefrau; auch: die »böse Sieben« als angebliche Unglückszahl
8,3	(Im Gefolge Jesu befanden sich viele Frauen,) **die ihm Handreichung taten von ihrer Habe.** (alt)
	Unterstützung im materiellen Bereich (B); schriftliche Empfehlung für ein Verhalten, einen Dienst, den Gebrauch von etw (H)
8,30	Lukas von einem Besessenen: **Es waren viele Teufel in ihn gefahren.** (alt)
	Davon: der Teufel ist in jmdn gefahren = jmd nimmt sich viel heraus, ist frech oder leichtsinnig
8,54	(Jesus) **nahm sie** (die Tochter des Jairus) **bei der Hand und rief: Kind, steh auf!** Mk 8,23; Apg 9,8
	Jmdn bei der Hand nehmen = seine Hand ergreifen
9,24	•**Wer sein Leben erhalten will, der wird es verlieren; wer aber sein Leben verliert um meinetwillen, der wird's erhalten.**
	Davon sprachlich: lebenserhaltend = für den Bestand des Lebens notwendig
9,51	**Als die Zeit erfüllt war, daß er** (Jesus) **hinweggenommen werden sollte, da wandte er sein Angesicht, stracks nach Jerusalem zu wandern.** Jos 6,5
	Geradewegs (B); sofort (H)

Lukas

9,55   Zu Jakobus und Johannes: **Wißt ihr nicht, <u>welches Geistes Kinder ihr seid</u>?**
Davon: wes Geistes Kind jmd ist = welcher Art sein Denken, seine Gesinnung in Wirklichkeit ist; wie er tatsächlich eingestellt ist

9,62   • **Wer seine <u>Hand an den Pflug legt</u> und sieht zurück, der ist nicht geschickt zum Reich Gottes.** (alt)
Die Hand an den Pflug legen = bereit sein, eine Aufgabe zu übernehmen

10,6   Zu den Jüngern: **Wenn dort** (im Haus, in das ihr eintretet) <u>**ein Kind des Friedens**</u> **ist, so wird euer Friede auf ihm ruhen.**
Ein Kind des Friedens sein = allem Streit abgeneigt, immer zum Nachgeben bereit

10,7   ○ **Ein Arbeiter ist seines Lohnes wert.**
Meint: Wer etw leistet, hat auch Anspruch auf entsprechende Bezahlung

10,20   • **Freut euch, daß eure Namen im Himmel geschrieben sind.**

10,30a   Im Gleichnis vom barmherzigen Samariter: **Es war ein Mensch, der ging von Jerusalem hinab gen Jericho und <u>fiel unter die Mörder</u>.** (alt)
Davon wohl: unter die Räuber fallen = von Wegelagerern ausgeraubt werden; von anderen unerwartet ausgenutzt werden

10,30b   Im Gleichnis vom barmherzigen Samariter: (Die Räuber) **<u>zogen ihn</u>** (den Überfallenen) **aus.**
Davon vielleicht: jmdn ausziehen = jmdm überdurchschnittlich viel Geld für eine Ware, eine Dienstleistung abverlangen

10,33   **Ein <u>Samariter</u> ... kam dahin.**
Ein Bewohner von Samarien
Davon: Samariter = selbstlos helfender Mensch

10,34   (Der Samariter) **goß darein** (<u>auf seine Wunden</u>) **<u>Öl</u> und Wein.** (alt)
Davon: Öl auf die Wunden gießen = seelischen Schmerz lindern

10,37   ○ Zum Schriftgelehrten als Fazit aus dem Gleichnis vom barmherzigen Samariter: **So geh hin und tu desgleichen!**
Zitat, mit dem aufgefordert wird, einem gegebenen Vorbild nachzueifern

10,40   **<u>Marta</u>** (alt: Martha) **<u>machte sich viel zu schaffen,</u> ihm** (Jesus) **zu dienen.**

Sich zu schaffen machen = irgendwo an, mit etw tätig sein, sich beschäftigen, hantieren (B); sich zum Schein mit irgend etw beschäftigen (H)

Davon: die geschäftige Martha = eine andauernd sehr tätige Person

Marthadienste = Arbeiten in Haus und Küche, oft niedriger bewertet als Kopfarbeit

10,41 **Marta, Marta, du hast <u>viel Sorge und Mühe</u>.**
Mit Schwierigkeiten und Belastungen verbundene Anstrengung

10,42a o Zu Marta: **Eins ist not.**
Einleitung zu einer Erklärung, die das (jetzt) Erforderliche herausstellt

10,42b Zu Marta: **Maria hat <u>das gute Teil erwählt</u>.**
Das gute (bessere) Teil erwählen = richtig entscheiden und es deshalb besser haben als andere

11,7 o Im Gleichnis vom bittenden Freund: **Mach mir keine Unruhe!**
Zitat, mit dem man eine befürchtete Störung der eigenen Ruhe abwehren will

11,8 Im Gleichnis vom bittenden Freund: (Der Adressat der zu nachtschlafender Zeit vorgebrachten Bitte wird schließlich) **um seines** (des Freundes) **<u>unverschämten Geilens willen</u> aufstehen und ihm geben, wieviel er bedarf.** (alt)
Um des unverschämten Geilens willen = wegen unaufhörlichen, stürmischen Bittens

11,28 •**Selig sind, die das Wort Gottes hören und bewahren.**

11,52 **Wehe euch Schriftgelehrten! Denn <u>ihr habt den Schlüssel der Erkenntnis</u>; ihr kommt nicht hinein** (ins Reich Gottes) **und wehret denen, die hinein wollen.** (alt)
Den Schlüssel der Erkenntnis haben = das Mittel für den Zugang zu einer Sache, die Erschließung einer Sache haben; davon: den Schlüssel zur Lösung eines Problems haben
Das Wort »Erkenntnis« ist die Übersetzung des griechischen Begriffs »Gnosis« = (einer Elite vorbehaltenes) Wissen um göttliche Geheimnisse; vgl 1. Tim 6,20

12,7 o Zu den Jüngern: **Auch die Haare auf eurem Haupt sind alle gezählt.**

12,15 •**Niemand lebt davon, daß er viele Güter hat.**

12,19 Der reiche Kornbauer im Gleichnis: **Liebe Seele, du hast einen großen Vorrat für viele Jahre; habe nun Ruhe, iß, trink und habe guten Mut!**
Davon: Nun hat die liebe Seele Ruh = nun kann jmd nichts weiter verlangen, weil er bereits alles erhalten hat; aber auch: nun ist der Vorrat an einer Sache aufgebraucht
Davon: iß und trink und sei zufrieden = um nichts anderes als dies sollst du dich kümmern (weder um Gott noch um die Probleme der ganzen Welt)

12,32 **Fürchte dich nicht, du kleine Herde!**
Bezeichnung für die Schar der echten Nachfolger Jesu

12,35 **Laßt eure Lenden umgürtet sein.**
2. Mose 12,11; 1. Kön 18,46; Jer 1,17; Mt 3,4; Eph 6,14
Die Lenden umgürten = das knöchellange Gewand mit dem Gürtel hochbinden, damit es beim Gehen nicht hindert; übertragen: sich zum Aufbruch vorbereiten

12,38 **Wenn er** (der Herr des Hauses) **kommt in der andern Wache und in der dritten Wache ...** (alt)
Nachtwache (siehe Ps 90,14) (B); Wachdienst; den Wachdienst versehende Person oder Gruppe von Personen; Raum, Gebäude für die Wache (B+H)

12,48 **Wem viel gegeben ist, bei dem wird man viel suchen.**
Von Johann Gottfried von Herder (1744–1803) so übernommen: »Wem viel gegeben ist, von dem wird viel verlangt«

12,49 • **Ich bin gekommen, ein Feuer anzuzünden auf Erden; was wollte ich lieber, denn es brennete schon?** (alt)

12,59 **Du wirst von dort nicht herauskommen, bis du den allerletzten Heller bezahlt hast.**
Allerletzter = verstärkend für letzter

13,8 Der Weingärtner im Gleichnis vom unfruchtbaren Feigenbaum: **Herr, laß ihn noch dies Jahr.**
Bitte um Aufschub einer Abrechnung, eines Urteils

13,24 **Ringet darnach, daß ihr durch die enge Pforte eingehet.** (alt) Kol 1,29; 4,12
Nach etw ringen = sich um etw abmühen, etw haben wollen (zB »nach Schlägen ringen«, Spr 18,6 alt) (B); davon sprachlich: um etw ringen = sich angestrengt, unter Einsatz aller Kräfte bemühen, etw zu erreichen, zu verwirklichen (H)

13,32 Bezogen auf Herodes: **Geht hin und sagt diesem <u>Fuchs</u> ...**
In der biblischen Welt nicht nur ein Bild für Schlauheit und Hinterlist (wie in unseren alten Tierfabeln), sondern zugleich herabsetzend für geringe Bedeutung

14,10 **Wenn du eingeladen bist, so ... setz dich untenan, damit, wenn der kommt, der dich eingeladen hat, er zu dir sagt: <u>Freund, rücke hinauf!</u>**
Vgl (von Luther schon vorgefunden): aufrücken = in einen höheren Rang aufsteigen, befördert werden (B+H); vorrücken, indem man eine entstandene Lücke in einer Reihe schließt (H)

14,17 Im Gleichnis vom großen Abendmahl: **Er sandte seinen Knecht aus zur Stunde des Abendmahls, den Geladenen zu sagen: <u>Kommt, denn es ist alles bereit!</u>**
In Abendmahlsliturgien aufgenommen

14,20 Einer der Eingeladenen im Gleichnis vom großen Abendmahl: **<u>Ich habe ein Weib genommen; darum kann ich nicht kommen.</u>** (alt)
Davon: Er hat ein Weib genommen, darum kann er nicht kommen = zitiert, um die ehelichen Verpflichtungen eines Neuverheirateten anzuzeigen

14,22 Der Knecht im Gleichnis vom großen Abendmahl: **Herr, es ist geschehen, was du befohlen hast; <u>es ist</u> aber <u>noch Raum da.</u>**
Zitiert als Hinweis, daß noch Platz (für weitere Besucher) vorhanden ist

14,23 Im Gleichnis vom großen Abendmahl: **Der Herr sprach zu dem Knecht: Geh aus auf die <u>Landstraßen und</u> an die <u>Zäune und <u>nötige sie hereinzukommen, auf daß mein Haus voll werde.</u>** (alt)
Landstraßen und Zäune = Sinnbild für den Standort von Menschen, die der Kirche und ihrer Botschaft fernstehen; weitläufig auch benutzt für die Situation von Randsiedlern der Gesellschaft
Nötige sie hereinzukommen = im Lauf der Kirchengeschichte oft (falsch) angewandtes Zitat für die Anwendung von Gewalt gegenüber Heiden und Ketzern, um sie der christlichen Kirche bzw einer ihrer Konfessionen (wieder) zuzuführen (lat.: »Cogite intrare«)

Lukas

... auf daß mein Haus voll werde = zitiert, um unbegrenzte Gastfreundschaft zu bekunden

14,28 **Wer ist unter euch, der einen Turm bauen will und sitzt nicht zuvor und <u>überschlägt die Kosten, ob er's habe, hinauszuführen</u>?** (alt)
Die Kosten überschlagen = eine benötigte Summe schnell und ungefähr berechnen
Es haben, hinauszuführen = die Mittel zur Verwirklichung eines Plans besitzen

14,33 • **Ein jeglicher unter euch, der nicht <u>absagt</u> allem, was er hat, kann nicht mein Jünger sein.** (alt)
Absagen = aufkündigen, sich lossagen von jmdm, etw (B); etw aufgeben, einer Sache entsagen; etw nicht stattfinden lassen; mitteilen, daß etw Vereinbartes nicht stattfindet (H)

15,7 • **So wird Freude im Himmel sein über e i n e n Sünder, der Buße tut, mehr als über neunundneunzig Gerechte, die der Buße nicht bedürfen.**

15,12 ○ Der jüngere Sohn zum Vater im Gleichnis vom verlorenen Sohn: **Gib mir ... das Teil der Güter, das mir gehört.** (alt)
Zitiert als Beispiel für eine (noch) nicht berechtigte Forderung

15,15 Vom jüngeren Sohn im Gleichnis vom verlorenen Sohn: (Er) **<u>hängte sich an</u> einen Bürger jenes Landes; der schickte ihn auf seinen Acker, <u>die Säue zu hüten</u>.** Sir 19,3
Sich an jmdn hängen = sich eng an jmdn anschließen (B); sich aufdringlich anschließen, jmdm lästig werden (H)
Die Säue hüten: davon vielleicht: vor die Säue gehen = verwahrlosen, zugrunde gehen

15,20 Im Gleichnis vom verlorenen Sohn: **Als er noch weit entfernt war, sah ihn sein Vater, und es jammerte ihn; er lief und fiel ihm um den Hals und küßte ihn.** 1. Mose 33,4; Apg 20,37
Jmdm um den Hals fallen und ihn küssen = Begrüßungszeremoniell im Orient, heute auch in anderen Teilen der Erde bei intimer Bekanntschaft so geübt, desgleichen unter Staatsmännern zum Zeichen der Sympathie und des Vertrautseins
Davon: jmdm um den Hals fallen; als Zeichen der Dankbarkeit: Ich hätte ihm um den Hals fallen können

15,21 Der jüngere Sohn im Gleichnis vom verlorenen Sohn: **<u>Vater, ich habe gesündigt</u> gegen den Himmel und vor dir.**

In der lat. Übersetzung: »pater peccavi«; und so sprichwörtlich: pater peccavi sagen = flehentlich um Verzeihung bitten; ein Paterpeccavi = ein reuiges Geständnis

15,23a Der Vater zu den Knechten im Gleichnis vom verlorenen Sohn: **Bringt das <u>gemästete Kalb</u> und <u>schlachtet's</u>.** 1. Sam 28,24
Davon: jmdm ein gemästetes (auch: fettes) Kalb schlachten = ihm seine besondere Gunst erzeigen

15,23b Der Vater im Gleichnis vom verlorenen Sohn: **<u>Laßt uns essen und fröhlich sein!</u>**
Erweitert als Tischspruch verwendet: »Laßt uns essen und trinken und fröhlich sein!«

15,24 Der Vater im Gleichnis vom verlorenen Sohn: **Dieser mein <u>Sohn</u> ... war <u>verloren</u> und ist gefunden worden.**
Davon: verlorener Sohn = jmd, der in seinem Verhalten nicht den Erwartungen seiner Eltern entspricht und deshalb für diese eine große Enttäuschung bedeutet; oft auch ironisch zitiert für ein auf Abwege geratenes Mitglied einer Familie oder Vereinigung

15,31 o Der Vater zum älteren Sohn im Gleichnis vom verlorenen Sohn: **Alles, was mein ist, das ist dein.**
Zitiert, um die Gütergemeinschaft zweier Personen zu bekräftigen

16,3 Der unehrliche Verwalter im Gleichnis: **<u>Graben kann ich nicht, auch schäme ich mich zu betteln.</u>**
Davon: Graben kann ich nicht, und zu betteln schäme ich mich = Darstellung der Situation eines mittellosen Geistesarbeiters

16,6 Der unehrliche Verwalter zum Schuldner: **Nimm deinen Schuldschein ... und schreib <u>flugs</u> fünfzig.**
Schnell, sofort, gleich

16,8 **Die <u>Kinder dieser Welt</u> sind unter ihresgleichen <u>klüger</u> als die Kinder des Lichts.**
Kinder dieser Welt: davon: Weltkind = ein nur auf das Diesseitige ausgerichteter und es genießender Mensch; von Goethe in »Dichtung und Wahrheit« (14. Buch) aufgenommen: »Prophete rechts, Prophete links, das Weltkind in der Mitten«
Davon wohl auch: Weltmann — ursprünglich einer, dem irdische Güter wichtig sind, der eine »weltliche« Karriere gemacht hat (im Beruf, bei Hof); in gleichem Sinn: Mann von Welt (B); weltge-

wandter, welterfahrener Mann, der mit den Umgangsformen gehobener Kreise vertraut ist (H)
Klüger: davon vielleicht: weltklug = lebensklug und welterfahren

16,9 • **Macht euch Freunde mit dem <u>ungerechten Mammon</u>.**
Ungerechter Mammon: Reichtum, wie auch immer erworben, als ein Zeichen für die in dieser Welt herrschende Ungerechtigkeit; zum redensartlichen Gebrauch siehe 1. Sam 15,9

16,10 • **Wer <u>im Geringsten treu</u> ist, der ist auch im Großen treu.**
Davon: die Treue im Kleinen = auch Geringfügiges sorgfältig bedenkend und erledigend

16,19 Im Gleichnis vom reichen Mann und armen Lazarus: **Es war ein reicher Mann, der ... <u>lebte</u> alle Tage <u>herrlich und in Freuden</u>.**
Davon: jmd lebt herrlich und in Freuden = er lebt im Luxus, es geht ihm sehr gut

16,20 Im Gleichnis vom reichen Mann und armen Lazarus: **Es war ein <u>Armer</u> mit Namen <u>Lazarus, der <u>lag vor seiner</u> (des reichen Mannes) Tür.**
Davon: arm wie Lazarus = sehr arm. Von Lazarus leitet sich ab: Lazarett = Militärkrankenhaus
Vor jmds Tür liegen = auf jmds Hilfe angewiesen sein

16,21 Im Gleichnis vom reichen Mann und armen Lazarus: (Lazarus) **begehrte sich zu sättigen von den <u>Brosamen, die von des Reichen Tische fielen</u>.** (alt)
Davon: Brosamen, die von des Reichen Tische fallen = armselige, meist auch unbeabsichtigte Zuwendung an Arme

16,22 Im Gleichnis vom reichen Mann und armen Lazarus: **Der Arme ... wurde von den Engeln getragen <u>in Abrahams Schoß</u>.**
Davon: so sicher wie in Abrahams Schoß = geborgen, gut aufgehoben

16,26 Abraham im Gleichnis vom reichen Mann und armen Lazarus: **Überdies besteht zwischen uns und euch <u>eine große Kluft</u>.**
Ein gewaltiger, unüberbrückbarer Abstand

16,29 Abraham im Gleichnis vom reichen Mann und armen Lazarus: **<u>Sie</u> (die Brüder des reichen Mannes) <u>haben Mose und die Propheten</u>, die sollen sie hören.**
Davon die scherzhafte Redensart: Moses (lat. Namensform) und die Propheten haben = viel Geld besitzen

17,10	• Wenn ihr alles getan habt, was euch befohlen ist, so sprecht: Wir sind unnütze Knechte; wir haben getan, was wir zu tun schuldig waren.
17,21	○ Siehe, das Reich Gottes ist mitten unter euch.

Zitat, das den Bau des Reiches Gottes und seine Auswirkungen schon in dieser Welt vor Augen stellen will

17,28 Beschreibung der Situation zu den Zeiten Lots: **Sie aßen, sie tranken, <u>sie kauften, sie verkauften</u>, sie pflanzten, sie bauten.**
Kaufen und verkaufen: steht für Handelsgeschäfte aller Art

17,32 ○ **Gedenket an des Lots Weib!** (alt)
Sie erstarrte zur Salzsäule, weil sie zurückschaute
Warnung, sich nicht mit Zurückliegendem abzugeben, anstatt einer vorhandenen Gefahr zu entrinnen

18,5 Der ungerechte Richter im Gleichnis von der bittenden Witwe:
… will ich sie (die Witwe) **retten, auf daß sie nicht zuletzt komme und <u>übertäube</u> mich.** (alt)
Übertäuben = durch Schreien jmdn zu etw zwingen, was er nicht will; ihn, seinen Widerstand überwinden (B); durch eine starke Einwirkung etw anderes weniger wirksam machen (H)

18,11 ○ Der Pharisäer in der Beispielgeschichte vom Pharisäer und vom Zöllner: **Ich danke dir, Gott, <u>daß ich nicht bin wie die andern Leute</u>.**
Zitiert als Beispiel pharisäischer Gesinnung
Nicht sein wie die anderen Leute = etw Besonderes, auch etw Abartiges sein

18,13 **Der Zöllner … <u>schlug an seine Brust</u> und sprach: <u>Gott, sei mir Sünder gnädig!</u>**
An seine Brust schlagen = über etw Reue empfinden, sich Vorwürfe machen
Gott sei mir Sünder gnädig: meist nicht als Gebetsanrede, sondern nur als Redensart sinnverkürzt gebraucht, wenn eine Gefahr droht, manchmal auch sarkastisch: … dann sei Gott mir (uns, dir, euch, ihm, ihnen) gnädig!

18,14 **Ich sage euch: Dieser** (der Zöllner) **ging <u>gerechtfertigt</u> hinab in sein Haus, nicht jener** (der Pharisäer). Röm 5,18
Rechtfertigung vor Gott im Sinne des Neuen Testaments: Sie ist in der sühnenden Hingabe Jesu am Kreuz begründet, in der sich Gottes Gerechtigkeit offenbart (Röm 3,21-26); sie wirkt durch

ihre Verkündigung als Frei- und Gerechtsprechung des Menschen, der allein durch die glaubende Annahme in das rechte Verhältnis zu Gott gesetzt wird

Davon: Rechtfertigungslehre = theologische Lehre des Apostels Paulus, die von Martin Luther im ursprünglichen Verständnis wiederentdeckt wurde und als reformatorische Grund- und Hauptlehre zur Trennung der Reformationskirchen von der römisch-katholischen Kirche führte

18,16 •**Lasset die Kindlein zu mir kommen und wehret ihnen nicht; denn solcher ist das Reich Gottes.** (alt)

19,14 ○ Aus dem Gleichnis von den anvertrauten Pfunden: **Wir wollen nicht, daß dieser über uns herrsche.**
Zitiert, wenn jmdm eine Führungsposition verweigert werden soll

19,40 Über die Menge der jubelnden Jünger beim Einzug in Jerusalem: **Wenn diese schweigen werden, so werden die Steine schreien.**
Die Steine schreien = Ruinen geben Zeugnis von menschlicher Schuld und von Vergänglichkeit

21,19 **Fasset eure Seelen mit Geduld.** (alt)
Davon: sich in Geduld fassen = geduldig eine Entwicklung abwarten; vgl: sich (wieder) fassen = sein inneres Gleichgewicht, seine Haltung (wieder)finden

21,26 **Die Menschen werden verschmachten vor Furcht und vor Warten der Dinge, die kommen sollen.** (alt)
Davon: der Dinge warten (harren), die da kommen sollen = warten, ohne zu wissen, was bevorsteht

21,34 Zu den Jüngern: **Hütet euch, daß eure Herzen nicht beschwert werden mit Fressen und Saufen ... und dieser Tag nicht plötzlich über euch komme wie ein Fallstrick.**
Röm 13,13 | 2. Mose 34,12; Ps 106,36
Fressen und Saufen = unmäßiges Zusichnehmen von Speise und Trank
Fallstrick = Schlinge als Falle (B); Hinterhältigkeit, auf die jmd unversehens hereinfallen kann (H)

22,3 **Es fuhr aber der Satan in Judas.**
Davon: der Satan fährt in jmdn = jmd wird zu Worten oder Taten veranlaßt, die völlig unvernünftig und von ihm selbst eigentlich nicht gewollt sind

	Davon: Was ist in dich gefahren? = was veranlaßt dich zu so etw Unverständlichem, Unvernünftigem?
22,6	(Judas) **suchte Gelegenheit, daß er ihn** (Jesus) **überantwortete ohne <u>Rumor</u>.** (alt)
	Lärm, Tumult, Volksauflauf, Aufruhr
22,25	**Die weltlichen Könige herrschen, und die Gewaltigen heißt man <u>gnädige Herren</u>.** (alt)
	Gnädiger Herr = heute fast nur noch ironisch gebraucht für jmdn, gegenüber jmdm, der sich gern bedienen läßt – so auch »gnädige Frau«, was jedoch zugleich noch als galante Anrede gebraucht wird
22,31	Zu Petrus: **Der Satanas hat euer begehrt, daß er euch möchte <u>sichten</u> wie den Weizen.** (alt)
	Sieben; durch Luther in die Schriftsprache eingeführt
22,35	o Zu den Jüngern: **Habt ihr je Mangel gehabt? Sie sprachen: Nie keinen.** (alt)
	Zitiert als Ermutigung, daß Gott die Seinen mit allem versorgt, was sie brauchen
22,41	(Jesus) **riß sich von ihnen** (den Jüngern) **los, etwa <u>einen Steinwurf weit</u>.**
	So weit man einen Stein wirft; in geringer Entfernung
22,44a	Jesus in Gethsemane: **Und er <u>rang mit dem Tode</u>.**
	Mit dem Tod(e) ringen = alte deutsche Wendung für den Todeskampf
	Griech. Urtext: »er geriet in *agonia*«; davon das Fremdwort Agonie = volkstümlich: Todeskampf; in der Medizin: Gesamtheit der vor dem Eintritt des klinischen Todes auftretenden typischen Erscheinungen
22,44b	Jesus in Gethsemane: **Sein <u>Schweiß</u> wurde wie <u>Blutstropfen</u>, die auf die Erde fielen.**
	Davon: Blut schwitzen = große Angst haben
22,53	Zu den Hohenpriestern und Ältesten: **<u>Dies ist eure Stunde</u> und <u>die Macht der Finsternis</u>.**
	Es ist jmds Stunde = der günstige Augenblick für jmdn, etw schon länger Geplantes zu tun, zu sagen
	Die Macht der Finsternis = die Wirklichkeit und Wirksamkeit des Bösen in dieser Welt
22,58	Petrus, als Anhänger Jesu angesprochen: **<u>Mensch</u>, ich bin's nicht.**

Anrede für jmdn, den man nicht kennt und deshalb nicht mit Namen oder Titel anreden kann (B); burschikose Anrede, oft auch ohne persönlichen Bezug in Ausrufen des Erstaunens, der Bewunderung, des Erschreckens (H); davon auch: Mensch Meier!

23,1 **Sie führten ihn (Jesus) vor <u>Pilatus</u>.**
Zusammen mit Vers 7, wo Pilatus den Gefangenen dem König Herodes vorführen läßt, der ihn gemäß Vers 11 dann wieder zu Pilatus zurücksendet, hat sich gebildet: von Pontius zu Pilatus schicken, laufen = in einer Angelegenheit viele Wege machen müssen, von einer Stelle zur anderen geschickt werden

23,26 **(Die Soldaten) ergriffen einen Mann, Simon von Kyrene, der vom Feld kam, und <u>legten das Kreuz auf ihn, daß er's</u> Jesus <u>nachtrüge</u>.**
Davon: jmdm ein Kreuz auferlegen = ihm eine schwere (seelische) Last zu tragen geben
Davon, in Verbindung mit Mt 16,24: Jesus das Kreuz nachtragen = uneingeschränkt in seiner Nachfolge leben

23,31 o **Wenn man das tut am grünen Holz, was wird am dürren werden?**
Wenn man sogar grünes Holz verbrennt, das nicht dafür bestimmt ist (die Hinrichtung Jesu), was wird dann erst mit dem trockenen Holz, den wahren Schuldigen, geschehen? – Wird verwendet, wo Unschuldigen Unrecht geschieht, während die Schuldigen (noch) unbehelligt bleiben

23,34 o **Vater, vergib ihnen; denn <u>sie wissen nicht, was sie tun</u>!**
Eines der sieben Worte Jesu am Kreuz, bezogen auf alle, die an Verurteilung und Kreuzigung beteiligt waren
Davon: Sie wissen nicht, was sie tun = zitiert für menschliches Tun, das unbedacht ist und schlimme Folgen nach sich ziehen kann

23,41 Einer der beiden mitgekreuzigten Übeltäter: **Wir <u>empfangen, was unsere Taten wert sind</u>; dieser** (Jesus) **aber hat nichts <u>Ungeschicktes</u> gehandelt.** (alt)
Nicht von Luther, sondern in der freien Wiedergabe dieses Textes wurde früher für »Übeltäter« auch das Wort »Schächer« (mittelhochdeutsch: *schachaere* = Räuber) gebraucht. Davon: reuiger Schächer = gottloser Mensch, der im letzten Abschnitt seines Lebens sich bekehrt; Schächersgnade = die von Gott angenom-

mene Reue eines Gottlosen kurz vor seinem Tod (B); die einem Verurteilten vor seinem Tod erwiesene letzte Vergünstigung (entspricht der »Henkersmahlzeit«, kaum mehr gebräuchlich) (H)
Jmd empfängt, was seine Taten wert sind = jmd wird nach Gebühr bestraft
Ungeschickt = unschicklich, unrecht (B); linkisch, unbeholfen, nicht oder wenig gewandt; ungelegen: ein Besuch kommt ungeschickt (H)

23,43 ○ Zu einem der beiden Mitgekreuzigten: **Wahrlich, ich sage dir: Heute wirst du mit mir im Paradies sein.**   2. Kor 12,4; Offb 2,7
Eines der sieben Worte Jesu am Kreuz
Paradies = ursprünglich dem Menschen zugedachter Lebensraum auf dieser Erde; Aufenthaltsort der verstorbenen Frommen bis zur Auferstehung (B)
Ort, Bereich, der durch seine Gegebenheiten, seine Schönheit, seine guten Lebensbedingungen oä alle Voraussetzungen für ein glückliches Dasein erfüllt (H); davon: das Paradies auf Erden haben = es sehr gut (getroffen) haben

23,46 ○ **Vater, ich befehle meinen Geist in deine Hände!**
Eines der sieben Worte Jesu am Kreuz (siehe Ps 31,6)

24,11   Die Wirkung der ersten Auferstehungsberichte auf die Jünger: **Es deuchten sie ihre** (der Frauen) **Worte eben, als wären's Märlein, und glaubten ihnen nicht.** (alt)
Erzeugnis der (bloßen) Phantasie; vgl: Das klingt wie ein Märchen = wie eine unglaubwürdige, erfundene Geschichte

24,29 ● Die Emmausjünger zu Jesus: **Bleibe bei uns; denn es will Abend werden, und der Tag hat sich geneigt.**

24,34 ○ Die Emmausjünger zu den anderen Jüngern: **Der Herr ist wahrhaftig auferstanden!**   Ps 33,4; Jes 25,1; Jer 42,5; Röm 3,4; Offb 16,7
Jubelruf der Christenheit an Ostern
Wahrhaftig = in Wahrheit, wirklich; die Wahrheit verkörpernd, zuverlässig (B); Bekräftigung einer Aussage, Ausdruck des Erstaunens (H)

24,36   Zu den Jüngern. **Friede sei mit euch!**   Joh 20,19
Der neutestamentliche Friedensgruß – übernommen vom alttestamentlichen (siehe Ri 6,23)
In der lateinischen Form »pax vobiscum« eine Salutatio in der (älteren, lateinischen) römischen Messe

24,39 Zu den Jüngern: **Ein Geist hat nicht Fleisch und Bein, wie ihr sehet, daß ich habe.** (alt)
Negativdefinition eines Geistwesens
Fleisch und Bein (= Gebein) = die materielle Körperlichkeit des Menschen

24,51 **Es geschah, als er sie** (Jesus die Jünger) **segnete, schied er von ihnen und fuhr auf gen Himmel.** Apg 1,10
Davon: Himmelfahrt; davon heute: Himmelfahrtskommando = Unternehmen, das mit großer Lebensgefahr verbunden ist; Himmelfahrtsnase = nach oben gebogene Nase ua
Davon: Auffahrt = noch üblich im süddeutschen Raum und in der Schweiz für Himmelfahrt

Das Evangelium nach Johannes

1,1 o **Im Anfang war das Wort.**
Erster Satz des Johannes-Prologs; oft zitiert als Hinweis, daß der Tat das Wort als eigentliche Entscheidung vorangeht (H)

1,12 Aus dem Prolog: **Wie viele ihn** (den Sohn Gottes) **aufnahmen, denen gab er Macht, Gottes Kinder zu werden.**
Mt 5,9; Lk 20,36; Joh 11,52; Röm 8,14; Gal 3,26; Phil 2,15; 1.Joh 3,1
Davon: Gotteskind, Kind Gottes = im Pietismus Bezeichnung für einen Menschen, der zum persönlichen Glauben an Christus gekommen ist
Davon: Kind Gottes! = gedankenlose, auf die Naivität des Betreffenden gemünzte Anrede

1,14 Aus dem Prolog: **Das Wort ward Fleisch und wohnte unter uns.** Röm 8,3; 1.Tim 3,16; 1.Joh 4,2
Davon: Fleischwerdung; dazu das Fremdwort aus dem lateinischen *incarnatus:* Inkarnation = Menschwerdung eines göttlichen Wesens; auch: Verkörperung, zB: in jmdm die Verkörperung des Bösen sehen = ihn als das Böse, den Bösen selbst betrachten
Davon: eingefleischt = nicht mehr änderbare Gewohnheit, zur zweiten Natur geworden

1,29 Johannes der Täufer über Jesus: **Siehe, das ist Gottes Lamm, das der Welt Sünde trägt.**

	Davon: Lamm Gottes (lat.: Agnus Dei): in den Liturgien der christlichen Kirchen oft gebraucht; in der bildenden Kunst Symbol für den sich opfernden Christus (unter Einwirkung von Offb 5,6.12)
1,41	Andreas zu Petrus: **Wir haben den <u>Messias</u> gefunden.** Joh 4,25 In Prophetien des Alten Testaments verheißener Heilsbringer, erschienen in Christus (B); Befreier, Erlöser, vor allem von sozialer Unterdrückung (H)
1,46	Nathanael zu Philippus: **<u>Was kann aus Nazarath Gutes kommen!</u>** Philippus zu Nathanael: **<u>Komm und sieh es.</u>** Davon: Was kann aus Nazareth Gutes kommen? = abschätzige, abwertende Frage bezüglich eines Ortes oder einer Gegend Davon: Komm und sieh es = Aufforderung, sich von einem Tatbestand selbst zu überzeugen
1,47	o Zu Nathanael: **Siehe, ein rechter Israelit, in dem kein Falsch ist.** Zitiert als Charakterisierung eines rechtschaffenen und offenen Menschen
1,51	Zu Nathanael: **Ihr werdet <u>den Himmel offen sehen</u>.** In den Himmel als die Welt Gottes hineinsehen können (B); sich am Ziel aller Wünsche glauben und sehr glücklich sein (H)
2,4a	o Zu Maria: **Weib, was hab ich mit dir zu schaffen?** (alt) Zitiert als scherzhafte Abwehr fraulicher Einmischung in eine Männerangelegenheit
2,4b	Zu Maria: **<u>Meine Stunde ist noch nicht gekommen</u>.** Joh 7,30; 8,20; 16,21 Davon: warten, bis jmds Stunde gekommen ist = eine für ein Vorhaben günstige Situation abwarten
2,6	Bei der Hochzeit zu Kana: **Es standen dort sechs steinerne Wasserkrüge für die <u>Reinigung</u> nach jüdischer Sitte.** 3. Mose 12,4; 1. Chr 23,28; Mk 1,44; Lk 2,22; Joh 3,25; Hebr 1,3 Ritual, durch das die nach dem Gesetz des Alten Bundes als unrein geltenden Lebewesen, Gegenstände und körperlichen Zustände gereinigt werden (B); Säuberung von etw Verschmutztem; Unternehmen, Geschäft, das chemisch reinigt (H)
2,10	Der Speisemeister zum Bräutigam: **<u>Jedermann gibt zuerst den guten Wein und, wenn sie betrunken werden, den geringeren; du aber hast den guten Wein bis jetzt zurückbehalten.</u>** So auch heute noch empfohlen und gehandhabt

Johannes

2,15 **Jesus trieb sie** (die Händler und Wechsler) **alle zum Tempel hinaus.**
Davon: jmdn zum Tempel hinausjagen, hinauswerfen = jmdn voller Unmut, empört aus dem Haus, dem Zimmer weisen
Davon: Tempelreinigung = die Beseitigung von Mißständen, die im Widerspruch zu Wesen und Zielen einer Gemeinschaft stehen

2,16 o Zu den Taubenverkäufern im Tempelvorhof: **Macht nicht meines Vaters Haus zum Kaufhaus!**
Mahnung, die Würde eines Gotteshauses zu achten
Kaufhaus = Haus, in dem Kaufleute ihre Waren anbieten (B); großes Geschäft des Einzelhandels, in dem Waren aller Art verkauft werden (H)

3,2 (Der Pharisäer <u>Nikodemus</u>) **kam zu Jesus bei Nacht.**
Davon: wie Nikodemus bei Nacht kommen = aus Menschenfurcht sich nicht öffentlich zu etw bekennen, aber doch davon angezogen sein
Davon: Nikodemusstunde = eine Begegnung, die eine Belehrung über den Sinn des Lebens mit sich bringt

3,3 Zu Nikodemus: **Es sei denn, daß jemand <u>von neuem geboren</u> werde, so kann er das Reich Gottes nicht sehen.** 1. Petr 2,2
Davon: Neugeburt = Verwandlung von Denken, Fühlen und Wollen durch den Heiligen Geist (B); Neubelebung, Wiedererstehen von etw in anderer, neuer Form (H)
Davon: wie neugeboren = außerordentlich erfrischt (etwa nach einem Bad)

3,8 Zu Nikodemus: **Der Wind bläst, wo er will, und du hörst sein Sausen wohl; aber du weißt nicht, woher er kommt und wohin er fährt. So ist es bei jedem, der aus dem <u>Geist</u> geboren ist.**
Davon: Der Geist weht, wo er will = der Geist Gottes läßt sich seinen Wirkungsort nicht von Menschen bestimmen (B); der menschliche Geist ist in seinen Erscheinungsformen nirgendwo anzubinden (H)

3,12 **Glaubt ihr nicht, wenn ich euch von <u>irdischen</u> Dingen sage, wie werdet ihr glauben, wenn ich euch von <u>himmlischen</u> Dingen sage?** 1. Kor 15,40; 2. Kor 5,1; Phil 3,19; Jak 3,15 |
1. Kön 22,19; Lk 2,13; Phil 3,14; Hebr 6,4
Irdisch = der diesseitigen Welt zugehörig (B); zum Dasein auf die-

ser Welt gehörend; auf der Erde (als einem Planeten) befindlich (H)

Himmlisch = der jenseitigen Welt zugehörig, vom Himmel stammend (B); den Himmel betreffend; von Gott ausgehend, gewirkt; jmds Entzücken, höchstes Wohlbehagen hervorrufend: himmlische Fügung (häufiger: Fügung des Himmels), himmlisches Wesen, himmlisches Wetter; es war himmlisch (H)

3,16 • Zu Nikodemus: **Also** (= so sehr) **hat Gott die Welt geliebt, daß er seinen eingeborenen Sohn gab, damit alle, die an ihn glauben, nicht verloren werden, sondern das ewige Leben haben.**

Ewiges Leben = unvergängliches Leben

Joh 3,16 wird mit seiner zentralen Aussage auch als das »Evangelium im Evangelium« oder als das »Evangelium in *einem* Satz« bezeichnet

3,27 o Johannes der Täufer: **Ein Mensch kann nichts nehmen, es werde ihm denn gegeben vom Himmel.** (alt)

Davon: Himmelsgabe = vom Himmel herab verliehene Gabe oder Begabung

3,30 • Johannes der Täufer über Jesus: **Er muß wachsen, ich aber muß abnehmen.**

4,10 Zur Samariterin: **Wenn du erkenntest ..., wer der ist, der zu dir sagt: Gib mir zu trinken!, du bätest ihn, und er gäbe dir lebendiges Wasser.** Joh 7,38

Quellwasser; übertragen: etw, was den Durst der Seele stillt (B); kohlensäurehaltiges Mineralwasser (H)

Davon wohl abgeleitet: Aquavit (von *aqua vitae* = Wasser des Lebens): meist wasserheller oder gelblicher, vorwiegend mit Kümmel oder anderen Gewürzen aromatisierter Branntwein

4,22 o Zur Samariterin: **Das Heil kommt von den Juden.**

Im Dritten Reich nicht nur von den »Deutschen Christen« abgelehnter oder umgedeuteter Ausspruch Jesu

4,24 • Zur Samariterin: **Gott ist Geist, und die ihn anbeten, die müssen ihn im Geist und in der Wahrheit anbeten.**

4,27 **Es nahm sie** (die Jünger) **wunder, daß er** (Jesus) **mit dem Weibe redete.** (alt)

Es nimmt jmdn wunder = jmd wundert sich

Johannes

4,35	**Hebet eure Augen auf und sehet in das <u>Feld</u>; denn es ist schon <u>weiß zur Ernte</u>.** (alt)
	Davon, im Raum des Pietismus: ein Feld, weiß zur Ernte = ein Arbeitsbereich, bei dem der Erfolg des Mühens sichtbar wird und für den Abschluß gesorgt werden muß
4,37	**Hier ist der Spruch wahr: <u>Dieser sät, der andere schneidet.</u>** (alt) Hiob 31,8
	Davon: Der eine sät, der andere erntet = nicht immer ist es dem, der die eigentliche Arbeit geleistet hat, auch vergönnt, den Erfolg für sich in Anspruch zu nehmen
5,2	**Es ist aber in Jerusalem beim Schaftor ein Teich, der heißt auf hebräisch <u>Betesda</u>.**
	Ort der Heilung eines Kranken durch Jesus (B); Name zahlreicher christlicher Krankenhäuser (in der Schreibweise »Bethesda«)
5,7	Der Kranke am Teich Betesda zu Jesus: **Herr, <u>ich habe keinen Menschen</u>, der mich in den Teich bringt, wenn das Wasser sich bewegt.**
	Feststellung der eigenen Hilflosigkeit und des Verlassenseins
5,35	Zu den Juden: (Johannes der Täufer) **war ein brennendes und scheinendes Licht; ihr aber wolltet <u>eine kleine Weile</u> fröhlich sein in seinem Licht.** Mt 26,73; Joh 13,33; Hebr 10,37
	Kurze Zeitspanne von unbestimmter Dauer
5,39	●Zu den Juden: **Suchet in der Schrift, denn ihr meint, ihr habt das ewige Leben darin; und sie ist's, die von mir zeugt.** (alt)
6,9	Andreas zu Jesus: **Es ist ein Knabe hier, der hat fünf Gerstenbrote und zwei Fische; aber <u>was ist das unter so viele?</u>** (alt)
	Feststellung, daß Vorhandenes das Benötigte nicht abdeckt
6,35	●**Ich bin das Brot des Lebens.**
6,39	**Das ist der Wille dessen, der mich gesandt hat, daß ich nichts verliere von allem, was er mir gegeben hat, sondern daß ich's auferwecke <u>am Jüngsten Tage</u>.** Joh 11,24; 12,48
	Jüngster Tag = letzter Tag, Zeitpunkt des göttlichen Gerichts über die Menschheit am Tag des Weltuntergangs; im englischen Sprachraum als der »doomsday« noch stärker in Sprachschatz und Bewußtsein eingegangen
6,60	Viele Jünger Jesu: **Das ist <u>eine harte Rede</u>; wer kann sie hören?**

	Rede mit hohem (moralischem) Anspruch an den Hörenden
7,13	**Niemand redete offen über ihn** (Jesus) <u>**aus Furcht vor den Juden**</u>. Joh 19,38; 20,19
	Steht für: Menschenfurcht, Opportunismus (wie einst Zeitgenossen Jesu entgegen ihrer Überzeugung nicht offen für Jesus Partei nahmen)
7,23	Zu den Juden: **Wenn ein Mensch am Sabbat** (sofern es der vorgeschriebene achte Tag nach der Geburt ist) **die Beschneidung empfängt, damit nicht** <u>**das Gesetz**</u> **des Mose** <u>**gebrochen werde** ...</u> Hebr 10,28
	Vgl: Gesetzesbrecher = jmd, der gegen das gültige Recht, die Gesetze verstößt
8,4	Die Schriftgelehrten und Pharisäer zu Jesus: **Meister, diese Frau ist** <u>**auf frischer Tat**</u> **beim Ehebruch** <u>**ergriffen**</u> (alt: begriffen) **worden.**
	Davon sprachlich: jmdn auf frischer Tat ertappen = jmdn bei der Ausführung einer verbotenen Handlung ertappen
8,7	○ Über die Ehebrecherin: **Wer unter euch ohne Sünde ist, der werfe** <u>**den ersten Stein**</u> **auf sie.**
	Mahnung, vor jmds Verurteilung zuerst seine eigenen Verfehlungen zu bedenken
	Den ersten Stein auf jmdn werfen = damit beginnen, einen anderen öffentlich anzuklagen, zu beschuldigen
8,12	● **Ich bin das Licht der Welt.**
8,23	Zu den Juden: **Ihr seid von dieser Welt,** <u>**ich bin nicht von dieser Welt**</u>.
	Nicht von dieser Welt sein = dem Jenseits, der jenseitigen, himmlischen übernatürlichen Welt entstammen oder der Wesensart nach zugehören (B); sich so verhalten, daß man den Eindruck hat, die Dinge dieser Welt seien für den Betreffenden nicht mehr interessant, ihm nicht mehr zugänglich (H)
8,34	● **Wer Sünde tut, der ist der Sünde Knecht.**
8,46	○ Zu den Juden: **Wer von euch kann mich einer Sünde zeihen?**
	Selbstzeugnis Jesu über seine Sündlosigkeit (zeihen = bezichtigen)
9,4	○ **Es kommt die Nacht, da niemand wirken kann.**
	Zitiert im Blick auf eine Situation, die jede Tätigkeit unterbindet
	Aufgenommen von J. W. Goethe im »Westöstlichen Diwan«:

»Noch ist es Tag, da rühre sich der Mann! Die Nacht tritt an, wo niemand wirken kann!«

9,13 **Sie führten ihn zu den Pharisäern, der weiland blind war.** (alt)
Einst, früher

9,21 Die Eltern des Blindgeborenen über ihren Sohn: **Er ist alt genug; laßt ihn für sich selbst reden.**
Alt genug, um für sich selbst zu reden = mündig genug, um seine Angelegenheiten selbst wahrzunehmen

9,24 Die Juden zu dem Blindgeborenen: **Gib Gott die Ehre!**
5. Mose 32,3; Apg 12,23; Röm 4,20; Offb 11,13; 19,7
Gott die Ehre geben = ihn anerkennen, seine Macht preisen, ihr alles zutrauen; hier und Jos 7,19: ihn durch das Eingeständnis der Wahrheit ehren; davon wohl: der Wahrheit die Ehre geben

10,10 **Ich bin gekommen, damit sie das Leben und volle Genüge haben sollen.** Hiob 21,23; Jes 30,23; 2. Kor 9,8
Was genug, ausreichend ist; vgl (sprachlich parallel): einer Sache Genüge tun, leisten = eine Sache gebührend berücksichtigen, einer Forderung oä entsprechen; zur Genüge: oft abwertend = in genügendem, ausreichendem Maß: Das kennen wir zur Genüge

10,11 •**Ich bin der gute Hirte. Der gute Hirte läßt sein Leben für die Schafe.** Eph 4,11

10,16 **Ich habe noch andere Schafe, die sind nicht aus diesem Stall.**
Davon scherzhaft: (nicht) aus demselben Stall sein/kommen = nicht aus derselben Familie stammen, nicht in der gleichen Kirche beheimatet sein, nicht zum Schülerkreis eines bestimmten akademischen Lehrers, Forschers zählen

11,25 •**Ich bin die Auferstehung und das Leben. Wer an mich glaubt, der wird leben, ob er gleich stürbe.** (alt)

11,28 ○ Marta zu Maria: **Der Meister ist da und ruft dich.**
In der Predigt oft weitergegebener Anruf zu Andacht und zur Nachfolge

11,35 Am Grab des Lazarus: **Jesus gingen die Augen über.**
Jmdm gehen die Augen über = jmd beginnt zu weinen. Luther gebraucht hier eine alte deutsche Wendung für einfaches »Jesus weinte« im griechischen Text

11,48 Die Hohenpriester und Pharisäer: **Lassen wir ihn (Jesus) so,**

dann werden sie alle (das ganze Volk) **an ihn glauben, und dann kommen die Römer und nehmen uns** <u>**Land und Leute**</u>**.**
Heimat und Volk

11,50 ○ Der Hohepriester Kaiphas zum Hohen Rat: **Es ist besser ..., ein Mensch sterbe für das Volk, als daß das ganze Volk verderbe.**
Ungewollt prophetische Aussage des Hohenpriesters Kaiphas über Auftrag und Weg Jesu (B); Überlegung zur Berechtigung von Tyrannen- oder Diktatorenbeseitigung (H)

12,6 (Judas) **war ein Dieb und hatte den** <u>**Beutel**</u>**.** (alt)   Joh 13,29
Beutel = Geldbeutel, Geldbörse; sprichwörtlich für Geld: tief in den Beutel greifen müssen, den Beutel zuhalten usw

12,8 ○ **Arme habt ihr allezeit bei euch; mich aber habt ihr nicht allezeit.**
Zitiert, um die Priorität einer Wohltat bei einmaliger Gelegenheit herauszustellen gegenüber Aufgaben, die sich laufend ergeben

12,13.14 **Sie** (das Volk) **nahmen** <u>**Palmzweige**</u> **und gingen hinaus** (vor Jerusalem) **ihm entgegen ... Jesus aber fand einen jungen** <u>**Esel**</u> (alt: eine Eselin) **und ritt darauf.**
Palmzweige: davon: der Name des Sonntags vor Ostern, lateinisch Palmarum (Dies palmarum = Tag der Palmen), deutsch: Palmsonntag
Esel: davon: Palmesel = Bestandteil der früher üblichen Palmsonntagsprozession, bei der ein mit Grün und Frühjahrsblumen geschmückter Esel mitgeführt wurde; davon: aufgeputzt wie ein Palmesel = gesagt von jmdm, der sich allzusehr auf seine Aufmachung etw einbildet; und schließlich: wer am Palmsonntagmorgen als letzter aufsteht, gilt als der »Palmesel«

12,19 Die Pharisäer untereinander über Jesus: **Ihr sehet, daß ihr nichts ausrichtet;** <u>**siehe, alle Welt läuft ihm nach.**</u>
Davon: alle Welt läuft jmdm nach = viele folgen jmdm (zeitweise) als seine Anhänger

12,24 • **Wenn das Weizenkorn nicht in die Erde fällt und erstirbt, bleibt es allein; wenn es aber erstirbt, bringt es viel Frucht.**

12,31 **Jetzt ergeht das Gericht über diese Welt; nun wird** <u>**der Fürst dieser Welt**</u> **ausgestoßen werden.**   Joh 14,30; 16,11

Johannes

Bezeichnung für den Satan; von Martin Luther in »Ein feste Burg ist unser Gott« übernommen: »Der Fürst dieser Welt, so sauer er sich stellt ...«

13,5 **Danach goß er (Jesus) Wasser in ein Becken, fing an, den Jüngern die Füße zu waschen, und trocknete sie mit dem Schurz, mit dem er umgürtet war.** 1. Mose 18,4; 1. Tim 5,10
Fußwaschung = im Judentum vorgeschrieben als tägliche Reinigung am Abend, ferner zur Begrüßung des Gastes; von Jesus als Beispiel einer neuen Ordnung des Dienens und Liebens gegeben (B); bei der katholischen Kirche die in der Gründonnerstagsliturgie durch den zelebrierenden Priester vorgenommene Waschung der Füße als Zeichen demütiger Nächstenliebe; bei den Adventisten und der pfingstlerischen Gemeinde Gottes regelmäßig in Verbindung mit Taufe und Abendmahl als »göttliche Verordnung« praktiziert (H)

13,15 • Zu den Jüngern: **Ein Beispiel habe ich euch gegeben, damit ihr tut, wie ich euch getan habe.**
Ein Beispiel geben = als Vorbild zur Nachahmung herausfordern

13,27 ○ Zu Judas: **Was du tust, das tue bald!**
Mahnung, eine notwendige oder geplante Tat nicht aufzuschieben

13,35 • Zu den Jüngern: **Daran wird jedermann erkennen, daß ihr meine Jünger seid, wenn ihr Liebe untereinander habt.**

14,2 • Zu den Jüngern: **In meines Vaters Hause sind viele Wohnungen.**

14,6 • Zu Thomas: **Ich bin der Weg und die Wahrheit und das Leben; niemand kommt zum Vater denn (= außer) durch mich.**

15,5 • Zu den Jüngern: **Ohne mich könnt ihr nichts tun.**

15,13 ○ Zu den Jüngern: **Niemand hat größere Liebe als die, daß er sein Leben läßt für seine Freunde.**
Häufig bei der Bestattung von Kriegsgefallenen gebrauchter und mißbrauchter Text

15,16 • Zu den Jüngern: **Nicht ihr habt mich erwählt, sondern ich habe euch erwählt.**

16,12 Zu den Jüngern: **Ich habe euch noch viel zu sagen, aber ihr könnt's jetzt nicht tragen.** (alt)

Ertragen, aushalten; vgl: (schwer) an etw zu tragen haben = etw als Last, Bürde empfinden, schwer unter etw leiden

16,16 **Über ein Kleines, so werdet ihr mich nicht sehen.** (alt)
Über ein Kleines = in Kürze

16,21 ○ **Ein Weib, wenn sie gebiert, so hat sie Traurigkeit, denn ihre Stunde ist gekommen. Wenn sie aber das Kind geboren hat, denkt sie nicht mehr an die Angst um der Freude willen, daß der Mensch zur Welt geboren ist.** (alt)
Zitiert als Beispiel, daß ein Umbruch oft schmerzhafte Begleitumstände mit sich bringt
Vgl: zur Welt kommen = geboren werden; zur Welt bringen = gebären; ist schon vor Luther allgemeiner Sprachgebrauch

16,22 Zu den Jüngern: **Ich will euch wiedersehen.**
Davon sprachlich seit dem 18. Jh.: Auf Wiedersehen! = Abschiedsformel

16,29 Die Jünger zu Jesus: **Nun redest du frei heraus und nicht mehr in Bildern.** Joh 11,14
Frei heraus reden = reden, ohne etwas zurückzuhalten

16,33 • Zu den Jüngern: **In der Welt habt ihr Angst; aber seid getrost, ich habe die Welt überwunden.**

18,8 ○ Zu den Soldaten und Knechten bei seiner Gefangennahme: **Sucht ihr mich, so laßt diese** (die Jünger) **gehen!**
Zitiert als Beispiel der Bereitschaft, Verantwortung für eine Tat zu übernehmen und nicht auf andere abzuschieben

18,23 ○ Zu einem Knecht der Priester: **Habe ich übel geredet, so beweise, daß es böse ist; habe ich aber recht geredet, was schlägst du mich?**
Zitiert als Beispiel für die Inanspruchnahme von Recht und Gerechtigkeit

18,36 ○ Zu Pilatus: **Mein Reich ist nicht von dieser Welt.**
Bekundung, mit der Jesus alle Gewaltanwendung zugunsten seines Reiches ausschließt

18,38 Pilatus zu Jesus: **Was ist Wahrheit?**
Davon: die Pilatusfrage stellen = seinem Zweifel Ausdruck geben, daß der Mensch zur absoluten Erkenntnis der Wahrheit fähig ist; oft als rhetorische Frage, auf die keine Antwort erwartet wird

19,5 Pilatus zu den Juden im Anblick des gegeißelten und verspotteten Jesus: **Sehet, welch ein Mensch!** (alt)

Johannes

Bekannt auch in der lateinischen Formulierung: »Ecce homo«

19,7 o Die Juden zu Pilatus über Jesus: **Wir haben ein Gesetz, und nach dem Gesetz muß er sterben.**
Zitiert, wo ein Gesetz, eine Verordnung entgegen besserer Einsicht zur Durchführung kommt

19,11 o Zu Pilatus: **Du hättest keine Macht über mich, wenn es dir nicht von oben her gegeben wäre.**
Zitiert als Gewißheit, daß alle menschliche Herrschaft von Gott gesteuert und begrenzt ist

19,15 Die Juden: **Weg, weg mit dem** (Jesus)! Apg 21,36
Weg, weg mit jmdm, etw = dringende Aufforderung, jmdn, etw sogleich zu entfernen

19,17 **Und er** (Jesus) **trug sein Kreuz.** Mt 27,32
Davon, in Verbindung mit Lk 14,27: sein Kreuz tragen = eine Last, leiblicher oder seelischer Art, geduldig auf sich nehmen

19,19 **Pilatus schrieb eine Aufschrift und setzte sie auf das Kreuz; und es war geschrieben: Jesus von Nazareth, der König der Juden.**
Der lateinische Text dieser Inschrift »Jesus Nazarenus Rex Judaeorum« wird auf Bildern des gekreuzigten Christus mit seinen Anfangsbuchstaben wiedergegeben: I.N.R.I.

19,22 o Pilatus zu den Hohenpriestern: **Was ich geschrieben habe, das habe ich geschrieben.**
Zitiert im Blick auf einen Schriftsatz, von dem jmd nicht abrückt

19,26.27 o **Als Jesus seine Mutter sah und bei ihr den Jünger, den er liebhatte, spricht er zu seiner Mutter: Frau** (alt: Weib), **siehe, das ist dein Sohn! Danach spricht er zu dem Jünger: Siehe, das ist deine Mutter!**
Eines der sieben Worte Jesu am Kreuz

19,28 o **Mich dürstet.**
Eines der sieben Worte Jesu am Kreuz

19,30 o **Es ist vollbracht!**
Eines der sieben Worte Jesu am Kreuz

20,17 Der Auferstandene zu Maria: **Rühre mich nicht an!**
Davon: ein »Rühr-mich-nicht-an« = ein sehr empfindsamer Mensch. Auch bekannt in der lateinischen Formulierung: »Noli me tangere«

20,23	Zu den Jüngern: **Welchen ihr die <u>Sünden erlaßt</u>, denen sind sie <u>erlassen</u>.** 5. Mose 15,2.3; Mi 7,18; 1. Makk 10,28; Mt 18,27

Erlassen = jmdn von der Strafe für eine Schuld, von einer Verpflichtung freistellen

20,25 Thomas zu den anderen Jüngern: **Wenn ich nicht in seinen Händen die Nägelmale sehe und meinen Finger in die Nägelmale lege und meine Hand in seine Seite lege, kann ich's <u>nicht glauben</u>.**

Davon: ungläubiger Thomas (siehe Joh 20,24-29) = von Zweifeln geplagter Mensch

20,28 o Thomas zu Jesus: **Mein Herr und mein Gott!**

20,29 ● Zu Thomas: **Selig sind, die nicht sehen und doch glauben!**

21,16a Zu Petrus: **<u>Hast du mich lieb</u>?**

Gegenüber dem knapperen »Liebst du mich?« hat sich diese längere, aber wärmere Frageform auch in der profanen Sprache bis heute erhalten

21,16b o Zu Petrus: **Weide meine Schafe!** 1. Petr 5,2

Bild für verantwortungsbewußte und umfassende Seelsorge

21,18 Zu Petrus: **Als du jünger warst, gürtetest du dich selbst und gingst, wo du hin wolltest; wenn du aber alt wirst, wirst du deine Hände ausstrecken, und ein anderer wird dich gürten und <u>führen</u>, <u>wo du nicht hin willst</u>.**

Zitiert, wo unbegreifliche, schwere Wege Gottes von einem Menschen zu gehen sind oder zu gehen waren

Die Apostelgeschichte des Lukas

1,3 (Den Aposteln) **zeigte er** (Jesus) **sich nach seinem <u>Leiden</u> ... als der Lebendige.**

Das lateinische *passio* für »Leiden« wurde die Stammform für »Passion«, womit der Opferweg Jesu bezeichnet wird; heute auch, aus dem Französischen: starke, leidenschaftliche Neigung zu etw; Vorliebe, Liebhaberei

Davon vielleicht: Aussehen wie das Leiden Christi = bejammernswert anzusehen

1,7 ●Jesus zu den Jüngern: **Es gebührt euch nicht, Zeit oder Stunde zu wissen, die der Vater in seiner Macht bestimmt hat.**

Antwort auf die Frage der Jünger: »Herr, wirst du in dieser Zeit wieder aufrichten das Reich für Israel?« – Aussage Jesu, die alle Spekulation über den Zeitpunkt seiner Wiederkunft verbietet

1,9 Als er (Jesus) **das gesagt hatte, wurde er zusehends aufgehoben, und eine Wolke nahm ihn auf vor ihren Augen weg.**

Vor jmds Augen (der zusieht) (B); in so kurzer Zeit, daß man die sich vollziehende Veränderung fast mit den Augen wahrnehmen kann (H)

1,24 Die Jünger im Gebet bei der Wahl des Nachfolgers für Judas: **Herr, aller Herzen Kündiger** (Kundiger) ... (alt)

Davon: Herzenskündiger = im Pietismus Prädikat für den alles wissenden und beurteilenden Gott

2,1 Als der Tag der Pfingsten erfüllt war, waren sie (die Jünger) **alle einmütig beieinander.** (alt)

2. Makk 12,32; Apg 20,16; 1. Kor 16,8

Im Judentum das Wochenfest sieben Wochen nach Passa, auch »Fest der Ernte« und »Tag der Erstlinge« (= Erstlingsfrüchte) genannt, 50 Tage nach dem Passafest; in den christlichen Kirchen das Fest der Ausgießung des Heiligen Geistes am selben Tag

Davon die Redensart: wenn Ostern auf Pfingsten fällt = niemals

2,4 (Die Versammelten) **wurden alle voll des heiligen Geistes.**
(alt) Ps 51,13; Mt 1,18; 3,11; 28,19; Apg 10,45; Röm 5,5;
1. Kor 6,19; 2. Kor 13,13; Eph 4,30; 2. Petr 1,21; Hebr 6,4

Heiliger Geist = Geist Gottes, der die Menschen ergreift und ihr Leben verwandelt und bestimmt; als Gottes schöpferische und gestaltende Kraft neben dem Vater und dem Sohn die dritte Person der Trinität

Davon: Geistesfülle = im pietistischen Sprachgebrauch die eindrucksvolle Ausstattung eines Christen mit den Kräften und Gaben des Heiligen Geistes

Davon: jmdm als Heiliger Geist erscheinen = in der Schüler- und Soldatensprache: jmdn nachts, wenn er schläft, in Verkleidung aufsuchen, um ihn zu verprügeln (abgeleitet von der Unsichtbarkeit des Heiligen Geistes)

2,5 Es waren Juden zu Jerusalem wohnend, die waren gottesfürchtige Männer aus allerlei Volk. (alt)

	Meist abwertend gebraucht für eine aus sehr verschiedenen Menschen zusammengesetzte Gruppe
2,6	**Es hörte ein jeglicher** (der Anwesenden am ersten Pfingstfest), **daß sie** (die Jünger) **mit seiner Sprache redeten.** (alt)
	Das im griechischen Urtext für »Sprache« verwendete Wort *dialektos* mag von hier als Fremdwort in unseren Sprachschatz gekommen sein: Dialekt = Mundart; Gruppe von Mundarten mit gewissen sprachlichen Gemeinsamkeiten
2,11	Aus der Aufzählung der Zeugen des Pfingstgeschehens: **Juden und Judengenossen.**
	Eine Formulierung, die von Antisemiten im Dritten Reich oft in Anspruch genommen wurde; der zweite Begriff (siehe Mt 23,15) galt dabei denen, die sich als Christen auf die Seite der Juden stellten oder sich nicht von ihnen distanzieren wollten (H)
2,13	Der erste Eindruck der Zeugen des Pfingstgeschehens über die vom Heiligen Geist erfaßten Jünger: **Sie sind voll süßen Weins.** (alt)
	Im Pietismus als Bild für schwärmerische Tendenzen verstanden
2,17	Aus der Pfingstpredigt des Petrus: **Es soll geschehen in den letzten Tagen ...** 1. Kor 15,52; 1. Tim 4,1; 1. Petr 1,5; Hebr 1,2
	Aus dem griechischen Wort *eschatos* = »letzter« entstand der Begriff Eschatologie = die Lehre von den letzten Dingen, umfassend die letzte Zeitspanne vor der Wiederkunft Christi, sein zweites Kommen, Gericht, Vollendung, neue Schöpfung
2,23	Petrus zur Pfingstversammlung: **Diesen Mann** (Jesus), **der durch Gottes Ratschluß und Vorsehung** (alt: Versehung) **dahingegeben war, habt ihr ... umgebracht.**
	Vorausschauende Weisheit, Vorbestimmung (B); Vorherbestimmtsein des Weltgeschehens durch Gott; Fürsorge Gottes für seine Geschöpfe; über die Welt herrschende Macht, die in nicht zu beeinflussender oder berechnender Weise das Leben der Menschen bestimmt und lenkt (H)
2,37	Die Folge der Pfingstpredigt des Petrus bei den Zuhörern: **Als sie das hörten, ging's ihnen durchs Herz.**
	Jmdm geht etw durchs Herz = es versetzt ihm einen Stich ins Herz, trifft ihn schmerzvoll (B); es bewegt ihn zutiefst (H)
2,40	Petrus zur Pfingstversammlung: **Lasset euch helfen von** (retten aus) **diesen unartigen Leuten.** (alt)

Apostelgeschichte

Unartig = aus der Art geschlagen, verderbt, sündig (B); sich schlecht benehmend (meist von einem Kind gesagt) (H)

2,44 **Alle, die gläubig waren geworden, waren beieinander und hielten** (hatten) **alle Dinge gemein.** (alt)

Gemein = gemeinsam (zum Sinn siehe Apg 4,32b) (B); allgemein; niederträchtig, ordinär (H)

3,6 ○ Petrus zu dem Gelähmten: **Silber und Gold habe ich nicht; was ich aber habe, das gebe ich dir ...**

Zumeist scherzhaft verwendetes Zitat, mit dem man einen Bittenden darauf vorbereitet, daß er keine großartigen Gaben zu erwarten hat

3,21 Petrus zum Volk: **Ihn** (Jesus) **muß der Himmel aufnehmen bis zu der Zeit, in der alles wiedergebracht wird ...**

Davon der Begriff »Wiederbringung aller Dinge«, im griechischen Urtext *apokatastasis pantoon,* auch als »Allversöhnung« bekannt. Dahinter steht die Überzeugung mancher Bibelausleger (von Origenes bis in unsere Tage), daß Gott die Schöpfung in der sündenfreien Reinheit und Herrlichkeit vor dem Sündenfall wiederherstellen und die gesamte Menschheit zuletzt aus Sünde und Verdammnis retten wird

4,12 ● Petrus zu den Oberen und Ältesten des Volkes: **In keinem andern** (als in Jesus) **ist das Heil, auch ist kein andrer Name** (als der Name Jesu) **unter dem Himmel den Menschen gegeben, durch den wir sollen selig werden.**

4,13 (Die Oberen des Volks) **waren gewiß, daß es** (= die Apostel) **ungelehrte Leute und Laien waren.** (alt)

Laie = jmd, der auf einem bestimmten Gebiet keine Fachkenntnisse hat

Im griechischen Urtext steht hier als Plural *idiotai*. Im deutschen Sprachgebrauch war bis zum Ende des 18. Jahrhunderts ein Idiot ein Laie oder Nichtfachmann, später ein Geisteskranker; heute hauptsächlich benutzt, um einen Dummkopf, einen törichten Menschen, der Ärger hervorruft, zu bezeichnen

4,17 Der Hohe Rat über die Apostel: **Damit es nicht weiter einreiße unter dem Volk, wollen wir ihnen drohen, daß sie hinfort zu keinem Menschen in diesem Namen reden.**

(Weiter) einreißen: vom Bild des Risses in einem Stoff = um sich

	greifen, bezogen auf ein schlechtes Verhalten (B); zu einer üblen Angewohnheit werden (H)
4,20	• Petrus und Johannes zum Hohen Rat: **Wir können's ja nicht lassen, von dem zu reden, was wir gesehen und gehört haben.**
	Etw nicht lassen können = etw nicht unterlassen, aufgeben können; davon vielleicht: Tu, was du nicht lassen kannst = setze in die Tat um, was du dir unwiderruflich vorgenommen hast
4,29	Aus dem Gemeindegebet: **Gib deinen Knechten, mit allerlei Freudigkeit zu reden dein Wort.** (alt)
	Allerlei Freudigkeit: Luther schreibt noch »Freidigkeit« und meint: volle Kühnheit, ganzer Mut (Rev: »Freimut«, siehe Apg 4,31)
	Mit aller Freudigkeit zu reden das (oder: Gottes) Wort = oft gebrauchte Formulierung für rechte Evangeliumsverkündigung
4,31	(Die Angehörigen der Urgemeinde) **redeten das Wort Gottes mit Freimut.**
	Lk 4,4; 8,11; Joh 8,34; Apg 6,2; 1. Kor 14,36; 1. Petr 1,23; Hebr 4,12
	Das von Gott gegebene und autorisierte Evangelium; oft auch gebraucht für die gesamte Bibel
4,32a	**Die Menge der Gläubigen war ein Herz und eine Seele.**
	Innerlich voll übereinstimmend, ganz einig miteinander (B+H); unzertrennlich (H)
4,32b	**Auch nicht einer** (der Gläubigen) **sagte von seinen Gütern, daß sie sein wären, sondern es war ihnen alles gemeinsam.**
	Davon: Gütergemeinschaft = Gemeinbesitz der Vermögenswerte (Immobilien nach Vers 34) in der Jerusalemer Urgemeinde (B); vermögensrechtlicher Zustand, in dem das Vermögen der Eheleute gemeinschaftlicher Besitz ist; Eigentumsform religiöser Orden (H)
5,17	**... der Hohepriester und alle, die mit ihm waren, welches ist die Sekte der Sadduzäer.** (alt) Apg 24,5.14; 28,22
	Religöse Richtung, Religionspartei (B); kleinere Glaubensgemeinschaft, die sich von einer größeren, einer Kirche, abgespalten und eine von ihr abweichende Lehre hat; das dazugehörige Adjektiv »sektiererisch« wird heute aber auch für die Abweichung von einer vorgegebenen politischen Linie gebraucht (H)
	Das Wort des griechischen Urtextes *hairesis* wurde zum deut-

schen »Häresie« = von der offiziellen Kirchenlehre abweichende Meinung; allgemein = Ketzerei, verdammenswerte Meinung

5,29 • Die Apostel zum Hohenpriester: **Man muß Gott mehr gehorchen als den Menschen.**

5,38.39 Gamaliel zum Hohen Rat: **Ist dies Vorhaben oder dies Werk von Menschen, so wird's untergehen; ist es aber von Gott, so könnt ihr sie** (die Christen) **nicht vernichten.**
Davon: Gamalielsrat = die Empfehlung, eine Bewegung nicht mit Gewalt zu unterdrücken oder zu beseitigen, sondern ihre Entwicklung abzuwarten

6,15 **Alle, die im Rat saßen, blickten auf ihn** (Stephanus) **und sahen sein Angesicht wie eines Engels Angesicht.**
Davon: Engelsgesicht = Gesicht wie das eines Engels oder einer Engelsfigur: ebenmäßig und schön

7,59.60 Des Stephanus letzte Worte bei seiner Steinigung: **Herr Jesu, nimm meinen Geist auf! – Herr, behalte ihnen diese Sünde nicht!** (alt)
Aus der Anrede »Herr Jesu«, auch heute noch als Gebetseingang im Gebrauch, ist das gedankenlose »herrje!« und »o herrje!« als Ausruf des Erstaunens oder Erschreckens geworden. Aus der lateinischen Fassung »Domine Iesu!« wurde »jemine!«, »ojemine!« und »jerum«, »ojerum« als Reim auf »rerum« im Refrain des Studentenliedes: »O jerum, jesum, jerum! O quae mutatio rerum«
Siehe auch Joel 3,5 zu »oje« und »ojesses«

8,1 **Es erhob sich an diesem Tag eine große Verfolgung über die Gemeinde in Jerusalem; da zerstreuten sich alle in die Länder Judäa und Samarien, außer den Aposteln.** Jak 1,1
Vom griechischen *diaspeirein* kommt: Diaspora = wörtlich »Zerstreuung«: Orte, an denen Christen als einzelne lebten, ohne daß es zur Bildung von Gemeinden kam; im Judentum: Juden und jüdische Gemeinden im Exil außerhalb Israels; siehe Jes 11,12 (B); Gebiet, in dem eine konfessionelle oder nationale Minderheit lebt (H)

8,18.19 **Als Simon sah, daß der Geist gegeben wurde, wenn die Apostel die Hände auflegten, bot er ihnen Geld an und sprach: Gebt auch mir die Macht, damit jeder, dem ich die Hände auflege, den heiligen Geist empfange.**
1. Tim 4,14; Hebr 6,2

Davon: Handauflegung = Ritual zur Segnung eines Menschen, zur Heilung eines Kranken, zur Vollmachtübertragung; in der Katholischen Kirche wichtigster Teil des Sakraments der Priesterweihe

Vom gesamten Vers und dem darin geschilderten Verhalten des Zauberers Simon: Simonie = Kauf und Verkauf geistlicher Ämter oä

8,23 Petrus zum Zauberer Simon: **Ich sehe, daß du voll <u>bitterer Galle</u> bist.**

Davon sprachlich: galle(n)bitter = so bitter wie Galle, ekelhaft bitter

8,30 o Philippus zum Kämmerer aus Äthiopien: **Verstehst du auch, was du liest?**

Frage an den Bibelleser

8,39 (Der Kämmerer aus Äthiopien) <u>zog seine Straße fröhlich.</u>

1. Mose 19,2; 1. Sam 26,25

Seine Straße ziehen = weiterwandern, weiterziehen; davon: die Vetternstraße ziehen = auf Reisen Verwandte besuchen, um billig zu leben

Er zog seine Straße fröhlich = zitiert als Beleg, daß die Entscheidung für Christus froh macht

9,4 Eine Stimme zu Saul von Tarsus auf dem Weg nach <u>Damaskus</u>: **Saul, Saul, was verfolgst du mich?**

Davon: sein Damaskus erleben = eine innere Umkehr erfahren

Davon: vom Saulus zum Paulus werden = seine Meinung oder Haltung zu einem Problem grundlegend ändern. Der Apostel hatte einen jüdischen und einen griechischen Namen; die Apostelgeschichte verwendet zwar nicht von der Bekehrung an, aber ab Apg 13,1, dem Beginn der ersten Missionsreise, den griechischen Namen, ebenso der Apostel selbst in seinen Briefen

9,6 (Saulus) **sprach <u>mit Zittern und Zagen</u>: Herr, was willst du, daß ich tun soll?** (alt)

Voller Furcht (Stabreim)

9,15 Gott zu Hananias (alt: Ananias): **Gehe hin; denn dieser** (Saulus) **ist mir ein auserwähltes <u>Rüstzeug</u>.** (alt)

Passendes Werkzeug (B); das für eine bestimmte Tätigkeit nötige Wissen und Können (H)

Apostelgeschichte

9,18 **Sogleich fiel es von seinen** (des Saulus) **Augen wie Schuppen, und er wurde wieder sehend.**
Davon: Es fällt jmdm wie Schuppen von den Augen = jmdm wird plötzlich etw klar, jmd hat plötzlich eine Erkenntnis (bestimmte Augenkrankheiten wurden früher mit Schuppen verglichen, die die Augen bedecken)

9,36 (Tabita) **tat viele gute Werke.**
Mt 5,16; Röm 2,7; 2. Tim 2,10; 6,18; 1. Petr 2,12
Taten der Liebe, die als Früchte aus dem Glauben entspringen (B); im Mittelalter: verdienstliche Werke, die vor Gottes Gericht angerechnet werden

10,10 **Als er** (Petrus) **hungrig ward, wollte er anbeißen.** (alt)
Zu essen beginnen, essen (B); das erste Stück von etw abbeißen; auf ein Angebot eingehen (H)

10,15 ○ Stimme vom Himmel zu Petrus: **Was Gott gereinigt hat, das mache du nicht gemein.** (alt)
Meint: was Gott für rein erklärt hat, soll und darf der Mensch – auch der fromme Mensch – nicht für unrein erklären

10,26 ○ Petrus zu Kornelius: **Steh auf, ich bin auch nur ein Mensch.**
Zitiert, wo Menschenvergötterung droht: Er ist auch nur ein Mensch

11,26 **In Antiochia** (in Syrien) **wurden die Jünger zuerst Christen genannt.** Apg 26,28; 1. Petr 4,16
Christ = ursprünglich von Außenstehenden geprägt, wörtlich »Christianer«: Anhänger von Christus (B); jmd, der sich als Getaufter zur christlichen Religion bekennt (H)

12,2 (Herodes) **tötete Jakobus, den Bruder des Johannes, mit dem Schwert.**
Nach einer Legende soll sich des Jakobus Grab in Santiago de Compostela in Spanien befinden. Die Pilger des Mittelalters, die dorthin wallfahrteten, bezeichneten seinen Leichnam als den »wahren Jakob« – im Unterschied zu anderen Pilgern, die sich an näher gelegene angebliche Graborte hielten
Davon: der wahre Jakob, meist negativ gebraucht: Das ist auch nicht der wahre Jakob = nicht gerade das Richtige. Andere Deutung: siehe 1. Mose 27,36

14,16 Barnabas und Paulus über Gott: **... der in vergangenen Zeiten hat lassen alle Heiden wandeln ihre eigenen Wege.** (alt)

	Davon: seine eigenen Wege, seinen eigenen Weg gehen = nicht so leben oder handeln, wie es allgemein üblich ist, wie andere es anraten
14,22	o Paulus und Barnabas zur Gemeinde in Antiochia: **Wir müssen durch viel Trübsal in das Reich Gottes gehen.** (alt)
	Lebenserfahrung vieler entschiedener Christen
14,23	(Paulus und Barnabas) **setzten in jeder Gemeinde Älteste ein.**

2. Mose 3,16; Mt 26,3; Apg 20,17; 1. Tim 5,17; 1. Petr 5,1; Jak 5,14

Ältester = nach den zugrundeliegenden hebräischen und griechischen Wörtern kein Superlativ (so daß es jeweils nur einen gäbe), sondern: der (sehr) Alte, der Ältere; im Alten Bund Autoritäten in Familie, Sippe, Stamm; im Judentum die Laienmitglieder des Hohen Rates; im Neuen Bund von den Aposteln berufene Vorsteher einer Gemeinde, nach dem entsprechenden Wort im griechischen Urtext auch »Presbyter« genannt (B); im evangelischen Raum Mitglieder des Kirchengemeinderats (Kirchenälteste) (H)

Davon: der Ältestenrat = Organ des Deutschen Bundestages aus Vertretern der Fraktionen zur Unterstützung des Bundestagspräsidenten

15,10	Petrus beim Apostelkonzil in Jerusalem: **Was versucht ihr ... Gott mit Auflegen des Jochs auf der Jünger Hälse?** (alt)

2. Mose 17,2; 5. Mose 6,16; Hebr 3,9

Davon: Das heißt: Gott versuchen = etw riskieren, dessen schlimmer Ausgang höchst wahrscheinlich ist

Ein Joch auf die Hälse der Jünger legen: den Angehörigen einer christlichen Gruppierung Vorschriften machen, die schwer auf ihnen lasten, aber von Gott gar nicht gewollt sind

15,28	Aus den Beschlüssen des Apostelkonzils in Jerusalem: **Es gefällt dem heiligen Geist und uns ...**
	Einleitende Formulierung bei Verlautbarungen von Kirchenkonzilien
15,39	(Paulus und Barnabas) **kamen scharf aneinander, so daß sie sich trennten.**
	Aneinanderkommen = in Streit geraten
16,5	**Da wurden die Gemeinden im Glauben befestigt und nahmen zu an der Zahl täglich.** (alt)

4. Mose 3,22; 2. Sam 2,15; 21,20; 2. Chr 35,7

	In Abkürzung einer bestimmten Mengenangabe angefügt: sechs a. d. Z.
16,31	•Paulus und Silas zum Aufseher des Gefängnisses in Philippi: **Glaube an den Herrn Jesus, so wirst du und dein Haus selig!**
17,1	(Paulus und Silas) **kamen gen Thessalonich, da war eine Judenschule.** (alt)
	Judenschule = Synagoge; vgl: es herrscht ein Lärm wie in einer Judenschule = es wird sehr laut durcheinandergeredet (kommt vom Gewirr der Stimmen beim jüdischen Gebet, das von leisem Gemurmel oft zu lautem Anruf anschwillt)
17,6	Die Juden in Thessalonich zu den Oberen der Stadt über Paulus und Silas: **Diese, die den ganzen Weltkreis erregen, sind jetzt auch hierher gekommen.** Apg 19,27; Offb 3,10
	Charakteristische Bezeichnung für den Dienst der ersten Boten des Evangeliums – von ihren Gegnern geprägt. Im griechischen Urtext findet sich für »Weltkreis« das Wort »Ökumene« (erstmals Mt 24,14; in Lk 2,1 für »alle Welt«) = heute Bezeichnung der Gesamtheit der Christen und christlichen Kirchen; Bewegung zu ihrem gemeinsamen Handeln
17,18a	**Einige Philosophen, Epikureer und Stoiker, stritten mit ihm** (Paulus).
	Epikureer = Vertreter und Anhänger der Lehre des altgriechischen Philosophen Epikur (341–270 v. Chr.); davon: jmd, der die materiellen Freuden des Daseins unbedenklich genießt; Genußmensch
	Stoiker = Vertreter des Stoizismus; der Name ist abgeleitet von einem bestimmten Säulengang (Stoa) in Athen, in dem der Gründer dieser Philosophenschule lehrte. Prinzipien: Gerechtigkeit, Mut, Pflichterfüllung, Beherrschung der Gefühle und Triebe durch die Vernunft. Davon: stoisch = dem stoischen Ideal entsprechend unerschütterlich, gleichmütig, gelassen
17,18b	Epikureer und Stoiker in Athen über Paulus: **Was will dieser Lotterbube sagen?** (alt)
	Herumziehender Gaukler, Possenreißer (B); Faulenzer; jmd, der sich herumtreibt (H)
17,21	**Alle Athener ... hatten nichts anderes im Sinn, als etwas Neues zu sagen oder zu hören.**

Apostelgeschichte

	Etwas Neues hören = etwas noch nicht Bekanntes in Erfahrung bringen. Die Vokabel »neu« in vielen Titeln der Presse nimmt das auf (zB »Neue Nachrichten«; »Neue Zeitung« bedeutet dasselbe, da »Zeitung« ursprünglich = Nachricht)
17,27.28a	• Paulus in Athen auf dem Areopag: (Gott) **ist nicht ferne von einem jeden unter uns. Denn in ihm leben, weben und sind wir.**
17,28b	**... wie auch etliche <u>Poeten</u> bei euch** (den Athenern) **gesagt haben: Wir sind seines Geschlechts.** (alt)
	Poet = Lyriker; Dichter, speziell Reimdichter
18,9.10	•Jesus in einer nächtlichen Erscheinung zu Paulus in Korinth: **Fürchte dich nicht, sondern rede und schweige nicht! Denn ich bin mit dir, und niemand soll sich unterstehen, dir zu schaden; denn ich habe ein großes Volk in dieser Stadt.**
	Ermutigung zu Zeugnis und Standhaftigkeit
18,13	Die Juden über Paulus zum Statthalter Gallio: **Dieser Mensch überredet die Leute, Gott zu dienen <u>dem Gesetz zuwider</u>.**
	Davon sprachlich: gesetzwidrig = gegen das Gesetz verstoßend
18,21	Paulus zu den Juden in Korinth: **<u>Will's Gott</u>, so will ich wieder zu euch kommen.** Tob 10,7
	Will's Gott, oder: so Gott will = dem Willen Gottes Vorrang gegenüber dem eigenen Planen einräumend; freilich oft nur eine fromme Floskel (siehe auch Jak 4,15)
19,21	**Paulus nahm sich <u>im Geist</u> vor, durch Mazedonien und Achaja zu ziehen.** Lk 10,21; Joh 11,33; 13,21; Röm 1,9
	In Gedanken, im Innern
19,29	**Sie** (die Bevölkerung von Ephesus) **stürmten einmütiglich zu dem <u>Schauplatz</u>.** (alt)
	Eindeutschung des griechischen *theatron* = im Mittelalter öffentlicher Platz, auf dem Schauspiele aufgeführt wurden (B); Platz, an dem sich ein Vorgang abspielt (H)
19,34	(In Ephesus) **schrie alles wie aus einem Munde fast zwei Stunden lang: <u>Groß ist die Diana der Epheser!</u>**
	Groß ist die Diana der Epheser! = zitiert für übersteigerte Begeisterung und Eigenlob – auch im christlichen Bereich
20,28	Paulus zu den Ältesten von Ephesus: **<u>Habt acht</u> auf euch selbst**

Apostelgeschichte

und die ganze Herde, in der euch der heilige Geist eingesetzt hat zu <u>Bischöfen.</u> Hiob 1,8; Mt 6,1; 1. Tim 1,4
Phil 1,1; 1. Tim 3,2; Tit 1,7; 1. Petr 2,25

Achthaben = achtgeben; einer Sache Aufmerksamkeit schenken, etw beachten; davon sprachlich in Österreich: Habtachtstellung = nach dem militärischen Kommando »habt acht!«: stramme militärische Haltung, Stillgestanden

Bischof = geistlicher Leiter einer Ortsgemeinde in der Urchristenheit (B); oberster geistlicher Würdenträger eines bestimmten kirchlichen Gebietes

Das von Luther mit »Bischof« übersetzte Wort des griechischen Urtextes lautet: *episkopos,* worauf wiederum zahlreiche Begriffe der Kirchensprache zurückgehen: episkopal = bischöflich; Episkopalismus = in der katholischen Kirche die kirchenrechtliche Auffassung, daß das Konzil der Bischöfe über dem Papst steht; Episkopalkirche = nichtkatholische Kirche mit bischöflicher Leitung; Episkopat = Gesamtheit der Bischöfe eines Landes

20,35 Paulus zu den Ältesten von Ephesus: **Geben ist seliger als nehmen.**
Von Paulus als Jesuswort bezeichnet, jedoch in den Evangelien nicht überliefert

21,30 **Die ganze Stadt** (Jerusalem) **ward bewegt, und ward ein <u>Zulauf des Volks.</u>** (alt) Ps 73,10
Zusammenlaufen, Ansammlung von Menschen bei einem besonderen Anlaß; vgl: Zulauf haben, gesagt von Leuten, die öffentlich auftreten bzw Zuspruch finden (B+H)

22,28 Der Oberst zu Paulus: **Ich habe dies** (römische) **Bürgerrecht für viel Geld erworben.**
Bürgerrecht = rechtlich privilegierte Stellung eines Bürgers der Stadt Rom (B); Gesamtheit der jmdm als Staats- oder Gemeindeangehörigem zustehenden Rechte (H)

23,1 Paulus zum Hohen Rat: **Ich habe mein Leben <u>mit gutem Gewissen</u> vor Gott geführt.** 1. Tim 1,5.19; 1. Petr 3,16; Hebr 13,18
Etw mit gutem Gewissen tun = etw tun, ohne sich eines Unrechts bewußt zu sein; ein gutes Gewissen haben = sich keiner Verfehlung bewußt sein
Davon vielleicht mitbestimmt: »Ein gutes Gewissen ist ein sanftes Ruhekissen«

Apostelgeschichte

23,3	Paulus zum Hohenpriester Hananias: **Gott wird dich schlagen, du getünchte Wand!** Hes 22,28; Dan 5,5
	Getüncht: von Tünche = Wandputz; bildlich: etw, was das wahre Wesen verdeckt, verdecken soll
24,4	Tertullus zum Statthalter Felix: **Ich bitte dich, du wollest uns kürzlich hören.** (alt)
	In Kurzfassung (B); vor kurzer Zeit (H)
24,16	Paulus vor dem Statthalter Felix: **Ich übe mich, allezeit ein unverletztes Gewissen zu haben vor Gott und den Menschen.**
	Ein Gewissen, das sich nichts vorzuwerfen hat
24,25	Felix zu Paulus: **Zu gelegener Zeit will ich dich wieder rufen lassen.**
	Gelegene Zeit = ein zu jmds Absichten oder Möglichkeiten passender Augenblick
25,11	Paulus zu Festus: **Ich berufe mich auf den Kaiser!**
	Sich auf jmdn berufen = Berufung einlegen bei einer höheren Rechtsinstanz (B); sich zur Rechtfertigung, zum Beweis auf jmdn beziehen (H)
	Davon sprachlich: Berufung einlegen = ein Urteil bei der höheren Instanz anfechten
25,19	Festus zu König Agrippa: (Die Verkläger des Paulus) **hatten etliche Fragen wider ihn von ihrem Aberglauben und von einem verstorbenen Jesus, von welchem Paulus sagte, er lebe.** (alt)
	Primitiver Glaube, der mit magischen Kräften rechnet und von den Gebildeten belächelt wird (B); irregeleiteter Glaube, der Menschen und Dingen Kräfte zubilligt, die sie nicht besitzen (H)
26,5	Paulus zu Agrippa: **Ich bin ein Pharisäer gewesen, welche ist die strengste Sekte unseres Gottesdienstes.** (alt)
	Davon: strenggläubig = absolut nach den Grundsätzen des Glaubens lebend; sehr fromm; »Sekte« siehe Apg 5,17
26,8	Paulus zu Agrippa: **Warum wird das bei euch für unglaublich gehalten, daß Gott Tote auferweckt?**
	Unwahrscheinlich und daher kaum glaubhaft (B); besonders empörend, unerhört; mit Adjektiv: überaus, über alle Maßen (H)
26,14	Stimme zu Saul von Tarsus auf dem Weg nach Damaskus (wieder-

gegeben in seiner Rede vor König Agrippa): **Es wird dir schwer sein, <u>wider den Stachel</u> zu <u>löcken</u>.**
Wider (gegen) den Stachel löcken (von lecken = mit den Füßen ausschlagen; Stachel = der im Altertum verwendete Treibstachel, mit dem die Tiere gelenkt wurden und gegen den sie ausschlugen); im übertragenen Sinne: etw, was als Einschränkung der persönlichen Freiheit empfunden wird, nicht hinnehmen wollen und sich ihm widersetzen

26,24 Festus zu Paulus: **Du rasest, die große Kunst** (Gelehrsamkeit) **macht dich rasend.** (alt) 2. Kön 9,11
Rasen = sich unsinnig gebärden, von Sinnen sein und es äußern; zB rasen vor Zorn usw (B+H); sich mit extremem, überhöhtem Tempo fortbewegen (H)
Rasend machen = zur Raserei bringen, stark erregen
Davon: Paulus, du rasest! = scherzhaft gemeinte Mahnung an einen übermäßig Begeisterten, wieder auf den Boden der Tatsachen zurückzukehren

26,28 ○ Agrippa zu Paulus: **<u>Es fehlt nicht viel</u>, du überredest mich, daß ich ein Christ würde.** (alt) 2. Mose 17,4
Es fehlt nicht viel = beinahe
Zitiert als Beispiel für Menschen, die sich dem entscheidenden Schritt zum Glauben versagen

27,12 **Die Anfurt** (Landestelle) **war <u>ungelegen</u> zu wintern ...** (alt)
Unbequem, unpassend (B); heute nur noch von etw, das zu jmds Absichten, in jmds Pläne nicht paßt: zu ungelegener Zeit; etw kommt jmdm ungelegen

Vorbemerkung zu den Briefen des Neuen Testaments

In den Texten daraus spricht jeweils der Verfasser des betreffenden Briefes, dessen Name sich am Briefeingang findet. Vom Römerbrief bis zum Philemonbrief haben alle Briefe Paulus zum Verfasser. Bei den dann folgenden Briefen geht der Verfasser aus der Buchüberschrift hervor, die in Kurzform auch am Kopf der betreffenden Seite dieses Buches wiedergegeben wird (Petrus, Johannes, Jakobus, Judas). Der Verfasser des Hebräerbriefs ist unbekannt.

Der Brief an die Römer

1,7	○ **Gnade sei mit euch und Friede von Gott, unserm Vater, und dem Herrn Jesus Christus!**
	Eingangsgruß bei Briefen des Apostels Paulus – Eingangswort beim Gottesdienst
1,9	<u>Gott ist mein Zeuge.</u>
	1. Mose 31,50; 1. Sam 12,5; 2. Kor 1,18; Phil 1,8; 1. Thess 2,5
	Berufung auf Gott als den Mitwisser einer Sache, eines Geschehens
1,11	**Mich verlangt danach, euch zu sehen, damit ich euch etwas mitteile an geistlicher <u>Gabe</u>, um euch zu stärken.**
	Röm 12,6; 1. Kor 1,7; 12,4; 1. Tim 4,14; 2. Tim 1,6; 1. Petr 4,10
	Im griechischen Urtext erscheint hier für »Gabe« erstmals das Wort *charisma* = durch den Geist Gottes bewirkte Gabe und Befähigung des Christen in der Gemeinde (B). Charismatische Bewegungen = geistliche Erneuerungsbewegungen, die den Lobpreis Gottes, die Zungenrede, die Prophetie und die Krankenheilung besonders betonen; »Charisma« im weltlichen Sprachgebrauch = besondere Ausstrahlungskraft eines Menschen (H)
1,16	● **Ich schäme mich des Evangeliums nicht.**
1,20	**Gottes unsichtbares Wesen ... wird ersehen ... an den Werken, nämlich an der <u>Schöpfung</u> der Welt.** (alt)
	Von Gott erschaffene Welt (B); vom Menschen Geschaffenes, Kunstwerk (H)
1,26	**Ihre** (der Menschen) **Weiber haben verwandelt den natürlichen Brauch in den <u>unnatürlichen</u>.** (alt)
	Unnatürlich = der Natur des Menschen zuwiderlaufend (B); in der Natur nicht vorkommend; der Natur nicht gemäß; gekünstelt (H)
2,4	● **Weißt du nicht, daß dich Gottes Güte zur Buße leitet?**
2,16	**... auf den Tag, da Gott das Verborgene der Menschen durch Jesus Christus richten wird, <u>laut</u> meines Evangeliums.** (alt)
	Nach jmds Angaben, dem Wortlaut von etw gemäß, entsprechend

Römer

3,23	**Sie sind allzumal Sünder.** (alt) Hiob 16,2; Ps 82,6

Allzumal = alle miteinander
Davon: Wir sind allzumal Sünder; fast immer verharmlosend zitiert

3,24	(Sie) **werden ohne Verdienst gerecht aus seiner** (Gottes) **Gnade.** Jer 25,14; 2. Makk 4,38; Röm 9,12; 11,6

Etw, das man – im Guten als Belohnung, im Bösen als Strafe – verdient hat; Anspruch auf Anerkennung aufgrund seines Tuns (B); durch Arbeit erworbenes Geld, Einkommen; Tat, Leistung, die öffentliche Anerkennung verdient (H)

4,12	(Abraham wurde) **ein Vater der Beschneidung, nicht allein derer, die von der Beschneidung sind, sondern auch derer, die da wandeln in den Fußstapfen des Glaubens Abrahams.** (alt) 2. Kor 12,18; 1. Petr 2,21

Vgl: in jmds Fußstapfen treten = jmds Vorbild folgen

4,18	(Abraham) **hat geglaubt auf Hoffnung, wo nichts zu hoffen war.**

Davon wohl: Es ist nichts mehr zu hoffen = es ist hoffnungslos und unabänderlich

4,21	• **Was Gott verheißt, das kann er auch tun.**
5,5	• **Hoffnung läßt nicht zuschanden werden.**
5,12	**Wie durch e i n e n Menschen** (Adam) **die Sünde in die Welt gekommen ist und der Tod durch die Sünde, so ist der Tod zu allen Menschen durchgedrungen, weil sie alle gesündigt haben.**

Neben Ps 51,7 als Belegstelle für die Lehre von der »Erbsünde« in Anspruch genommen, aufgrund der falschen lat. Übersetzung des weil-Satzes durch »in quo omnes peccaverunt« = in ihm (Adam) haben alle gesündigt

Erbsünde = durch den Sündenfall dem Menschen angeborene Sündhaftigkeit (B); eine fehlerhafte Politik, deren Folgen sich immer wieder bemerkbar machen (H)

6,6	**Wir wissen, daß unser alter Mensch mit ihm** (Christus) **gekreuzigt ist.**

Alter Mensch (auch: alter Adam, siehe Röm 5,12) = der unter der Erbsünde stehende, zu nichts wahrhaft Gutem fähige Mensch (B); die alten Schwächen, Gewohnheiten eines Menschen, von denen er nicht frei wird (H)

Römer

6,23	○ **Der Sünde <u>Sold</u> ist der Tod.** Jer 46,21; Lk 3,14; 1. Kor 9,7

Sold = Entgelt für Kriegsdienste, Löhnung, Lohn (B); in jmds Sold stehen = bedingungslos für ihn wirken (H)

7,18 • **Wollen habe ich wohl, aber vollbringen das Gute finde ich nicht.** (alt)

7,24 • **Ich <u>elender</u> Mensch! Wer wird mich erlösen von dem Leibe dieses Todes?** (alt)
2. Sam 22,28; Ps 147,6; Jes 66,2; Zef 2,3; Offb 3,17

Elend = arm, niedrig, gering, beklagenswert (B); unglücklich, kümmerlich, erbärmlich, gemein, kränklich, unwohl (H)

8,9 **Ihr seid nicht <u>fleischlich</u>, sondern <u>geistlich</u>, wenn denn Gottes Geist in euch wohnt.**   Röm 7,14; 1. Kor 3,1; 2. Kor 1,12; Kol 2,11.18; 1. Petr 2,11 | Mt 5,13; Röm 15,27; 1. Kor 2,13-15; 15,44; Eph 5,19

Fleischlich = von der Art des Fleisches, von der Sünde beherrscht (B); die sinnlichen, besonders die geschlechtlichen Begierden betreffend; davon (aus Röm 8,5-7): fleischlich gesinnt = ironisch: Fleischspeisen besonders zugetan (H)

Geistlich: vom Geist Gottes beherrscht und gelenkt; zum Geist gehörig, geistgemäß, in geistlicher Hinsicht (B); die Religion, den kirchlichen, gottesdienstlichen Bereich betreffend (H)

8,15 **Ihr habt einen kindlichen Geist empfangen, durch den wir rufen: <u>Abba, lieber Vater!</u>**   Mk 14,36; Gal 4,6

Abba = die aramäische Intimanrede für »Vater«

8,17 **Sind wir Kinder, so sind wir auch Erben, nämlich Gottes Erben und <u>Miterben</u> Christi.**

Miterbe = Teilhaber an der den Gläubigen verheißenen himmlischen Herrlichkeit (B); jmd, der zusammen mit anderen Nachlaßempfänger ist (H)

8,26 **Der Geist selbst vertritt uns mit <u>unaussprechlichem</u> Seufzen.**   Sir 43,31; 2. Kor 9,15; 12,4; 1. Petr 1,8

Unaussprechlich = sich nicht in Worte fassen lassend, weil göttlicher Natur (B); unsagbar, unbeschreiblich: in unaussprechlichem Elend leben (H)

8,28 • **Wir wissen, daß denen, die Gott lieben, alle Dinge zum Besten dienen.**

8,31b • **Ist Gott für uns, wer mag (kann) wider uns sein?** (alt)

9,16 **So <u>liegt es</u> nun nicht <u>an</u> jemandes Wollen oder Laufen, sondern an Gottes Erbarmen.**

Römer

An jmdm liegen = von jmdm abhängen, in jmds Entscheidungsfreiheit stehen

10,1 **Meines <u>Herzens Wunsch</u> ist, ... daß sie** (das Volk Israel) **gerettet werden,** Ps 21,3; 37,4
Davon wohl: Herzenswunsch = sehnlichster, innigst gehegter Wunsch

10,4 • **Christus ist des Gesetzes Ende; wer an den glaubt, der ist gerecht.**

10,17 ○ **Der Glaube kommt aus der Predigt.**
Zitiert als Beleg dafür, daß Glaube nicht durch irgendwelche menschlichen Überredungskünste, auch nicht durch wie immer geartete Wunder, sondern allein durch die Annahme des Wortes Gottes erfolgt (wörtlich: »der Glaube kommt aus dem Gehörten«)

11,5 **So geht es auch jetzt zu dieser Zeit, daß einige übriggeblieben sind <u>nach der Wahl der Gnade</u>.**
Davon: Gnadenwahl = der Heilsratschluß Gottes, der Menschen ohne ihr Verdienst begnadigt

11,29 **Gottes Gaben und <u>Berufung</u> mögen** (Rev: können) **ihn nicht gereuen.** (alt)
  1. Kor 1,26; Eph 4,1.4; Phil 3,14; 2. Thess 1,11; 2. Petr 1,10; Hebr 3,1
Ruf Gottes in die Nachfolge seines Sohnes und zu einem Leben nach göttlichem Willen mit dem Ziel der Teilhabe an der himmlischen Herrlichkeit (B); Angebot für ein wissenschaftliches, künstlerisches, politisches Amt; besondere Befähigung, die jmd als Auftrag in sich fühlt (H)

11,33 • **Wie unbegreiflich sind seine** (Gottes) **Gerichte und unerforschlich seine Wege!**

12,1 **... daß ihr eure Leiber hingebt als ein Opfer, das lebendig, heilig und Gott wohlgefällig ist. Das sei euer <u>vernünftiger Gottesdienst</u>.** 2. Sam 15,8; Ps 27,4; 2. Thess 2,4; Hebr 9,1; Jak 1,26.27
Gottesdienst = im Alten Testament die Verehrung Gottes durch ihm dargebrachte Opfer an Tieren und Naturalien; an manchen Stellen (siehe 1. Sam 15,22) wie dann auch im Neuen Testament das Opfer des Gehorsams: die Bereitschaft, nach Gottes Willen zu leben und zu handeln (B); gemeinschaftliche religiöse Feier zur Verehrung Gottes (im allgemeinen in der katholischen Kirche als Messe, in der evangelischen als Predigtgottesdienst); zumeist am Sonntag stattfindend (H)

Römer

Vernünftig = »vernunftgemäß, geistig« gegenüber einer Entartung des Opfergottesdienstes zu einer rein äußerlichen Veranstaltung (B); einsichtig, besonnen, einleuchtend, überlegt (H)

12,2 • **Stellt euch nicht dieser Welt gleich.**
Davon: sich gleichstellen = sich angleichen, sich anpassen

12,11 ○ **Schicket euch in die Zeit.** (alt)
Sich in etw schicken = eine unangenehme Lage, die man nicht ändern kann, geduldig ertragen

12,12 • **Seid fröhlich in Hoffnung, geduldig in Trübsal, haltet an am Gebet.** (alt)
Anhalten an etw = sich anhaltend, beharrlich einer Sache widmen
Beliebter Wandspruch-Text

12,15 • **Freut euch mit den Fröhlichen und weint mit den Weinenden.**

12,17 • **Vergeltet niemand Böses mit Bösem.**

12,18 • **Ist's möglich, soviel an euch liegt, so habt mit allen Menschen Frieden.**

12,20 **Wenn deinen Feind hungert, gib ihm zu essen; dürstet ihn, gib ihm zu trinken. Wenn du das tust, so wirst du feurige Kohlen auf sein Haupt sammeln.** Spr 25,21.22
Davon: feurige Kohlen auf jmds Haupt sammeln = jmdn durch Großmut beschämen

12,21 • **Laß dich nicht vom Bösen überwinden, sondern überwinde das Böse mit Gutem.**

13,1 • **Jedermann sei untertan der Obrigkeit, die Gewalt über ihn hat.** Lk 7,8; Tit 3,1
Davon sprachlich: Untertan = Bürger einer Monarchie, eines Fürstentums; davon, abwertend: Untertanengeist = Gesinnung und Haltung eines Bürgers, der auch falsch ausgeübte Staatsmacht grundsätzlich nicht in Frage stellt
Gewalt haben = Vollmacht haben, legitime staatliche Macht ausüben; aber auch: Macht illegitim an sich gerissen haben
Davon: Gewalthaber = Machthaber, Herrscher; aber auch: jmd, der eine Machtposition besitzt und diese Stellung rücksichtslos ausnützt; davon auch: Gewaltenteilung = Trennung von gesetzgebender, ausführender und richterlicher Staatsgewalt

13,4 • **Sie** (die Obrigkeit) **trägt das Schwert nicht umsonst.**

Römer

13,7	**Ehre, dem die Ehre gebührt.** Davon: Ehre, dem Ehre gebührt = jmdm, dem aufgrund seiner Leistung Hochachtung gebührt, soll sie nicht verweigert werden
14,4	○ **Wer bist du, daß du einen fremden Knecht richtest? Er steht oder fällt seinem Herrn.** Zitiert als Warnung, den Dienst eines Reichgottesarbeiters nicht leichtfertig negativ zu beurteilen
14,5	**Der eine hält einen Tag für höher als den andern; der andere aber hält alle Tage für gleich. Ein jeder sei in seiner Meinung gewiß.** Bedeutet: In zweitrangigen Fragen kann man verschiedene Meinungen vertreten
14,7.8	● **Unser keiner lebt sich selber, und keiner stirbt sich selber. Leben wir, so leben wir dem Herrn; sterben wir, so sterben wir dem Herrn. Darum: wir leben oder sterben, so sind wir des Herrn.**
14,21	**Es ist besser, du … tust nichts, woran sich dein Bruder stößt.** 1. Petr 2,8 Sich an etw stoßen = etw als unangebracht oder unangemessen empfinden und Unwillen darüber verspüren
14,22	**Hast du den Glauben, so habe ihn bei dir selbst vor Gott. Selig ist, der sich selbst kein Gewissen macht in dem, was er annimmt** (= wofür er sich unter verschiedenen Möglichkeiten entscheidet). (alt) Sich kein Gewissen machen = guten Gewissens, aus voller Überzeugung handeln (B); dagegen: sich kein Gewissen aus etw machen = etw (Übles) tun, ohne sich durch sein Gewissen davon zurückhalten zu lassen (H)
15,26	**Die aus Mazedonien und Achaja haben williglich eine (all)gemeine Steuer zusammengelegt den armen Heiligen zu Jerusalem.** (alt) 2. Chr 24,6; 2. Makk 12,43 Freiwillige, in Form einer Sammlung erhobene Beisteuer zur Unterstützung Bedürftiger; Spende, Almosen (B); im gleichen Sinn »Kirchensteuer« im 18. Jahrhundert = Kollekte; bestimmter Teil des Lohns, Einkommens oder Vermögens, der an den Staat abgeführt werden muß (H)
15,27	**So die Heiden sind ihrer** (der Heiligen zu Jerusalem) **geist-**

lichen Güter teilhaftig geworden, ist's <u>billig</u>, daß sie ihnen auch in leiblichen Gütern Dienst beweisen. (alt)

Phil 1,7; Kol 4,1

Angemessen (B); niedrig im Preis; von minderer Qualität; fadenscheinig, dürftig, nichtssagend: eine billige Ausrede (H)

Davon: nicht mehr als recht und billig = durchaus angemessen

16,18 **Solche <u>dienen</u> nicht unserm Herrn Christus, sondern ihrem Bauch.** Phil 3,19

Dem Bauch dienen = nur den niederen Trieben gehorchen (B); sich alle Wünsche in bezug auf Speise und Trank erfüllen (H)

16,23 **Es grüßt euch Gajus, mein und der ganzen Gemeine <u>Wirt</u>.** (alt)

Gastgeber, in dessen Haus die Gemeinde sich traf und bei dem Paulus auch wohnte (B); Gastwirt; Hauswirt (Zimmervermieter); Lebewesen, auf dem ein bestimmter Parasit lebt (H)

Der 1. Brief an die Korinther

1,10 **Laßt keine <u>Spaltungen</u> unter euch sein.** 1. Kor 11,18; 12,25

Spaltung = bewirkt, daß die Einheit von etw nicht mehr besteht, gegeben ist. Vom griechischen *schisma*: das Schisma = Kirchenspaltung, Trennung einer geschlossenen Gruppe von der offiziellen Kirche; in der römisch-katholischen Kirche kirchenrechtliches Delikt, das sich aus der Weigerung ergibt, sich dem Papst oder den ihm unterstehenden Bischöfen unterzuordnen

1,17 **Christus hat mich ... gesandt, ... das Evangelium zu predigen – nicht mit <u>klugen Worten</u>, damit nicht das Kreuz Christi zunichte werde.**

Kluge Worte = von menschlicher Weisheit bestimmtes Reden (B); abwertend für Aussagen, die am Kern einer Sache vorbeigehen (H)

1,18 **Das Wort vom <u>Kreuz</u> ist eine <u>Torheit</u> denen, die verloren werden.**

Davon: Torheit des Kreuzes = das Zeugnis vom stellvertretenden Leiden und Sterben Jesu, das dem Verstand unannehmbar erscheint (siehe auch 1. Kor 1,23)

1,23 **Wir predigen den gekreuzigten Christus, <u>den Juden ein Ärgernis und den Griechen eine Torheit</u>.**

1. Korinther

Angeführt als Motive für die Ablehnung der Predigt vom gekreuzigten Christus = für menschlichen Stolz und Verstand unannehmbar (»Ärgernis« ursprünglich: nicht übereinstimmend mit den Erwartungen, die man von Gottes Handeln hat; vgl Vers 22)

2,9 o **Was kein Auge gesehen hat und kein Ohr gehört hat und in keines Menschen Herz gekommen ist ...** Jes 64,3
Bisher verborgene, weisheitsvolle Absicht Gottes (B); Ausdruck für etw, was es bisher noch nie gegeben hat (H)

3,2 **<u>Milch</u> habe ich euch zu <u>trinken</u> gegeben und <u>nicht feste Speise</u>.** Hebr 5,12
Milch = Bild für leicht verständliche Lehre, Anfängern zugedacht
Feste Speise = Bild für umfassendes und tiefschürfendes Vermitteln biblischer Lehre

3,6 o **Ich habe gepflanzt, Apollos hat begossen.**
Bild für Beginn und Fortführung einer Missionsarbeit

3,11 ● **Einen andern <u>Grund</u> kann niemand legen als den, der gelegt ist, welcher ist Jesus Christus.**
Lk 1,4; 6,48; Eph 2,20; Hebr 6,1
Die lateinische Übersetzung verwendet für »Grund« das auch im Deutschen vertraute »fundamentum« (= Fundament). In den Jahren 1910–1915 erschienen in den USA 12 Bände unter dem Gesamttitel »The Fundamentals« (= die grundlegenden Glaubenswahrheiten), die als literarisches Manifest einer gleichnamigen Bewegung gedacht waren, die gegen Auswirkungen der liberalen Theologie Stellung bezog. Auch wenn 1. Kor 3,11 dabei nicht Pate gestanden haben kann, weil die englische Bibel hier das Wort *foundation* benutzt (englisch *fundament* = Gesäß!), läßt sich eine legitime theologische Beziehung zu diesem Bibeltext herstellen, sofern alle »Fundamentals« in dem »Fundament« Christus gründen. Im deutschen evangelikalen Protestantismus gilt als »Fundament« das Wort der Hl. Schrift und wird demgemäß »Fundamentalismus« gebraucht in dem Sinne, daß die Bibel unmittelbar Gottes Wort und daher irrtums- und fehlerfrei ist. – Ausgehend von seiner innerkirchlichen Bedeutung wird der Begriff auch ausgeweitet auf Menschen und Organisationen, deren geistige Haltung und Anschauung durch kompromißloses Festhalten an bestimmten ideologischen oder religiösen Grundsätzen bestimmt ist

3,13 **Der Tag des Gerichts wird's <u>klar machen</u>.**

1. Korinther

Klarmachen = ans Licht bringen (B); Sachverhalte oder bestimmte Zusammenhänge, die bisher nicht verstanden wurden, deutlich vor Augen führen; seinen Standpunkt klarmachen = jmdm recht deutlich seine Ansichten über etw sagen; in der Seemannsprache: zu einem bestimmten Zweck fertig-, einsatzbereit machen (H)

3,15 **Wird jemandes Werk verbrennen, so wird er Schaden leiden; er selbst aber wird gerettet werden, doch so <u>wie durchs Feuer hindurch</u>.**
Bibelstelle, mit der die katholische Kirche ihre Lehre vom Fegefeuer stützt
Vgl: durchs Fegefeuer gehen = eine Situation durchstehen, in der man von vielen Menschen heftig angegriffen wird

3,16 **<u>Wißt ihr nicht</u>, daß ihr Gottes Tempel seid und der Geist Gottes in euch wohnt?** Lk 2,49; Röm 2,4; 1. Kor 5,6; 6,2; Jak 4,4
Auch in der Form: Weißt du nicht? = rhetorische Floskel, die andeutet, daß der, die Angeredete(n) das nun Folgende eigentlich wissen müßte(n)

4,1 **<u>Dafür halte uns</u> jedermann: für Diener Christi und Haushalter über Gottes Geheimnisse.** Apg 13,25
Jmdn für jmdn, etw halten = über jmdn bezüglich seiner Person eine bestimmte Meinung haben

4,5 **... bis der Herr kommt, der auch <u>ans Licht bringen</u> wird, was im Finstern verborgen ist.** Hiob 12,22; 28,11
(Verheimlichtes) an die Öffentlichkeit bringen

4,7 ○ **Was hast du, das du nicht empfangen hast?**
Mahnung zur Demut

4,13 **Wir sind geworden wie der <u>Abschaum der Menschheit</u>.**
Abschaum = der übelste, minderwertigste Teil; das Wort erst seit dem 18. Jh. bezeugt, in den Bibeltext aufgenommen durch die Revision anstelle von Luthers »ein Fluch der Welt«. Die lat. Übersetzung hat die Wendung »purgamenta huius mundi«, was »Auswurf dieser Welt« bedeutet; auch so als Redensart bekannt

4,16 **Darum ermahne ich euch: Seid meine <u>Nachfolger</u>.** (alt)
Hebr 6,12
Jmds Jünger (B); jmd, der ein Amt oder eine Aufgabe von jmdm übernimmt (H)

4,20 ● **Das Reich Gottes steht nicht in Worten, sondern in Kraft.**

1. Korinther

5,6	○ **Wißt ihr nicht, daß ein wenig Sauerteig den ganzen Teig durchsäuert?** Mt 16,6; Gal 5,9
	Bild, das die Auswirkung eines schlechten Beispiels deutlich macht
5,11	**Ihr sollt nichts mit einem zu schaffen haben, der sich Bruder nennen läßt und ist ... ein <u>Trunkenbold</u>.**
	Trinker, Alkoholiker 5. Mose 21,20; Jes 19,14; 1. Kor 6,10
6,12	• **Ich <u>habe es</u> alles <u>Macht</u>, es <u>frommt</u> aber nicht alles. Ich <u>habe es</u> alles <u>Macht</u>, es soll mich aber nichts gefangennehmen.** (alt)
	Das Freiheitsverständnis des Christen
	Bezüglich einer Sache Macht haben = zu etw ermächtigt sein; die Erlaubnis haben, etw zu tun
	Frommen = gut, nützlich, hilfreich sein
6,20	**Ihr seid <u>teuer erkauft</u>.**
	Mt 26,9; 1. Petr 1,19 | 1. Mose 30,16; 2. Petr 2,1; Offb 5,9; 14,3
	Teuer = als Adverb: um einen hohen Preis; als Adjektiv: kostbar, wertvoll (B+H)
	Erkaufen = durch Kauf erwerben; bildlich: durch Einsatz und Opfer gewinnen (B+H); durch Bestechung(sgeld) oä gewinnen, sich verschaffen (H)
7,4	**Das Weib <u>ist</u> ihres Leibes nicht <u>mächtig</u>, sondern der Mann. Desselbigengleichen der Mann <u>ist</u> seines Leibes nicht <u>mächtig</u>, sondern das Weib.** (alt) Ps 13,5
	Einer Sache mächtig sein = Verfügungsgewalt über etw haben (B); etw aufgrund entsprechender Fähigkeit können, beherrschen (H); seiner selbst nicht mehr mächtig sein = sich nicht mehr in der Gewalt haben, beherrschen können
7,5	Über den Geschlechtsverkehr in der Ehe: **<u>Entziehe sich</u> nicht eins dem andern.** 5. Mose 22,3; Spr 24,11; Jes 58,7
	Sich entziehen = sich verweigern (B); sich zurückziehen; sich von etw losmachen; eine Aufgabe nicht erfüllen; einem Zugriff nicht unterliegen (H)
7,9	○ **Es ist besser freien als <u>Brunst leiden</u>.** (alt)
	Brunst leiden = von sinnlichem Verlangen erfüllt sein
	Davon sprachlich: Inbrunst = innere Leidenschaft, leidenschaftlicher Eifer; inbrünstig = heiß verlangend
7,37	**Wenn einer <u>sich fest vornimmt</u>, weil er <u>ungezwungen</u> ist**

und <u>seinen freien Willen</u> hat, und beschließt solches in seinem Herzen, ... der tut wohl. (alt)
Sich etw fest vornehmen = ernsthaft einen Entschluß fassen
Ungezwungen = ohne Zwang, frei (B); natürlich und ohne Hemmungen (H)
Seinen freien Willen haben = ohne äußeren oder inneren Zwang entscheiden können (siehe auch Esr 1,4); aus freiem Willen = ungenötigt und unbeeinflußt durch einen andern, freiwillig

7,38 **Welcher (seine Tochter) verheiratet, der tut wohl; welcher aber nicht verheiratet, der tut besser.** (alt)
Davon: Heiraten ist gut, aber nicht heiraten ist besser; auch so bekannt: Wer heiratet, tut wohl, wer ledig bleibt, besser = beides scherzhafter Hinweis auf Belastungen, die eine Ehe mit sich bringen kann

8,1 o **Das Wissen bläst auf; aber die Liebe bessert.** (alt)
1. Kor 4,6.19; 5,2; Kol 2,18; 1. Tim 3,6; 6,4
Aufblasen = eine nichtangebrachte Wichtigkeit verleihen; sich aufblasen = sich wichtig machen; aufgeblasen = wichtigtuend, dünkelhaft

9,13 **Wißt ihr nicht, daß, die da opfern, essen vom Opfer? Und die des Altars pflegen, genießen des Altars?** (alt)
1. Mose 8,20; 22,9; 1. Kön 1,50; 8,22; Mt 5,23; 1. Kor 10,18
Altar = im Alten Bund Opferaltar: Aufbau zum Darbringen von Tier- und Getreideopfern, zugleich Gebetsstätte (1. Kön 8,22), Zufluchtsstätte (1. Kön 1,50); erhöhter, einem Tisch ähnlicher Aufbau für gottesdienstliche Handlungen in christlichen Kirchen (H)
Davon sachlich: jmdn zum Altar führen = eine Frau heiraten
Davon sachlich: Thron und Altar = Sinnbild für weltliche und kirchliche Macht
Die des Altars pflegen, genießen des Altars = bezieht sich auf den Dienst der Priester im Alten Bund (4. Mose 18,18.19.31; 5. Mose 18,1-3), von Paulus auf den Dienst der Apostel bezogen (siehe die Fortsetzung in 9,14) = wer anstelle eines Berufes das Evangelium verkündigt, soll entsprechend versorgt werden

9,14 **So hat auch der Herr befohlen, daß, die das Evangelium verkündigen, sich vom Evangelium nähren sollen.**
Die das Evangelium verkündigen, sollen sich auch vom Evange-

1. Korinther

lium nähren = biblisches Prinzip für den vollzeitlichen Verkündigungsdienst

9,16.17 o **Weh mir, wenn ich das Evangelium nicht predigte! Tue ich's gerne, so wird mir gelohnet. Tue ich's aber ungern, so ist mir das Amt doch befohlen.** (alt)
Unabhängig vom Zusammenhang im Bibeltext zitiert, wenn es darum geht, eine Pflicht zu erfüllen – willig oder unwillig; oft reduziert auf die Redensart: (eine Sache ist zu erledigen,) ob gern oder ungern

9,20.21 **Den Juden bin ich wie ein Jude geworden, damit ich die Juden gewinne ... Denen, die ohne Gesetz sind, bin ich wie einer ohne Gesetz geworden, ... damit ich die, die ohne Gesetz sind, gewinne.**
Davon: den Juden ein Jude, den Griechen (= ohne Gesetz; vgl Röm 1,14) ein Grieche sein = jeweils auf die Besonderheiten eines Volkes, einer Menschengruppe eingehen, um ihr Vertrauen zu gewinnen

9,24 **Die, so in den Schranken laufen, die laufen alle, aber einer erlangt das Kleinod.** (alt)
Schranke = Absperrung zur Kennzeichnung einer Bahn im sportlichen Wettkampf (B); waagrecht liegende, größere, dicke Stange zum Zweck der Absperrung (H)
In den Schranken laufen = im pietistischen Sprachgebrauch: im Glaubenslauf auf den von Gott gewiesenen Wegen bleiben

9,26 **Ich laufe nicht wie aufs Ungewisse.**
Davon vielleicht: ins Ungewisse laufen = ohne klare Zielvorstellung sein

9,27 **Ich bezwinge meinen Leib und zähme ihn, damit ich nicht andern predige und selbst verwerflich werde.**   1. Tim 4,4
Verwerflich = zu verwerfen, schlecht, unmoralisch und daher tadelnswert
Andern predigen und selbst verwerflich werden = das von anderen Geforderte nicht selbst befolgen

10,12 • **Wer sich läßt dünken, er stehe, mag wohl zusehen, daß er nicht falle.** (alt)
Aufgenommen von J. W. Goethe in seinem Gedicht »Beherzigung«: »Sehe jeder, wo er bleibe, und wer steht, daß er nicht falle ...«

1. Korinther

10,21 **Ihr könnt nicht zugleich am <u>Tisch des Herrn</u> teilhaben und am Tisch der bösen Geister.**
Bezeichnung für: heiliges Abendmahl; davon: zum Tisch des Herrn gehen

11,2 **Ich lobe euch, weil ihr <u>in allen Stücken</u> an mich denkt.**
In jeder Beziehung   Apg 17,22; 1. Kor 1,5; 2. Kor 2,9; Eph 4,15; Tit 2,10

11,20 **Wenn ihr nun zusammenkommt, so <u>hält</u> man da nicht <u>das Abendmahl des Herrn</u>.**   1. Kor 11,23
Davon: das Abendmahl halten = das Abendmahl feiern
Von der wörtlichen Übersetzung »Mahl des Herrn«: Herr(e)nmahl = in der Theologie und in einigen evangelischen Freikirchen und Gruppierungen Bezeichnung für das Abendmahl

11,30 **Darum sind auch so viele Schwache und Kranke unter euch, und <u>ein gut Teil</u> schlafen** (= sind entschlafen). (alt)
Nicht wenig(e) davon

12,1 **Von den <u>geistlichen Gaben</u> ...** (alt)
Davon, unter Berücksichtigung des Zusammenhangs (Vers 4: »mancherlei Gaben – *ein* Geist«; Vers 8: »... wird durch den Geist gegeben«): Geistesgaben = Fähigkeiten, die der Heilige Geist den Gläubigen zuweist; meist, um Verwechslung mit dem heutigen Sprachgebrauch zu vermeiden, als »Gaben des Geistes« bezeichnet (B); in jmdm angelegte besondere geistige Fähigkeiten (H)

12,26 **<u>Wenn e i n Glied leidet, so leiden alle Glieder mit.</u>**
Was vom Apostel eigentlich nur als Bild des »Mitleidens« der Gemeindeglieder untereinander gedacht ist, hat sich, wörtlich auf die Körperteile bezogen, als Sprichwort für leibliche Nöte verselbständigt

12,28 **Gott hat gesetzt in der <u>Gemeinde</u> ... <u>Helfer</u>.** (alt)
Davon wohl: Gemeindehelfer (in der evangelischen Kirche) = Diakon

13,1 **• Wenn ich mit Menschen- und <u>mit Engelzungen</u> redete und hätte die Liebe nicht, so wäre ich ein <u>tönendes Erz</u> oder eine klingende Schelle.**
Davon: mit Engelszungen reden = mit größter Beredsamkeit, Eindringlichkeit (eigentlich: in Engelssprachen)
Tönendes Erz: davon vielleicht: tönen = prahlerisch, angeberisch reden

1. Korinther

13,9	**Unser Wissen ist Stückwerk, und unser Weissagen ist Stückwerk.** (alt) 1. Kor 13,10

Stückwerk = im Deutschen ursprünglich: Akkordarbeit, die nach Stückzahl bezahlt wird; durch Luther (für griechisch »teilweise, nur einen Teil erfassend«) in der Bedeutung eingeführt: etwas Stückhaftes, Unvollkommenes, Mangelhaftes; siehe auch 1. Kor 13,12

Unser Wissen ist Stückwerk = Einsicht, daß menschlichem Erkenntnisvermögen Grenzen gesetzt sind

13,12	**Jetzt erkenne ich stückweise.**

Bruchstückhaft (B); in einzelnen Stücken; Stück für Stück (H)

13,13	●**Nun aber bleiben Glaube, Hoffnung, Liebe, diese drei; aber die Liebe ist die größte unter ihnen.**
14,8	○ **Wenn die Posaune einen undeutlichen Ton gibt, wer wird sich zum Kampf rüsten?**

Bei Paulus bezogen auf die nicht gedeutete Zungenrede; gleichzeitig eine Mahnung zu klarer, gut verständlicher Evangeliumsverkündigung

14,9	**Wenn ihr in Zungen redet und nicht mit deutlichen Worten, wie kann man wissen, was gemeint ist? Ihr werdet in den Wind reden.**

Mit seinen Worten kein Gehör finden

14,33	●**Gott ist nicht ein Gott der Unordnung, sondern des Friedens.**
14,34	**Eure Weiber lasset schweigen unter der Gemeinde.** (alt)

Das aus der lateinischen Übersetzung abgeleitete Prinzip »mulier taceat in ecclesia« führte zu dem (oft scherzhaft gemeinten) »Das Weib schweige in der Gemeinde!«

14,35	**Es steht den Weibern übel an, unter der Gemeine zu reden.** (alt) Spr 17,7

Jmdm steht etw übel (wohl) an = etw ist jmdm nicht angemessen (angemessen)

15,10	●**Durch Gottes Gnade bin ich, was ich bin.**

Davon die Beifügung zu geistlichen und weltlichen Titeln seit dem Mittelalter bis ins 19. Jahrhundert: »Von Gottes Gnaden«

Davon: gottbegnadet = von Gott mit außergewöhnlichen künstlerischen, geistigen Gaben bedacht

1. Korinther

15,18 **So sind** (wenn Christus nicht wirklich auferstanden ist) **auch die, die in Christus entschlafen sind, verloren.**
Ps 13,4; 1. Kor 15,51; 1. Thess 4,14
Entschlafen = sterben; auch heute noch in gehobenem Deutsch gebraucht
Davon die Formulierung in Todesanzeigen und auf Grabsteinen: im Herrn entschlafen = im Vertrauen auf Christus und seine Erlösungstat gestorben

15,32 **Laßt uns essen und trinken; denn morgen sind wir tot!**
Jes 22,13
Parole des Menschen, dem die Auferstehungshoffnung fehlt

15,33 **Böse Geschwätze verderben gute Sitten.** (alt)
Davon wohl: »Schlechte Beispiele verderben gute Sitten«

15,54.55 • **Der Tod ist verschlungen in den Sieg. Tod, wo ist dein Stachel? Hölle, wo ist dein Sieg?** (alt)

15,57 **Gott sei Dank**, der uns den Sieg gegeben hat durch unsern **Herrn Jesus Christus.** (alt) 2. Kor 8,16; 9,15
Meist gedankenlos gebrauchter Ausruf der Erleichterung

16,9 **Mir ist eine große Tür aufgetan.** (alt)
2. Kor 2,12; Kol 4,3; Offb 3,8
Davon vielleicht mitbestimmt: eine Tür öffnen = etw möglich machen

16,10 (Timotheus) **treibt** auch **das Werk des Herrn** wie ich.
Im pietistischen Raum: das Werk des Herrn treiben = das Evangelium verkündigen

16,13 **Wachet, steht im Glauben!**
Im Glauben stehen = im pietistischen Raum Redewendung für: seinen Glauben an Christus im Alltag wirksam werden lassen; standfest sein

16,20 **Es grüßen euch alle Brüder. Grüßt euch** untereinander mit **dem heiligen Kuß.** 2. Kor 13,12; 1. Thess 5,26; 1. Petr 5,14
Davon: Bruderkuß = als Zeichen der Verbundenheit in Christus ausgetauschter Kuß (B); mit Kuß grüßen = Willkommensgruß beim Zusammenkommen Verwandter oder Befreundeter (H)

16,22 **Wenn jemand den Herrn Jesus Christus nicht liebhat, der sei verflucht** (alt: anathema). **Maranata!**
Anathema = Forderung, jmdn aus der Gemeinde auszuschließen

(Neues Testament); Verurteilung einer Irrlehre; in der römisch-katholischen Kirche Begriff, mit dem der große Kirchenbann verhängt wird (H)

Maranata = aramäisch, Gebetsruf bei der christlichen Abendmahlsfeier: »Unser Herr, komm!« (vgl Offb 22,20) In diesem Sinne auch heute gebraucht

Der 2. Brief an die Korinther

1,3   <u>Gelobt sei Gott</u>, der Vater unseres Herrn Jesus Christus.
Eph 1,3; 1. Petr 1,3
Davon als Kurzform unter Einwirkung der häufigen Formulierung »Gott loben«: gottlob = entstanden als dankbarer Stoßseufzer und in einen Satz der Erleichterung eingebracht; heute meist gedankenlos gebraucht

1,11   **Dazu** (daß wir aus Todesnot errettet werden) **helft auch ihr durch eure <u>Fürbitte</u> für uns.**   1. Tim 2,1
Bitte oder Gebet für jmdn

1,17   **Bei mir <u>ist Ja ja und Nein ist nein</u>.** (alt)   Mt 5,37
Bedeutet: jmd meint es auch so, wie er es sagt

1,20   ● **Alle Gottesverheißungen sind <u>Ja</u> in ihm** (Christus) **und sind <u>Amen</u> in ihm.** (alt)   Offb 22,20
Davon wohl: zu etw (allem) Ja und Amen sagen = mit etw (allem) einverstanden sein; siehe auch 1. Chr 16,36

2,7   **... damit er** (der Bestrafte) **nicht <u>in</u> allzu große <u>Traurigkeit versinkt</u>.**
In Traurigkeit versinken = ganz von trüben Gedanken, Stimmungen erfaßt werden

3,6   ○ **Der <u>Buchstabe</u> tötet, aber der Geist macht lebendig.**
Davon: Buchstabenglaube = Glaube, der sich starr an das geschriebene Wort hält; am Buchstaben kleben, sich an den Buchstaben klammern = etw sehr, allzu wörtlich nehmen, auslegen; nach dem Buchstaben des Gesetzes handeln = peinlich genau sein in der Befolgung des Gesetzes

3,14   <u>**Bis auf den heutigen Tag bleibt diese Decke unaufgedeckt**</u> **über dem <u>Alten Testament</u>, wenn sie es lesen, weil sie nur in Christus abgetan wird.**

Davon: die Decke, die den Juden die Erkenntnis des in Jesus gekommenen Messias verhüllt

Altes Testament = die Schriften des Alten Bundes, dh die 39 hebräisch abgefaßten biblischen Bücher, die Juden und Christen gemeinsam haben und die nach dem Glauben der Christen auf Jesus Christus hinweisen; »Testament« schon bei Paulus abgeleitet auf die Schriften bezogen; ursprünglich: Alter Bund = Bund Gottes mit Israel; vgl auch Mt 26,28

Davon: alttestamentarisch = nach Art des Alten Testaments; unerbittlich, streng (zum Unterschied von: alttestamentlich = im Alten Testament enthalten: alttestamentliche Schriften, Personen, Geschichte, Theologie usw)

3,17	• **Der Herr ist der Geist; wo aber der Geist des Herrn ist, da ist Freiheit.**
4,16	**Ob unser äußerlicher Mensch verwest, so wird doch der innerliche von Tag zu Tage verneuert.** (alt)
	Der Mensch in seiner Körperlichkeit – der Mensch in geistig-seelischer, ja geistlicher Hinsicht; davon scherzhaft: etw für den »inneren«, den »äußeren« Menschen tun = gut essen und trinken / sich pflegen und gut kleiden
5,7	• **Wir wandeln im Glauben und nicht im Schauen.**
5,8	**Wir ... haben vielmehr Lust, den Leib zu verlassen und daheim zu sein bei dem Herrn.**
	Redewendung im pietistischen Raum für das Leben des Gläubigen nach seinem Tod
5,10a	**Wir müssen alle offenbar werden vor dem Richtstuhl Christi.** (alt) Mt 27,19; Apg 18,12.16; Röm 14,10
	Davon sprachlich: Richterstuhl (so Rev) = Stuhl des Richters im Hinblick auf die Ausübung des Richteramtes
5,10b	**... daß ein jeglicher empfange, nach dem er gehandelt hat bei Leibesleben.** (alt)
	Zu Lebzeiten
5,14	**Die Liebe Christi dringet uns also** (= so). (alt)
	Davon sprachlich: sich zu etw gedrungen fühlen = einen starken Antrieb verspüren, etw zu tun
6,6	(Wir erweisen uns als Diener Gottes) ... **in ungefärbter Liebe.**
	1. Tim 1,5; 2. Tim 1,5; 1. Petr 1,22
	Ungefärbt = ungeheuchelt, aufrichtig (B); nicht beschönigt (H)

2. Korinther

6,14   ○ **Zieht nicht am fremden <u>Joch</u> mit den Ungläubigen.**
        1. Kön 12,4; Jer 27,2; Mt 11,29; Apg 15,10; Gal 5,1; 1. Tim 6,1
Mahnung, sich nicht vor den »Karren« einer mit Christus nicht zu vereinbarenden Sache spannen zu lassen
Joch = auf der Stirn bzw auf dem Nacken aufliegendes Querholz bei Zugtieren; übertragen: etw, dem man unterworfen und wodurch die eigene Freiheit stark eingeschränkt ist, zB: das Joch der Diktatur. Zwei Tiere zusammengespannt = ein Doppeljoch; davon: das Ehejoch

8,5   (Die Gemeinden in Mazedonien) **ergaben sich** selbst zuerst **dem Herrn** und darnach uns durch den <u>Willen Gottes</u>. (alt)
Davon wohl: sich in den Willen Gottes ergeben
Vgl: gottergeben = vertrauensvoll sein Leben Gott überlassend (B); mit allzu großer Selbstverständlichkeit untertänig und willig jmdm gegenüber, als müsse man sich in sein Schicksal fügen (H)

8,14   ○ **Euer Überfluß diene ihrem** (der Armen in Jerusalem) **Mangel.** (alt)
Klassische Formel für Lastenausgleich zwischen Reich und Arm

8,21   ○ **Wir sehen darauf, daß es redlich zugehe nicht allein vor dem Herrn, sondern auch vor den Menschen.**
Bezogen auf die Geldsammlung für die Armen in Jerusalem; bedeutsam für alle christlichen Organisationen, die mit Spendengeldern arbeiten

8,24   **Erzeigt nun die <u>Beweisung eurer Liebe</u>.** (alt)
Davon sprachlich: Liebesbeweis = Zuneigung ausdrückende Handlung oder Gabe

9,6   <u>**Wer da kärglich sät, der wird auch kärglich ernten.**</u>
Die auf die Geldsammlung bezogene Aussage des Apostels wird heute auch als Sprichwort mit säkularer Bedeutung gebraucht – etwa im Sinne von: »Nicht kleckern, sondern klotzen!«

9,7a   **Ein jeglicher nach seiner <u>Willkür</u>, nicht mit Unwillen oder aus Zwang.** (alt)
Freier Wille (B); Handeln, Verhalten, das allgemein geltende Maßstäbe, Rechte, Gesetze, Interessen anderer mißachtet und sich nur an den eigenen Interessen ausrichtet; Selbstherrlichkeit, Laune (H)

9,7b   ● **Einen fröhlichen Geber hat Gott lieb.**

10,5	**Wir ... <u>nehmen gefangen alle Vernunft unter den Gehorsam Christi</u>.** (alt)
	In der Kirchengeschichte hat sich von dieser Stelle her der Begriff des »Sacrificium intellectus« (Opfer des Verstandes) entwickelt, der rationale Argumente und wissenschaftliche Erkenntnisse dem Glauben an die in der Bibel bezeugte Wahrheit unterordnet; auch allgemein = Aufgabe der eigenen Überzeugung
11,9	**Als ich bei euch ... Mangel hatte, war ich niemand <u>beschwerlich</u>.** (alt)
	Beschwerlich sein = zur Last fallen; vgl: jmdm Beschwer bereiten = ihm Mühe machen
11,11	**<u>Gott weiß es.</u>** 2. Kor 12,2.3
	Wenn Menschen es auch nicht sehen wollen oder können: Gott ist es offenbar
	Davon wohl: weiß Gott! = wahrhaftig, wirklich, gewiß; wie man doch weiß
11,14	**<u>Das ist auch kein Wunder</u>** (daß falsche Apostel sich für von Christus gesandte ausgeben); **denn er selbst, der Satan, verstellt sich als Engel des Lichts.**
	Ein (kein) Wunder sein = (nicht) verwunderlich, erstaunlich sein
11,23	**Ich bin oft <u>in Todesnöten</u> gewesen.**
	Todesnot = äußerste Not, bei der Todesgefahr für jmd besteht (B+H); in Todesnöten sein = meist übertreibend angewandt, wenn man in eine unangenehme Situation kommt (H)
11,28	**Ich ... <u>trage Sorge</u> für alle Gemeinden.** (alt)
	Sorge tragen = Verantwortung übernommen haben, sich kümmern
12,2	**Ich kenne einen Menschen in Christus; vor vierzehn Jahren ..., da wurde derselbe entrückt bis in den <u>dritten Himmel</u>.**
	Davon vielleicht mitbestimmt: im siebenten Himmel sein = voll Überschwang, über die Maßen glücklich sein. In der jüdischen Tradition gab es den Gedanken, daß der siebte und oberste Himmel der Sitz Gottes sei
12,7	**Damit ich mich wegen der hohen Offenbarungen nicht überhebe, ist mir gegeben ein <u>Pfahl ins Fleisch</u>, nämlich des Satans Engel, der mich mit Fäusten schlagen soll.**

2. Korinther

	Davon: ein Pfahl im Fleisch = etw körperlich oder seelisch Peinigendes, was einen nicht zur Ruhe kommen läßt
12,9a	● Christus zu Paulus: **Laß dir an meiner Gnade genügen; denn meine Kraft ist in den Schwachen mächtig.**
12,9b	**Darum will ich mich <u>am allerliebsten</u> rühmen meiner Schwachheit, damit die Kraft Christi bei mir wohne.**

Verstärktes »am liebsten«; vgl: allerliebst = verstärkend für lieb: ganz reizend, wunderbar; der, die Allerliebste = ironisch: Freund, Freundin; am allerliebsten = am angenehmsten (H)

12,14	○ **Es sollen nicht die Kinder den Eltern Schätze sammeln, sondern die Eltern den Kindern.**
12,16	**Bin ich etwa heimtückisch** (alt: <u>tückisch</u>) **und habe euch mit <u>Hinterlist</u> gefangen?** Sir 36,22 | 2. Kön 10,19; Apg 7,19

Tückisch = voll heimlicher Bosheit
Hinterlist = Verhalten, das von dem Streben bestimmt ist, jmdm heimlich, auf versteckte Weise zu schaden

13,8	● **Wir vermögen nichts wider die Wahrheit, sondern nur etwas für die Wahrheit.**
13,10	... **auf daß ich nicht, wenn ich gegenwärtig** (anwesend) **bin, <u>Schärfe</u> gebrauchen müsse.** (alt)

Schonungslose Härte

13,13	○ **Die Gnade unseres Herrn Jesus Christus und die Liebe Gottes und die Gemeinschaft des heiligen Geistes sei mit euch allen!**

Segenswort zum Gottesdienstschluß

Zusammen mit Mt 28,19 wichtigster biblischer Beleg für die christliche Lehre von der Dreieinigkeit (katholisch: Dreifaltigkeit), die Dreiheit der göttlichen Personen als Vater, Sohn und Heiliger Geist = Trinität; wird heute auch als Bild für eine Machtkonstellation gewählt, die durch drei Personen repräsentiert wird; davon etwa: unheilige Trinität

Trinitatis: das Fest der Dreieinigkeit, erster Sonntag nach Pfingsten; nach diesem Sonntag werden alle künftigen Sonntage bis zum Ende des Kirchenjahres gezählt und benannt

Der Brief an die Galater

1,4 (Jesus Christus,) **der sich selbst für unsre Sünden gegeben hat, daß er uns errette von dieser gegenwärtigen <u>argen Welt</u>.** (alt)   1.Joh 5,19
Arg = böse; arge Welt = vom Bösen bestimmte und beherrschte gegenwärtige Weltwirklichkeit

1,6.7 **Mich wundert, daß ihr euch so bald abwenden laßt von dem, der euch berufen hat in die Gnade Christi, zu <u>einem andern Evangelium</u>, obwohl es doch kein andres gibt.**   2.Kor 11,4
Davon der Name der Bekenntnisbewegung »Kein anderes Evangelium«, gegründet 1966

1,10 **Wenn ich noch <u>Menschen gefällig</u> wäre, so wäre ich Christi Knecht nicht.**
Davon, altertümlich: Menschengefälligkeit = allzu bereitwillige Anpassung an die Vorstellungen und Wünsche anderer, meist aus Nützlichkeitserwägung (Opportunismus)

1,16 **Ich <u>besprach mich nicht</u> erst <u>mit Fleisch und Blut</u>.**
Sich nicht mit Fleisch und Blut besprechen = vor einer Entscheidung niemand beratend hinzuziehen

2,2 **Ich besprach mich ... mit denen, die das Ansehen hatten, damit ich nicht etwa <u>vergeblich</u> liefe oder <u>gelaufen</u> wäre.**
                                            Phil 2,16
Vergeblich laufen = ein nutzloses Werk tun (B); einen überflüssigen Gang unternehmen (H)

2,4 **Es hatten sich einige <u>falsche Brüder</u> eingedrängt ..., um unsere Freiheit auszukundschaften.**   2.Kor 11,26
Christen, die sich zu Unrecht als solche ausgeben, indem sie Paulus wegen seiner gesetzesfreien Heidenmission bekämpfen (B); sich als Freunde ausgebende Menschen, die in Wirklichkeit feindlich gesinnt sind (H)

2,9 **Jakobus und Kephas und Johannes, die als <u>Säulen</u> angesehen werden ...**
Wichtigste, tragende Mitglieder einer Gemeinschaft

2,11 **Als aber Petrus nach Antiochien kam, widerstand ich ihm <u>unter Augen</u>.** (alt)

Galater

Auge in Auge, unmittelbar gegenüber
Davon sprachlich: unter vier Augen = ohne Dabeisein Dritter

2,20 • **Ich lebe, doch nun nicht ich, sondern Christus lebt in mir.**

3,1 **O ihr unverständigen Galater! Wer hat euch <u>bezaubert</u>?**
Bezaubern = verzaubern, verhexen (B); für sich einnehmen, einen Reiz ausüben (H)

3,3 ○ **Im Geist habt ihr angefangen, wollt ihr's denn nun im Fleisch vollenden?**
Zitiert für den Weg eines Menschen, für eine Aufgabe, begonnen unter der Leitung des Geistes Gottes, aber dann in ein Fahrwasser geraten, in dem die Prinzipien dieser Welt wieder das Sagen haben

3,24 **Das Gesetz ist unser <u>Zuchtmeister</u> gewesen auf Christus hin.**
Strenger Erzieher

4,4.5 **Als die Zeit erfüllt war, sandte <u>Gott</u> seinen Sohn, geboren von einer Frau und unter das Gesetz getan, damit er die, die unter dem Gesetz waren, erlöste, damit wir die <u>Kindschaft</u> empfingen.** Röm 8,23; 9,4
Davon: Gotteskindschaft = im Pietismus Bezeichnung für den Stand von Menschen, die zum persönlichen Glauben an Christus gekommen sind (siehe auch Joh 1,12)

4,15 **Wie wart ihr dazumal <u>so selig</u>!** (alt) Mt 5,3-11; Röm 4,7.8
Glückselig über die Erfahrung der Freiheit in Christus (B); in einem Gefühl schwelgend, sich ihm bereitwillig überlassend (H)

4,20 **Ich <u>bin irre an euch</u>.**
An jmdm irre werden = das Vertrauen zu jmdm verlieren

5,6 **In Christus Jesus gilt ... (nur) der Glaube, der durch die <u>Liebe tätig</u> ist.**
Davon: Liebestätigkeit = Aktivitäten der christlichen Kirchen in der Hilfe für Bedürftige

5,11 **Dann wäre das <u>Ärgernis des Kreuzes</u> aufgehoben.**
Das Zeugnis vom stellvertretenden Leiden und Sterben Jesu für uns, woran die Menschen Anstoß nehmen (siehe 1. Kor 1,23)

5,13 **Seht zu, daß ihr durch die Freiheit nicht dem Fleisch <u>Raum</u> gebt.** Röm 12,19; Eph 4,27
Raum geben = Einfluß einräumen

5,15	Wenn ihr <u>euch</u> untereinander <u>beißt und freßt</u>, so seht zu, daß ihr nicht einer vom andern aufgefressen werdet.
	Sich beißen und fressen = heftig miteinander streiten
6,2	• Einer trage des andern Last, so werdet ihr das Gesetz Christi erfüllen.
6,7	• Irret euch nicht! Gott läßt sich nicht spotten. Denn was der Mensch sät, das wird er ernten.
6,9	• Laßt uns Gutes tun und nicht müde werden.
6,11	Seht, mit wie großen Buchstaben ich euch schreibe <u>mit eigener Hand</u>!
	Davon sprachlich: eigenhändig = selbst ausgeführt
6,17	Ich trage die <u>Malzeichen</u> Jesu an meinem Leibe.
	Der griechische Urtext hat hierfür das Wort *stigma,* das als Fremdwort Stigma in die deutsche Sprache Eingang gefunden hat = etw, wodurch etw oder jmd deutlich sichtbar als etw Bestimmtes, in einer bestimmten Weise gekennzeichnet oder gezeichnet ist (zB: das Stigma des Verfalls tragen)
	Stigmatisation = Auftreten der (fünf) Wundmale Jesu bei einem Menschen

Der Brief an die Epheser

1,4	In ihm (Christus) hat er (Gott) uns <u>erwählt</u>, ehe der Welt Grund gelegt war.
	5. Mose 7,6; Ps 33,12; Joh 15,16; Röm 11,28; 1. Thess 1,4; 2. Petr 1,10
	Erwählen = auswählen zu einer besonderen Bestimmung (B); eine Wahl bezüglich Personen oder Sachen treffen (H)
	Davon: Erwählung = im Alten Bund die Wahl Gottes, Israel zu einem Volk zu machen, durch das Gott seinen Heilsplan mit der Völkerwelt zum Ziel bringt; im Neuen Bund die Wahl Gottes, Menschen aus allen Völkern durch Bekehrung und Wiedergeburt in die Gemeinschaft der Erlösten aufzunehmen, die zum Leben in seinem ewigen Reich bestimmt ist
1,5	(Gott) hat uns <u>verordnet</u> zur Kindschaft gegen ihn selbst durch Jesus Christus nach dem Wohlgefallen seines Willens. (alt) Röm 8,29; Eph 1,11

Verordnen = durch Anordnung bestimmen; davon sprachlich: Verordnung

Für »hat verordnet« findet sich in der lateinischen Übersetzung *praedestinavit;* davon Prädestination = insbesondere von Calvin als Lehre vertretene göttliche Vorherbestimmung hinsichtlich der Seligkeit oder Verdammnis des einzelnen Menschen

Davon: prädestiniert = für etw besonders geeignet erscheinend (H)

1,13 **In ihm** (Christus) **seid auch ihr, als ihr gläubig wurdet, versiegelt worden mit dem heiligen Geist, der verheißen ist.**

5. Mose 32,34; Dan 6,18; 12,4; Mt 27,66; 2. Kor 1,22; Offb 22,10

Versiegeln = mit dem persönlichen Siegel als Eigentum kennzeichnen (B); mit einem Siegel verschließen; rechtlich beglaubigen, bestätigen; unantastbar, unzugänglich machen (B+H); durch Auftragen einer Schutzschicht widerstandsfähiger, haltbarer machen (H)

1,18 (Gott) **gebe euch erleuchtete Augen des Herzens.**

Lk 2,32; Joh 1,9; Eph 5,14; Hebr 6,4; 10,32; Offb 22,5

Erleuchten = äußerlich oder innerlich hell machen, aus Finsternis ins Licht führen, das Verständnis für etw öffnen (B); durch eine Lichtquelle beleuchten (H)

Dazu das Substantiv: Erleuchtung (Dan 5,11; 2. Kor 4,6) = Aufgehen des Lichts der Erkenntnis, von oben eingegebene Einsicht (B+H); plötzliche Eingebung (H)

1,19 (damit ihr erkennt ...,) **wie überschwenglich groß seine Kraft an uns** (ist), **die wir glauben.**

2. Kor 3,9; 4,7; 7,4; 9,12; Eph 2,7; 3,20; Phil 3,8

Über alles Maß hinaus (B); von überaus heftigen Gefühlsäußerungen begleitet (H)

2,2 **In welchen** (Übertretung und Sünde) **ihr weiland gewandelt habt nach dem Lauf dieser Welt und nach dem Fürsten, der in der Luft herrscht.** (alt)

Der Lauf dieser Welt = wie es in der Welt zugeht; das Treiben einer von Gott abgefallenen Welt (B); etw Gesetzmäßiges, nicht Aufzuhaltendes (H)

In der Luft herrschen: hier konkret gemeint (Luftraum); anders: in der Luft liegen = bevorstehen, sich zu entladen drohen; dem Zeitgeist entsprechen

Epheser

2,12	**Ihr ... wart <u>ohne Gott in der Welt</u>.**
	Zitiert als Situationsbeschreibung für einen Menschen, der seine Lebensprobleme allein bewältigen muß
2,14	**(Christus) ist unser Friede, der ... <u>den Zaun abgebrochen</u> hat, der dazwischen** (zwischen Juden und Heiden) **war.**
	Davon: einen Zaun abbrechen = eine bisher unüberschreitbare Grenze beseitigen
2,20	**(Ihr seid) erbaut auf den Grund der Apostel und Propheten, da Jesus Christus der <u>Eckstein</u> ist.**
	Hiob 38,6; Jes 28,16; Jer 51,26; Sach 10,4; Mt 21,42
	Rand-, Schluß-, Hauptstein an der Ecke eines Bauwerks; übertragen: Grundlage, Hauptstütze eines Projekts
3,19	• **Christus liebhaben ist viel besser denn alles Wissen.** (alt)
4,11	**(Christus) hat einige als Apostel eingesetzt, einige als Propheten, einige als Evangelisten, einige als <u>Hirten</u> und Lehrer.** Jer 3,15; Hes 34,2; Joh 10,11
	Hirte = Viehhüter; im Alten Testament Bild für Gott, der über sein Volk wacht; Bild auch für von Gott zur Betreuung seines Volkes eingesetzte Menschen; im Neuen Testament Bild für Christus, der wiederum Menschen zu Hirten (= Seelsorgern) seiner Gemeinde bestimmt (B); davon: Hirtenamt
	Für »Hirte« lautet die lateinische Übersetzung *pastor;* davon: Pastor = Amtsbezeichnung und Anrede für Geistliche vor allem in evangelischen Kirchen. Das dazugehörige Adjektiv »pastoral« hat neben seiner Funktionsbedeutung auch negativen Sinn = in bezug auf jmds Auftreten oder seine Äußerungen in übertriebener, gekünstelter Weise würdig und feierlich
4,12	**Dadurch** (durch die Zurüstung zum Dienst) **soll der Leib Christi <u>erbaut</u> werden.** Apg 20,32; 2. Kor 5,1; Eph 2,20; 1. Thess 5,11
	Erbauen = bauen, aufbauen; übertragen: zur vollendeten (dauerhaften) Gestalt, zur Vollendung führen, bringen
	Davon: sich erbauen = sich innerlich erheben lassen; davon: erbaulich = von positivem Einfluß auf das Gemüt; von etw (nicht) erbaut sein = von etw (nicht) begeistert sein
4,15.16	**Laßt uns ... wachsen in allen Stücken zu dem hin, der das <u>Haupt</u> ist, Christus, von dem aus der ganze Leib zusammengefügt ist und ein <u>Glied</u> am andern hängt.**
	Vielleicht in der Formulierung von dieser Bibelstelle beeinflußt:

Epheser

	die zuerst auf dem Konzil von Konstanz 1415 erhobene Forderung nach einer »Reform (der Kirche) an Haupt und Gliedern«; davon redensartlich: an Haupt und Gliedern = völlig, ganz und gar
4,18a	**Ihr** (der Heiden) **Verstand ist verfinstert.**
	Davon wohl: finster als Kennzeichen fehlenden Wissens, Verstandes oder fehlender Erkenntnis; davon vielleicht: das finstere (geistig unaufgeklärte) Mittelalter
4,18b	(Die Heiden) **sind entfremdet** (alt: von) **dem Leben, das aus Gott ist.**
	Fremd geworden, eine ursprünglich enge Beziehung aufgehoben (B); innerlich von jmdm, der nahestand, nun entfernt; nicht dem eigentlichen Zweck entsprechend verwendet (H)
4,24	**Zieht den neuen Menschen an.**
	Davon: ein neuer Mensch werden = sich wandeln
4,26	• **Laßt die Sonne nicht über eurem Zorn untergehen.**
4,29	**Laßt kein faules Geschwätz aus eurem Mund gehen.**
	Dummes, inhaltloses Gerede
5,4	**Schandbare und närrische oder lose Reden stehen euch nicht an.** Kol 3,8
	Schandbar = schändlich, abscheulich (B); überaus schlecht; verstärkend bei Adjektiven: sehr, überaus, äußerst (ein schandbar schlechtes Ergebnis) (H)
5,11	**Habt nicht Gemeinschaft mit den unfruchtbaren Werken der Finsternis.** 2. Petr 1,8; Jud 12
	Unfruchtbar = ohne die von Gott gewollte Lebenserfüllung (B); keinen Nutzen bringend (H)
5,19	**Singt und spielt dem Herrn in eurem Herzen.**
	Singen und spielen = Zusammenfassung musikalischer Betätigung als Stabreim
5,20	**Sagt Dank Gott, dem Vater, allezeit für alles.**
	Davon wohl: Man muß (Gott) für alles dankbar sein
5,23	**Der Mann ist des Weibes Haupt.** (alt) 1. Kor 11,3
	In dieser alten Fassung meist eher scherzhaft zitiert
6,4	**Ziehet sie** (eure Kinder) **auf in der Zucht und Vermahnung zu dem Herrn.** (alt) Apg 7,21; 1. Tim 5,10
	Kinder aufziehen = als Eltern oder anstelle der Eltern Kinder bis zur Selbständigkeit heranführen; in der älteren Sprache noch mit Einschluß der Bedeutung »erziehen«

Vermahnung (im alten Text häufig als Verb: vermahnen): heute eher scherzhaft = Ermahnung

6,5.6 **Ihr Sklaven, seid gehorsam euren irdischen Herren ...; nicht mit <u>Dienst</u> allein <u>vor Augen</u>, um den Menschen zu gefallen, sondern als Knechte Christi.**
Davon das früher gebräuchliche: Augendienerei = Dienst, der unter allen Umständen jmdm gefallen soll, zum Vorteil des Dienenden

6,11 **Zieht an die Waffenrüstung Gottes, damit ihr bestehen könnt gegen <u>die listigen Anschläge</u> (alt: Anläufe) <u>des Teufels</u>.**
Teufel: ins Deutsche übernommen von dem griechischen *diabolos* = Verleumder, Ankläger; davon »diabolisch« = hinterhältig, boshaft

6,12 **Wir haben nicht mit Fleisch und Blut zu kämpfen, sondern mit Mächtigen und Gewaltigen, nämlich mit den <u>Herren der Welt</u>, die in dieser Finsternis herrschen, mit den bösen Geistern unter dem Himmel.**
Herren der Welt = Dämonen, dabei »Welt« = diese irdische Welt (B); Menschen, die politisch oder wirtschaftlich über Macht verfügen, die sich auf die ganze Erde oder große Teile von ihr erstreckt (H)

6,13 **Ergreift die Waffenrüstung Gottes, damit ihr ... <u>das Feld behalten</u> könnt.**
Seine Stellung gegenüber jmdm behaupten
»Das Feld muß er (Jesus Christus) behalten«: Endzeile einer Strophe aus Martin Luthers Lied »Ein feste Burg ist unser Gott«

6,17 **Nehmt ... <u>das Schwert des Geistes</u>, welches ist das Wort Gottes.**
Die biblische Botschaft als geistliche Waffe (B); wissenschaftliche Erkenntnis im Kampf gegen Rückständigkeit (H)

Der Brief an die Philipper

1,8 **Gott ist mein Zeuge, wie mich nach euch allen verlangt <u>von Herzensgrund</u> in Christus Jesus.** 1. Petr 5,2
Von Herzensgrund = aus tiefstem Herzen (siehe auch Ps 36,2)

Philipper

1,9	Ich bete, daß eure Liebe <u>je mehr und mehr</u> reich werde. (alt)
	(Je) mehr und mehr = in zunehmendem Maße
1,15	**Etliche predigen Christus um Haß und Haders willen, etliche aber <u>aus guter Meinung</u>.** (alt)
	Aus guter Absicht, Gesinnung (B); davon: eine gute Meinung von jmdm, etw haben = jmdn, etw positiv beurteilen (H)
1,18	<u>**Wenn nur Christus verkündigt wird**</u> **auf jede Weise, es geschehe zum Vorwand oder in Wahrheit, so freue ich mich darüber.**
	Ja zur Predigt von Jesus, wie auch die Motive der Verkündiger sein mögen (B+H); Bekenntnis zur Priorität der Evangeliumsverbreitung gegenüber allen anderen Anliegen und Vorstellungen (H)
1,21	•**Christus ist mein Leben, und Sterben ist mein Gewinn.**
1,23	**Ich habe Lust, <u>abzuscheiden</u> und bei Christus zu sein.** (alt)
	Abscheiden = sterben (B); davon: abgeschieden = verstorben, tot (veraltet); entlegen, einsam (H)
2,2	**Erfüllet meine Freude, daß ihr ... <u>einhellig</u> seid.** (alt)
	2. Makk 13,12
	Gänzlich, in allen Punkten übereinstimmend; von allen ausnahmslos vertreten
2,7a	**(Christus) entäußerte sich selbst und nahm <u>Knechtsgestalt</u> an.**
	Davon: in Knechtsgestalt = mit unscheinbarem Äußeren, hinter dem sich Hochwertiges verbergen kann
2,7b	(Jesus Christus) **<u>ward</u> gleich wie ein andrer <u>Mensch</u>.** (alt)
	Davon: Menschwerdung = das Kommen des Gottessohnes auf diese Welt in menschlicher Gestalt
2,9	**Gott ... hat ihm (Jesus) den <u>Namen</u> gegeben, der <u>über alle Namen</u> ist.**
	Name über alle Namen = Bezeichnung für Jesus als eine Gestalt der Welt- und Heilsgeschichte, deren Ansehen und Bedeutung von sonst niemand erreicht wird
2,13	**Gott ist's, der in euch wirkt beides, <u>das Wollen und das Vollbringen</u>, nach seinem Wohlgefallen.**
	Wollen und vollbringen = der Spannungsbogen vom Entschluß bis zur Tat

Philipper

2,15	**... auf daß ihr seid ohne Tadel ... mitten unter dem <u>unschlachtigen</u> und verkehrten Geschlecht.** (alt)
	Unschlachtig = übel, bösartig; aber auch: roh, ungestalt (B); damit sprachlich verwandt: ungeschlacht = von sehr großem, massigem, plumpem, unförmigem Körperbau; von wuchtiger, unförmiger Größe; klobig (H)
2,21	**<u>Sie suchen alle das Ihre</u>, nicht das, was Jesu Christi ist.** 1. Kor 10,24
	Das Seine suchen = nur auf den eigenen Vorteil bedacht sein
2,25	**Ich habe es für nötig angesehen, den Bruder Epaphroditus zu euch zu senden, der mein Mitarbeiter** (alt: Gehilfe) **und <u>Mitstreiter</u> ist.** Phlm 2
	Jmd, der mit anderen zusammen für oder gegen etw eintritt, kämpft
3,14	**Ich jage nach dem <u>vorgesteckten Ziel</u>.**
	Davon: sich ein Ziel stecken = ein bestimmtes Ergebnis seines Handelns festlegen, das man erreichen will
	Mit »vorgestecktes Ziel« übersetzt Luther das griechische *skopos*; davon Skopus = zentrale Aussage eines Predigttextes, zu der der Prediger in seiner Auslegung hinführen soll
3,19	**<u>Ihr Gott ist der Bauch.</u>**
	Jmds Gott ist der Bauch = die Hauptsache für jmdn ist es, gut zu essen und zu trinken
	Davon: etw zu seinem Gott machen = etw mehr als alles andere schätzen und lieben
4,1	**Meine lieben Brüder, ... <u>meine Freude und meine Krone</u>.**
	Ausdruck höchster Anerkennung und Verbundenheit
4,3	**Sie haben mit mir für das Evangelium gekämpft, zusammen mit ... meinen anderen Mitarbeitern, deren Namen <u>im Buch des Lebens</u> stehen.** Offb 3,5; 17,8; 20,12
	Bild für die unverbrüchliche Zusage Gottes, daß auf alle, die an seinen Sohn glauben, das ewige Leben wartet
4,6	**Laßt eure Bitten in Gebet und Flehen mit <u>Danksagung</u> vor Gott kundwerden!** Joh 6,23; 1. Kor 10,30; Eph 5,4; 1. Tim 2,1
	Gegenüber Gott ausgesprochener Dank (B); (schriftliche) meist förmliche Äußerung des Dankes, besonders für die Anteilnahme bei einem Todesfall (H)
4,10	**Ich bin <u>höchlich</u> erfreut ...** (alt)

In hohem Maße, sehr (auch: höchlichst)
4,12a o **Ich kann niedrig sein und kann hoch sein.**
Versicherung der Anpassungsfähigkeit
4,12b **Ich kann ... Überfluß haben und <u>Mangel leiden</u>.**
Nötiges entbehren müssen   Jer 44,18; Weish 16,3

Der Brief an die Kolosser

1,15 (Christus) **ist das <u>Ebenbild</u> des unsichtbaren Gottes.**
Bild, Abbild (B+H)
1,18 **Er (Christus) ist das Haupt des <u>Leibes</u>, nämlich <u>der Gemeinde</u>.** Eph 1,22.23; 5,23.29.30
Davon, im Sprachschatz des Pietismus: Leibesgemeinde = Gesamtheit der Menschen aller Zeiten und Nationen, die sich zu Christus als ihrem Herrn bekennen
1,20 •**Es hat Gott wohlgefallen, daß in ihm (Christus) alle Fülle wohnen sollte und er durch ihn alles mit sich versöhne, es sei auf Erden oder im Himmel, indem er Frieden machte durch sein Blut am Kreuz.** Apg 20,28; Eph 1,7; 1.Joh 1,7; Offb 1,5
2,1 **Ich lasse euch wissen, <u>welch einen Kampf ich habe um euch</u>.** (alt)
Kampf um jmdn oder etw haben = fortgesetzte angestrengte Bemühung zur Erreichung oder Verhinderung von etw bei jmdm
2,8 **Sehet zu, daß euch niemand beraube durch die <u>Philosophia</u>.** (alt)
Philosophie = seit Plato die Bemühung um Seinserkenntnis als spezielles Studium; in der Spätantike auf esoterische Heilslehren ausgeweitet, hier inhaltlich angedeutet in Kol 2,16-23 (B); Streben nach Erkenntnis über den Sinn des Lebens, das Wesen der Welt und die Stellung des Menschen in der Welt; die Lehre davon (H)
2,15 (Christus) **hat ausgezogen die Fürstentümer und die Gewaltigen und sie <u>schaugetragen</u> öffentlich und einen <u>Triumph</u> aus ihnen gemacht durch sich selbst.** (alt) 2.Makk 4,22
Schautragen = öffentlich umhertragen, damit es jeder sehen kann (zB die Hostie); speziell im Sinne: der Schande, dem Spott preisgeben (B); Zurschaustellung im Triumphzug; davon: zur Schau

	tragen = seine innere Verfassung, Haltung, Einstellung demonstrativ zeigen, unverhohlen erkennen lassen (H)
	Triumph: Genugtuung über einen großen Sieg, Erfolg (H)
2,18a	•**Laßt euch** (von) niemand **das Ziel verrücken.** (alt)
	Sich das Ziel verrücken lassen = sich das Ziel aus den Augen rücken lassen, sich von einem gesteckten Ziel abbringen lassen
2,18b	**... der nach eigener Wahl einhergeht in Demut und Geistlichkeit der Engel.** (alt)
	Geistlichkeit = auf das Göttliche ausgerichtete Geisteshaltung und Übung (B); Gesamtheit der Geistlichen; Klerus (oft ironisch gebraucht) (H)
2,20	**So ihr nun abgestorben seid mit Christus den Satzungen der Welt ...** (alt) Röm 7,6
	Davon: der Welt abgestorben sein = nicht mehr von der Welt gefesselt sein, ihr entsagt haben
3,3	**Ihr seid gestorben, und euer Leben ist verborgen mit Christus in Gott.**
	Das verborgene Leben mit Christus in Gott = theologischer Ansatz für christliche Mystik und für klösterliche Kommunitäten
3,23	○ **Alles, was ihr tut, das tut von Herzen als dem Herrn und nicht den Menschen.**
4,6	**Eure Rede sei allezeit lieblich und mit Salz gewürzt.** (alt)
	Davon wohl: eine Rede (mit Anekdoten) würzen = eine Rede anschaulich, kurzweilig machen
4,16	**Wenn die Epistel bei euch gelesen ist, so schaffet, daß sie auch in der Gemeinde zu Laodizea gelesen werde.** (alt)
	Sendschreiben, Apostelbrief im Neuen Testament (B); vorgeschriebene gottesdienstliche Lesung aus den Apostelbriefen des Neues Testaments; längerer Brief, zB: seitenlange Episteln verfassen. Auch = Strafpredigt (H)

Der 1. Brief an die Thessalonicher

2,7.8	**Wie eine Mutter ihre Kinder pflegt, so hatten wir Herzenslust an euch.**
	Echte, ungekünstelte Freude (B); nach Herzenslust = ganz so und

1. Thessalonicher

        soviel, wie man es sich wünscht, wie man gerade Lust dazu hat (H)

3,8   **Nun <u>sind</u> wir <u>wieder lebendig</u>, wenn ihr feststeht in dem Herrn.**

Wieder lebendig sein = nach einer Zeit der (inneren) Not wieder aufleben

4,4.5   **Ein jeglicher unter euch wisse sein Faß** (= Gefäß, meint: die Ehefrau) **zu behalten in Heiligung und Ehren, nicht in der <u>Lustseuche</u> wie die Heiden.** (alt)

Unerstättliche geschlechtliche Begierde, als Krankheit vorgestellt (B); veraltet = Syphilis (H)

4,16   **Er selbst, der Herr, wird, wenn … <u>die Stimme des Erzengels</u> und die Posaune Gottes erschallen, herabkommen vom Himmel.**

Davon: eine Stimme wie ein Erzengel haben = eine laute, alles übertönende Stimme besitzen

4,17   **Danach wir, die wir leben und überbleiben, werden zugleich mit denselbigen** (den Teilhabern an der ersten Auferstehung) **<u>hingerückt</u> werden in den Wolken, dem Herrn entgegen.** (alt)

Davon, mit sprachlicher Einwirkung von gleichsinnigem »entzückt« (alt: 2. Kor 12,2; Offb 12,5): Entrückung = unerwartete und plötzliche Wegnahme der Gläubigen von dieser Erde, dem wiederkommenden Christus entgegen (B); entrückt sein = in einen Zustand versetzt sein, in dem man sich nicht mehr an seinem tatsächlichen Ort wähnt; nicht ansprechfähig sein (H)

5,2   **Der Tag des Herrn wird kommen <u>wie ein Dieb in der Nacht</u>.**

Völlig überraschend, unerwartet

5,6   **Laßt uns wachen und <u>nüchtern</u> sein.**

                             1. Kor 15,34; 2. Tim 2,26; 4,5; 1. Petr 1,13; 4,7

Mäßig im Weingenuß (so 1. Tim 3,2); übertragen: frei von geistiger Trunkenheit, also von Überschwang und Leidenschaft (B); nicht betrunken; am betreffenden Tag noch nichts gegessen haben; besonnen, wirklichkeitsnah; sich auf das sachlich Gegebene, Zweckmäßige beschränkend; von Phantastischem unbeeinflußt, aber auch: phantasielos (H)

5,19   **Den Geist <u>dämpft</u> nicht.**

	Dämpfen = auslöschen, unterdrücken; eigentlich durch Dampf ersticken (B); im Dampf garen, mit Dampf bearbeiten; etw herabsetzen, abschwächen; jmdn dazu bringen, sich in seinen Temperamentsäußerungen oä zu mäßigen; jmds Emotionen herabstimmen, jmdn ernüchtern (H)
5,21	o **Prüft alles, und das Gute behaltet.**
5,22	**Meidet allen bösen Schein.** (alt)
	Davon: auch den Schein meiden = nichts tun, was auch nur den Anschein einer unangemessenen Lebensführung erwecken kann
5,23	**Der Gott des Friedens ... bewahre euren Geist samt Seele und Leib unversehrt.**
	Belegstelle für eine dreigegliederte menschliche Existenz

Der 2. Brief an die Thessalonicher

3,2	**Der Glaube ist nicht jedermanns Ding.**
	Davon: Das ist nicht jedermanns Ding = jmd gibt zu verstehen, daß er einen Vorgang, eine Aufgabe nicht als seinen Vorstellungen, seinen Fähigkeiten entsprechend ansieht
3,10	**Wer nicht arbeiten will, der soll auch nicht essen.**
	Als Sprichwort verkürzt: Wer nicht arbeitet, soll auch nicht essen (so auch in die Verfassung der ehemaligen Sowjetunion eingegangen)
3,14	**So jemand nicht gehorsam ist unserm Wort, den zeiget an durch einen Brief.** (alt)
	Ps 142,3; Jes 19,12; Mi 3,8; Joh 11,57; Apg 1,24
	Anzeigen = mitteilen, hinweisen auf, melden (B); Strafanzeige erstatten (H)
3,16	**Der Herr des Friedens gebe euch Frieden allenthalben und auf allerlei Weise.** (alt)
	Allenthalben = überall
	Auf allerlei Weise = auf jede Art

Der 1. Brief an Timotheus

1,7 (Einige von der Wahrheit Abgeirrte) **wollen <u>der Schrift Meister sein</u> und <u>verstehen nicht, was sie sagen</u>.** (alt)
Der Schrift Meister sein wollen = die Bibel nach eigenem Gutdünken auslegen
Davon: einer Sache Meister sein = etw bezwingen, Herr über etw werden
Nicht verstehen, was man sagt = keine Ahnung von der Sache haben, über die man redet (B); davon: selber nicht verstehen, was man sagt = Behauptungen aufstellen, die man selbst nicht durchschaut; wirres Zeug vortragen

1,10 **... wenn noch etwas anderes der <u>heilsamen Lehre</u> zuwider ist.** 2. Tim 4,3; Tit 1,9; 2,1
Davon wohl mitbestimmt: sich etwas eine heilsame Lehre sein lassen = ein Erlebnis, eine Erfahrung sich so merken, daß gleiches oder ähnliches Geschehen in Zukunft davon beeinflußt wird

1,19 **Das** (gute Gewissen) **haben einige von sich gestoßen und am Glauben <u>Schiffbruch erlitten</u>.**
Schiffbruch erleiden = keinen Erfolg haben; mit etw scheitern

2,5 **Es ist e i n Gott und e i n <u>Mittler</u> zwischen Gott und den Menschen, nämlich der Mensch Christus Jesus.**
Hiob 33,23; Gal 3,19; Hebr 8,6; 9,15; 12,24
Helfender Vermittler; Mittelsmann ohne Eigeninteressen, der vermittelnd zwischen Parteien, Personen oä auftritt

2,8 **So will ich nun, daß die Männer ... aufheben heilige Hände <u>ohne Zorn und Zweifel</u>.**
Ohne Zorn und Zweifel = ohne Gemütsaufwallung und Kleinglaube, die Gott mißfallen

3,2 **Ein Bischof soll untadelig sein, ... <u>gastfrei</u>.**
Sir 31,28; 1. Tim 5,10; 1. Petr 4,9; Hebr 13,2
Gastfreundlich; großzügige Bereitschaft zeigend, Gäste einzuladen und aufzunehmen

3,6 **Nicht ein <u>Neuling</u>** (soll Bischof sein), **auf daß er sich nicht aufblase.** (alt)

Jmd, der in einem Kreis, auf einem Gebiet neu ist und sich noch nicht richtig auskennt

3,15 **Du sollst wissen, wie man sich verhalten soll im Hause Gottes, das ist die Gemeinde des lebendigen Gottes, ein Pfeiler und eine Grundfeste der Wahrheit.**
Personen oder Grundsätze als Stütze einer Sache, Organisation

4,8 **Die leibliche Übung ist wenig nütze.**
Übung: Übersetzung des griechischen Wortes *gymnasia*, davon unsere »Gymnastik«; gedacht ist dabei an Übung in Enthaltsamkeit (Fasten; vgl 1. Tim 4,3)
Davon zu unterscheiden: Leibesübung, was schon 1577 als Eindeutschung von *gymnastike* bezeugt ist, davon: Leibesübungen = Sport(unterricht)

5,6 **Eine (Witwe), die ausschweifend lebt, ist lebendig tot.**
Lebendig tot sein = nach Leib und Seele lebendig, geistlich aber tot (B)

6,1 **Die Knechte, so unter dem Joch sind, sollen ihre Herren aller Ehren wert halten.** (alt)   1. Tim 5,17
Schon vor Luther im Gebrauch; davon: etw ist aller Ehren wert = etw verdient Lob, Anerkennung; davon: ehrenwert = ehrbar, achtbar

6,5 **... Schulgezänk solcher Menschen, ... die meinen, Frömmigkeit sei ein Gewerbe.**   Weish 13,19; 2. Makk 11,29
Tätigkeit (in Handwerk und Handel) mit dem Ziel des Gelderwerbs (B); selbständige, dem Erwerb dienende berufliche Tätigkeit (H)

6,7 • **Wir haben nichts in die Welt gebracht; darum werden wir auch nichts hinausbringen.**

6,10 ○ **Geiz ist eine Wurzel alles Übels.** (alt)

6,12 **Kämpfe den guten Kampf des Glaubens; ergreife das ewige Leben, wozu du berufen bist und bekannt hast das gute Bekenntnis vor vielen Zeugen.**
1. Tim 1,18; 2. Tim 4,7 | 2. Kor 9,13; Hebr 4,14; 10,23
Davon: einen guten Kampf kämpfen = sich für etw Wichtiges mit angemessenen Mitteln einsetzen; davon: Glaubenskampf = inneres Ringen über Glaubenswahrheiten; aber auch: Religionskrieg
Bekenntnis = öffentliche Erklärung der Zugehörigkeit zu Christus, evtl schon fest formuliert (1. Tim); Bezeugung des Glaubens

(2. Kor), Glaubensinhalt (Hebr) (B); formulierter Inhalt des Glaubens, Glaubensbekenntnis; Religionszugehörigkeit, Konfession; Eingeständnis eines Unrechts, eines Fehlers (H)

6,13 **Ich gebiete dir vor Gott ... und vor Jesus Christus, der unter Pontius Pilatus bezeugt hat das gute Bekenntnis, daß du das Gebot unbefleckt, untadelig haltest.**
Von dieser Stelle her die Formulierung im Apostolischen Glaubensbekenntnis: »gelitten unter Pontius Pilatus«
Davon: jmd kommt zu einer Sache wie Pontius Pilatus ins Credo = jmd hat mit einer Sache überhaupt nichts zu tun (wie Pilatus für den Glauben eigentlich keine Rolle spielt)

Der 2. Brief an Timotheus

1,3 **Ich danke Gott, dem ich diene von meinen Vorfahren her mit reinem Gewissen ...** 1. Tim 3,9
Davon: ein reines Gewissen haben = sich nicht schuldig fühlen

1,9 **Gott hat uns selig gemacht und berufen mit einem heiligen Ruf.**
Berufung in ein Amt, zu einem Dienst

1,12 **Ich weiß, an wen ich glaube.**
Davon das bekannte Lied von Ernst Moritz Arndt (1769–1860): »Ich weiß, woran ich glaube«

2,5 • **Wenn jemand auch kämpft, so wird er doch nicht gekrönt, er kämpfe denn recht.**

2,6 ○ **Es soll der Bauer, der den Acker bebaut, die Früchte als erster genießen.**

2,7 **Merke, was ich sage!** (alt)
Aufforderung zur Aufmerksamkeit

2,9 • **Gottes Wort ist nicht gebunden.**
Die Ausbreitung und Aufnahme des Wortes Gottes kann letztlich niemand verhindern

2,11 **Das ist gewißlich wahr.** 1. Tim 1,15; 3,1; 4,9; Tit 3,8
Wahrheitsbekräftigung
Luther setzte diese vier Wörter an das Ende der Auslegungen der einzelnen Artikel des Glaubensbekenntnisses in seinem »Kleinen Katechismus«

2. Timotheus

2,17 Ihr (der Verbreiter ungeistlichen Geschwätzes) **Wort frißt um sich wie der Krebs.**
Um sich fressen wie der Krebs = wuchern wie diese Krankheit

2,19 • **Der Herr kennt die Seinen.**
Davon das bekannte Lied von Philipp Spitta (1801–1859): »Es kennt der Herr die Seinen«

3,7 (Gewisse Frauen) **lernen immerdar und können nimmer zur Erkenntnis der Wahrheit kommen.** (alt)
Davon: immerdar lernen und nimmer (nicht) zur Erkenntnis der Wahrheit kommen = auf »ewige Studenten« ebenso angewandt wie auf Menschen, die sich (bewußt oder unbewußt) erkannter Wahrheit verschließen

3,8 (Die Irrlehrer) **sind Menschen mit zerrütteten Sinnen, untüchtig zum Glauben.** 1. Tim 6,5
Davon: (seelisch) zerrüttet = das Gefüge der Seele, der Zusammenhalt ist gestört oder zerstört

3,9 **Sie werden's die Länge nicht treiben.** (alt)
Davon sprachlich: auf die Länge = auf die Dauer

3,13 **Mit den bösen Menschen und Betrügern wird's je länger, desto ärger; sie verführen und werden verführt.**
Je länger, desto ärger = immer noch schlimmer (B); die negative Entwicklung verstärkt sich, wenn eine Sache andauert (H)
Sie verführen und werden verführt = die Verführenden geraten nur zu leicht in den Sog eines noch größeren Verführers

3,14 • **Bleibe in dem, was du gelernt hast und ... dir vertraut ist.** (alt)

3,15 (Du weißt ja,) ... **daß du von Kind auf die heilige Schrift kennst, die dich unterweisen kann ...** Röm 1,2
Von Kind auf = von frühester Jugendzeit an
Die Heilige Schrift = für die ersten Christen: das Altes Testament; später: Altes und Neues Testament = die Bibel

3,17 **Der Mensch Gottes sei vollkommen, zu allem guten Werk geschickt.**
Für seine Aufgabe ausgerüstet (B); für alles Gute aufgeschlossen und für die Durchführung begabt (H)

4,2 **Predige das Wort, steh dazu, es sei zur Zeit oder zur Unzeit.**
Ob die Situation dafür günstig erscheint oder auch nicht

2. Timotheus/Titus

4,3 **Nach ihren eigenen Gelüsten werden sie sich selbst Lehrer aufladen, nach denen ihnen die Ohren jücken.** (alt)
Lehrer, nach denen den Menschen die Ohren jücken = die ihnen sagen, was sie gerne hören wollen

4,5 **Tu das Werk eines evangelischen Predigers.** (alt)
Evangelisch = das Evangelium verkündigend (B); protestantisch; eigentlich: sich allein auf das Evangelium, die Gnadenbotschaft der Bibel (und nicht auf kirchliche Überlieferungen) stützend (H)

4,10 **Demas hat mich verlassen und diese Welt liebgewonnen.**
Diese Welt (wieder) liebgewinnen = aus dem Sprachschatz des Pietismus: nach einer einmal erfolgten Hinwendung zu Christus den Angeboten dieser Welt wieder den Vorrang einräumen

4,11 **Markus ... ist mir nützlich zum Dienst.**
Beurteilung eines Mitarbeiters

Der Brief an Titus

1,12 **Es hat einer von ihnen gesagt, ihr eigener Prophet: Die Kreter sind immer Lügner, böse Tiere und faule Bäuche.**
(Durch vieles Essen) träge Menschen

1,15 **Den Reinen ist alles rein.**
Davon: Dem Reinen ist alles rein = die Reinheit des Herzens läßt das Gemeine sich bei einem derartigen Menschen nicht als solches auswirken

3,4 **Als aber erschien die Freundlichkeit und Leutseligkeit Gottes, unseres Heilandes ...** (alt)
Leutselig = den Menschen zugetan (B); freundlich im Umgang mit Untergebenen und schlichten Menschen (H)

3,5 **(Gott) machte uns selig ... durch das Bad der Wiedergeburt und Erneuerung im heiligen Geist.** Mt 19,28
Das Neuwerden des gläubigen Menschen durch die Gnade Gottes (B); die Vorstellung von erneuter Geburt und erneutem Erdenleben Verstorbener (Seelenwanderung), religionsgeschichtlich weit verbreitet (H); die wörtliche Wiedergabe im Französischen: »Renaissance« = Stil, kulturelle Bewegung in Europa im Übergang vom Mittelalter zur Neuzeit

3,10 **Einen ketzerischen Menschen meide.**
Ketzer = jmd, der die rechte, evangeliumsgemäße Lehre nicht anerkennt (B); jmd, der von der offiziellen Kirchenlehre in entscheidenden Punkten abweicht; jmd, der öffentlich eine andere als die in bestimmten Angelegenheiten für gültig erklärte Meinung vertritt (H)

Der Brief an Philemon

2 (Paulus schreibt dem Philemon) **und dem Archippus, unserem Streitgenossen.** (alt)
Streitgenosse: Mitkämpfer bei der Ausbreitung des Evangeliums (B); Mitverfechter einer Lehre, einer Position; veraltet, heute zumeist: Mitstreiter (H)

15 o **Vielleicht war er** (Onesimus) **darum eine Zeitlang von dir getrennt, damit du ihn auf ewig wieder hättest.**
Oft benutzt als Begräbnistext bezüglich der Aussicht auf ein Wiedersehen im Himmel

Der 1. Brief des Petrus

1,5 **Ihr werdet bewahrt zur Seligkeit, die bereit ist, daß sie offenbart werde zu der letzten Zeit.** 1. Petr 1,20; Jud 18
Letzte Zeit = Ende der Zeit; Zeitspanne, die dem Ende der jetzt bestehenden Welt vorangeht

1,18 **Wisset, daß ihr nicht mit vergänglichem Silber oder Gold erlöst seid von eurem eitlen Wandel nach väterlicher Weise.** (alt) 1. Makk 15,33; Apg 22,3
Väterlich = vom Vater bzw den Vorvätern vererbt, überkommen (B); fürsorglich und voller Zuneigung (H)

1,19 (Ihr wißt, daß ihr erlöst seid) **mit dem teuren Blut Christi als eines unschuldigen und unbefleckten Lammes.**
Davon: unschuldig wie ein Lamm = absolut schuldlos
Davon: kein Unschuldslamm sein = nicht so makellos sein, wie es aussieht

1. Petrus

2,2	**Seid begierig nach der vernünftigen, lauteren Milch <u>als die jetzt geborenen</u> Kindlein.** (alt)
	Die lateinische Übersetzung »quasi modo geniti« gab dem ersten Sonntag nach Ostern den Namen: Quasimodogeniti
2,16	**Als die Freien, und nicht, als hättet ihr <u>die Freiheit zum Deckel der Bosheit</u>.** (alt)
	Die Freiheit als Deckel (Deckmantel) der Bosheit = mißbrauchte Freiheit, die man dazu benutzt, andere zu kränken oder ihnen zu schaden
2,18	**Ihr Sklaven, ordnet euch in aller Furcht den Herren unter, nicht allein den gütigen und freundlichen, sondern auch den <u>wunderlichen</u>.**
	Wunderlich = eigensinnig, launisch, mürrisch (B); vom Üblichen, Gewohnten, Erwarteten in befremdlicher Weise abweichend (H)
2,23	(Christus) **<u>stellte es dem heim</u>, der da recht richtet.** (alt)
	Heimstellen: durchgesetzt hat sich sprachlich die ältere Form »anheimstellen«: jmdm etw anheimstellen = jmdm etw zur Entscheidung, zur Erledigung überlassen
2,25	**Ihr wart wie die irrenden Schafe; aber ihr seid nun bekehrt zu dem <u>Hirten</u> und Bischof eurer <u>Seelen</u>.**
	Davon: Seelenhirt(e) = scherzhaft: Geistlicher
3,1	**Die Weiber sollen ihren Männern untertan sein, auf daß auch die, die nicht glauben an das Wort, durch der Weiber <u>Wandel ohne Wort</u> gewonnen werden.** (alt)
	Davon: Wandel ohne Worte = aus dem Sprachschatz des Pietismus: andere zum Glauben an Christus führen, ohne sie immerfort anzupredigen, und statt dessen durch entsprechende Lebensführung überzeugen
3,6	**... welcher** (Saras) **Töchter ihr geworden seid, so ihr wohltut und nicht so <u>schüchtern</u> seid.** (alt)
	Furchtsam, zaghaft; vgl: sich einschüchtern lassen (B); scheu, zurückhaltend; anderen gegenüber gehemmt (H)
3,7	**Ihr Männer, wohnet bei ihnen** (den Frauen) **mit Vernunft und gebet dem <u>weibischen</u> als dem <u>schwächsten Werkzeug</u> seine Ehre.** (alt)
	Davon wohl: das schwache Geschlecht = die Frauen; vgl in Shakespeares Hamlet: »Schwachheit, dein Nam(e) ist Weib!«

	Werkzeug im übertragenen Sinn: ein Mensch als williges Werkzeug eines anderen (B+H)
3,8	**Seid allesamt gleichgesinnt, <u>mitleidig</u>, brüderlich, barmherzig, demütig.**
	Am Leid anderer teilnehmend
3,9	**Vergeltet nicht Böses mit Bösem oder <u>Scheltwort</u> mit Scheltwort.** Sir 27,23
	Schimpfwort
4,3	**Es ist genug, daß ihr die vergangene Zeit zugebracht habt nach heidnischem Willen, als ihr ein Leben führtet in Ausschweifung, Begierden, <u>Trunkenheit</u>.** Sir 31,37
	Betrunkensein; davon etwa: Trunkenheit am Steuer
4,7	**Es ist nahe gekommen <u>das Ende aller Dinge</u>.**
	Das Ende der Welt
4,9	**Seid gastfrei untereinander ohne <u>Murmeln</u>.** (alt)
	Heimlich seiner Unzufriedenheit über etw Ausdruck geben (B); mit gedämpfter Stimme, meist nicht sehr deutlich, etw sagen, was oft nicht für die Ohren anderer bestimmt ist (H)
4,10	**Dient einander, ein jeder mit der <u>Gabe</u>, die er empfangen hat, als die <u>guten Haushalter</u> der mancherlei Gnade Gottes.** Röm 12,6; 1. Kor 7,7; 12,1.4; Eph 4,8 | 1. Mose 43,16; 1. Kor 4,1.2; Tit 1,7
	Davon wohl: für etw eine Gabe haben = eine in jmdm angelegte Befähigung besitzen
	Haushalter = Vorstand einer Haushaltung (einer fremden oder der eigenen); jmd der die Hauswirtschaft und -verwaltung (gut = haushälterisch) zu führen versteht (B); davon sprachlich: Haushälterin = weibliche Person, die berufsmäßig (meist für eine alleinstehende Person) den Haushalt besorgt (H)
5,5	**• Gott widersteht den Hoffärtigen, aber den Demütigen gibt er Gnade.** (alt)
5,8	**Der Teufel geht umher <u>wie ein brüllender Löwe</u> und sucht, wen er verschlinge.** Spr 19,12; Hes 22,25; Offb 10,3
	Ironische Bezeichnung für einen Menschen, der sich lautstark und unfreundlich als Autorität aufspielt

Der 2. Brief des Petrus

1,4	(Die allergrößten Verheißungen sind uns geschenkt,) **nämlich, daß ihr ... teilhaftig werdet der göttlichen Natur, so ihr flieht die vergängliche Lust der Welt.** (alt) 1.Joh 2,17
	Davon: Weltlust = Anziehungskraft dessen, was an irdischen Gütern und Verlockungen (1.Joh 2,16) angeboten wird
	Davon: Weltflucht = Abkehr, Lösung von diesem Angebot
1,5	**Wendet allen euren Fleiß daran ...** (alt)
	Alles an, auf etw wenden = sich für eine Sache mit allen Kräften einsetzen
1,19	**Um so fester haben wir das prophetische Wort.**
	Zeugnis der Bibel über die zukünftigen Dinge (B); auch: Aktualisierung der biblischen Botschaft für die jeweilige Situation (H)
1,21	**Es ist noch nie eine Weissagung aus menschlichem Willen hervorgebracht worden, sondern getrieben von dem heiligen Geist haben Menschen im Namen Gottes geredet.**
	Die lat. Übersetzung hat dafür die Formulierung: »Spiritu Sancto inspirati« = vom Heiligen Geist Inspirierte. In 2. Tim 3,16 heißt es: **Denn alle Schrift, von Gott eingegeben, ist nützlich zur Lehre, zur Zurechtweisung, zur Besserung, zur Erziehung in der Gerechtigkeit.** In der lat. Übersetzung: »Omnis scriptura divinitus inspirata« = alle von Gott eingegebene Schrift. Beide Stellen zusammen sind bestimmend für den Begriff »Verbalinspiration« = wörtliche Eingebung der Bibeltexte durch den Heiligen Geist
	Davon: Inspiration = schöpferischer Einfall, Gedanke; plötzliche Erkenntnis, erhellende Idee, die jmdn, besonders bei einer geistigen Tätigkeit, weiterführt (H)
2,14a	(Die Irrlehrer) **haben Augen voll Ehebruch.**
	Wohl im Zusammenhang zu sehen mit Jesu Wort: »Wer eine Frau ansieht, sie zu begehren, der hat schon mit ihr die Ehe gebrochen in seinem Herzen« (Mt 5,28)
2,14b	(Die Irrlehrer) **haben ein Herz durchtrieben mit Geiz.** (alt)
	Durch und durch erfüllt von etw (B); in allen Listen und Kniffen erfahren (H)

2,17	(Die Irrlehrer) sind **Brunnen ohne Wasser.**
	Gleichnis für Nutzlosigkeit, wo man Nutzen erwarten könnte
2,18	(Die Irrlehrer) **reden stolze Worte, da nichts hinter ist.** (alt)
	Von Luther aufgegriffene deutsche Wendung (griech. »nichtige Reden«); davon: es ist (steckt) nichts dahinter = es ist ohne Inhalt, ohne Bedeutung
2,22	**Die Sau wälzt sich nach der Schwemme wieder im Kot.** (alt)
	Bedeutet: nach der Erkenntnis der göttlichen Wahrheit wieder in Irrlehre verfallen (B); sich nach der Reinigung sofort wieder beschmutzen; nach kurzer Reue und Besserung wieder dem alten Laster verfallen (H)
3,9	**Der Herr verzieht nicht die Verheißung, wie es etliche für einen Verzug achten.** (alt)
	Verzögerung, Rückstand in der Ausführung, Durchführung von etw, in der Erfüllung einer Verpflichtung; davon sprachlich: Verzugszinsen = Zinsen, die ein Schuldner bei verspäteter Rückzahlung zu entrichten hat
3,13	•**Wir warten auf einen neuen Himmel und eine neue Erde …, in denen Gerechtigkeit wohnt.**

Der 1. Brief des Johannes

1,9	**So wir unsre Sünde bekennen, so ist er** (Gott) **getreu und gerecht, daß er uns die Sünde vergibt und reinigt uns von aller Untugend.** (alt)
	Jederlei Gottes Gebot widersprechende Lebensweise (B); schlechte Eigenschaft; üble Gewohnheit oder Neigung (H)
1,10	**Wenn wir sagen, wir haben nicht gesündigt, so machen wir ihn** (Gott) **zum Lügner.**
	Davon: jmdn zum Lügner machen = jmdn als unwahrhaftig hinstellen
2,1	**Wenn jemand sündigt, so haben wir einen Fürsprecher bei dem Vater, Jesus Christus.**
	Jmd, der für einen anderen spricht, eintritt; Anwalt (B); jmd, der eines anderen Wünsche und Interessen bei einem Dritten vertritt (B+H)

1. Johannes

2,15	**Habt nicht lieb die Welt.**
	Davon im pietistischen Sprachschatz: Weltliebe = Abhängigkeit von dem, was an irdischen Gütern angeboten wird
2,16	**Alles, was in der Welt ist, des Fleisches Lust und der Augen Lust und hoffärtiges Leben, ist nicht vom Vater, sondern von der Welt.**
	Fleischeslust = das Lustprinzip als Lebensmaxime ansehen (B); sinnliche Begierde (H)
	Augenlust = das Begehren dessen, was den Augen gefällt (B); etwas, was die Augen erfreut (H)
2,18a	**Kinder, es ist die letzte Stunde!**
	Davon wohl, im Zusammenhang mit Sir 11,19: jmds letzte Stunde hat geschlagen = sein Tod, Untergang ist nahe
2,18b	**Wie ihr gehört habt, daß der Antichrist kommt, so sind nun schon viele Antichristen gekommen.** 1.Joh 2,22; 4,3; 2.Joh 7
	Luther übersetzt: »Widerchrist« und »Endechrist«. In den nachlutherischen Textüberschriften taucht schon früh »Antichrist« als wörtliche Adaption des griechischen Urtextwortes *antichristos* auf. Antichrist = der am Ende dieser Weltzeit agierende Gegenspieler Christi
2,20	**Ihr habt die Salbung von dem, der heilig ist.**
	2. Mose 40,15; 1.Joh 2,27
	Salbung mit dem Heiligen Geist = Belehrung und Führung durch ihn
	Davon: salbungsvoll = geisterfüllt, auf das Reden bezogen (B); zunehmend ironisch = übertrieben würdevoll-feierlich (H)
3,8	**Dazu ist erschienen der Sohn Gottes, daß er die Werke des Teufels zerstöre.**
	Davon: Teufelswerk = Vorgang, Tätigkeit, wohinter der Teufel steckt oder stecken soll
3,10	**Wer nicht recht tut, der ist nicht von Gott, und wer nicht seinen Bruder liebhat.** 1.Joh 2,10; 4,21
	Davon: Bruderliebe = Liebe der Nachfolger Jesu zueinander (B); Liebe zu leiblichen Brüdern (H)
	Die in Offb 3,7 erwähnte Stadt Philadelphia (= Bruderliebe) ist nach ihrem Gründer Attalus II. Philadelphos von Pergamon (159–138 v. Chr.) benannt
5,19	**Die ganze Welt liegt im argen.**

Im argen liegen = in einem schlimmen, vom Bösen bestimmten Zustand sein (B); in Unordnung, in verworrenem, ungeordnetem Zustand sein (H)

Der Brief an die Hebräer

1,6 **Da er** (Gott) **einführte den Erstgeborenen in die Welt ...** (alt)
Einführen = in eine Stellung oder Aufgabe einsetzen und in dieser Funktion vorstellen (B); jmdn in offizieller Form bekannt machen, in einem bestimmten Personenkreis vorstellen, mit der zukünftigen Arbeit vertraut machen, einweisen (H)

1,14 **Sind sie** (die Engel) **nicht allesamt dienstbare Geister?**
Dienstbare Geister = scherzhaft: zu Dienstleistungen bereite Menschen

2,13 **Ich will mein Vertrauen auf ihn** (Gott) **setzen.**
Bar 3,17; 2. Kor 1,9
Das Vertrauen auf jmdn, etw setzen = von jmdm Hilfe erwarten und von seiner Fähigkeit und Willigkeit dazu fest überzeugt sein (B); von der Zuverlässigkeit von jmdm, etw völlig überzeugt sein (H)

4,12 **Das Wort Gottes ist ... schärfer als jedes zweischneidige Schwert und dringt durch, bis es scheidet Seele und Geist, auch Mark und Bein.** 1. Mose 34,26; Hebr 11,34; Offb 1,16
Davon vielleicht: scharf wie ein Schwert
Davon: durch Mark und Bein gehen = erschütternd, erschreckend bis ins Innerste dringen; als besonders unangenehm, als quälend laut empfunden werden; vgl: bis ins Mark = in einer Weise, daß die Wirkung innerste seelische Bezirke erreicht

4,16 **... daß wir Barmherzigkeit empfangen und Gnade finden auf die Zeit, wenn uns Hilfe not sein wird.** (alt)
Hilfe ist (tut) not = Feststellung, daß Beistand (dringend) erforderlich ist

5,12 **Die ihr solltet längst Meister sein, bedürft ihr wiederum, daß man euch die ersten Buchstaben der göttlichen Worte lehre.** (alt)
Davon: jmdm die ersten Buchstaben einer Sache beibringen = ihn in die Anfangsgründe einer Sache einweisen

Hebräer

6,7	**Die Erde, die ... <u>bequemes</u> Kraut trägt denen, die sie bebauen, empfängt Segen von Gott.** (alt)
	Bequem = passend, geeignet (B); angenehm, keinerlei Beschwerden verursachend; leicht, mühelos; jeder Anstrengung abgeneigt (H)
6,16	**<u>Der Eid macht ein Ende allen Haders.</u>** (alt)
	Meint: der Eid (eines Zeugen) beendet alle Mutmaßungen über einen strittigen Vorgang
6,19	(Die Hoffnung) **haben wir als einen sicheren und festen <u>Anker</u> unsrer Seele.**
	Vgl: Rettungsanker = in übertragenem Sinne: Mensch oder Gegebenheit, an die man sich in einer schwierigen Situation klammern kann
6,20	**Dahinein** (ins Allerheiligste) **ist der <u>Vorläufer</u> für uns gegangen, Jesus.**
	Jmd, der den Weg bahnt, bereitet (B); jmd, dessen Schaffen eine später entwickelte Idee oder Form, ein später auftretendes Ereignis in den Grundzügen bereits erkennen läßt, für eine spätere Entwicklung wegbereitend ist (H)
7,4	**Wie groß ist der, dem auch Abraham, der <u>Patriarch</u>, den Zehnten gibt.** (alt)
	Urahn des Volkes Israel, sonst: Erzvater, auch in der Mehrzahl (Apg 2,29; 7,8) (B); Mann, der im familiären oder ähnlichen Bereich seine Autorität geltend macht (H)
9,21	**Die Stiftshütte und alle Geräte für den <u>Gottesdienst</u> besprengte er** (Mose) **... mit Blut.** Phil 2,17
	Für »Gottesdienst« findet sich hier im Griechischen *leitourgia;* davon: Liturgie = offiziell festgelegte Form christlicher Gottesdienste; in den evangelischen Kirchen – teilweise verengt – Teil des Gottesdienstes, bei dem Geistlicher und Gemeinde im Wechsel bestimmte Textstücke singen oder sprechen
10,7	**<u>Im Buch steht ... von mir geschrieben.</u>** (alt)
	2. Chr 25,4; Ps 40,8; Lk 3,4; Apg 7,4
	Davon oder von ähnlichen Stellen wohl: sein, wie jmd, etw im Buch steht = genau so sein, wie man sich ihn vorstellt
10,24	**Lasset uns untereinander unser selbst wahrnehmen mit <u>Reizen</u> zur Liebe und guten Werken.** (alt) Röm 11,14

Vgl: Anreiz = Antrieb (B); etw, was jmds Interesse erregt, ihn motiviert, etw zu tun (H)

10,25 (Laßt uns) **nicht verlassen unsre <u>Versammlungen</u>.**

Ps 26,12; Am 5,21; Jak 2,2

Versammlung = Zusammenkunft, Beisammensein mehrerer, meist einer größeren Anzahl von Personen zu einem bestimmten Zweck; im Raum des Pietismus: gottesdienstliche Zusammenkunft

Davon: Christliche Versammlung = Bezeichnung für die freikirchliche Gruppierung der Darbysten

11,1 • **Es ist der Glaube eine feste Zuversicht auf das, was man hofft, und ein Nichtzweifeln an dem, was man nicht sieht.**

11,9 **Durch den Glauben ist er** (Abraham) **ein Fremdling gewesen in dem <u>verheißenen Lande</u>.**

Davon: Gelobtes Land (»gelobt« von »Gelöbnis« = Versprechen): Palästina als Land der biblischen Verheißung

11,25 (Mose) **erwählte viel lieber, mit dem Volk Gottes <u>Ungemach</u> zu leiden, denn die zeitliche Ergötzung der Sünde zu haben.** (alt)

Störung der »Gemächlichkeit« (Ruhe); Unannehmlichkeit, Bedrängnis, Verfolgung (B); Unglück, Übel, Beschwernis (H)

11,26 (Mose) **hielt die <u>Schmach Christi</u> für größeren Reichtum als die Schätze Ägyptens.**

Steht für Schwierigkeiten und Verachtung, die den Christen in der Nachfolge seines Herrn erwarten

11,30 **Durch den Glauben <u>fielen die Mauern</u> Jerichos.** Jos 6,20

Fielen = fielen ein; bildlich: Mauern fallen = Trennendes wird beseitigt

12,1 • **Lasset uns laufen durch Geduld in dem Kampf, der uns <u>verordnet</u> ist.** (alt) 1. Mose 41,34; Jer 52,34

Verordnen = von höherer Stelle zur Erledigung bestimmen (B); als Arzt bestimmte Maßnahmen für einen Patienten festlegen (H)

12,2 (Laßt uns) **aufsehen auf Jesus, den <u>Anfänger</u> und Vollender des Glaubens.** (alt) Hebr 2,10

Jesus als der, der den Seinen auf dem Weg des Glaubens vorangeht (B); jmd, der am Beginn einer Ausbildung oder Tätigkeit steht (H)

Hebräer

12,3 **Gedenkt an den, der ein solches <u>Widersprechen</u> von Sündern wider sich erduldet hat.** (alt) Apg 28,22; Röm 10,21; Tit 1,9
Den Gehorsam verweigern (B); eine Äußerung als unzutreffend bezeichnen und Gegenargumente vorbringen; einer Sache nicht zustimmen, gegen eine Sache Einspruch erheben (H)

12,4 **Ihr habt noch nicht <u>bis aufs Blut widerstanden</u> im Kampf gegen die Sünde.**
Bis aufs Blut widerstehen = sich einer Entwicklung unter ganzem Einsatz des Lebens entgegenstemmen

12,6 ○ **Wen der Herr liebhat, den züchtigt er.** Spr 3,12

12,8 **Seid ihr ohne Züchtigung, ... so seid ihr <u>Bastarde</u> und nicht Kinder.** (alt)
Bastard = im Ehebruch gezeugtes Kind (B); früher: uneheliches Kind eines Adligen und einer nicht standesgemäßen Frau; heute: als minderwertig empfundener Mensch (H)

12,9 **Wenn unsre <u>leiblichen</u> Väter uns gezüchtigt haben ...**
Lk 3,22; Jak 1,23
Leiblich = von jmdm abstammend, blutsverwandt; körperlich, den Körper betreffend (B+H); Gegensatz zu »geistlich«: vgl Joh 11,13; Röm 15,27; 1. Kor 9,11; 1. Tim 4,8 (B)

12,17 **(Esau) fand <u>keinen Raum zur Buße</u>, obwohl er sie mit Tränen suchte.**
Kein Raum zur Buße = nicht (mehr) angenommene Reue, so daß Geschehenes nicht mehr zu ändern ist (1. Mose 27,34.38) (B); Mangel an Sinnesänderung (H)

13,7 • **Ihr (eurer Lehrer) Ende schaut an und folgt ihrem Glauben nach.**

13,8 • **Jesus Christus gestern und heute und derselbe auch in Ewigkeit.**

13,14 • **Wir haben hier keine bleibende Stadt, sondern die zukünftige suchen wir.**

13,21 **(Der Gott des Friedens) <u>mache</u> euch <u>fertig</u> in allem guten Werk.** (alt)
Fertigmachen = zubereiten (B); vollenden; in schärfstem Ton zurechtweisen, abkanzeln, zermürben (H)

Der Brief des Jakobus

1,8	○ Ein Zweifler ist unbeständig auf allen seinen Wegen.
1,17	Alle <u>gute Gabe</u> und alle vollkommene Gabe <u>kommt von oben herab</u>, von dem Vater des Lichts.
	Davon scherzhaft bei Regen: Alles Gute kommt von oben
1,19	● Ein jeder Mensch sei schnell zum Hören, langsam zum Reden, langsam zum Zorn.
1,20	● Des Menschen Zorn tut nicht, was vor Gott recht ist.
1,22	Seid Täter des Wortes und nicht Hörer allein, womit ihr euch <u>selbst betrügt.</u> (alt) 1. Kor 3,18; Gal 6,3; 1. Joh 1,8
	Davon vielleicht: Selbstbetrug = das Nichteingestehen einer Tatsache vor sich selber
1,26	Wenn jemand meint, er diene Gott, und <u>hält seine Zunge nicht im Zaum</u> ..., so ist sein Gottesdienst nichtig.
	Die Zunge im Zaum halten = vorsichtig, beherrscht in seinen Äußerungen sein
2,13	Es wird ein <u>unbarmherziges Gericht</u> über den ergehen, der nicht Barmherzigkeit getan hat.
	Gericht, das die eigenen Verfehlungen voll anrechnet
2,16	(Wenn ein Bruder oder eine Schwester Mangel hätte und) jemand unter euch spräche zu ihnen: Gott <u>berate</u> euch ... (alt)
	Beraten = versorgen, ausstatten (B); einen Rat geben; gemeinsam überlegen (H)
3,5	○ Die Zunge ist ein kleines Glied und richtet große Dinge an. Siehe, ein kleines Feuer, welch einen Wald zündet's an!
3,8	Die Zunge kann kein Mensch zähmen, das <u>unruhige Übel</u>.
	Davon: unruhiges Übel = ein Kind, das nicht Ruhe gibt
3,15	Das ist nicht die Weisheit, die von oben herabkommt, sondern sie ist irdisch, niedrig und <u>teuflisch</u>.
	Vom Satan veranlaßt, eingegeben (B); äußerst bösartig und grausam; das Leid, den Schaden eines anderen bewußt, boshaft herbeiführend und sich daran freuend (H)
	Vom Wort des griechischen Urtextes *daimoniodes* oder direkt von

Jakobus

»Dämon« kommt unser Begriff »dämonisch« = eine unwiderstehliche, unheimliche Macht ausübend; übernatürlich, teuflisch

3,17 **Die Weisheit von oben her ist ... <u>unparteiisch</u>.**
Neutral zwischen streitenden Menschen oder Gruppen stehend, ohne sich mit einer Seite zu identifizieren oder sie zu begünstigen; davon: Unparteiischer = Schiedsrichter

4,4 • **Freundschaft mit der Welt ist Feindschaft mit Gott.**

4,8 • **Naht euch zu Gott, so naht er sich zu euch.**

4,12 **Einer ist der <u>Gesetzgeber</u> und Richter, der selig machen und verdammen kann.**
Jmd, der die Macht hat, Gesetze zu erlassen (B); von der Verfassung bestimmtes Staatsorgan, das Gesetze erläßt (H)

4,15 **<u>So der Herr will und so wir leben, wollen wir dies oder das tun.</u>** (alt)
Davon: sub conditione Jacobea = unter der Jakobäischen Voraussetzung; unter der Voraussetzung, daß ein Plan durchgeführt werden kann
Davon: so der Herr will = Einfügung in Rede und Schrift, um die Abhängigkeit eigener Pläne von Gottes Absichten deutlich zu machen; oft nur floskelhaft gebraucht; auch: will's Gott ... (siehe auch Apg 18,21)

4,17 **<u>Wer nun weiß, Gutes zu tun, und tut's nicht, dem ist's Sünde.</u>**
Davon wohl: Unterlassungssünde = was man mit oder ohne Absicht zu tun versäumt hat, obwohl es möglich gewesen wäre

5,1 **Weint und <u>heult</u> über das <u>Elend</u>, das über euch kommen wird!**
Davon: das heulende Elend haben, kriegen = sich zutiefst unglücklich fühlen, niedergeschlagen sein

5,8 **Die <u>Zukunft</u> des Herrn ist nahe.** (alt)
Ankunft (nämlich Wiederkunft Jesu) (B); Zeit, die noch bevorsteht (H)

5,9 **Seufzt nicht widereinander, liebe Brüder.**
Widereinander seufzen = unwillig übereinander sein

5,10 **Nehmt ... <u>zum Exempel</u> des Leidens und der Geduld die Propheten.** (alt)
Exempel = Beispiel; zum Exempel nehmen = zum Vorbild nehmen

5,16 **Betet füreinander, daß ihr gesund werdet.**
Davon bzw von der entsprechenden Praxis: gesundbeten = jmds Krankheit durch das Sprechen von Gebeten und Sprüchen vermeintlich behandeln; ein Problem, anstatt es mit geeigneten Mitteln anzugehen, durch Worte und Beschwörungen schönreden

Der Brief des Judas

12 **Diese Unfläter prassen von eurem Almosen ohne Scheu.** (alt)
Der griechische Urtext bringt hier das Wort *agapai* (»bei euren Liebesmählern«). Davon: Agape = abendliches Liebesmahl der christlichen Gemeinde des 1. Jahrhunderts; heute da und dort in verschiedenen Formen wieder aufgenommen

Die Offenbarung des Johannes

Vorbemerkung zur Offenbarung: Als Verfasser stellt sich in Offb 1,1.4.9.19 ein Johannes vor, der von der kirchlichen Tradition als Apostel und Jesusjünger (Mt 4,21) identifiziert wird.

1,1 **Dies ist die Offenbarung Jesu Christi.**
Auf übernatürlichem Weg stattfindende Mitteilung göttlicher Wahrheiten (B); Bekanntwerden einer bisher verborgenen Sache; scherzhaft auch Bezeichnung für etw hervorragend Gutes: das Essen war eine Offenbarung (H)
Das griechische Wort für das letzte Buch der Bibel ist *apokalypsis* = Enthüllung. Apokalypse bedeutet heute: Untergang, Unheil, Grauen

1,4 **Johannes den sieben Gemeinen in Asia ...** (alt)
2. Mose 12,3; Ps 1,5; Apg 2,47; Röm 16,5; Eph 1,22; Jak 5,14
Gemeine, davon: Gemeinde = im Alten Bund: die Versammlung des ganzen Volkes Israel; im Neuen Bund: die Christen insgesamt; die Christen einer Ortsgemeinde (B); unterste Verwaltungseinheit einer Religionsgemeinschaft; Teilnehmer eines Gottesdien-

stes; unterste Verwaltungseinheit eines Staates; die Bewohner einer Gemeinde; eine Gruppe von Menschen mit gleichen geistigen Interessen (H)

Eine evangelische Freikirche, die »Herrnhuter Brüdergemeine«, nimmt die Schreibung »Gemeine« bis heute für den Namen ihrer Denomination in Anspruch

Asia: Asien = die römische Provinz, die das westliche Kleinasien umfaßt (B); der gesamte Erdteil (H)

1,8 **Ich bin das A und das O, spricht Gott der Herr.**
A und O (Anfangs- und Endbuchstabe des griechischen Alphabets, Alpha und Omega) = die Hauptsache, das Wesentliche, das Wichtigste, der Kernpunkt. Davon, entsprechend unserem deutschen Alphabet: von A bis Z = von Anfang bis Ende, ohne Ausnahme

1,10 **Ich war im Geist an des Herrn Tag.** (alt)
Tag des Herrn = Tag, der an die Auferstehung Jesu erinnert: Sonntag

2,4 Aus dem Sendschreiben an die Gemeinde in Ephesus: **Ich habe gegen dich, daß du die erste Liebe verläßt.**
Die bei der Glaubensentscheidung für Christus vorhandene innige Verbindung mit ihm (B); erstmals erlebte, im Gefühl begründete Zuneigung zwischen zwei Menschen (H)

2,10 •Aus dem Sendschreiben an die Gemeinde in Smyrna: **Sei getreu bis an den Tod, so will ich dir die Krone des Lebens geben.**
Davon: treu bis in den Tod = einem Menschen, einer Idee, einer Aufgabe unverbrüchlich bis ans Lebensende verbunden

2,27 Aus dem Sendschreiben an die Gemeinde in Thyatira: (Wer überwindet,) **soll sie** (die Heiden) **weiden mit einer eisernen Rute.** (alt)
Davon: mit eiserner Rute (regieren) = hart, rücksichtslos (regieren)

3,11 •Aus dem Sendschreiben an die Gemeinde in Philadelphia: **Siehe, ich komme bald; halte, was du hast, daß niemand deine Krone nehme!** Hiob 19,9
Davon wohl: jmdm die Krone rauben = ihn seines Ansehens berauben, ihn demütigen

3,15.16 Aus dem Sendschreiben an die Gemeinde in Laodizea: **Ich kenne deine Werke, daß du weder kalt noch warm bist ...**

Offenbarung

Weil du aber <u>lau</u> bist ..., werde ich dich ausspeien aus meinem Munde.

Lau = weder kalt noch warm; in nicht einschätzbarer Weise unsicher, unentschlossen, halbherzig

3,18 Aus dem Sendschreiben an die Gemeinde in Laodizea: **Ich rate dir, daß du ... von mir kaufest ... weiße Kleider, daß du dich antust und nicht <u>offenbart</u> werde <u>die Schande deiner Blöße</u>.** (alt) Offb 16,15

Davon wohl: sich eine Blöße geben = seine schwache Stelle für andere sichtbar machen

3,20 • Aus dem Sendschreiben an die Gemeinde in Laodizea: **Siehe, ich stehe vor der Tür und <u>klopfe an</u>.**

Hld 5,2; Jdt 14,9; Mt 7,7; Lk 12,36

Anklopfen = Einlaß erbitten (B); übertragen: bei jmdm vorsichtig um etw bitten, wegen etw fragen (H)

4,8 (Die vier Gestalten vor dem Thron) **hatten <u>keine Ruhe Tag und Nacht</u>.**

Davon: Tag und Nacht keine Ruhe = rund um die Uhr in Anspruch genommen

5,1 **Ich sah in der rechten Hand dessen, der auf dem Stuhl saß, ein <u>Buch</u>, geschrieben <u>inwendig und auswendig</u>, versiegelt mit sieben Siegeln.** (alt)

2. Mose 27,8; Mt 7,15; Röm 2,29; 7,22; Eph 3,16

Davon: ein Buch mit sieben Siegeln = unverständlich, nicht durchschaubar

Vgl: jmdm etw unter dem Siegel der Verschwiegenheit mitteilen = etw mitteilen unter der Voraussetzung, daß es nicht weitergesagt wird

Davon: jmdn in- und auswendig kennen = jmdn umfassend kennen

Auswendig = die äußere, sichtbare Seite eines Menschen oder einer Sache (B); ohne Vorlage, aus dem Gedächtnis (H)

Inwendig = sich auf der Innenseite, im Innern befindend; die Gedankenwelt eines Menschen betreffend (B+H)

6,1 **Ich hörte eine der vier Gestalten sagen wie mit einer <u>Donnerstimme</u>: Komm!**

Sehr laute, dröhnende Stimme

6,2-8 Davon: die vier <u>Apokalyptischen Reiter</u> = sie versinnbildlichen

Offenbarung

Pest, Krieg, Hungersnot und Tod und damit die elementaren Gefahren, die die Menschheit seit eh und je bedrohen

6,4 **Dem, der darauf** (auf dem feuerroten Pferd) **saß, wurde Macht gegeben, den Frieden von der Erde zu nehmen.**
Hinweis auf globale kriegerische Auseinandersetzungen

7,10 **Sie** (die Schar, die niemand zählen konnte) **schrien mit großer Stimme und sprachen: Heil sei dem, der auf dem Stuhl sitzt, unserm Gott und dem Lamm.** (alt)
Preisender Zuruf für den allmächtigen Gott und seinen Sohn, den Erlöser der Welt (B); als Gruß- oder Wunschformel für irdische Herrscher und Befehlshaber (Heil Hitler!) oder unter Sportsfreunden (Ski Heil, Petri Heil) (H)

8,2 **Ich sah sieben Engel, die da traten vor Gott.** (alt)

Jer 7,10; Röm 11,2

Vor Gott treten = vor Gottes Thron treten; im Tempel im Gebet sich an Gott wenden (B); Gott anrufen, ihm im Gebet begegnen (H)

8,6 **Die sieben Engel mit den sieben Posaunen hatten sich gerüstet zu blasen.**
Davon: Posaunenengel = pausbäckiger, posauneblasender Engel als beliebter Schmuck der Kirchenorgel in der Barockzeit; pausbäckiger Mensch, vor allem Kind
Davon wohl: die Engelstrompete = eine Stechapfelart in Brasilien; bis 5 m hoher, baumartiger Strauch mit trichterförmigen Blüten

10,9 (Der Engel) **sprach zu mir: Nimm hin** (das Büchlein) **und verschling's. Und es wird dich im Bauch grimmen.** (alt)
Davon: ein Buch verschlingen = es voller Spannung (schnell) durchlesen
Davon sprachlich: Bauchgrimmen = Leibschmerzen

12,9 **Es wurde hinausgeworfen der große Drache, die alte Schlange.** Offb 20,2
Davon scherzhaft: Drache = zänkische Frau
Davon: alte Schlange = weibliche Person, die sich wiederholt als falsch, hinterlistig, heimtückisch erwiesen hat

13,10 ○ **Hier ist Geduld und Glaube der Heiligen!**

13,18 **Wer Verstand hat, der überlege die Zahl des Tieres; denn es ist die Zahl eines Menschen, und seine Zahl ist sechshundertundsechsundsechzig.**

Offenbarung

666 = symbolhafte Zahl für die extreme Erscheinungsform der gottwidrigen Macht in der Endzeit

14,1 **Das Lamm stand auf dem Berg Zion und mit ihm <u>Hundertvierundvierzigtausend</u>, die hatten seinen Namen und den Namen seines Vaters geschrieben auf ihrer Stirn.** Offb 7,4
144000 = symbolhafte Zahl für das auserwählte Gottesvolk (12 × 12000)

14,8 **Sie ist gefallen, sie ist gefallen, <u>Babylon</u>, die große Stadt; denn sie hat mit dem Zorneswein ihrer <u>Hurerei</u> getränkt alle Völker.** Offb 18,2.3
Davon: Babel, auch Sündenbabel = von Unmoral, vor allem auf sexuellem Gebiet, geprägter Ort

14,13 **<u>Selig sind die Toten, die in dem Herrn sterben</u> von nun an. Ja, spricht der Geist, sie sollen ruhen von ihrer Mühsal; denn <u>ihre Werke folgen ihnen nach</u>.**
Biblische Vorlage für die von der Katholischen Kirche geübte Seligsprechung Verstorbener, die fromm gelebt haben
Davon: »selig« für Verstorbene: mein Großvater selig; mein seliger Mann = mein verstorbener Mann; oder einfach »mein Seliger«; bis an sein seliges Ende = bis zum Tod (Märchenschluß); Gott hab ihn selig = Wunsch für einen Verstorbenen, eher als Redensart gebraucht, wenn ein Verstorbener in irgendeinem Zusammenhang erwähnt wird

14,17 **Ein andrer Engel ging aus dem Tempel im Himmel, der hatte eine scharfe <u>Hippe</u>.** (alt)
Klappmesser mit geschwungener Klinge, in allegorischen bildlichen Darstellungen: Sense als Attribut des Todes

16,1 Stimme aus dem himmlischen Tempel, gerichtet an die sieben Engel: **Geht hin und gießt aus die sieben <u>Schalen des Zornes</u> Gottes auf die Erde!**
Davon: die Schalen seines Zornes oder Spottes über jmdn ausgießen = jmdn seinen Zorn, Spott spüren lassen, jmdn verhöhnen

16,7 •**Ja, Herr, allmächtiger Gott, deine Gerichte sind wahrhaftig und gerecht.**

16,10 Bei der Ausgießung der Zornschalen: **Die Menschen <u>zerbissen ihre Zungen</u> vor Schmerzen.**
Davon vielleicht: sich auf die Zunge beißen = an sich halten, um

Offenbarung

etw Bestimmtes nicht zu sagen; sich eher, lieber die Zunge abbeißen (als etw zu sagen) = unter keinen Umständen bereit sein, ein Wissen preiszugeben

16,16 **(Der Drache) versammelte sie** (die Könige der Erde) **an einen Ort, der heißt auf hebräisch <u>Harmagedon</u>.**
Ort der Endschlacht zwischen den finsteren Mächten und Christus

17,6 **Ich sah die Frau** (die Hure Babylon) **betrunken ... von dem <u>Blut der Zeugen</u> Jesu.** Apg 22,20
Davon: Blutzeuge = Märtyrer

20,2 **(Ein Engel vom Himmel) ergriff den Drachen, die alte Schlange, das ist der Teufel und der Satan, und fesselte ihn für <u>tausend Jahre</u>.**
Davon: das Tausendjährige Reich = Zeit, in der der Satan gebunden ist und Christus auf dieser Erde regiert; auch Millennium genannt
Tausend: griechisch *chilia;* davon: Chiliasmus = Lehre von der Erwartung des Tausendjährigen Reiches nach der Wiederkunft Christi

20,3 **Danach muß er** (der <u>Teufel</u>) **<u>losgelassen</u> werden eine kleine Zeit.**
Davon: Der Teufel ist los = es gibt Streit, Aufregung, Lärm

20,6 **Selig ist der und heilig, der teilhat an der <u>ersten Auferstehung</u>.**
Erste Auferstehung = die Auferweckung der an Christus Glaubenden vor der allgemeinen Auferstehung der Toten; auch in 1. Kor 15,23.24 und 1. Thess 4,16.17 mit anderer Formulierung bezeugt

20,7.8 **Wenn die tausend Jahre vollendet sind, wird der Satan losgelassen werden aus seinem Gefängnis und wird ausziehen, zu verführen die Völker an den vier Enden der Erde, <u>Gog und Magog</u>.** Hes 38,2; 39,1.6
Im Alten Testament = Gog politischer und militärischer Führer dreier Völker im Land Magog; im Neuen Testament = Gog und Magog als Führer des Satansheeres gegen das Volk Gottes (B); symbolisch für die entscheidenden antichristlichen Mächte am Ende dieser Zeit (H)

20,12 **Und ich sah die Toten, groß und klein, <u>stehen vor dem</u>**

> Thron, und <u>Bücher wurden aufgetan</u>. Und ein anderes <u>Buch wurde aufgetan</u>, welches ist das Buch des Lebens.
>
> Dan 7,10
>
> Vor dem Thron stehen: davon (in Verbindung mit 8,2 und ähnlichen Stellen): (einmal) vor Gott treten = in der Ewigkeit vor Gott Rechenschaft abzulegen haben oder – nach Menschenmeinung – Rechenschaft von ihm fordern
>
> Bücher aufgetan: davon vielleicht: ein aufgeschlagenes (offenes) Buch für jmdn sein = einem anderen ganz vertraut sein, so daß er meine innersten Regungen kennt

21,2.3 **Ich, Johannes, sah die heilige Stadt, das neue Jerusalem, von Gott <u>aus dem Himmel herabfahren</u>, zubereitet als** (wie) **eine geschmückte <u>Braut</u> ihrem Mann.** (alt)

> Davon wohl: Himmelsbraut = in der Katholischen Kirche: die Nonne

21,5 o Gott auf dem Thron in der Schau der Endvollendung: **Siehe, ich mache alles neu!**

21,10 (Ein Engel) **zeigte mir die große Stadt, <u>das heilige Jerusalem</u>, herniederfahren aus dem Himmel von Gott.** (alt)

> Heiliges Jerusalem = die himmlische, von Gott neu geschaffene und zu seinem Wohnsitz unter den Menschen bestimmte Stadt (B); aus dem Blickwinkel dreier Religionen – Judentum, Christentum, Islam – die bedeutungsvollste aller irdischen Städte (H)

Einteilung der Bibel in <u>Kapitel</u>

> Kapitel: davon: kapitelfest = jmd, der die Kapitel der Bibel zitieren kann; jmd, der in einem Wissensbereich sattelfest ist; auch: bei guter Gesundheit
>
> Kapiteln = ursprünglich: jmdm Kapitel aus der Bibel vorlesen und hieran ermahnende Reden anschließen; jmdn zurechtweisen, schelten

*Teil II
Suchregister von A bis Z*

SUCHREGISTER ZUM STAMMTEIL

Über den Aufbau des Registers informiert die Einführung Seite 13. Die Verweise gehen nicht auf Buchseiten, sondern auf Bibelstellen, wie sie im Stammteil in der Reihenfolge der biblischen Bücher ausgedruckt und erläutert sind. Die für die biblischen Bücher verwendeten Abkürzungen werden auf den Seiten 16–18 aufgeschlüsselt; dort sind auch die Seitenzahlen des jeweiligen Buchbeginns angegeben.

A

A A und O   Offb 1,8
— von A bis Z   Offb 1,8
aronitisch A. Segen   4.Mose 6,24-26
Aas faules A.   Hiob 13,28
— wo (ein) A. ist, da sammeln sich die Geier   Mt 24,28
Abba A., lieber Vater!   Röm 8,15
abbeißen sich eher (lieber) die Zunge a.   Offb 16,10
Abbitte A. leisten   Jes 47,3
abbrechen a. hat seine Zeit   Pred 3,3
— einen Zaun a.   Eph 2,14
Abel wo ist dein Bruder A.?   1.Mose 4,9a
Abend da ward aus A. und Morgen der erste Tag   1.Mose 1,5
— es kann vor A. anders werden, als es am Morgen war   Sir 18,26
— es will A. werden   Lk 24,29
— tu deine Hand des A.s nicht ab   Pred 11,6
— um den A. wird es licht sein   Sach 14,7
Abendmahl   Jdt 12,11; Mt 26,26-28

— darauf das A. nehmen (wollen)   Jdt 12,11
— das A. halten   1.Kor 11,20
Abendmahlskelch   Mt 26,26-28
Aberglaube   Apg 25,19
abfallen der Mensch geht auf wie eine Blume und f. a.   Hiob 14,1
abführen der Weg ist breit, der zur Verdammnis a.   Mt 7,13
Abfütterung   Ri 7,8
abgehen wo viele Worte sind, da geht's ohne Sünde nicht ab   Spr 10,19
abgeschieden   Phil 1,23
abgesondert (Israel)   Est 3,8
Abgott   Ri 17,3
ablassen laß deine Hand des Abends nicht ab.   Pred 11,6
ablegen der den Harnisch abgel. hat   1.Kön 20,11
abnehmen abnehmender Mond   Sir 43,7
— der Tag n. a.   Weish 7,18
  Herr, hilf! Die Heiligen haben abgen.   Ps 12,2
— (iSv: an Bedeutung geringer werden) ich aber muß a.   Joh 3,30

Abraham

— (iSv: hinfällig werden) 1.Mose 25,17
— zu- und a. 2.Sam 3,1
Abraham damit du nicht sagest, du habest A. reich gemacht 1.Mose 14,23
— so sicher wie in A.s Schoß Lk 16,22
abrahamsch a. Friedfertigkeit 1.Mose 13,9
absagen a.; wer nicht a. allem, was er hat, kann nicht mein Jünger sein Lk 14,33
Absalom fahrt mir säuberlich mit dem Knaben A. 2.Sam 18,5
— Haare wie A. 2.Sam 14,26
— mein Sohn, mein Sohn A.! 2.Sam 19,1
— so schön wie A. 2.Sam 14,25
Abschaum A. der Menschheit 1.Kor 4,13
abscheiden Phil 1,23
abschlagen jmdm etw a. Tob 9,5
absegnen Jer 17,7
absetzen Gott s. Könige a. und setzt Könige ein Dan 2,21
Absolution Mt 16,19
absondern sich a. Ri 5,16
abstammen von Adam und Eva a. 1.Mose 3,20
absterben der Welt abgest. sein Kol 2,20
abtun tu deine Hand des Abends nicht ab Pred 11,6
abweichen vom Pfad der Tugend a. Ps 125,5
— von etw kein Jota a. Mt 5,18
abwischen Gott wird die Tränen von allen Angesichtern a. Jes 25,8
abziehen von jmdm die Hand a. 4.Mose 14,34
abzirkeln die Worte a. Jes 44,13
ach a.; a. daß Jes 63,19
— a., du lieber Gott! Dan 9,4
— a. du meine Güte! 4.Mose 12,3
— a. Gott! 4.Mose 12,13
— a. Herr, wie lange? Ps 6,4
— a. und weh schreien Hes 2,10
acht außer a. lassen 5.Mose 32,18

achten die Völker sind geachtet wie ein Sandkorn auf der Waage Jes 40,15
— die Völker sind geachtet wie ein Tropfen am Eimer Jes 40,15
achthaben Apg 20,28
achtzig wenn's hoch kommt, so sind's a. Jahre Ps 90,10
Acker der A. ist die Welt Mt 13,38
— es soll der Bauer, der den A. bebaut, die Früchte als erster genießen 2.Tim 2,6
ackern 5.Mose 22,10
Adam A., wo bist du? 1.Mose 3,9
— alter A. Röm 6,6
— bei A. und Eva anfangen 1.Mose 2,25
— leben, herumlaufen wie A. und Eva 1.Mose 2,25
— seit A.s Zeiten 1.Mose 3,20
— von A. und Eva abstammen 1.Mose 3,20
Adamsapfel 1.Mose 3,6
Adamskostüm 1.Mose 2,25
Adel Weish 8,3
Adler A.; daß sie auffahren mit Flügeln wie A. Jes 40,31
Agape Jud 12
agnus (lat.) a. Dei Joh 1,29
Agonie Lk 22,44a
Ägypten sich nach den Fleischtöpfen Ä.s sehnen 2.Mose 16,3
— zerbrochener Rohrstab Ä. 2.Kön 18,21
Ägyptenland der ich dich aus Ä. geführt habe 2.Mose 20,2
ägyptisch ä. Finsternis 2.Mose 10,21
— ä. Plagen 2.Mose 7—11
Ahasver Est 1,1
albern Spr 8,5
all a. sein Lebtag 5.Mose 4,10
alle (s. auch: allem, allen, aller, alles)
— a. Dinge sind möglich dem, der da glaubt Mk 9,23
— a. Flüsse laufen ins Meer Pred 1,7
— a. Geschlechter auf Erden 1.Mose 12,3
— a. Jubeljahre einmal 3.Mose 25,9.10

allem

— a. Knie, die sich nicht gebeugt haben vor Baal   1.Kön 19,18
— a. Lande sind seiner Ehre voll   Jes 6,3
— a. Menschen müssen sterben   Ps 90,12
— a. Menschen sind Lügner   Ps 116,11
— a. Reiche der Welt und ihre Herrlichkeit   Mt 4,8
— a. sein   1.Mose 15,16
— a. sind Brüder   Mt 23,8
— a. Welt   1.Mose 11,1
— a. Welt läuft jmdm nach   Joh 12,19
— a. Wetter!   Jes 54,11
— a. wie *ein* Mann   4.Mose 14,15.16
— a. Winkel   Sir 9,7
— Arme und Reiche hat der Herr a. gemacht   Spr 22,2
— auch die Haare auf eurem Haupt sind a. gezählt   Lk 12,7
— auf daß a., die an ihn glauben, nicht verloren werden   Joh 3,16
— bei Gott sind a. Dinge möglich   Mt 19,26
— daß a. im Volk des Herrn Propheten wären   4.Mose 11,29
— daß denen die Gott lieben, a. Dinge zum Besten dienen   Röm 8,28
— des Herrn Augen schauen a. Lande   2.Chr 16,9
— die Liebe deckt a. Übertretungen zu   Spr 10,12
— es hat Gott wohlgefallen, daß in Christus a. Fülle wohnen sollte   Kol 1,20
— es ist nicht jeder ein Apostel, der hingeht in a. Welt   Mk 16,15
— es werden nicht a., die zu mir sagen Herr, Herr!, in das Himmelreich kommen   Mt 7,21
— haben wir nicht a. *einen* Vater?   Mal 2,10
— ich bin bei euch a. Tage   Mt 28,20
— ihr seid a. Brüder   Mt 23,8b
— in a. Welt   Mk 16,15
— jmdn a. machen   1.Mose 15,16
— kommt her zu mir a., die ihr mühselig und beladen seid   Mt 11,28-30
— mir ist gegeben a. Gewalt im Himmel und auf Erden   Mt 28,18
— Name über a. Namen   Phil 2,9
— nun danket a. Gott   Sir 50,24
— ohne a. Gnade   Ps 56,8
— ohne a. Maße   Jes 5,14
— sechs Tage sollst du arbeiten und a. deine Werke tun   2.Mose 20,9
— sie aßen a. und wurden satt   Mt 14,20
— sind das die Knaben a.?   1.Sam 16,11
— über a. Maßen   1.Mose 27,33
— wir nehmen gefangen a. Vernunft unter den Gehorsam Christi   2.Kor 10,5
— zerstreut in a. Winde   Jer 49,32

allein a. du hilfst mir, daß ich sicher wohne   Ps 4,9
— der Herr a. lenkt seinen (des Menschen) Schritt   Spr 16,9
— der Mensch lebt nicht vom Brot a.   5.Mose 8,3
— ein Unglück kommt selten a.   Hes 7,5
— es ist nicht gut, daß der Mensch a. sei   1.Mose 2,18
— gebt unserm Gott a. die Ehre!; Gott a. die Ehre!   5.Mose 32,3
— habe du deine Frau a. und kein Fremder mit dir   Spr 5,17
— höre, Israel, der Herr ist unser Gott, der Herr a.   5.Mose 6,4
— nicht a. vor dem Herrn, sondern auch vor den Menschen   2.Kor 8,21
— seid Täter des Wortes und nicht Hörer a.   Jak 1,22
— wehe dem, der a. ist, wenn er fällt   Pred 4,9-11
— wenn das Weizenkorn nicht erstirbt, bleibt es a.   Joh 12,24

allem der Mensch lebt von a., was aus dem Mund des Herrn geht   5.Mose 8,3
— ein jeglicher, der nicht absagt a., was er hat   Lk 14,33
— zu a. guten Werk geschickt   2.Tim 3,17

allen

— zu a. Ja und Amen sagen   2.Kor 1,20
allen an a. Ecken   Spr 7,12
— an a. Enden   Sir 50,24
— aus a. Windrichtungen kommen   Hes 37,9
— daß die Engel dich behüten auf a. deinen Wegen   Ps 91,11.12
— deine Augen stehen offen über a. Wegen der Menschenkinder   Jer 32,19
— die Gemeinschaft des heiligen Geistes sei mit euch a.   2.Kor 13,13
— die Hand unsrs Gottes ist zum Besten über a., die ihn suchen   Esr 8,22
— ein Zweifler ist unbeständig auf a. seinen Wegen   Jak 1,8
— Gott wird die Tränen von a. Angesichtern abwischen   Jes 25,8
— in a. Winkeln etw suchen   Sir 9,7
— soviel an euch liegt, so habt mit a. Menschen Frieden   Röm 12,18
— von a. guten Geistern verlassen sein   1.Sam 16,14
— von a. Seiten umgibst du mich   Ps 139,5
— der Eid macht ein Ende a. Haders   Hebr 6,16
— den Weg a. Fleisches gehen   1.Mose 6,3
— Geiz ist eine Wurzel a. Übels   1.Tim 6,10

allenthalben   2.Thess 3,16
aller a. Augen warten auf dich   Ps 145,15.16
— a. Ehren wert   1.Tim 6,1
— a. Himmel Himmel   1.Kön 8,27
— a. Welt Enden   Ps 22,28
— das Ende a. Dinge   1.Petr 4,7
— den Weg a. Welt gehen   1.Kön 2,2
— für die Sache a., die verlassen sind   Spr 31,8
— ich bin zu gering a. Barmherzigkeit und aller Treue   1.Mose 32,11
— in a. Welt   1.Chr 14,16
— mit a. Freudigkeit zu reden das Wort   Apg 4,29
— Müßiggang ist a. Laster Anfang   Sir 33,29
— tu deinen Mund auf für die Sache a., die verlassen sind   Spr 31,8
— vor a. Augen   3.Mose 13,37
— Wiederbringung a. Dinge   Apg 3,21
Allerheiligstes   2.Mose 26,33
allerhöchst a.; Allerhöchster; Allerhöchstes   5.Mose 32,8
allerlei a. Volk   Apg 2,5
— auf a. Weise   2.Thess 3,16
allerletzter   Lk 12,59
allerliebst a.; Allerliebster; am allerliebsten   2.Kor 12,9
Allerschönste(r)   Hes 27,3
allerwelts...   1.Mose 11,1
alles (s. auch: alle, allem, allen, aller)
— a. an etw wenden   2.Petr 1,5
— a. Gute kommt von oben   Jak 1,17
— a. hat seine Grenzen   Ps 104,9
— a. hat seine Zeit   Pred 3,1
— a. ist eitel   Pred 1,2
— a. mit Maßen   Jer 10,24
— a. muß in einem Hui gehen   Sach 2,10
— a., was dir vor die Hände kommt   Pred 9,10
— a., was ihr tut, das tut von Herzen   Kol 3,23
— a., was ihr wollt, daß euch die Leute tun, das tut ihnen auch   Mt 7,12
— a., was mein ist, das ist dein   Lk 15,31
— a., was Odem hat, lobe den Herrn!   Ps 150,6
— a., was sich regt und lebt   1.Mose 9,3
— a. zerrinnt unter den Händen   Mal 3,9
— a. zu seiner Zeit   Pred 3,1
— Christus liebhaben ist besser als a. Wissen   Eph 3,19
— daß Gott durch Christus a. mit sich versöhnte   Kol 1,20
— dem Reinen ist a. rein   Tit 1,15
— den Weg a. Fleisches gehen   1.Mose 6,13
— der uns a. Gute tut   Sir 50,24

Altar

— dies hat Gott a. aus nichts gemacht 2.Makk 7,28
— du sättigest a., was lebt, nach deinem Wohlgefallen Ps 145,15.16
— du sollst nicht begehren a., was dein Nächster hat 2.Mose 20,17
— einem fröhlichen Herzen schmeckt a. wohl Sir 30,27
— eines Hauptes länger als a. Volk 1.Sam 9,2
— gedenke an a., was ich für dieses Volk getan habe Neh 5,19
— Geiz ist eine Wurzel a. Übels 1.Tim 6,10
— Gott sah an a., was er gemacht hatte 1.Mose 1,31
— Gott versöhnte in Christus a. mit sich Kol 1,20
— ich habe es a. Macht, aber es frommt nicht a. 1.Kor 6,12
— kommt, denn es ist a. bereit! Lk 14,17
— man muß (Gott) für a. dankbar sein Eph 5,20
— prüft a., und das Gute behaltet 1.Thess 5,21
— siehe, ich mache a. neu Offb 21,5
— so wird euch a. zufallen Mt 6,33
— wenn ihr a. getan habt, was euch befohlen ist Lk 17,10
— wie kehrt ihr a. um! Jes 29,16
— wisse, daß dich Gott um das a. vor Gericht ziehen wird Pred 9,10

allewege a.; allerwege 2.Mose 28,30

allezeit Arme habt ihr a. bei euch, mich aber habt ihr nicht a. Joh 12,8
— du bist a. meines Herzens Trost Ps 73,26
— es werden a. Arme sein im Lande 5.Mose 15,11

allmächtig a. Gott! 1.Mose 17,1
— a. Gott, deine Gerichte sind wahrhaftig und gerecht Offb 16,7
— ich bin der a. Gott 1.Mose 17,1

Allmächtiger der A. verletzt und verbindet Hiob 5,18
— der A. zerschlägt, und seine Hand heilt Hiob 5,18
— die Pfeile des A. stecken in mir Hiob 6,4

Allversöhnung Apg 3,21

allzu sei nicht a. gerecht und a. weise Pred 7,16

allzumal a.; ihr seid a. leidige Tröster Hiob 16,2
— wir sind a. Sünder Röm 3,23

Almosen Mt 6,2

Alpha A. und Omega Offb 1,8

alsbald a. krähte der Hahn Mt 26,74

also a. hat Gott die Welt geliebt, daß er seinen eingeborenen Sohn gab Joh 3,16
— nicht a. Mt 25,9

alt (s. auch: altes)
— a. genug, um für sich selbst zu reden Joh 9,21
— a. und grau bei etwas werden 1.Sam 12,2
— a. und lebenssatt 1.Mose 25,8
— a. wie Methusalem 1.Mose 5,27
— a.e Geschichte(n) Ps 78,2
— a.e Schlange Offb 12,9
— a.r Adam Röm 6,6
— a.r Knabe Jes 65,20
— a.r Mensch Röm 6,6
— a.r Narr Sir 25,4
— a.r Sünder Jes 65,20
— ein neues Kleid mit einem a. Lappen flicken Mt 9,16
— ich alte(r) Mann (Frau) 2.Makk 6,27
— jung gewohnt, a. getan Spr 22,6
— jungen Wein in a. Schläuche füllen Mt 9,17
— laß den neuen Wein a. werden, so wird er dir wohlschmecken Sir 9,15
— Sorge macht a. vor der Zeit Sir 30,26

Altar A.; die des A. pflegen, genießen des A. 1.Kor 9,13
— die Hörner des A. fassen 1.Kön 1,50
— fremdes Feuer auf den Altären 3.Mose 10,1

405

Alte

— jmdn, etw auf dem A. einer Sache opfern 1.Mose 21,9.10
— jmdn zum A. führen 1.Kor 9,13
— Thron und A. 1.Kor 9,13

Alte die A.n ehren 3.Mose 19,32

Alter biblisches A. Ps 90,10
— dein A. sei wie deine Jugend 5.Mose 33,25
— Sohn des A.s 1.Mose 37,3
— Trost des A.s Tob 5,25
— verwirf mich nicht in meinem A. Ps 71,9
— zunehmen an Weisheit und A. Lk 2,52

alters von a. her Rut 4,7

altes A. Testament 2.Kor 3,14
— A. und Neues aus seinem Schatz hervorholen Mt 13,52

Ältester Ä.; Ältestenrat Apg 14,23

alttestamentarisch 2.Kor 3,14

am a. Anfang schuf Gott Himmel und Erde 1.Mose 1,1

Amadeus Mt 22,37-39

Ameise geh hin zur A., du Fauler Spr 6,6

amen es ist aus und a. 1.Chr 16,36

Amen (Gebetsschluß) Tob 9,12
— in der Kirche zum A. kommen 1.Chr 16,36
— so sicher wie das A. in der Kirche 1.Chr 16,36
— zu etw (allem) Ja und A. sagen 2.Kor 1,20

Amt so ist mir das A. doch befohlen 1.Kor 9,16.17
— von Amts wegen; was jmds A. ist Sir 3,24

Amtmann A.; Amtsleute; Amtsführung Weish 6,5

an a. allen Ecken Spr 7,12
— a. allen Enden Sir 50,24
— a. der Zahl Apg 16,5
— a. Haupt und Gliedern Eph 4,15.16
— a. ihren Früchten sollt ihr sie erkennen Mt 7,16
— a. seine Brust schlagen Lk 18,13
— a. sich reißen Hes 22,25

anathema 1.Kor 16,22

anbefehlen sich jmdm a. Ps 31,6

anbeißen Apg 10,10

anbellen nicht ein Hund wird dich a. dürfen Jdt 11,13

anbeten betet sie (die Götzen) nicht an 2.Mose 20,5
— die ihn a., die müssen ihn im Geist und in der Wahrheit a. Joh 4,24
— ein goldenes Bild a. Dan 3,5

Andacht Hos 7,6

and(e)rer a.n hat er geholfen und kann sich selbst nicht helfen Mt 27,42
— a.n predigen und selbst verwerflich werden 1.Kor 9,27
— a.n Sinnes sein Hos 11,8
— a.r Leute ... Sir 32,21
— das a. Gebot ist ihm gleich Mt 22,37-39
— das eine tun und das a. nicht lassen Mt 23,23
— das füg auch keinem a. zu Mt 7,12
— daß ich nicht bin wie die a. Leute Lk 18,11
— dem biete die a. (Backe) auch dar Mt 5,39
— du sollst keine a. Götter haben neben mir 2.Mose 20,3
— ein Messer wetzt das a. Spr 27,17
— ein Tag (der) sagt's dem a. Ps 19,3
— einer trage des a. Last Gal 6,2
— einer wie der a. 1.Kor 3,8
— eins ums a. Hes 7,5
— entziehe sich nicht eines dem a. 1.Kor 7,5
— in keinem a. ist das Heil Apg 4,12
— ist auch kein a. Name den Menschen gegeben Apg 4,12
— kein a. Evangelium Gal 1,6.7
— keinen Stein auf dem a. lassen Mt 24,2
— mit der a. (Hand) hielten sie die Waffe Neh 4,11

annehmen

— nicht sein wie die a. Leute Lk 18,11
— warum verachten wir einer den a.? Mal 2,10
— wer a.n. eine Grube gräbt, fällt selbst hinein Sir 27,29
anders es kann vor Abend a. werden Sir 18,26
— ihr (Israels) Gesetz ist a. als das aller Völker Est 3,8
aneinander a. kommen Apg 15,39
Anfang A., Mitte und Ende Weish 7,18
— am A. schuf Gott Himmel und Erde 1.Mose 1,1
— die Furcht des Herrn ist der Weisheit A. Ps 111,10
— im A. war das Wort Joh 1,1
— Müßiggang ist aller Laster A. Sir 33,29
— vom A. der Welt Sir 39,25
— von A. der Kreatur Weish 6,24
anfangen bei Adam und Eva a. 1.Mose 3,20
— im Geist habt ihr's angef. Gal 3,3
Anfänger Hebr 12,2
anfechten (im juristischen Sinn) Ps 56,6
Anfechtung A. lehrt aufs Wort merken Jes 28,19
— (im seelisch-geistigen Bereich) Mt 26,41a
angeboren Weish 12,10
angehen (iSv: betreffen) was geht uns das an? Mt 27,4
Angel ein Fauler wendet sich im Bett wie die Tür in der A. Spr 26,14
angenehm 1.Mose 4,7
— Aufrichtigkeit ist dir a. 1.Chr 29,17
angeschrieben gut oder schlecht a. sein Ps 69,30
Angesicht der Herr lasse sein A. leuchten über dir und sei dir gnädig; der Herr hebe sein A. über dich 4.Mose 6,24-26
— ein fröhliches Herz macht ein fröhliches A. Spr 15,13
— Gott wird die Tränen von allen A.n abwischen Jes 25,8
— im A. meiner Feinde Ps 23,5
— im Schweiße deines A. sollst du dein Brot essen 1.Mose 3,19
— im Schweiße des A. 1.Mose 3,19
— sein A. leuchten lassen über jmdm 4.Mose 6,24-26
— sein A. verhüllen 2.Mose 3,6
— verwirf mich nicht von deinem A. Ps 51,13
— von A. zu A. 2.Mose 33,11
angreifen wer Pech a., besudelt sich Sir 13,1
angst a. und bange Jer 50,43
Angst A. und Sorge St zu Est 4,3
— es wird nicht dunkel bleiben über denen, die in A. sind Jes 8,14
— in der Welt habt ihr A. Joh 16,33
— wenn sie das Kind geboren hat, denkt sie nicht mehr an die A. Joh 16,24
anhaben jmdm etwas a. Jer 15,20
— und hast kein hochzeitlich Kleid an Mt 22,12
anhalten a. an etw Röm 12,12
Anhang der ganze A. Hes 12,14
anhangen seinem Weibe a. 1.Mose 2,24
anhängen jmdm etw a. 5.Mose 28,21
anheimstellen 1.Petr 2,23
anklopfen Mt 7,7
— siehe, ich stehe vor der Tür und klopfe an Offb 3,20
— klopfet an, so wird euch aufgetan Mt 7,7
ankommen jmdn k. etw hart a. 1.Mose 35,7
anlegen überall die gleiche Elle a. 3.Mose 19,35
— wer den Harnisch a., soll sich nicht rühmen 1.Kön 20,11
Anliegen wirf dein A. auf den Herrn, der wird dich versorgen Ps 55,23
annehmen du hast dich meiner Seele herzlich angen. Jes 38,17

Anno

— ich will mich meiner Herde selbst a. Hes 34,11
— sich jmds a. Jes 38,17
— sollten wir das Böse nicht auch a.? Hiob 2,10b
— Verstand a. Jes 29,24

Anno (lat.) A. dazumal, dunnemal, Tobak Jes 61,1.2
— A. Domini Jes 61,1.2

anpfeifen Mi 6,16

anregen auf A. Lk 2,27

Anreiz Hebr 10,24

anrichten die Zunge r. große Dinge a. Jak 3,5

anrufen Ps 50,15
— Himmel und Erde zu Zeugen a. 5.Mose 4,26
— wer des Herrn Namen a. wird, soll errettet werden Joel 3,5
— rufe mich an in der Not, so will ich dich erretten Ps 50,15

anschauen ihr Ende schaut an und folgt ihrem Glauben nach Hebr 13,7

Anschlag Jes 19,3

anschreiben (iSv: Schuld notieren) Sir 42,7

ansehen der Herr s. das Herz. 1.Sam 16,7
— Gott sah an alles, was er gemacht hatte 1.Mose 1,31
— Herr, sieh dein Volk an! Jes 64,8
— jmdm etwas an den Augen a. Sir 13,31
— sieh den Wein nicht an, wie er so rot ist Spr 23,31

Ansehen ohne A. der Person 5.Mose 16,19

anstehen etw a. lassen 4.Mose 9,13
— jmdm steht etw wohl, übel an Spr 17,7; 1.Kor 14,35

anstimmen ein Halleluja a. Ps 104,35

Anstoß A. nehmen Jes 8,14
— Stein des A. Jes 8,14

antasten wer euch a., der t. meinen Augapfel. Sach 2,12

Antichrist 1.Joh 2,18b

Antisemitismus 1.Mose 6,10

Antlitz 1.Mose 42,6

antun jmdm ein Leid a. 4.Mose 16,15
— jmdm Gewalt a. Lk 3,14

Antwort eine linde A. stillt den Zorn Spr 15,1
— eine richtige A. ist wie ein lieblicher Kuß Spr 24,26
— keine Stimme noch A. 1.Kön 18,26
— klare A. 3.Mose 24,12
— um A. wird gebeten (u.A.w.g.) 1.Makk 12,18

antworten auf tausend nicht eins a. können Hiob 9,2.3
— sein Teil a. Hiob 32,17

anzeigen (iSv: Anzeige erstatten) 2.Thess 3,14

anzünden ein kleines Feuer, welch einen Wald zündet's an Jak 3,5
— ich bin gekommen, ein Feuer anzuz. auf Erden Lk 12,49

Apfel wie goldene Ä. auf silbernen Schalen Spr 25,11

Apokalypse Offb 1,1

apokalyptisch A.e Reiter Offb 6,2-8

apokryph a.; Apokryphen s. Vorbemerkung Seite 224

Apollos ich habe gepflanzt, A. hat begossen 1.Kor 3,6

Apostel Mt 10,2
— es ist nicht jeder ein A., der hingeht in alle Welt Mk 16,15
— zu Fuß wie die A. Mt 10,5-15

Apotheker 2.Mose 30,25

Aquavit Joh 4,10

Araber wie ein A. in der Wüste Jer 3,2

Arbeit da (am Sabbat) sollst du keine A. tun 2.Mose 20,10
— elende A. Weish 15,8
— jmdm A. machen Jes 43,24
— mit der einen Hand taten sie die A. Neh 4,11
— Mühe und A. 3.Mose 26,20

— so ist's Mühe und A. gewesen Ps 90,10
— von seiner Hände A. leben Ps 128,2
arbeiten sechs Tage sollst du a. 2.Mose 20,9
— so a. umsonst, die daran bauen Ps 127,1
— wer nicht a., der soll auch nicht essen 2.Thess 3,10
— wir haben die ganze Nacht gearb. und nichts gefangen Lk 5,5
Arbeiter A. im Weinberg des Herrn Mt 20,1
— ein A. ist seiner Speise wert Mt 10,10b
— ein A. ist seines Lohnes wert Lk 10,7
Arche 1.Mose 7,7
arg a.; a. Welt Gal 1,4
— im argen liegen 1.Joh 5,19
ärger der letzte Betrug wird ä. als der erste Mt 27,64
— je länger, desto ä. 2.Tim 3,13
ärgerlich Mt 16,23a
ärgern selig ist, wer sich nicht an mir ä. Mt 11,6
— sich an jmdm, über jmdn ä. Mt 11,6
Ärgernis Mt 18,7
— Ä. des Kreuzes Gal 5,11
— den Juden ein Ä. 1.Kor 1,23
— Erregung öffentlichen Ä.s Mt 18,7
— Fels des Ä. Jes 8,14
— wehe dem Menschen, durch welchen Ä. kommt Mt 18,7
arm a. und elend Ps 40,18
— a. wie Lazarus Lk 16,20
— a. wie Hiob Hiob 17,6
— a. Haufe Jes 41,14
— besser a. und gesund als reich und krank Sir 30,14
— der Herr macht a. und macht reich 1.Sam 2,7
— selig sind, die da geistlich a. sind Mt 5,3
Arm eine Frau in den A.n 5.Mose 13,7
— einen langen A. haben Jes 50,2

Arme, Armer A. habt ihr allezeit bei euch Joh 12,8
— A. im Geist; geistlich A. Mt 5,3
— es werden allezeit A. sein im Lande 5.Mose 15,11
— Reiche und A. müssen untereinander sein Spr 22,2
— wer den A. verspottet, verhöhnt dessen Schöpfer Spr 17,5
— wer sich des A. erbarmt, der leiht dem Herrn Spr 19,17
Aron(s)stab 4.Mose 17,23
Arznei der Herr läßt die A. aus der Erde wachsen Sir 38,4
— ein Vernünftiger verachtet die A. nicht Sir 38,4
Arzt A., hilf dir selber! Lk 4,23
— die Gesunden bedürfen des A. nicht, sondern die Kranken Mt 9,12
— ehre den A., damit du ihn hast, wenn du ihn brauchst Sir 38,1
— viel erlitten von vielen Ärzten Mk 5,26
— wer vor seinem Schöpfer sündigt, der soll dem A. in die Hände fallen Sir 38,15
Asche A. zu A. 1.Mose 3,19
— Buße tun in Sack und A. Mt 11,21
— in der A. sitzen Hiob 2,8
— in Sack und A. gehen Mt 11,21
— sich A. aufs Haupt streuen 2.Sam 13,19
— Staub und A. sein Hiob 30,19
Aschermittwoch 2.Sam 13,19
Asien Offb 1,4
auch a. den Schein meiden 1.Thess 5,22
— a. die Haare auf eurem Haupt sind gezählt Lk 12,7
— a. einer von denen Mt 26,73
— a. im Tod nicht geschieden 2.Sam 1,23
Aue er weidet mich auf einer grünen A. Ps 23,2
auf a. allerlei Weise 2.Thess 3,16
— a. Anregen Lk 2,27

aufbauen

— a. beiden Seiten hinken 1.Kön 18,21
— a. daß mein Haus voll werde Lk 14,23
— a. dein Wort will ich die Netze auswerfen Lk 5,5
— a. den Händen tragen Ps 91,12
— a. die Länge 2.Tim 3,9
— a. frischer Tat ertappen Joh 8,4
— a. guten (fruchtbaren) Boden fallen Mt 13,8
— a. Herz und Nieren prüfen Ps 7,10
— a. jmds Wort hin Lk 5,5
— a. keinen grünen Zweig kommen Hiob 15,32
— a. Sand bauen Mt 7,26
— a. sein: früh a. sein Jes 5,11
— a. tausend nicht eins antworten können Hiob 9,2.3
— a. Treu und Glauben Jes 33,8
— a. Wiedersehen! Joh 16,22
aufbauen laßt uns die Mauern Jerusalems wieder a. Neh 2,17
aufblasen aufgeblasen; sich a. 1.Kor 8,1
— das Wissen b. a., aber die Liebe bessert 1.Kor 8,1
auferlegen jmdm ein Kreuz a. Lk 23,26
auferstehen der Herr ist wahrhaftig auferst. Lk 24,34
Auferstehung Erste A. Offb 20,6
— (fröhliche) A. feiern Mt 22,30
— ich bin die A. und das Leben Joh 11,25
aufessen 2.Mose 12,4
auffahren daß sie a. mit Flügeln wie Adler Jes 40,31
Auffahrt Lk 24,51
Aufgang vom A. der Morgenröte Neh 4,13
— vom A. der Sonne bis zu ihrem Niedergang Ps 50,1
aufgeben den Geist a. Klgl 2,12
aufgehen der Mensch g. a. wie eine Blume und fällt ab Hiob 14,1
— Gott läßt seine Sonne a. über Böse und Gute Mt 5,45b
— jmdm g. die Augen a. 1.Mose 3,5
— jmdm g. ein Licht a. Mt 4,16
— wie die Sonne a. in ihrer Pracht Ri 5,31
aufhaben einen Hut a. 3.Mose 16,4
aufhalten sich in schlechter Gesellschaft a. Tob 3,18
aufheben ich h. meine Augen a. zu den Bergen Ps 121,1
aufhelfen fällt ihrer einer, so h. ihm sein Gesell a. Pred 4,9
aufhören soll nicht a. Saat und Ernte 1.Mose 8,22
— wenn der Verleumder weg ist, so h. der Streit a. Spr 26,20
auflegen Gott l. uns eine Last a., aber er hilft uns auch Ps 68,20
auflösen sich in Wohlgefallen a. Lk 2,14
Auflösung Weish 8,8
aufmachen den Mund nicht a. Jes 53,7
— sich a. 1.Mose 13,17
aufmucken 2.Mose 11,7
aufnehmen nimm meinen Geist auf! Apg 7,59.60
aufräumen Jes 62,10
aufrichten deine Rede hat die Strauchelnden aufger. Hiob 4,3-5
aufrichtig Gott hat den Menschen a. gemacht Pred 7,29
— Gott läßt es den A.n gelingen Spr 2,7
Aufrichtigkeit A. ist dir angenehm 1.Chr 29,17
Aufseher 1.Sam 19,20
aufseufzen tief a. Tob 3,1
aufsperren das Maul a. Ps 22,8
aufstehen vor einem grauen Haupt sollst du a. 3.Mose 19,32
— wann willst du a. von deinem Schlaf? Spr 6,9
auftreten a. wie... Sir 6,11
auftun die Hand a. 5.Mose 15,11
— du t. deine Hand a. und sättigest alles Ps 145,15.16
— klopfet an, so wird euch aufgetan Mt 7,7
— tu deinen Mund auf für die Stummen Spr 31,8

aufziehen Kinder a. Eph 6,4
Augapfel jmdn, etw wie seinen A. (be)hüten 5.Mose 32,10
— wer euch antastet, der tastet meinen A. an Sach 2,12
Auge aller A.n warten auf dich Ps 145,15.16
— A. in A. Gal 2,11
— A. um A., Zahn um Zahn 2.Mose 21,24
— A.n haben und nicht sehen Ps 115,5.6
— A.n im Kopf haben Pred 2,14
— A.n voll Ehebruch 2.Petr 2,14a
— A.n voll Schlaf Mt 26,43
— deine A.n sind wie Taubenaugen Hld 1,15
— deine A.n stehen offen über allen Wegen der Menschenkinder Jer 32,19
— deine A.n werden den König sehen in seiner Schöne Jes 33,17
— den A.n gefallen Ri 14,3
— des Herrn A.n schauen alle Lande 2.Chr 16,9
— die A.n niederschlagen Hiob 22,29
— die A.n offen haben, halten Sach 12,4
— ein A. auf jmdn werfen 1.Mose 39,7
— ein A. voll Schlaf nehmen Mt 26,43
— ein hörendes Ohr und ein sehendes A., die macht beide der Herr Spr 20,12
— ein Mensch sieht, was vor A.n ist 1.Sam 16,7
— ein Wunder vor unseren A.n Ps 118,23
— ich hebe meine A.n auf zu den Bergen Ps 121,1
— jmdm die A.n öffnen 4.Mose 22,31
— jmdm die A.n zudrücken Tob 14,15
— jmdm ein Dorn im A. sein 4.Mose 33,55
— jmdm etw an den A.n ansehen Sir 13,31
— jmdm gehen die A.n auf 1.Mose 3,5
— jmdm gehen die A.n über Joh 11,35
— jmdm nicht (mehr) unter die A.n kommen (dürfen) 2.Mose 10,28
— jmds A.n sind (noch) voll Schlaf Mt 26,43
— (kein) Schlaf kommt jmdm in die A.n 1.Mose 31,40
— laß deine A.n über diesem Hause offenstehen 1.Kön 8,29
— meine A.n haben deinen Heiland gesehen Lk 2,29.30
— mit den A.n begleiten Ps 32,8
— mit den A.n zwinkern Spr 6,13
— sehenden Auges Mt 13,13
— sich die A.n aus dem Kopf weinen, ausweinen Klgl 2,11
— tu, was deinen A.n gefällt Pred 11,9
— unter vier A.n Gal 2,11
— vor (aller) A.n sein 3.Mose 13,37
— vor jmds A.n Gnade finden 1.Mose 18,3
— was kein A. gesehen hat 1.Kor 2,9
— was siehst du den Splitter in deines Bruders A. und nimmst nicht wahr den Balken in deinem A.? Mt 7,3
— wie Schuppen von den A.n fallen Apg 9,18
Augendienerei Eph 6,5.6
Augenlust 1.Joh 2,16
aus a. der Tiefe rufe ich, Herr, zu dir Ps 130,1
— a. Furcht vor den Juden Joh 7,13
— a. nichts gemacht 2.Makk 7,28
— a. Trotz sagen, tun 2.Makk 6,29
— es ist a. mit jmdm 3.Mose 26,44
— es ist a. und amen 1.Chr 16,36
— nicht mehr (weder) a. noch ein wissen 1.Kön 3,7
aus- aus- und eingehen Jer 37,4
ausbreiten siehe, ich b. a. den Frieden wie einen Strom Jes 66,12
ausbrüten etw a. Jes 34,15
ausdrücken sich klar a. 4.Mose 15,34
außen a. hui, innen pfui Mt 23,27
außer a. acht lassen 5.Mose 32,18
äußerer etw für den ä. (äußerlichen) Menschen tun 2.Kor 4,16
auserlesen 2.Mose 14,7

auserwählt Auserwählte(r) Mt 22,14
— das a. Volk Ps 105,43
— viele sind berufen, aber wenige sind a. Mt 22,14
ausführen er ist stark und führet's aus Hiob 12,16
Ausgabe Einnahmen und A.n Sir 42,7
Ausgang A. und Eingang Ps 121,8
— der Herr behüte deinen A. und Eingang Ps 121,8
— Eingang und A. 1.Kön 3,7
ausgehen a., die Töchter des Landes zu besehen 1.Mose 34,1
aushalten 1.Mose 29,27
aushecken etw a. Jes 34,15
aushelfen Sir 29,27
ausholen jmdn ausholen Sir 13,14
aushungern Jes 32,6
ausjäten den Weizen mit dem Unkraut a. Mt 13,29
auslöschen den glimmenden Docht wird er nicht a. Jes 42,3
ausposaunen Mt 6,2a
ausreden jmdn a. lassen Sir 11,8
ausreißen (iSv: weglaufen) Ri 16,20
ausrichten etw, nichts a. können 1.Chr 22,16
— mache dich auf und r. es a.! 1.Chr 22,16
ausrotten mit Feuer und Schwert a. St zu Est 5,16
ausschreiben (iSv: einladend bekanntmachen) 2.Makk 4,21
ausschütten sein Herz a. 1.Sam 1,15
aussehen a. wie das Leiden Christi Apg 1,3
aussieben Mücken a. und Kamele verschlucken Mt 23,24
aussöhnen 3.Mose 23,7
austreiben den Teufel durch (mit) Beelzebub a. Mt 12,24
ausweinen sich die Augen a. Klgl 2,11
auswendig a.; jmdn in- und a. kennen Offb 5,1

auswerfen auf dein Wort will ich die Netze a. Lk 5,5
— werft eure Netze aus! Lk 5,4
Auswurf A. dieser Welt 1.Kor 4,13
ausziehen (iSv: schädigen) jmdn a. Lk 10,30b
Auszug A. der Kinder Israel 2.Mose 12,31
Ave Maria Lk 1,28
Axt die A. an die Wurzel legen Mt 3,10

B

Baal den B. befragen 2.Kön 1,3
— vor B. nicht die Knie beugen 1.Kön 19,18
Babel B.; Babylon 1.Mose 11,9; Offb 14,8
babylonisch B. Gefangenschaft Mt 1,11
— b. Sprachverwirrung; b. Sprachengewirr 1.Mose 11,9
Backe die Tränen laufen über die B.n Klgl 1,2
— wenn dich jemand auf deine rechte B. schlägt Mt 5,39
Bahn Ps 27,11
— B. machen Ps 68,5
— rechte, richtige B. Ps 27,11
bahnen 4.Mose 20,19
bald siehe, ich komme b. Offb 3,11
— was du tust, das tue b.! Joh 13,27
— wer seinen Sohn lieb hat, der züchtigt ihn b. Spr 13,24
Balken und nimmst nicht wahr den B. in deinem Auge Mt 7,3
bange angst und b. Jer 50,43
— um Trost war mir sehr b. Jes 38,17
Bann Mal 3,24
— dem B. verfallen 5.Mose 13,18
— jmdn in seinen B. schlagen Mal 3,24
— jmdn mit dem B. schlagen Mal 3,24
Bannware 5. Mose 13,18
Baptist 2.Kön 5,14
Bär wie ein B. brummen Jes 59,11

Barfüßerorden Mt 10,10a
barmherzig b. Samariter Lk 10,22
— selig sind die B., denn sie werden Barmherzigkeit erlangen Mt 5,7
Barmherzigkeit aus Gnade und B. Ps 103,4
— der B. erweist an vielen Tausenden 2.Mose 20,6
— Gutes und B. werden mir folgen mein Leben lang Ps 23,6
— ohne Gnade und B. Ps 56,8
— zu gering aller B. und aller Treue 1.Mose 32,11
Bart bleibt in Jericho, bis euer B. gewachsen ist 2.Sam 10,5
Basilisk B.; Basiliskenblick Jes 59,5
Bastard Hebr 12,8
Bauch dem B. dienen Röm 16,18
— faule B.e Tit 1,12
— jmds Gott ist der B. Phil 3,19
— sich den B. mit etw füllen Hes 7,19
— vor jmdm auf dem B. liegen, kriechen 1.Mose 3,14
Bauchgrimmen Offb 10,9
Bauchweh Sir 31,24
bauen auf jmdn, etw b. Mt 16,18
— auf Sand b.; der hat auf keinen Sand geb. Mt 7,26
— b. hat seine Zeit Pred 3,3
— der Segen des Vaters b. den Kindern Häuser Sir 3,11
— du sollst mir nicht ein Haus b., weil du soviel Blut vergossen hast 1.Chr 22,8
— Hütten b. Mt 17,4
— wenn der Herr nicht das Haus b., so arbeiten umsonst, die daran b. Ps 127,1
Bauer es soll der B. die Früchte als erster genießen 2.Tim 2,6
baufällig 2.Kön 12,6
Baum vom B. der Erkenntnis essen; nicht gerade vom B. der Erkenntnis gegessen haben 1.Mose 2,9
— wo der B. hinfällt, da liegt er auch Pred 11,3

beautiful black is b. Hld 1,5
bebauen der Bauer, der den Acker b. 2.Tim 2,6
bebend die b. Knie hast du gekräftigt Hiob 4,3-5
bedecken ihr Berge, b. uns! Hos 10,8
bedenken b., wen man vor sich hat Spr 23,1
— lehre uns b., daß wir sterben müssen Ps 90,12
— was du auch tust, bedenke das Ende Sir 7,40
bedienen sich b. lassen Mt 20,28
bedürfen die Gesunden b. des Arztes nicht Mt 9,12
— euer Vater weiß, was ihr b. Mt 6,8
— neunundneunzig Gerechte, die der Buße nicht b. Lk 15,7
Beelzebub 2.Kön 1,2
— den Teufel durch (mit) B. austreiben Mt 12,24
Beerscheba von Dan bis B. 1.Sam 3,20
befallen von Todesfurcht b. sein Ps 55,5
befehlen er hat seinen Engeln bef., daß sie dich behüten Ps 91,11.12
— so ist mir das Amt doch bef. 1.Kor 9,16.17
— wenn ihr alles getan habt, was euch bef. ist Lk 17,10
befehlen (iSv: anbefehlen) befiehl dem Herrn deine Wege Ps 37,5
— befiehl du deine Wege Ps 37,5
— Gott befohlen! 2.Makk 11,33
— in deine Hände b. ich meinen Geist Ps 31,6; Lk 23,46
— Vater, ich b. meinen Geist in deine Hände Lk 23,46
Befehlshaber Neh 11,24
befinden gewogen und zu leicht bef. Dan 5,27
befleißigen sich b.; beflissen Jes 5,11
befragen daß ihr hingeht, Baal zu b. 2.Kön 1,3

begabt Tob 1,16
begeben du weißt nicht, was sich heute b. mag   Spr 27,1
— sich b.   Lk 2,1
— wer sich in Gefahr b., kommt darin um   Sir 3,27
begegnen schicke dich, Israel, und b. deinem Gott   Am 4,12
begehren du sollst nicht b. deines Nächsten Haus, Weib usw   2.Mose 20,17
— was dein Herz b.   1.Sam 2,16
begießen ich habe gepflanzt, Apollos hat beg.   1.Kor 3,6
begleiten mit den Augen b.   Ps 32,8
begraben die Toten ihre Toten b. lassen   Mt 8,22
Begräbnis ehrliches B.   Sir 38,16
behaftet mit etw b. sein   Mt 4,24
behalten das Feld b.; das Feld muß er b.   Eph 6,13
— (iSv: anrechnen) Herr, b. ihnen diese Sünde nicht   Apg 7,59
— prüft alles, und das Gute b.   1.Thess 5,21
beharren wer bis an das Ende b., der wird selig werden   Mt 10,22
Beharrungsvermögen   Mt 10,22
behelfen sich b.   Sir 32,21
behüten behüt dich (euch) Gott   Tob 8,6
— behüt dich Gott, es wär' so schön gewesen   Tob 8,6
— der Herr behüte deinen Ausgang und Eingang   Ps 121,8
— der Herr hat seinen Engeln befohlen, daß sie dich b.   Ps 91,11.12
— der Herr segne dich und b. dich   4.Mose 6,24-26
— jmdn, etw b. wie seinen Augapfel   5.Mose 32,10
bei b. Adam und Eva anfangen   1.Mose 3,20
— b. Gott!   1.Mose 21,23
— b. Gott ist kein Ding unmöglich   Lk 1,37

— b. Gott schwören   1.Mose 21,23
— b. Gott sind alle Dinge möglich   Mt 19,26
— b. Leibesleben   2.Kor 5,10b
— b. mir ist Ja ja und Nein ist nein   2.Kor 1,17
beibringen jmdm die ersten Buchstaben einer Sache b.   Hebr 5,12
beide(s) hörende Ohren und sehende Augen macht b. der Herr   Spr 20,12
— wenn b. gerät, ist es desto besser   Pred 11,6
— wie lange hinket ihr auf b. Seiten?   1.Kön 18,21
beieinander wenn Brüder einträchtig b. wohnen   Ps 133,1
— wenn zwei b. liegen, wärmen sie sich   Pred 4,9-11
Bein B. von meinem B.   1.Mose 2,23
— durch Mark und B. gehen   Hebr 4,12
— ein Geist hat nicht Fleisch und B.   Lk 24,39
— Fleisch und (Ge)bein   Lk 24,39
— etw fährt jmdm in die B.e   Hiob 4,14
Beinhaus   Hiob 30,24
Beischlaf   Weish 4,6
beißen der Wein b. hernach wie eine Schlange   Spr 23,31.32
— sich auf die Zunge b.; sich eher die Zunge abbeißen   Offb 16,10
— sich b. und fressen   Gal 5,15
Beispiel ein B. geben   Joh 13,15
— ein B. habe ich euch gegeben   Joh 13,15
— schlechte B. verderben gute Sitten   1.Kor 15,33
beistehen Gott steh mir (uns) bei!   Ps 54,6
beisteuern, beitragen sein Scherflein zu etw b.   Mk 12,42
beizeiten   Hiob 8,5
bekehren jmdn, sich b.   5.Mose 4,30
Bekenntnis   1.Tim 6,12
bekommen etw nicht satt b.   Hes 16,28
— Gegenwind b.   Mk 6,48

bekümmert seid nicht b. Neh 8,10
beladen mühselig und b. Mt 11,28-30
belehren jmdn eines Besseren b. Hiob 34,32
beleidigen 2.Mose 22,21
— bittet für die, so euch b. und verfolgen Mt 5,44.45a
bemühen bitte, b. Sie sich nicht Lk 7,6
benedeien siehe: gebenedeit
Benedictus Ps 118,26
Benjamin 1.Mose 43,29
bequem Hebr 6,7
beraten Jak 2,16
bereden beredet euch, und es geschehe nicht Jes 8,10
— (iSv: überreden) Hiob 31,27
bereit die Hochzeit ist b. Mt 22,8
— kommt, denn es ist alles b.! Lk 14,17
bereiten du b. vor mir einen Tisch im Angesicht meiner Feinde Ps 23,5
— jmdm Beschwer b. 2.Kor 11,9
Berg B.e versetzen Hiob 9,5
— ehe denn die B. wurden, bist du, Gott, von Ewigkeit zu Ewigkeit Ps 90,1.2
— es sollen wohl B.e weichen Jes 54,10
— ich hebe meine Augen auf zu den B. Ps 121,1.2
— ihr B., bedecket uns! Hos 10,8
— jmdm stehen die Haare zu B. Hiob 4,15
Bergpredigt B.; nach der B. leben Mt 5—7
berufen sich auf jmdn b. Apg 25,11
berufen (Adj.) b.; viele sind b., aber wenige sind auserwählt Mt 22,14
Berufung Röm 11,29
— B. einlegen Apg 25,11
berühren nur den Saum von Jesu Kleid b. Mt 14,36
bescheren segne, was du uns bescheret hast Sir 11,16
Bescherung Sir 11,16
beschicken 2.Kön 20,1
beschirmen Ps 17,8
beschlafen jmdn, etw b. 2.Sam 16,22

beschließen beschließt einen Rat, und es werde nichts daraus Jes 8,10
beschützen wer sich auf den Herrn verläßt, wird besch. Spr 29,25
Beschwer, beschwerlich Beschwer bereiten; b. sein 2.Kor 11,9
besehen ausgehen, die Töchter des Landes zu b. (sehen) 1.Mose 34,1
besessen b.; wie b. Mt 4,24
besitzen selig sind die Sanftmütigen, denn sie werden das Erdreich b. Mt 5,5
besorgen verschiebe nicht auf morgen, was du heute kannst b. Sir 5,8
besprechen sich nicht mit Fleisch und Blut b. Gal 1,10
besser b. arm und gesund als reich und krank Sir 30,14
— b. ein Gericht Kraut mit Liebe Spr 15,17
— bin ich dir nicht b. denn zehn Söhne? 1.Sam 1,8
— Christus liebhaben ist b. als alles Wissen Eph 3,19
— das b. Teil erwählen Lk 10,42b
— ein Geduldiger ist b. als ein Starker Spr 16,32
— ein lebender Hund ist b. als ein toter Löwe Pred 9,4
— ein Nachbar in der Nähe ist b. als ein Bruder in der Ferne Spr 27,10
— es ist b., du gelobst nichts Pred 5,4
— es ist b., *ein* Mensch sterbe für das Volk Joh 11,50
— es ist b. freien denn Brunst leiden 1.Kor 7,9
— Gehorsam ist b. als Opfer 1.Sam 15,22
— ich bin nicht b. als meine Väter 1.Kön 19,4
— nicht heiraten ist b.; wer ledig bleibt, tut b. 1.Kor 7,38
— schon b. Tage gesehen haben Ps 34,13
— so ist's ja b., zwei denn eins Pred 4,9-11

Besseres

— wenn beides gerät, so ist es desto b. Pred 11,6

Besseres jmdn eines B. belehren Hiob 34,32

bessern das Wissen bläst auf, aber die Liebe b. 1.Kor 8,1

bestehen auf seinem eigenen Kopf b. Sir 10,29

— jedes Haus, das mit sich selbst uneins ist, kann nicht b. Mt 12,25

— wer wird b., wenn er erscheint? Mal 3,2

bestellen (iSv: ordnen) sein Haus b. Jes 38,1

Bestes daß denen, die Gott lieben, alle Dinge zum B. dienen Röm 8,28

— die Hand unsres Gottes ist zum B. über allen Esr 8,22

— gedenke zu meinem B. an alles, was ich für dies Volk getan habe Neh 5,19

— sein B. tun Sir 18,6

— suchet der Stadt B. Jer 29,7

bestimmen wollt ihr dem Herrn Zeit und Tag b.? Jdt 8,11

— Zeit und Stunde, die der Vater best. hat Apg 1,7

bestrafen womit jemand sündigt, damit wird er bestraft Weish 11,16

bestreiten Jos 10,31

besudeln wer Pech angreift, b. sich Sir 13,1

Bet(h)esda Joh 5,2

beten wenn du b., so geh in dein Kämmerlein Mt 6,6

— betet für die Stadt zum Herrn Jer 29,7

Bethel (Bet-El) 1.Mose 28,19

bethlehemitisch b. Kindermord Mt 2,16

betören Wein und Weiber b. die Weisen Sir 19,2

betrunken wenn sie b. werden Joh 2,10

betrübt b. Herz 1.Sam 22,2

— zu Tod b. Mt 26,38

Betrug der letzte B. wird ärger als der erste Mt 27,64

betrügen womit ihr euch selbst b. Jak 1,22

Bett ein Fauler wendet sich im B. wie die Tür in der Angel Spr 26,14

— steh auf, nimm dein B. und wandle Mk 2,9

betteln graben kann ich nicht, und zu b. schäme ich mich Lk 16,3

beugen vor Baal nicht die Knie b. 1.Kön 19,18

Beutel den B. haben, zuhalten Joh 12,6

— einen löchrigen B. haben Hag 1,6

— tief in den B. greifen müssen Joh 12,6

bewahren Gott bewahre! Ps 16,1

— selig sind, die das Wort Gottes hören und b. Lk 11,28

Bewegung Himmel und Erde (Hölle) in B. setzen Hag 2,6

beweisen etw mit der Tat b. Jer 10,6

— habe ich übel geredet, so b., daß es böse ist Joh 18,23

bezaubern Gal 3,1

biblisch b. Alter Ps 90,10

Biene jmdn jagen, wie's die B. tun 5.Mose 1,44

bieten jmdm die Stirn b. Jes 48,4

Bild ein B., das uns gleich sei 1.Mose 1,26

— ein goldenes B. anbeten Dan 3,5

— Gott schuf den Menschen ihm zum B., zum B. Gottes schuf er ihn 1.Mose 1,27a

— ich will satt werden, wenn ich erwache, an deinem B. Ps 17,8

Bildnis du sollst dir kein B. machen 2.Mose 20,4

billig Röm 15,27

— meinst du, daß du b. zürnst? Jona 4,4

— nicht mehr als recht und b. Röm 15,27

billigen man b. oft, was man nicht b. sollte Sir 41,19

bin b. ich dir nicht besser denn zehn Söhne? 1.Sam 1,8
— b. ich es nicht, der Himmel und Erde erfüllt? Jer 23,24
— b. ich Gott, daß ich töten und lebendig machen könnte? 2.Kön 5,7
— b. ich's? Mt 26,22
binden Gottes Wort ist nicht geb. 2.Tim 2,9
— jmdm sind die Hände geb. 2.Sam 3,34
bis b. aufs Blut widerstehen Hebr 12,4
— b. hierher hat uns der Herr geholfen 1.Sam 7,12
— b. hierher (sollst du kommen) und nicht weiter Hiob 38,11
— b. ins dritte und vierte Glied 2.Mose 20,5
— b. ins Mark Hebr 4,12
— treu b. in den Tod Offb 2,10
Bischof Apg 20,28
bitte b., bemühen Sie sich nicht Lk 7,6
— b. zugreifen Sir 31,21
Bitte einer aus der siebenten B. Mt 6,13
bitten bittet für die, so euch beleidigen und verfolgen Mt 5,44
— bittet, so wird euch gegeben Mt 7,7
— euer Vater weiß, was ihr bedürfet, ehe ihr ihn b. Mt 6,8
— um Gnade b. Jer 14,11
bitter den b. Kelch bis zur Neige leeren müssen Hes 23,34
— der (b.) Kelch ist an jmdm vorübergegangen Mt 26,39
— es ist kein Zorn so b. wie Frauenzorn Sir 25,21
— o Tod, wie b. bist du! Sir 41,1
bitterlich b. weinen Ps 69,11
black b. is beautiful Hld 1,5
blasen der Wind b., wo er will Joh 3,8
Blasphemie Mt 12,31
Blatt von einem rauschenden B. gejagt werden 3.Mose 26,36
bleiben bleib daheim! 2.Kön 14,10
— bleibe bei uns, denn es will Abend werden Lk 24,29

— bleibe im Lande und nähre dich redlich Ps 37,4
— bleibe in dem, was du gelernt hast und dir vertraut ist 2.Tim 3,14
— bleibt in Jericho, bis euer Bart gewachsen ist 2.Sam 10,5
— der Mensch flieht wie ein Schatten und b. nicht Hiob 14,1
— es wird nicht dunkel b. über denen, die in Angst sind Jes 8,23
— glaubt ihr nicht, so b. ihr nicht Jes 7,9
— ich werde b. im Hause des Herrn immerdar Ps 23,6
— nun aber b. Glaube, Hoffnung, Liebe, diese drei 1.Kor 13,13
— Recht muß doch Recht b. Ps 94,15
— sehe jeder, wo er bleibe 1.Kor 10,12
— wenn das Weizenkorn nicht erstirbt, b. es allein Joh 12,24
— wer könnte die Hand an den Gesalbten des Herrn legen und ungestraft b.? 1.Sam 26,9
— wer ledig b. 1.Kor 7,38
— wo du b., da b. ich auch Rut 1,16.17
bleibend wir haben hier keine b. Stadt Hebr 13,14
bleich b.; b. wie der Tod Jer 30,6
blenden sich von etw b. lassen 1.Sam 12,3
blind b. sein 2.Petr 1,9
— b.e Blindenleiter Mt 15,14
— Geschenke machen die Weisen b. 5.Mose 16,19
Blindheit mit B. geschlagen 1.Mose 19,11
blöd 1.Mose 29,17
Blöße sich eine B. geben Offb 3,18
blühen er b. wie eine Blume auf dem Felde Ps 103,15.16
— grünen und b. Ps 92,8
— wenn der Mandelbaum b. Pred 12,5
Blume der Mensch geht auf wie eine B. und fällt ab Hiob 14,1.2
— eine B. zu Saron und eine Rose im Tal Hld 2,2

Blut

- er blüht wie eine B. auf dem Felde   Ps 103,15.16
- **Blut** bis aufs B. widerstehen   Hebr 12,4
- B. geleckt haben   1.Kön 21,19
- B. schwitzen   Lk 22,44b
- B. von jmds Händen fordern   2.Sam 4,11
- Christus machte Frieden durch sein B. am Kreuz   Kol 1,20
- das ist mein B. des Bundes (des Neuen Testaments)   Mt 26,26-28
- des Leibes Leben ist im B.   3.Mose 17,11
- die Stimme des B.s deines Bruders schreit zu mir von der Erde   1.Mose 4,10
- du sollst mir nicht ein Haus bauen, weil du soviel B. vergossen hast   1.Chr 22,8
- etw geht jmdm in Fleisch und B. über   Mt 16,17
- jmds Fleisch und B.   1.Mose 37,27
- sein (Jesu) B. komme über uns und unsere Kinder!   Mt 27,25
- sich nicht mit Fleisch und B. besprechen   Gal 1,6
- unschuldiges B.   1.Sam 19,5
- wer die Nase hart schneuzt, zwingt B. heraus   Spr 30,33
- wer Menschenblut vergießt, dessen B. soll auch durch Menschen vergossen werden   1.Mose 9,6
- **blutdürstig**   Ps 26,9
- **Bluthund**   2.Sam 16,7
- **Blutrache**   4.Mose 35,12
- **blutrot**   Jes 1,18
- **Blutschande**   3.Mose 20,17
- **Blutschuld**   5.Mose 19,10
- **Blutvergießen**   Spr 12,6
- **Blutzeuge**   Offb 17,6
- **Böcke** da werden die Panther bei den B. lagern   Jes 11,6
- die Schafe von den B. scheiden   Mt 25,32
- **Boden** auf guten (fruchtbaren) B. fallen   Mt 13,8
- auf steinigen B. fallen   Mt 13,5
- **böse** b. von Jugend auf   1.Mose 8,21
- b. Zeit   Ps 27,5
- b. Gewissen   Sir 14,1
- b. Maul   Ps 140,12
- die b. Sieben   Lk 8,2
- ehe die b. Tage kommen   Pred 12,1
- erlöse uns von dem B.   Mt 6,13
- Gott läßt seine Sonne aufgehen (scheinen) über B. und Gute   Mt 5,45b
- Gutes mit B. vergelten   1.Mose 44,4
- habe ich übel geredet, so beweise, daß es b. ist   Joh 18,23
- ihr gedachtet es b. mit mir zu machen   1.Mose 50,20
- laß dich nicht vom B. überwinden, sondern überwinde das B. mit Gutem   Röm 12,21
- nicht b. gemeint   Sir 19,16
- sollten wir das B. nicht auch annehmen?   Hiob 2,10b
- vergeltet niemand B.s mit B.m   Röm 12,17
- von einem b. Geist umgetrieben   Lk 6,18
- weh denen, die B.s gut und Gutes b. nennen!   Jes 5,20
- wenn dich die b. Buben locken   Spr 1,10
- wissen, was gut und b. ist   1.Mose 3,5
- **Bösewicht**   1.Sam 20,30
- **Bosheit** Freiheit als Deckel (Deckmantel) der B.   1.Petr 2,16
- ich kenne deines Herzens B.   1.Sam 17,28
- **Bote** wer will unser B. sein?   Jes 6,8
- **Botschaft** gute B.   2.Sam 18,31
- **Brand** wie ein B. aus dem Feuer gerettet   Am 4,11
- **Brandopfer**   2.Mose 10,25
- **brauchen** ehre den Arzt, damit du ihn hast, wenn du ihn b.   Sir 38,1
- man b. kein Prophet zu sein, um das vorauszusehen   1.Mose 20,7

— man schämt sich oft, wo man sich nicht zu schämen brauchte Sir 41,19
Brautschleier Jer 2,32
brechen jmds Willen b. Sir 18,30
— sich, jmdm den Hals b. 1.Sam 4,18
breit b. ist der Weg zur Sünde Mt 7,13.14
— b. und schmaler Weg Mt 7,13.14
— der Weg ist b., der zur Verdammnis abführt Mt 7,13.14
— nicht einen Fuß b. 5.Mose 2,5
— weit und b. Ri 18,10
brennen b. wie eine Fackel Sir 48,1
— was wollte ich lieber, denn es (das Feuer) brennete schon? Lk 12,49
Brief B. und Siegel geben Jer 32,44
— ellenlanger B. Sach 5,2
— Offener B. Neh 6,5
bringen ans Licht b. 1.Kor 4,5
— die Sonne b. es an den Tag Mk 4,22
— es auf keinen grünen Zweig b. Hiob 15,32
— ich bin nicht gekommen, Frieden zu b., sondern das Schwert Mt 10,34
— jmdn ins Unglück b. Hos 13,9
— jmdn um das Seine b. Sir 13,8
— Opfer b. 1.Mose 4,3
— vor Menschen sich scheuen, bringt zu Fall Spr 29,25
— wenn das Weizenkorn erstirbt, b. es viel Frucht Joh 12,24
— wer bin ich, daß du mich bis hierher gebr. hast? 2.Sam 7,18
— wir haben nichts in die Welt gebr. 1.Tim 6,7
— zu Fall b. Spr 29,25
— zur Welt b. Joh 16,21
Brockensammlung Mt 14,20
Brosamen B., die von des Reichen Tisch fallen Lk 16,21
Brot B. und Wein 1.Mose 14,18
— das tägliche B. Mt 6,11
— der Mensch lebt nicht vom B. allein 5.Mose 8,3
— ich bin das B. des Lebens Joh 6,35
— im Schweiße deines Angesichts sollst du dein B. essen 1.Mose 3,19
— jmdm Steine geben statt B. Mt 7,9
— laß dein B. über das Wasser fahren, so wirst du es finden auf lange Zeit Pred 11,1
— nicht einen Hunger nach B. Am 8,11
— unser tägliches B. gib uns heute Mt 6,11
Brotbrechen Mt 26,26-28
Bruder alle sind Brüder Mt 23,8
— B. Leichtfuß 2.Sam 2,18
— die Stimme des Bluts deines B. schreit zu mir von der Erde 1.Mose 4,10
— ein B. in der Ferne Spr 27,10
— es ist mir leid um dich, mein B. Jonatan 2.Sam 1,26
— falsche Brüder Gal 2,4
— Freund und B. Ps 35,14
— soll ich meines B. Hüter sein? 1.Mose 4,9
— was ihr getan habt einem unter diesen meinen geringsten B. Mt 25,40
— was siehst du den Splitter in deines B. Auge? Mt 7,3
— wenn Brüder einträchtig beieinander wohnen Ps 133,1
— wo ist dein B. Abel? 1.Mose 4,9
Bruderkuß 1.Kor 16,20
Bruderliebe 1.Joh 3,10
Brudermord 1.Mose 4,8
brüllen wie ein brüllender Löwe 1.Petr 5,8
brummen wie ein Bär b. Jes 59,11
Brunnen B. ohne Wasser 2.Petr 2,17
— die Quelle verlassen und B. graben Jer 2,13
Brünnlein Gottes B. hat Wasser die Fülle Ps 65,10
Brunst es ist besser freien denn B. leiden 1.Kor 7,9
Brust an seine B. schlagen Lk 18,13
brüsten sich b. Hiob 15,27
Bube wenn dich die bösen B. locken Spr 1,10

Bubenstück Ps 41,9
Buch ein B. mit sieben Siegeln Offb 5,1
— ein B. verschlingen Offb 10,9
— im B. des Lebens stehen Phil 4,3
— sein, wie jmd., etw im B. steht Hebr 10,7
Büchermachen des vielen B. ist kein Ende Pred 12,12
Buchstabe am B. kleben 2.Kor 3,6
— der B. tötet, aber der Geist macht lebendig 2.Kor 3,6
— jmdm die ersten B. einer Sache beibringen Hebr 5,12
— sich an den B. klammern 2.Kor 3,6
Buchstabenglaube 2.Kor 3,6
buhlen Hos 3,1
Bund das ist mein Blut des B. Mt 26,26-28
Bundesgenosse Obd 7
bunt b. Rock 1.Mose 37,3
Bürge ich will B. für ihn sein 1.Mose 43,9a
Bürgermeister 1.Kön 22,26
Bürgerrecht(e) Apg 22,28
Buße Mt 3,2
— B. tun in Sack und Asche Mt 11,41
— kein Raum zur B. Hebr 12,17
— so wird Freude im Himmel sein über einen Sünder, der B. tut, mehr als über neunundneunzig Gerechte, die der B. nicht bedürfen Lk 15,7
— tut B., denn das Himmelreich ist nahe herbeigekommen! Mt 3,2
— weißt du nicht, daß dich Gottes Güte zur B. leitet? Röm 2,4
büßen büßende Magdalena Lk 7,37

C

Charisma Ch.; charismatisch Röm 1,11
Cherub schön wie ein Ch. Hes 28,12.14
Chiliasmus Offb 20,2
Christ Apg 11,26
— es fehlt nicht viel, du überredest mich, daß ich ein Ch. würde Apg 26,28
christlich mit dem Mantel der ch. Nächstenliebe zudecken Spr 10,12
— Christliche Versammlung Hebr 10,25
Christus aussehen wie das Leiden Christi Apg 1,3
— Ch. ist des Gesetzes Ende Röm 10,4
— Ch. ist mein Leben, und Sterben ist mein Gewinn Phil 1,21
— Ch. lebt in mir Gal 2,20
— das verborgene Leben mit Ch. in Gott Kol 3,3
— die Gnade unseres Herrn Jesus Ch. 2.Kor 13,13
— es hat Gott wohlgefallen, daß in Ch. alle Fülle wohnen sollte Kol 1,20
— euch ist heute der Heiland geboren, welcher ist Ch., der Herr Lk 2,11
— Gnade sei mit euch von unserem Herrn Jesus Ch. Röm 1,7
— Jesus Ch. gestern und heute und derselbe auch in Ewgkeit Hebr 13,8
— Schmach Christi Hebr 11,26
— so werdet ihr das Gesetz Christi erfüllen Gal 6,2
— wenn nur Ch. verkündigt wird Phil 1,18
— wir nehmen gefangen alle Vernunft unter den Gehorsam Christi 2.Kor 10,5
Chronik 1. Chronik (Vorbemerkung)
cogite (lat.) c. intrare Lk 14,23
Credo zu einer Sache kommen wie Pontius Pilatus ins C. 1.Tim 6,13

D

da d. geht es zu! 1.Sam 4,16
— d. sei Gott vor! 1.Makk 2,21
— d. sieh du zu! Mt 27,4
— d. verließen sie ihn Mk 14,50
— d. ward aus Abend und Morgen der erste Tag 1.Mose 1,5
— hier ein wenig, d. ein wenig Jes 28,10

— so ist sie (die Blume) nimmer d. Ps 103,15.16
Dach die Spatzen pfeifen es von den D. Mt 10,27
— etw auf (von) den D. predigen Mt 10,27
— unter eigenem D. Sir 29,29
dagegen d. ist kein Kraut gewachsen Weish 16,12
daheim bleib d.! 2.Kön 14,10
— d. sein bei dem Herrn 2.Kor 5,8
daherkommen seht, der Träumer k. d.! 1.Mose 37,19
dahin der Sommer ist d. Jer 8,20
— die Herrlichkeit ist d. 1.Sam 4,21
— jmd hat seinen Lohn d. Mt 6,2b
dahinfahren das Leben f. schnell d., als flögen wir davon Ps 90,10
— nackt werde ich d. Hiob 1,21
dahinfliegen Meine Tage sind dahingefl. wie ein Weberschifflein Hiob 7,6
dahinter es ist (steckt) nichts d. 1.Petr 2,18
Damaskus sein D. erleben Apg 9,4
damit d. du ihn auf ewig wieder hättest Phlm 15
— d. wird er auch bestraft Weish 11,16
dämonisch Jak 3,15
dämpfen 1.Thess 5,19
Dan von D. bis Beerseba 1.Sam 3,20
danach d. beißt er (der Wein) wie eine Schlange Spr 23,31.32
Daniel wie D. in der Löwengrube Dan 6,17
Dank Gott sei D.! 1.Kor 15,57
dankbar man muß (Gott) für alles d. sein Eph 5,20
danken als hörte man *eine* Stimme loben und d. dem Herrn 2.Chr 5,13
— danket dem Herrn, denn er ist freundlich 1.Chr 16,34
— ich d. dir, Gott, daß ich nicht bin wie die anderen Leute Lk 18,11
— nun danket alle Gott Sir 50,24

Danksagung Phil 4,6
daran d. wird jedermann erkennen, daß ihr meine Jünger seid Joh 13,35
— jmdm liegt etw d. 2.Makk 8,8
darauf d. will ich das Abendmahl nehmen Jdt 12,11
— der Erdkreis und die d. wohnen Ps 24,1
— jmdm die Hand d. geben Esr 10,19
— wir sehen d., daß es redlich zugehe 2.Kor 8,21
daraus da wird nichts d.; nichts d. werden 5.Mose 18,22
— es werde nichts d. Jes 8,10
— trinket alle d. Mt 26,26-28
darben hungern und d. Ps 34,11
darbieten dem biete die andere Backe auch dar Mt 5,39
darbringen ein Rauchopfer d. Ps 141,2
darin verdirb es nicht, denn es ist ein Segen d. Jes 65,8
— wer sich in Gefahr begibt, kommt d. um Sir 3,27
darinnen die Erde ist des Herrn und was d. ist Ps 24,1
— Himmel und Erde und was d. ist 2.Mose 20,11
Darstellung D. Jesu (im Tempel) Lk 2,22
darüber was d. ist, das ist vom Übel Mt 5,37
— wenn der Wind d. geht Ps 103,15
darum d. sollt ihr vollkommen sein Mt 5,48
das d. eine tun und das andre nicht lassen Mt 23,23
— d. hat Gott getan! Ps 64,10
— d. ist dein Sohn Joh 19,26.27
— d. ist deine Mutter Joh 19,26.27
— d. ist gewißlich wahr 2.Tim 2,11
— d. ist Gottes Finger 2.Mose 8,15
— d. ist ja Hohn und Spott Ps 44,4
— d. ist mein Leib Mt 26,26-28
— d. ist nicht jedermanns Ding 2.Thess 3,2

dasitzen

— d. kommt vom Herrn 1.Mose 24,50
— d. sei ferne! 1.Mose 18,25
dasitzen d. (dastehen) wie ein Ölgötze Mt 26,45.46
daß d. du nicht sagest, du habest Abraham reich gemacht 1.Mose 14,23
— d. Gott erbarm! Sir 36,1
— d. mein Haus voll werde Lk 14,23
Datum 2.Makk 1,9b
dauernd jmdn, etw d. im Munde führen Ps 16,4
David ein D. gegen einen Goliat 1.Sam 17,45
— Saul hat tausend erschlagen, aber D. zehntausend 1.Sam 18,7
— was haben wir denn Teil an D.? 1.Kön 12,16
— wie D. und Jonatan 1.Sam 18,1
Davidsschleuder 1.Sam 17,40
Davidsstadt 2.Sam 5,7
davonfliegen das Leben fährt schnell dahin, als flögen wir davon Ps 90,10
davonkommen mit dem Leben d. 2.Makk 3,38
dazu Gott gebe Gnade d. Sir 15,10
dazutun ist das zu wenig, will ich noch dies und das d. 2.Sam 12,8
de (lat.) De profundis Ps 130,1
Decke diese D. bleibt unaufgedeckt bis auf diesen Tag 2.Kor 3,14
Deckel Freiheit als D. (Deckmantel) der Bosheit 1.Petr 2,16
dein alles, was mein ist, das ist d. Lk 15,31
— d. bin ich 1.Chr 12,19
— d. Gott ist mein Gott Rut 1,16.17
— d. ist das Reich und die Kraft und die Herrlichkeit in Ewigkeit Mt 6,13
— d. Name werde geheiligt Mt 6,9
— d. Reich komme Mt 6,10
— d. sind wir 1.Chr 12,19
— d. Volk ist mein Volk Rut 1,16.17
— d. Wille geschehe Mt 6,10
— d. Wort ward meine Speise, da ich's empfing Jer 15,16

— d.e. Augen werden den König sehen in seiner Schöne Jes 33,17
— d.e Sprache verrät dich Mt 26,73
— d.e Sünden sind dir vergeben Mt 9,2
— d.e Toten werden leben Jes 26,19
— vergesse ich d., Jerusalem Ps 137,5
Dekalog (= Zehn Gebote) 2.Mose 20,2-17
demütig d. sein vor deinem Gott Mi 6,8
— den D.n gibt Gott Gnade 1.Petr 5,5
— von Herzen d. Mt 11,28-30
denken denk an deinen Schöpfer in deiner Jugend Pred 12,1
— der Mensch d. und Gott lenkt Spr 16,9
— sie denkt nicht mehr an die Angst Joh 16,21
Denkmal 2.Mose 13,9
Denkzettel Mal 3,16
der d. eine – der andere Joh 4,37
derer d. sind mehr, die bei uns sind, als die bei ihnen sind 2.Kön 6,16
derselbe Jesus Christus gestern und heute und d. auch in Ewigkeit Hebr 13,8
— (nicht) aus dems. Stall kommen Joh 10,16
desgleichen geh hin und tu d. Lk 10,37
desto je länger, d. ärger 2.Tim 3,13
— wenn beides gerät, so wäre es d. besser Pred 11,6
— wer mäßig ißt, lebt d. länger Sir 37,33.34
deuteln da ist nichts zu drehen und zu d. Mi 7,3
Deuteronomium 5.Mose (Vorbemerkung)
deutlich klar und d. 5.Mose 27,8
diabolisch Eph 6,11
Diakon Mt 20,26
Dialekt Apg 2,6
Diamant hart wie ein D. Hes 3,9
Diana groß ist die D. der Epheser! Apg 19,34
Diaspora Apg 8,1
dicht dichte (dicke) Finsternis 2.Mose 10,21.22

Dichten D. und Trachten; das D. und Trachten des menschlichen Herzens ist böse von Jugend auf 1.Mose 8,21
dick d. Finsternis 2. Mose 10,21.22
— d. Nebel Hes 8,11
— sich d. machen Hiob 15,27
die d. auf den Herrn harren, kriegen neue Kraft Jes 40,31
— d. aus Finsternis Licht und aus Licht Finsternis machen Jes 5,20
— d. den ganzen Weltkreis erregen Apg 17,6
— d. des Altars pflegen, genießen des Altars 1.Kor 9,13
— d. ihn liebhaben, sollen sein wie die Sonne aufgeht in ihrer Pracht Ri 5,31
— d. mit Tränen säen, werden mit Freuden ernten Ps 126,5
Dieb wie ein D. in der Nacht 1.Thess 5,2
dienen daß denen, die Gott lieben, alle Dinge zum Besten d. Röm 8,28
— dem Bauch d. Röm 16,18
— diene ihnen (den Götzen) nicht 2.Mose 20,5
— euer Überfluß diene ihrem Mangel 2.Kor 8,14
— ich und mein Haus wollen dem Herrn d. Jos 24,15
— niemand kann zwei Herren d. Mt 6,24
— wählt euch heute, wem ihr d. wollt Jos 24,15
Diener Mt 20,26
— D. am Wort; D. des Worts Lk 1,2
— Herr, nun lässest du deinen D. in Frieden fahren Lk 2,29.30
Dienst muß nicht der Mensch immer im D. stehen auf Erden? Hiob 7,1
— nützlich zum D. 2.Tim 4,11
dienstbar d. Geister Hebr 1,14
dies (lat.) D. irae Zef 1,15
— d. ist der Weg, den geht! Jes 30,21
— d. ist mein lieber Sohn, an dem ich Wohlgefallen habe Mt 3,17

— d. oder das Pred 11,6
— d. und das; so will ich noch d. und das dazutun 2.Sam 12,8
dieser d. war auch mit dem Jesus von Nazareth Mt 26,71
Ding alle D. sind möglich dem, der da glaubt Mk 9,23
— bei Gott ist kein D. unmöglich Lk 1,37
— bei Gott sind alle D. möglich Mt 19,26
— das Ende aller D. 1.Petr 4,7
— daß denen, die Gott lieben, alle D. zum Besten dienen Röm 8,28
— der große D. tut Sir 50,24
— der Herr kann auch große D. tun Joel 2,21
— die Zunge richtet große D. an Jak 3,5
— es ist das Herz ein trotzig und verzagt D. Jer 17,9
— guter Dinge sein Ri 16,25
— laß dein Herz guter Dinge sein Pred 11,9
— nicht jedermanns D. 2.Thess 3,2
— warten (harren) der D., die da kommen sollen Lk 21,26
— Wiederbringung aller D. Apg 3,21
Dirne 1.Mose 24,14
Disteln Dornen und D. soll dir der Acker tragen 1.Mose 3,18
dixi (lat.) d. et salvavi animam meam Hes 3,19
Docht den glimmenden D. wird er nicht auslöschen Jes 42,3
dolmetschen Mt 1,23
Dominus D. vobiscum Rut 2,4
Donnersöhne D.; Donnerskinder Mk 3,17
Donnerstimme Offb 6,1
doomsday Joh 6,39
Dorn D.n und Disteln 1.Mose 3,18
— jmdm ein D. im Auge sein 4.Mose 33,55
Dornenkrone jmdm eine D. flechten Mt 27,29
dornig d. Weg Spr 15,19
Drache Offb 12,9

draußen warum stehst du d.? 1.Mose 24,31
— zu Hause ein Löwe, d. ein Lamm Sir 4,35
Dreck Geld wie D. haben Sach 9,3
— in den D. treten Hiob 30,19
Dreh Mi 7,3
drehen da ist nichts zu d. und zu deuteln Mi 7,3
— etw d. Mi 7,3
— jmdm aus etw einen Strick d. 5.Mose 7,16
drei d. Kreuze hinter hinter jmdn machen Mt 27,40
— jmdn mit d. Vaterunsern laufen lassen Mt 6,9-13
— nun aber bleiben Glaube, Hoffnung, Liebe, diese d. 1.Kor 13,13
— wo zwei oder d. versammelt sind in meinem Namen Mt 18,20
— zwei oder d. Mt 18,20
Dreieinigkeit (Dreifaltigkeit) Mt 28,19; 2.Kor 13,13
dreinhauen hau drein zur Rechten und zur Linken Hes 21,21
dreinreden jmdm in etw d. Rut 1,16
dreinsehen siehst du scheel drein, weil ich so gütig bin? Mt 20,15
dreißig für d. Silberlinge jmdn verraten Mt 26,15
Dresche, dreschen Mi 4,13
— du sollst dem Ochsen, der da drischt, nicht das Maul verbinden 5.Mose 25,4
dringen Rohrstab Ägypten, der in die Hand d. 2.Kön 18,21
— sich zu etw gedrungen fühlen 2.Kor 5,14
dritter bis ins d. und vierte Glied 2.Mose 20,5
droben hoch d. Hiob 22,12
drücken auf die Tränendrüsen d. Sir 22,23
du d. bist bei mir Ps 23,4
— d. bist der Mann! 2.Sam 12,7

— d. bist ein Gott, der mich sieht 1.Mose 16,13
— d. bist mein Jes 43,1
— d. bist mir ein rechter (netter, schöner) Held! Jes 5,20
— d., den meine Seele liebt Hld 1,7
— d. hast mein Leben aus dem Verderben geführt Jona 2,7
— d. hast mir das Herz genommen Hld 4,9
— d. meine Güte! 4.Mose 12,13
— d. sagst es Mt 26,64
— d. sollst deinen Nächsten lieben wie dich selbst 3.Mose 19,18; Mt 22,37-39
— d. sollst den Herrn, deinen Gott, lieben Mt 22,37-39
dumm wie das d. Vieh Tob 6,18
dunkel es wird nicht d. bleiben über denen, die in Angst sind Jes 8,23
— im d. tappen 5.Mose 28,29
dünken jeder tat, was ihn recht dünkte Ri 17,6
— wer sich läßt d., er stehe 1.Kor 10,12
dünn Jes 17,4
durch d. die Finger sehen 3.Mose 20,4
— d. Gottes Gnade bin ich, was ich bin 1.Kor 15,10
— d. Mark und Bein gehen Hebr 4,12
— d. Stillesein und Hoffen würdet ihr stark sein Jes 30,15
— durchs Herz gehen Apg 2,37
durchbohren Rohrstab Ägypten, der die Hand d. 2.Kön 18,21
durchsäuern ein wenig Sauerteig d. den ganzen Teig 1.Kor 5,6
durchtrieben 2.Petr 2,14b
dürr d. Jahre Jer 17,8
— (iSv: ohne Umschweife) 2.Makk 6,23b
— wenn man das tut am grünen Holz, was wird am d. werden? Lk 23,31
Durst nicht einen D. nach Wasser, sondern nach dem Wort des Herrn Am 8,11
dürsten mich dürstet Joh 19,28

— selig sind, die da hungert und d. nach der Gerechtigkeit Mt 5,6
— wer von mir (der Weisheit) trinkt, den d. immer nach mir Sir 24,29
durstig d. Seele Ps 107,9

E

Eben-Eser (Ebenezer) 1.Sam 7,12
Ebenbild Kol 1,15
ecce (lat.) e. homo Joh 19,5
Ecke an allen E. Spr 7,12
Eckstein Hiob 38,6
edel Weisheit ist edler als Perlen Spr 3,15
Edel... (vor Subst.) Spr 3,15
Eden Garten E. 1.Mose 2,8
ehe eh' man noch ein Wörtlein spricht Mt 6,8
— e. denn die Berge wurden und die Erde und die Welt geschaffen wurden Ps 90,2
— e. man sich's versieht 1.Makk 5,28
Ehe eine E. stiften Tob 7,16
ehebrechen du sollst nicht e. 2.Mose 20,14
Ehebruch Augen voll E. 2.Petr 2,14a
ehegestern nicht wie gestern und e. 1.Mose 31,2
Ehejoch 2.Kor 6,14
eher sich e. die Zunge abbeißen Offb 16,10
ehern mit e. Griffel Hiob 19,23.24
— mit e. Stirn Jes 48,4
Ehre alle Lande sind seiner (Gottes) E. voll Jes 6,3
— aller E.n wert 1.Tim 6,1
— bin ich Vater, wo ist meine E.? Mal 1,6
— der Herr gibt Gnade und E. Ps 84,12
— der Wahrheit die E. geben Joh 9,24
— E., dem E. gebührt Röm 13,7
— E. einlegen mit jmdm, etw 2.Mose 14,4
— E. sei Gott in der Höhe Lk 2,14
— gebt unserm Gott die E.!; Gott allein die E. (geben) 5.Mose 32,3
— Gott die E. geben Joh 9,24
— in E.n ergraut sein Spr 16,31
— in E.n halten Est 1,20
— zu E.n kommen Spr 13,18
ehren die Alten e. 3.Mose 19,32
— du sollst deinen Vater und deine Mutter e. 2.Mose 20,12
— ehre den Arzt, damit du ihn hast, wenn du ihn brauchst Sir 38,1
— ein graues Haupt e. 3.Mose 19,32
— ein Sohn soll seinen Vater e. und ein Knecht seinen Herrn Mal 1,6
— wer mich e., den will ich auch e. 1.Sam 2,30
ehrenwert 1.Tim 6,1
ehrlich e.; e. Begräbnis Sir 38,16
— e. Name Sir 44,8
Ei nicht gerade das Gelbe vom E. Hiob 6,6
— ungelegte Eier Jer 17,11
ei! Mt 25,21
Eid der E. macht ein Ende alles Haders Hebr 6,16
eifern ich, der Herr, dein Gott, bin ein eifernder Gott 2.Mose 20,5
eigen auf seinem e. Kopf bestehen Sir 10,29
— daß jeder Tag seine e. Plage hat Mt 6,34
— sein e. Herr sein Jer 2,31
— seinem e. Kopf folgen Sir 21,12
— seinen e. Weg (seine e. Wege) gehen Apg 14,16
— sich im e. Netz verfangen Ps 9,16
— unter e. Dach Sir 29,29
— wie sein e. Kind halten 2.Sam 12,3
— zum e. Schaden Jer 7,6
eigenhändig Gal 6,11
Eigennutz Sir 37,8
eilen laß dein Herz nicht e., etwas zu reden vor Gott Pred 5,1
Eimer die Völker sind geachtet wie ein Tropfen am E. Jes 40,15

ein (unbest. Artikel) e. fröhlichen Geber hat Gott lieb 2.Kor 9,7b
ein, eins (Zahlwort, betont) alle wie e. Mann 4.Mose 14,15
— als hörte man e. Stimme 2.Chr 5,13
— als wäre es einer, der trompete und sänge 2.Chr 5,13
— auf tausend nicht eins antworten können Hiob 9,2.3
— einer ist euer Meister, ihr aber seid alle Brüder Mt 23,8b
— eins ist not Lk 10,42a
— es ist besser, e. Mensch sterbe für das Volk Joh 11,50
— es wird Freude sein im Himmel über e. Sünder, der Buße tut Lk 15,7
— haben wir nicht e. Vater? Hat uns nicht e. Gott geschaffen? Mal 2,10
— Mann und Weib sind e. Leib 1.Mose 2,24
— sie werden sein e. Fleisch 1.Mose 2,24
— so ist's besser zwei denn eins Pred 4,9-11
— wenn e. Glied leidet, so leiden alle Glieder mit 1.Kor 12,26
— zehn Männer aus allen Sprachen werden e. jüdischen Mann ergreifen Sach 8,23
einbringen die Menschen wissen nicht, wer es (das Gesammelte) e. wird Ps 39,7b
Einbruchsdiebstahl 2.Mose 22,1
einer (unbest. Fürwort) auch e. von denen Mt 26,73
— das e. tun und das andere nicht lassen Mt 23,23
— der e. sät, der andere erntet Joh 4,37
— e. aus der siebten Bitte Mt 6,13
— e. trage des andern Last, so werdet ihr das Gesetz Christi erfüllen Gal 6,2
— e. von der siebenten Bitte Mt 6,13
— entziehe sich nicht eins dem andern 1.Kor 7,5

— fällt ihrer e., so hilft ihm sein Gesell auf Pred 4,9-11
einfältig 1.Mose 20,5
einführen jmdn e. Hebr 1,6
Eingang Ausgang und E.; der Herr behüte deinen Ausgang und E. Ps 121,8
eingeben das hat dir ein guter Engel eingeg. Tob 5,29a
eingeboren daß Gott seinen e. Sohn gab Joh 3,16
Eingebung Esr 7,27
eingefleischt Joh 1,14
eingehen aus- und e. Jer 37,4
— der Wein g. glatt e. Spr 23,31
einhalten Turteltaube, Kranich und Schwalbe h. die Zeit e. Jer 8,7
einheimisch 2.Mose 12,19
einhellig Phil 2,2
einig können zwei miteinander wandern, sie seien denn e. untereinander? Am 3,3
— (iSv: alleinig) höre, Israel, der Herr, unser Gott, ist ein e. Herr 5.Mose 6,4
Einkommen 4.Mose 18,30
einlegen Berufung e. Apg 25,11
— Ehre mit jmdm, etw e. (können) 2.Mose 14,4
Einleitung die E. länger als die ganze Geschichte 2.Makk 2,33
einmal alle Jubeljahre e. 3.Mose 25,9.10
Einnahme E.n und Ausgaben Sir 42,7
einnehmen es ist noch viel Land einzun. Jos 13,1
— und nimm dein Küchlein ein Mt 23,37
einreißen (iSv: um sich greifen) etw reißt ein Apg 4,17
einschärfen 5.Mose 6,7
einschenken du s. mir voll e. Ps 23,5
— jmdm reinen Wein e. Jes 25,6
— voll e. Ps 23,5
einsetzen Gott setzt Könige ab und s. Könige e. Dan 2,21

Einsetzungsworte E. des Abendmahls Mt 26,26-28
einträchtig wenn Brüder e. beieinander wohnen Ps 133,1
Einwohner 1.Mose 19,25
einzelner wem jagst du nach? Einem e. Floh 1.Sam 24,15
— wie kann ein e. warm werden? Pred 4,9-11
eisern mit e. Rute Offb 2,27
— mit e. Stirn Jes 48,4
eisgrau 2.Makk 6,23a
eitel e.; alles ist e. Pred 1,2
Eitelkeit wo viel Träume sind, da ist E. und viele Worte Pred 5,6
Eiter Neid ist E. in den Gebeinen Spr 14,30
Eiterbeule Jes 1,6
Element Weish 7,17
elend Röm 7,24
— arm und e. Ps 40,18
— e. Arbeit Weish 15,8
— ich e. Mensch! Röm 7,24
Elend das heulende E. haben Jak 5,1
— Gott hat mich wachsen lassen im Lande meines E. 1.Mose 41,52
— im E. sterben 2.Makk 5,9
— Jammer und E. Ps 25,18
Elfenbein 1.Kön 10,18
Elfenbeinturm E.; sich in seinen E. zurückziehen Hld 7,4
elfter es ist die e. Stunde Mt 20,6
Eli E., E., lama asabtani Mt 27,46
Elias feuriger E. 2.Kön 2,11
Elle seiner Länge eine E. zusetzen Mt 6,27
— überall die gleiche E. anlegen 3.Mose 19,35
ellenlang e. Brief Sach 5,2
Eltern es sollen nicht die Kinder den E. Schätze sammeln, sondern die E. den Kindern 2.Kor 12,14
Emanuel Mt 1,23
empfangen haben wir Gutes e. von Gott Hiob 2,10

— jmd empfängt, was seine Taten wert sind Lk 23,41
— sooft ich's (das Wort) empfing Jer 15,16
— umsonst habt ihr's e., umsonst gebt es auch Mt 10,8
— was hast du, das du nicht e. hast? 1.Kor 4,7
empor e. die Herzen! Klgl 3,41
Enakskinder E.; Enakssöhne 4.Mose 13,33
Ende (räumlich) Jer 16,19
— aller Welt E.n. Ps 22,28
— an allen E. Sir 50,24
— der Welt E. Jer 16,19
— vom E. der Welt Jer 16,19
Ende (zeitlich) Anfang, Mitte und E. Weish 7,18
— Christus ist des Gesetzes E. Röm 10,4
— das E. aller Dinge 1.Petr 4,7
— der Eid macht ein E. allen Haders Hebr 6,1
— des vielen Büchermachens ist kein E. Pred 12,12
— die Ernte ist das E. der Welt Mt 13,39
— ein E. mit Schrecken nehmen Ps 73,19
— es geht mit jmdm zu E. Ps 39,5
— ihr (der Lehrer) E. schaut an und folgt ihrem Glauben nach Hebr 13,7
— kein E. haben Hiob 16,3
— lieber ein E. mit Schrecken als ein Schrecken ohne E. Ps 73,19
— rühme niemand vor seinem E. Sir 11,29
— siehe, ich bin bei euch alle Tage bis an der Welt E. Mt 28,20
— soll denn das Schwert ohne E. fressen? 2.Sam 2,26
— was du auch tust, bedenke das E. Sir 7,40
— wer bis an das E. beharrt, der wird selig werden Mt 10,22
Endzeit Dan 8,17
eng gehet ein durch die e. Pforte. Denn

Engel

die Pforte ist e. und der Weg ist schmal Mt 7,13.14
Engel das hat dir ein guter E. eingegeben Tob 5,29
— der Herr hat seinen E.n befohlen, daß sie dich behüten Ps 91,11.12
— gefallener E. Jes 14,12
— guter E. Tob 5,29
— rettender E. 1.Mose 19,17
Engelschar Lk 2,13
Engelsgeduld 1.Mose 19,15-22
Engel(s)geleit Tob 5,23
Engelsgesicht Apg 6,15
engel(s)gleich Mt 22,30
Engelstrompete Offb 8,6
Engelszungen mit E. reden; wenn ich mit E. redete 1.Kor 13,1
englisch (von: Engel) E. Gruß Lk 1,28
entfahren oft entfährt einem ein Wort Sir 19,16
entfallen dem Gedächtnis e. Dan 2,5
entfremdet Eph 4,18b
entrückt, Entrückung 1.Thess 4,17
entschlafen e.; im Herrn e. 1.Kor 15,58
entspringen es ist ein Ros entspr. Jes 11,1
entwerfen Hes 4,1
entwöhnen 1.Mose 21,8
— ein entwöhntes Kind wird seine Hand stecken in die Höhle der Natter Jes 11,6.8
entziehen entzieh deinen Fuß vom Haus deines Nächsten Spr 25,17
— entziehe sich nicht eins dem andern 1.Kor 7,5
— sich e. 1. Kor 7,5
Epheser groß ist die Diana der E.! Apg 19,34
Ephraim E. ist wie ein Kuchen, den niemand umwendet Hos 7,8
Epikureer Apg 17,18a
Epiphanias Lk 1,79
Epiphanie Lk 1,79
episkopal e.; Episkopalkirche; Episkopalismus Apg 20,28
Episkopat Apg 20,28
Epistel E.; seitenlange E. Kol 4,16
er e. gibt dem Müden Kraft Jes 40,29
— e. hat alles wohlgemacht Mk 7,37
— e. muß wachsen, ich aber muß abnehmen Joh 3,30
erbarmen daß Gott erbarm! Sir 36,1
— daß sie sich nicht erbarme über den Sohn ihres Leibes Jes 49,15
— der Gerechte e. sich seines Viehs Spr 12,10
— Herr, e. dich! Mt 17,15
— wer sich des Armen e., der leiht dem Herrn Spr 19,17
— wie sich ein Vater über Kinder e., so e. sich der Herr über die, die ihn fürchten Ps 103,13
erbauen sich e.; erbaut sein Eph 4,12
erbaulich Eph 4,12
Erbe Teil und E. haben 1.Mose 31,14
— was haben wir denn E. am Sohn Isais? 1.Kön 12,16
Erbgut 3.Mose 27,16
Erbrecht Jer 32,8
Erbsünde Röm 5,12
Erde am Anfang schuf Gott Himmel und E. 1.Mose 1,1
— bin ich es nicht, der Himmel und E. erfüllt? Jer 23,24
— bis du wieder zu E. werdest. Denn du bist E. und sollst zu E. werden 1.Mose 3,19
— dein Wille geschehe wie im Himmel so auf E.n Mt 6,10
— den Frieden von der E. nehmen Offb 6,4
— der Herr läßt die Arznei aus der E. wachsen Sir 38,4
— der Himmel ist hoch und die E. ist tief Spr 25,3
— der Himmel und E. gemacht hat Ps 121,1.2
— die E. ist des Herrn Ps 24,1
— die Großen der E. 2.Sam 7,9
— die Stimme des Blutes deines Bruders

schreit zu mir von der E.   1.Mose 4,10
— ehe denn die E. und die Welt geschaffen wurden   Ps 90,2
— E. zu E.   1.Mose 3,19
— es soll kein Haar von jmds Haupt auf die E. fallen   1.Sam 14,45
— Friede auf E.n!   Lk 2,14
— füllet die E.   1.Mose 1,28
— Gott ist im Himmel und du auf E.n   Pred 5,1
— Himmel, E. und Meer   Ps 69,35
— Himmel und Erde   1. Mose 1,1
— Himmel und E. in Bewegung setzen   Hag 2,6
— Himmel und E. werden vergehen   Mt 24,35
— Himmel und E. zu Zeugen anrufen   5.Mose 4,26
— ich bin ein Gast auf E.n   Ps 119,19
— ich bin gekommen, ein Feuer anzuzünden auf E.n   Lk 12,49
— ihr seid das Salz der E.   Mt 5,13
— in der E. schlafen   Dan 12,2
— in dir sollen gesegnet werden alle Geschlechter auf E.n   1.Mose 12,3
— in sechs Tagen hat der Herr Himmel und E. gemacht   2.Mose 20,11
— kein Wort Gottes fällt auf die E.   2.Kön 10,10
— mir ist gegeben alle Gewalt im Himmel und auf E.n   Mt 28,18
— muß nicht der Mensch immer im Dienst stehen auf E.n?   Hiob 7,1
— Mutter E.   Sir 40,1
— so frage ich nichts nach Himmel und E.   Ps 73,25
— solange die E. steht   1.Mose 8,22
— unstet und flüchtig sollst du sein auf E.n   1.Mose 4,12
— unten auf E.n   2.Mose 20,4
— unter der E. schlafen   Dan 12,2
— was im Wasser unter der E. ist   2.Mose 20,4
— weil du soviel Blut auf die E. vergossen hast   1.Chr 22,8
— wenn das Weizenkorn nicht in die E. fällt   Joh 12,24
— wir warten auf einen neuen Himmel und eine neue E.   2.Petr 3,13
— zwischen Himmel und E. schweben   2.Sam 18,9
Erdengast   Ps 119,19
erdenken des Menschen Herz e. sich seinen Weg   Spr 16,9
Erdenkloß   1.Mose 2,7
Erdkreis der E. und die darauf wohnen   Ps 24,1
Erdreich selig sind die Sanftmütigen; denn sie werden das E. besitzen   Mt 5,5
erfreuen der Wein e. des Menschen Herz   Ps 104,15
erfüllen bin ich es nicht, der Himmel und Erde e.?   Jer 23,24
— die Zeit ist e.; erfüllte Zeit   Mk 1,15
— so werdet ihr das Gesetz Christi e.   Gal 6,2
ergeben sich in den Willen Gottes e.   2.Kor 8,5
ergrauen in Ehren ergr. sein   Spr 16,31
ergreifen beim Zipfel seines Gewandes e.   Sach 8,23
ergründen wer kann es (das Herz) e.?   Jer 17,9
erhalten der uns lebendig erhält   Sir 50,24
— wer sein Leben e. will, der wird es verlieren; wer aber sein Leben verliert um meinetwillen, der wird's e.   Lk 9,24
erheben sich über jmdn e.   4.Mose 16,3
erhöhen der Herr erniedrigt und e.   1.Sam 2,7
— Gerechtigkeit e. ein Volk   Spr 14,34
— Gott ist Richter, der diesen erniedrigt und jenen e.   Ps 75,8
— wer sich selbst e., der wird erniedrigt; und wer sich selbst erniedrigt, der wird e.   Mt 23,12
erkalten die Liebe wird in vielen e.   Mt 24,12

erkaufen 1.Kor 6,20
erkennen an ihren Früchten sollt ihr sie e. Mt 7,16
— daran wird jedermann e., daß ihr meine Jünger seid Joh 13,35
— sie werden e., daß ein Prophet unter ihnen gewesen ist Hes 33,33
Erkenntnis E.; den Schlüssel der E. haben Lk 11,52
— nicht zur E. der Wahrheit kommen 2.Tim 3,7
— vom Baum der E. essen; nicht gerade vom Baum der E. gegessen haben 1.Mose 2,9
erlangen selig sind die Barmherzigen; denn sie werden Barmherzigkeit e. Mt 5,7
— wir haben's e., wir haben's erlebt Klgl 2,16
erlassen Joh 20,23
erleben sein Damaskus e. Apg 9,4
— sein Golgatha e. Mt 27,33
— sein Mori(j)a e. 1.Mose 22,2
— wir haben's erlangt, wir haben's e. Klgl 2,16
erleiden Schiffbruch e. 1.Tim 1,19
— viel erlitten von vielen Ärzten Mk 5,26
erleuchten, Erleuchtung Eph 1,18
erlöschen das Lebenslicht erlischt 2.Sam 21,17
erlösen erlöse uns von dem Bösen Mt 6,13
— fürchte dich nicht, denn ich habe dich erl. Jes 43,1
— ich elender Mensch! wer wird mich e.? Röm 7,24
Erlöser ich weiß, daß mein E. lebt Hiob 19,25
Erlösung Ps 111,9
Ermahnung E., die auf steinigen Boden fällt Mt 13,5
ernähren euer himmlischer Vater e. sie (die Vögel) Mt 6,26
erniedrigen Ps 75,8

— der Herr e. und erhöht 1.Sam 2,7
— Gott ist Richter, der diesen e. und jenen erhöht Ps 75,8
— wer sich selbst erhöht, der wird erniedrigt; und wer sich selbst e., der wird erhöht Mt 23,12
ernst, Ernst es ist jmdm e. mit etw; es ist jmds E. Ps 108,1
ernstgemeint Sir 32,19
Ernte die E. ist das Ende der Welt Mt 13,39
— ein Feld, weiß zur E. Joh 4,35
— Saat und E. 1.Mose 8,22
— Weizen und Unkraut wachsen lassen bis zur E. Mt 13,29.30
ernten der eine sät, der andere e. Joh 4,37
— die mit Tränen säen, werden mit Freuden e. Ps 126,5
— die Vögel säen nicht, sie e. nicht Mt 6,26
— e., was (wo) man nicht gesät hat Mt 25,24
— säet Gerechtigkeit und e. nach dem Maß der Liebe! Hos 10,12
— was der Mensch sät, das wird er e. Gal 6,7
— wer kärglich sät, der wird auch kärglich e. 2.Kor 9,6
— wer Wind sät, wird Sturm e. Hos 8,7
erquicken er e. meine Seele Ps 23,3
— erquicket die strauchelnden Knie Jes 35,3
— ich will euch e. Mt 11,28-30
erregen die den ganzen Weltkreis e. Apg 17,6
— Haß e. Hader Spr 10,12
Erregung E. öffentlichen Ärgernisses Mt 18,7
erretten ich habe es gesagt und damit meine Seele e. Hes 3,19
— rufe mich an in der Not, so will ich dich e. Ps 50,15
— wer des Herrn Namen anrufen wird, soll e. werden Joel 3,5

ersäufen jmdn e. im Meer, wo es am tiefsten ist   Mt 18,6
erscheinen jmdm als Heiliger Geist e.   Apg 2,4
— wer wird bestehen, wenn er (Gott) e.?   Mal 3,2
Erscheinungsfest   Lk 1,79
erschlagen Saul hat tausend e., aber David zehntausend   1.Sam 18,7
erschrecken nun es dich trifft, e. du   Hiob 4,3-5
erschrocken e. Gewissen   Weish 17,11
erstarren zur Salzsäule e.   1.Mose 19,26
erstatten   Joel 2,25
erster da ward aus Abend und Morgen der e. Tag   1.Mose 1,5
— den e. Stein auf jmdn werfen   Joh 8,7
— der Bauer soll die Früchte als e. genießen   2.Tim 2,6
— der letzte Betrug wird ärger als der e.   Mt 27,64
— der werfe den e. Stein auf sie   Joh 8,7
— die Letzten werden die E. sein   Mt 19,30
— E. Auferstehung   Offb 20,6
— e. Liebe   Offb 2,4
— ich bin der E., und ich bin der Letzte   Jes 44,6
— jmdm die e. Buchstaben einer Sache beibringen   Hebr 5,12
— Mann der e. Stunde   Mt 20,1
ersterben wenn das Weizenkorn nicht e., bleibt es allein; wenn es aber e., bringt es viel Frucht   Joh 12,24
Erstgeburt   1.Mose 25,34
ertappen jmdn auf frischer Tat e.   Joh 8,4
ertragen wer wird den Tag seines Kommens e. können?   Mal 3,2
erwachen ich will satt werden, wenn ich e., an deinem Bilde   Ps 17,15
erwählen   Eph 1,4
— das gute, bessere Teil e.   Lk 10,42b
— nicht ihr habt mich e., sondern ich habe euch e.   Joh 15,16

Erwählung   Eph 1,4
Erweckung   Mt 3,9
erweisen der Barmherzigkeit e. an vielen Tausenden   2.Mose 20,6
Erz so wäre ich ein tönendes E.   1.Kor 13,1
erz..., Erz...   2.Kön 18,17
Erzbösewicht   Spr 24,8
Erzengel eine Stimme wie ein E. haben   1.Thess 4,16
Erzväter   Hebr 7,4
es e. fehlt nicht viel, du überredest mich, daß ich ein Christ würde   Apg 26,28
— e. gebührt euch nicht, zu wissen Zeit oder Stunde   Apg 1,7
— e. gefällt dem heiligen Geist und uns   Apg 15,28
— e. geht Gewalt vor Recht   Hab 1,3
— e. geschieht nichts Neues unter der Sonne   Pred 1,9
— e. ist besser, *ein* Mensch sterbe für das Volk   Joh 11,50
— e. ist besser, freien denn Brunst leiden   1.Kor 7,9
— e. ist dem Herrn nicht schwer, durch viel oder wenig zu helfen   1.Sam 14,6
— e. ist der Glaube eine feste Zuversicht auf das, was man hofft   Hebr 11,1
— e. ist der Herr; er tue, was ihm wohlgefällt   1.Sam 3,18
— e. ist die letzte Stunde   1.Joh 2,18
— e. ist dir gesagt, Mensch, was gut ist   Mi 6,8
— e. ist genug   1.Kön 19,4
— e. ist genug, daß jeder Tag seine eigne Plage hat   Mt 6,34
— e. ist kein Zorn so bitter wie Frauenzorn   Sir 25,21
— e. ist leichter, daß ein Kamel durch ein Nadelöhr gehe   Mt 19,24
— e. ist mir leid um dich, mein Bruder Jonatan   2.Sam 1,26
— e. ist nicht gut, daß der Mensch allein sei   1.Mose 2,18

Eschatologie

- e. ist noch Raum da   Lk 14,22
- e. ist nur ein Schritt zwischen mir und dem Tode   1.Sam 20,3
- e. ist (steckt) nichts dahinter   2.Petr 2,18
- e. ist vollbracht!   Joh 19,30
- e. ist wenig, kommt aber von Herzen   Tob 4,9
- e. kann vor Abend anders werden, als es am Morgen war   Sir 18,26
- e. kommt die Nacht, da niemand wirken kann   Joh 9,4
- e. sei auf Erden oder im Himmel   Kol 1,20
- e. soll der Bauer, der den Acker bebaut, die Früchte als erster genießen   2.Tim 2,6
- e. sollen wohl Berge weichen und Hügel hinfallen   Jes 54,10
- e. steht geschrieben   Mt 4,4
- e. war, als wäre es *einer,* der trompetete und sänge   2.Chr 5,13
- e. werde Licht!   1.Mose 1,3
- e. werden nicht alle, die zu mir sagen: Herr, Herr!, ins Himmelreich kommen   Mt 7,21
- e. wird dir schwer werden, wider den Stachel zu löcken   Apg 9,5

Eschatologie   Apg 2,17
Esel du sollst nicht begehren deines Nächsten E.   2.Mose 20,17
- ein E. kennt die Krippe seines Herrn   Jes 1,3

Eselin Saul suchte seines Vaters Eselinnen und fand ein Königreich   1.Sam 9 u.10
Eselsbegräbnis   Jer 22,19
essen die Väter haben saure Trauben geg.   Jer 31,29
- im Schweiß deines Angesichts sollst du dein Brot e.   1.Mose 3,19
- iß und trink und sei zufrieden   Lk 12,19
- lasset uns e. und trinken, denn morgen sind wir tot   1.Kor 15,32
- laßt uns e. und trinken und fröhlich sein   Lk 15,23b
- nehmet, esset; das ist mein Leib   Mt 26,26-28
- nicht gerade vom Baum der Erkenntnis geg. haben   1.Mose 2,9
- sie aßen alle und wurden satt   Mt 14,20
- vom Baum der Erkenntnis e.   1.Mose 2,9
- was werden wir e.?   Mt 6,31
- wer mäßig ißt, lebt desto länger   Sir 37,33.34
- wer nicht arbeitet, der soll auch nicht e.   2.Thess 3,10
- wie kann ich schmecken, was ich e. und trinke?   2.Sam 19,36
- zu Mittag e.   1.Mose 43,16

Estomihi   Ps 31,3
euch e. ist heute der Heiland geboren   Lk 2,11
Eucharistie   Mt 26,26-28
euer e. Überfluß diene ihrem Mangel   2.Kor 8,14
- e. Vater weiß, was ihr bedürft, ehe denn ihr ihn bittet   Mt 6,8
- e. Werk hat seinen Lohn   2.Chr 15,7
- e. Rede sei: Ja, ja; nein, nein   Mt 5,37

Eva bei Adam und E. anfangen   1.Mose 3,20
- herumlaufen, leben wie Adam und E.   1.Mose 2,25
- verführerische E.   1.Mose 3,6
- von Adam und E. abstammen   1.Mose 3,20

evangelisch   2.Tim 4,5
Evangelium   Mt 4,23
- das E. im E.   Joh 3,16
- die das E. verkündigen, sollen sich auch vom E. nähren   1.Kor 9,14
- ich schäme mich des E.s nicht   Röm 1,16
- kein anderes E.   Gal 1,6

Evaskostüm   1.Mose 2,25
Evastochter   1.Mose 3,6

ewig 1.Mose 9,12
— damit du ihn auf e. wieder hättest Phlm 15
— den e. Schlaf schlafen Jer 51,39
— e. Feindschaft Hes 35,5
— E. Jude (Ahasver) Est 1,1
— e. Leben Joh 3,16
— ihr meint, ihr habt das e. Leben darin Joh 5,39
— immer und e. 2.Mose 15,18
— Ort der e. Pein Mt 25,46
— sondern das e. Leben haben Joh 3,16
— zu e. Gedächtnis Hiob 19,23.24
Ewigkeit bist du, Gott von E. zu E. Ps 90,1.2
— dein ist das Reich und die Kraft und die Herrlichkeit in E. Mt 6,13
— Jesus Christus gestern und heute und derselbe auch in E. Hebr 13,8
— von E. zu E. 1.Chr 16,36
— von nun an bis in E. Ps 121,8
ewiglich seine Güte währet e. 1.Chr 16,34
— was du, Herr, segnest, das ist gesegnet e. 1.Chr 17,27
Exaudi Ps 27,7
Exempel E.; zum E. nehmen Jak 5,10
Exodus 2.Mose (Vorbemerkung)
Exorzismus Mt 10,8a

F

Fackel brennen wie eine F. Sir 48,1
fahren der Satan f. in jmdn Lk 22,3
— der Teufel f. in jmdn Lk 8,30
— ein Schreck, etw f. jmdm in die Beine Hiob 4,14
— fahr zur Hölle! Jes 14,15
— fahre auf die Höhe und werfet eure Netze aus Lk 5,4
— fahrt mir säuberlich mit dem Knaben Absalom 2.Sam 18,5
— Herr, nun lässest du deinen Diener in Frieden f. Lk 2,29.30
— in die Grube, zur Grube f. 1.Mose 37,35
— laß dein Brot über das Wasser f. Pred 11,1
— was ist in dich gef.? Lk 22,3
— zu den Vätern f. 1.Mose 15,15
Fall Hochmut kommt vor dem F. Spr 16,18
— vor Menschen sich scheuen, bringt zu F. Spr 29,25
— zu F. bringen Spr 29,25
— zu F. kommen Sir 22,33
Falle jmdm eine F. stellen Ps 140,6
fallen auf guten Boden f. Mt 13,8
— auf steinigen Boden f. Mt 13,5
— bei jmdm in Ungnade f. Ps 69,25
— Brosamen, die von des Reichen Tisch f. Lk 16,21
— das Herz f. jmdm in die Hosen 1.Sam 17,32
— das Los ist mir gef. aufs Liebliche Ps 16,6
— der mag wohl zusehen, daß er nicht falle 1.Kor 10,12
— er (der fremde Knecht) steht oder f. seinem Herrn Röm 14,4
— es soll kein Haar von jmds Haupt auf die Erde f. 1.Sam 14,45
— etw f. jmdm in den Schoß Spr 16,33
— fällt euch Reichtum zu, so hängt euer Herz nicht daran Ps 62,11
— fällt ihrer einer, so hilft ihm sein Gesell auf Pred 4,9-11
— (fast) vom Stuhl f. 1.Sam 4,18
— ihr Hügel, f. über uns! Hos 10,8
— (iSv: im Krieg f.) ein Fürst und Großer ist gef. 2.Sam 3,38
— jmdm f. ein Stein vom Herzen Mk 16,3
— jmdm in die Hand, in die Hände f. 2.Sam 24,14
— jmdm um den Hals f. Lk 15,20
— kein Wort Gottes f. auf die Erde 2.Kön 10,10
— Mauern f. Hebr 11,30

Fallstrick

— nicht in der Menschen Hände f. wollen 2.Sam 24,14
— und wer steht, daß er nicht falle 1.Kor 10,12
— unter die Räuber f. Lk 10,30a
— wehe dem, der allein ist, wenn er f.! Pred 4,9-11
— wenn das Weizenkorn nicht in die Erde f. Joh 12,24
— wer vor seinem Schöpfer sündigt, der soll dem Arzt in die Hände f. Sir 38,15
— wie bist du vom Himmel gef., du schöner Morgenstern! Jes 14,12
— wie Schuppen von den Augen f. Apg 9,18
— wie sind die Helden gef.! 2.Sam 1,27
— zu Füßen f. 1.Mose 27,29
— zum Opfer f. 1.Mose 4,3

Fallstrick Jes 23,13

falsch du sollst nicht f. Zeugnis reden wider deinen Nächsten 2.Mose 20,16
— f. Brüder Gal 2,4
— f. Prophet Mt 7,15
— mit f. Zunge reden Ps 52,6

Falsch ein rechter Israelit, in dem kein F. ist Joh 1,47
— seid ohne F. wie die Tauben Mt 10,16

falten die Hände f. Jes 11,14

fangen fangt uns die kleinen Füchse, die die Weinberge verderben! Hld 2,15
— wir haben die ganze Nacht gearbeitet und nichts gef. Lk 5,5

fassen 2. Makk 2,32
— der Himmel und aller Himmel Himmel können dich nicht f. 1.Kön 8,27
— die Hörner des Altars f. 1.Kön 1,50
— eine Gelegenheit beim Schopf f. Jdt 13,8
— sich in Geduld f. Lk 21,19
— sich kurz (kürzer) f. 2.Makk 2,32
— sich (wieder) f. Lk 21,19
— wer es f. kann, der fasse es! Mt 19,12
— zu Herzen f. 5.Mose 11,18

fasten Mt 6,16

Fasttag Jer 36,6

faul Hiob 24,20
— f. Bäuche Tit 1,12
— f. Fische Mt 13,48
— f. Aas Hiob 13,28
— f. Geschwätz Eph 4,29

Fauler ein F. wendet sich im Bett wie die Tür in der Angel Spr 26,14
— geh hin zur Ameise, du F. Spr 6,6
— wie lange liegst du F.? Spr 6,9

Fäustchen sich ins F. lachen Sir 12,19

fechten mit Simsons Waffen f. Ri 15,15

Feder die F. wetzen Ps 7,13

Fegefeuer F.; durchs F. gehen 1.Kor 3,15

Fehlbitte eine (keine) F. tun Mk 6,26

fehlen die Kraft f., Kinder zu gebären 2.Kön 19,3
— es fehlt nicht viel Apg 26,28
— (iSv: Fehler machen) große Leute f. auch Ps 62,10
— (iSv: sündigen) wer kann merken, wie oft er f.? Ps 19,13

Fehlerquelle Ps 36,10

feiern (fröhliche) Auferstehung f. Mt 22,30

Feiertag 3.Mose 19,3

Feigenbaum Mt 24,32
— Weinstock und F. 1.Kön 5,5

Feigenblatt 1.Mose 3,7

fein 4.Mose 16,14
— wie f. und lieblich ist's, wenn Brüder einträchtig beieinander wohnen Ps 133,1

Feind Freund und F. Sir 19,7
— im Angesicht meiner F.e Ps 23,5
— jemand, der seinen F. mit Frieden seinen Weg gehen läßt 1.Sam 24,20
— jmds F. sein Leben lang 1.Sam 18,29
— liebet eure F.e Mt 5,44.45a
— weder Freund noch F. Sir 19,7

Feindesliebe Mt 5,44.45a

Feindschaft ewige F. Hes 35,5
— Freundschaft mit der Welt ist F. mit Gott Jak 4,4

finster

Feingold Ps 119,127
Feld das F. behalten; das F. muß er behalten Eph 6,13
— ein F., weiß zur Ernte Joh 4,35
— er blüht wie eine Blume auf dem F. Ps 103,15
— wie die Lilien auf dem F. Mt 6,28
Fels F. des Ärgernisses Jes 8,14
— F. des Heils 5.Mose 32,15
— wie ein Hammer, der F.n zerschmeißt Jer 23,29
Fenster im F. liegen 2.Makk 3,19
— offene F. nach Jerusalem Dan 6,10
ferne das sei f.! 1.Mose 18,25
— Gott ist nicht f. von einem jeden unter uns Apg 17,27.28a
Ferne ein Bruder in der F. Spr 27,10
— Friede, Friede denen in der F. und denen in der Nähe Jes 57,19
fertigmachen Hebr 13,21
fest der Name des Herrn ist ein f. Schloß Spr 18,10
— ein f. Burg ist unser Gott Spr 18,10
— ein f. Herz Ps 78,8
— es ist der Glaube eine f. Zuversicht Hebr 11,1
— f. Speise 1.Kor 3,2
— sich etw f. vornehmen 1.Kor 7,37
Fest hohes F. Hes 46,9
fett f. Wanst Hiob 15,27
— sieben fette und sieben magere Jahre 1.Mose 41
Feuer F. und Schwefel über etw regnen lassen 1.Mose 19,24
— F. und Wasser Ps 66,12
— fremdes F. auf den Altären 3.Mose 10,1
— ich bin gekommen, ein F. anzuzünden auf Erden Lk 12,49
— ist mein Wort nicht wie ein F.? Jer 23,29
— mit F. und Schwert verheeren, ausrotten St zu Est 5,6
— siehe, ein kleines F., welch einen Wald zündet's an! Jak 3,5
— wenn kein Holz mehr da ist, so verlischt das F. Spr 26,20
— wie ein Brand aus dem F. gerettet, gerissen Am 4,11
Feuereifer Hes 36,5
Feuertaufe Mt 3,11
feurig eine f. Mauer rings um das Volk Gottes Sach 2,9
— f. Elias 2.Kön 2,11
— f. Kohlen auf jmds Haupt sammeln Röm 12,10
Fieberhitze 5.Mose 28,22
Filz Sir 31,29
finden bei dir f. die Verwaisten Gnade Hos 14,4
— (keine) Ruhe f. Rut 1,9
— Saul fand ein Königreich 1.Sam 9 – 10
— so werdet ihr Ruhe f. für eure Seelen Mt 11,28-30
— so wirst du es (dein Brot) f. auf lange Zeit Pred 11,1
— suchet, so werdet ihr f. Mt 7,7
— vor jmds Augen Gnade f. 1.Mose 18,3
— wenige sind ihrer, die ihn (den schmalen Weg) f. Mt 7,13
— wer sucht, der findet Mt 7,7
— wo ist jmd, der seinen Feind f. und läßt ihn mit Frieden seinen Weg gehen? 1.Sam 24,20
— wollen habe ich wohl, aber vollbringen das Gute f. ich nicht Röm 7,18
Finger das ist Gottes F. 2.Mose 8,15
— durch die F. sehen 3.Mose 20,4
— für jmdn, etw keinen F. krumm machen, regen Mt 23,4
— klebrige F. haben Hiob 31,7
— mit F.n auf jmdn zeigen Spr 6,13
finster geradezu mit Händen greifbar f. 2.Mose 10,21
— (iSv: fehlender Verstand) f. Mittelalter Eph 4,18a
— ob ich schon wanderte im f. Tal Ps 23,4
— wenn ich auch im Finstern sitze, so ist doch der Herr mein Licht Mi 7,8

Finsternis ägyptische F.   2.Mose 10,21
– dichte, dicke F.   2.Mose 10,22
– die Macht der F.   Lk 22,53
– weh denen, die aus F. Licht und aus Licht F. machen!   Jes 5,20
Fisch F. als Kennzeichen der Christen   Mt 14,19
– faule F.   Mt 13,48
Fittich jmdn unter seine F. nehmen   Ps 61,5
Flattergeist   Ps 119,113
flechten jmdm eine Dornenkrone f.   Mt 27,29
Fleisch das Wort ward F. und wohnte unter uns   Joh 1,14
– den Weg alles F.s gehen   1.Mose 6,13
– der Geist ist willig, aber das F. ist schwach   Mt 26,41b
– ein Geist hat nicht F. und Bein   Lk 24,39
– ein Stachel im F.   4.Mose 33,55
– F. und (Ge)bein   Lk 24,39
– F. von meinem F.   1.Mose 2,23
– jmdm geht etw in F. und Blut über   Mt 16,17
– jmds F. und Blut   1.Mose 37,27
– Pfahl im F.   2.Kor 12,7
– sich nicht mit F. und Blut besprechen   Gal 1,16
– sie werden sein *ein* F.   1.Mose 2,24
– wollt ihr's denn nun im F. vollenden?   Gal 3,3
Fleischeslust   1.Joh 2,16
fleischlich f.; f. gesinnt   Röm 8,9
Fleischtopf sich nach den F.n Ägyptens sehnen   2.Mose 16,3
Fleischwerdung   Joh 1,14
flicken ein neues Kleid mit einem alten Lappen f.   Mt 9,16
– Scherben f.   Sir 22,7
fliehen der Mensch f. wie ein Schatten und bleibt nicht   Hiob 14,1.2
– wer glaubt, der f. nicht   Jes 28,16
fließen ein Land, wo Milch und Honig f.   2.Mose 3,8

– Tränen f.   Jer 13,17
Floh wem jagst du nach? Einem toten Hund, einem einzelnen F.!   1.Sam 24,15
Fluch der F. der Mutter reißt die Häuser nieder   Sir 3,11
fluchen segnet, die euch f.!   Mt 5,44.45a
– wie soll ich f., dem Gott nicht f.?   4.Mose 23,8
flüchtig   1.Mose 4,12
– unstet und f. sollst du sein   1.Mose 4,12
Flügel daß sie auffahren mit F. wie Adler   Jes 40,31
– unter dem Schatten seiner F.   Ps 17,8
– wie eine Henne versammelt ihre Küchlein unter ihre F.   Mt 23,37
flugs   Lk 16,6
Fluß alle F. laufen ins Meer   Pred 1,7
Flut eine F. von etw   Ps 69,3
folgen Gutes und Barmherzigkeit werden mir f. mein Leben lang   Ps 23,6
– seinem (eigenen) Kopf f.   Sir 21,12
– (iSv: gehorchen, nachfolgen) so folgt ihnen nicht   Spr 1,10
fordern jmdn, etw von jmds Händen f.   1.Mose 43,9a
– jmds Blut von jmds Händen f.   2.Sam 4,11
– jmds Kopf f.   Mt 14,7.8
– was der Herr von dir f.   Mi 6,8
fragen frage nach den früheren Zeiten   5.Mose 4,32
– nichts nach jmdm, etw f.   Ps 73,25
– wenn ich nur dich habe, so f. ich nichts nach Himmel und Erde   Ps 73,25
Frau (s. auch unter: Weib)
– eine F., die schweigen kann, ist eine Gabe Gottes   Sir 26,17
– eine F. in den Armen   5.Mose 13,7
– eine tüchtige F. ist ihres Mannes Krone   Spr 12,14
– F. Potifar   1.Mose 39,9
– habe du deine F. allein und kein Fremder mit dir   Spr 5,17

Freund

— ich alte F. 2.Makk 6,27
— schöne F. Jdt 12,13
— stolze F. Jes 32,9
— weise F. 2.Sam 20,16

Frauenzimmer Est 2,3
Frauenzorn Sir 25,21
Fräulein 1.Mose 1,27b
frech f. lügen Spr 6,19
frei aus f. Willen 1.Kor 7,37
— f. heraus reden Joh 16,29
— f. und ledig Lk 4,18
— freies (sicheres) Geleit 2.Makk 11,30
freien (=heiraten) es ist besser f. denn Brunst leiden 1.Kor 7,9
— sie freiten und ließen sich f. Mt 24,38
Freiheit F. als Deckel (Deckmantel) der Bosheit 1.Petr 2,16
— wo der Geist des Herrn ist, da ist F. 2.Kor 3,17
Freistatt F.; Freistätte 4.Mose 35,6
fremd f. Feuer auf den Altären 3.Mose 10,1
— sich f. stellen, f. tun 1.Mose 42,7
— weh dem, der sein Gut mehrt mit f. Gut! Hab 2,6
— wer bist du, daß du einen f. Knecht richtest? Röm 14,4
— wer vorübergeht und sich mengt in f. Streit Spr 26,17
— wie könnten wir des Herrn Lied singen in f. Lande? Ps 137,3.4
— zieht nicht an f. Joch mit den Ungläubigen 2.Kor 6,14
Fremder F.; Fremdling 1.Mose 12,10b
— habe du deine Frau allein und kein F. mit dir Spr 5,17
Fremdling da sollst du keine Arbeit tun, auch nicht dein F. 2.Mose 20,10
— F.e und Gäste 3.Mose 25,23
fressen das Schwert f. jetzt diesen, jetzt jenen 2.Sam 11,25
— f. und getressen werden Jer 30,16
— F. und Saufen Lk 21,34
— o Herr, er will mich f.! Tob 6,3
— sich beißen und f. Gal 5,15
— soll denn das Schwert ohne Ende f.? 2.Sam 2,26
— um sich f. wie der Krebs 2.Tim 2,17
— viel F. macht krank Sir 37,33.34
— viele haben sich zu Tode gefr. Sir 37,33.34
— von den Würmern gefr. werden Hiob 4,19
— wie ein Hund f., was er gespien hat Spr 26,11
Fresser Sir 31,20
Freude das Warten der Gerechten wird F. werden Spr 10,28
— dein Wort ist meines Herzens F. und Trost Jer 15,16
— die F. am Herrn ist eure Stärke Neh 8,10
— die mit Tränen säen, werden mit F.n ernten Ps 126,5
— es wird F. sein im Himmel über *einen* Sünder, der Buße tut Lk 15,7
— herrlich und in F.n leben Lk 16,19
— ich habe große F. und Wonne an dir gehabt 2.Sam 1,26
— man konnte das Jauchzen mit F.n und das Weinen nicht unterscheiden Esr 3,13
— meine F. und meine Krone Phil 4,1
— um der F. willen, daß der Mensch zur Welt geboren ist Joh 16,21
— vor F. hüpfen Lk 6,23
Freudengeschrei Hes 23,42
Freudentag Tob 13,9
Freudigkeit mit aller F. zu reden das Wort Apg 4,29
freuen freue dich, Jüngling, in deiner Jugend Pred 11,9
— freut euch, daß eure Namen im Himmel geschrieben sind Lk 10,20
— freut euch mit den Fröhlichen und weint mit den Weinenden Röm 12,15
Freund daß er sein Leben läßt für seine F.e Joh 15,13
— ein neuer F. ist wie neuer Wein Sir 9,15

Freundestreue

— ein treuer F. ist ein großer Schatz Sir 6,14
— F., rücke hinauf! Lk 14,10
— F. und Bruder Ps 35,14
— F. und Feind Sir 19,7
— F., wie bist du hereingekommen? Mt 22,12
— macht euch F.e mit dem ungerechten Mammon Lk 16,9
— mein F. ist mein, und ich bin sein Hld 2,16
— weder F. noch Feind Sir 19,7

Freundestreue Sir 25,12

Freundin F.; meine F., du bist schön Hld 1,15

freundlich danket dem Herrn, denn er ist f. 1.Chr 16,34
— schmecket und sehet, wie f. der Herr ist! Ps 34,9

Freundschaft F. mit der Welt ist Feindschaft mit Gott Jak 4,4

Friede auf daß wir F. hätten Jes 53,5
— den F. von der Erde nehmen Offb 6,4
— der Herr gebe dir F.! 4.Mose 6,24-26
— ein Kind des F. sein Lk 10,6
— er machte F. durch sein Blut am Kreuz Kol 1,20
— F. auf Erden Lk 2,14
— F., F. denen in der Ferne und denen in der Nähe Jes 57,19
— F., F.! und ist doch nicht F. Jer 6,14
— F. hat seine Zeit Pred 3,8
— F. im Land 1.Makk 7,50
— F. sei mit dir! Ri 6,23
— F. sei mit euch! Lk 24,36
— geh hin mit (in) F.! 2.Mose 4,18
— Gnade sei mit euch und F. Röm 1,7
— Gott ist nicht ein Gott der Unordnung, sondern des F. 1.Kor 14,33
— Herr, nun lässest du deinen Diener in F. fahren Lk 2,29.30
— ich bin nicht gekommen, F. zu bringen, sondern das Schwert Mt 10,34
— ich liege und schlafe ganz mit F. Ps 4,9
— jmd, der seinen Feind mit F. seinen Weg gehen läßt 1.Sam 24,20
— ruhe in F.! Ps 4,9
— siehe, ich breite aus den F. wie einen Strom Jes 66,12
— soviel an euch liegt, so habt mit allen Menschen F. Röm 12,18
— um des lieben F. willen St zu Est 1,2
— zieh(t) hin in F.! Ri 18,6

Friedenstaube 1.Mose 8,11b

friedfertig selig sind die F.n Mt 5,9

Friedfertigkeit abrahamsche F. 1.Mose 13,9

frisch er führt mich zum f. Wasser Ps 23,2
— f. und gesund Hiob 21,23
— jmdn auf f. Tat ertappen Joh 8,4
— wie der Hirsch schreit nach f. Wasser Ps 42,2

fristen sein Leben f. 2.Makk 6,25

fröhlich ein f. Herz macht ein f. Angesicht Spr 15,13
— einem f. Herzen schmeckt alles wohl Sir 30,27
— einen f. Geber hat Gott lieb 2.Kor 9,7b
— er zog seine Straße f. Apg 8,39
— f. sterben 2.Makk 6,27
— f. Auferstehung feiern Mt 22,30
— freut euch mit den F.n Röm 12,15
— gesund und f. Tob 10,11
— laßt uns essen und trinken und f. sein! Lk 15,23
— sei f. und getrost! Joel 2,21
— seid f. in Hoffnung Röm 12,12
— wie Kinder fromm und f. sein Mt 18,3

frohlocken 3.Mose 9,24

fromm wandle vor mir und sei f. 1.Mose 17,1
— wie Kinder f. und fröhlich sein Mt 18,3

frommen (iSv: nützlich sein) es f. nicht alles 1.Kor 6,12

Frommer F.; die F.n Ps 84,12
— er (Gott) wird kein Gutes mangeln lassen den F.n Ps 84,12

fürchten

Frost F. und Hitze   1.Mose 8,22
Frucht an ihren F.n sollt ihr sie erkennen   Mt 7,16
— der Bauer soll die F.e als erster genießen   2.Tim 2,6
— F. tragen   Mt 13,8
— gebenedeit ist die F. deines Leibes   Lk 1,42
— verbotene F.e   1.Mose 3,3
— wenn das Weizenkorn erstirbt, bringt es viel F.   Joh 12,24
fruchtbar auf f. Boden fallen   Mt 13,8
— seid f. und mehret euch   1.Mose 1,28
früh f. auf sein   Jes 5,11
frühe f. säe deinen Samen   Pred 11,6
früher frage nach den f. Zeiten   5.Mose 4,32
Fuchs   Lk 13,32
— fangt uns die F.e, die die Weinberge verderben   Hld 2,15
— schlau wie ein F.   Lk 13,32
fühlen f. lassen   Klgl 3,65
— sich zu etw gedrungen f.   2.Kor 5,14
— wer nicht hören will, muß f.   Klgl 3,65
führen an der Hand f.   1.Mose 21,18
— das Zepter f.   1.Mose 49,10
— der ich dich aus Ägyptenland gef. habe   2.Mose 20,2
— der Weg ist schmal, der zum Leben f.   Mt 7,13.14
— du hast mein Leben aus dem Verderben gef.   Jona 2,7
— er f. mich auf rechter Straße um seines Namens willen   Ps 23,3
— er f. mich zum frischen Wasser   Ps 23,2
— führe uns nicht in Versuchung   Mt 6,13
— f., wohin du nicht willst   Joh 21,18
— jmdn an der Hand f.   1.Mose 21,18
— jmdn, etw dauernd im Mund f.   Ps 16,4
— sich wie ein Lamm (Schaf) zur Schlachtbank f. lassen   Jes 53,7

Fülle es hat Gott wohlgefallen, daß in Christus alle F. wohnen sollte   Kol 1,20
— Gottes Brünnlein hat Wasser(s) die F.   Ps 65,10
füllen die Hände f.   2.Mose 28,41
— füllet die Erde   1.Mose 1,28
— jungen Wein in alte Schläuche f.   Mt 9,17
— sich mit etw den Bauch f.   Hes 7,19
Fundamentalismus   1.Kor 3,11
Fündlein   Weish 15,4
für f. – gegen: wer nicht g. uns ist, der ist f. uns   Mk 9,40
— f. – wider: ist Gott f. uns, wer mag w. uns sein?   Röm 8,31
— f. – wider: wir vermögen nichts w. die Wahrheit, sondern f. die Wahrheit   2.Kor 13,8
— f. und f.   2.Mose 3,15
— f. und f.: du bist unsere Zuflucht f. und f.   Ps 90,1.2
Fürbitte   2.Kor 1,11
Furcht aus F. vor den Juden   Joh 7,13
— die F. des Herrn ist der Weisheit Anfang   Ps 111,10
— F. und Zittern   Hiob 4,14
fürchten f. dich nicht, denn ich habe dich erlöst   Jes 43,1
— f. dich nicht, glaube nur!   Mk 5,36
— f. dich nicht, liebes Land   Joel 2,21
— f. dich nicht, sondern rede   Apg 18,9.10
— ich f. kein Unglück   Ps 23,4
— (iSv: Gottesfurcht) aber f. du Gott   Pred 5,6
— (iSv: Gottesfurcht) bin ich Herr, wo f. man mich?   Mal 1,6
— (iSv: Gottesfurcht) ein Weib, das den Herrn f., soll man loben   Spr 31,30
— jmdn das F. lehren   Ps 34,12
— seid getrost, ich bin's; f. euch nicht!   Mt 14,27
— so erbarmt sich der Herr über die, die ihn f.   Ps 103,13
— vor wem sollte ich mich f.?   Ps 27,1

439

Fürsprecher 1.Joh 2,1
Fürst an diesem Tag ist ein F. und Großer gefallen 2.Sam 3,38
— der F. dieser Welt (wie sau'r er sich stellt) Joh 12,31
fürstlich Spr 8,6
fürwahr f.; f., du bist ein verborgener Gott! Jes 45,15
Fuß auf tönernen (schwachen) F. stehen Dan 2,33
— daß du deinen F. nicht an einen Stein stoßest Ps 91,11.12
— den Staub von den F. schütteln Mt 10,14
— entzieh deinen F. vom Haus deines Nächsten Spr 25,17
— jmdm auf die F. treten Ps 41,10
— Koloß auf tönernen F. Dan 2,33
— mit den F. scharren Hes 25,6
— mit den F. strampeln Hes 6,11
— mit F. treten Ps 41,10
— sich zu den F. von jmdm setzen 5.Mose 33,3
— wenn dich die müde machen, die zu F. gehen Jer 12,5
— zieh deine Schuhe von deinen F.! 2.Mose 3,5
— zu F.n fallen 1.Mose 27,29
— zu F., wie die Apostel Mt 10,5-15
— zu jmds F.n sitzen 5.Mose 33,3
— zwei (gesunde) F. haben Mt 18,8
Fußbreit keinen F. weichen; um jeden F. kämpfen 5.Mose 2,5
Fußgänger Spr 6,11
Fußschemel 2.Chr 9,18
Fußstapfen in jmds F. treten Röm 4,12
Fußsteig Ps 17,5
Fußtritt Ps 41,10
Fußvolk 4.Mose 11,21
Fußwaschung Joh 13,5
Futterkrippe Jes 1,3
Fütterung Ri 7,8

G

Gabe Röm 1,11
— eine Frau, die schweigen kann, ist eine G. Gottes Sir 26,17
— für etw eine G. haben 1.Petr 4,10
— G.n des Geistes 1.Kor 12,1
— Kinder sind eine G. des Herrn Ps 127,3a
gaffen Jes 8,21.22
Galle Gift und G. speien, spucken 5.Mose 32,33
gallenbitter Apg 8,23
Gamalielsrat Apg 5, 38.39
Gang ein saurer G. Spr 4,12
gang g. und gäbe 2.Kön 12,5
ganz besser, als daß das g. Volk verderbe Joh 11,50
— daß er stärke, die mit g. Herzen bei ihm sind 2.Chr 16,9
— das g. Haupt ist krank, das g. Herz ist matt Jes 1,5
— der g. Anhang Hes 12,14
— die den g. Weltkreis erregen Apg 17,6
— die Einleitung länger als die g. Geschichte 2.Makk 2,33
— die g. Wahrheit sagen Mk 5,33
— ein g. Heer 1.Mose 2,1
— ein wenig Sauerteig durchsäuert den g. Teig 1.Kor 5,6
— g. und gar Ps 52,7
— g.e Heerscharen Ps 103,21
— ich liege und schlafe g. mit Frieden Ps 4,9
— verlaß dich auf den Herrn von g. Herzen Spr 3,5
— von g. Herzen und von g. Seele 5.Mose 4,29
— von g. Herzen, von g. Seele und von g. Gemüt Mt 22,37-39
— wenn er die g. Welt gewönne Mt 16,26
— wir haben die g. Nacht gearbeitet Lk 5,5

geben

gar ganz und g. Ps 52,7
Garaus jmdm, etw den G. machen Klgl 3,22
Garn jmdm ins G. gehen Hes 32,3
Garten G. Eden 1.Mose 2,8
Gasse auf der G., den G.n Spr 7,12
— Weisheit der G. Spr 1,20
Gast die Hochzeit ist zwar bereit, aber die G.e waren's nicht wert Mt 22,8
— Fremdlinge und G.e 3.Mose 25,23
— ich bin ein G. auf Erden Ps 119,19
gastfrei 1.Tim 3,2
Gasthaus Mk 14,14
Gastland Jer 14,8
gastweise 2.Sam 4,3
Gattung Mt 13,47
Gaukelwerk Weish 17,7
Gaumen die Zunge klebt am G. Hiob 29,10
gebären (s. auch geboren)
— du sollst mit Schmerzen Kinder g. 1.Mose 3,16
— ein Weib, wenn sie gebiert, hat sie Traurigkeit Joh 16,21
Gebein ein Schreck fährt jmdm durchs, ins G. Hiob 4,14
— Fleisch und (Ge)bein Lk 24,39
— Neid ist Eiter in den G. Spr 14,30
geben bittet, so wird euch geg. Mt 7,7
— daß er seinen eingeborenen Sohn gab Joh 3,16
— das Land, das dir der Herr, dein Gott, g. wird 2.Mose 20,12
— den Demütigen gibt Gott Gnade 1.Petr 5,5
— den Seinen gibt's der Herr im Schlaf Ps 127,2
— den Zehnten g. 1.Mose 14,20
— der Herr gebe dir Frieden! 4.Mose 6,24-26
— der Herr hat Gnade geg. 1.Mose 24,21
— der Herr hat Gnade zu meiner Reise geg. 1.Mose 24,56
— der Herr hat's geg., der Herr hat's genommen Hiob 1,21
— der Wahrheit die Ehre g. Joh 9,24
— du g. ihnen ihre Speise zur rechten Zeit Ps 145,15.16
— du hättest keine Macht über mich, wenn sie dir nicht von oben her geg.wäre Joh 19,11
— du wollest deinem Knecht ein gehorsames Herz g. 1.Kön 3,9
— ein Beispiel g.; ein Beispiel habe ich euch geg. Joh 13,15
— er g. den Müden Kraft Jes 40,29
— gebe Gott, daß...! Tob 9,11
— gebe Gott Gnade dazu! Sir 15,10
— g. ist seliger als nehmen Apg 20,35
— gebt dem Kaiser, was des Kaisers ist, und Gott, was Gottes ist Mt 22,21
— gebt unserm Gott (allein) die Ehre! 5.Mose 32,3
— gib dich zufrieden Tob 5,29b
— gib mir das Teil der Güter, das mir gehört Lk 15,12
— gib mir einen neuen, gewissen Geist Ps 51,12.13
— gib mir, mein Sohn, dein Herz Spr 23,26
— Gott allein die Ehre g. 5.Mose 32,3
— Gott die Ehre g. Joh 9,24
— in jmds Hand geg. sein 1.Mose 14,20
— jedermann gibt zuerst den guten Wein Joh 2,10
— jmdm die Hand darauf g. Esr 10,19
— jmdm etw ins Herz g. Neh 7,5
— jmdm gute Worte g. Sir 12,15.17
— jmdm recht g. Hiob 27,5
— jmdm Steine g. statt Brot Mt 7,9
— kein andrer Name ist den Menschen geg. als der Name Jesus Apg 4,12
— mir ist geg. alle Gewalt im Himmel und auf Erden Mt 28,18
— nichts g. auf... Jer 18,18
— Raum g. Gal 5,13
— sich eine Blöße g. Offb 3,18
— sich zufrieden g. Tob 5,29b
— so will ich dir die Krone des Lebens g. Offb 2,10

gebenedeit

– umsonst habt ihr's empfangen, umsonst gebt es auch   Mt 10,8
– unser tägliches Brot gib uns heute   Mt 6,11
– was du gibst, das gib gern   Sir 35,11
– was ich aber habe, das g. ich dir   Apg 3,6
– wem viel geg. ist, bei dem wird man viel suchen   Lk 12,48
– wenn die Posaune einen undeutlichen Ton g.   1.Kor 14,8
– wer da hat, dem wird geg.   Mt 13,12
– Zeichen g.   1.Mose 1,14
– zu verstehen g.   Weish 12,19
gebenedeit   Ps 118,26
– g. ist die Frucht deines Leibes   Lk 1,42
Geber einen fröhlichen G. hat Gott lieb   2.Kor 9,7
Gebet haltet an am G.   Röm 12,12
geboren (s. auch: gebären)
– daß der Mensch zur Welt g. ist   Joh 16,21
– der Mensch, vom Weibe g.   Hiob 14,1
– euch ist heute der Heiland g.   Lk 2,11
– g. werden hat seine Zeit   Pred 3,2
– wenn das Kind g. ist   Joh 16,21
– wie von neuem g. sein   Joh 3,3
– wie wenn Kinder g. werden sollen, aber die Kraft fehlt, sie zu gebären   2.Kön 19,3
Gebot die mich lieben und meine G. halten   2.Mose 20,6
– die Zehn G.   2.Mose 20,2-17
– dies ist das höchste und größte G.   Mt 22,38
gebrechen nicht also, auf daß nicht uns und euch gebreche   Mt 25,9
– weiß schon Gott, was uns gebricht   Mt 6,8
gebühren Ehre, dem Ehre g.   Röm 13,7
– es g. euch nicht, Zeit oder Stunde zu wissen   Apg 1,7
Geburtstag   2.Makk 6,7
Gedächtnis dem G. entfallen   Dan 2,5
– zu ewigem G.   Hiob 19,23.24

Gedanken meine G. sind nicht eure G.   Jes 55,8
gedeihen unrecht Gut g. nicht   Spr 10,2
gedenken gedenke des Sabbattages   2.Mose 20,8
– gedenke zu meinem Besten an alles, was ich für dieses Volk getan habe   Neh 5,19
– gedenkt an Lots Weib!   Lk 17,32
– ihr gedachtet es böse mit mir zu machen, aber Gott gedachte es gut zu machen   1.Mose 50,20
Geduld Engelsgeduld   1.Mose 19,15
– hier ist G. und Glaube der Heiligen   Offb 13,10
– sich in G. fassen   Lk 21,19
geduldig ein G.r ist besser als ein Starker   Spr 16,32
– g. wie Hiob   Tob 2,12
– seid g. in Trübsal   Röm 12,12
Gefahr wer sich in G. begibt, kommt darin um   Sir 3,27
Gefährte   Lk 2,44
gefallen (Verb) den Augen g.   Ri 14,3
– es gefällt dem Heiligen Geist und uns   Apg 15,28
– sich etw g. lassen   3.Mose 10,20
– sie (die Jahre) g. mir nicht   Pred 12,1
– tu, was deinen Augen g.   Pred 11,9
gefallen (von: fallen) g. Engel   Jes 14,12
Gefallen wollt ihr dem Herrn nach eurem G. Zeit und Tag bestimmen?   Jdt 8,11
gefällig jmdm g. sein   Lk 1,74.75
gefangennehmen es soll mich nichts g.   1.Kor 6,12
– wir n. g. alle Vernunft unter den Gehorsam Christi   2.Kor 10,5
Gefangenschaft Babylonische G.   Mt 1,11
gegen g. – für: wer nicht g. uns ist, der ist f. uns   Mk 9,40
– g. – mit: wer nicht m. mir ist, der ist g. mich   Mt 12,30
– g. den Strom schwimmen   Sir 4,31

Geist

— g. (wider) den Stachel löcken Apg 26,14
Gegenwind G. bekommen Mk 6,48
gehaben gehabt euch wohl! 1.Mose 43,23
Geheimnis G.; offenes G. 5.Mose 29,28
Geheimrat 2.Sam 23,23
gehen bei jmdm in die Schule g. Sir 51,31
— den Weg allen Fleisches g. 1.Mose 6,13
— den Weg aller Welt g. 1.Kön 2,2
— die zu Fuß g. Jer 12,5
— dies ist der Weg, den geht! Jes 30,21
— durch Mark und Bein g. Hebr 4,12
— durchs Fegefeuer g. 1.Kor 3,15
— es g. Gewalt vor Recht Hab 1,3
— es g. mit jmdm zu Ende Ps 39,5
— es ist leichter, daß ein Kamel durch ein Nadelöhr gehe Mt 19,24
— geh hin mit (in) Frieden! 2.Mose 4,18
— geh hin und tu desgleichen! Lk 10,37
— geh hin zur Ameise, du Fauler Spr 6,6
— gehet ein durch die enge Pforte Mt 7,13.14
— ich ließ sie in Seilen der Liebe g. Hos 11,4
— in Sack und Asche g. Mt 11,21
— jmdm geht etw an die Nieren Ps 73,21
— jmdm geht etw durchs Herz Apg 2,37
— jmdm ins Netz g. Jos 23,13
— mit etw schwanger g. Hiob 15,35
— mit jmdm (scharf) ins Gericht g. Ps 143,2
— seinen eigenen Weg, seine eigenen Wege g. Apg 14,16
— seinen Feind mit Frieden seinen Weg g. lassen 1.Sam 24,20
— seiner Wege, seines Weges g. Ri 18,26
— sucht ihr mich, so laßt diese g. Joh 18,8
— über den Jordan g. Jos 1,2
— vonstatten g. 2.Chr 14,6

— vor die Säue g. Lk 15,15
— was aus dem Mund des Herrn g. 5.Mose 8,3
— wenn der Wind darüber g. Ps 103,5.6
— wenn du betest, so geh in dein Kämmerlein Mt 6,6
— wie will dir's g., wenn du mit den Reitern laufen sollst? Jer 12,5
— wir müssen durch viel Trübsal in das Reich Gottes g. Apg 14,22
— wir wollen mit euch g. Sach 8,23
— zum Tisch des Herrn g. 1.Kor 10,21
Gehilfin ich will ihm eine G. machen 1.Mose 2,18
gehorchen jmdm g. oder es lassen Hes 2,7
— man muß Gott mehr g. als den Menschen Apg 5,29
gehören gib mir das Teil der Güter, das mir g. Lk 15,12
gehorsam du wollest deinem Knechte ein g. Herz geben 1.Kön 3,9
— was ist das für ein Mann, daß ihm Wind und Meer g. sind? Mt 8,27
Gehorsam G. ist besser als Opfer 1.Sam 15,22
— wir nehmen gefangen alle Vernunft unter den G. Christi 2.Kor 10,5
Geier wo (ein) Aas ist, da sammeln sich die G. Mt 24,28
geilen (iSv: aufdringlich sein) um des unverschämten G.s willen Lk 11,8
Geist Arme im G. Mt 5,3
— den G. aufgeben Klgl 2,12
— der Buchstabe tötet, aber der G. macht lebendig 2.Kor 3,6
— der G. eines Menschen wird (wieder) lebendig 1.Mose 45,27
— der G. ist willig, aber das Fleisch ist schwach Mt 26,41b
— der G. weht, wo er will Joh 3,8
— der Herr ist der G; wo aber der G. des Herrn ist, da ist Freiheit 2.Kor 3,17
— ein G. hat nicht Fleisch und Bein Lk 24,39

Geister

- G. samt Seele und Leib   1.Thess 5,23
- gib mir einen neuen, gewissen G.   Ps 51,12
- Gott ist G.   Joh 4,24
- guter G.   Neh 9,20
- Heiliger G.   Ps 51,13; Apg 2,4
- ich befehle meinen G. in deine Hände   Lk 23,46
- im G.   Apg 19,21
- im G. habt ihr's angefangen   Gal 3,3
- im G. und in der Wahrheit anbeten   Joh 4,24
- in deine Hände befehle ich meinen G.   Ps 31,6
- neuer G.   Hes 36,26
- nimm meinen G. auf   Apg 7,59.60
- Schwert des G.   Eph 6,17
- von einem bösen G. umgetrieben   Lk 6,18
- wes G.s Kind jmd ist   Lk 9,55
- wollte Gott, daß der Herr seinen G. über sie (alle) kommen ließe!   4.Mose 11,29

Geister dienstbare G.   Hebr 1,14
- von allen guten G. verlassen sein   1.Sam 16,14

Geisterhand wie von G.   Dan 5,5
Geistesfülle   Apg 2,4
Geistesgaben   1.Kor 12,1
geistlich   Röm 8,9
- g. Lied   Sir 44,5
- selig sind, die da g. arm sind   Mt 5,3

Geistlichkeit   Kol 2,18b
Geiz G. ist eine Wurzel alles Übels   1.Tim 6,10
gelb nicht gerade das G.e vom Ei   Hiob 6,6
Gelbsucht   5.Mose 28,22
Geld G. und Gut   Hes 22,25
- G. wie Dreck (haben)   Sach 9,3
- nicht für G. und gute Worte   Sir 12,15

Geldsack G.; auf seinem G. sitzen   Spr 7,20
gelegen g. Zeit   Apg 24,25

- jmdm an etw, nichts g. sein   2.Sam 19,7

Gelegenheit eine G. beim Schopf fassen, packen   Jdt 13,8
Geleit freies (sicheres) G.   2.Makk 11,30
gelind g.; gelinde gesagt   Ps 55,22
gelingen Gott läßt es den Aufrichtigen g.   Spr 2,7
gelitten g. unter Pontius Pilatus   1.Tim 6,13
gellen die Ohren g.   1.Sam 3,11
geloben es ist besser, du g. nichts, als daß du nicht hältst, was du g.   Pred 5,4
gelobt g. sei, der da kommt im Namen des Herrn   Ps 118,26
- Gelobtes Land   Hebr 11,9

gelt?   1.Kön 20,23
gelten als gelte es das Leben   1.Makk 12,51
- der Prophet g. nichts in seinem Vaterland   Mt 13,57
- es g. das Leben   1.Makk 12,51
- was gilt's?   1.Kön 20,23

gelüsten tu, was dein Herz g.   Pred 11,9
Gemächt   Ps 103,14
gemein (iSv: gemeinsam)   Apg 2,44
- (iSv: unrein) was Gott gereinigt hat, das mache du nicht g.   Apg 10,15

Gemeinde   Offb 1,4
- das Weib schweige in der G.   1.Kor 14,34

Gemeindehelfer   1.Kor 12,28
Gemeine (iSv: Gemeinde)   Offb 1,4
Gemeinschaft die G. des Heiligen Geistes sei mit euch allen   2.Kor 13,13
Gemüt du sollst den Herrn, deinen Gott, lieben von ganzem G.   Mt 22,37-39
- jmdm schlägt etw aufs G.   Ps 34,19

Genesis 1.Mose (Vorbemerkung)
genießen der Bauer soll die Früchte als erster g.   2.Tim 2,6
- die des Altars pflegen, g. des Altars   1.Kor 9,13

Genosse Jes 44,11
genug alt g., um für sich selbst zu reden Joh 9,21
— er gibt Stärke g. dem Unvermögenden Jes 40,29
— es g. sein lassen 5.Mose 3,26
— es ist g., daß jeder Tag seine eigene Plage hat Mt 6,34
— es ist g; so nimm nun, Herr, meine Seele 1.Kön 19,4
Genüge einer Sache G. tun; zur G. Joh 10,10
genügen laß dir an meiner Gnade g. 2.Kor 12,9a
geplagt g. wie Mose 4.Mose 12,3
Geplärr Am 5,23
gerade nicht g. vom Baum der Erkenntnis gegessen haben 1.Mose 2,9
— wer kann das g. machen, was er (Gott) krümmt? Pred 7,13
Gerät reinigt euch, die ihr des Herrn G.e tragt Jes 52,11
geraten du weißt nicht, ob dies oder das g. wird. Und wenn beides geriete, so wäre es desto besser Pred 11,6
gerecht deine Gerichte sind wahrhaftig und g. Offb 16,7
— sei nicht allzu g. und allzu weise Pred 7,16
— wer an den (Christus) glaubt, der ist g. Röm 10,4
Gerechter das Warten der G.n wird Freude werden Spr 10,28
— der G. erbarmt sich seines Viehs Spr 12,10
— der G. muß viel leiden Ps 34,20
— der G. wird durch seinen Glauben leben Hab 2,4
— die G.n werden leuchten wie die Sonne in ihres Vaters Reich Mt 13,43
— Gott läßt regnen über G. und Ungerechte Mt 5,4b
— neunundneunzig G., die der Buße nicht bedürfen Lk 15,7
— zehn G. in Sodom 1.Mose 18,32

Gerechtigkeit G. erhöht ein Volk Spr 14,34
— Recht und G. 2.Sam 8,15
— säet G. und erntet nach dem Maß der Liebe Hos 10,12
— selig sind, die da hungert und dürstet nach der G. Mt 5,6
— selig sind, die um der G. willen verfolgt werden Mt 5,10
— trachtet zuerst nach dem Reich Gottes und nach seiner G. Mt 6,33
— wir warten auf einen neuen Himmel und eine neue Erde, in denen G. wohnt 2.Petr 3,13
Gericht (rechtlich) deine G.e sind wahrhaftig und gerecht Offb 16,7
— Gottes heimliches G. Weish 2,22
— ihr haltet G. im Namen des Herrn 2.Chr 19,6
— Jüngstes G. Mt 10,15
— mit jmdm (scharf) ins G. gehen Ps 143,2
— unbarmherziges G. Jak 2,13
— vor G. stehen 4.Mose 35,12b
— wie unbegreiflich sind Gottes G.e! Röm 11,33
— wisse, daß dich Gott um das alles vor G. ziehen wird Pred 11,9
— zu G. sitzen Jes 28,6
Gericht (Speise) besser ein G. Kraut mit Liebe Spr 15,17
gering ich bin zu g. aller Barmherzigkeit und aller Treue 1.Mose 32,11
— was ihr getan habt einem von diesen meinen geringsten Brüdern Mt 25,40
— wenn sie betrunken werden, gibt er den geringeren Wein Joh 2,10
— wer dem G.n Gewalt tut, lästert dessen Schöpfer Spr 14,31
— wer im Geringsten treu ist, der ist auch im Großen treu Lk 16,10
geringachten 1.Mose 16,4
gern etw nicht g. sehen 2.Makk 13,25
— etw nicht g. haben Hiob 4,2
— jmdn g. hören Mk 6,20

Geruch

— liebend g. Hos 14,6
— ob g. oder ungern 1.Kor 9,16.17
— so was habe ich g.! Hiob 4,2
— tue ich's gerne, so wird's mir gelohnt 1.Kor 9,16.17
— von Herzen g. Jer 22,27
— was du gibst, das gib g. Sir 35,11
Geruch im G. stehen als... 2.Mose 5,21
Gerücht 2.Sam 13,30
gerüttelt g. voll; g. Maß Lk 6,38
Gesalbter wer könnte die Hand an den G. des Herrn legen? 1.Sam 26,9
Gesäß 1.Kön 10,19
geschäftig g.e Martha Lk 10,40
geschehen beredet euch, und es geschehe nicht Jes 8,10
— dein Wille geschehe! Mt 6,10
— es geschieht nichts Neues unter der Sonne Pred 1,9
— es g. noch Zeichen und Wunder! 2.Mose 7,3
— etw geschieht jmdm recht 2.Makk 9,6
Geschenk G.e machen die Weisen blind 5.Mose 16,19
Geschichte alte G.(n) Ps 78,2
— die Einleitung länger als die ganze G. 2.Makk 2,33
geschickt zu allem guten Werk g. 2.Tim 3,17
Geschlecht das schwache G. 1.Petr 3,7
— in dir sollen gesegnet werden alle G.r auf Erden 1.Mose 12,3
Geschmack jeder nach seinem G. Weish 16,20
Geschmeiß Joel 1,4
Geschwätz Ps 90,9
— faules G. Eph 4,19
gesegnet g. ist der Mann, der sich auf den Herrn verläßt Jer 17,7
— g. Mahlzeit Tob 7,17
— g.n Leibes sein Lk 1,42
— mit etw g. sein Jer 17,7
Gesegneter komm herein, du G. des Herrn! 1.Mose 24,31

Gesell fällt ihrer einer, so hilft ihm sein G. auf Pred 4,9
Gesellschaft sich in schlechter G. aufhalten Tob 3,18
Gesetz Christus ist des G.s Ende Röm 10,4
— G. der Meder und Perser Est 1,19
— ihr (Israels) G. ist anders als die G.e aller Völker Est 3,8
— so werdet ihr das G. Christi erfüllen Gal 6,2
— wir haben ein G., und nach dem G. muß er sterben Joh 19,7
Gesetzbuch Jos 8,31
Gesetzesbrecher Joh 7,23
Gesetzgeber Jak 4,12
gesetzwidrig Apg 18,13
gesinnt fleischlich g. Röm 8,9
gestern Jesus Christus g. und heute und derselbe auch in Ewigkeit Hebr 13,8
— nicht wie g. und ehegestern 1.Mose 31,2
— von g. sein Hiob 8,9
— wie der Tag, der g. vergangen ist Ps 90,4
— wir sind von g. Hiob 8,9
gesund besser arm und g. als reich und krank Sir 30,14
— frisch und g. Hiob 21,23
— g. und fröhlich Tob 10,11
— g. Menschenverstand Spr 30,2
— zwei g. Hände haben Mt 18,8
gesundbeten Jak 5,16
Gesunder die G.n bedürfen des Arztes nicht Mt 9,12
Getränk starkes G. macht wild Spr 20,1
getreu sei g. bis an den Tod Offb 2,10
getrost sei fröhlich und g. Joel 2,21
— sei g. und unverzagt Jos 1,6
— seid g., ich bin's; fürchtet euch nicht! Mt 14,27
— seid g., ich habe die Welt überwunden Joh 16,33
— seid g. und laßt eure Hände nicht sinken 2.Chr 15,7

Getümmel 1.Sam 14,19
Gewalt es geht G. vor Recht Hab 1,3
— G. haben Röm 13,1
— jeder sei untertan der Obrigkeit, die G. über ihn hat Röm 13,1
— jmdm G. (an)tun Lk 3,14
— mir ist gegeben alle G. im Himmel und auf Erden Mt 28,18
— wer dem Geringen G. tut, lästert dessen Schöpfer Spr 14,31
Gewaltenteilung Röm 13,1
Gewalthaber Röm 13,1
gewaltig Nimrod war ein g. Jäger vor dem Herrn 1.Mose 10,8.9
Gewalttäter Mt 11,12
Gewand beim Zipfel seines G. ergreifen Sach 8,23
Gewäsch Spr 27,6
Gewerbe 1.Tim 6,5
Gewinn Sterben ist mein G. Phil 1,21
gewinnen die Oberhand g. Ps 9,20
— jmdn (für etw) g. Mt 18,15
— was hülfe es dem Menschen, wenn er die ganze Welt gewönne? Mt 16,26
gewiß ein jeder sei in seiner Meinung g. Röm 14,5
— eine g. Hoffnung haben Weish 3,4
— gib mir einen neuen, g. Geist Ps 51,12.13
gewißlich das ist g. wahr 2.Tim 2,11
Gewissen böses G. Sir 14,1
— ein gutes G. haben Apg 23,1
— ein gutes G. ist ein sanftes Ruhekissen Apg 23,1
— ein reines G. haben 2.Tim 1,3
— erschrockenes G. Weish 17,11
— etw mit gutem G. tun Apg 23,1
— sich (k)ein G. aus etwas machen Röm 14,22
— unverletztes G. Apg 24,16
Gewissensbisse Hiob 27,6
gewogen g. und zu leicht befunden Dan 5,27
gewohnt jung g., alt getan Spr 22,6

Gideon hie Schwert des Herrn und G.! Ri 7,20
gießen Öl auf die Wunden g. Lk 10,34
Gift G. und Galle speien, spucken 5.Mose 32,33
giftig g. Mensch Sir 6,4
girren g. (gurren) wie eine Taube Jes 38,14a
Glanz die Lehrer werden leuchten wie des Himmels G. Dan 12,3
Glas sieh den Wein nicht an, wie er im G.e so schön steht Spr 23,31
glatt der Wein geht g. ein Spr 23,31.32
— g. Worte Spr 2,16
Glaube auf Treu und G. Jes 33,8
— der G. kommt aus der Predigt Röm 10,17
— der G. macht selig Mk 16,16
— der Gerechte wird durch seinen G. leben Hab 2,4
— es ist der G. eine feste Zuversicht auf das, was man hofft, und ein Nichtzweifeln an dem, was man nicht sieht Hebr 11,1
— hier ist Geduld und G. der Heiligen Offb 13,10
— ihr (der Lehrer) Ende schaut an und folgt ihrem G. nach Hebr 13,7
— im G. stehen 1.Kor 16,13
— nun aber bleiben G., Hoffnung, Liebe, diese drei 1.Kor 13,13
— wir wandeln im G. und nicht im Schauen 2.Kor 5,7
glauben alle Dinge sind möglich dem, der da g. Mk 9,23
— damit alle, die an ihn g., nicht verloren werden Joh 3,16
— fürchte dich nicht, g. nur! Mk 5,36
— glaube an den Herrn Jesus, so wirst du und dein Haus selig! Apg 16,31
— glaubt ihr nicht, so bleibt ihr nicht Jes 7,9
— ich weiß, an wen ich glaube 2.Tim 1,12

Glaubensbekenntnis

— selig sind, die nicht sehen und doch g. Joh 20,29
— wer an den (Christus) g., der ist gerecht Röm 10,4
— wer an mich g., der wird leben, ob er gleich stürbe Joh 11,25
— wer g., der flieht nicht Jes 28,16
— wer's g., wird selig Mk 16,16

Glaubensbekenntnis 1.Tim 6,12
Glaubenskampf 1.Tim 6,12
gleich (s. auch: wenn g.)
— als ob der Ton dem Töpfer g. wäre! Jes 29,16
— das andre (Gebot) ist ihm g. Mt 22,37-39
— ein Bild, das uns g. sei 1.Mose 1,26
— mit g. Maß messen 3.Mose 19,35
— wer ist dir (Gott) g.? Ps 35,10

gleichmachen, Gleichmacherei Mt 20,12
Gleichnis du sollst dir kein Bildnis noch irgendein G. machen 2.Mose 20,4
— in G.n reden Mt 13,3
gleichstellen g.; sich g. Röm 12,2
Glied an Haupt und G.n Eph 4,15.16
— die Zunge ist ein kleines G. Jak 3,5
— heimsuchen bis ins dritte und vierte G. 2.Mose 20,5
— wenn *ein* G. leidet, so leiden alle G. mit 1.Kor 12,26

glimmen den glimmenden Docht wird er nicht auslöschen Jes 42,3
gloria (lat.) g. in excelsis Deo Lk 2,14
Glossolalie Mk 16,17
Glück G. zu! Sach 4,7
— kein G. haben 5.Mose 28,29
— wünschet Jerusalem G.! Ps 122,6
glücklich (iSv: schließlich) 1.Makk 7,35
— sich von (s)einem g. Stern leiten lassen Mt 2,9
Glückwunsch Ps 122,6
— herzlichen G. mit 2.Chronik 16,9 2.Chr 16,9
Gnade aus G. und Barmherzigkeit Ps 103,4

— bei dir finden die Verwaisten G. Hos 14,4
— den Demütigen gibt Gott G. 1.Petr 5,5
— der Herr gibt G. und Ehre Ps 84,12
— der Herr hat G. gegeben 1.Mose 24,21
— der Herr hat G. zu meiner Reise gegeben 1.Mose 24,56
— die G. unseres Herrn Jesu Christi 2.Kor 13,13
— durch Gottes G. bin ich, was ich bin 1.Kor 15,10
— es ist eine große G., wenn... 2.Makk 6,13
— G. sei mit euch und Friede Röm 1,7
— G. vor jmds Augen finden 1.Mose 18,3
— G. widerfahren lassen Ps 119,41
— Gott gibt, gebe G. dazu! Sir 15,10
— Jesus nahm zu an G. Lk 2,52
— laß dir an meiner G. genügen 2.Kor 12,9a
— meine G. soll nicht von dir weichen Jes 54,10
— ohne (alle) G.; ohne G. und Barmherzigkeit Ps 56,8
— um G. bitten Jer 14,11
— von Gottes Gnaden 1.Kor 15,10
gnadenlos Ps 56,8
Gnadenwahl Röm 11,5
gnädig der Herr sei dir g. 4.Mose 6,24-26
— die g. Hand Gottes ist über uns Esr 8,18
— g. Herr Lk 22,25
— g. Regen Ps 68,10
— Gott, sei mir (Sünder) g. Lk 18,3
Gnosis Lk 11,52
Gog G. und Magog Offb 20,7.8
Gold Silber und G. habe ich nicht Apg 3,6
golden ein g. Bild anbeten Dan 3,5
— ein Wort, geredet zur rechten Zeit, ist wie g. Äpfel auf silbernen Schalen Spr 25,11

Gott

– G. Regel menschlichen Zusammenlebens Mt 7,12
– G. Kalb; der Tanz um das G. Kalb 2.Mose 32,4
Goldwaage jedes Wort auf die G. legen Sir 21,27
Golgatha sein G. erleben Mt 27,33
Goliat ein David gegen einen G. 1.Sam 17,45
– ein G.; ein Riese G. 1.Sam 17,4
Gomorra wie Sodom und G. 1.Mose 18,20
gönnen jmdm etw g. Ps 35,27a
– sich selbst nichts (Gutes) g. Sir 14,6
Gott ach G.! 4.Mose 12,3
– ach du lieber G.! Dan 9,4
– allmächtiger G.! 1.Mose 17,1
– allmächtiger G., deine Gerichte sind wahrhaftig und gerecht Offb 16,7
– als daß ein Reicher ins Reich G. komme Mt 19,24
– also hat G. die Welt geliebt Joh 3,16
– am Anfang schuf G. Himmel und Erde 1.Mose 1,1
– am siebenten Tag ist der Sabbat des Herrn, deines G. 2.Mose 20,10
– behüt dich (euch) G. Tob 8,6
– bei G.! 1.Mose 21,3
– bei G. ist die Quelle des Lebens Ps 36,10
– bei G. ist kein Ding unmöglich Lk 1,37
– bei G. schwören 1.Mose 21,3
– bei G. sind alle Dinge möglich Mt 19,26
– bin ich G., daß ich töten und lebendig machen könnte? 2.Kön 5,7
– da sei G. vor! 1.Makk 2,21
– das hat G. getan! Ps 64,10
– das heißt: G. versuchen Apg 15,10
– das ist G.s Finger 2.Mose 8,15
– das Reich G. ist mitten unter euch Lk 17,31
– das Reich G. steht nicht in Worten, sondern in Kraft 1.Kor 4,20

– das verborgene Leben mit Christus in G. Kol 3,3
– daß G. erbarm' Sir 36,1
– dein G. ist mein G. Rut 1,16.17
– demütig sein vor deinem G. Mi 6,8
– den Demütigen gibt G. Gnade 1.Petr 5,5
– der Herr ist G., der Herr ist G.! 1.Kön 18,39
– der liebe G. Dan 9,4
– der Mensch denkt und G. lenkt Spr 16,9
– des Menschen Zorn tut nicht, was vor G. recht ist Jak 1,20
– die gnädige Hand G. ist über uns Esr 8,18
– die Hand unsres G. ist zum Besten über allen, die ihn suchen Esr 8,22
– die Liebe G., des Vaters 2.Kor 13,13
– dies hat G. alles aus nichts gemacht 2.Makk 7,28
– du bist ein G., der mich sieht 1.Mose 16,13
– du lieber G.! Dan 9,4
– du sollst den Herrn, deinen G. lieben von ganzem Herzen Mt 22,37-39
– du sollst den Namen des Herrn, deines G., nicht mißbrauchen 2.Mose 20,7
– durch G.s Gnade bin ich, was ich bin 1.Kor 15,10
– ehe die Berge wurden, bist du, G., von Ewigkeit zu Ewigkeit Ps 90,2
– Ehre sei G. in der Höhe! Lk 2,14
– ein feste Burg ist unser G. Spr 18,10
– ein Mann nach dem Herzen G. 1.Sam 13,14
– ein Mensch kann nicht recht behalten gegen G. Hiob 9,2.3
– eine feurige Mauer rings um das Volk G. Sach 2,9
– eine Frau, die schweigen kann, ist eine Gabe G. Sir 26,17
– einen fröhlichen Geber hat G. lieb 2.Kor 9,7b
– (einmal) vor G. treten Offb 20,12

Gott

— es hat G. wohlgefallen, daß in Christus alle Fülle wohnen sollte Kol 1,20
— etw zu seinem G. machen Phil 3,19
— Freundschaft mit der Welt ist Feindschaft mit G. Jak 4,4
— fürchte du G. Pred 5,6
— fürwahr, du bist ein verborgener G. Jes 45,15
— gebe G., daß... Tob 9,11
— gebt G., was G.s ist Mt 22,21
— gebt unserm G. (allein) die Ehre! 5.Mose 32,3
— gegen G. sündigen 1.Mose 39,9
— Gnade sei mit euch und Friede von G., unserm Vater Röm 1,7
— G. (als Anrede) Ps 48,10
— G. allein die Ehre (geben) 5.Mose 32,3
— G. ändert Zeit und Stunde Dan 2,21
— G. befohlen! 2.Makk 11,33
— G. bewahre! Ps 16,1
— G., dein Weg ist heilig Ps 77,14
— G. der Herr ist Sonne und Schild Ps 84,12
— G. der Väter 2.Mose 3,13
— G. die Ehre geben Joh 9,24
— G. gedachte es gut zu machen 1.Mose 50,20
— G. gibt (gebe) Gnade dazu Sir 15,10
— G. hab ihn (sie) selig Offb 14,13
— G. hat den Menschen aufrichtig gemacht Pred 7,29
— G. hat mich wachsen lassen im Lande meines Elends 1.Mose 41,52
— G. hat's so haben wollen Tob 12,18
— G. im Himmel! Ps 115,3
— G. ist Geist Joh 4,24
— G. ist im Himmel und du auf Erden Pred 5,1
— G. ist (mein) Zeuge Röm 1,9
— G. ist nicht ein G. der Unordnung, sondern des Friedens 1.Kor 14,33
— G. ist nicht ferne von einem jeden unter uns Apg 17,27.28a

— G. ist Richter, der diesen erniedrigt und jenen erhöht Ps 75,8
— G. läßt es den Aufrichtigen gelingen Spr 2,7
— G. läßt regnen über Gerechte und Ungerechte Mt 5,45b
— G. läßt seine Sonne aufgehen über Böse und Gute Mt 5,45b
— G. läßt sich nicht spotten Gal 6,7
— G. legt uns eine Last auf, aber er hilft uns auch Ps 68,2
— G. mach's mit mir, wie es ihm wohlgefällt 2.Sam 15,26
— G. mit uns! Mt 1,23
— G. sah an alles, was er gemacht hatte 1.Mose 1,31
— G. schuf den Menschen ihm zum Bilde, zum Bilde G.s schuf er ihn 1.Mose 1,27
— G. sei Dank! 1.Kor 15,57
— G.(,) sei mir (Sünder) gnädig! Lk 18,13
— G. sei's geklagt Ps 22,9
— G. setzt Könige ab und setzt Könige ein Dan 2,21
— G. steh mir (uns) bei! Ps 54,6
— G. verdamm mich (verdammich) Hiob 10,1.2
— G. verläßt die Seinen nicht Ps 37,28
— G. versöhnte durch Christus alles mit sich Kol 1,20
— G. weiß es 2.Kor 11,11
— G. widersteht den Hoffärtigen 1.Petr 5,5
— G. wird die Tränen von allen Angesichtern abwischen Jes 25,8
— G.s Brünnlein hat Wasser(s) die Fülle Ps 65,10
— G.s heimliches Gericht Weish 2,22
— G.s Weg Ps 77,14
— G.s Wort halten Mi 6,8
— G.s Wort ist nicht gebunden 2.Tim 2,9
— großer G.! 5.Mose 10,17
— großer Gott, wir loben dich 5.Mose 10,17
— guter G.! Mk 10,18

- haben wir Gutes empfangen von G. Hiob 2,10b
- hat uns nicht *ein* G. geschaffen? Mal 2,10
- Haus G. 1.Mose 28,17
- helf G. 1.Chr 16,35
- Herr G., du bist unsere Zuflucht für und für Ps 90,1.2
- Herr, mein G.! Jona 2,7
- höre, Israel, der Herr ist unser G., der Herr allein 5.Mose 6,4
- ich bin der allmächtige G. 1.Mose 17,1
- ich bin der Herr, dein G. 2.Mose 20,2
- ich danke dir, G., daß ich nicht bin wie die anderen Leute Lk 18,11
- ich, der Herr, dein G., bin ein eifernder G. 2.Mose 20,5
- ich weiß, mein G., daß du das Herz prüfst 1.Chr 29,17
- ihr werdet sein wie G. 1.Mose 3,5b
- in dem Lande, das dir der Herr, dein G., geben wird 2.Mose 20,12
- in G.s Hand sein Pred 9,1
- ist G. für uns, wer mag wider uns sein? Röm 8,31
- ist kein G. in Israel? 2.Kön 1,3
- ja, Herr, allmächtiger G., deine Gerichte sind wahrhaftig und gerecht Offb 16,7
- Jesus nahm zu an Gnade bei G. und den Menschen Lk 2,52
- jmd ist (wohl) ganz und gar von G. verlassen Ps 22,2
- jmdn, etw zu seinem G. machen 2.Mose 32,1
- jmds G. ist der Bauch Phil 3,19
- kein Wort G. fällt auf die Erde 2.Kön 10,10
- Knecht G. 1.Chr 6,34
- Lamm G. Joh 1,29
- laß dein Herz nicht eilen, etwas zu reden vor G. Pred 5,1
- lieber G.! Dan 9,4
- man muß G. für alles dankbar sein Eph 5,20
- man muß G. mehr gehorchen als den Menschen Apg 5,29
- Mann G. 5.Mose 33,1
- mein G.! Ps 22,2
- mein G., mein G., warum hast du mich verlassen? Ps 22,2; Mt 27,46
- mein Herr und mein G.! Joh 20,28
- mit Gott! Ps 60,14
- mit G. wollen wir Taten tun Ps 60,14
- mit G.s Wort ist nicht zu scherzen 2.Makk 4,17
- mit meinem G. kann ich über Mauern springen Ps 18,30
- naht euch zu G., so naht er sich zu euch Jak 4,8
- nicht mehr sagen zu den Werken unserer Hände: ihr seid unser G. Hos 14,4
- nun danket alle G. Sir 50,24
- ohne G. in der Welt Eph 2,12
- Reich G. Mt 6,33
- schaffe in mir, G., ein reines Herz Ps 51,12.13
- schicke dich, Israel, und begegne deinem G. Am 4,12
- sein (G.s) ist, der da irrt und der da verführt Hiob 12,16
- selig sind, die das Wort G. hören und bewahren Lk 11,28
- selig sind die Friedfertigen, denn sie werden G.s Kinder heißen Mt 5,9
- selig sind, die reinen Herzens sind, denn sie werden G. schauen Mt 5,8
- sich in den Willen G. ergeben 2.Kor 8,5
- sieh an die Werke G. Pred 7,13
- siehe, das ist G.s Lamm, welches der Welt Sünde trägt Joh 1,29
- so bist du doch, G., meines Herzens Trost und mein Teil Ps 73,26
- so G. will Apg 18,21
- so schreit meine Seele, G., zu dir Ps 42,2
- so wahr G. lebt 2.Sam 2,27
- so wahr mir G. helfe 2.Sam 2,27
- solcher ist das Reich G. Lk 18,16

— trachtet zuerst nach dem Reich G. Mt 6,33
— um G.s willen! Ps 79,9
— vergelt's G.! Spr 19,17
— von G. geschlagen Jes 53,4
— von G.s Gnaden 1.Kor 15,10
— vor Gott treten Offb 20,12
— was G. gereinigt hat, das mache du nicht gemein Apg 10,15
— was G. verheißt, das kann er auch tun Röm 4,21
— was G. zusammengefügt hat Mt 19,6
— weiß G.! 2.Kor 11,11
— weiß schon G., was uns gebricht Mt 6,8
— weißt du nicht, daß dich G.s Güte zur Buße leitet? Röm 2,4
— wie G. will 1.Makk 3,60
— wie soll ich fluchen, dem G. nicht flucht? 4.Mose 23,8
— wie unbegreiflich sind seine (G.s) Gerichte und unerforschlich seine Wege! Röm 11,33
— will's G. Apg 18,21
— wir hören, daß G. mit euch ist Sach 8,23
— wir müssen durch viel Trübsal in das Reich G. gehen Apg 14,22
— wir wissen, daß denen, die G. lieben, alle Dinge zum Besten dienen Röm 8,28
— wisse, daß dich G. um das alles vor Gericht ziehen wird Pred 11,9
— wo ist nun dein G.? Ps 42,4
— wollte G.! 2.Mose 16,3
— wollte G., daß alle im Volk des Herrn Propheten wären 4.Mose 11,29
— wollte G., ich wäre für dich gestorben! 2.Sam 19,1
— Wort G. Apg 4,31
gottbegnadet 1.Kor 15,10
gottbehüte Tob 8,6
Götter du sollst keine anderen G. haben neben mir 2.Mose 20,3
Gotterbarmen zum G. Sir 36,1

gottergeben 2.Kor 8,5
Gottesdienst G.; vernünftiger G. Röm 12,1
Gottesfurcht 1.Mose 20,11
Gottesgabe Pred 3,13
Gotteshaus 1.Mose 28,17
Gotteskind Joh 1,12
Gotteskindschaft Gal 4,4.5
Gotteslästerung Ps 10,13
Gotteslohn um G. Mt 6,1
Gottesmann 5.Mose 33,1
Gottesstadt Ps 46,5
Gotthilf 1.Chr 16,35
göttlich Mt 16,23b
Gottlieb Mt 22,37-39
gottlob 2.Kor 1,3
Gottloser den G. fällt der Pöbel zu Ps 73,10
— der Rest ist für die G. Ps 75,9
— sollst du so dem G. helfen? 2.Chr 19,2
gottverlassen Ps 22,2
Grab Moses G. suchen; sich um Moses G. zanken 5.Mose 34,6
graben die Quelle verlassen und Brunnen g. Jer 2,13
— g. kann ich nicht, und zu betteln schäme ich mich Lk 16,3
— wer andern eine Grube g. Sir 27,29
gram dein Nächster möchte dir g. werden Spr 25,17
Grämen wo viel Weisheit ist, da ist viel G. Pred 1,18
Gras ein Mensch ist in seinem Leben wie G. Ps 103,15
grau alt und g. bei etw werden 1.Sam 12,2
— ein g. Haupt ehren 3.Mose 19,32
— vor einem g. Haupt sollst du aufstehen 3.Mose 19,32
grauen vor wem sollte mir g.? Ps 27,1
greifbar geradezu mit Händen g. Finsternis 2.Mose 10,22
greifen tief in den Beutel g. müssen Joh 12,6

gut

Grenze alles hat seine Grenzen; eine G. setzen Ps 104,9
Greuel G.; etw ist jmdm ein G. 1.Mose 43,32
– G. der Verwüstung Dan 11,31
Grieche den Juden ein Ärgernis, den G. eine Torheit 1.Kor 1,23
– den Juden ein Jude, den G. ein G. sein 1.Kor 9,20.21
Griffel mit ehernem G. Hiob 19,23.24
grimmig Spr 29,22
grob g. Mensch Sir 8,5
– unter einem g. Kittel schlägt oft ein mitfühlendes Herz Sir 40,4
groß der g. Dinge tut an allen Enden Sir 50,24
– der g. Unbekannte Hiob 36,26
– der Herr kann auch g. Dinge tun Joel 2,21
– die g. Sünderin Lk 7,37
– die Zunge richtet g. Dinge an Jak 3,5
– ein g. (hohes) Tier Dan 7,3
– ein treuer Freund ist ein g. Schatz Sir 6,14
– eine g. Sache 2.Mose 18,22
– es ist eine g. Gnade, wenn... 2.Makk 6,13
– Gott, der g. Dinge tut Sir 50,24
– g. ist die Diana der Epheser! Apg 19,34
– g. von Rat und mächtig von Tat Jer 32,19
– g. von sich halten Ri 5,16
– g. Kluft Lk 16,26
– g. Leute fehlen auch Ps 62,10
– g. Gott! 5.Mose 10,17
– g. Gott, wir loben dich 5.Mose 10,17
– g. Mann 2.Mose 11,3
– ich habe ein g. Volk in dieser Stadt Apg 18,9.10
– ich habe g. Freude und Wonne an dir gehabt 2.Sam 1,26
– jmdn g. machen, sich großmachen Jos 3,7
– klein und g. 1.Mose 19,11
– nicht gerade eine g. Leuchte, ein g. Licht sein Mt 5,16
– wer im Geringsten treu ist, der ist auch im G.n treu Lk 16,10
– wie sollte ich ein g. Übel tun? 1.Mose 39,9
Großer die G.n der Erde 2.Sam 7,9
– es ist ein Fürst und G. gefallen 2.Sam 3,38
größer der Haß g. denn zuvor die Liebe 2.Sam 13,15
– niemand hat g. Liebe Joh 15,13
großmachen sich g. Jos 3,7
größter das ist das höchste und g. Gebot Mt 22,37-39
– der G. sein Mk 9,34
– die Liebe ist die g. unter ihnen 1.Kor 13,13
Grube in die G. fahren 1.Mose 37,35
– wer andern eine G. gräbt Sir 27,29
– zur G. fahren 1.Mose 37,25
grün auf keinen g. Zweig kommen Hiob 15,32
– er weidet mich auf einer g. Aue Ps 23,2
– wenn man das tut am g. Holz Lk 23,31
Grund G.; den G. zu, für etw legen Jos 6,26
– im G. des Herzens Ps 36,2
grundlegend Jos 6,26
Grundstein Jes 28,16
grünen g. und blühen Ps 92,8
Gruß Englischer G. Lk 1,28
gurren g. (girren) wie eine Taube Jes 38,14a
gürten das Schwert um die Lenden g. 2.Mose 32,27
gut auf g. (fruchtbaren) Boden fallen Mt 13,8
– aus g. Haus(e) 1.Mose 46,27
– aus g. Meinung Phil 1,15
– das g. Teil erwählen Lk 10,42b
– das hat dir ein g. Engel eingegeben Tob 5,29

Gut

- der Weg zur Hölle ist mit g. Vorsätzen gepflastert   Sir 21,11
- ein gut Teil   1.Kor 11,30
- ein g. Gewissen haben; etw mit g. Gewissen tun; ein g. Gewissen ist ein sanftes Ruhekissen   Apg 23,1
- ein g. Werk tun   Mt 26,10
- eine g. Meinung von jmdm, etw haben   Phil 1,15
- einen g. Kampf kämpfen   1.Tim 6,12
- einen g. Namen (zu verlieren) haben   Sir 41,15
- es g. haben   Ps 128,2
- es ist dir gesagt, Mensch, was g. ist   Mi 6,8
- es ist nicht g., daß der Mensch allein sei   1.Mose 2,18
- etw mit g. Gewissen tun   Apg 23,1
- Gott gedachte es g. zu machen   1.Mose 50,20
- g. angeschrieben sein   Ps 69,29
- g. Botschaft   2.Sam 18,31
- g. Werke   Apg 9,36
- g. Worte geben   Sir 12,15.17
- g.n Muts   1.Kön 8,66
- g.r Dinge sein   Ri 16,25
- g. Geist   Neh 9,20
- g. Gott!   Mk 10,18
- g.r Hoffnung sein   Weish 12,19
- g. Mensch   Lk 6,45
- g. Werk   Mt 26,10
- heiraten ist g., aber nicht heiraten ist besser   1.Kor 7,38
- hier ist g. sein   Mt 17,4
- ich bin der g. Hirte. Der g. Hirte läßt sein Leben für die Schafe   Joh 10,11
- ich weiß sehr g., daß ein Mensch nicht recht behalten kann gegen Gott   Hiob 9,2.3
- jedermann gibt zuerst den g. Wein   Joh 2,10
- jmdm g. Worte geben   Sir 12,15
- laß dein Herz g.r Dinge sein   Pred 11,9
- nicht für Geld und g. Worte   Sir 12,15
- schlechte Beispiele verderben g. Sitten   1.Kor 15,33
- sehr gut   1.Mose 1,31
- sich von (s)einem g. Stern leiten lassen   Mt 2,9
- siehe, es war sehr g.   1.Mose 1,31
- von allen g. Geistern verlassen sein   1.Sam 16,14
- weh denen, die Böses g. und Gutes böse nennen!   Jes 5,20
- wie kann ich unterscheiden, was g. und schlecht ist?   2.Sam 19,36
- wissen, was g. und böse ist   1.Mose 3,5
- zu allem g. Werk geschickt   2.Tim 3,17

Gut Geld und G.   Hes 22,25
- gib mir das Teil der Güter, das mir gehört   Lk 15,12
- niemand lebt davon, daß er viele G. hat   Lk 12,15
- unrecht G. gedeiht nicht   Spr 10,2
- weh dem, der sein G. mehrt mit fremdem G.   Hab 2,6

gutartig   Weish 8,19

Güte (ach) du meine G.!   4.Mose 12,13
- die G. des Herrn ist's, daß wir nicht gar aus sind   Klgl 3,22
- er ist freundlich, und seine G. währet ewiglich   1.Chr 16,34
- ich habe dich zu mir gezogen aus lauter G.   Jer 31,3
- weißt du nicht, daß dich Gottes G. zur Buße leitet?   Röm 2,4

Guter Gott läßt seine Sonne aufgehen über Böse und G.   Mt 5,45
- seine Sonne scheinen lassen über Böse und G.   Mt 5,45

Gütergemeinschaft   Apg 4,32

Guter-Hirten-Sonntag   Ps 89,2

Gutes alles G. kommt von oben   Jak 1,17
- der (Herr) wird ihm wieder G. vergelten   Spr 19,17
- der uns alles G. tut   Sir 50,24
- er wird kein G. mangeln lassen den Frommen   Ps 84,12

haben

- G. mit Bösem vergelten 1.Mose 44,4
- G. und Barmherzigkeit werden mir folgen mein Leben lang Ps 23,6
- haben wir G. empfangen von Gott Hiob 2,10b
- laßt uns G. tun Gal 6,9
- nichts G. im Sinn haben Sir 11,34
- prüft alles, und das G. behaltet 1.Thess 5,21
- sich selbst nichts G. gönnen Sir 14,6
- überwinde das Böse mit G. Röm 12,21
- vergiß nicht, was er dir G. getan hat Ps 103,1.2
- was kann aus Nazareth G. kommen? Joh 1,46
- weh denen, die Böses gut und G. böse nennen! Jes 5,20
- wer nun weiß, G. zu tun und tut's nicht, dem ist's Sünde Jak 4,17
- wollen habe ich wohl, aber das G. vollbringen finde ich nicht Röm 7,18

gütig siehst du scheel drein, weil ich so g. bin? Mt 20,15

gütlich sich g. tun Pred 3,12

guttun g.; Hochmut t. nimmer g. Sir 3,30

H

Haar auch die H. auf eurem Haupt sind alle gezählt Lk 12,7
- jmdm stehen die H. zu Berge Hiob 4,15
- mehr Schulden als H. auf dem Kopf haben Ps 40,13b
- sich die H. raufen Hiob 1,20
- von jmds Haupt soll kein H. auf die Erde fallen 1.Sam 14,45
- H.e wie Absalom 2.Sam 14,26

haben Ps 128,2
- alles h. seine Grenzen Ps 104,9
- an etw (schwer) zu tragen h. Joh 16,12
- Arme h. ihr allezeit bei euch, mich aber h. ihr nicht allezeit Joh 12,8
- bedenken, wen man vor sich h. Spr 23,1
- damit du ihn auf ewig wieder hättest Phlm 15
- das Herz auf der Zunge h. Sir 21,28
- das heulende Elend h. Jak 5,1
- den Beutel h. Joh 12,6
- den Schlüssel der Erkenntnis h. Lk 11,52
- den Teufel (im Leib) h. Mt 11,18
- die Scheuer voll h. Spr 3,9.10
- dies ist mein lieber Sohn, an dem ich Wohlgefallen h. Mt 3,17
- du hättest keine Macht über mich, wenn es dir nicht von oben her gegeben wäre Joh 19,11
- du sollst keine anderen Götter h. neben mir 2.Mose 20,3
- du sollst nicht begehren alles, was dein Nächster h. 2.Mose 20,17
- ehre den Arzt, damit du ihn h., wenn du ihn brauchst Sir 38,1
- ein Geist h. nicht Fleisch und Bein Lk 24,39
- ein gutes Gewissen h. Apg 23,1
- ein Herz für jmdn h. Jer 15,1
- ein jeglicher, der nicht absagt allem, was er h., kann nicht mein Jünger sein Lk 14,33
- ein reines Gewissen h. 2.Tim 1,3
- ein Weib, wenn sie gebiert, h. sie Traurigkeit Joh 16,21
- eine gewisse Hoffnung h. Weish 3,4
- eine gute Meinung von jmdm, etw h. Phil 1,15
- eine schwere Zunge h. 2.Mose 4,10
- einen in der Krone h. Jes 28,1
- einen Kampf um jmdn, etw h. Kol 2,1
- einen langen Arm h. Jes 50,2
- es gut h. Ps 128,2
- es hinauszuführen h. Lk 14,28
- es ist genug, daß jeder Tag seine eigene Plage h. Mt 6,34

Habtachtstellung

— für etw eine Gabe (iSv: Talent) h. 1.Petr 4,10
— Geld wie Dreck h. Sach 9,3
— Gott hab ihn (sie) selig Offb 14,13
— Gott hat's so h. wollen Tob 12,18
— hab' ich's nicht gesagt? 1.Mose 42,22
— habe den Ruhm und bleib daheim! 2.Kön 14,10
— habe du deine Frau allein Spr 5,17
— habe ich nicht Macht, zu tun, was ich will, mit dem, was mein ist? Mt 20,15
— habe ich übel geredet, so beweise, daß es böse ist; h. ich aber recht geredet, was schlägst du mich? Joh 18,23
— h., es hinauszuführen Lk 14,28
— h. wir Gutes empfangen von Gott und sollten das Böse nicht auch annehmen? Hiob 2,10
— h. wir nicht alle *einen* Vater? Mal 2,10
— habt ihr je Mangel gehabt? Lk 22,35
— halte, was du h. Offb 3,11
— hast du mich lieb? Joh 21,16 a
— ich h. es alles Macht, aber es frommt nicht alles 1.Kor 6,12
— ich h. große Freude und Wonne an dir geh. 2.Sam 1,26
— ich h. keinen Menschen Joh 5,7
— ihr meint, ihr h. das ewige Leben darin (in der Schrift) Joh 5,39
— jedermann sei untertan der Obrigkeit, die Gewalt über ihn h. Röm 13,1
— Kampf um jmdn, etw h. Kol 2,1
— Lust h. Hiob 9,2.3
— Moses und die Propheten h. Lk 16,29
— nicht h., wo man sein Haupt hinlegt Mt 8,20
— nichts Gutes im Sinn h. Sir 11,34
— niemand h. größere Liebe als die, daß er sein Leben läßt für seine Freunde Joh 15,13
— niemand lebt davon, daß er viele Güter h. Lk 12,15
— nun h. die liebe Seele Ruh Lk 12,19
— Silber und Gold h. ich nicht; was ich aber h., das gebe ich dir Apg 3,6
— sondern das ewige Leben h. Joh 3,16
— soviel an euch liegt, so habt mit allen Menschen Frieden Röm 12,18
— Tag und Nacht keine Ruhe h. Offb 4,8
— und hätte der Liebe nicht 1.Kor 13,1
— was h. du, das du nicht empfangen h.? 1.Kor 4,7
— wenn ich nur dich h., so frage ich nichts nach Himmel und Erde Ps 73,25
— wenn ihr Liebe untereinander h. Joh 13,35
— wer h., dem wird gegeben Mt 13,12
— wir h. ein Gesetz, und nach dem Gesetz muß er sterben Joh 19,7
— wir h. hier keine bleibende Stadt Hebr 13,14
— wollen h. ich wohl Röm 7,18
— zwei (gesunde) Hände (Füße) h. Mt 18,8

Habtachtstellung Apg 20,28

Hader der Eid macht ein Ende allen H.s Hebr 6,16
— Haß erregt H. Spr 10,12
— wer den Zorn reizt, zwingt H. heraus Spr 30,33

hadern mit seinem Schicksal h. Jes 45,9

Hahn alsbald krähte der H. Mt 26,74
— H. auf dem Kirchturm Mt 26,74
— nach jmdm kräht kein H. Mt 26,74

Hahnenschrei um den H. Mk 13,35

Hälfte die H. des Königreichs geben Est 5,3
— nicht die H. hat man mir gesagt 1.Kön 10,7
— jmd hat nicht die H. gesagt 1.Kön 10,7

Halleluja H.; ein H. anstimmen Ps 104,35

Halljahr 3.Mose 25,9.10

Hals das Wasser steht jmdm bis zum H. Jes 30,28
— ein Joch auf die H. der Jünger legen Apg 15,10
— etw bricht jmdm den H. 1.Sam 4,18
— etw kostet jmdm (jmdn) den H. 1.Chr 12,20

Hand

- heiserer H. Ps 69,4
- jmdm um den H. fallen Lk 15,20
- Joch am H. Jer 27,2
- sich den H. brechen 1.Sam 4,18
- wie ein Mühlstein am H. Mt 18,6

halsbrecherisch 1.Sam 4,18
halsstarrig 2.Mose 32,9
- wer h. ist, wird keine Ruhe in seinem Herzen haben Hab 2,4

halten als daß du nicht hältst, was du gelobst Pred 5,4
- das Abendmahl h. 1.Kor 11,20
- den Sabbat h. 2.Mose 31,14
- die mich lieben und meine Gebote h. 2.Mose 20,6
- die Zunge im Zaum h. Jak 1,26
- es mit jmdm h. 1.Chr 12,19
- etw für einen Scherz h. Weish 15,12
- Gottes Wort h. Mi 6,8
- groß von sich h. Ri 5,16
- halt das Maul (den Mund) Ri 18,19
- halte, was du hast, daß niemand deine Krone nehme Offb 3,11
- haltet an am Gebet Röm 12,12
- haltet mich nicht auf 1.Mose 24,56
- hoch von sich h. Ri 5,15
- ihr h. Gericht im Namen des Herrn 2.Chr 19,6
- jmdn für jmdn, etw h. 1.Kor 4,1
- jmdn in Ehren h. Est 1,20
- jmdn wie sein eigenes Kind (seine eigene Tochter) h. 2.Sam 12,3
- sich zu jmdm h. Jer 15,19
- und hältst deine Hand über mir Ps 139,5
- wenn du dich zu mir h., so will ich mich zu dir h. Jer 15,19
- wer viel redet und hält's nicht Spr 25,14

Hammer ist mein Wort nicht wie ein H.? Jer 23,29

Hand alles, was dir vor die H. kommt Pred 9,10
- alles zerrinnt unter den H. Mal 3,9
- an der H. führen 1.Mose 21,18
- daß die Engel dich auf den H. tragen Ps 91,11.12
- des Allmächtigen H. heilt Hiob 5,18
- die gnädige H. Gottes ist über uns Esr 8,18
- die H. an den Pflug legen Lk 9,62
- die H. auftun 5.Mose 15,11
- die H. unsres Gottes ist zum Besten über allen Esr 8,22
- die H. von jmdm abziehen 4.Mose 14,34
- die H. zuhalten 5.Mose 15,7
- die H.e falten Jes 11,14
- die H.e in Unschuld waschen Ps 26,6
- die H.e ringen Jer 48,26
- die H.e sinken lassen Hes 21,12
- die H.e über dem Kopf zusammenschlagen Jer 2,37
- du hältst deine H. über mir Ps 139,5
- du hast matte H.e gestärkt Hiob 4,3.5
- du tust deine H. auf und sättigest alles Ps 145,15.16
- eine starke H. 2.Mose 3,19
- etw steht in jmds H. Ps 31,16
- geradezu mit H.n greifbare Finsternis 2.Mose 10,21.22
- in deine H.e befehle ich meinen Geist Ps 31,6
- in die H.e klatschen Hes 25,6
- in Gottes H. sein Pred 9,1
- in jmds H. gegeben sein 1.Mose 14,20
- in jmds Hand sein Hiob 2,6
- Ismaels H. wider jedermann und jedermanns H. wider ihn 1.Mose 16,12
- ist denn die H. des Herrn zu kurz? 4.Mose 11,23
- jmdm die H. darauf geben Esr 10,19
- jmdm die H.e füllen 2.Mose 28,41
- jmdm in die H., die H.e fallen 2.Sam 24,14
- jmdm sind die H.e gebunden 2.Sam 3,34
- jmdm unter den H.n sterben 2.Mose 21,20
- jmdn an der H. führen 1.Mose 21,18

457

Handauflegung

— jmdn auf den H.n tragen   Ps 91,11.12
— jmdn bei der H. nehmen   Lk 8,54
— jmdn, etw von jmds H.n fordern   1.Mose 43,9
— jmds Blut von jmds H. fordern   2.Sam 4,11
— jmds H. liegt schwer auf jmdm   Ps 32,4
— laß deine linke H. nicht wissen, was die rechte tut   Mt 6,3
— laßt eure H.e nicht sinken   2.Chr 15,7
— lege deine H. nicht an den Knaben   1.Mose 22,12
— meine Zeit steht in deinen H.n   Ps 31,16
— mit der einen H. taten sie die Arbeit, und mit der anderen hielten sie die Waffe   Neh 4,11
— nicht in der Menschen H.e fallen wollen   2.Sam 24,14
— nicht mehr sagen zu den Werken unserer H.e: Ihr seid unser Gott   Hos 14,4
— rechte H.   2.Mose 15,6
— reine H.e haben   Hiob 17,9
— Rohrstab Ägypten, der in die H. dringt und sie durchbohrt   2.Kön 18,21
— seine H. in die Höhle der Natter stecken   Jes 11,6.8
— sich die H. auf den Mund legen   Hiob 40,4
— siehe, in die H.e habe ich dich gezeichnet   Jes 49,16
— stärket die müden H.e   Jes 35,3
— tu deine H. des Abends nicht ab   Pred 11,6
— Vater, ich befehle meinen Geist in deine H.e   Lk 23,46
— von seiner H.e Arbeit leben   Ps 128,2
— wer könnte die H. an den Gesalbten des Herrn legen?   1.Sam 26,9
— wer vor seinem Schöpfer sündigt, der soll dem Arzt in die H.e fallen   Sir 38,15
— zwei (gesunde) H.e haben   Mt 18,8
Handauflegung   Apg 8,18
Handbreit   eine H.   2.Mose 25,25; Ps 39,6
handgeschnitzt   Weish 14,8
Handkuß   Sir 29,5
Händler   du hast mehr H., als Sterne am Himmel sind   Nah 3,16
Handreichung   Lk 8,3
Handschrift   Tob 1,17
Handvoll   eine H.   3.Mose 5,12
hängen   das Herz an jmdn, etw h.   1.Mose 34,3
— ein Schloß vor den Mund h.   Sir 22,33
— fällt euch Reichtum zu, so h. euer Herz nicht daran   Ps 62,11
— sich an jmdn h.   Lk 15,15
hängenlassen   den Kopf h.   Jes 58,5
Häresie   Apg 5,17
Harfe   Psalter und H.   Ps 57,9
— unsere H.n hängten wir an die Weiden dort im Lande   Ps 137,2.4
Harmagedon   Offb 16,16
Harnisch   wer den H. anlegt, soll sich nicht rühmen   1.Kön 20,11
harren   Jes 40,31
— die auf den Herrn h., kriegen neue Kraft   Jes 40,31
— harre, meine Seele   Ps 27,14
— h. der Dinge, die da kommen sollen   Lk 21,26
hart   ein Herz so h. wie Stein   Hiob 41,16
— h. wie ein Diamant   Hes 3,9
— h. Rede   Joh 6,60
— h. Kopf   Hes 2,4
— jmdn kommt etw h. an   1.Mose 35,7
— wer die Nase h. schneuzt, zwingt Blut heraus   Spr 30,33
Haß   der H. jetzt größer denn zuvor die Liebe   2.Sam 13,15
— ein gemästeter Ochse mit H.   Spr 15,17
— H. erregt Hader, aber Liebe deckt alle Übertretungen zu   Spr 10,12
hassen   der die Missetat der Väter heimsucht an den Kindern derer, die mich h.   2.Mose 20,5
— h. hat seine Zeit   Pred 3,8
— sollst du lieben, die den Herrn h.?   2.Chr 19,2

– tut wohl denen, die euch h. Mt 5,44.45a
– wer seine Rute schont, der h. seinen Sohn Spr 13,24
Haube unter der H. sein Jdt 10,3
hauen hau drein zur Rechten und zur Linken! Hes 21,21
Haufe armer, verlorener H. Jes 41,14
Häuflein Ps 125,3
Haupt an H. und Gliedern Eph 4,15.16
– auch die Haare auf eurem H. sind gezählt Lk 12,7
– das ganze H. ist krank Jes 1,5
– der Mann ist des Weibes H. Eph 5,23
– du salbest mein H. mit Öl Ps 23,5
– ein graues H. ehren 3.Mose 19,32
– eines Hauptes länger als alles Volk 1.Sam 9,2
– feurige Kohlen auf jmds H. sammeln Röm 12,20
– nicht haben, wo man sein H. hinlegt Mt 8,20
– sich Asche aufs H. streuen 2.Sam 13,19
– von jmds H. soll kein Haar auf die Erde fallen 1.Sam 14,45
– vor einem grauen H. sollst du aufstehen 3.Mose 19,32
Hauptmann 4.Mose 1,4
Haus (iSv: Familie) 1.Mose 46,27
– auf daß mein H. voll werde Lk 14,23
– aus gutem H. 1.Mose 46,27
– der Herr des H. Mk 13,35
– der Segen des Vaters baut den Kindern Häuser Sir 3,11
– du sollst meinem Namen nicht ein H. bauen, weil du soviel Blut vergossen hast 1.Chr 22,8
– du sollst nicht begehren deines Nächsten H. 2.Mose 20,17
– entzieh deinen Fuß vom H. deines Nächsten Spr 25,17
– H. Gottes 1.Mose 28,17
– H. und Hof Sir 21,5
– Herr im H. sein Mk 13,35

– ich und mein H. wollen dem Herrn dienen Jos 24,15
– ich werde bleiben im H. des Herrn immderdar Ps 23,6
– in meines Vaters H. sind viele Wohnungen Joh 14,2
– jedes H., das mit sich selbst uneins ist, kann nicht bestehen Mt 12,25
– jmdn über sein H. setzen 1.Mose 39,4
– laß deine Augen offenstehen über diesem H. 1.Kön 8,29
– macht nicht meines Vaters H. zum Kaufhaus Joh 2,16
– sein H. bestellen Jes 38,1
– so wirst du und dein H. selig Apg 16,31
– wenn der Herr nicht das H. baut, so arbeiten umsonst, die daran bauen Ps 127,1
– wer bin ich und was ist mein H., daß du mich bis hierher gebracht hast? 2.Sam 7,18
– zu H. ein Löwe, draußen ein Lamm Sir 4,35
Hausfrau Tob 2,22
haushalten Spr 24,4
Haushalter, Haushälterin 1.Petr 4,10
Hausherr Sir 6,11
Hausknecht Sir 37,14
häuslich Sir 26,2
Hausrat 1.Mose 31,37
Hausvater 2.Mose 12,3
Hebe 2.Mose 25,2
heben der Herr hebe sein Angesicht über dich 4.Mose 6,24-26
– heb dich weg von mir, Satan! Mt 4,10
– Israel, hebe dich zu deinen Hütten 1.Kön 12,16
– jmdn, etw in den Himmel h. Sir 13,28
Hebesatz 2.Mose 25,2
Heer ein ganzes H. 1.Mose 2,1
Heerscharen ganze H Ps 103,21
Hefe Ps 75,9
Heide H.; leben wie ein H. Mt 18,17
– Licht der H.n Jes 42,6

— zehn Männer aus allen Sprachen der H.n   Sach 8,23
Heiden..., Heidenarbeit   Jer 51,58
Heidenlärm   Ps 2,1
heidnisch   Mt 4,15
Heil H.!   Offb 7,10
— das H. kommt von den Juden   Joh 4,22
— der Herr ist mein Licht und mein H.   Ps 27,1
— Fels des H.s, geöffnet mir   5.Mose 32,15
— Herr, ich warte auf dein H.   1.Mose 49,18
— in keinem andern ist das H.   Apg 4,12
— Petri H.   Lk 5,6
Heiland euch ist heute der H. geboren   Lk 2,11
— meine Augen haben deinen H. gesehen   Lk 2,29.30
Heilbronn, -brunnen   Jes 12,3
heilen der Allmächtige zerschlägt, und seine Hand h.   Hiob 5,18
— durch seine Wunden sind wir geh.   Jes 53,5
— er hat uns zerrissen, er wird uns auch h.   Hos 6,1
— es heilt weder Kraut noch Pflaster   Weish 16,12
heilig (mit Ableitungen)   1.Mose 28,17
— der Ort, darauf du stehst, ist h. Land   2.Mose 3,5
— Gott, dein Weg ist h.   Ps 77,14
— h., h., h. ist der Herr Zebaoth!   Jes 6,3
— H. Schrift   2.Tim 3,15
— H. Stadt   Mt 27,53
— h. Jerusalem   Offb 21,10
— H. Land   Weish 12,3
— h. Leben   Weish 2,22
— was in mir ist, lobe seinen h. Namen   Ps 103,1
— zwischen h. und unheilig nicht unterscheiden   Hes 22,26
heiligen darum segnete der Herr den Sabbattag und heiligte ihn   2.Mose 20,11
— dein Name werde geh.   Mt 6,9
— gedenke des Sabbattages, daß du ihn h.   2.Mose 20,8
Heiligenschein   Mt 23,28
Heiliger Herr, hilf! Die H. haben abgenommen   Ps 12,2
— hier ist Geduld und Glaube der H.   Offb 13,10
— stolze H.   Zef 3,11
— wunderliche H.   Ps 4,4
Heiliger (heiliger) Geist   Ps 51,12.13; Apg 2,4
— die Gemeinschaft des H. G.s sei mit euch allen   2.Kor 13,13
— die Sünde wider den H. G.   Mt 12,32
— es gefällt dem H. G. und uns   Apg 15,28
— jmdm als H. G. erscheinen   Apg 2,4
— nimm deinen h. G. nicht von mir   Ps 51,13
— Taube als Sinnbild des H. G.   Mt 3,16
— Vater, Sohn und H. G.   Mt 28,19
heillos   1.Sam 25,17
heilsam sich etw eine h. Lehre sein lassen   1.Tim 1,10
Heimat   1.Mose 24,7
heimlich daß sich jemand so h. verbergen könne   Jer 23,24
— Gottes h. Gericht   Weish 2,22
— h. seufzen   Hes 24,17
heimsuchen   1.Mose 21,1
— der die Missetat der Väter h. an den Kindern   2.Mose 20,5
Heimsuchung Jahr der H.   Jer 48,44
heiraten h. ist gut, aber nicht h. ist besser   1.Kor 7,38
— wer h., tut wohl, wer nicht h., besser   1.Kor 7,38
heiß h. Tränen   Tob 7,13
heißen das h.: Gott versuchen   Apg 15,20
— ist doch niemand in deiner Verwandtschaft, der so h.   Lk 1,61
— selig sind die Friedfertigen, denn sie werden Gottes Kinder h.   Mt 5,9

heiser h. Hals Ps 69,4
— sich h. schreien Ps 69,4
Held ein rechter (netter, schöner) H. Jes 5,22
— ein streitbarer H. Ri 6,12
— weh denen, die H.n sind, Wein zu saufen! Jes 5,22
— wie sind die H.n gefallen! 2.Sam 1,27
helfen andern hat er geh. und kann sich selbst nicht h. Mt 27,42
— Arzt, hilf dir selber! Lk 4,23
— bis hierher hat uns der Herr geh. 1.Sam 7,12
— der Herr ist unser Richter, Meister, König; der hilft uns Jes 33,22
— du allein hilfst mir, daß ich sicher wohne Ps 4,9
— es ist dem Herrn nicht schwer, durch viel oder wenig zu h. 1.Sam 14,6
— es ist jmdm schon geh., wenn... Jer 17,14
— Gott legt uns eine Last auf, aber er h. uns auch Ps 68,20
— helf Gott! 1.Chr 16,35
— h. von... Apg 2,40
— Herr, hilf! Die Heiligen haben abgenommen Ps 12,2
— so wahr mir Gott helfe 2.Sam 2,27
— sollst du so dem Gottlosen h.? 2.Chr 19,2
— was hilft's? 1.Mose 37,26
— was hülfe es dem Menschen, wenn er die ganze Welt gewönne? Mt 16,26
— wollt ihr dem Herrn Zeit und Tag bestimmen, wann er h. soll? Jdt 8,11
Heller auf H. und Pfennig; bis auf den letzten H. Mt 5,26
— keinen H. mehr besitzen Mt 5,26
hellicht am h. Tag Hes 12,3
Henne wie eine H. versammelt ihre Küchlein unter ihre Flügel Mt 23,37
her nicht weit h. sein Mt 13,57
herab wie vom Himmel h. geredet Ps 73,9
heraufführen der Herr führt hinab zu den Toten und wieder herauf 1.Sam 2,6
heraus frei h. reden Joh 16,29
herauskommen was aus dem Mund h., macht den Menschen unrein Mt 15,11
herauszwingen wer den Zorn reizt, z. Hader h. Spr 30,33
— wer die Nase hart schneuzt, z. Blut h. Spr 30,33
herbeikommen das Himmelreich ist nahe herbeigek. Mt 3,2
Herberge keinen Raum in der H. haben Lk 2,7
Herbergsuche Lk 2,7
Herde H. ohne Hirte Jes 13,14
— ich will mich meiner H. selbst annehmen Hes 34,11
— kleine H. Lk 12,32
hereinkommen Freund, wie bist du hereingek.? Mt 22,12
— nötige sie, hereinzuk. Lk 14,23
herfallen wie Heuschrecken über jmdn, etw h. Ri 6,5
hergeben etw Wertvolles für ein Linsengericht h. 1.Mose 25,34
herhalten h. müssen Sir 13,29
Herodesprämie Mt 2,10
Herold Dan 3,4
Herr ach H., wie lange? Ps 6,4
— alles, was Odem hat, lobe den H.! Ps 150,6
— am siebenten Tag ist der Sabbat des H., deines Gottes 2.Mose 20,10
— Arbeiter im Weinberg des H. Mt 20,1
— aus der Tiefe rufe ich, H., zu dir Ps 130,1
— befiehl dem H. deine Wege Ps 37,5
— betet für die Stadt zum H. Jer 29,7
— bis hierher hat uns der H. geholfen 1.Sam 7,12
— daheim sein bei dem H. 2.Kor 5,8
— danket dem H. 1.Chr 16,34
— darum segnete der H. den Sabbattag und heiligte ihn 2.Mose 20,11

Herr

- das kommt vom H.   1.Mose 24,50
- das Werk des H. treiben   1.Kor 16,10
- daß alle im Volk des H. Propheten wären   4.Mose 11,29
- daß der H. seinen Geist über sie kommen ließe   4.Mose 11,29
- den Seinen gibt's der H. im Schlaf   Ps 127,2
- der H. allein lenkt des Menschen Schritt   Spr 16,9
- der H. behüte deinen Ausgang und Eingang   Ps 121,8
- der H. des Hauses   Mk 13,35
- der H. gibt Gnade und Ehre   Ps 84,12
- der H. hat Gnade gegeben   1.Mose 24,21
- der H. hat Gnade zu meiner Reise gegeben   1.Mose 24,56
- der H. hat sie (Reiche und Arme) alle gemacht   Spr 22,2
- der H. hat's gegeben, der H. hat's genommen   Hiob 1,21
- der H. hebe sein Angesicht über dich und gebe dir Frieden   4.Mose 6,24-26
- der H. ist bei euch, wenn ihr Recht sprecht   2.Chr 19,6
- der H. ist der Geist; wo aber der Geist des H. ist, da ist Freiheit   2.Kor 3,17
- der H. ist Gott, der H. ist Gott!   1.Kön 18,39
- der H. ist mein Hirte   Ps 23,1
- der H. ist mein Licht und mein Heil; der H. ist meines Lebens Kraft   Ps 27,1
- der H. ist unser Richter, Meister, König; der hilft uns   Jes 33,22
- der H. ist wahrhaftig auferstanden   Lk 24,34
- der H. kann auch große Dinge tun   Joel 2,21
- der H. kennt die Seinen   2.Tim 2,19
- der H. lasse sein Angesicht leuchten über dir und sei dir gnädig   4.Mose 6,24-26
- der H. läßt die Arznei aus der Erde wachsen   Sir 38,4
- der H. macht arm und macht reich   1.Sam 2,7
- der H. segne dich und behüte dich   4.Mose 6,24-26
- der H. sei mit euch!   Rut 2,4
- der H. sei Richter   1.Mose 16,5
- der H. sieht das Herz an   1.Sam 16,7
- der H. tötet und macht lebendig   1.Sam 2,6
- der H. über Leben und Tod   Weish 16,13
- der H. verläßt die Seinen nicht   Ps 37,28
- der H. wird mit dir sein   1.Chr 22,16
- der Knecht steht nicht über dem H.   Mt 10,24
- der Mensch lebt von allem, was aus dem Mund des H. geht   5.Mose 8,3
- der Name des H. ist ein festes Schloß   Spr 18,10
- der Name des H. sei gelobt!   Hiob 1,21
- des H. Augen schauen alle Lande   2.Chr 16,9
- des H. Zebaoth Rat ist wunderbar   Jes 28,29
- die auf den H. harren, kriegen neue Kraft   Jes 40,31
- die Erde ist des H.   Ps 24,1
- die Freude am H. ist eure Stärke   Neh 8,10
- die Furcht des H. ist der Weisheit Anfang   Ps 111,10
- die Gnade unseres H. Jesu Christi sei mit euch allen!   2.Kor 13,13
- du sollst den H., deinen Gott, lieben von ganzem Herzen   Mt 22,37-39
- du sollst den Namen des H., deines Gottes, nicht mißbrauchen   2.Mose 20,7
- ein Durst nach dem Wort des H., es zu hören   Am 8,11
- ein hörendes Ohr und ein sehendes Auge, die macht beide der H.   Spr 20,12
- ein Knecht soll seinen H. fürchten. Bin ich H., wo fürchtet man mich?   Mal 1,6

Herr

- ein Ochse kennt seinen H. und ein Esel die Krippe seines H. Jes 1,3
- ein Weib, das den H. fürchtet, soll man loben Spr 31,30
- er (der Mann) soll dein (der Frau) H. sein 1.Mose 3,16
- er (der fremde Knecht) steht oder fällt seinem H. Röm 14,4
- es ist dem H. nicht schwer, durch viel oder wenig zu helfen 1.Sam 14,6
- es ist der H., er tue, was ihm wohlgefällt 1.Sam 3,18
- es ist dir gesagt, Mensch, was der H. von dir fordert Mi 6,8
- es werden jetzt der Knechte viel, die sich von ihren Herren reißen 1.Sam 25,10
- es werden nicht alle, die zu mir sagen: H.! H.! in das Himmelreich kommen Mt 7,21
- gelobt sei, der da kommt im Namen des H. Ps 118,26
- gesegnet ist der Mann, der sich auf den H. verläßt und des Zuversicht der H. ist Jer 17,7
- glaube an den H. Jesus, so wirst du und dein Haus selig Apg 16,31
- Gnade sei mit euch und Friede von unserem H. Jesus Christus! Röm 1,7
- gnädiger H. Lk 22,25
- Gott der H. ist Sonne und Schild Ps 84,12
- heilig, heilig, heilig ist der H. Zebaoth Jes 6,3
- H., behalte ihnen diese Sünde nicht Apg 7,59.60
- H., bin ich's? Mt 26,22
- H., erbarme dich! Mt 17,15
- H., gehe von mir hinaus, ich bin ein sündiger Mensch Lk 5,8
- H. Gott, du bist unsre Zuflucht für und für Ps 90,1.2
- H., Gott Zebaoth Jer 15,16
- H., hilf! Die Heiligen haben abgenommen Ps 12,2
- H., ich bin zu gering aller Barmherzigkeit und Treue 1.Mose 32,11
- H., ich habe keinen Menschen Joh 5,7
- H., ich warte auf dein Heil! 1.Mose 49,18
- H. im Haus sein Mk 13,35
- H. Jesu, nimm meinen Geist auf Apg 7,59.60
- H., mein Gott! Jona 2,7
- H., nun lässest du deinen Diener in Frieden fahren Lk 2,29.30
- H., sieh dein Volk an! Jes 64,8
- hie Schwert des H. und Gideon! Ri 7,20
- höre, Israel, der H. ist unser Gott, der H. allein 5.Mose 6,4
- ich aber komme zu dir im Namen des H. Zebaoth 1.Sam 17,45
- ich bin der H., dein Gott 2.Mose 20,2
- ich, der Herr, dein Gott, bin ein eifernder Gott 2.Mose 20,5
- ich und mein Haus wollen dem H. dienen Jos 24,15
- ich werde bleiben im Hause des H. immerdar Ps 23,6
- ihr haltet Gericht im Namen des H. 2.Chr 19,6
- ihr wißt nicht, an welchem Tag euer H. kommt Mt 24,42
- im H. entschlafen 1.Kor 15,18
- im Jahr des H. Jes 61,1.2
- in dem Lande, das dir der H., dein Gott, geben wird 2.Mose 20,12
- in den Wegen des H. mutiger werden 2.Chr 17,6
- in Krankheit den H. suchen 2.Chr 16,12
- in sechs Tagen hat der H. Himmel und Erde gemacht 2.Mose 20,11
- ist denn die Hand des H. zu kurz? 4.Mose 11,23
- ist ein Unglück in der Stadt, das der H. nicht tut? Am 3,6
- ja, H., allmächtiger Gott, deine Gerichte sind wahrhaftig und gerecht Offb 16,7

Herr

- jmd wird einmal eine Posaune des H. werden Jes 58,1
- kein Wort des H. ist auf die Erde gefallen 2.Kön 10,10
- Kinder sind eine Gabe des H. Ps 127,3a
- Knecht des H. 5.Mose 34,5
- komm herein, du Gesegneter des H.! 1.Mose 24,31
- kommt, wir wollen wieder zum H. Hos 6,1
- laßt mich, daß ich zu meinem H. ziehe 1.Mose 24,56
- leben wir, so leben wir dem H.; sterben wir, so sterben wir dem H. Röm 14,7.8
- Leib des H. Mt 26,26-28
- lobe den Herrn, meine Seele Ps 103,1.2
- loben und danken dem H. 2.Chr 5,13
- mein H. und mein Gott! Joh 20,28
- mein Volk will das Recht des H. nicht wissen Jer 8,7
- meine Hilfe kommt von dem H. Ps 121,1.2
- mit Mann und Roß und Wagen hat sie der H. geschlagen 2.Mose 15,9
- nicht allein vor dem H., sondern auch vor den Menschen 2.Kor 8,21
- niemand kann zwei H. dienen Mt 6,24
- Nimrod war ein gewaltiger Jäger vor dem H. 1.Mose 10,8.9
- o H., er will mich fressen! Tob 6,3
- o Land, Land, Land, höre des H.n Wort! Jer 22,29
- reinigt euch, die ihr des H.n Geräte tragt! Jes 52,11
- schmecket und sehet, wie freundlich der H. ist Ps 34,9
- schönster H. Jesu Jes 33,17
- sein eigener H. sein Jer 2,31
- selig sind die Toten, die in dem H. sterben Offb 14,13
- so der H. will und wir leben Jak 4,15
- so erbarmt sich der H. über die, die ihn fürchten Ps 103,13
- so nimm nun, H., meine Seele 1.Kön 19,4
- so wahr der H. lebt 2.Sam 2,27
- sollst du die lieben, die den H. hassen? 2.Chr 19,2
- sollte dem H. etwas unmöglich sein? 1.Mose 18,14
- Tag des H. Offb 1,10
- Tisch des H. 1.Kor 10,21
- verlaß dich auf den H. von ganzem Herzen Spr 3,5
- Volk des H. 4.Mose 11,29
- vor dem H. 1.Mose 10,8.9
- was der H. von dir fordert Mi 6,8
- welcher ist Christus, der H. Lk 2,11
- wen der H. liebhat, den züchtigt er Hebr 12,6
- wenn der H. nicht das Haus baut, so arbeiten umsonst, die daran bauen Ps 127,1
- wenn ich im Finstern sitze, so ist doch der H. mein Licht Mi 7,8
- wer bin ich, H., H.? 2.Sam 7,18
- wer des H.n Namen anrufen wird, der soll errettet werden Joel 3,5
- wer könnte die Hand an den Gesalbten des H. legen? 1.Sam 26,9
- wer sich auf den H. verläßt Spr 29,25
- wer sich des Armen erbarmt, der leiht dem H. Spr 19,17
- wer sich rühmen will, der rühme sich, daß er mich kenne, daß ich der H. bin Jer 9,22.23
- wie könnten wir des H.n Lied singen im fremden Lande? Ps 137,2.4
- wir leben oder sterben, so sind wir des H. Röm 14,7.8
- wirf dein Anliegen auf den H. Ps 55,23
- wo der Geist des H. ist, da ist Freiheit 2.Kor 3,17
- wollt ihr dem H. nach eurem Gefallen Zeit und Tag bestimmen? Jdt 8,11

Herz

– zum Tisch des H. gehen 1.Kor 10,21
Herren H. der Welt Eph 6,12
– H. ohne Land Jes 34,12
Herr(e)nmahl 1.Kor 11,20
Herrgott H.; Herrgotts... Ps 90,1.2
herrje h.!; o h.! Apg 7,59
herrlich er führt es h. hinaus Jes 28,29
– h. und in Freuden leben Lk 16,19
Herrlichkeit alle Reiche der Welt und ihre H. Mt 4,8
– dein ist das Reich und die Kraft und die H. Mt 6,13
– die H. ist dahin 1.Sam 4,21
– seine H. wird dem Reichen nicht nachfahren Ps 49,18
herrschen wir wollen nicht, daß dieser über uns herrsche Lk 19,14
herumlaufen h. wie Adam und Eva 1.Mose 2,25
hervorholen Altes und Neues aus seinem Schatz h. Mt 13,52
hervorkommen bis die Sterne h. Neh 4,15
Herz alles, was ihr tut, das tut von H. Kol 3,23
– auf H. und Nieren prüfen Ps 7,10
– aus seinem H. keine Mördergrube machen Jer 7,11
– betrübtes H. 1.Sam 22,2
– das Dichten und Trachten des menschlichen H. 1.Mose 8,21
– das ganze H. ist matt Jes 1,5
– das H. an jmdn, etw hängen 1.Mose 34,3
– das H. auf der Zunge haben Sir 21,28
– das H. bricht Jer 23,9
– das H. fällt (rutscht) jmdm in die Hosen 1.Sam 17,32
– das H. jmdm zuneigen Jos 24,23
– das H. rast 5.Mose 28,28
– das H. schlägt jmdm (iSv: Herzklopfen) 2.Sam 24,10
– das H. zittert Jes 21,4
– daß er stärke, die mit ganzem H. bei ihm sind 2.Chr 16,9
– dein Wort ist meines H. Freude und Trost Jer 15,16
– der Herr sieht das H. an 1.Sam 16,7
– der Könige H. ist unerforschlich Spr 25,3
– der Wein erfreut des Menschen H. Ps 104,15
– des Menschen H. erdenkt sich seinen Weg Spr 16,9
– des Toren H. ist zu seiner Linken Pred 10,2
– des Weisen H. ist zu seiner Rechten, aber des Toren H. ist zu seiner Linken Pred 10,2
– du, Gott, bist allezeit meines H. Trost und mein Teil Ps 73,26
– du hast mir das H. genommen Hld 4,9
– du sollst den Herrn, deinen Gott, lieben von ganzem H. Mt 22,37
– du wollest deinem Knechte ein gehorsames H. geben 1.Kön 3,9
– ein fröhliches H. macht ein fröhliches Angesicht Spr 15,3
– ein H. für jmdn haben Jer 15,1
– ein H. und eine Seele Apg 4,32
– ein H. von (so hart wie) Stein Hiob 41,16
– ein Kind unter dem H. tragen Tob 4,4
– ein Mann nach dem H. Gottes 1.Sam 13,14
– einem fröhlichen H. schmeckt alles wohl Sir 30,27
– empor die H. Klgl 3,41
– es ist das H. ein trotzig und verzagt Ding Jer 17,9
– es kommt von H. Tob 4,9
– es zerreißt mir das H. Joel 2,13
– fällt euch Reichtum zu, so hängt euer H. nicht daran Ps 62,11
– festes H. Ps 78,8
– gib mir, mein Sohn, dein H. Spr 23,26
– H.n verbinden sich 1.Sam 18,1
– ich kenne deines H. Bosheit 1.Sam 17,28

Herzeleid

— ich weiß, daß du das H. prüfst 1.Chr 29,17
— im Grund des H. Ps 36,2
— jmd nach jmds H.n 1.Sam 13,14
— jmdm etw ins H. geben Neh 7,5
— jmdm fällt ein Stein vom H. Mk 16,3
— jmdm geht etw durchs H. Apg 2,37
— jmdm ins H. sehen Sir 16,18
— jmds H. ist mit jmdm Ri 16,15
— jmds H. wird gerührt 1.Sam 10,26
— jmds H. stehlen 2.Sam 15,6
— laß dein H. guter Dinge sein Pred 11,9
— laß dein H. nicht eilen, etwas zu reden vor Gott Pred 5,1
— mütterliches H. 1.Kön 3,26
— neues H. Hes 36,26
— schaffe in mir, Gott, ein reines H. Ps 51,12
— sein H. ausschütten 1.Sam 1,15
— sein H. verhärten 5.Mose 15,7
— selig sind, die reinen H.s sind Mt 5,8
— setze mich wie ein Siegel auf dein H. Hld 8,6
— sich etw zu H. nehmen 2.Mose 7,23
— tu, was dein H. gelüstet Pred 11,9
— unter einem groben Kittel schlägt oft ein mitfühlendes H. Sir 40,4
— verlaß dich auf den Herrn von ganzem H. Spr 3,5
— von ganzem H. und von ganzer Seele 5.Mose 4,29
— von H. demütig Mt 11,28-30
— von H. gern Jer 22,27
— was dein H. begehrt 1.Sam 2,16
— weiches H. Jer 51,46
— wer halsstarrig ist, wird keine Ruhe in seinem H. haben Hab 2,4
— wer kann das H. ergründen? Jer 17,9
— wes das H. voll ist, des geht der Mund über Mt 12,34
— wo dein Schatz ist, da ist auch dein H. Mt 6,21
— zitterndes H. Jes 21,4
— zu Herzen fassen 5.Mose 11,18
Herzeleid 1.Mose 26,35
— da ward aus der Hochzeit ein H. 1.Makk 9,41
Herzensangst Hiob 7,11
Herzensbrecher Jer 23,9
Herzensdemut Mt 11,28-30
Herzensdieb 2.Sam 15,6
Herzensgrund von H. Phil 1,8
Herzenskündiger Apg 1,24
Herzenslust nach H. 1.Thess 2,8
Herzenstrost Ps 73,26
Herzenswunsch Röm 10,1
herzerfrischend Sir 26,16
herzerweichend Jer 51,46
Herzklopfen 2.Sam 24,10
herzlich du hast dich meiner Seele h. angenommen Jes 38,17
Herzweh Ps 73,21
herzzerreißend Joel 2,13
Heuchler Mt 6,16
heulen das heulende Elend haben Jak 5,1
Heulen Ps 55,3
— H. und Zähneklappern Mt 8,12
Heuschrecke wie H.n über jmdn, etw herfallen Ri 6,5
Heuschreckenplage Ri 6,5
heute du weißt nicht, was h. sich begeben mag Spr 27,1
— euch ist h. der Heiland geboren Lk 2,11
— h. »Hosianna« und morgen »kreuzigt ihn!« rufen Mt 21,9
— h. mir, morgen dir Sir 38,23
— h. oder morgen 2.Mose 13,14
— h. rot – morgen tot Sir 10,11.12
— h. wirst du mit mir im Paradies sein Lk 23,43
— Jesus Christus gestern und h. und derselbe auch in Ewigkeit Hebr 13,8
— unser tägliches Brot gib uns h. Mt 6,11
— verschiebe nicht auf morgen, was du h. kannst besorgen Sir 5,8
— wählt euch h., wem ihr dienen wollt Jos 24,15

heutig bis auf den h. Tag unaufgedeckt 2.Kor 3,14
heutzutage Ri 1,26
hundertvierundvierzigtausend die H. Offb 14,1
hie h. Schwert des Herrn und Gideon! Ri 7,20
hier h. bin ich, sende mich! Jes 6,8
— h. ein wenig, da ein wenig Jes 28,10
— h. geht es zu! 1.Sam 4,16
— h. ist Geduld und Glaube der Heiligen Offb 13,10
— h. ist gut sein! Mt 17,4
— h. ist Immanuel Jes 8,10
— wir haben h. keine bleibende Stadt Hebr 13,14
hierher bis h. hat (uns) der Herr geholfen 1.Sam 7,12
— bis h. (sollst du kommen) und nicht weiter Hiob 38,11
— wer bin ich, daß du mich bis h. gebracht hast? 2.Sam 7,18
Hilfe H. ist (tut) not Hebr 4,16
— ich hebe meine Augen auf zu den Bergen, von welchen mir H. kommt. Meine H. kommt von dem Herrn Ps 121,1.2
— zu H. kommen 2.Sam 10,11
Himmel am Anfang schuf Gott H. und Erde 1.Mose 1,1
— Anrufung des H. 5.Mose 4,26
— auf daß ihr Kinder seid eures Vaters im H. Mt 5,44.45a
— bin ich es nicht, der H. und Erde erfüllt? Jer 23,24
— darum sollt ihr vollkommen sein, wie euer Vater im H. vollkommen ist Mt 5,48
— dein Wille geschehe wie im H. so auf Erden Mt 5,10
— den H. offen sehen Joh 1,51
— der H. ist hoch und die Erde tief Spr 25,3
— der H. öffnet seine Schleusen 1.Mose 7,11

— der H. und aller H. H. können dich nicht fassen 1.Kön 8,27
— der H. und Erde gemacht hat Ps 121,1.2
— der H. wie verschlossen 1.Kön 8,35
— der H. wird schwarz 1.Kön 18,45
— der Storch unter dem H. weiß seine Zeit Jer 8,7
— die den Willen tun meines Vaters im H. Mt 7,21
— die Lehrer werden leuchten wie des H.s Glanz Dan 12,3
— du hast mehr Händler, als Sterne am H. sind Nah 3,16
— es sei auf Erden oder im H. Kol 1,20
— es wird Freude sein im H. über *einen* Sünder, der Buße tut Lk 15,7
— freut euch, daß eure Namen im H. geschrieben sind Lk 10,20
— Fügung des H. Joh 3,12
— Gott im H.! Ps 115,3
— Gott ist im H. und du auf Erden Pred 5,1
— H., Erde und Meer Ps 69,35
— H. und Erde 1.Mose 1,1
— H. und Erde (Hölle) in Bewegung setzen Hag 2,6
— H. und Erde werden vergehen, aber meine Worte werden nicht vergehen Mt 24,35
— H. und Erde zu Zeugen über jmdn anrufen 5.Mose 4,26
— im siebten H. sein 2.Kor 12,2
— in sechs Tagen hat der Herr H. und Erde gemacht 2.Mose 20,11
— ist auch kein andrer Name unter dem H. den Menschen gegeben Apg 4,12
— jmdn, etw in den H. heben Sir 13,28
— mir ist gegeben alle Gewalt im H. und auf Erden Mt 28,18
— oben im H. 2.Mose 20,4
— Pforte des H. 1.Mose 28,17
— seht die Vögel unter dem H. an Mt 6,26

Himmel(s)schlüssel(chen)

— so frage ich nichts nach H. und Erde Ps 73,25
— unser Vater im H.! Mt 6,9
— wie bist du vom H. gefallen, du schöner Morgenstern! Jes 14,12
— wie vom H. herab geredet Ps 73,9
— wir warten auf einen neuen H. und eine neue Erde 2.Petr 3,13
— zwischen H. und Erde schweben 2.Sam 18,9
Himmel(s)schlüssel(chen) Mt 16,19
Himmeldonnerwetter 1.Sam 2,10
Himmelfahrt Lk 24,51
— Himmelfahrtskommando, -nase Lk 24,51
himmelhoch Ps 103,11
Himmelreich H.; das H. ist nahe herbeigekommen Mt 3,2
— ein H. für etw geben Mt 3,2
— es werden nicht alle, die Herr, Herr sagen, in das H. kommen Mt 7,21
— selig sind, die da geistlich arm sind, denn ihrer ist das H. Mt 5,3
— selig sind, die um der Gerechtigkeit willen verfolgt werden, denn ihrer ist das H. Mt 5,10
Himmelsbraut Offb 21,2
Himmelsbrot Ps 78,24
himmelschreiend 1.Mose 4,10
Himmelsgabe Joh 3,27
Himmelsheer Zef 1,5
Himmelsleiter 1.Mose 28,12
Himmelspforte 1.Mose 28,17
Himmelssaal Am 9,6
Himmelstür Ps 78,23
Himmelswillen um H.! Mt 6,10
himmlisch Joh 3,12
— euer h. Vater ernährt sie (die Vögel) Mt 6,26
hin Hüter, ist die Nacht schier h.? Jes 21,11
hinabführen der Herr f. h. zu den Toten und wieder herauf 1.Sam 2,6
hinaufrücken Freund, rücke hinauf! Lk 14,10
hinaus worauf jmd., etw h. will Mt 26,58
hinausbringen darum werden wir auch nichts h. 1.Tim 6,7
hinausführen er f. es herrlich h. Jes 28,29
— es haben hinauszuf. Lk 14,28
hinausgehen Herr, gehe von mir hinaus Lk 5,8
hinausjagen jmdn zum Tempel h., hinauswerfen Joh 2,15
hinauspredigen zur Kirche h. Klgl 2,14
hinauswerfen s. hinausjagen
hineinfallen wer andern eine Grube gräbt, f. selbst h. Sir 27,29
hineinfressen das Leid in sich h. Ps 39,3
hineingehen was zum Mund h., macht den Menschen nicht unrein Mt 15,11
hinfallen es sollen wohl Hügel h. Jes 54,10
— jmd fällt hin, so lang er ist 1.Sam 28,20
— wo der Baum h., da liegt er auch Pred 11,3
hingehen daß ihr h., zu befragen Baal 2.Kön 1,3
— es ist nicht jeder ein Apostel, der h. in alle Welt Mk 16,15
— geh hin und tue desgleichen Lk 10,37
— wo du h., da will ich auch h. Rut 1,16
hinken h. auf beiden Seiten 1.Kön 18,21
hinlegen nicht haben, wo man sein Haupt h. Mt 8,20
Hinterhof 1.Kön 7,8
Hinterlist 2.Kor 12,16
Hintertür St zu Dan 1,8
Hiob arm wie H. Hiob 17,6
— geduldig wie H. Tob 2,12
Hiobsbotschaft, Hiobspost Hiob 1,14
Hippe Offb 14,17
Hirsch wie der H. schreit nach frischem Wasser Ps 42,2
Hirte der Herr ist mein H. Ps 23,1

Holz

— Herde ohne H. Jes 13,14
— H.; Hirtenamt Eph 4,11
— ich bin der gute H. Der gute H. läßt sein Leben für die Schafe Joh 10,11
— Menschen wie Schafe ohne H. Mt 9,36
— wehe den H., die sich selbst weiden! Hes 34,2

Hirtenknabe Jer 49,20
Hirtenstab 3.Mose 27,32
Historie 2.Makk 2,25
Hitze des Tages Last und H. tragen Mt 20,12
— Frost und H. 1.Mose 8,22

hoch der Himmel ist h. und die Erde tief Spr 25,3
— h. (dr)oben Hiob 22,12
— h. kommen (iSv: viel sein) Ps 90,10
— h. von sich halten Ri 5,15
— ich kann niedrig und kann h. sein Phil 4,12a
— jmdm ist etwas zu h. Hiob 42,3
— wenn's h. k., so sind's achtzig Jahre Ps 90,10

hochberühmt Ps 48,2
hochgewachsen h. wie eine Zeder auf dem Libanon Sir 24,17
hochkommen 1.Mose 49,9
höchlich(st) Phil 4,10
Hochmut H. kommt vor dem Fall Spr 16,18
— H. tut nimmer gut Sir 3,30
höchster dies ist das h. und größte Gebot Mt 22,37-39
Hochzeit da ward aus der H. ein Herzeleid 1.Makk 9,41
— die H. ist zwar bereit, aber die Gäste waren's nicht wert Mt 22,8
hochzeitlich wie bist du hereingekommen und hast kein h. Kleid an? Mt 22,12
Hof Haus und H. Sir 21,5
Hoffart Hiob 33,17
hoffärtig Gott widersteht den H.n 1.Petr 5,5

hoffen befiehl dem Herrn deine Wege und h. auf ihn Ps 37,5
— durch Stillesein und H. würdet ihr stark sein Jes 30,15
— es ist der Glaube eine feste Zuversicht auf das, was man h. Hebr 11,1
— es ist nichts mehr zu h. Röm 4,18
— es ist zu h. Rut 1,12

Hoffnung eine gewisse H. haben Weish 3,4
— guter H. sein Weish 12,19
— H. läßt nicht zuschanden werden Röm 5,5
— nun aber bleiben Glaube, H., Liebe, diese drei 1.Kor 13,13
— seid fröhlich in H. Röm 12,12
— seine H. auf jmdn, etw setzen Ps 40,5

hofieren jmdn h. Jer 4,30
hoh ein h. Tier Dan 7,3
— h. Fest Hes 46,9
Höhe Ehre sei Gott in der H.! Lk 2,14
— fahre auf die H. Lk 5,4
Hoherpriester H.; Hohepriesterin 3.Mose 21,10
Hohes Lied ein H. L. (das H. L.) singen Hld 1,1
Höhle seine Hand in die H. der Natter stecken Jes 11,6.8
Hohn das ist ja H. und Spott Ps 44,14
hold jmdm, einer Sache h. sein Sir 3,20
holdselig Spr 11,16
holen Luft h. Weish 15,15
Hölle der Weg zur H. ist mit guten Vorsätzen gepflastert Sir 21,11
— fahr zur H.! Jes 14,15
— H., wo ist dein Sieg? 1.Kor 15,54.55
— Himmel und H. in Bewegung setzen Hag 2,6
Höllen... Ps 116,3
Höllenangst Ps 116,3
Höllenfeuer 5.Mose 32,22
höllisch Mt 5,22
Holocaust 2.Mose 10,25
Holz wenn kein H. mehr da ist, so verlischt das Feuer Spr 26,20

— wenn man das tut am grünen H. Lk 23,31
Holzhauer Jos 9,21
Homosexualität 1.Mose 19,5
Honig ein Land, wo Milch und H. fließt 2.Mose 3,8
horchen an der Tür h. Sir 21,26
hören als hörte man *eine* Stimme loben 2.Chr 5,13
— ein hörendes Ohr und ein sehendes Auge Spr 20,12
— ein Vögelein singen h. Pred 10,20
— einen Durst nach dem Wort des Herrn, es zu h. Am 8,11
— etw Neues h. Apg 17,21
— hör auf! 2.Mose 14,12
— höre, Israel, der Herr ist unser Gott, der Herr allein 5.Mose 6,4
— h., was die Sängerinnen singen 2.Sam 19,36
— hörst du nicht? 1.Sam 26,14
— hört! hört! 2.Sam 20,16
— jmdn gern h. Mk 6,20
— komm, daß du h. Pred 4,17
— nicht h. wollen 2.Mose 7,16
— o Land, Land, Land, höre des Herrn Wort! Jer 22,29
— Ohren haben und nicht h. Ps 115,5
— rede, denn dein Knecht h. 1.Sam 3,10
— schnell zum H., langsam zum Reden, langsam zum Zorn Jak 1,19
— selig sind, die das Wort Gottes h. und bewahren Lk 11,28
— tun, als ob man etw nicht h. 1.Sam 10,27
— von dem zu reden, was wir gesehen und geh. haben Apg 4,20
— was kein Ohr geh. hat 1.Kor 2,9
— wer nicht h. will, muß fühlen Klgl 3,65
— wer Ohren hat, der höre! Mt 11,15
— wir h., daß Gott mit euch ist Sach 8,23
— laß(t) h.! Ri 14,13

Hörensagen vom H. Dan 5,14
Hörer seid Täter des Wortes und nicht H. allein Jak 1,22
Horn die Hörner des Altars fassen 1.Kön 1,50
Hort 1.Sam 2,2
Hose das Herz fällt (rutscht) jmdm in die H. 1.Sam 17,32
Hosianna heute »H.« und morgen »kreuzigt ihn!« rufen Mt 21,9
Hügel es sollen wohl H. hinfallen Jes 54,10
— ihr H., fallet über uns! Hos 10,8
hui außen h., innen pfui Mt 23,27
Hui in einem H.; bei jmdm muß immer alles in einem H. gehen Jer 20,10
Hund der H. wedelt mit dem Schwanz; der Schwanz wedelt mit dem H. Tob 11,9
— der ist wie einer, der den H. bei den Ohren zwackt Spr 26,17
— ein lebender H. ist besser als ein toter Löwe Pred 9,4
— nicht ein H. wird dich anbellen dürfen Jdt 11,13
— stummer H. Jes 56,10
— wem jagst du nach? Einem toten H., einem einzelnen Floh! 1.Sam 24,15
— wie ein H. frißt, was er gespien hat Spr 26,11
Hundegeheul Ps 59,7
hundertfach es hat sich h. gelohnt Mt 13,8
Hunger daß ich einen H. ins Land schicken werde, nicht einen H. nach Brot Am 8,11
hungern h. und darben Ps 34,11
— selig sind, die hungert und dürstet nach der Gerechtigkeit Mt 5,6
hüpfen vor Freude h. Lk 6,23
Hurenkind 5.Mose 23,3
Hut einen H. aufhaben 3.Mose 16,4
hüten hüte dich, mein Sohn Pred 12,12
— sich h. 1.Mose 31,24
— wie seinen Augapfel h. 5.Mose 32,10

Hüter H., ist die Nacht schier hin? Jes 21,11
— soll ich meines Bruders H. sein? 1.Mose 4,9
Hütte H.n bauen Mt 17,4
— Israel, hebe dich zu deinen H.! 1.Kön 12,16

I

ich i. alter Mann (alte Frau) 2.Makk 6,27
— i. bin auch nur ein Mensch Apg 10,26
— i. bin das Brot des Lebens Joh 6,35
— i. bin das Licht der Welt Joh 8,12
— i. bin der allmächtige Gott 1.Mose 17,1
— i. bin der Erste, und i. bin der Letzte Jes 44,6
— i. bin der gute Hirte Joh 10,11
— i. bin der Herr, dein Gott 2.Mose 20,2
— i. bin der Weg und die Wahrheit und das Leben Joh 14,6
— i. bin die Auferstehung und das Leben Joh 11,25
— i. bin ein eifernder Gott 2.Mose 20,5
— i. bin ein Gast auf Erden Ps 119,19
— i. bin gekommen, ein Feuer anzuzünden auf Erden Lk 12,49
— i. bin mit dir Apg 18,9.10
— i. bin nicht besser als meine Väter 1.Kön 19,4
— i. bin nicht gekommen, Frieden zu bringen, sondern das Schwert Mt 10,34
— i. bin so frei 1.Kor 9,1
— i. bin zu gering aller Barmherzigkeit und Treue 1.Mose 32,11
— i. bin zu jung Jer 1,6
— i. danke dir, Gott, daß i. nicht bin wie die anderen Leute Lk 18,11
— i. elender Mensch! Wer wird mich erlösen von dem Leibe dieses Todes? Röm 7,24
— i. habe dich bei deinem Namen gerufen, du bist mein Jes 43,1
— i. habe dich je und je geliebt Jer 31,3
— i. habe ein großes Volk in dieser Stadt Apg 18,9.10
— i. habe keinen Menschen Joh 5,7
— i. hebe meine Augen auf zu den Bergen, von welchen mir Hilfe kommt Ps 121,1.2
— i. kann niedrig sein und kann hoch sein Phil 4,12a
— i. komme zu dir im Namen des Herrn Zebaoth 1.Sam 17,45
— i. lasse dich nicht, du segnest mich denn 1.Mose 32,27
— i. lebe, doch nun nicht i., sondern Christus lebt in mir Gal 2,20
— i. liege und schlafe ganz mit Frieden Ps 4,9
— i. schäme mich des Evangeliums nicht Röm 1,16
— i. und mein Haus wollen dem Herrn dienen Jos 24,15
— i. weiß, an wen (woran) i. glaube 2.Tim 1,12
— i. weiß, daß ein Mensch nicht recht behalten kann gegen Gott Hiob 9,2.3
— i. weiß, daß mein Erlöser lebt Hiob 19,25
— i. weiß, mein Gott, daß du das Herz prüfst 1.Chr 29,17
— i. will dich nicht verlassen noch von dir weichen Jos 1,5.6
— i. will euch trösten, wie einen seine Mutter tröstet Jes 66,13
— i. will satt werden, wenn i. erwache, an deinem Bilde Ps 17,15
— i. will sein wie du, und mein Volk wie dein Volk 1.Kön 22,4
Ichthys Mt 14,19
Idiot Apg 4,13
ihr 1. (der Lehrer) Ende schaut an und folgt ihrem Glauben nach Hebr 13,7
— i. Berge, bedecket uns! Hos 10,8
— i. haltet Gericht im Namen des Herrn 2.Chr 19,6

— i. seid allzumal leidige Tröster! Hiob 16,2
— i. seid das Licht der Welt   Mt 5,14
— i. seid das Salz der Erde   Mt 5,13
— i. sind viele Sünden vergeben, denn sie hat viel geliebt   Lk 7,47
— i. werdet sein wie Gott   1.Mose 3,5
ihre i. Werke folgen ihnen nach   Offb 14,13
im i. Anfang war das Wort   Joh 1,1
— i. argen liegen   1.Joh 5,19
— i. Geist   Apg 19,21
— i. Geist habt ihr angefangen, wollt ihr's nun im Fleisch vollenden?   Gal 3,3
— i. Jahr des Herrn   Jes 61,1.2
— i. Schweiße deines Angesichts sollst du dein Brot essen   1.Mose 3,19
— i. siebten Himmel sein   2.Kor 12,2
Immanuel   Mt 1,23
— hier ist I.   Jes 8,10
immer i. und ewig   2.Mose 15,18
immerdar ich werde bleiben im Hause des Herrn i.   Ps 23,6
— i. lernen und nimmermehr zur Erkenntnis der Wahrheit kommen   2.Tim 3,7
immerfort   Jer 5,23
in i. aller Welt   1.Chr 16,14
— i. deine Hände befehle ich meinen Geist   Ps 31,6
— i. den Wind reden   1.Kor 14,9
— i. der letzten Not   Sir 1,12
— i. der Welt habt ihr Angst   Joh 16,33
— i. Ehren halten   Sir 1,20
— i. Gottes Hand sein   Pred 9,1
— i. ihm leben, weben und sind wir   Apg 17,27.28a
— i. keinem andern ist das Heil   Apg 4,12
— i. meines Vaters Haus sind viele Wohnungen   Joh 14,2
Inbrunst, inbrünstig   1.Kor 7,9
Inkarnation   Joh 1,14
innen außen hui, i. pfui   Mt 23,27
innerer etw für den i. Menschen tun   2.Kor 4,16
innerlich i. Mensch   2.Kor 4,16

innewerden i., daß ein Prophet in Israel ist   2.Kön 5,8
INRI   Joh 19,19
Inspiration   2.Petr 1,21
Invokavit   Ps 91,15
inwendig jmdn aus- und i. kennen   Offb 5,1
irdisch   Joh 3,12
irre an jmdm irre werden   Gal 4,20
irren irre (beirre) die Spielleute nicht   Sir 32,5.6
— irret euch nicht! Gott läßt sich nicht spotten   Gal 6,7
— sein (Gottes) ist, der da irrt und der da verführt   Hiob 12,16
Irrweg   Ps 95,10
Isai was haben wir Erbe am Sohn I.s?   1.Kön 12,16
Ismael I.s Hand wider jedermann   1.Mose 16,12
Israel   1.Mose 32,29
— Auszug der Kinder I.   2.Mose 12,31
— ein Fürst und Großer ist gefallen in I.   2.Sam 3,38
— eine Mutter in I.   Ri 5,7
— höre, I., der Herr ist unser Gott, der Herr allein   5.Mose 6,4
— I. als auserwähltes Volk   Ps 105,43
— I., ein Volk, zerstreut und abgesondert   Est 3,8
— I., hebe dich zu deinen Hütten   1.Kön 12,16
— I. kennt's nicht   Jes 1,3
— ihr (I.s) Gesetz anders als das aller Völker   Est 3,8
— innewerden, daß ein Prophet in I. ist   2.Kön 5,8
— ist kein Gott in I.?   2.Kön 1,3
— Kinder I.   2.Mose 1,13
— mein Vater, mein Vater, Wagen I.s und seine Reiter!   2.Kön 2,12
— schicke dich, I., und begegne deinem Gott   Am 4,12
— zu der Zeit war kein König in I.   Ri 17,6

Israelit siehe, ein rechter I. Joh 1,47
ist (s. auch: sein)
— i. denn die Hand des Herrn zu kurz? 4.Mose 11,23
— i. doch niemand in der Verwandtschaft, der so heißt Lk 1,61
— i. er nicht eines Zimmermanns Sohn? Mt 13,55
— i. etwa ein Unglück in der Stadt, das der Herr nicht tut? Am 3,6
— i. Gott für uns, wer mag wider uns sein? Röm 8,31
— i. kein Gott in Israel, daß ihr hingeht, zu befragen Baal? 2.Kön 1,3
— i. Saul auch unter den Propheten? 1.Sam 10,12
— ist's möglich, soviel an euch liegt, so habt mit allen Menschen Frieden Röm 12,18

J

ja eure Rede sei: J., j.; nein, nein Mt 5,37
— j., Herr, allmächtiger Gott, deine Gerichte sind wahrhaftig und gerecht Offb 16,7
— j., ihr seid die Leute, mit euch wird die Weisheit sterben Hiob 12,2
— J. ja - Nein nein 2.Kor 1,17
— zu etw (allem) J. und Amen sagen 5.Mose 27,11-26
jagen jmdn j., wie's die Bienen tun 5.Mose 1,44
— von einem rauschenden Blatt gej. werden 3.Mose 26,36
Jäger Nimrod war ein gewaltiger J. 1.Mose 10,8.9
jäh j. Tod 5.Mose 32,24
Jahr dürre J. Jer 17,8
— ehe die J. sich nahen, da du wirst sagen: sie fallen mir nicht Pred 12,1
— ein J. ist um 1.Mose 47,18
— im J. des Herrn Jes 61,1.2
— J. der Heimsuchung Jer 48,44
— laß die J. reden Hiob 32,7
— laß ihn (den Feigenbaum) noch dieses J. Lk 13,8
— (seit) J. und Tag 1.Sam 29,3
— sieben fette und sieben magere J. 1.Mose 41
— tausend J. sind vor dir wie der Tag, der gestern vergangen ist Ps 90,4
— unser Leben währet siebzig J. Ps 90,10
— vor langen J. Mal 3,4
— wenn's hoch kommt, so sind's achtzig J. Ps 90,10
Jahresfest Ri 21,19
Jahrestag 1.Mose 40,20
Jahreszeit(en) Weish 7,18
jährlich j. Zinsen Esr 4,13
Jahrmarkt Weish 15,12
Jakob (nicht) der wahre J. 1.Mose 27,36; Apg 2,12
jakobäisch J. Voraussetzung; unter der J. Voraussetzung Jak 4,15
Jakobsleiter 1.Mose 28,12
Jammer J. und Elend Ps 25,18
jämmerlich j. umkommen Jdt 7,14
Jammertal Ps 84,7
jammervoll Ps 88,4
jauchzen 2.Mose 32,17
— man konnte das J. und das Weinen nicht unterscheiden Esr 3,13
je ich habe dich j. und j. geliebt Jer 31,3
— j. länger, desto ärger 2.Tim 3,13
— j. mehr und mehr Phil 1,9
— j. und j. Jer 31,3
jeder ein j. murre wider seine Sünde Klgl 3,39
— ein j. sei in seiner Meinung gewiß Röm 14,5
— es ist nicht j. ein Apostel, der hingeht in alle Welt Mk 16,15
— Gott ist nicht fern von einem j. unter uns Apg 17,27
— jedes Haus, das mit sich selbst uneins ist, kann nicht bestehen Mt 12,25

- jedes Wort auf die Goldwaage legen Sir 21,27
- j. nach seinem Geschmack Weish 16,20
- j. tat, was ihn recht dünkte Ri 17,6
- sehe j., wo er bleibe 1.Kor 10,12

jedermann daran wird j. erkennen, daß ihr meine Jünger seid Joh 13,35
- Ismaels Hand wider j. und j.s Hand wider ihn 1.Mose 16,12
- j. gibt zuerst den guten Wein Joh 2,10
- j. sei untertan der Obrigkeit Röm 13,1
- nicht j.s Ding 2.Thess 3,2

jeglicher ein j., der nicht absagt allem, kann nicht mein Jünger sein Lk 14,33
- ein j.s hat seine Zeit Pred 3,1

Jehu es ist ein Treiben wie das Treiben J.s 2.Kön 9,20

jemand meinst du, daß sich j. so heimlich verbergen könne? Jer 23,24
- wenn dich j. auf deine rechte Backe schlägt, dem biete die andere auch dar Mt 5,39
- wenn j. auch kämpft, wird er doch nicht gekrönt, er kämpfe denn recht 2.Tim 2,5
- wo ist j., der seinen Feind mit Frieden seinen Weg gehen läßt? 1.Sam 24,20
- womit j. sündigt, damit wird er auch bestraft Weish 11,16

jemine j.!; o j.! Apg 7,59.60

Jeremiade Klagelieder (Vorbemerkung)

Jericho bleibt in J., bis euer Bart gewachsen ist 2.Sam 10,5
- Lärm machen wie die Posaunen vor J. Jos 6,24

Jerichorose Sir 24,18

jerum j.!; o j.! Apg 7,59.60

Jerusalem das heilige J. Offb 21,10
- ich will J. zum Taumelbecher zurichten für die Völker Sach 12,2
- laßt uns die Mauern J.s wieder aufbauen Neh 2,17
- offene Fenster nach J. Dan 6,11

- vergesse ich dein, J., so werde meiner Rechten vergessen Ps 137,5
- wünschet J. Glück! Ps 122,6

Jesse von J. kam die Art Jes 11,1

Jesses J.; Jesses Maria Joel 3,5

Jesus J.! Joel 3,5
- Darstellung Jesu im Tempel Lk 2,22
- die Gnade unseres Herrn J. Christus 2.Kor 13,13
- dieser war auch mit dem J. von Nazareth Mt 26,71
- glaube an den Herrn J. Apg 16,31
- Gnade sei mit euch von unserem Herrn J. Christus Röm 1,7
- Heil allein im Namen J. Apg 4,12
- Herr Jesu, nimm meinen Geist auf Apg 7,59.60
- J. Christus gestern und heute und derselbe auch in Ewigkeit Hebr 13,8
- J. das Kreuz nachtragen Lk 23,26
- J., Heiland, Seligmacher (JHS) Mt 1,21
- J. Nazarenus Rex Judaeorum: Jesus von Nazareth, der König der Juden Joh 19,19
- nur den Saum von Jesu Kleid berühren Mt 14,36
- o. J.! Joel 3,5
- schönster Herr Jesu Jes 33,17

JHS Mt 1,21

Joch (s. auch: Ehejoch)
- ein J. auf die Hälse der Jünger legen Apg 15,10
- J. am Hals Jer 27,2
- leichtes J. Mt 11,28-30
- mein Vater hat euer J. schwer gemacht 1.Kön 12,14
- nehmt auf euch mein J.; denn mein J. ist sanft Mt 11,28-30
- schweres, süßes J. Mt 11,28-30
- zieht nicht am fremden J. mit den Ungläubigen 2.Kor 6,14

Jom J. Kippur 3.Mose 23,27

Jonatan es ist mir leid um dich, mein Bruder J. 2.Sam 1,26
- wie David und J. 1.Sam 18,1

Jordan über den J. gehen Jos 1,2
Josef geht hin zu J.; was der euch sagt, das tut 1.Mose 41,55
— keuscher J. 1.Mose 39,9
— nichts von J. wissen 2.Mose 1,8
Josefsehe Mt 1,25
Jota kein J.; von etw kein J. abweichen Mt 5,18
Jubel, Jubel ... 3.Mose 25,9.10
Jubeljahr alle J.e einmal 3.Mose 25,9.10
Jubilar, Jubiläum 3.Mose 25,9.10
Jubilate Ps 66,1
Juchzer 2.Mose 32,17
jücken Lehrer, nach denen den Menschen die Ohren j. 2.Tim 4,3
Judas Mt 26,15
Judaskuß Mt 26,49
Judaslohn Mt 26,15
Jude aus Furcht vor den J. Joh 7,13
— das Heil kommt von den J. Joh 4,22
— den J. ein Ärgernis und den Griechen eine Torheit 1.Kor 1,23
— den J. ein J., den Griechen ein Grieche sein 1.Kor 9,18.22
— Ewiger J. (Ahasver) Est 1,1
— Jesus von Nazareth, der König der J. Joh 19,19
— J.n und Judengenossen Apg 2,11
Judenfeind Est 8,1
Judengenosse Mt 23,15; Apg 2,11
Judenschule Lärm wie in einer J. Apg 17,1
Judika Ps 43,1
jüdisch *einen* j. Mann beim Zipfel des Gewandes ergreifen Sach 8,23
Jugend böse von J. auf 1.Mose 8,21
— dein Alter sei wie deine J. 5.Mose 33,25
— denk an deinen Schöpfer in deiner J. Pred 12,1
— freue dich, Jüngling, in deiner J. Pred 11,9
Jugendsünden Hiob 13,26
Jugendzeit Hes 16,22

jung ich bin zu j. Jer 1,6
— j. gewohnt, alt getan Spr 22,6
— j.n Wein in alte Schläuche füllen Mt 9,17
— Kälber und j. Löwen und Mastvieh miteinander treiben Jes 11,6.8
— wieder j. werden Hiob 33,25
Jünger Jes 50,4
— daran wird jedermann erkennen, daß ihr meine J. seid Joh 13,35
— der J. steht nicht über dem Meister Mt 10,24
— ein Joch auf die Hälse der J. legen Apg 15,10
— wer nicht absagt allem, was er hat, kann nicht mein J. sein Lk 14,33
Jungfrau 1.Mose 24,16
— zu etw kommen wie die J. zum Kind Lk 1,34
Jüngling 1.Mose 4,23
— freue dich, J., in deiner Jugend Pred 11,9
jüngster J. Tag Joh 6,39
— J. Gericht Mt 10,15
Junker den J. spielen Spr 29,21

K

Kahlkopf 2.Kön 2,23
Kain K. soll siebenmal gerächt werden, aber Lamech siebenundsiebzigmal 1.Mose 4,24
— K.s Brudermord 1.Mose 4,8
— siehe: unstet und flüchtig sollst du sein 1.Mose 4,12
— siehe: wo ist dein Bruder Abel? 1.Mose 4,9
Kainsmal K.; Kainszeichen 1.Mose 4,15
Kairos Mt 8,29
Kaiser gebt dem K., was des K. ist Mt 22,21
Kalb der Tanz um das Goldene K. 2.Mose 32,4
— ein Knabe wird K.r und junge Löwen

kalbern

und Mastvieh miteinander treiben Jes 11,6.8
— jmdm ein gemästetes K. schlachten Lk 15,23a
— K. Moses 2.Mose 32,20
— mit jmds K. pflügen Ri 14,18
kalbern 2.Mose 32,20
Kalk bei jmdm rieselt der K. Hes 13,11
kalt weder k. noch warm Offb 3,15.16
Kamel es ist leichter, daß ein K. durch ein Nadelöhr gehe Mt 19,24
— Mücken aussieben und K.e verschlukken Mt 23,24
Kamelhaar Mt 3,4
Kammer volle K.n Spr 24,4
Kämmerer 1.Mose 37,36
Kämmerlein wenn du betest, so geh in dein K. Mt 6,6
Kampf einen guten K. kämpfen 1.Tim 6,12
— einen K. um jmdn, etw haben Kol 2,1
— lasset uns laufen in dem K., der uns verordnet ist Hebr 12,1
— wenn die Posaune einen undeutlichen Ton gibt, wer wird sich zum K. rüsten? 1.Kor 14,8
kämpfen wenn jemand k., wird er nicht gekrönt, er kämpfe denn recht 2.Tim 2,5
Kanaan Sprache K.s Jes 19,18
Kantate Ps 96,1
Kanzlei Esr 6,1
Kanzler 2.Sam 8,16
Kapelle Jer 35,2
kapitelfest, kapiteln siehe Seite 397
kärglich wer k. sät, der wird auch k. ernten 2.Kor 9,6
Karmeliter, -geist 1.Kön 18,19
kasteien den Leib k. 3.Mose 16,29
katholisch wie das k. Vaterunser sein Mt 6,9-13
kaufen k. und verkaufen Lk 17,28
Kaufhaus macht nicht meines Vaters Haus zum K. Joh 2,16
kehren jmdm den Rücken k. Jer 2,27

— sich an etw nicht k. 2.Mose 5,9
keiner habt ihr je Mangel gehabt? Sie sprachen: Nie keinen Lk 22,35
— k. anderes Evangelium Gal 1,6.7
— k. Ende haben Hiob 16,3
— k. Jota Mt 5,18
— k. Mensch mehr sein Ps 22,7a
— k. Raum zur Buße Hebr 12,17
— k. Schlaf kommt in jmds Augen 1.Mose 31,40
— k. Unschuldslamm sein 1.Petr 1,19
— k. Wässerchen trüben können Hes 32,2
— k. Wort Gottes fällt auf die Erde 2.Kön 10,10
— k. Ruhe Tag und Nacht Offb 4,8
— k. Stimme noch Antwort 1.Kön 18,26
— k.m Menschen davon sagen Neh 2,12
— k.n Raum in der Herberge haben Lk 2,7
— k.n Stein auf dem andern lassen Mt 24,2
— unser k. lebt sich selber und k. stirbt sich selber Röm 14,7.8
Kelch den (bitteren) K. bis zur Neige leeren müssen Hes 23,34
— der (bittere) K. geht an jmdm vorüber Mt 26,39
— K. als Abendmahlskelch Mt 26,26-28
kennen daß er klug sei und mich kenne Jer 9,22.23
— der Herr k. die Seinen 2.Tim 2,19
— ein Ochse k. seinen Herrn Jes 1,3
— ich k. deines Herzens Bosheit 1.Sam 17,28
— in- und auswendig k. Offb 5,1
— Israel kennt's nicht Jes 1,3
— jmdn nicht k. wollen Ps 142,5
Ketzer Tit 3,10
keusch k. Susanna St zu Dan 1
— k. Josef 1.Mose 39,9
Kind auf daß ihr K.r seid eures Vaters im Himmel Mt 5,44.45a
— Auszug der K.r Israel 2.Mose 12,31

– den K.n sind die Zähne stumpf geworden   Jer 31,29
– der Segen des Vaters baut den K.n Häuser   Sir 3,11
– du sollst mit Schmerzen K.r gebären   1.Mose 3,16
– ein K. des Friedens sein   Lk 10,6
– ein K. des Todes   2.Sam 12,5
– ein K. unter dem Herzen tragen   Tob 4,4
– entwöhntes K.   Jes 11,6.8
– es sollen nicht die K.r den Eltern Schätze sammeln, sondern die Eltern den K.n   2.Kor 12,14
– ich bin ein eifernder Gott, der die Missetaten der Väter heimsucht an den K.n derer, die mich hassen   2.Mose 20,5
– jmdn wie sein eigenes K. halten   2.Sam 12,3
– K. Gottes   Joh 1,12
– K.r aufziehen   Eph 6,4
– K.r Israel   2.Mose 1,13
– K.r sind eine Gabe des Herrn   Ps 127,3a
– schaffe mir K.r, wenn nicht, so sterbe ich   1.Mose 30,1
– sein (Jesu) Blut komme über uns und unsere K.r   Mt 27,25
– selig sind die Friedfertigen, denn sie werden Gottes K.r heißen   Mt 5,9
– ungeratenes K.   Sir 16,1a
– von K. auf   2.Tim 3,15
– von K. zu Kindeskind   2.Mose 17,16
– weh dir, Land, dessen König ein K. ist!   Pred 10,16
– Weib und K.   2.Makk 12,21
– wenn ein K. geboren ist   Joh 16,21
– wenn sie (die Frau) das K. geboren hat, denkt sie nicht mehr an die Angst um der Freude willen   Joh 16,21
– werden wie die K.r   Mt 18,3
– wes Geistes K. jmd ist   Lk 9,55
– wie K.r fromm und fröhlich sein   Mt 18,3
– wie sich ein Vater über K.r erbarmt   Ps 103,13
– wie wenn K.r geboren werden sollen, aber die Kraft fehlt, sie zu gebären   2.Kön 19,3
– zartes K.   Bar 4,26
– zu etw kommen wie die Jungfrau zum K.   Lk 1,34

Kindbett K.; Kindbetterin   Jer 31,8
Kinderkrippe   Lk 2,7
Kindermord   Mt 2,16
Kindeskind von Kind zu K.   2.Mose 17,16
kindisch k. sein   Jes 3,4
Kindlein kann auch ein Weib ihres K.s vergessen?   Jes 49,15
– lasset die K. zu mir kommen   Lk 18,16
– sie sind gestorben, die dem K. nach dem Leben getrachtet haben   Mt 2,20
– was will aus diesem K. werden?   Lk 1,66
Kirche   Hos 8,14
– jmdn zur K. hinauspredigen   Klgl 2,14
– zum Amen in der K. kommen   1.Chr 16,36b
Kirchenräuber   2.Makk 4,42
Kirchensteuer   Röm 15,26
Kirchturmhahn   Mt 26,74
Kirchweih   2.Makk 1,9a
Kittel unter einem groben K. schlägt oft ein mitfühlendes Herz   Sir 40,4
Kitzel   Sir 27,14
kitzeln sich k.   Sir 27,14
Kläffer   Sir 51,7
Klagelied Klagelieder (Vorbemerkung)
klagen Gott sei's gekl.!   Ps 22,9
Klageweib   Jer 9,16
kläglich   Est 4,1
– k. Stimme   Dan 6,21
klammern sich an den Buchstaben k.   2.Kor 3,6
klar k. und deutlich   5.Mose 27,8
– k. Antwort   3.Mose 24,12
– sich k. ausdrücken   4.Mose 15,34
klarmachen   1.Kor 3,13

klatschen

klatschen in die Hände k.   Hes 25,6
kleben am Buchstaben k.   2.Kor 3,6
— die Zunge k. am Gaumen   Hiob 29,10
klebrig k. Finger haben   Hiob 31,7
Kleid ein neues K. mit einem alten Lappen flicken   Mt 9,16
— nur den Saum von Jesu K. berühren   Mt 14,36
— und hast doch kein hochzeitlich K. an?   Mt 22,12
kleiden womit werden wir uns k.?   Mt 6,31
klein die Zunge ist ein k. Glied   Jak 3,5
— ein k. Knabe wird Kälber und junge Löwen miteinander treiben   Jes 11,6.8
— eine k. Weile   Joh 5,35
— k. und groß   1.Mose 19,11
— k. Herde   Lk 12,32
— siehe, ein k. Feuer   Jak 3,5
— Treue im K.n   Lk 16,10
— über ein K.s   Joh 16,16
kleingläubig   Mt 14,31
Kleinod   1.Mose 24,53
klingen etw k. wie ein Märchen   Lk 24,11
— Singen und K.   Sir 39,20
— so wäre ich eine klingende Schelle   1.Kor 13,11
klitschen   Hes 25,6
klopfen klopfet an, so wird euch aufgetan   Mt 7,7
— Sprüche k.   Mi 2,4
Kluft große K.   Lk 16,26
klug auf daß wir k. werden   Ps 90,12
— er rühme sich dessen, daß er k. sei   Jer 9,22.23
— k. wie die Schlangen   Mt 10,16
— k. Worte   1.Kor 1,17
— k. Mann   Mt 7,24
— wann wirst du (endlich) k. werden?   Ps 94,8
— wenn du so k. bist   Hiob 38,4
Knabe alter K.   Jes 65,20
— ein kleiner K. wird Kälber und junge Löwen miteinander treiben   Jes 11,6.8

— fahrt mir säuberlich mit dem K. Absalom   2.Sam 18,5
— lege deine Hand nicht an den K.   1.Mose 22,12a
— sind das die K. alle?   1.Sam 16,11
Knecht da (am Sabbat) sollst du keine Arbeit tun, auch nicht dein K.   2.Mose 20,10
— der K. steht nicht über dem Herrn   Mt 10,24
— du sollst nicht begehren deines Nächsten K.   2.Mose 20,17
— du wollest deinem K. ein gehorsames Herz geben   1.Kön 3,9
— ein Sohn soll seinen Vater ehren und ein K. seinen Herrn   Mal 1,6
— es werden jetzt der K.e viel, die sich von ihren Herren reißen   1.Sam 25,10
— K. des Herrn   5.Mose 34,5
— K. Gottes   1.Chr 6,34
— rede, denn dein K. hört   1.Sam 3,10
— wenn ihr alles getan habt, so sprecht: wir sind unnütze K.e   Lk 17,10
— wer bist du, daß du einen fremden K. richtest?   Röm 14,4
— wer da will der Vornehmste sein, der sei euer K.   Mt 20,27
— wer Sünde tut, der ist der Sünde K.   Joh 8,34
— zu gering aller Barmherzigkeit, die du an deinem K. getan hast   1.Mose 32,11
Knechtschaft der ich dich aus der K. geführt habe   2.Mose 20,2
Knechtsgestalt in K.   Phil 2,7
Knie die bebenden K. hast du gekräftigt   Hiob 4,3-5
— erquicket die strauchelnden K.   Jes 35,3
— vor Baal nicht die K. beugen   1.Kön 19,18
Kniefall K.; einen K. tun   2.Chr 6,13
kniefällig   2.Chr 6,13
Knieschlottern   Nah 2,11
knirschen mit den Zähnen k.   Mk 9,18
Kobold   Jes 34,14

kohl(pech)rabenschwarz Hld 5,11
Kohle feurige K.n auf jmds Haupt sammeln Röm 12,20
Koloß K. auf tönernen Füßen Dan 2,33
kommen alles Gute k. von oben Jak 1,17
— alles, was dir vor die Hände k. Pred 9,10
— als daß ein Reicher ins Reich Gottes komme Mt 19,24
— an den Tag k. Hab 2,3
— aneinander k. Apg 15,39
— auf keinen grünen Zweig k. Hiob 15,32
— aus allen Windrichtungen k. Hes 37,9
— das Heil k. von den Juden Joh 4,22
— das k. vom Herrn 1.Mose 24,50
— dein Reich komme Mt 6,10
— denn ihre Stunde ist gek. Joh 16,21
— der Glaube k. aus der Predigt Röm 10,1
— doch der Segen k. von oben 1.Mose 49,25
— du k. zu mir mit Schwert, Lanze und Spieß 1.Sam 17,45
— ehe die bösen Tage k. Pred 12,1
— ein Unglück k. selten allein Hes 7,5
— er hat ein Weib genommen, darum kann er nicht k. Lk 14,20
— es ist wenig, k. aber von Herzen Tob 4,9
— es k. die Nacht, da niemand wirken kann Joh 9,4
— es k. die Zeit, daß ich einen Hunger ins Land schicken werde Am 8,11
— es k., was k. soll Hes 33,33
— es werden nicht alle, die zu mir sagen: Herr, Herr! in das Himmelreich k. Mt 7,21
— gelobt sei, der da k. im Namen des Herrn! Ps 118,26
— Hochmut k. vor dem Fall Spr 16,18
— ich aber k. im Namen des Herrn Zebaoth 1.Sam 17,45
— ich bin gek., ein Feuer anzuzünden auf Erden Lk 12,49
— ich bin nackt von meiner Mutter Leibe gek. Hiob 1,21
— ich bin nicht gek., Frieden zu bringen, sondern das Schwert Mt 10,34
— ich hebe meine Augen auf zu den Bergen, von denen mir Hilfe k. Ps 121,1.2
— ihr wißt nicht, an welchem Tag euer Herr k. Mt 24,42
— jmdm nicht (mehr) unter die Augen k. dürfen 2.Mose 10,28
— komm, daß du hörest Pred 4,17
— komm herein, du Gesegneter des Herrn! 1.Mose 24,31
— komm und sieh es! Joh 1,66
— komm ungegessen Dan 6,19
— komme ich um, so komme ich um Est 4,16
— kommt, denn es ist alles bereit! Lk 14,17
— kommt her zu mir alle, die ihr mühselig und beladen seid Mt 11,28-30
— kommt, laßt uns die Mauern Jerusalems wieder aufbauen!
— kommt, wir wollen wieder zum Herrn! Hos 6,1
— kein Schlaf k. jmdm in die Augen 1.Mose 31,40
— lasset die Kindlein zu mir k. Lk 18,16
— meine Hilfe k. von dem Herrn Ps 121,1.2
— nicht aus dem selben Stall k. Joh 10,16
— nicht zur Erkenntnis der Wahrheit k. 2.Tim 3,7
— nicht zur Ruhe k. Neh 9,28
— niemand k. zum Vater denn durch mich Joh 14,6
— nun es an dich k., wirst du weich Hiob 4,3-5
— sein Blut komme über uns und unsere Kinder Mt 27,25
— siehe, ich k. bald Offb 3,11
— warten, bis jmds Stunde gek. ist Joh 2,4

König

— warten (harren) der Dinge, die da k. sollen Lk 21,26
— was kann aus Nazareth Gutes k.? Joh 1,46
— wehe dem Menschen, durch welchen Ärgernis k. Mt 18,7
— wenn's hoch k. Ps 90,10
— wer wird den Tag seines K.s ertragen können? Mal 3,2
— wie Nikodemus bei Nacht k. Joh 3,2
— wieder zur Vernunft k. Dan 4,33
— wo viel Sorgen ist, da k. Träume Pred 5,2
— wollte Gott, daß der Herr seinen Geist über sie k. ließe! 4.Mose 11,29
— zu Ehren k. Spr 13,18
— zu einer Sache k. wie Pontius Pilatus ins Credo 1.Tim 6,13
— zu etw k. wie die Jungfrau zum Kind Lk 1,34
— zu Fall k. Sir 22,33
— zu Hilfe k. 2.Sam 10,11
— zu Kräften k. 1.Sam 28,22
— zu Schaden k. Sir 29,27
— zugute k. 5.Mose 30,9
— zur Ruhe k. Sir 22,11
— zur Welt k. Joh 16,21
König der Herr ist unser K. Jes 33,22
— der K.e Herz ist unerforschlich Spr 25,3
— ein K. soll über uns sein 1.Sam 8,19
— Gott setzt K.e ab und setzt K.e ein Dan 2,21
— Jesus von Nazareth, der K. der Juden Joh 19,19
— lang lebe der K.! Ps 61,7
— weh dir, Land, dessen K. ein Kind ist! Pred 10,16
— zu der Zeit war kein K. in Israel Ri 17,6
königlich 1.Mose 41,40
Königreich die Hälfte des K. geben Est 5,3
— Saul suchte seines Vaters Eselinnen und fand ein K. 1.Sam 9 – 10

Königskind schön wie ein K. Ri 8,18
Königsmacher 1.Sam 12,1
können er hat ein Weib genommen, darum kann er nicht kommen Lk 14,20
— es kommt die Nacht, da niemand wirken k. Joh 9,4
— etw wie das Vaterunser k. Mt 6,9-13
— graben k. ich nicht, und zu betteln schäme ich mich Lk 16,3
— ich k. niedrig sein und k. hoch sein Phil 4,12a
— jedes Haus, das mit sich selbst uneins ist, k. nicht bestehen Mt 12,25
— kann auch ein Weib ihres Kindleins vergessen? Jes 49,15
— k. zwei miteinander wandern, sie seien denn einig untereinander? Am 3,3
— niemand k. zwei Herren dienen Mt 6,24
— ohne mich k. ihr nichts tun Joh 15,5
— tu, was du nicht lassen k. Apg 4,20
— was Gott verheißt, das k. er auch tun Röm 4,21
— was k. aus Nazareth Gutes kommen? Joh 1,46
— wer es fassen k., der fasse es! Mt 19,12
— wer könnte die Hand an den Gesalbten des Herrn legen? 1.Sam 26,9
— wer nicht absagt allem, was er hat, k. nicht mein Jünger sein Lk 14,33
— wer von euch k. mich einer Sünde zeihen? Joh 8,46
Kopf auf seinem eigenen K. bestehen Sir 10,29
— bis über den K. in etwas stecken Ps 38,5
— den K. hängenlassen Jes 58,5
— den Kopf über jmdn schütteln Hiob 16,4
— die Hände über dem K. zusammenschlagen Jer 2,37
— harter K. Hes 2,4
— jmdm wächst etw über den K. Esr 9,6
— jmds Kopf fordern Mt 14,7.8

— K. und Schwanz 5.Mose 28,13
— mehr Schulden als Haare auf dem K. haben Ps 40,13b
— mit dem K. durch die Wand wollen Spr 21,29
— o mein K., mein K.! 2.Kön 4,19
— seinem (eigenen) K. folgen Sir 21,12
— sich die Augen aus dem K. weinen Klgl 2,11

Kopfhänger Jes 58,5
Korah Rotte K. 4.Mose 16,1.2
koscher 3.Mose 11
Kost freie K. haben Sir 31,28
kosten etw k. jmdm den Hals 1.Chr 12,20
Kosten die K. überschlagen Lk 14,28
köstlich Ps 90,10
— k. Perle Mt 13,46
— wenn's k. gewesen ist, so ist's Mühe und Arbeit gewesen Ps 90,10
Kostverächter K.; kein K. sein Ps 119,158
Kot die Sau wälzt sich nach der Schwemme wieder im K. 2.Petr 2,22
Kraft alles, was dir vor die Hände kommt, zu tun mit deiner K., das tue Pred 9,10
— das Reich Gottes steht nicht in Worten, sondern in K. 1.Kor 4,20
— dein ist das Reich und die K. und die Herrlichkeit Mt 6,13
— der Herr ist meines Lebens K. Ps 27,1
— die auf den Herrn harren, kriegen neue K. Jes 40,31
— die K. fehlt, Kinder zu gebären 2.Kön 19,3
— er gibt dem Müden K. Jes 40,29
— meine K. ist in den Schwachen mächtig 2.Kor 12,9a
— zu Kräften kommen 1.Sam 28,22
kräftigen die bebenden Knie hast du gekr. Hiob 4,3-5
krähen alsbald krähte der Hahn Mt 26,74
— nach jmdm k. kein Hahn Mt 26,74
Krämervolk Zef 1,11

Kranich Turteltaube, K. und Schwalbe halten die Zeit ein Jer 8,7
krank besser arm und gesund als reich und k. Sir 30,14
— das ganze Haupt ist k. Jes 1,5
— viel Fressen macht k. Sir 37,33.34
Kranker die Gesunden bedürfen des Arztes nicht, sondern die K. Mt 9,12
Krankheit in K. den Herrn suchen 2.Chr 16,12
kraus Jes 3,24
Kraut besser ein Gericht K. mit Liebe Spr 15,17
— dagegen ist kein K. gewachsen Weish 16,12
— es heilt weder K. noch Pflaster Weish 16,12
Kreatur K.; von Anfang der K. Weish 6,24
Krebs um sich fressen wie der K. 2.Tim 2,17
Krethi und Plethi 2.Sam 8,18
Kreuz das Ärgernis des K. Gal 5,11
— die Torheit des K. 1.Kor 1,18
— drei K. hinter jmdn machen Mt 27,40
— ein K. schlagen Mt 27,40
— es ist ein K. mit jmdm Mt 27,40
— er machte Frieden durch sein Blut am K. Kol 1,20
— jmdn ein K. auferlegen Lk 23,26
— Jesus das K. nachtragen Lk 23,26
— sein K. auf sich nehmen Mt 10,38
— sein K. tragen Joh 19,17
— zu K.e kriechen Mt 27,40
kreuz... in Verbindung mit einem Adjektiv: kreuzelend usw Mt 27,40
kreuzigen heute »Hosianna« und morgen »kreuzigt ihn!« rufen Mt 21,9
kriechen zu Kreuze k. Mt 27,40
Krieg zum K. taugen 2.Makk 12,21
kriegen die auf den Herrn harren, k. neue Kraft Jes 40,31
— einen Mann k. Sir 22,4
— (wieder) Luft k. 2.Mose 8,11
kriegstauglich 2.Makk 12,21

Krippe Lk 2,7
— ein Esel kennt die K. seines Herrn Jes 1,3
Krone daß niemand deine K. nehme Offb 3,11
— eine tüchtige Frau ist ihres Mannes K. Spr 12,4
— einen in der K. haben Jes 28,1
— jmdm die K. rauben Offb 3,11
— meine Freude und meine K. Phil 4,1
— so will ich dir die K. des Lebens geben Offb 2,10
krönen Ps 8,6
— wenn jemand kämpft, wird er nicht gekr., er kämpfe denn recht 2.Tim 2,5
krumm ein k. Ding drehen Ps 125,5
— für jmdn, etw keinen Finger k. machen Mt 23,4
— k. Wege gehen Ps 125,5
krümmen sich k. Ri 5,27
— wer kann das gerade machen, was er k.? Pred 7,13
Kuchen Ephraim ist wie ein K., den niemand umwendet Hos 7,8
Küchlein und nimm dein K. ein Mt 23,37
— wie eine Henne versammelt ihre K. unter ihre Flügel Mt 23,3
kühlen sein Mütchen an jmdm k. 2.Mose 15,9
kümmerlich Ps 22,30
kundtun zweier Zeugen Mund t. die Wahrheit k. 5.Mose 19,15
künftig in k. Tagen Pred 2,16
— in k. Zeiten 1.Mose 49,1
Kunst Schwarze K. Weish 17,7
— und suchen viele K.e Spr 7,29
Künstlerehrgeiz Weish 14,18
künstlich 2.Mose 26,1
kurz der Mensch, vom Weibe geboren, lebt k. Zeit Hiob 14,1
— es k. machen Sir 32,11
— ist denn die Hand des Herrn zu k.? 4.Mose 11,23

— sich k. (kürzer) fassen 2.Makk 2,32
kürzlich Apg 24,4
Kuß eine richtige Antwort ist wie ein lieblicher K. Spr 24,26
küssen jmdm um den Hals fallen und ihn k. Lk 15,20
kyrie (griech.) k. eleison Mt 17,15

L

Laban langer L. 1.Mose 29,27
Lächeln weises L. Sir 21,29
lachen l. hat seine Zeit Pred 3,4
— sich ins Fäustchen l. Sir 12,19
lächerlich 1.Mose 19,14
laden eine schwere Last auf sich l. Sir 13,2
lagern da werden die Panther bei den Böcken l. Jes 11,6.8
lahm 3.Mose 21,18
Lahmfuß 2.Sam 4,4
Laie Apg 4,13
Lamech L. soll siebenundsiebzigmal gerächt werden 1.Mose 4,24
Lamm da werden die Wölfe bei den L.n wohnen Jes 11,6.8
— das ist Gottes L., welches der Welt Sünde trägt Joh 1,29
— L. Gottes Joh 1,29
— sich wie ein L. zur Schlachtbank führen lassen Jes 53,7
— unschuldig wie ein L. 1.Petr 1,19
— zu Hause ein Löwe, draußen ein L. Sir 4,35
Land alle Lande sind seiner Ehre voll Jes 6,3
— ausgehen, die Töchter des L. zu (be)sehen 1.Mose 34,1
— bleibe im L.e und nähre dich redlich Ps 37,3
— daß ich einen Hunger ins L. schicken werde Am 8,11
— der Ort, darauf du stehst, ist heiliges L. 2.Mose 3,5

– des Herrn Augen schauen alle Lande 2.Chr 16,9
– die Stillen im L.e Ps 35,20
– ein L., wo Milch und Honig fließt 2.Mose 3,8
– es ist keine Treue mehr im L.e Hos 4,1
– es ist noch viel L. einzunehmen Jos 13,1
– es werden allezeit Arme sein im L. 5.Mose 15,11
– Friede im L. 1.Makk 7,50
– fürchte dich nicht, liebes L. Joel 2,21
– Gelobtes L. Hebr 11,9
– Gott hat mich wachsen lassen im L. meines Elends 1.Mose 41,52
– Heiliges L. Weish 12,3
– Herren ohne L. Jes 34,12
– in dem L., das dir der Herr, dein Gott, geben wird 2.Mose 20,12
– L. und Leute Joh 11,48
– o L., L., L., höre des Herrn Wort! Jer 22,29
– unsere Harfen hängten wir an die Weiden dort im L. Ps 137,2.4
– weh dir, L., dessen König ein Kind ist! Pred 10,16
– wie könnten wir des Herrn Lied singen in fremdem L.? Ps 137,2.4
– zu Wasser und zu L. 1.Makk 8,23

Landesgrenze Ps 74,17
Landesherr 1.Mose 34,2
Landessitte 1.Mose 29,26
Landesvater 1.Mose 41,43
Landschaft Esr 7,16
Landstraße 4.Mose 20,17
– L.n und Zäune Lk 14,23
Landvolk Jer 52,25
lang alle Vaterunser l.; ein Vaterunser l. Mt 6,9-13
– einen l. Arm haben Jes 50,2
– jmd stolpert und fällt hin, so l. er ist 1.Sam 28,20
– jmdm wird etw l. Ps 120,6
– l. lebe der König! Ps 61,7
– l. Laban 1.Mose 29,27
– mein Leben l. Ps 23,6
– so wirst du es (dein Brot) finden auf l. Zeit Pred 11,1
– vor l. Jahren Mal 3,4
lange ach Herr, wie l.! Ps 6,4
– auf daß du l. lebest in dem Lande, das dir der Herr, dein Gott, geben wird 2.Mose 20,12
– sich l. umsehen 1.Mose 42,1
– wie l. liegst du, Fauler? Spr 6,9
– wie l. wird's währen? Hab 2,6
Länge auf die L. 2.Tim 3,9
– seiner L. eine Elle zusetzen Mt 6,27
länger die Einleitung l. als die ganze Geschichte 2.Makk 2,33
– ein Mann, eines Hauptes l. als alles Volk 1.Sam 9,2
– je l. desto ärger 2.Tim 3,13
– wer mäßig ißt, lebt desto l. Sir 37,33.34
langsam ein jeder Mensch sei l. zum Reden, l. zum Zorn Jak 1,19
Lanze du kommst zu mir mit Schwert, L. und Spieß 1.Sam 17,45
Lappen ein neues Kleid mit einem alten L. flicken Mt 9,16
lapsus (lat.) l. linguae Sir 20,20
Lärm L. machen wie die Posaunen vor Jericho Jos 6,20
– L. wie in einer Judenschule Apg 17,1
laß (s. auch: lassen)
– l. dein Brot über das Wasser fahren Pred 11,1
– l. dein Herz guter Dinge sein Pred 11,9
– l. deine Augen offen stehen über diesem Hause Nacht und Tag 1.Kön 8,29
– l. deine linke Hand nicht wissen, was die rechte tut Mt 6,3
– l. den neuen Wein alt werden Sir 9,15
– l. dich nicht vom Bösen überwinden, sondern überwinde das Böse mit Gutem Röm 12,21

lassen

- l. die Jahre reden Hiob 32,7
- l. die Toten ihre Toten begraben Mt 8,22
- l. dir an meiner Gnade genügen 2.Kor 12,9a
- l. ihn (den Feigenbaum) noch dieses Jahr Lk 13,8
- l.(t) hören! Ri 14,13

lassen (s. auch: laß)
- das eine tun und das andere nicht l. Mt 23,23
- daß er sein Leben l. für seine Freunde Joh 15,13
- der gute Hirte l. sein Leben für die Schafe Joh 10,11
- die Hände, den Mut sinken l. Hes 21,12
- die Toten ihre Toten begraben l. Mt 8,22
- etw nicht l. können Apg 4,20
- Gott l. seine Sonne aufgehen über Böse und Gute und l. regnen über Gerechte und Ungerechte Mt 5,45b
- Hoffnung l. nicht zuschanden werden Röm 5,5
- ich l. dich nicht, du segnest mich denn 1.Mose 32,37
- ich ließ sie in Seilen der Liebe gehen Hos 11,4
- jmd gehorcht oder läßt es Hes 2,7
- jmdm seinen Willen l. Sir 25,33
- jmdn mit drei Vaterunsern laufen l. Mt 8,22
- jmdn sitzen l. Sir 22,4
- jmdn stecken l. Jer 38,22
- keinen Stein auf dem andern l. Mt 24,2
- l. sie uns leben, so leben wir 2.Kön 7,4
- lasset die Kindlein zu mir kommen Lk 18,16
- lasset uns Gutes tun und nicht müde werden Gal 6,9
- lasset uns laufen in dem Kampf, der uns verordnet ist Hebr 12,1
- lasset uns Menschen machen 1.Mose 1,26
- laßt die Sonne nicht über eurem Zorn untergehen Eph 4,26
- laßt mich, daß ich zu meinem Herrn ziehe 1.Mose 25,56
- laßt uns essen und trinken, denn morgen sind wir tot 1.Kor 15,32
- laßt uns essen und trinken und fröhlich sein! Lk 15,23b
- nun lässest du deinen Diener in Frieden fahren Lk 2,29.30
- segne unser Tun und L. Mt 23,23
- sein Licht leuchten l. Mt 5,16
- seine Sonne scheinen l. über Böse und Gute Mt 5,45b
- seinen Feind mit Frieden seinen Weg gehen l. 1.Sam 24,20
- sich bedienen l. Mt 20,28
- sich das Ziel verrücken l. Kol 2,18a
- sich etw eine heilsame Lehre sein l. 1.Tim 1,10
- sich etw gefallen l. 3.Mose 10,20
- sich etw gesagt sein l. Dan 3,4
- sich etw sauer werden l. Sir 11,11
- sich von (s)einem guten (glücklichen) Stern leiten l. Mt 2,9
- sich wie ein Lamm (Schaf) zur Schlachtbank führen l. Jes 53,7
- sie freiten und ließen sich freien Mt 24,38
- sucht ihr mich, so laßt diese gehen Joh 18,8
- tu, was du nicht l. kannst Apg 4,20
- Tun und L. Mt 23,23
- Weizen und Unkraut wachsen l. bis zur Ernte Mt 13,29.30
- wer sich läßt dünken, er stehe, mag wohl zusehen, daß er nicht falle 1.Kor 10,12

lässig Jos 18,3

Last des Tages L. und Hitze tragen Mt 20,12
- eine schwere L. auf sich laden Sir 13,2
- einer trage des anderen L. Gal 6,2

— Gott legt uns eine L. auf, aber er hilft uns auch   Ps 68,20
— jmdm eine L. sein   2.Sam 15,33
— leichte, schwere L.   Mt 11,28-30
— meine L. ist leicht   Mt 11,28-30
— sich selbst eine L. sein   Hiob 7,20b
— süße L.   Mt 11,28-30

Laster Müßiggang ist aller L. Anfang   Sir 33,29

Lästermaul Spr 4,24

lästern 2.Mose 22,27
— wer der Geringen Gewalt tut, l. dessen Schöpfer   Spr 14,31

Lästerung Mt 12,30

Lätare Jes 66,10

lau Offb 3,15.16

Laube Ri 3,25

Laubhütte L.; Laubhüttenfest   3.Mose 23,34

Lauf der L. dieser Welt   Eph 2,2

laufen alle Flüsse l. ins Meer   Pred 1,7
— die Tränen l. über die Backen   Klgl 1,2
— in den Schranken l.   1.Kor 9,24
— ins Ungewisse l.   1.Kor 9,26
— jmdn mit drei Vaterunsern l. lassen   Mt 6,9-3
— lasset uns l. in dem Kampf, der uns verordnet ist   Hebr 12,1
— vergeblich l.   Gal 2,2
— von Pontius zu Pilatus l.   Lk 23,1
— wenn du mit den Reitern l. sollst   Jer 12,5

Lauser Sir 14,3

laut l. (iSv: bekannt) werden   2.Mose 2,14
— l. Weinen   Esr 3,13
— (Präp.)   Röm 2,16

lauter (iSv: nichts als)   Jer 10,3
— ich habe dich zu mir gezogen aus l. Güte   Jer 31,3

Lazarett Lk 16,20

Lazarus arm wie L.   Lk 16,20

leben alles, was sich regt und l.   1.Mose 9,3
— auf daß du lange lebest in dem Lande, das dir der Herr, dein Gott, geben wird   2.Mose 20,12
— deine Toten werden l.   Jes 26,19
— der Fremdling, der in deiner Stadt l.   2.Mose 20,10
— der Gerechte wird durch seinen Glauben l.   Hab 2,4
— der Mensch l. nicht vom Brot allein   5.Mose 8,3
— der Mensch, vom Weibe geboren, l. kurze Zeit   Hiob 14,1
— du sättigest alles, was l., nach deinem Wohlgefallen   Ps 145,15.16
— ein lebender Hund ist besser als ein toter Löwe   Pred 9,4
— herrlich und in Freuden l.   Lk 16,19
— ich l., doch nun nicht ich, sondern Christus l. in mir   Gal 2,20
— ich möchte lieber tot sein als l.   Jona 4,3
— ich weiß, daß mein Erlöser l.   Hiob 19,25
— in ihm l., weben und sind wir   Apg 17,27.28
— lang lebe der König!   Ps 61,7
— lassen sie uns l., so l. wir   2.Kön 7,4
— l. wie Adam und Eva   1.Mose 2,25
— l. wie ein Heide   Mt 18,17
— l. wir, so l. wir dem Herrn   Röm 14,7.8
— niemand l. davon, daß er viele Güter hat   Lk 12,15
— so der Herr will und wir l.   Jak 4,15
— so wahr Gott (der Herr) l.   2.Sam 2,27
— so wahr ich l.   4.Mose 14,21
— still und sicher l.   Hes 38,10.11
— suchet mich, so werdet ihr l.   Am 5,4
— unser keiner l. sich selber   Röm 14,7.8
— vom Manna l.   2.Mose 16,35
— von seiner Hände Arbeit l.   Ps 128,2
— wer an mich glaubt, der wird l., ob er gleich stürbe   Joh 11,25
— wer mäßig ißt, l. desto länger   Sir 37,33.34
— wir l. oder sterben, so sind wir des Herrn   Röm 14,7.8

Leben

Leben als gelte es das L.   1.Makk 12,51
— am L. verzweifeln   2.Makk 9,18
— bei dir (Gott) ist die Quelle des L.   Ps 36,10
— Christus ist mein L.   Phil 1,21
— daß er sein L. läßt für seine Freunde   Joh 15,13
— das verborgene L. mit Christus in Gott   Kol 3,3
— der gute Hirte läßt sein L. für die Schafe   Joh 10,11
— der Herr ist meines L. Kraft   Ps 27,1
— der Herr über L. und Tod   Weish 16,13
— der Weg ist schmal, der zum L. führt   Mt 7,13.14
— des Leibes L. ist im Blut   3.Mose 17,11
— du hast mein L. aus dem Verderben geführt   Jona 2,7
— ein Mensch ist in seinem L. wie Gras   Ps 103,15.16
— es gilt das L.   1.Makk 12,51
— ewiges L.   Joh 3,16
— heiliges L.   Weish 2,22
— ich bin das Brot des L.   Joh 6,35
— ich bin das L.   Joh 14,6
— ich bin die Auferstehung und das L.   Joh 11,25
— ihr meint, ihr habt das ewige L. darin   Joh 5,39
— im Buch des L. stehen   Phil 4,3
— jmdm das L. sauer machen   2.Mose 1,14
— jmds Feind sein L. lang   1.Sam 18,29
— L. und Wohltat hast du an mir getan   Hiob 10,12
— Leib und L.   Sir 33,31
— Liebhaber des L.   Weish 11,26
— mein L. lang   Ps 23,6
— mit dem L. davonkommen   2.Makk 3,38
— sein L. fristen   2.Makk 6,25
— seines L. nicht mehr sicher sein   5.Mose 28,66
— sie sind gestorben, die dem Kindlein nach dem L. getrachtet haben   Mt 2,20
— so will ich dir die Krone des L. geben   Offb 2,10
— sondern das ewige L. haben   Joh 3,16
— unser L. währet siebzig Jahre   Ps 90,10
— was murren die Leute im L.?   Klgl 3,39
— was soll mir das L.?   1.Mose 27,46
— wer sein L. erhalten will, der wird's verlieren   Lk 9,24
— wer sein L. verliert um meinetwillen, der wird's erhalten   Lk 9,24
lebendig bin ich Gott, daß ich töten und l. machen könnte?   2.Kön 5,7
— der Buchstabe tötet, aber der Geist macht l.   2.Kor 3,6
— der Geist eines Menschen wird (wieder) l.   1.Mose 45,27
— der Herr tötet und macht l.   1.Sam 2,6
— der uns von Mutterleib an l. erhält   Sir 50,25
— l. tot sein   1.Tim 5,6
— l. Wasser   Joh 4,10
— wieder l. sein   1.Thess 3,8
Lebensbaum   1.Mose 2,9
lebenserhaltend   Lk 9,24
Lebensgefahr   1.Chr 11,19
Lebensgefährte   Lk 2,44
Lebensgeister die L. werden wieder wach   1.Mose 45,27
Lebenskraft   Ps 27,1
lebenslang   1.Mose 3,14
Lebenslicht das L. erlischt   2.Sam 21,17
Lebenslust, lebenslustig   Hiob 36,11
Lebensodem   1.Mose 2,7
Lebensquell(e)   Ps 36,10
lebenssatt l.; alt und l.   1.Mose 25,8
Lebensunterhalt   Hes 48,18
Lebenszeit L.; meine L.   1.Mose 47,9
Lebensziel   Ps 39,5
Lebtag all sein L.; sein L. nicht   5.Mose 4,10
lecken Blut gel. haben   1.Kön 21,19
ledig   1.Mose 44,10
— einer Sache (quitt und) l. sein   1.Mose 24,8

Leid

– frei und l. Lk 4,18
– wer heiratet, tut wohl; wer l. bleibt, besser l. 1.Kor 7,38

leer wüst und l. 1.Mose 1,2

leeren den (bitteren) Kelch bis zur Neige l. (müssen) Hes 23,34

legen den Grund zu, für etwas l. Jos 6,26
– die Axt an die Wurzel l. Mt 3,10
– die Hand an den Pflug l. Lk 9,62
– ein Joch auf die Hälse der Jünger l. Apg 15,10
– ein Schloß vor den Mund l. Sir 22,33
– jedes Wort auf die Goldwaage l. Sir 21,27
– jmdm einen Fallstrick l. Jos 23,13
– jmdm etw in den Mund l. 2.Mose 4,15
– lege deine Hand nicht an den Knaben! 1.Mose 22,12
– sich die Hand auf den Mund l. Hiob 40,4
– sich für jmdn ins Mittel legen Weish 18,23
– wer könnte die Hand an den Gesalbten des Herrn l.? 1.Sam 26,9

Legion ihre Zahl ist L. Mk 5,9

Lehre neue L. Mk 1,27
– sich etw eine heilsame L. sein lassen 1.Tim 1,10

lehren Anfechtung lehrt aufs Wort merken Jes 28,19
– jmdn das Fürchten l. Ps 34,12
– lehre du mich... (ironisch) Hiob 34,32
– lehre uns bedenken, daß wir sterben müssen, auf daß wir klug werden Ps 90,12
– man muß erst lernen, bevor man andere l. kann Sir 18,19

Lehrer die L. werden leuchten wie des Himmels Glanz Dan 12,3
– ihr (der L.) Ende schaut an und folgt ihrem Glauben nach Hebr 13,7
– L., nach denen den Menschen die Ohren jücken 2.Tim 4,3

Leib daß sie sich nicht erbarme über den Sohn ihres L. Jes 49,15
– den L. kasteien 3.Mose 16,29
– den Teufel im L. haben Mt 11,18
– des Leibes Leben ist im Blut 3.Mose 17,11
– gebenedeit ist die Frucht deines L. Lk 1,42
– Geist samt Seele und L. 1.Thess 5,23
– gesegneten Leibes sein Lk 1,42
– ich bin nackt von meiner Mutter L.e gekommen Hiob 1,21
– L. des Herrn Mt 26,26-28
– L. und Leben Sir 33,31
– L. und Seele Ps 73,26
– Mann und Weib sind *ein* L. 1.Mose 2,24
– mit L. und Seele Ps 73,26
– nehmet, esset, das ist mein L. Mt 26,26-28
– viel Predigen macht den L. müde Pred 12,12
– wenn mir gleich L. und Seele verschmachtet Ps 73,26
– wer wird mich erlösen von dem L.e dieses Todes? Röm 7,24

leibeigen 1.Mose 47,25
Leibesfrucht Ps 127,3b
Leibesgemeinde Kol 1,18
Leibesleben bei L. 2.Kor 5,10b
Leibesübungen 1.Tim 4,8
leibhaftig 1.Mose 45,12
leiblich Hebr 12,9
leicht es ist leichter, daß ein Kamel durch ein Nadelöhr gehe Mt 19,24
– gewogen und zu l. befunden Dan 5,27
– l. Joch Mt 11,28-30
– mein Joch ist sanft und meine Last ist l. Mt 11,28-30

Leichtfuß 2.Sam 2,18

leid es ist mir l. um dich, mein Bruder Jonatan 2.Sam 1,26

Leid das L. in sich hineinfressen Ps 39,3
– jmdm ein L. antun 4.Mose 16,15

leiden

— L. tragen um jmdn 1.Sam 15,35b
— selig sind, die da L. tragen Mt 5,4
leiden der Gerechte muß viel l. Ps 34,20
— es ist besser freien denn Brunst l. 1.Kor 7,9
— gelitten unter Pontius Pilatus 1.Tim 6,13
— Mangel l. Phil 4,12b
— wenn *ein* Glied l., so l. alle Glieder mit 1.Kor 12,26
— wer viel lernt, der muß viel l. Pred 1,18
Leiden aussehen wie das L. Christi Apg 1,3
leidig ihr seid allzumal l. Tröster! Hiob 16,2
Leidtragender Mt 5,4
leihen wer sich des Armen erbarmt, der l. dem Herrn Spr 19,17
Leinwand Hes 9,2
leisten Abbitte l. Jes 47,3
leiten sich von (s)einem guten, glücklichen Stern l. lassen Mt 2,9
— weißt du nicht, daß dich Gottes Güte zur Buße l.? Röm 2,4
Lenden das Schwert um die L. gürten 2.Mose 32,27
— die L. umgürten Lk 12,35
lenken der Herr allein l. seinen (des Menschen) Schritt Spr 16,9
— der Mensch denkt und Gott l. Spr 16,9
Lenz Hld 2,12
lernen bleibe in dem, was du gel. hast 2.Tim 3,14
— geh hin zur Ameise und l. von ihr! Spr 6,6
— immerdar l. und nicht zur Erkenntnis der Wahrheit kommen 2.Tim 3,7
— lernt von mir Mt 11,28-30
— man muß erst l., ehe man andere lehren kann Sir 18,19
— wer viel l., der muß viel leiden Pred 1,18

lesen jmdm die Leviten l. 3.Mose (Vorbemerkung)
— verstehst du auch, was du l.? Apg 8,30
letzter bis auf den l. Heller Mt 5,26
— das l. Stündlein ist nah Sir 11,19
— der l. Betrug wird ärger als der erste Mt 27,64
— die L.n werden die Ersten sein Mt 19,30
— ich bin der Erste, und ich bin der L. Jes 44,6
— in den l. Zügen liegen 2.Makk 3,31
— in der l. Not Sir 1,12
— jmds l. Stunde hat geschlagen 1.Joh 2,18b
— l. Zeit 1.Petr 1,5
— Matthäi am letzten Mt 28,20
Leuchte nicht gerade eine L. sein Mt 5,16
leuchten das Angesicht l. lassen über jmdn, jmdm 4.Mose 4,24-26
— der Herr lasse sein Angesicht l. über dir 4.Mose 4,24-26
— die Gerechten werden l. wie die Sonne in ihres Vaters Reich Mt 13,43
— die Lehrer werden l. wie des Himmels Glanz Dan 12,3
— sein Licht l. lassen Mt 5,16
Leute alles, was ihr wollt, daß euch die L. tun Mt 7,12
— anderer L. ... Sir 32,21
— daß ich nicht bin wie die anderen L. Lk 18,11
— die Sünde ist der L. Verderben Spr 14,34
— große L. fehlen auch Ps 62,10
— ja, ihr seid die L., mit euch wird die Weisheit sterben Hiob 12,2
— Land und L. Joh 11,48
— liebe L. Ps 62,9
— nicht so sein wie die anderen L. Lk 18,11
— was murren die L. im Leben? Klgl 3,39

— zum Spott der L. werden Ps 22,7b
leutselig Tit 3,4
Leviatan Hiob 3,8
Leviten jmdm die L. lesen 3.Mose (Vorbemerkung)
Libanon hochgewachsen wie eine Zeder auf dem L. Sir 24,13
licht um den Abend wird es l. sein Sach 14,7
Licht ans L. bringen 1.Kor 4,5
— das L. scheuen Hiob 24,16
— der Herr ist mein L. und mein Heil Ps 27,1
— es werde L.! Und es ward L. 1.Mose 1,3
— ich bin das L. der Welt Joh 8,12
— ihr seid das L. der Welt Mt 5,14
— jmdm geht ein L. auf Mt 4,16
— L. der Heiden Jes 42,6
— nicht gerade ein großes L. sein Mt 5,16
— sein L. leuchten lassen Mt 5,16
— sein L. nicht unter den Scheffel stellen Mt 5,15
— weh denen, die aus Finsternis L. und aus L. Finsternis machen! Jes 5,20
— wenn ich im Finstern sitze, so ist der Herr mein L. Mi 7,8
lichterloh Hos 7,6
Lichtlein Hiob 12,5
Lichtmeß L.; Mariä L. Lk 2,21
lichtscheu Hiob 24,16
lieb Abba, l. Vater Röm 8,15
— ach du l. Gott! Dan 9,4
— der l. Gott Dan 9,4
— dies ist mein l. Sohn Mt 3,17
— fürchte dich nicht, l. Land Joel 2,21
— jmdm l. und wert sein Neh 13,26
— l. und wert Jes 4,2
— l. Leute Ps 62,9
— l. Gott! Dan 9,4
— mein l. Mann! Dan 10,19
— nun hat die l. Seele Ruh Lk 12,19
— um des l. Friedens willen St zu Est 1,2

— wie das l. Vieh Tob 6,18
Liebe besser ein Gericht Kraut mit L. Spr 15,17
— das Wissen bläst auf, aber die L. bessert 1.Kor 8,1
— der Haß größer denn zuvor die L. 2.Sam 13,15
— die L. deckt alle Übertretungen zu Spr 10,12
— die L. Gottes sei mit euch allen! 2.Kor 13,13
— die L. wird in in vielen erkalten Mt 24,12
— erntet nach dem Maß der L. Hos 10,12
— erste L. Offb 2,4
— ich ließ sie in Seilen der L. gehen Hos 11,4
— ihr seid meine Jünger, so ihr L. untereinander habt Joh 13,35
— L. ist stark wie der Tod Hld 8,6b
— L. üben Mi 6,8
— niemand hat größere L. als die, daß er sein Leben läßt für seine Freunde Joh 15,13
— nun aber bleiben Glaube, Hoffnung, L.; aber die L. ist die größte unter ihnen 1.Kor 13,13
— tu mir die L. (an) 1.Mose 47,29
— und hätte die L. nicht 1.Kor 13,1
lieben also hat Gott die Welt gel. Joh 3,16
— daß denen, die Gott l., alle Dinge zum Besten dienen Röm 8,28
— die mich l. und meine Gebote halten 2.Mose 20,6
— du, den meine Seele l. Hld 1,7
— du sollst deinen Nächsten l. wie dich selbst 3.Mose 19,18; Mt 22,37-39
— du sollst den Herrn, deinen Gott, l. Mt 22,37-39
— ich habe dich je und je gel. Jer 31,3
— ihr sind viele Sünden vergeben, denn sie hat viel gel. Lk 7,47
— l. hat seine Zeit Pred 3,8

liebend

— liebet eure Feinde! Mt 5,44.45a
— sollst du die l., die den Herrn hassen? 2.Chr 19,2
liebend l. gern Hos 14,5
lieber ich möchte l. totsein als leben Jona 4,3
— l. ein Ende mit Schrecken als ein Schrecken ohne Ende Ps 73,19
— sich l. die Zunge abbeißen Offb 16,10
— was wollte ich l., denn es (das Feuer) brennete schon? Lk 12,49
Liebesbeweis 2.Kor 8,24
liebeskrank Hld 2,5
Liebesmahl Jud 12
Liebesmüh(e) verlorene L. 3.Mose 26,20
Liebestätigkeit Gal 5,6
liebgewinnen 1.Mose 24,67
— die(se) Welt wieder l. 2.Tim 4,10
liebhaben Christus l. ist viel besser als alles Wissen Eph 3,19
— die ihn l., sollen sein, wie die Sonne aufgeht Ri 5,31
— einen fröhlichen Geber hat Gott lieb 2.Kor 9,7b
— hast du mich lieb? Joh 21,16a
— wen der Herr l., den züchtigt er Hebr 12,6
— wer seinen Sohn l., der züchtigt ihn bald Spr 13,24
Liebhaber 2.Chr 20,7
— L. des Lebens Weish 11,26
— L. Gottes 2.Chr 20,7
lieblich das Los ist mir gefallen aufs Liebliche Ps 16,6
— eine richtige Antwort ist wie ein l. Kuß Spr 24,26
— fein und l. Ps 133,1
— l. und schön sein ist nichts Spr 31,30
— wie fein und l. ist's, wenn Brüder einträchtig beieinander wohnen Ps 133,1
Lied ein L. auf den Lippen haben Ps 40,4
— geistliches L. Sir 44,5
— Hohes L. Hld 1,1

— jmds hohes L. singen Hld 1,1
— von etw ein L.(lein) singen können Jer 51,14
— wie könnten wir des Herrn L. singen in fremdem Lande? Ps 137,2.4
liegen die Strafe l. auf ihm, auf daß wir Frieden hätten Jes 53,5
— etw l. an jmdm Röm 9,16
— ich l. und schlafe ganz mit Frieden Ps 4,9
— im argen l. 1.Joh 5,19
— im Fenster l. 2.Makk 3,19
— in den letzten Zügen l. 2.Makk 3,31
— in der Luft l. Eph 2,2
— jmdm liegt etw daran 2.Makk 8,8
— jmds Hand l. schwer auf jmdm Ps 32,4
— soviel an euch l., habt mit allen Menschen Frieden Röm 12,18
— vor jmds Tür l. Lk 16,20
— wenn zwei beieinander l., wärmen sie sich Pred 4,9-11
— wie lange l. du Fauler? Spr 6,9
— wo der Baum hinfällt, da l. er auch Pred 11,3
Lilie wie die L.n auf dem Feld Mt 6,28
lind eine l. Antwort stillt den Zorn Spr 15,1
linker des Toren Herz ist zu seiner Linken Pred 10,2
— hau drein zur Rechten und zur L.n Hes 21,21
— laß dein l. Hand nicht wissen, was die rechte tut Mt 6,3
— weder zur Rechten noch zur L.n (ab)weichen 4.Mose 20,17
— willst du zur L.n, so will ich zur Rechten, oder willst du zur Rechten, so will ich zur L.n 1.Mose 13,9
linkisch Ri 20,16
links l. und rechts (politisch) Mt 25,33
— nicht wissen, was rechts oder l. ist Jona 4,11
Linksabweichler 4.Mose 20,17

linkshändig Ri 20,16
Linsengericht (seine Erstgeburt) für ein L. hergeben 1.Mose 25,34
Lippe ein Lied auf den L.n haben Ps 40,4
Lippenbekenntnis Jes 29,13
listig l. wie eine Schlange 1.Mose 3,1
Liturgie Hebr 9,21
loben alles, was Odem hat, lobe den Herrn! Ps 150,6
— als hörte man *eine* Stimme l. und danken dem Herrn 2.Chr 5,13
— das Werk l. seinen Meister Sir 9,24
— der Name des Herrn sei gel.! Hiob 1,21
— ein Weib, das den Herrn fürchtet, soll man l. Spr 31,30
— gelobt sei, der da kommt im Namen des Herrn Ps 118,26
— großer Gott, wir l. dich 5.Mose 10,17
— lobe den Herrn, meine Seele Ps 103,1.2
Lobetal 2.Chr 20,26
löblich 2.Makk 4,11
Loblied jmds L. singen Ps 57,10
Loch ein Säugling wird spielen am L. der Otter Jes 11,6.8
löchrig einen l. Beutel haben Hag 1,6
locken wenn dich die bösen Buben l. Spr 1,10
löcken wider (gegen) den Stachel l. Apg 26,14
Lockvogel Jer 5,27
Lohn ein Arbeiter ist seines L. wert Lk 10,7
— euer Werk hat seinen L. 2.Chr 15,7
— jmd hat seinen L. dahin Mt 6,2b
lohnen es hat sich hundertfach gel. Mt 13,8
— tue ich's gerne, so wird's mir gel. 1.Kor 9,16.17
los der Teufel ist l. Offb 20,3
Los das L. ist mir gefallen aufs Liebliche Ps 16,6
— das L. trifft jmdn Jona 1,7
— mit einem L. einen Treffer erzielen Jona 1,7
Lösegeld 2.Mose 21,11
lösen nicht wert sein, jmdm die Riemen seiner Schuhe zu l. Mk 1,7
— Rätsel l. Weish 8,8
Losung 2.Makk 13,15
Lot gedenket an L.s Weib! Lk 17,32
Lotterbube Apg 17,18b
Löwe ein kleiner Knabe wird Kälber und junge L. miteinander treiben Jes 11,6.8
— ein lebender Hund ist besser als ein toter L. Pred 9,4
— im Rachen des L. Ps 22,22
— wie ein brüllender L. 1.Petr 5,8
— zu Hause ein L., draußen ein Lamm Sir 4,35
Löwengrube wie Daniel in der L. Dan 6,17
Luft in der L. liegen Eph 2,2
— L. holen Weish 15,15
— L. schnappen; nach L. schnappen Jer 14,6
— (wieder) L. kriegen 2.Mose 8,11
Lüge jmdn, etw L.n strafen Hiob 24,25
— zu einer L. Zuflucht nehmen Jes 28,15
lügen frech l. Spr 6,19
Lügenmaul Ps 63,12
Lügenprediger wenn ich ein L. wäre Mi 2,11
Lügner alle Menschen sind L. Ps 116,11
— jmdn zum L. machen 1.Joh 1,10
Lust Hiob 36,11
— hat der Mensch L., mit Gott zu streiten Hiob 9,2.3
— L. haben Hiob 9,2.3
— nicht übel L. haben, etw zu tun 2.Sam 11,25
Lustgarten Pred 2,5
lustig Ps 46,5
Lustseuche 1.Thess 4,4.5
Luzifer Jes 14,12

M

machen Bahn m. Ps 68,5
- da werden sie ihre Schwerter zu Pflugscharen und ihre Spieße zu Sicheln m. Jes 2,4
- der Buchstabe tötet, aber der Geist m. lebendig 2.Kor 3,6
- der Eid m. ein Ende allen Haders Hebr 6,16
- der Glaube m. selig Mk 16,16
- der Herr m. arm und m. reich 1.Sam 2,7
- der Herr tötet und m. lebendig 1.Sam 2,6
- der Himmel und Erde gem. hat Ps 121,1.2
- der Wein m. Spötter Spr 20,1
- die Menschen m. sich viel vergebliche Unruhe Ps 39,7b
- dies hat Gott alles aus nichts gem. 2.Makk 7,28
- drei Kreuze hinter jmdn m. Mt 27,40
- du sollst dir kein Bildnis m. 2.Mose 20,4
- ein fröhliches Herz m. ein fröhliches Angesicht Spr 15,13
- ein hörendes Ohr und ein sehendes Auge, die m. beide der Herr Spr 20,12
- er (der Herr) wird's wohl m. Ps 37,5
- er hat alles wohl gem. Mk 7,37
- er mach's mit mir, wie es ihm wohlgefällt 2.Sam 15,26
- er machte Frieden durch sein Blut am Kreuz Kol 1,20
- es kurz m. Sir 32,11
- etw zu seinem Gott m. Phil 3,19
- Geschenke m. die Weisen blind 5.Mose 16,19
- Gott hat den Menschen aufrichtig gem. Pred 7,29
- Gott sah an alles, was er gem. hatte 1.Mose 1,31
- ich will ihm eine Gehilfin m. 1.Mose 2,18
- ihr gedachtet es böse mit mir zu m., aber Gott gedachte es gut zu m. 1.Mose 50,20
- in sechs Tagen hat der Herr Himmel und Erde gem. 2.Mose 20,11
- jmdm Arbeit m. Jes 43,24
- jmdm das Leben sauer m. 2.Mose 1,14
- jmdm, etw den Garaus m. Klgl 3,22
- jmdn, etw zu seinem Gott m. 2.Mose 32,1
- jmdn groß m. Jos 3,7
- jmdn zum Lügner m. 1.Joh 1,10
- Lärm m. wie die Posaunen vor Jericho Jos 6,20
- lasset uns Menschen m. 1.Mose 1,26
- mach mir keine Unruhe! Lk 11,7
- mach(e) dich auf 1.Mose 13,17
- mache dich auf und richte es aus! 1.Chr 22,16
- macht euch die Erde untertan 1.Mose 1,28
- macht euch Freunde mit dem ungerechten Mammon Lk 16,9
- macht nicht meines Vaters Haus zum Kaufhaus! Joh 2,16
- mit mir könnt ihr es ja m. Jer 26,14
- Reiche und Arme hat der Herr alle gem. Spr 22,2
- sich einen Namen m. 1.Mose 11,4
- sich für jmdn, etw stark m. 1.Mose 48,2
- sich (k)ein Gewissen aus etw m. Röm 14,22
- sich zu schaffen m. Lk 10,40
- siehe, ich m. alles neu Offb 21,5
- Sorge m. alt vor der Zeit Sir 30,26
- Sprüche m. Mi 2,4
- starkes Getränk m. wild Spr 20,1
- viel Fressen m. krank Sir 37,33.34
- viele Worte m. Mt 6,7
- was Gott gereinigt hat, das mache du nicht gemein Apg 10,15
- was zum Mund hineingeht, das m. den Menschen nicht unrein; sondern was

aus dem Mund herauskommt, das m. den Menschen unrein   Mt 15,11
– weh denen, die aus Finsternis Licht und aus Licht Finsternis m., die aus sauer süß und aus süß sauer m.   Jes 5,20
– wenn die dich müde m., die zu Fuß gehen   Jer 12,5
– wer kann das gerade m., was er krümmt?   Pred 7,13
– wir Menschen sind auch aus nichts gem.   2.Makk 7,28

Macht bezüglich einer Sache M. haben   1.Kor 6,12
– die M. der Finsternis   Lk 22,53
– du hättest keine M. über mich, wenn es dir nicht von oben her gegeben wäre   Joh 19,11
– habe ich nicht M., zu tun, was ich will, mit dem, was mein ist?   Mt 20,15
– ich habe es alles M., aber es frommt nicht alles   1.Kor 6,12
– mit aller M.; mit M.   Hiob 37,6
– Zeit oder Stunde, die der Vater in seiner M. bestimmt hat   Apg 1,7

Machthaber   Mt 20,15

mächtig einer Sache m. sein   2.Kön 14,5
– groß von Rat und m. von Tat   Jer 32,19
– meine Kraft ist in den Schwachen m.   2.Kor 12,9a
– seiner selbst nicht mehr m. sein   2.Kön 14,5

Magd da sollst du keine Arbeit tun, auch nicht deine M.   2.Mose 20,10
– du sollst nicht begehren deines Nächsten M.   2.Mose 20,17
– Marie, die reine M.   Lk 1,38

Magdalena büßende M.   Lk 7,37

mager sieben fette und sieben m. Jahre   1.Mose 41
– von Tag zu Tag magerer werden   2.Sam 13,4

Magog Gog und M.   Offb 20,7.8

Mahlzeit M.; gesegnete M.; prost M.   Tob 7,17

Mai(en)blume   Weish 2,7

Majestät   5.Mose 5,24

Mammon macht euch Freunde mit dem ungerechten M.   Lk 16,9
– schnöder M.   1.Sam 15,9
– ungerechter M.   Lk 16,9

Mammonsdiener   Mt 6,24

man m. muß (Gott) für alles dankbar sein   Eph 5,20
– m. muß Gott mehr gehorchen als den Menschen   Apg 5,29

Mandelbaum wenn der M. blüht   Pred 12,5

Mangel euer Überfluß diene ihrem M.   2.Kor 8,14
– habt ihr je M. gehabt?   Lk 22,35
– M. leiden   Phil 4,12b

mangeln er wird kein Gutes m. lassen den Frommen   Ps 84,12
– mir wird nichts m.   Ps 23,1

Mann (alle) wie *ein* M.   4.Mose 14,15.16
– darum wird ein M. seinen Vater und seine Mutter verlassen   1.Mose 2,24
– der M. ist des Weibes Haupt   Eph 5,23
– du bist der M.!   2.Sam 12,7
– ein M., eines Hauptes länger als alles Volk   1.Sam 9,2
– ein M. nach dem Herzen Gottes; ein M. nach jmds Herzen   1.Sam 13,14
– ein M. wie ich   Neh 6,11
– ein treuer M. wird viel gesegnet   Spr 28,20
– eine tüchtige Frau ist ihres M.s Krone   Spr 12,4
– einen M. kriegen   Sir 22,4
– er (dein M.) soll dein Herr sein   1.Mose 3,16b
– gesegnet ist der M., der sich auf den Herrn verläßt   Jer 17,7
– großer M.   2.Mose 11,3
– ich alter M.   2.Makk 6,27
– kluger M.   Mt 7,24
– M. der ersten Stunde   Mt 20,1
– M. Gottes   5.Mose 33,1

Manna

— M. und Weib sind *ein* Leib 1.Mose 2,24
— M. von Welt Lk 16,8
— mein lieber M.! Dan 10,19
— mit M. und Roß und Wagen hat sie der Herr geschlagen 2.Mose 15,19
— sei ein M.! 1.Kön 2,2
— was ist das für ein M., daß ihm Wind und Meer gehorsam sind? Mt 8,27
— zehn Männer werden *einen* jüdischen M. beim Zipfel seines Gewandes ergreifen Sach 8,23

Manna von M. leben 2.Mose 16,35

Männchen M. und Weibchen 1.Mose 6,19

männermordend Tob 3,10

Männlein M. und Weiblein 1.Mose 1,27b

Mannsbild 3.Mose 27,3.4

Mantel mit dem M. der christlichen Nächstenliebe zudecken Spr 10,12

Maranat(h)a 1.Kor 16,22

Märchen etw klingt wie ein M. Lk 24,11

Maria Ave M. Lk 1,28
— Mariä Lichtmeß; Mariä Reinigung Lk 2,22

Mark bis ins M.; durch M. und Bein gehen Hebr 4,12

martern Jes 53,4

Martha geschäftige M. Lk 10,40

Marthadienste Lk 10,40

Märtyrer Jes 53,4

Maß alles mit Maßen Jer 10,24
— ein gerüttelt M. Lk 6,38
— erntet nach dem M. der Liebe! Hos 10,12
— mit gleichem M. messen 3.Mose 19,35
— mit Maßen Jer 10,24
— mit welchem M. ihr messet, wird euch zugemessen werden Mt 7,1.2
— ohne alle Maße Jes 5,14
— über die (alle) Maßen 1.Mose 27,33

maßhalten Sir 33,30

mäßig m.; wer m. ißt, lebt desto länger Sir 37,33.34

mästen ein gem. Ochse mit Haß Spr 15,17
— jmdm ein gem. Kalb schlachten Lk 15,23a

Mastvieh ein kleiner Knabe wird Kälber und junge Löwen und M. miteinander treiben Jes 11,6.8

matt das ganze Herz ist m. Jes 1,5
— du hast m. Hände gestärkt Hiob 4,3-5
— müde und m. Jes 40,30

Matthäi M. am letzten Mt 28,20

Mauer eine feurige M. rings um das Volk Gottes her Sach 2,9
— kommt, laßt uns die M.n Jerusalems wieder aufbauen Neh 2,17
— M.n fallen Hebr 11,30
— mit meinem Gott kann ich über M.n springen Ps 18,30
— wie eine M. stehen 2.Mose 14,22

Maul böses M. Ps 140,12
— das M. aufsperren Ps 22,8
— du sollst dem Ochsen, der da drischt, nicht das M. verbinden 5.Mose 25,24
— jmdm das M. stopfen Ps 107,42
— schweig und halt das M. Ri 18,19

Meder Gesetz der M. und Perser Est 1,19

Meer alle Flüsse laufen ins M. Pred 1,7
— Himmel, Erde und M. Ps 69,35
— jmdn ersäufen im M., wo es am tiefsten ist Mt 18,6
— was ist das für ein Mann, daß ihm Wind und M. gehorsam sind? Mt 8,27
— wie Sand am M. 1.Mose 41,49

Meeresgrund Hiob 38,16

mehr derer sind m., die bei uns sind, als derer, die bei ihnen sind 2.Kön 6,16
— du hast m. Händler, als Sterne am Himmel sind Nah 3,16
— es ist nichts m. zu hoffen Röm 4,18
— m. (Freude) als über neunundneunzig Gerechte, die der Buße nicht bedürfen Lk 15,7

Mensch

– je m. und m. Phil 1,9
– man muß Gott m. gehorchen als den Menschen Apg 5,29
– m. Schulden als Haare auf dem Kopf haben Ps 40,13b
– nicht m. als recht und billig Röm 15,27

mehren seid fruchtbar und mehret euch 1.Mose 1,28
– weh dem, der sein Gut m. mit fremdem Gut! Hab 2,6

meiden auch den Schein m. 1.Thess 5,22

Meile die zweite M. (mitgehen) Mt 5,41

mein alles, was m. ist, das ist dein Lk 15,31
– du bist m. Jes 43,1
– Macht, zu tun, was ich will, mit dem, was m. ist Mt 20,15
– m. Freund ist m. und ich bin sein Hld 2,16
– m. Gott! Ps 22,2
– m. Gott, m. Gott, warum hast du mich verlassen? Ps 22,2; Mt 27,46
– m. Herr und m. Gott! Joh 20,28
– m. ist die Rache 5.Mose 32,35
– m. Leben lang Ps 23,6
– m. lieber Mann! Dan 10,19
– m. Reich ist nicht von dieser Welt Joh 18,36
– m. Sohn, m. Sohn Absalom! 2.Sam 19,1
– m. Vater, m. Vater, Wagen Israels und seine Reiter! 2.Kön 2,12
– m. Freundin, du bist schön Hld 1,15
– m. Gedanken sind nicht eure Gedanken, und eure Wege sind nicht m. Wege Jes 55,8
– m. Zeit steht in deinen Händen Ps 31,16

meinen ihr m., ihr habt das ewige Leben darin Joh 5,39
– meinst du, daß du billig zürnst? Jona 4,4
– meinst du, daß sich jemand so heimlich verbergen könne? Jer 23,24
– nicht böse gem.; nicht so gem. Sir 19,16

meinesgleichen Hiob 9,32
meinetwegen 1.Sam 25,5
meinetwillen um m. 1.Mose 22,12b
– wer sein Leben verliert um m. Lk 9,24

Meinung aus guter M. Phil 1,15
– ein jeder sei in seiner M. gewiß Röm 14,5
– von jmdm, etw eine gute M. haben Phil 1,15

Meister das Werk lobt seinen M. Sir 9,24
– der Herr ist unser M. Jes 33,22
– der Jünger steht nicht über dem M. Mt 10,24
– der M. ist da und ruft dich Joh 11,28
– einer ist euer M. Mt 23,8
– M. der Schrift, einer Sache sein wollen 1.Tim 1,7
– M., wir haben die ganze Nacht gearbeitet Lk 5,5

memento (lat.) m. mori Ps 90,12
Menetekel Dan 5,25
mengen wer vorübergeht und sich m. in fremden Streit Spr 26,17

Mensch alle M. müssen sterben Ps 90,12
– alle M. sind Lügner Ps 116,11
– alter M. Röm 6,6
– äußerer, äußerlicher M. 2.Kor 4,16
– den M. ein Wohlgefallen Lk 2,14
– der Geist eines M. wird (wieder) lebendig 1.Mose 45,27
– der M. denkt und Gott lenkt Spr 16,9
– der M. lebt nicht vom Brot allein 5.Mose 8,3
– der M., vom Weibe geboren, lebt kurze Zeit Hiob 14,1
– der Wein erfreut des M. Herz Ps 104,15

Menschenblut

- des M. Herz erdenkt sich seinen Weg Spr 16,9
- des M. Zorn tut nicht, was vor Gott recht ist Jak 1,20
- die M. machen sich viel vergebliche Unruhe Ps 39,7
- dieser M. ist ein Satan 2.Sam 19,23
- ein jeder M. sei schnell zum Hören, langsam zum Reden, langsam zum Zorn Jak 1,19
- ein M. ist in seinem Leben wie Gras Ps 103,15.16
- ein M. kann nicht recht behalten gegen Gott Hiob 9,2.3
- ein M. sieht, was vor Augen ist 1.Sam 16,7
- ein neuer M. werden Eph 4,24
- er ist auch nur ein M. Apg 10,26
- es ist besser, *ein* M. sterbe für das Volk Joh 11,50
- es ist dir gesagt, M., was gut ist Mi 6,8
- es ist nicht gut, daß der M. allein sei 1.Mose 2,18
- etw für den inneren, äußeren M. tun 2.Kor 4,16
- giftiger M. Sir 6,4
- Gott hat den M. aufrichtig gemacht Pred 7,29
- Gott schuf den M. ihm zum Bilde 1.Mose 1,27
- grober M. Sir 8,5
- guter M. Lk 6,45
- habt mit allen M. Frieden Röm 12,18
- ich bin ein sündiger M. Lk 5,8
- ich elender M.! Röm 7,24
- ich habe keinen M.n Joh 5,7
- ihr haltet Gericht nicht im Namen von M.n 2.Chr 19,6
- innerer, innerlicher M. 2.Kor 4,16
- kein andrer Name unter dem Himmel ist den M. gegeben Apg 4,12
- kein M. mehr sein Ps 22,7a
- keinem M. davon sagen Neh 2,12
- lasset uns M.n machen 1.Mose 1,26
- Lehrer, nach denen den M. die Ohren jücken 2.Tim 4,3
- man muß Gott mehr gehorchen als den M. Apg 5,29
- M.! Lk 22,58
- M.n wie Schafe ohne Hirten Mt 9,36
- muß nicht der M. immer im Dienst stehen auf Erden? Hiob 7,1
- nicht allein vor dem Herrn, sondern auch vor den M. 2.Kor 8,21
- nicht in der M. Hände fallen wollen 2.Sam 24,14
- roher M. Sir 16,22
- sehet, welch ein M.! Joh 19,5
- steh auf, ich bin auch nur ein M. Apg 10,26
- sterblicher M. Weish 7,1
- um der Freude willen, daß der M. geboren ist Joh 16,21
- ungezogener M. Sir 20,21
- vernünftiger M. Sir 3,31
- vor M.n sich scheuen, bringt zu Fall Spr 29,25
- was aus dem Mund herauskommt, das macht den M. unrein Mt 15,11
- was der M. sät, das wird er ernten Gal 6,7
- was Gott zusammengefügt hat, das soll der M. nicht scheiden Mt 19,6
- was hülfe es dem M., wenn er die ganze Welt gewönne? Mt 16,26
- was können mir M.n tun? Ps 118,6
- was zum Mund hineingeht, macht den M. nicht unrein; sondern was aus dem Mund herauskommt, das macht den M. unrein Mt 15,11
- wehe dem M., durch welchen Ärgernis kommt! Mt 18,7
- wer Menschenblut vergießt, dessen Blut soll auch durch M.n vergossen werden 1.Mose 9,6
- wir M.n sind aus nichts gemacht 2.Makk 7,28

Menschenblut wer M. vergießt, dessen

Blut soll auch durch Menschen vergossen werden 1.Mose 9,5
Menschenfischer Mt 4,19
Menschengefälligkeit Gal 1,10
Menschengeschlecht 1.Mose 5,1
Menschenhand 5.Mose 4,28
Menschenhüter Hiob 7,20a
Menschenkind deine Augen stehen offen über allen Wegen der M.r Jer 32,19
menschenscheu Spr 29,25
Menschenskind M.! Hes 2,1
Menschensohn Mt 24,30
Menschenverstand gesunder M. Spr 30,2
Menschenwerk 5.Mose 4,28
Menschenzunge wenn ich mit Menschen- und mit Engelzungen redete 1.Kor 13,1
Menschheit Abschaum der M. 1.Kor 4,13
menschlich das Dichten und Trachten des m. Herzens 1.Mose 8,21
Menschwerdung Phil 2,7b
merken Anfechtung lehrt aufs Wort m. Jes 28,19
— merke, was ich sage! 2.Tim 2,7
— wer kann m., wie oft er fehlet? Ps 19,13
messen mit gleichem Maß m. 3.Mose 19,35
— mit welchem Maß ihr m., wird euch zugemessen werden Mt 7,1.2
Messer ein M. wetzt das andere Spr 27,17
Messias Joh 1,41
Methusalem so alt wie M. 1.Mose 5,27
mich m. dürstet Joh 19,28
— m. habt ihr nicht allezeit Joh 12,8
Miene mit saurer M. Mt 6,16
Milch (als Anfängerspeise) 1.Kor 3,2
— ein Land, wo M. und Honig fließt 2.Mose 3,8
Millennium Offb 20,2

mir m. ist gegeben alle Gewalt im Himmel und auf Erden Mt 28,18
mißbrauchen der Herr wird den nicht ungestraft lassen, der seinen Namen m. 2.Mose 20,7
— du sollst den Namen des Herrn nicht m. 2.Mose 20,7
Misericordias Domini Ps 89,2
Missetat der die M. der Väter heimsucht 2.Mose 20,5
mit m. aller Freudigkeit zu reden dein Wort Apg 4,29
— m. dem Mantel der christlichen Nächstenliebe zudecken Spr 10,12
— m. dem Tode ringen Lk 22,44a
— m. dir halten wir's 1.Chr 12,19
— m. eherner (eiserner) Stirn Jes 48,4
— m. Fingern zeigen Spr 6,13
— m. Gott wollen wir Taten tun Ps 60,14
— m. Leib und Seele Ps 73,26
— m. Mann und Roß und Wagen hat sie der Herr geschlagen 2.Mose 15,19
— m. Maßen Jer 10,24
— m. meinem Gott kann ich über Mauern springen Ps 18,30
— m. welchem Maß ihr messet, wird euch zugemessen werden Mt 7,2
— m. Zittern und Zagen Apg 9,6
— wer nicht m. mir ist, der ist gegen mich Mt 12,30
miteinander ein Knabe wird Kälber und Löwen m. treiben Jes 11,6.8
— können zwei m. wandern, sie seien denn einig? Am 3,3
Miterbe Röm 8,17
mitfühlen unter einem groben Kittel schlägt oft ein mitfühlendes Herz Sir 40,4
mitleiden wenn ein Glied leidet, so l. alle Glieder m. 1.Kor 12,26
mitleidig 1.Petr 3,8
mitnehmen ein Reicher wird nichts bei seinem Sterben m. Ps 49,18
mitnichten 1.Mose 3,4
Mitstreiter Phil 2,25

Mittag

Mittag zu M. essen 1.Mose 43,16
Mitte Anfang, M. und Ende Weish 7,18
mitteilen Hes 18,7
Mittel sich für jmdn ins M. legen Weish 18,23
Mittelalter das finstere M. Eph 4,18a
mitten da bin ich m. unter euch Mt 18,20
— das Reich Gottes ist m. unter euch Lk 17,21
Mittler 1.Tim 2,5
mögen wer mag wider uns sein? Röm 8,31
möglich alle Dinge sind m. dem, der da glaubt Mk 9,23
— bei Gott sind alle Dinge m. Mt 19,26
— ist's m., so habt mit allen Menschen Frieden Röm 12,18
Mohrenwäsche Jer 13,23
Moloch 3.Mose 18,21
Monarch 1.Makk 1,1
Mond zu- und abnehmender M. Sir 43,7
mondsüchtig Mt 4,24
Mord(io) Zeter und M. schreien Am 3,9
Mördergrube M.; aus seinem Herzen keine M. machen Jer 7,11
mörderisch 1.Mose 49,5
morgen denn m. sind wir tot 1.Kor 15,32
— heute Hosianna und m. »kreuzigt ihn!« rufen Mt 21,9
— heute mir, m. dir Sir 38,23
— heute oder m. 2.Mose 13,14
— heute rot – m. tot Sir 10,11.12
— sorgt nicht für m. Mt 6,34
— verschiebe nicht auf m., was du heute kannst besorgen Sir 5,8
Morgen da ward aus Abend und M. der erste Tag 1.Mose 1,5
— es kann vor Abend anders werden, als es am M. war Sir 18,26
Morgenland 1.Mose 25,6
Morgenröte 1.Mose 19,15
— vom Aufgang der M. Neh 4,15
Morgenstern M.; wie bist du vom Himmel gefallen, du schöner M.! Jes 14,12
Morgenwache Ps 130,6
morgig der m. Tag wird für das Seine sorgen Mt 6,34
— rühme dich nicht des m. Tages Spr 27,1
Mori(j)a sein M. erleben 1.Mose 22,2
Mose geplagt wie M. 4.Mose 12,3
— Kalb Moses 2.Mose 32,20
— M.s Grab suchen; sich um M.s Grab zanken 5.Mose 34,6
Moses M. und die Propheten haben Lk 16,29
— (Seemannssprache) 2.Mose 2,3
Motten M. und Rost; Mottenfraß Mt 6,19
Mücke M.n aussieben und Kamele verschlucken Mt 23,24
müde er gibt den M.n Kraft Jes 40,29
— jmds, einer Sache m. werden Hes 23,18
— laßt uns Gutes tun und nicht m. werden! Gal 6,9
— m. und matt Jes 40,30
— sich m. schreien Ps 69,4
— stärket die m. Hände Jes 35,3
— viel Predigen macht den Leib m. Pred 12,12
— wenn dich die m. machen, die zu Fuß gehen Jer 12,5
Mühe M. und Arbeit 3.Mose 26,20
— so ist's M. und Arbeit gewesen Ps 90,10
— viel Sorge und M. Lk 10,41
Mühlstein wie ein M. am Hals Mt 18,6
mühselig m. und beladen Mt 11,28-30
mulier (lat.) m. taceat in ecclesia 1.Kor 14,34
Mund den M. nicht aufmachen Jes 53,7
— der Mensch lebt von allem, was aus dem M. des Herrn geht 5.Mose 8,3
— die Hand auf den M. legen Hiob 40,4

- ein Schloß vor dem M. haben, vor den M. legen, hängen Sir 22,33
- halt den M.! Ri 18,19
- jmdm den M. stopfen Ps 40,10
- jmdm etw in den M. legen 2.Mose 4,15
- jmdn, etw dauernd im M. führen Ps 16,4
- jmds M. sein 2.Mose 4,16
- sei nicht schnell mit deinem M., etwas zu reden vor Gott Pred 5,1
- tu deinen M. auf für die Stummen Spr 31,8
- was zum M. hineingeht, macht den Menschen nicht unrein, sondern was aus dem M. herauskommt Mt 15,11
- wes das Herz voll ist, des geht der M. über Mt 12,34
- zweier Zeugen M. tut die Wahrheit kund 5.Mose 19,15

murmeln 1.Petr 4,9
murren was m. die Leute im Leben? Ein jeder murre wider seine Sünde Klgl 3,39
Musica Sir 44,5
Müßiggang M. ist aller Laster Anfang Sir 33,29
müssen alle Menschen m. sterben Ps 90,12
- den (bitteren) Kelch bis zur Neige leeren m. Hes 23,34
- er muß wachsen, ich aber muß abnehmen Joh 3,30
- herhalten m. Sir 13,29
- lehre uns bedenken, daß wir sterben m. Ps 90,12
- man muß erst lernen, ehe man lehren kann Sir 18,19
- man muß Gott mehr gehorchen als den Menschen Apg 5,29
- nach dem (Gesetz) muß er sterben Joh 19,7
- tief in den Beutel greifen m. Joh 12,6
- wir m. durch viel Trübsal in das Reich Gottes gehen Apg 14,22
- wißt ihr nicht, daß ich sein muß in dem, was meines Vaters ist? Lk 2,49

mustern Jer 52,25
Mut den M. sinken lassen Hes 21,12
- guten Muts sein 1.Kön 8,66

Mütchen sein M. an jmdm kühlen 2.Mose 15,9
mutig in den Wegen des Herrn mutiger werden 2.Chr 17,6
Mutter der Fluch der M. reißt sie (die Häuser) nieder Sir 3,11
- du sollst deinen Vater und deine M. ehren 2.Mose 20,12
- eine M. in Israel Ri 5,7
- ich bin nackt von meiner M. Leib gekommen Hiob 1,21
- ich will euch trösten, wie einen seine M. tröstet Jes 66,13
- M. Erde Sir 40,1
- siehe, das ist deine M. Joh 19,27
- Vater und M. verlassen 1.Mose 2,24
- wie die M., so die Tochter Hes 16,44

Mutterleib der uns von M. an lebendig erhält Sir 50,25
- von M.e an Ri 13,5a

mütterlich ein m. Herz 1.Kön 3,26
Mutwillen 1.Mose 49,6

N

nach n. Herzenslust 1.Thess 2,7.8
Nachbar ein N. in der Nähe ist besser als ein Bruder in der Ferne Spr 27,10
nachfahren dem Reichen wird seine Herrlichkeit nicht n. Ps 49,18
nachfolgen ihr (eurer Lehrer) Ende schaut an und folgt ihrem Glauben nach Hebr 13,7
- ihre Werke f. ihnen n. Offb 14,13

Nachfolger 1.Kor 4,16
nachjagen wem j. du n.? einem toten Hund, einem einzelnen Floh! 1.Sam 24,15

Nachkömmling Hiob 21,8
nachlaufen alle Welt läuft jmdm nach Joh 12,19
Nachrede üble N. 2.Makk 4,1
nachsagen jmdm etw n. 1.Mose 38,23
Nächstenliebe 2.Mose 2,13; 3.Mose 19,18
— mit dem Mantel der christlichen N. zudecken Spr 10,12
Nächster dein N. möchte dein überdrüssig werden Spr 25,17
— du sollst deinen N. lieben wie dich selbst 3.Mose 19,18; Mt 22,37-39
— du sollst nicht begehren deines N. Haus, Weib usw 2.Mose 20,17
— du sollst nicht falsch Zeugnis reden wider deinen N. 2.Mose 20,16
— entzieh deinen Fuß vom Haus deines N. Spr 25,17
Nacht es kommt die N., da niemand wirken kann Joh 9,4
— Hüter, ist die N. schier hin? Jes 21,11
— laß deine Augen offen stehen über diesem Haus N. und Tag 1.Kön 8,29
— Tag und N. 1.Mose 8,22
— Tag und N. keine Ruhe haben Offb 4,8
— tiefe N. Weish 17,20
— wie ein Dieb in der N. 1.Thess 5,2
— wie Nikodemus bei N. kommen Joh 3,2
— wir haben die ganze N. gearbeitet und nichts gefangen Lk 5,5
nachtragen (iSv: hintennach tragen) Jesus das Kreuz n. Lk 23,26
Nachtwache Ps 90,4; Lk 12,38
nackt n. bin ich gekommen, n. werde ich wieder dahinfahren Hiob 1,21
Nadelöhr N.; es ist leichter, daß ein Kamel durch ein N. gehe Mt 19,24
nah das (letzte) Stündlein ist n. Sir 11,19
nahe das Himmelreich ist n. herbeigekommen Mt 3,2
Nähe ein Nachbar in der N. Spr 27,10
— Friede, Friede denen in der Ferne und denen in der N. Jes 57,19
nahen ehe die Jahre n., da du wirst sagen: sie gefallen mir nicht Pred 12,1
— naht euch zu Gott, so n. er sich zu euch Jak 4,8
nähren bleibe im Lande und nähre dich redlich Ps 37,3
— die das Evangelium verkündigen, sollen sich auch vom Evangelium n. 1.Kor 9,14
Name dein N. werde geheiligt Mt 6,9
— der Herr wird den nicht ungestraft lassen, der seinen N. mißbraucht 2.Mose 20,7
— der N. des Herrn ist ein festes Schloß Spr 18,10
— der N. des Herrn sei gelobt Hiob 1,21
— du sollst den N. des Herrn, deines Gottes, nicht mißbrauchen 2.Mose 20,7
— du sollst meinem N. nicht ein Haus bauen 1.Chr 22,8
— ehrlicher N. Sir 44,8
— einen guten N. (zu verlieren) haben Sir 41,15
— freut euch, daß eure N. im Himmel geschrieben sind Lk 10,20
— gelobt sei, der da kommt im N. des Herrn Ps 118,26
— ich aber komme zu dir im N. des Herrn Zebaoth 1.Sam 17,45
— ich bin ja nach deinem N. genannt Jer 15,16
— ich habe dich bei deinem N. gerufen Jes 43,1
— ihr haltet Gericht nicht im N. von Menschen, sondern im N. des Herrn 2.Chr 19,6
— in jmds N. 5.Mose 18,19
— ist auch kein andrer N. unter dem Himmel den Menschen gegeben Apg 4,12
— N. über alle N.n Phil 2,9
— Schwachheit, dein N. ist Weib 1.Petr 3,7
— sich einen N. machen 1.Mose 11,4

- um seines N. willen Ps 23,3
- unsterblicher N. Weish 8,13
- was in mir ist, lobe seinen heiligen N. Ps 103,1.2
- wer des Herrn n. anrufen wird, soll errettet werden Joel 3,5
- wo zwei oder drei versammelt sind in meinem N. Mt 18,20

nämlich n. Gottes Wort halten Mi 6,8
Narr Ps 73,22
- alter N. Sir 25,4

närrisch wie die n. Weiber reden Hiob 2,10a
Nase wer die N. hart schneuzt, zwingt Blut heraus Spr 30,33
Natter seine Hand stecken in die Höhle der N. Jes 11,6.8
Nazareth der Zimmermannssohn aus N. Mt 13,55
- dieser war auch mit dem Jesus von N. Mt 26,71
- Jesus von N., der König der Juden Joh 19,19
- was kann aus N. Gutes kommen? Joh 1,46

Nebel dichter N. Hes 8,11
nehmen an etw Schaden n. Mt 16,26
- darauf will ich das Abendmahl n. Jdt 12,11
- daß niemand deine Krone nehme Offb 3,11
- den Frieden von der Erde n. Offb 6,4
- der Herr hat's gegeben, der Herr hat's gen. Hiob 1,21
- du hast mir das Herz gen. Hld 4,9
- ein Auge voll Schlaf n. Mt 26,43
- ein Ende mit Schrecken n. Ps 73,19
- er hat ein Weib gen., darum kann er nicht kommen Lk 14,20
- etw nimmt jmdn wunder Joh 4,27
- geben ist seliger als n. Apg 20,35
- in Schutz n. 1.Makk 8,1
- jmdn bei der Hand n. Lk 8,54
- jmdn unter seine Fittiche n. Ps 61,5
- n., was zu n. ist 4.Mose 31,11
- nehmet, esset, das ist mein Leib Mt 26,26-28
- nehmt auf euch mein Joch Mt 11,28-30
- nimm dein Bett und wandle Mk 2,9
- nimm deinen heiligen Geist nicht von mir Ps 51,12.13
- sein Kreuz auf sich n. Mt 10,38
- sich etw zu Herzen n. 2.Mose 7,23
- so nimm nun, Herr, meine Seele 1.Kön 19,4
- wenn der Mensch Schaden nähme an seiner Seele Mt 16,26
- wer das Schwert nimmt, der soll durchs Schwert umkommen Mt 26,52
- zu einer Lüge Zuflucht n. Jes 28,15
- zu Erde werden, davon du gen. bist 1.Mose 3,19
- zum Exempel n. Jak 5,10

Neid N. ist Eiter in den Gebeinen Spr 14,30
Neige den (bitteren) Kelch bis zur N. leeren müssen Hes 23,34
neigen denn der Tag hat sich gen. Lk 24,29
- der Tag n. sich Ri 19,8

nein Ja ja – n. n. Mt 5,37; 2.Kor 1,17
nennen ich bin ja nach deinem Namen gen. Jer 15,16
- weh denen, die Böses gut und Gutes böse n.! Jes 5,20

nett du bist mir ein n. Held! Jes 5,22
Netz auf dein Wort will ich die N.e auswerfen Lk 5,5
- jmdm ins N. gehen Jos 23,13
- sich im eigenen N. verfangen Ps 9,16
- werfet eure N.e aus Lk 5,4

neu die auf den Herrn harren, kriegen n. Kraft Jes 40,31
- ein n. Geist; ein n. Herz Hes 36,26
- ein n. Kleid mit einem alten Lappen flicken Mt 9,16
- ein n. Mensch werden Eph 4,24
- ein n. Freund ist wie n. Wein Sir 9,15

Neuanfang

- gib mir einen n., gewissen Geist Ps 51,12.13
- n. Lehre Mk 1,27
- siehe, ich mache alles n. Offb 21,5
- wir warten auf einen n. Himmel und eine n. Erde 2.Petr 3,13

Neuanfang einen N. wagen Jer 4,3

Neues aus seinem Schatz Altes und N. hervorholen Mt 13,52
- es geschieht nichts N. unter der Sonne Pred 1,9
- etw N. hören Apg 17,21
- N. Testament Mt 26,26-28
- pflüget ein N.! Jer 4,3

neugeboren wie n. Joh 3,3

Neugeburt Joh 3,3

Neuling 1.Tim 3,6

Neumond 4.Mose 10,10

neunundneunzig n. Gerechte, die der Buße nicht bedürfen Lk 15,7

nicht n. also, auf daß n. uns und euch gebreche Mt 25,9
- n. aus demselben Stall kommen Joh 10,16
- n. der wahre Jakob 1.Mose 27,36
- n. die Hälfte hat man mir gesagt 1.Kön 10,7
- n. für Geld und gute Worte Sir 12,15.17
- n. gerade das Gelbe vom Ei Hiob 6,6
- n. haben, wo man sein Haupt hinlegt Mt 8,20
- n. ihr habt mich erwählt Joh 15,16
- n. in der Menschen Hände fallen wollen 2.Sam 24,14
- n. jedermanns Ding 2.Thess 3,2
- n. mehr als recht und billig Röm 15,27
- n. mehr aus noch ein wissen 1.Kön 3,7
- nicht übel!; n. übel Lust haben 2.Sam 11,25
- n. um die Welt Mt 16,26
- n. von dieser Welt sein Joh 8,23
- n. wahr? 4.Mose 14,21
- n. weit her sein Mt 13,57
- n. weiter: bis hierher sollst du kommen und n. w. Hiob 38,11
- n. wie die Schriftgelehrten Mk 1,22
- n. wie gestern und ehegestern 1.Mose 31,2
- n. wissen, was rechts oder links ist Jona 4,11
- n. zu verachten Jdt 10,20
- n. zu zählen Hiob 5,9
- n. zur Ruhe kommen Neh 9,28

nichtig Jes 40,17

nichts beschließen einen Rat und es werde n. daraus Jes 8,10
- da ist n. zu drehen und zu deuteln Mi 7,3
- da wird n. draus! 5.Mose 18,22
- der Prophet gilt n. in seinem Vaterland Mt 13,57
- dies hat Gott alles aus n. gemacht 2.Makk 7,28
- ein Reicher wird n. bei seinem Sterben mitnehmen Ps 49,18
- es ist besser, du gelobst n. Pred 5,4
- es ist n. mehr zu hoffen Röm 4,18
- es ist n. verborgen, was nicht offenbar werde Mk 4,22
- es ist (steckt) n. dahinter 2.Petr 2,18
- es soll mich n. gefangennehmen 1.Kor 6,12
- lieblich und schön sein ist n. Spr 31,30
- mir wird n. mangeln Ps 23,1
- mit jmdm, etw n. zu tun haben wollen Weish 6,25
- n. auf jmdn, etw geben Jer 18,18
- n. ausrichten können 1.Chr 22,16
- n. dahinter sein 2.Petr 2,18
- n. daraus werden 5.Mose 18,22
- n. fragen nach jmdm, etw Ps 73,25
- n. geben auf ... Jer 18,18
- n. Gutes im Sinn haben Sir 11,34
- n. Neues unter der Sonne Pred 1,9
- n. Rechtes Sir 15,9
- n. von Josef wissen 2.Mose 1,8
- ohne mich könnt ihr n. tun Joh 15,5

— wenn ich nur dich habe, so frage ich n. nach Himmel und Erde   Ps 73,25
— wir haben n. gefangen   Lk 5,5
— wir haben n. in die Welt gebracht; darum werden wir auch n. hinausbringen   1.Tim 6,7
— wir Menschen sind aus n. gemacht   2.Makk 7,28
— wir sind von gestern und wissen n.   Hiob 8,9
— wir vermögen n. wider die Wahrheit   2.Kor 13,8
Nichtsnutz   Sir 37,22
Nichtzweifeln es ist der Glaube ein N. an dem, was man nicht sieht   Hebr 11,1
nie habt ihr je Mangel gehabt? Sie sprachen: N. keinen   Lk 22,35
Niedergang vom Aufgang der Sonne bis zu ihrem N.   Ps 113,3
niedergeschlagen   Ps 145,14
niederreißen der Fluch der Mutter r. sie (die Häuser) n.   Sir 3,11
niederschlagen die Augen n.   Hiob 22,29
niedlich   Spr 9,17
niedrig ich kann n. sein und kann hoch sein   Phil 4,12a
niemand daß n. deine Krone nehme   Offb 3,11
— Ephraim ist wie ein Kuchen, den n. umwendet   Hos 7,8
— es kommt die Nacht, da n. wirken kann   Joh 9,4
— ist doch n. in deiner Verwandtschaft, der so heißt   Lk 1,61
— n. hat größere Liebe als die, daß er sein Leben läßt für seine Freunde   Joh 15,13
— n. kann zwei Herren dienen   Mt 6,24
— n. kommt zum Vater denn durch mich   Joh 14,6
— n. lebt davon, daß er viele Güter hat   Lk 12,15
— n. soll sich unterstehen, dir zu schaden   Apg 18,9.10
— rühme n. vor seinem Ende   Sir 11,29
— vergeltet n. Böses mit Bösem   Röm 12,17
Nieren als es mich stach in meinen N.   Ps 73,21
— auf Herz und N. prüfen   Ps 7,10
— jmdm geht etw an die N.   Ps 73,21
Nikodemus Nikodemusstunde; wie N. bei Nacht kommen   Joh 3,2
nimmer Hochmut tut n. gut   Sir 3,30
— so ist sie (die Blume) n. da   Ps 103,15.16
nimmermehr n. zur Erkenntnis der Wahrheit kommen   2.Tim 3,7
Nimmersatt   Pred 1,8
Nimrod N. war ein gewaltiger Jäger vor dem Herrn   1.Mose 10,8.9
noli (lat.) n. me tangere   Joh 20,17
non (lat.) n. plus ultra   Hiob 38,11
not eins ist n.   Lk 10,42a
— Hilfe ist (tut) n.   Hebr 4,16
Not in der letzten N.   Sir 1,12
— rufe mich an in der N.   Ps 50,15
Notdurft, notdürftig   1.Mose 42,33
Nothelfer   Jer 14,8
nötigen nötige sie, hereinzukommen   Lk 14,23
notleidend   Jes 38,14b
Notzucht   Hes 22,11
nüchtern   1.Thess 5,6
Numeri   4.Mose (Vorbemerkung)
nun n. aber bleiben Glaube, Hoffnung, Liebe   1.Kor 13,13
— n. danket alle Gott, der große Dinge tut   Sir 50,24
— n. es aber an dich kommt, wirst du weich   Hiob 4,3-5
— n. hat die liebe Seele Ruh   Lk 12,19
nur n. der Tod kann uns scheiden   Rut 1,16b.17
— n. noch ein Schatten seiner selbst sein   Hiob 17,7
nützlich n. zum Dienst   2.Tim 4,11

O

o o Gott   Ps 48,10
— o Herr, er will mich fressen!   Tob 6,3
— o herrje!; o jemine!; o jerum   Apg 7,59.60
— o Jesus!; o je!; o Jesses!   Joel 3,5
— o Land, Land, Land, höre des Herrn Wort!   Jer 22,29
— o mein Kopf, mein Kopf!   2.Kön 4,19
— o Tod, wie bitter bist du!   Sir 41,1
— o weh!   Jes 1,4
O A und O   Offb 1,8
oben alles Gute kommt von o.   Jak 1,17
— der Segen kommt von o.   1.Mose 49,25
— hoch o. (droben)   Hiob 22,12
— o. im Himmel   2.Mose 20,4
— o., obenan: bei Tisch o. sitzen   Mt 23,6
Oberhand die O. gewinnen   Ps 9,20
Oberst   2.Mose 2,14a
Oberster O.; wer hat dich zum O. über uns gesetzt?   2.Mose 2,14a
Obrigkeit   Jes 60,17
— die O. trägt das Schwert nicht umsonst   Röm 13,4
— jedermann sei untertan der O.   Röm 13,1
Ochse du sollst dem O., der drischt, das Maul nicht verbinden   5.Mose 25,4
— ein gemästeter O. mit Haß   Spr 15,17
— ein O. kennt seinen Herrn   Jes 1,3
Odem alles, was O. hat, lobe den Herrn!   Ps 150,6
offen den Himmel o. sehen   Joh 1,51
— die Augen o. haben, halten   Sach 12,4
— ein o. Ohr für jmdn haben   2.Sam 7,27
— laß deine Augen o. stehen über diesem Hause   1.Kön 8,29
— o.e Fenster nach Jerusalem   Dan 6,11
— Offener Brief   Neh 6,5
— o. Geheimnis   5.Mose 29,28
offenbar   Ps 119,130
— es ist nichts verborgen, was nicht o. werde   Mk 4,22
Offenbarung   Offb 1,1
offenhaben die Augen o., offenhalten   Sach 12,4
offenstehen deine Augen s. o. über allen Wegen der Menschenkinder   Jer 32,19
öffentlich   Spr 8,2
— Erregung ö. Ärgernisses   Mt 18,7
öffnen der Himmel ö. seine Schleusen   1.Mose 7,11
— eine Tür ö.   1.Kor 16,9
— jmdm die Augen ö.   4.Mose 22,31
oft wer kann merken, wie o. er fehlet?   Ps 19,13
ohne o. alle Gnade   Ps 56,8
— o. alle Maße   Jes 5,14
— o. Ansehen der Person   5.Mose 16,19
— o. Falsch wie die Tauben   Mt 10,16
— o. Gott in der Welt   Eph 2,12
— o. Gnade; o. Gnade und Barmherzigkeit   Ps 56,8
— o. mich könnt ihr nichts tun   Joh 15,5
— o. Zorn und Zweifel   1.Tim 2,8
Ohr die O.n gellen   1.Sam 3,11
— ein hörendes O. und ein sehendes Auge, die macht beide der Herr   Spr 20,12
— ein offenes O. für jmdn haben   2.Sam 7,27
— jmdm kommt etw zu Ohren   4.Mose 11,18
— Lehrer, nach denen ihnen (den Menschen) die O. jücken   2.Tim 4,3
— O.n haben und nicht hören   Ps 115,6
— sich die O. zuhalten   Sir 27,15
— sich die O. zustopfen   Jes 33,15
— tauben O. predigen   Jes 42,18.20
— verstopfte O. haben   Jes 33,15
— was kein O. gehört hat   1.Kor 2,9
— wer O.n hat, der höre!   Mt 11,15
— wie einer, der den Hund bei den O. zwackt   Spr 26,17
Ohrenbläser   Sir 5,16
Okuli   Ps 25,15

Ökumene Apg 17,6
Öl du salbest mein Haupt mit Öl Ps 23,5
— mit einem Tropfen pietistischen Öls gesalbt sein Ps 23,5
— Öl auf die Wunden gießen Lk 10,34
Ölgötze Mt 26,40
Ölzweig Ö.; Taube und Ö. als Friedenssymbole 1.Mose 8,11b
Omega Alpha und O. Offb 1,8
Onanie 1.Mose 38,9
Opfer Gehorsam ist besser als O. 1.Sam 15,22
— O. bringen 1.Mose 4,3
— zum O. fallen 1.Mose 4,3
opfern jmdn, etw auf dem Altar einer (gemeinsamen) Sache o. 1.Mose 22,9.10
ordentlich Sir 10,1
Ort der O., darauf du stehst, ist heiliges Land 2.Mose 3,5
— O. der ewigen Pein Mt 25,46
Osterfest 2.Mose 34,25
Osterlamm 2.Chr 30,18
Ostern wenn O. auf Pfingsten fällt Apg 2,1
Otter der Wein sticht danach (nach dem Genuß) wie eine O. Spr 23,31.32
— ein Säugling wird spielen am Loch der O. Jes 11,6.8
Otterngezücht Mt 3,7

P

pachten die Weisheit für sich gep. haben Hiob 12,2
packen eine Gelegenheit beim Schopf p. Jdt 13,8
Palästina Jer 25,20
Palmarum Joh 12,13.14
Palmesel P.; aufgeputzt wie ein P. Joh 12,13.14
Palmsonntag Joh 12,13.14
Panther da werden die P. bei den Böcken lagern Jes 11,6.8
Panzer 1.Sam 17,38.39

par Dieu 1.Mose 21,23
Paradies P.; das P. auf Erden haben Lk 23,43
— heute wirst du mit mir im P. sein Lk 23,43
— Vertreibung aus dem P. 1.Mose 3,24
parbleu 1.Mose 21,23
Passafest 2.Mose 12,11
Passion Apg 1,3
Pastor, pastoral Eph 4,11
pater (lat.) p. peccavi sagen; ein Paterpeccavi Lk 15,21
Paternoster Mt 6,9-13
Patriarch Hebr 7,4
Paulus P., du rasest! Apg 26,24
— vom Saulus zum P. werden Apg 9,4
pax (lat.) p. vobiscum Lk 24,36
Pech wer P. angreift, besudelt sich Sir 13,1
Pein Ort der ewigen P. Mt 25,46
Peitsche mein Vater hat euch mit P.n gezüchtigt 1.Kön 12,14
per pedes (lat.) p.p. apostolorum Mt 10,5-14
Perfektionismus Mt 5,48
Perle köstliche P. Mt 13,46
— P.n vor die Säue werfen Mt 7,6
— Weisheit ist edler als P.n Spr 3,15
Perser Gesetz der Meder und P. Est 1,19
Person ohne Ansehen der P. 5.Mose 16,19
Petri s. Petrus
Petrus Mt 16,19
— Petri Heil! Lk 5,6
Pfad vom P. der Tugend abweichen Ps 125,5
Pfaffe Bar 6,49
Pfahl P. im Fleisch 2.Kor 12,7
pfeifen die Spatzen p. es von den Dächern Mt 10,27
Pfeile die P. des Allmächtigen stecken in mir Hiob 6,4
— vergiftete P. verschießen Ps 64,4
Pfeiler 1.Tim 3,15

Pfennig auf Heller und P. bezahlen Mt 5,26
Pfingsten Apg 2,1
— wenn Ostern auf P. fällt Apg 2,1
pflanzen ich habe gepfl., Apollos hat begossen 1.Kor 3,6
Pflaster es heilt weder Kraut noch P. Weish 16,12
pflastern der Weg zur Hölle ist mit guten Vorsätzen gepfl. Sir 21,11
pflegen die des Altars p., genießen des Altars 1.Kor 9,13
— soviel trinken, wie man sonst nicht zu trinken p. Jdt 12,21
Pfleger Esr 7,25
Pflug die Hand an den P. legen Lk 9,62
pflügen mit jmds Kalb p. Ri 14,18
— pflüget ein Neues! Jer 4,3
Pflugschar da werden sie ihre Schwerter zu P.n machen Jes 2,4
Pforte enge, weite P. Mt 7,13.14
— gehet ein durch die enge P. Mt 7,13.14
— P. des Himmels 1.Mose 28,17
pfui Mk 15,29
— außen hui, innen p. Mt 23,27
Pfund mit seinem P. wuchern Mt 25,27
— sein P. vergraben Mt 25,25
Pharisäer Mt 3,7
Philister Ri 13,5b
— P. über dir! Ri 16,9
Philosophie Kol 2,8
pietistisch mit einem Tropfen p.n Öls gesalbt sein Ps 23,5
Pilatus gelitten unter Pontius P. 1.Tim 6,13
— von Pontius zu P. laufen, schicken Lk 23,1
— zu einer Sache kommen wie Pontius P. ins Credo 1.Tim 6,13
Pilatusfrage die P. stellen Joh 18,38
Placebo Ps 116,9
Plage ägyptische P.n 2.Mose 7—11
— es ist genug, daß jeder Tag seine eigene P. hat Mt 6,34
plagen geplagt wie Mose 4.Mose 12,3

plappern Mt 6,7
Platte 3.Mose 21,5
Platz P. zur Rechten 2.Mose 15,6
Platzregen Hiob 37,6
plaudern Sir 20,8
Plethi Krethi und P. 2.Sam 8,18
Pniel (Pnuel) 1.Mose 32,31
Pöbel Ps 73,10
pochen auf etw p. Sir 16,1b
Poet Apg 17,28b
Pontius gelitten unter P. Pilatus 1.Tim 6,13
— von P. zu Pilatus laufen, schicken Lk 23,1
— zu einer Sache kommen wie P. Pilatus ins Credo 1.Tim 6,13
Posaune einmal eine P. des Herrn werden Jes 58,1
— Lärm machen wie die Posaunen vor Jericho Jos 6,20
— wenn die P. einen undeutlichen Ton gibt, wer wird sich zum Kampf rüsten? 1.Kor 14,8
Posaunenengel Offb 8,6
Potifar Frau P. 1.Mose 39,9
Pracht wie die Sonne aufgeht in ihrer P. Ri 5,31
Prädestination, prädestiniert Eph 1,5
prahlen, Prahlhans Ps 94,3
predigen 1.Mose 4,26
— andern p. und selbst verwerflich werden 1.Kor 9,27
— etw auf den Dächern p. Mt 10,27
— tauben Ohren p. Jes 42,18.20
— viel P. macht den Leib müde Pred 12,12
— wenn ich predigte, wie sie saufen und schwelgen sollten Mi 2,11
Prediger das wäre ein P. für dies Volk! Mi 2,11
— P. in der Wüste Jes 40,3
Predigt der Glaube kommt aus der P. Röm 10,17
preisen ich will dich erretten, und du sollst mich p. Ps 50,15

Presbyter Apg 14,23
Priesterweihe 2.Mose 28,41
Prophet 1.Mose 20,7
— daß alle im Volk des Herrn P.n wären 4.Mose 11,29
— der P. gilt nichts in seinem Vaterland Mt 13,57
— erkennen, daß ein P. unter ihnen gewesen ist Hes 33,33
— falscher P. Mt 7,15
— ich bin doch kein P.! 1.Mose 20,7
— innewerden, daß ein P. in Israel ist 2.Kön 5,8
— ist Saul auch unter den P.n? 1.Sam 10,12
— man braucht kein P. zu sein, um dies vorauszusehen 1.Mose 20,7
— Moses und die P.n haben Lk 16,29
Prophetenmantel 1.Kön 19,19
prophetisch p. Wort 2.Petr 1,19
Proselyt P.; Proselyten machen Mt 23,15
prost p. Mahlzeit! Tob 7,17
prüfen auf Herz und Nieren p. Ps 7,10
— ich weiß, daß du das Herz p. 1.Chr 29,17
— prüft alles, und das Gute behaltet 1.Thess 5,21
Prüfstein Sir 6,22
Psalter P. und Harfe Ps 57,9
Purim Est 9,28

Q

Quarantäne 1.Mose 7,12
Quasimodogeniti 1.Petr 2,2
Quelle Q.; bei Gott ist die Q. des Lebens Ps 36,10
— die Q. verlassen und Brunnen graben Jer 2,13
quitt einer Sache q. (und ledig) sein 1.Mose 24,8

R

Rabbi Mt 23,8a
Rabe schwarz wie ein R. Hld 5,11
rabenschwarz Hld 5,11
Rache die R. ist mein, ich will vergelten; mein ist die R. 5.Mose 32,35
— R. ist süß Ps 58,11
— Tag der R. Jes 34,8
Rachegott 5.Mose 32,35
Rachen im R. des Löwen Ps 22,22
— jmdm etw aus dem R. reißen Jer 51,44
rächen Kain soll siebenmal ger. werden, Lamech aber siebenundsiebzigmal 1.Mose 4,24
rasen r.; das Herz rast 5.Mose 28,28
— jmd, etw macht jmdn rasend Apg 26,24
— Paulus, du rasest Apg 26,24
Rat beschließt einen R., und es werde nichts daraus Jes 8,10
— groß von R. und mächtig von Tat Jer 32,19
— R. und Tat Spr 8,14
— des Herrn R. ist wunderbar Jes 28,29
Ratgeber 2.Chr 22,4
Rathaus Mt 10,17
Rätsel R. lösen Weish 8,8
Ratsherr Mk 15,43
Raub den R. unter sich teilen Jos 11,14
— jmdm den R. aus den Zähnen reißen Hiob 29,17
rauben jmdm die Krone r. Offb 3,11
Räuber unter die R. fallen Lk 10,30a
Rauch wie R. vergeht Ps 37,20
rauchen es raucht 5.Mose 29,19
Räucherwerk 2.Mose 30,34.35
Rauchopfer ein R. darbringen Ps 141,2
raufen sich die Haare r. Hiob 1,20
rauh r. Weg; füllst du uns durch r. Wege Bar 4,26
Raum es ist noch R. da Lk 14,22
— kein R. in der Herberge Lk 2,7
— kein R. zur Buße Hebr 12,17
— R. geben Gal 5,13

räumen jmdm Steine aus dem Weg r. Jes 62,10
rauschen es r., als wollte es sehr regnen 1.Kön 18,41
— von einem rauschenden Blatt gejagt werden 3.Mose 26,36
recht das Wort zur r. Zeit Spr 25,11
— den r. Weg verfehlen Weish 5,6
— des Menschen Zorn tut nicht, was vor Gott r. ist Jak 1,20
— du bist mir ein r. Held! Jes 5,20
— du gibst ihnen ihre Speise zur r. Zeit Ps 145,15.16
— ein jeder tat, was ihn r. dünkte Ri 17,6
— ein Mensch kann nicht r. behalten gegen Gott Hiob 9,2
— ein r. Israelit, in dem kein Falsch ist Joh 1,47
— ein Wort, geredet zur r. Zeit Spr 25,11
— er führt mich auf r. Straße Ps 23,3
— habe ich r. geredet, was schlägst du mich? Joh 18,23
— jeder tat, was ihn r. dünkte Ri 17,6
— jmd wird nicht gekrönt, er kämpfe denn r. 2.Tim 2,5
— jmdm geschieht etw r. 2.Makk 9,6
— jmdm r. geben Hiob 27,5
— nicht mehr als r. und billig Röm 15,27
— nichts R.s Sir 15,9
— r. behalten Ps 35,27a
— r. geben Hiob 27,5
— r. haben 2.Mose 23,7
— r. Bahn Ps 27,11
— schlecht und r. Hiob 1,1
Recht das R. verkehren Hiob 8,3
— der Herr ist bei euch, wenn ihr R. sprecht 2.Chr 19,6
— es geht Gewalt vor R. Hab 1,3
— jmdm (sein) R. verschaffen 2.Sam 18,19
— jmdm zu seinem R. verhelfen 2.Chr 6,35
— mein Volk will das R. des Herrn nicht wissen Jer 8,7

— R. muß doch R. bleiben Ps 94,15
— R. und Gerechtigkeit 2.Sam 8,15
— wider alles R. 2.Makk 4,34
rechter des Weisen Herz ist zu seiner R.n Pred 10,2
— hau drein zur R.n und zur Linken Hes 21,21
— laß deine linke Hand nicht wissen, was die r. tut Mt 6,3
— Platz zur R.n 2.Mose 15,6
— Rechte (r. Hand, Seite) Pred 10,2
— r. Hand 2.Mose 15,6
— so werde meiner R.n vergessen Ps 137,5
— weder zur R.n noch zur Linken (ab)weichen 4.Mose 20,17
— wenn dich jemand auf deine r. Backe schlägt Mt 5,39
— willst du zur Linken, so will ich zur R.n; willst du zur R.n, so will ich zur Linken 1.Mose 13,9
rechtfertigen sich r. 1.Mose 44,16
Rechtfertigung, -slehre Lk 18,14
Rechthaber 2.Mose 23,7
rechts nicht wissen, was r. oder links ist Jona 4,11
— r. und links (politisch) Mt 25,33
Rechtsabweichler 4.Mose 20,17
Rechtsbeugung 2.Mose 23,6
rechtschaffen Jos 24,14
Rechtspflege Esr 7,25
Rede deine R. hat die Strauchelnden aufgerichtet Hiob 4,3-5
— eine R. würzen Kol 4,6
— eure R. sei: Ja, ja; nein, nein Mt 5,37
— harte R. Joh 6,60
reden alt genug, um für sich selbst zu r. Joh 9,21
— du r., wie die närrischen Weiber r. Hiob 2,10
— du sollst nicht falsch Zeugnis r. wider deinen Nächsten 2.Mose 20,16
— ein jeder Mensch sei langsam zum R. Jak 1,19

Reicher

— ein Wort, ger. zur rechten Zeit Spr 25,11
— frei heraus r. Joh 16,29
— habe ich übel ger., so beweise, daß es böse ist; habe ich aber recht ger., was schlägst du mich? Joh 18,23
— in den Wind r. 1.Kor 14,9
— in Gleichnissen r. Mt 13,3
— in Zungen r. Mk 16,17
— laß dein Herz nicht eilen, etwas zu r. vor Gott Pred 5,1
— laß die Jahre r. Hiob 32,7
— mit aller Freudigkeit zu r. das Wort Apg 4,29
— mit Engelszungen r. 1. Kor 13,1
— mit falscher Zunge r. Ps 52,6
— rede, denn dein Knecht hört 1.Sam 3,10
— rede und schweige nicht! Apg 18,9.10
— r. hat seine Zeit Pred 3,7
— R. ist Silber Spr 10,20
— von dem r., was wir gesehen und gehört haben Apg 4,20
— wenn ich mit Menschen- und mit Engelzungen redete 1.Kor 13,1
— wer viel r. und hält's nicht Spr 25,14
— wie vom Himmel herab ger. Ps 73,9
— zur Sache r. Sir 6,5

redlich bleibe im Lande und nähre dich r. Ps 37,3
— daß es r. zugehe 2.Kor 8,21

Reform R. an Haupt und Gliedern Eph 4,15.16

Regel Goldene R. (menschlichen Zusammenlebens) Mt 7,12

regen alles, was sich r. und lebt 1.Mose 9,3
— für jmdn, etw keinen Finger r. Mt 23,4

Regen der ist wie Wolken und Wind ohne R. Spr 25,14
— gnädiger R. Ps 68,10

Regenbogen 1.Mose 9,13

regnen es rauscht, als wollte es sehr r. 1.Kön 18,41

— Feuer und Schwefel über etw r. lassen 1.Mose 19,24
— Gott läßt r. über Gerechte und Ungerechte Mt 5,45b

reich (s. auch: Reicher)
— besser arm und gesund als r. und krank Sir 30,14
— daß du nicht sagest, du habest Abraham r. gemacht 1.Mose 14,23
— der Herr macht arm und macht r. 1.Sam 2,7

Reich alle R.e der Welt und ihre Herrlichkeit Mt 4,8
— das R. Gottes ist mitten unter euch Lk 17,21
— das R. Gottes steht nicht in Worten, sondern in Kraft 1.Kor 4,20
— dein ist das R. und die Kraft und die Herrlichkeit Mt 6,13
— dein R. komme Mt 6,10
— die Gerechten werden leuchten wie die Sonne in ihres Vaters R. Mt 13,43
— mein R. ist nicht von dieser Welt Joh 18,36
— R. Gottes Mt 6,33
— solcher ist das R. Gottes Lk 18,16
— Tausendjähriges R. Offb 20,2
— trachtet zuerst nach dem R. Gottes Mt 6,33
— wir müssen durch viel Trübsal in das R. Gottes gehen Apg 14,22

reichen jmdm das Wasser nicht r. können 2.Kön 3,13

Reicher als daß ein R. ins Reich Gottes komme Mt 19,24
— Brosamen, die von des R. Tisch fallen Lk 16,21
— ein R. rühme sich nicht seines Reichtums Jer 9,22.23
— ein R. wird nichts bei seinem Sterben mitnehmen Ps 49,18
  Reiche und Arme müssen untereinander sein Spr 22,2
— seine Herrlichkeit wird dem R.n nicht nachfahren Ps 49,18

Reichstag 2.Makk 4,21
Reichtum fällt euch R. zu, so hängt euer Herz nicht daran Ps 62,11
rein dem R.n ist alles r. Tit 1,15
– ein r. Gewissen haben 2.Tim 1,3
– jmdm r. Wein einschenken Jes 25,6
– Marie, die r. Magd Lk 1,38
– r. Hände haben Hiob 17,9
– schaffe in mir, Gott, ein r. Herz Ps 51,12
– selig sind, die reinen Herzens sind Mt 5,8
– (iSv: völlig, ganz und gar) Hes 23,34
reinigen was Gott ger. hat, das mache du nicht gemein Apg 10,15
– reinigt euch, die ihr des Herrn Geräte tragt! Jes 52,11
Reinigung Joh 2,6
Reise der Herr hat Gnade zu meiner R. gegeben 1.Mose 24,56
reißen an sich r. Hes 22,25
– es werden jetzt der Knechte viel, die sich von ihren Herren r. 1.Sam 25,10
– jmdm den Raub aus den Zähnen r. Hiob 29,17
– jmdm etw aus dem Rachen r. Jer 51,44
– wie ein Brand aus dem Feuer ger. Am 4,11
reiten wir wollen nicht mehr auf Rossen r. Hos 14,4
Reiter Apokalyptische R. Offb 6,1-8
– Wagen Israels und seine R. 2.Kön 2,12
– wenn du mit den R.n laufen sollst Jer 12,5
reizen jmdn zum Zorn r. 1.Kön 14,9
– wer den Zorn r., zwingt Hader heraus Spr 30,33
Reminiszere Ps 25,6
Renaissance Tit 3,4
Rente 2.Makk 3,8
requiescat (lat.) r. in pace Ps 4,9
Rest der R. ist für die Gottlosen Ps 75,9
retten rettender Engel 1.Mose 19,17
– wie ein Brand aus dem Feuer ger. Am 4,11

Rettungsanker Hebr 6,19
reuig r. Schächer Lk 23,41
richten richtet nicht, damit ihr nicht ger. werdet Mt 7,1.2
– wer bist du, daß du einen fremden Knecht r.? Röm 14,4
Richter der Herr ist unser R. Jes 33,22
– der Herr sei R. 1.Mose 16,5
– Gott ist Richter, der diesen erniedrigt und jenen erhöht Ps 75,8
– wer hat dich zum R. über uns gesetzt? 2.Mose 2,14a
Richterstuhl 2.Kor 5,10a
richtig eine r. Antwort ist wie ein lieblicher Kuß Spr 24,26
Richtschnur Hiob 38,5
riechen jmdn nicht mehr r. können 3.Mose 26,31
Riemen nicht wert sein, jmdm die R. seiner Schuhe zu lösen Mk 1,7
Riese ein R. Goliat 1.Sam 17,4
rieseln bei jmdm r. der Kalk Hes 13,11
Rind du sollst nicht begehren deines Nächsten R. 2.Mose 20,17
ringen die Hände r. Jer 48,26
– mit dem Tode r. Lk 22,44a
– nach etw, um etw r. Lk 13,24
rings eine feurige Mauer r. um das Volk Gottes Sach 2,9
ringsumher Sach 12,2
RIP requiescat in pace Ps 4,9
Rippe etw sich nicht aus den R. schneiden können 1.Mose 2,22
Riß wider den R. stehen Hes 22,30
ritterlich r. streiten; sich r. verhalten 1.Makk 6,31
Rock bunter R. 1.Mose 37,3
Rogate Ps 66,20
roh r. Mensch Sir 16,22
Rohr das zerstoßene R. wird er nicht zerbrechen Jes 42,3
– wie ein schwankendes R. im Wind Mt 11,7
Rohrstab zerbrochener R. Ägypten 2.Kön 18,21

Rose eine R. im Tal   Hld 2,2
– es ist ein Ros' entsprungen   Jes 11,1
Roß mit Mann und R. und Wagen hat sie der Herr geschlagen   2.Mose 15,19
– wir wollen nicht mehr auf R.n reiten   Hos 14,4
Rost Motten und R.   Mt 6,19
Rostfraß Mt 6,19
rot heute r. – morgen tot   Sir 10,11.12
– sieh den Wein nicht an, wie er so r. ist   Spr 23,31.32
Rotte R. Korah   4.Mose 16,1.2
Rücken jmdm den R. zukehren   Jer 2,27
Ruf (iSv: Berufung)   2.Tim 1,9
rufen aus der Tiefe r. ich, Herr, zu dir   Ps 130,1
– der Meister ist da und r. dich   Joh 11,28
– heute »Hosianna« und morgen »kreuzigt ihn!« r.   Mt 21,9
– ich habe dich bei deinem Namen ger.   Jes 43,1
– rufe mich an in der Not, so will ich dich erretten   Ps 50,15
Rufer R. in der Wüste   Jes 40,3
Ruhe in R. und Frieden leben   1.Makk 9,57
– (keine) R. finden   Rut 1,9
– nicht zur R. kommen   Neh 9,28
– nun hat die liebe Seele Ruh   Lk 12,19
– so werdet ihr R. finden für eure Seelen   Mt 11,28-30
– Tag und Nacht keine R.   Offb 4,8
– wer halsstarrig ist, wird keine R. in seinem Herzen haben   Hab 2,4
– zur R. kommen   Sir 22,11
Ruhekammer Jes 57,2
Ruhekissen ein gutes Gewissen ist ein sanftes R.   Apg 23,1
ruhen der Herr ruhte am siebten Tage   2.Mose 20,11
– ruhe im Frieden!   Ps 4,9
Ruhetag 2.Mose 31,15
Ruhm habe den R. und bleib daheim!   2.Kön 14,10
rühmen ein Weiser rühme sich nicht seiner Weisheit, ein Starker rühme sich nicht seiner Stärke, ein Reicher rühme sich nicht seines Reichtums   Jer 9,22.23
– rühme dich nicht des morgigen Tages   Spr 27,1
– rühme niemand vor seinem Ende   Sir 11,29
– wer den Harnisch anlegt, soll sich nicht r.   1.Kön 20,11
– wer sich r. will, der rühme sich dessen, daß er klug sei und mich kenne, daß ich der Herr bin   Jer 9,22.23
Rühr-mich-nicht-an ein R.   Joh 20,17
rühren jmdn r. der Schlag   1.Makk 9,55
– jmds Herz wird ger.   1.Sam 10,26
Rumor Lk 22,6
rüsten wenn die Posaune einen undeutlichen Ton gibt, wer wird sich zum Kampf r.?   1.Kor 14,8
rüstig 1.Sam 14,52
Rüstzeug Apg 9,15
Rute mit eiserner R. (regieren)   Offb 2,27
– wer seine R. schont, der haßt seinen Sohn   Spr 13,24
rutschen das Herz r. jmdm in die Hosen   1.Sam 17,32

S

Saat S. und Ernte   1.Mose 8,22
Sabbat am siebenten Tag ist der S.   2.Mose 20,9
– den S. halten   2.Mose 31,14
Sabbatarier, Sabbatist 2.Mose 31,14
Sabbatjahr 3.Mose 25,4.5
Sabbatruhe 2.Mose 31,15
Sabbattag darum segnete der Herr den S.   2.Mose 20,11
– gedenke des S.   2.Mose 20,8
sachdienlich Sir 21,27
Sache eine große S.   2.Mose 18,22
– einer S. Meister sein   1.Tim 1,7

- jmds S. vertreten Hiob 13,8
- seiner S. sicher sein Sir 22,19
- tu deinen Mund auf für die S. aller, die verlassen sind Spr 31,8
- um eine S. wissen 1.Sam 20,39
- zu einer Sache kommen wie Pontius Pilatus ins Credo 1.Tim 6,13
- zur S. reden Sir 6,5

Sack Buße tun in S. und Asche; in S. und Asche gehen Mt 11,21

sacrificium (lat.) s. intellectus 2.Kor 10,5

säen der eine s., der andere erntet Joh 4,37
- die mit Tränen s., werden mit Freuden ernten Ps 126,5
- die Vögel s. nicht, sie ernten nicht Mt 6,26
- ernten, was (wo) man nicht ges. hat Mt 25,24
- frühe säe deinen Samen Pred 11,6
- säet Gerechtigkeit und erntet nach dem Maß der Liebe! Hos 10,12
- Unkraut unter den Weizen s. Mt 13,25
- was der Mensch s., das wird er ernten Gal 6,7
- wer kärglich s., der wird auch kärglich ernten 2.Kor 9,6
- wer Wind s., wird Sturm ernten Hos 8,7

Saft in vollem S. stehen; saftvoll Ps 104,16

saftig Mt 24,32b

Sage Lk 5,15

sagen aus Trotz s. 2.Makk 6,29
- da du wirst s.: sie (die Jahre) gefallen mir nicht Pred 12,1
- daß du nicht sagest, du habest Abraham reich gemacht 1.Mose 14,23
- die ganze Wahrheit s. Mk 5,33
- du s. es Mt 26,64
- ein Tag, der s.'s dem andern Ps 19,3
- es ist dir ges., Mensch, was gut ist Mi 6,8
- es werden nicht alle, die zu mir s.: Herr, Herr! in das Himmelreich kommen Mt 7,21
- gelinde ges. Ps 55,22
- hab ich's nicht ges.? 1.Mose 42,22
- ich habe es ges. und meine Seele errettet Hes 3,19
- ich s. dir: heute wirst du mit mir im Paradies sein Lk 23,43
- jmd hat nicht die Hälfte ges. 1.Kön 10,7
- keinem Menschen davon s. Neh 2,12
- merke, was ich s.! 2.Tim 2,7
- nicht die Hälfte hat man mir ges. 1.Kön 10,7
- (selber) nicht verstehen, was man s. 1.Tim 1,7
- sich etw ges. sein lassen Dan 3,4
- sich etw, nichts s. lassen Ps 53,5
- sie werden s.: wir wollen mit euch gehen Sach 8,23
- was der euch s., das tut 1.Mose 41,55
- wie du ges. hast Lk 2,29.30
- wir wollen nicht mehr zu den Werken unserer Hände s.: Ihr seid unser Gott Hos 14,4

salben du s. mein Haupt mit Öl Ps 23,5
- mit einem Tropfen pietistischen Öls ges. sein Ps 23,5

Salbung, salbungsvoll 1.Joh 2,20

Salm einen langen S. machen Ps 81,3

salomonisch s. Weisheit 1.Kön 10,7
- s. Urteil 1.Kön 3,16-28

Salz ihr seid das S. der Erde Mt 5,13
- das S. in der Suppe Mt 5,13

Salzsäule zur S. erstarren 1.Mose 19,26

Samariter Lk 10,33

Same frühe säe deinen S. Pred 11,6

sammeln die Vögel s. nicht in die Scheunen Mt 6,26
- es sollen nicht die Kinder den Eltern Schätze s., sondern die Eltern den Kindern 2.Kor 12,14
- feurige Kohlen auf jmds Haupt s. Röm 12,20

– Schätze s. Mt 6,19
– sie s. und wissen nicht, wer es einbringen wird Ps 39,7b
– wer nicht mit mir s., der zerstreut Mt 12,30
– wo (ein) Aas ist, da s. sich die Geier Mt 24,28
samt Geist s. Seele und Leib 1.Thess 5,23
Sanctus, Sanktus Jes 6,3
Sand auf S. bauen; der hat auf keinen S. gebaut Mt 7,26
– etw in den S. setzen Mt 7,26
– wie S. am Meer 1.Mose 41,49
Sandkorn die Völker sind geachtet wie ein S. auf der Waage Jes 40,15
sanft ein gutes Gewissen ist ein s. Ruhekissen Apg 23,1
– mein Joch ist s. Mt 11,28-30
– s. schlafen Jer 31,26
– s. Joch Mt 11,28-30
sanftmütig ich bin s. Mt 11,28-30
–   selig sind die S.n Mt 5,5
Sängerin hören, was die S.n singen 2.Sam 19,36
Saron eine Blume zu S. und eine Rose im Tal Hld 2,2
Satan 2.Sam 19,23
– der S. fährt in jmdn Lk 22,3
– dieser Mensch ist ein S. 2.Sam 19,23
– heb dich weg von mir, S.! Mt 4,10
– jmdm zum S. werden 2.Sam 19,23
– weiche von mir, S.! Mt 4,10
satt einer Sache nicht s. werden; etw s. bekommen Hes 16,28
– ich will s. werden, wenn ich erwache, an deinem Bilde Ps 17,15
– jmdn, etw s. haben Jes 1,11
– selig sind, die da hungert und dürstet nach der Gerechtigkeit, denn sie sollen s. werden Mt 5,6
– sich nicht s. sehen können Pred 1,8
– sie aßen alle und wurden s. Mt 14,20
sättigen du s. alles, was lebt, mit Wohlgefallen Ps 145,15.16

Satzung 3.Mose 18,4
Sau die S. wälzt sich nach der Schwemme wieder im Kot 2.Petr 2,22
– Perlen vor die Säue werfen Mt 7,6
– vor die Säue gehen Lk 15,16
säuberlich fahrt mir s. mit dem Knaben Absalom 2.Sam 18,5
sauer der Fürst dieser Welt, so sau'r er sich stellt Joh 12,31
– die Väter haben s. Trauben gegessen Jer 31,29
– ein s. Gang Spr 4,12
– jmdm das Leben s. machen 2.Mose 1,14
– mit (unter) s. Schweiß Sir 14,15
– mit s. Miene Mt 6,16
– s. dreinsehen, sein Mt 6,16
– s. Trauben Jer 31,29
– sich etw s. werden lassen Sir 11,11
– weh denen, die aus s. süß und aus süß s. machen! Jes 5,20
Sauerteig ein wenig S. durchsäuert den ganzen Teig 1.Kor 5,6
saufen Fressen und S. Lk 21,34
– weh denen, die Helden sind, Wein zu s.! Jes 5,22
– wenn ich predigte, wie sie s. und schwelgen sollten Mi 2,11
Säugling ein S. wird spielen am Loch der Otter Jes 11,6.8
Saul ist S. auch unter den Propheten? 1.Sam 10,12
– S. hat tausend erschlagen, aber David zehntausend 1.Sam 18,7
– S., S., was verfolgst du mich? Apg 9,4
– S. suchte seines Vaters Eselinnen und fand ein Königreich 1.Sam 9 – 10
Säulen Gal 2,9
Saulsrüstung 1.Sam 17,39
Saulus vom S. zum Paulus werden Apg 9,4
Saum nur den S. von Jesu Kleid berühren Mt 14,36
Sch'ma Israel 5.Mose 6,4
Schächer reuiger S. Lk 23,41

Schächersgnade Lk 23,41
Schädelstätte Mt 27,33
schaden niemand soll sich unterstehen, dir zu s. Apg 18,9.10
Schaden S. an der Seele, an etw nehmen Mt 16,26
— zu S. kommen Sir 29,27
— zum eigenen S. Jer 7,6
Schadenverhütung Sir 19,5
Schaf der gute Hirte läßt sein Leben für die S. Joh 10,11
— die S. von den Böcken scheiden Mt 25,32
— ein S. unter Wölfen Mt 10,16
— ein verirrtes, ein verlorenes S. Ps 119,176
— Menschen wie S.e ohne Hirten Mt 9,36
— schwarzes S. 1.Mose 30,32
— sich wie ein S. zur Schlachtbank führen lassen Jes 53,7
— weide meine S.! Joh 21,16b
Schäferhund Hiob 30,1
schaffe s. in mir, Gott, ein reines Herz Ps 51,12
— s. mir Kinder, wenn nicht, so sterbe ich 1.Mose 30,1
schaffen (iSv: arbeiten, tun) zu s. haben 2.Mose 5,9
— mit jmdm etw zu s. haben Ri 11,12
— sich zu s. machen Lk 10,40
— Weib, was habe ich mit dir zu s.? Joh 2,4
schaffen (iSv: erschaffen) am Anfang schuf Gott Himmel und Erde 1.Mose 1,1
— ehe denn die Erde und die Welt gesch. wurden Ps 90,1.2
— Gott schuf den Menschen ihm zum Bilde, zum Bilde Gottes schuf er ihn 1.Mose 1,27a
— hat uns nicht *ein* Gott gesch.? Mal 2,10
Schaffner Mt 20,8
Schäflein 2.Sam 12,3

Schafspelz ein Wolf im S. Mt 7,15
Schale die S.n des Spottes, Zorns über jmdn ausgießen Offb 16,1
— ein Wort, geredet zur rechten Zeit, ist wie goldene Äpfel auf silbernen S. Spr 25,11
Schalom Jes 57,19
— S.! Ri 6,23
schämen graben kann ich nicht, und zu betteln s. ich mich Lk 16,3
— ich s. mich des Evangeliums nicht Röm 1,16
— man s. sich oft, wo man sich nicht zu s. brauchte Sir 41,19
— sich jmds, einer Sache s. Sir 25,24
schamrot s. werden 2.Sam 19,6
schandbar Eph 5,4
Schande Schmach und S. (über dich)! Dan 12,2
— Spott und S. Jes 30,5
— zu Schanden werden 2.Sam 19,4
schänden 4.Mose 35,33
Schandfleck 5.Mose 32,5
schändlich 3.Mose 20,21
scharf mit jmdm s. ins Gericht gehen Ps 143,2
— s. sehen Mk 8,25
— s. wie ein Schwert Hebr 4,12
Schärfe 2.Kor 13,10
scharfsichtig Mk 8,25
scharfsinnig Sir 19,22
scharfzüngig Ps 64,4
scharren mit den Füßen s. Hes 25,6
Schatten der Mensch flieht wie ein S. und bleibt nicht Hiob 14,1
— nur noch ein S. seiner selbst Hiob 17,7
— unter dem S. seiner Flügel Ps 17,8
Schatz aus seinem S. Altes und Neues hervorholen Mt 13,52
— ein treuer Freund ist ein großer S. Sir 6,14
— es sollen nicht die Kinder den Eltern S.e sammeln, sondern die Eltern den Kindern 2.Kor 12,14
— S.e sammeln Mt 6,19

Schlaf

— wo dein S. ist, da ist auch dein Herz Mt 6,21
Schatzkammer 2.Makk 4,42
Schatzmeister Esr 1,8
Schätzung 3.Mose 27,3.4
Schau zur S. tragen Kol 2,15
schauen des Herrn Augen s. alle Lande 2.Chr 16,9
— schaut doch und seht, ob ein Schmerz ist wie mein Schmerz! Klgl 1,12
— selig sind, die reinen Herzens sind, denn sie werden Gott s. Mt 5,8
— wir wandeln im Glauben und nicht im S. 2.Kor 5,7
Schaum Silber ist zu S. geworden Jes 1,22
Schauplatz Apg 19,29
Schauspiel Hes 28,17
schautragen Kol 2,15
scheel s.; siehst du so drein, weil ich so gütig bin? Mt 20,15
Scheffel sein Licht nicht unter den S. stellen Mt 5,15
Scheidebrief 5.Mose 24,1
scheiden auch im Tod nicht gesch. 2.Sam 1,23
— das soll der Mensch nicht s. Mt 19,6
— die Schafe von den Böcken s. Mt 25,32
— die Spreu vom Weizen s. Mt 3,12
— nur der Tod wird dich und mich s. Rut 1,16.17
Scheidung Mt 19,6
Schein auch den S. meiden 1.Thess 5,22
scheinen seine Sonne s. lassen über Böse und Gute Mt 5,45.46
scheinheilig Mt 23,28
Scheitel vom S. bis zur Sohle 5.Mose 28,35
Schelle hätte ich die Liebe nicht, so wäre ich eine klingende S. 1.Kor 13,1
Scheltwort 1.Petr 3,9
Schemen Ps 39,7a
Scherben nur noch ein S. sein Jes 45,9

— S. flicken Sir 22,7
Scherflein sein S. zu etw beitragen Mk 12,42
Scherz etw für einen S. halten Weish 15,12
scherzen mit Gottes Wort ist nicht zu s. 2.Makk 4,17
scheuen das Licht s. Hiob 24,16
— vor Menschen sich s., bringt zu Fall Spr 29,25
Scheuer die S. voll haben Spr 3,9.10
Scheune die Vögel sammeln nicht in die S.n Mt 6,26
Scheusal 3.Mose 11,43
scheußlich 5.Mose 25,3
Schibboleth Ri 12,5.6
schicken daß ich einen Hunger ins Land s. werde Am 8,11
— etw s. sich nicht 2.Makk 4,19
— in die Wüste s. 3.Mose 16,21
— schicke dich, Israel, und begegne deinem Gott! Am 4,12
— schicket euch in die Zeit Röm 12,11
— sich in etw s. Röm 12,11
— von Pontius zu Pilatus s. Lk 23,1
Schicksal mit seinem S. hadern Jes 45,9
Schicksalsschlag Jes 53,4
schier Ps 73,2
— Hüter, ist die Nacht s. hin? Jes 21,11
Schiffbruch S. erleiden 1.Tim 1,19
Schild Gott der Herr ist Sonne und S. Ps 84,12
schinden 2.Mose 22,20
Schinderei Jes 3,5
Schirm Ps 32,7
Schisma 1.Kor 1,10
Schlachtbank sich wie ein Lamm zur S. führen lassen Jes 53,7
schlachten jmdm ein gemästetes Kalb s. Lk 15,23
Schlächter Jer 46,20
Schlaf den ewigen S. schlafen Jer 51,39
— den Seinen gibt's der Herr im S. Ps 127,2

schlafen

— ein Auge voll S. nehmen Mt 26,43
— kein S. kommt jmdm in die Augen 1.Mose 31,40
— süßer S. Spr 3,24
— wann willst du aufstehen von deinem S.? Spr 6,9

schlafen den ewigen Schlaf s. Jer 51,39
— der Verräter s. nicht Mt 26,45.46
— ich liege und s. ganz mit Frieden Ps 4,9
— in (unter) der Erde s. Dan 12,2
— sanft s. Jer 31,26
— schlafe süß! Spr 3,24
— tief s. 1.Mose 2,21
— warum s. du? Ps 44,24

Schlag jmdn rührt (trifft) der S. 1.Makk 9,55

schlagen an seine Brust s. Lk 18,13
— ein Kreuz s. Mt 27,40
— er hat uns geschl., er wird uns auch verbinden Hos 6,1
— etw in den Wind s. Mal 1,13
— habe ich recht geredet, was s. du mich? Joh 18,23
— jmdm s. etw aufs Gemüt Ps 34,19
— jmdn in seinen Bann s.; jmdn mit dem Bann s. Mal 3,24
— jmds letzte Stunde hat geschl. 1.Joh 2,18a
— mit Blindheit geschl. sein 1.Mose 19,11
— mit Mann und Roß und Wagen hat sie der Herr geschl. 2.Mose 15,9
— sich auf die andere Seite s. 2.Mose 1,10
— unter einem groben Kittel s. oft ein mitfühlendes Herz Sir 40,4
— von Gott geschl. Jes 53,4
— wenn dich jemand auf deine rechte Backe s. Mt 5,39

Schlange alte S. Offb 12,9
— der Wein beißt hernach (nach dem Genuß) wie eine S. Spr 23,31.32
— klug wie die S.n Mt 10,16
— listig wie eine S. 1.Mose 3,1

Schlangenbeschwörer Sir 12,13
schlau s. wie ein Fuchs Lk 13,32
Schlauch jungen Wein in alte S. füllen Mt 9,17
schlecht s. angeschrieben sein Ps 69,29
— s. und recht Hiob 1,1
— s. Beispiele verderben gute Sitten 1.Kor 15,33
— sich in s. Gesellschaft aufhalten Tob 3,18
— unterscheiden, was gut und s. ist 2.Sam 19,36

Schlemmer Spr 23,20
Schleuse der Himmel öffnet seine S.n 1.Mose 7,11
Schloß ein S. vor dem Mund haben, vor den Mund legen, hängen Sir 22,33
— (iSv: Burg) der Name des Herrn ist ein festes S. Spr 18,10
schlüpfrig Ps 35,6
Schlüssel den S. der Erkenntnis haben Lk 11,52
Schlüsselgewalt Mt 16,19
Schmach S. Christi Hebr 11,26
— S. und Schande (über dich)! Dan 12,2
schmählich Hiob 16,10
schmal der Weg ist s., der zum Leben führt; s. und breiter Weg; s. ist der Weg zur Tugend Mt 7,13.14
schmecken einem fröhlichen Herzen s. alles wohl Sir 30,27
— laß ihn (den neuen Wein) alt werden, so wird er dir wohl s. Sir 9,15
— schmecket und sehet, wie freundlich der Herr ist Ps 34,9
— Speisen und Getränke s. 2.Sam 19,36
Schmerbauch Ps 119,70
Schmerz du sollst mit S.n Kinder gebären 1.Mose 3,16a
— seht, ob ein S. ist wie mein S. Klgl 1,12
— stechender S. Ps 73,21
Schmerzenslager Hiob 33,19
schminken 2.Kön 9,30

schnappen Luft s.; nach Luft s. Jer 14,6
schneeweiß Ps 51,9
schnell der Mensch sei s. zum Hören, langsam zum Reden, langsam zum Zorn Jak 1,19
— es (das Leben) fährt s. dahin, als flögen wir davon Ps 90,10
— meine Tage sind schneller dahingeflogen als ein Weberschiffchen Hiob 7,6
— sei nicht s. mit deinem Munde, etwas zu reden vor Gott Pred 5,1
schneuzen wer die Nase hart s., zwingt Blut heraus Spr 30,33
schnöde s.; s. Mammon 1.Sam 15,9
schon s. bessere Tage gesehen haben Ps 34,13
— was wollte ich lieber, denn es (das Feuer) brennete s. Lk 12,49
schön du bist mir ein s. Held! Jes 5,20
— es wär' so s. gewesen Tob 8,6
— lieblich und s. sein ist nichts Spr 31,30
— meine Freundin, du bist s. Hld 1,15
— s. wie ein Cherub Hes 28,12.14
— s. wie ein Königskind Ri 8,18
— s. Frau! Jdt 12,13
— schwarz ist s. Hld 1,5
— so s. wie Absalom 2.Sam 14,25
— wie bist du vom Himmel gefallen, du s. Morgenstern! Jes 14,12
— wie der Wein im Glas so s. steht Spr 23,31
schonen wer seine Rute s., der haßt seinen Sohn Spr 13,24
schönster: Herr Jesu... Jes 33,17
Schopf eine Gelegenheit beim S. fassen, packen Jdt 13,8
Schöpfer denk an deinen S. in deiner Jugend Pred 12,1
— wer dem Geringen Gewalt tut, lästert dessen S. Spr 14,31
— wer den Armen verspottet, verhöhnt dessen S. Spr 17,5
— wer vor seinem S. sündigt, der soll dem Arzt in die Hände fallen Sir 38,15

Schöpfung Röm 1,20
Schoß etw fällt jmdm in den S. Spr 16,33
— so sicher wie in Abrahams S. Lk 16,22
— (iSv: Steuer) Esr 4,13
Schranke 1.Kor 9,24
— in den S.n laufen 1.Kor 9,24
Schreck ein S. fährt jmdm durchs (ins) Gebein Hiob 4,14
Schrecken ein Ende mit S. nehmen Ps 73,19
— lieber ein Ende mit S. als ein S. ohne Ende Ps 73,19
schrecklich 2.Mose 15,11
schreiben es steht geschr. Mt 4,4
— freut euch, daß eure Namen im Himmel geschr. sind Lk 10,20
— was ich geschr. habe, das habe ich geschr. Joh 19,22
schreien ach und weh s. Hes 2,10
— die Steine s. Lk 19,40
— die Stimme des Blutes deines Bruders s. zu mir von der Erde 1.Mose 4,10
— sich müde, heiser s. Ps 69,4
— wie der Hirsch s., so s. meine Seele, Gott, zu dir Ps 42,2
— Zeter und Mord(io) s. Am 3,9
Schrift (iSv: Heilige S.) der S. Meister sein wollen 1.Tim 1,7
— Heilige S. 2.Tim 3,15
— suchet in der S. Joh 5,39
Schriftgelehrter nicht wie die S. Mk 1,22
Schritt der Herr allein lenkt seinen (des Menschen) S. Spr 16,9
— es ist nur ein S. zwischen mir und dem Tode 1.Sam 20,3
schüchtern 1.Petr 3,6
Schuh nicht wert sein, jmdm die Riemen seiner S. zu lösen Mk 1,7
— zieh deine S. von deinen Füßen 2.Mose 3,5
Schuld S. tragen 1.Mose 43,9b
— vergib uns unsre S., wie wir vergeben unsern Schuldigern Mt 6,12

Schulden mehr S. als Haare auf dem Kopf haben Ps 40,13b
Schuldenerlaß Mt 18,27
schuldig (iSv: verpflichtet) wir haben getan, was wir zu tun s. waren Lk 17,10
Schuldiger vergib uns unsre Schuld, wie wir vergeben unsern S. Mt 6,12
Schuldner Lk 7,41
Schule bei jmdm in die S. gehen Sir 51,31
schulmeistern 2.Makk 1,10
Schuppen wie S. von den Augen fallen Apg 9,18
schütteln den Kopf über jmdn s. Hiob 16,4
— den Staub von den Füßen s. Mt 10,14
Schutz in S. nehmen 1.Makk 8,1
schwach das s. Geschlecht 1.Petr 3,7
— der Geist ist willig, aber das Fleisch ist s. Mt 26,41
— meine Kraft ist in den S. mächtig 2.Kor 12,9a
— s. werden Ps 71,9
— verlaß mich nicht, wenn ich s. werde Ps 71,9
Schwachheit S., dein Name ist Weib 1.Petr 3,7
Schwalbe Turteltaube, Kranich und S. halten die Zeit ein Jer 8,7
Schwang im S.e sein Ps 85,14
schwanger mit etw s. gehen Hiob 15,35
schwankend wie ein s. Rohr im Wind Mt 11,7
Schwanz der Hund wedelt mit dem S.; der S. wedelt mit dem H. Tob 11,9
— Kopf und S. 5.Mose 28,13
schwänzen Jes 3,16
schwarz der Himmel wird s. 1.Kön 18,45
— s. ist schön Hld 1,5
— S. Kunst Weish 17,7
— s. Schaf 1.Mose 30,32
Schwätzer Sir 8,4

schweben zwischen Himmel und Erde s. 2.Sam 18,9
Schwefel Feuer und S. über etw regnen lassen 1.Mose 19,24
schweigen das Weib schweige in der Gemeinde 1.Kor 14,34
— eine Frau, die s. kann, ist eine Gabe Gottes Sir 26,17
— rede und s. nicht! Apg 18,9
— schweig und halt das Maul Ri 18,19
— s. hat seine Zeit Pred 3,7
Schweinefleisch Jes 65,4
Schweiß im S. des Angesichts 1.Mose 3,19
— im S.e deines Angesichts sollst du dein Brot essen 1.Mose 3,19
— mit (unter) saurem S. Sir 14,15
schwelgen wenn ich predigte, wie sie saufen und s. sollten Mi 2,11
Schwemme die Sau wälzt sich nach der S. wieder im Kot 2.Petr 2,22
schwer eine s. Last auf sich laden Sir 13,2
— eine s. Zunge haben 2.Mose 4,10
— es ist dem Herrn nicht s., durch viel oder wenig zu helfen 1.Sam 14,6
— etw geht jmdm s. von der Zunge 2.Mose 4,10
— Hand, die s. auf jmdm liegt Ps 32,4
— mein Vater hat euer Joch s. gemacht, ich aber will's euch noch schwerer machen 1.Kön 12,14
— s. an jmdm, an etw zu tragen haben Joh 16,12
— s. Joch Mt 11,28-30
schwerlich Sir 26,28
schwermütig Neh 2,2
Schwert das S. frißt jetzt diesen, jetzt jenen 2.Sam 11,25
— das S. um die Lenden gürten 2.Mose 32,27
— die Obrigkeit trägt das S. nicht umsonst Röm 13,4
— du kommst zu mir mit S., Lanze und Spieß 1.Sam 17,45

– hie S. des Herrn und Gideon! Ri 7,20
– ich bin nicht gekommen, Frieden zu bringen, sondern das S. Mt 10,34
– mit Feuer und S. verheeren, ausrotten Dan 11,33
– scharf wie ein S. Hebr 4,12
– S. des Geistes Eph 6,17
– Schwerter zu Pflugscharen machen Jes 2,4
– soll denn das S. ohne Ende fressen? 2.Sam 2,26
– wer das S. nimmt, der soll durchs S. umkommen Mt 26,52

schwimmen gegen, wider den Strom s.; (nicht) mit dem Strom s. Sir 4,31
schwingen das Zepter s. 1.Mose 49,10
schwitzen Blut s. Lk 22,44b
schwören bei Gott s. 1.Mose 21,23
sechs in s. Tagen hat der Herr Himmel und Erde gemacht 2.Mose 20,11
– s. Tage sollst du arbeiten 2.Mose 20,9

sechshundertsechsundsechzig Offb 13,18

Seele Ps 26,9; 1.Mose 46,27
– du, den meine S. liebt Hld 1,7
– du hast dich meiner S. herzlich angenommen Jes 38,17
– du sollst den Herrn, deinen Gott, lieben von ganzer S. Mt 22,37-39
– durstige S. Ps 107,9
– ein Herz und eine S. Apg 4,32a
– er erquicket meine S. Ps 23,3
– Geist samt S. und Leib 1.Thess 5,23
– harre, meine S. Ps 27,14
– ich habe es gesagt und damit meine S. errettet Hes 3,19
– Leib und S. Ps 73,26
– lobe den Herrn, meine S. Ps 103,1.2
– meine S. schreit, Gott, zu dir Ps 42,2
– mit Leib und S. Ps 73,26
– nun hat die liebe S. Ruh Lk 12,19
– Schaden an der S. nehmen Mt 16,26
– so werdet ihr Ruhe finden für eure S.n Mt 11,28-30

– von ganzem Herzen und von ganzer S. 5.Mose 4,29
– wenn mir gleich Leib und S. verschmachtet Ps 73,26
Seelenfang Hes 13,18
Seelenfrieden Klgl 3,17
Seelenheil Ps 119,81
Seelenhirt(e) 1.Petr 2,25
seelenruhig Mt 11,28-30
seelisch s. zerrüttet 2.Tim 3,8
Segen Aaronitischer S. 4.Mose 6,24-26
– der S. des Vaters baut den Kindern Häuser Sir 3,11
– der S. kommt von oben 1.Mose 49,25
– verdirb es nicht, denn es ist ein S. darin! Jes 65,8

segnen Jer 17,7
– darum segnete der Herr den Sabbattag 2.Mose 20,11
– der Herr segne dich und behüte dich 4.Mose 6,24-26
– ein treuer Mann wird viel ges. Spr 28,20
– ges. ist der Mann, der sich auf den Herrn verläßt Jer 17,7
– ges. sein Jer 17,7
– ich lasse dich nicht, du s. mich denn 1.Mose 32,27
– in dir sollen ges. werden alle Geschlechter auf Erden 1.Mose 12,3
– segne unser Tun und Lassen Mt 23,23
– segne, was du uns bescheret hast Sir 11,16
– segnet, die euch fluchen Mt 5,44.45a
– Vater, s. diese Speise Ps 132,15
– was du Herr s., das ist ges. ewiglich 1.Chr 17,27
– zu etw seinen Segen geben Jer 17,7

sehen Augen haben und nicht s. Ps 115,5
– ausgehen, die Töchter des Landes zu s. 1.Mose 34,1
– daß sich jemand so verbergen könne, daß ich ihn nicht s.? Jer 23,24

sehnen

— den Himmel offen s. Joh 1,51
— der Glaube ist ein Nichtzweifeln an dem, was man nicht s. Hebr 11,1
— du bist ein Gott, der mich s. 1.Mose 16,13
— durch die Finger s. 3.Mose 20,4
— ein hörendes Ohr und ein sehendes Auge Spr 20,12
— ein Mensch s., was vor Augen ist 1.Sam 16,7
— etw (nicht) gern s. 2.Makk 13,25
— jmdm ins Herz s. Sir 16,18
— komm und sieh es! Joh 1,46
— meine Augen haben deinen Heiland ges. Lk 2,29.30
— nach jmdm s. Sir 16,15
— schaut doch und s., ob ein Schmerz ist wie mein Schmerz Klgl 1,12
— schmecket und s., wie freundlich der Herr ist Ps 34,9
— schon bessere Tage ges. haben Ps 34,13
— sehe jeder, wo er bleibe 1.Kor 10,12
— sehenden Auges Mt 13,13
— sehet, welch ein Mensch! Joh 19,5
— seht, der Träumer kommt daher! 1.Mose 37,19
— seht die Vögel unter dem Himmel an Mt 6,26
— seht zu, daß euch nicht jemand verführe! Mt 24,4
— seht zu, was ihr tut! 2.Chr 19,6
— selig sind, die nicht s. und doch glauben! Joh 20,29
— sich nicht satt s. können Pred 1,8
— siehst du scheel drein, weil ich so gütig bin? Mt 20,15
— und ward nicht mehr ges. 1.Mose 5,24
— von dem zu reden, was wir ges. und gehört haben Apg 4,20
— was kein Auge ges. hat 1.Kor 2,9
— was s. du den Splitter in deines Bruders Auge? Mt 7,3
— wir s. darauf, daß es redlich zugehe 2.Kor 8,21

sehnen sich nach den Fleischtöpfen Ägyptens s. 2.Mose 16,3

sehr gut ich weiß s. g., daß ein Mensch nicht recht behalten kann gegen Gott Hiob 9,2.3
— und siehe, es war s. g. 1.Mose 1,31

sei s. ein Mann! 1.Kön 2,2
— s. fröhlich und getrost! Joel 2,21
— s. getreu bis an den Tod Offb 2,10
— s. getrost und unverzagt! Jos 1,6
— s. Lob und Ehr dem höchsten Gut 5.Mose 32,3
— s. nicht schnell mit deinem Munde Pred 5,1

seid s. fröhlich in Hoffnung Röm 12,12
— s. fruchtbar und mehret euch 1.Mose 1,28
— s. getrost, ich bin's; fürchtet euch nicht! Mt 14,27
— s. getrost, ich habe die Welt überwunden Joh 16,33
— s. getrost und laßt eure Hände nicht sinken 2.Chr 15,7
— s. ihr nicht viel mehr als die Vögel? Mt 6,26
— s. klug wie die Schlangen Mt 10,16
— s. nicht bekümmert, denn die Freude am Herrn ist eure Stärke Neh 8,10
— s. Täter des Wortes und nicht Hörer allein Jak 1,22

seihen Mücken s. und Kamele verschlucken Mt 23,24

Seil ich ließ sie in S.n der Liebe gehen Hos 11,4

sein (Fürwort) der morgige Tag wird für das S. sorgen Mt 6,34
— jmdn um das S. bringen Sir 13,8
— (nur) das S. suchen Phil 2,21
— s. Blut komme über uns und unsre Kinder Mt 27,25
— s. (Gottes) ist, der da irrt und der da verführt Hiob 12,16
— s. Kreuz auf sich nehmen Mt 10,38

- s. Lebtag nicht   Jer 22,30
- s. Rat ist wunderbar, und er führt es herrlich hinaus   Jes 28,29
- s.r Länge keine Elle zusetzen   Mt 6,27
- s.r Sache sicher sein   Sir 22,19
- s.r selbst nicht mehr mächtig sein   1.Kor 7,4

sein (Zeitwort) siehe auch: bin, ist, sei(d)
- ich will s. wie du   1.Kön 22,4
- nicht s. wie die anderen Leute   Lk 18,11
- nicht weit her s.   Mt 13,57
- s. wie Gott   1.Mose 3,5b
- sie werden s. *ein* Fleisch   1.Mose 2,24
- sind das die Knaben alle?   1.Sam 16,11
- wisset ihr nicht, daß ich s. muß in dem, was meines Vaters ist?   Lk 2,49

Seine den S. gibt's der Herr im Schlaf   Ps 127,2
- der Herr kennt die S.   2.Tim 2,19
- der Herr verläßt die S. nicht   Ps 37,28

seinerzeit   1.Mose 6,9

seit s. Adams Zeiten   1.Mose 3,20
- s. Jahr und Tag   1.Sam 29,3

Seite hinken auf beiden S.   1.Kön 18,21
- sich auf die andre S. schlagen   2.Mose 1,10
- von allen S. umgibst du mich   Ps 139,5

Sekte, sektiererisch   Apg 5,17

Sela   Ps 3,3

selber andern hat er geholfen und kann sich s. nicht helfen   Mt 27,42
- Arzt, hilf dir s.!   Lk 4,23
- s. nicht verstehen, was man sagt   1.Tim 1,7
- unser keiner lebt sich s. und keiner stirbt sich s.   Röm 14,7.8

selbst alt genug, um für sich s. zu reden   Joh 9,21
   andern predigen und s. verwerflich werden   1.Kor 9,27
- du sollst deinen Nächsten lieben wie dich s.   3.Mose 19,18; Mt 22,37-39
- ich will mich meiner Herde s. annehmen   Hes 34,11
- jedes Haus, das mit sich s. uneins ist, kann nicht bestehen   Mt 12,25
- sich s. eine Last sein   Hiob 7,20b
- sich s. nichts Gutes gönnen   Sir 14,6
- wehe den Hirten, die sich s. weiden!   Hes 34,2
- wer andern eine Grube gräbt, fällt s. hinein   Sir 27,29
- wer sich s. erhöht, der wird erniedrigt; und wer sich s. erniedrigt, der wird erhöht   Mt 23,12
- womit ihr euch s. betrügt   Jak 1,22

Selbstbetrug   Jak 1,22

Selbstverleugnung   Mt 16,24

selig der Glaube macht s.   Mk 16,16
- geben ist seliger als nehmen   Apg 20,35
- Gott hab ihn/sie s.; mein Großvater (oä) s.; mein Seliger (Verstorbener)   Offb 14,13
- kein anderer Name, durch den wir sollen s. werden   Apg 4,12
- s. ist, wer sich nicht an mir ärgert   Mt 11,6
- s. (über die Maßen glücklich) sein   Gal 4,15
- s. sein; mit etw s. werden   Mt 5,3-10
- s. sind die Barmherzigen   Mt 5,7
- s. sind, die da geistlich arm sind   Mt 5,3
- s. sind, die da hungert und dürstet nach der Gerechtigkeit   Mt 5,6
- s. sind, die da Leid tragen   Mt 5,4
- s. sind, die das Wort Gottes hören und bewahren   Lk 11,28
- s. sind die Friedfertigen   Mt 5,9
- s. sind, die nicht sehen und doch glauben   Joh 20,29
- s. sind, die reinen Herzens sind   Mt 5,8
- s. sind die Sanftmütigen   Mt 5,5
- s. sind die Toten, die in dem Herrn sterben   Offb 14,13
- s. sind, die um der Gerechtigkeit willen verfolgt werden   Mt 5,10

Seligpreisungen

— s. Ende Offb 14,13
— so s. Gal 4,15
— so wirst du und dein Haus s. Apg 16,31
— wer bis an das Ende beharrt, der wird s. werden Mt 10,22
— wer's glaubt, wird s. Mk 16,16
Seligpreisungen Mt 5,3-10
Seligsprechung Offb 14,13
selten ein Unglück kommt s. allein Hes 7,5
Semit 1.Mose 6,10
senden wen soll ich s.? Hier bin ich, sende mich Jes 6,8
Senfkornglaube Mt 17,20
serafisch Jes 6,2
setzen (ein) Zeichen s. 4.Mose 21,9
— eine Grenze s. Ps 104,9
— etw in den Sand s. Mt 7,26
— Himmel und Hölle in Bewegung s. Hag 2,6
— jmdn über sein Haus s. 1.Mose 39,4
— sein Vertrauen auf jmdn s. Hebr 2,13
— (seine Hoffnung) auf jmdn, etw s. Ps 40,5
— setze mich wie ein Siegel auf dein Herz Hld 8,6a
— sich ein Ziel s. Hiob 14,5
— sich zu jmds Füßen s. 5.Mose 33,3
— wer hat dich zum Obersten oder Richter über uns ges.? 2.Mose 2,14a
seufzen heimlich s. Hes 24,17
— tief s. Tob 3,1
— widereinander s. Jak 5,9
shalom siehe: Schalom
Sichel Spieße zu S.n machen Jes 2,4
sicher du allein hilfst mir, daß ich s. wohne Ps 4,9
— seiner Sache s. sein Sir 22,19
— seines Lebens nicht (mehr) s. sein 5.Mose 28,66
— s. Geleit 2.Makk 11,30
— so s. wie das Amen in der Kirche 1.Chr 16,36b
— so s. wie in Abrahams Schoß Lk 16,22
— still und s. leben Hes 38,10.11
sichten Lk 22,31
Sichtvermerk Lk 22,31
sie s. freiten und ließen sich freien Mt 24,38
— s. seien, wer sie wollen Jer 42,17
— s. verführen und werden verführt 2.Tim 3,13
sieben die böse S. Lk 8,1.2
— ein Buch mit s. Siegeln Offb 5,1
— s. fette und s. magere Jahre 1.Mose 41
siebenmal Kain soll s. gerächt werden 1.Mose 4,24
sieb(en)ter am s. Tag ist der Sabbat 2.Mose 20,10
— einer aus der s. Bitte Mt 6,13
— Gott ruhte am s. Tage 2.Mose 20,11
— im s. Himmel sein 2.Kor 12,2
siebenundsiebzigmal Lamech soll s. gerächt werden 1.Mose 4,24
siebzig unser Leben währet s. Jahre Ps 90,10
Sieg der Tod ist verschlungen in den S. 1.Kor 15,54.55
— Hölle, wo ist dein S.? 1.Kor 15,54.55
Siegel Brief und S. geben Jer 32,44
— ein Buch mit sieben S. Offb 5,1
— setze mich wie ein S. auf dein Herz Hld 8,6a
Siegelring Jer 22,24
sieh s. an die Werke Gottes Pred 7,13
— s. den Wein nicht an, wie er so rot ist Spr 23,31.32
— s. zu... Mt 27,4
siehe s., alle Welt läuft ihm nach Joh 12,19
— sieh(e) da; s. da, es war sehr gut 1.Mose 1,31
— s., das ist deine Mutter Joh 19,26.27
— s., das ist Gottes Lamm, welches der Welt Sünde trägt Joh 1,29
— s., das Reich Gottes ist mitten unter euch Lk 17,21

Sodomie

— s., du hast viele unterwiesen Hiob 4,3-5
— s., ein echter Israelit, in dem kein Falsch ist Joh 1,47
— s., ein kleines Feuer, welch einen Wald zündet's an! Jak 3,5
— s., ich bin bei euch alle Tage bis an der Welt Ende Mt 28,20
— s., ich komme bald Offb 3,11
— s., ich mache alles neu Offb 21,5
— s., ich stehe vor der Tür und klopfe an Offb 3,20
— s., ich will mich meiner Herde selbst annehmen Hes 34,11
— s., in die Hände habe ich dich gezeichnet Jes 49,16
— s., um Trost war mir sehr bange Jes 38,17
— s., wie fein und lieblich ist's, wenn Brüder einträchtig beieinander wohnen Ps 133,1
— Weib, s., das ist dein Sohn Joh 19,26.27

Silber Reden ist S. Spr 10,20
— S. ist zu Schaum geworden Jes 1,22
— S. und Gold habe ich nicht Apg 3,6

Silberling jmdn für dreißig S.e verraten Mt 26,15

silbern wie goldene Äpfel auf s. Schalen Spr 25,11

Simonie Apg 8,18.19

Simson mit S.s Waffen fechten Ri 15,15
— stark wie S. Ri 16,6

singen ein Vögelein s. hören Pred 10,20
— es war, als wäre es *einer,* der trompetete und sang 2.Chr 5,13
— hören, was die Sängerinnen s. 2.Sam 19,36
— jmds Loblied s. Ps 57,10
— S. und Klingen Sir 39,20
— s. und springen Jdt 15,16
— singt und spielt Eph 5,19
— von etw ein Lied(lein) s. können Jer 51,14

— wie könnten wir des Herrn Lied s. in fremdem Lande? Ps 137,2.4

sinken die Hände, den Mut s. lassen Hes 21,12
— seid getrost und laßt eure Hände nicht s. 2.Chr 15,7

Sinn anderen Sinnes sein Hos 11,8
— nichts Gutes im S. haben Sir 11,34
— von Sinnen sein Mk 3,21

sintemal 1.Mose 18,17.18

Sintflut S.; nach mir die S. 1.Mose 6,17

Sippschaft 1.Chr 4,33

Sitte schlechte Beispiele verderben gute S.n 1.Kor 15,33

Sitz 1.Kön 8,39a

sitzen am Zoll s. Mt 9,9
— auf der Spötterbank s. Ps 1,1
— bei Tisch oben(an) s. Mt 23,6
— in der Asche s. Hiob 2,8
— jmdn s. lassen Sir 22,4
— wenn ich auch im Finstern s., so ist doch der Herr mein Licht Mi 7,8
— zu Gericht s. Jes 28,6
— zu jmds Füßen s. 5.Mose 33,3
— zu Tisch s. Mt 9,10

Skopus Phil 3,14

Skorpion ich will euch mit S.n züchtigen 1.Kön 12,14

so so alt wie Methusalem 1.Mose 5,27
— so der Herr will und wir leben Jak 4,15
— so geh hin und tu desgleichen Lk 10,37
— so Gott will Apg 18,21
— so sicher wie in Abrahams Schoß Lk 16,22
— so und so 1.Kön 14,5
— so wahr Gott (der Herr) lebt 2.Sam 2,27
— so wahr ich lebe 4.Mose 14,21
— so wahr mir Gott helfe 2.Sam 2,27

Sodom wie S. und Gomorra 1.Mose 18,20
— zehn Gerechte in S. 1.Mose 18,32

Sodomie 1.Mose 19,5

Sohle vom Scheitel bis zur S. 5.Mose 28,35

Sohn bin ich dir nicht besser denn zehn S.e? 1.Sam 1,8
— da sollst du keine Arbeit tun, auch nicht dein S. 2.Mose 20,10
— daß er (Gott) seinen eingeborenen S. gab Joh 3,16
— daß sie sich nicht erbarme über den S. ihres Leibes Jes 49,15
— dies ist mein lieber S., an dem ich Wohlgefallen habe Mt 3,17
— ein S. soll seinen Vater ehren Mal 1,6
— gib mir, mein S., dein Herz Spr 23,26
— hüte dich, mein S. Pred 12,12
— ist er (Jesus) nicht eines Zimmermanns S.? Mt 13,55
— mein S., mein S. Absalom! 2.Sam 19,1
— S. des Alters 1.Mose 37,3
— Vater, S. und Heiliger Geist Mt 28,19
— verlorener S. Lk 15,24
— was haben wir Erbe am S. Isais? 1.Kön 12,16
— Weib, siehe, das ist dein S. Joh 19,26.27
— wer seine Rute schont, der haßt seinen S. Spr 13,24

solange s. die Erde steht 1.Mose 8,22

solcher s. (der Kindlein) ist das Reich Gottes Lk 18,16

Sold S.; der Sünde S. ist der Tod; in jmds S. stehen Röm 6,23

soli (lat.) s. Deo gloria 5.Mose 32,3

sollen soll denn das Schwert ohne Ende fressen? 2.Sam 2,26
— soll ich meines Bruders Hüter sein? 1.Mose 4,9
— sollte dem Herrn etwas unmöglich sein? 1.Mose 18,4
— sollten wir das Böse nicht auch annehmen? Hiob 2,10b

Sommer der S. ist dahin Jer 8,20
— S. und Winter 1.Mose 8,22

Sonne die Gerechten werden leuchten wie die S. in ihres Vaters Reich Mt 13,43
— die S. bringt es an den Tag Mk 4,22
— es geschieht nichts Neues unter der S. Pred 1,9
— Gott der Herr ist S. und Schild Ps 84,12
— Gott läßt seine S. aufgehen über Böse und Gute Mt 5,45b
— laßt die S. nicht über eurem Zorn untergehen Eph 4,26
— seine S. scheinen lassen über Böse und Gute Mt 5,45b
— S., stehe still Jos 10,12
— vom Aufgang der S. bis zu ihrem Niedergang Ps 113,3
— wie die S. aufgeht in ihrer Pracht Ri 5,31

Sonnenstich Ps 121,6

Sonntagsruhe 2.Mose 31,15

Sorge Angst und S. St zu Est 4,3
— S. macht alt vor der Zeit Sir 30,26
— S. tragen 2.Kor 11,28
— viel S. und Mühe Lk 10,41

sorgen der morgige Tag wird für das Seine s. Mt 6,34
— sorgt nicht für morgen Mt 6,34
— wo viel S. ist, da kommen Träume Pred 5,2

soviel s. an euch liegt, habt mit allen Menschen Frieden Röm 12,18
— s. trinken, wie man sonst nicht zu trinken pflegt Jdt 12,21

Spaltung 1.Kor 1,10

sparen sich etw (Worte, Ratschläge) s. Sir 32,6

Spätregen Jer 5,24

Spätregenmission Jer 5,24

Spatz die S. pfeifen es von den Dächern Mt 10,27

speien Gift und Galle s. 5.Mose 32,33
— wie ein Hund frißt, was er gespien hat Spr 26,11

Speise dein Wort ward meine S., da ich's empfing Jer 15,16

- du gibst ihnen ihre S. Ps 145,15.16
- ein Arbeiter ist seiner S. wert Mt 10,10b
- feste S. 1.Kor 3,2
- Speis und Trank Esr 3,7
- Vater, segne diese S. Ps 132,15

sperren sich gegen etw s. Sir 6,26

spielen den Junker s. Spr 29,21
- ein Säugling wird s. am Loch der Otter Jes 11,6.8
- singt und s. Eph 5,19

Spielleute (be)irre die S. nicht Sir 32,5.6

Spielmann 2.Kön 3,15

Spieß du kommst zu mir mit Schwert, Lanze und S. 1.Sam 17,45
- S.e zu Sicheln machen Jes 2,4

spinnen ein Netz s. Jes 59,5

Spinnweb Hiob 8,14

Spinnweben S. wirken Jes 59,5

Spitze an der S. von etw stehen 2.Chr 13,12

Splitter was siehst du den S. in deines Bruders Auge? Mt 7,3

Spott das ist ja Hohn und S. Ps 44,14
- die Schalen des S. über jemand ausgießen Offb 16,1
- S. und Schande Jes 30,5
- seinen S. mit jmdm, etw treiben 1.Sam 31,4
- zum S. der Leute werden Ps 22,7b

spotten Gott läßt sich nicht s. Gal 6,7

Spötter der Wein macht S. Spr 20,1

Spötterbank auf der S. sitzen Ps 1,1

Sprache aus allen S. der Heiden Sach 8,23
- deine S. verrät dich Mt 26,73

Sprache Kannans die S. K. sprechen Jes 19,18

sprachlos Mk 7,37

sprechen eh man noch ein Wörtlein s. Mt 6,8
- Recht s. 2.Chr 19,6
- so sprecht: wir sind unnütze Knechte Lk 17,10

Spreu die S. vom Weizen trennen, scheiden Mt 3,12
- wie S. im Wind Hiob 21,18

Sprichwort 5.Mose 28,37

springen mit meinem Gott kann ich über Mauern s. Ps 18,30
- singen und s. Jdt 15,16

Spruch Sprüche machen, klopfen Mi 2,4

spucken Gift und Galle s. 5.Mose 32,33

Stab dein Stecken und S. trösten mich Ps 23,4
- den S. über jmdn brechen Jer 48,14
- Stecken und S. Ps 23,4

Stachel ein S. im Fleisch 4.Mose 33,55
- Tod, wo ist dein S.? 1.Kor 15,54.55
- wider (gegen) den S. löcken Apg 26,14

Stadt der Fremdling, der in deiner S. lebt 2.Mose 20,10
- die Heilige S. Mt 27,53
- ich habe ein großes Volk in dieser S. Apg 18,9.10
- ist etwa ein Unglück in der S., das der Herr nicht tut? Am 3,6
- suchet der S. Bestes und betet für sie zum Herrn Jer 29,7
- wir haben hier keine bleibende S. Hebr 13,14

Stall (nicht) aus demselben S. sein, kommen Joh 10,16

Star (Krankheit) 1.Kön 14,4

stark durch Stillesein und Hoffen würdet ihr s. sein Jes 30,15
- ein Geduldiger ist besser als ein S. Spr 16,32
- ein S. rühme sich nicht seiner Stärke Jer 9,22.23
- eine s. Hand 2.Mose 3,19
- er ist s. und führet s aus Hiob 12,16
- Liebe ist s. wie der Tod Hld 8,6b
- sich für jmdn, etw s. machen 1.Mose 48,2
- s. wie Simson Ri 16,6

— s. Getränk macht wild Spr 20,1
Stärke die Freude am Herrn ist eure S. Neh 8,10
— ein Starker rühme sich nicht seiner S. Jer 9,22
— er gibt dem Müden Kraft und S. genug dem Unvermögenden Jes 40,29
stärken daß er stärke, die mit ganzem Herzen bei ihm sind 2.Chr 16,9
— du hast matte Hände gest. Hiob 4,3-5
— stärket die müden Hände Jes 35,3
Statt an jmds S. 1.Mose 22,13
Staub den S. von den Füßen schütteln Mt 10,14
— S. und Asche sein Hiob 30,19
— S. zu S. 1.Mose 3,19
stechen der Wein s. danach (nach dem Genuß) wie eine Otter Spr 23,31.32
— stechender Schmerz Ps 73,21
stecken bis über den Kopf in etw s. Ps 38,5
— die Pfeile des Allmächtigen s. in mir Hiob 6,4
— es s. nichts dahinter 2.Petr 2,18
— jmdn s. lassen Jer 38,22
— seine Hand in die Höhle der Natter s. Jes 11,6.8
— sich ein Ziel s. Phil 3,14
Stecken dein S. und Stab trösten mich; S. und Stab Ps 23,4
stehen an der Spitze von etw s. 2.Chr 13,12
— auf tönernen Füßen s. Dan 2,33
— das Reich Gottes s. nicht in Worten, sondern in Kraft 1.Kor 4,20
— das Wasser s. jmdm bis zum Hals Jes 30,28
— der Jünger s. nicht über dem Meister und der Knecht nicht über seinem Herrn Mt 10,24
— der Ort, darauf du s., ist heiliges Land 2.Mose 3,5
— er (der fremde Knecht) s. und fällt seinem Herrn Röm 14,4
— es s. geschrieben Mt 4,4

— etw steht in jmds Hand Ps 31,16
— im Buch des Lebens s. Phil 4,3
— im Geruch stehen als... 2.Mose 5,21
— im Glauben s. 1.Kor 16,13
— in vollem Saft s. Ps 104,16
— jmdm s. die Haare zu Berge Hiob 4,15
— meine Zeit s. in deinen Händen Ps 31,16
— muß nicht der Mensch immer im Dienst (Streit) s.? Hiob 7,1
— sein, wie jmd, etw im Buch s. Hebr 10,22
— siehe, ich s. vor der Tür und klopfe an Offb 3,20
— solange die Erde s. 1.Mose 8,22
— steh auf, ich bin auch nur ein Mensch Apg 10,26
— steh auf, nimm dein Bett und wandle Mk 2,9
— und wer s. (sehe zu), daß er nicht falle 1.Kor 10,12
— vor Gericht s. 4.Mose 35,12b
— warum s. du draußen? 1.Mose 24,31
— weißt du, wieviel Sternlein s.? 1.Mose 15,5
— wer sich läßt dünken, er stehe, mag wohl zusehen, daß er nicht falle 1.Kor 10,12
— wider den Riß s. Hes 22,30
— wie der Wein im Glase so schön s. Spr 23,31.32
— wie eine Mauer s. 2.Mose 14,22
— wie steht's? Ri 18,8
stehlen du sollst nicht s. 2.Mose 20,15
— jmds Herz s. 2.Sam 14,25
Stein daß du deinen Fuß nicht an einen S. stoßest Ps 91,11.12
— den ersten S. auf jmdn werfen Joh 8,7
— der werfe den ersten S. Joh 8,7
— die S. schreien Lk 19,40
— ein Herz so hart wie (von) S. Hiob 41,16
— jmdm einen S. (S.e) aus dem Weg räumen Jes 62,10

stolpern

- jmdm fällt ein S. vom Herzen Mk 16,3
- jmdm Steine geben statt Brot Mt 7,9
- keinen S. auf dem anderen lassen Mt 24,2
- S. des Anstoßes Jes 8,14

steinig auf s. Boden fallen Mt 13,5

steinigen 2.Mose 8,22

Steinwurf einen S. weit Lk 22,41

stellen der Fürst dieser Welt, so sau'r er sich s. Joh 12,31
- die Pilatusfrage s. Joh 18,38
- jmdm eine Falle s. Ps 140,6
- sein Licht nicht unter den Scheffel s. Mt 5,15
- sich fremd s. 1.Mose 42,7
- stellt euch nicht dieser Welt gleich Röm 12,2

sterben alle Menschen müssen s. Ps 90,12
- es ist besser, *ein* Mensch sterbe für das Volk Joh 11,50
- fröhlich s. 2.Makk 6,27
- im Elend s. 2.Makk 5,9
- jmdm unter den Händen s. 2.Mose 21,20
- lehre uns bedenken, daß wir s. müssen Ps 90,12
- mit euch wird die Weisheit s. Hiob 12,2
- schaffe mir Kinder, wenn nicht, so s. ich 1.Mose 30,1
- selig sind die Toten, die in dem Herrn s. Offb 14,13
- sie sind gest., die dem Kindlein nach dem Leben getrachtet haben Mt 2,20
- s. hat seine Zeit Pred 3,2
- S. ist mein Gewinn Phil 1,21
- s. und verderben Jdt 6,3
- s. wir, so sterben wir dem Herrn Röm 14,7.8
- unser keiner s. sich selber Röm 14,7.8
- wer an mich glaubt, der wird leben, ob er gleich stürbe Joh 11,25
- wir haben ein Gesetz, und nach dem Gesetz muß er s. Joh 19,7
- wir leben oder s., so sind wir des Herrn Röm 14,7.8
- wollte Gott, ich wäre für dich gest.! 2.Sam 19,1

Sterben ein Reicher wird nichts bei seinem S. mitnehmen Ps 49,18

sterblich s. Mensch Weish 7,1

Stern bis die S. hervorkamen Neh 4,15
- du hast mehr Händler, als S.e am Himmel sind Nah 3,16
- sich von (s)einem guten (glücklichen) S. leiten lassen Mt 2,9
- zähle die S. 1.Mose 15,5

Sternlein weißt du, wieviel Sternlein stehen? 1.Mose 15,5

Sternzeichen 1.Mose 1,14

Steuer Röm 15,26

Stich im S. lassen Jer 38,22

stiften 2.Mose 20,24
- eine Ehe s. Tob 7,16

Stiftshütte 2.Mose 20,24

Stigma, Stigmatisation Gal 6,17

still die S.n im Lande Ps 35,20
- s. sein und zuhören Jdt 13,16
- s. und sicher leben Hes 38,10.11

stillen (iSv: beruhigen) eine linde Antwort s. den Zorn Spr 15,1

Stillesein Durch S. und Hoffen würdet ihr stark sein Jes 30,15

stillstehen Sonne, stehe still Jos 10,12

Stimme die S. des Blutes deines Bruders schreit zu mir von der Erde 1.Mose 4,10
- eine S. wie ein Erzengel haben 1.Thess 4,16
- es war, als hörte man *eine* S. loben und danken 2.Chr 5,13
- keine S. noch Antwort 1.Kön 18,26
- klägliche S. Dan 6,21

Stirn jmdm die S. bieten Jes 48,4
- mit eherner (eiserner) S. Jes 48,4

stockfinster Hiob 10,22

Stoiker S.; stoisch Apg 17,18a

stolpern jmd s. und fällt hin, so lang er ist 1.Sam 28,20

527

stolz s. Frau Jes 32,9
— s. Heilige Zef 3,11
stopfen jmdm das Maul s. Ps 107,42
— jmdm den Mund s. Ps 40,10
Storch der S. unter dem Himmel weiß seine Zeit Jer 8,7
stoßen daß du deinen Fuß nicht an einen Stein stoßest Ps 91,11.12
— sich an etw s. Röm 14,21
stracks Lk 9,51
Strafe die S. liegt auf ihm, auf daß wir Frieden hätten Jes 53,5
strafen jmdn, etw Lügen s. Hiob 23,25
strampeln mit den Füßen s. Hes 6,11
Straße er führet mich auf rechter S. Ps 23,3
— er zog seine S. fröhlich Apg 8,39
— seine S. ziehen Apg 8,39
Straßenräuber Sir 36,28
straucheln Ps 73,2
— erquicket die strauchelnden Knie Jes 35,3
— deine Rede hat die Strauchelnden aufgerichtet Hiob 4,3-5
Streit muß nicht der Mensch immer im S. sein auf Erden? Hiob 7,1
— S. und Friede hat seine Zeit Pred 3,8
— wenn der Verleumder weg ist, so hört der S. auf Spr 26,20
— wer vorübergeht und sich mengt in fremden S. Spr 26,17
streitbar s.; s. Held Ri 6,12
— wie sind die S.n umgekommen 2.Sam 1,27
streiten ritterlich s. 1.Makk 6,31
Streitgenosse Phlm 2
Streitlust Hiob 9,2.3
strenggläubig Apg 26,5
streuen jmdm Weihrauch s. 2.Mose 30,34.35
— sich Asche aufs Haupt s. 2.Sam 13,19
Strick 5.Mose 7,16
Stroh wie reimen sich S. und Weizen zusammen? Jer 23,28
Strom mit dem, gegen, wider den S. schwimmen; nicht mit dem S. schwimmen Sir 4,31
— siehe, ich breite den Frieden aus wie einen S. Jes 66,12
Stück in allen S.n 1.Kor 11,2
— (mit negativem Adjektiv) 2.Kön 17,11
stückweise 1.Kor 13,12
Stückwerk S.; unser Wissen ist S. 1.Kor 13,9
Stuhl (als Amts- oder Würdebezeichnung) 1.Mose 41,40
— (fast) vom S. fallen 1.Sam 4,18
stumm s. Hunde Jes 56,10
— tu deinen Mund auf für die S.n Spr 31,8
stumpf den Kindern sind die Zähne s. geworden Jer 31,29
Stunde denn ihre S. ist gekommen Joh 16,21
— es gebührt euch nicht, Zeit oder S. zu wissen Apg 1,7
— es ist die elfte S. Mt 20,6
— es ist jmds S. Lk 22,53
— jmds letzte S. hat geschlagen 1.Joh 2,18a
— Mann der ersten S. Mt 20,1
— Tage und S.n zählen Tob 9,4
— warten, bis jmds S. gekommen ist Joh 2,4
— Zeit und S. Dan 2,21
Stündlein das (letzte) S. ist nah Sir 11,19
Sturm wer Wind sät, wird S. ernten Hos 8,7
stürzen (iSv: aus dem Amt vertreiben) 2.Mose 15,7
— jmd s. zur Erde, so lang wie er ist 1.Sam 28,20
stützen wer sich auf den Rohrstab Ägypten s. 2.Kön 18,21
sub conditione (lat.) s.c. Jacobaea Jak 4,15
suchen bei dem wird man viel s. Lk 12,48
— die Hand unsres Gottes ist zum Besten über allen, die ihn s. Esr 8,22

- die zukünftige (Stadt) s. wir Hebr 13,14
- in allen Winkeln etw s. Sir 9,7
- in der Krankheit den Herrn s. 2.Chr 16,12
- Moses Grab s. 5.Mose 34,6
- (nur) das Seine s. Phil 2,21
- Saul suchte seines Vaters Eselinnnen und fand ein Königreich 1.Sam 9 – 10
- sie s. viele Künste Pred 7,29
- suchet der Stadt Bestes und betet für sie zum Herrn Jer 29,7
- suchet in der Schrift Joh 5,39
- suchet mich, so werdet ihr leben Am 4,5
- suchet, so werdet ihr finden Mt 7,7
- sucht ihr mich, so laßt diese gehen Joh 18,8
- wer s., der findet Mt 7,7

Sühne 3.Mose 23,7

Summa S.; summa summarum Sir 43,28

Sünde behalte ihnen diese S. nicht Apg 7,59.60
- breit ist der Weg zur S. Mt 7,13.14
- deine S.n sind dir vergeben Mt 9,2
- der S. Sold ist der Tod Röm 6,23
- die S. ist der Leute Verderben Spr 14,34
- die S. wider den Heiligen Geist Mt 12,32
- ein jeder murre wider seine S. Klgl 3,39
- ihr sind viele S.n vergeben, denn sie hat viel geliebt Lk 7,47
- siehe, das ist Gottes Lamm, welches der Welt S. trägt Joh 1,29
- wer nun weiß Gutes zu tun und tut's nicht, dem ist's S. Jak 4,17
- wer ohne S. ist, der werfe den ersten Stein auf sie Joh 8,7
- wer S. tut, der ist der S. Knecht Joh 8,34
- wer von euch kann mich einer S. zeihen? Joh 8,46
- wo viele Worte sind, da geht's ohne S. nicht ab Spr 10,19

Sündenbabel Offb 14,8

Sündenbock 3.Mose 16,21

Sündenfall 1.Mose 3,11; Ps 69,28

Sünder alter S. Jes 65,20
- Freude im Himmel über *einen* S., der Buße tut Lk 15,7
- Gott, sei mir S. gnädig Lk 18,13
- wir sind allzumal S. Röm 3,23
- Zöllner und S. Mt 9,10

Sünderin die große S. Lk 7,37

sündig ich bin ein s. Mensch Lk 5,8

sündigen gegen Gott s. 1.Mose 39,9
- Vater, ich habe ges. Lk 15,21
- wer vor seinem Schöpfer s., der soll dem Arzt in die Hände fallen Spr 38,15
- womit jemand s., damit wird er bestraft Weish 11,16
- zürnet ihr, so sündiget nicht Ps 4,5

Suppe das Salz in der S. Mt 5,13

sursum (lat.) s. corda Klgl 3,41

süß Rache ist s. Ps 58,11
- schlafe s.! Spr 3,24
- s. Last Mt 11,28-30
- s. Schlaf Spr 3,24
- s. Joch Mt 11,28-30
- voll s.n Weins Apg 2,13
- weh denen, die aus sauer s. und aus s. sauer machen! Jes 5,20

Susanna keusche S. St zu Dan 1

Süßigkeit Ri 14,14

T

tadellos Hiob 4,18

Tag am hellichten T. Hes 12,3
- am siebenten T. ist der Sabbat 2.Mose 20,10
- an den T. kommen Hab 2,3
- da ward aus Abend und Morgen der erste T. 1.Mose 1,5
- der morgige T. wird für das Seine sorgen Mt 6,34

Tagelöhner

— der T. hat sich geneigt Lk 24,29
— der T. neigt sich Ri 19,8
— der T. nimmt ab Weish 7,18
— des Tages Last und Hitze tragen Mt 20,12
— die Sonne bringt es an den T. Mk 4,22
— ehe die bösen T. kommen Pred 12,1
— ein T., der sagt's dem andern Ps 19,3
— es ist genug, daß jeder T. seine eigene Plage hat Mt 6,34
— Guten T.! Ps 34,13
— ich bin bei euch alle T. bis an der Welt Ende Mt 28,20
— ihr wißt nicht, an welchem T. euer Herr kommt Mt 24,42
— in künftigen T. Pred 2,16
— in sechs T. hat der Herr Himmel und Erde gemacht und ruhte am siebenten T.e 2.Mose 20,11
— jmds T.e sind gezählt Dan 5,26
— Jüngster T. Joh 6,39
— laß deine Augen über diesem Haus offen stehen Nacht und T. 1.Kön 8,29
— meine T. sind dahingeflogen wie ein Weberschiffchen Hiob 7,6
— rühme dich nicht des morgigen T. Spr 27,1
— schon bessere T. gesehen haben Ps 34,13
— sechs T. sollst du arbeiten 2.Mose 20,9
— seit Jahr und T. 1.Sam 29,3
— sind des Menschen Tage nicht wie die eines Tagelöhners? Hiob 7,1
— T. der Rache Jes 34,8
— T. des Herrn Offb 1,10
— T. des Zorns Zef 1,15
— T. und Nacht 1.Mose 8,22
— T. und Nacht keine Ruhe haben Offb 4,8
— T.e und Stunden zählen Tob 9,4
— tausend Jahre sind vor dir wie der T., der gestern vergangen ist Ps 90,4
— unaufgedeckt bis auf den heutigen T. 2.Kor 3,14
— von T. zu T. 2.Sam 13,4
— wer wird den T. seines Kommens ertragen können? Mal 3,2
— wollt ihr dem Herrn Zeit und T. bestimmen? Jdt 8,11

Tagelöhner 3.Mose 22,10
— sind des Menschen Tage nicht wie die eines T.? Hiob 7,1

Tagesanbruch bei T. Hiob 24,14

Tagesbedarf 2.Mose 16,4

Tag(e)werk 2.Mose 5,13

täglich t. Brot; unser t. Brot gib uns heute Mt 6,11

Tal eine Rose im T. Hld 2,2
— ob ich schon wanderte im finstern T. Ps 23,4

Talent Mt 25,15

Tannenbaum 1.Kön 9,11

Tanz T. um das Goldene Kalb 2.Mose 32,4

tappen im dunkeln t. 5.Mose 28,29

Tat etw mit der T. beweisen Jer 10,6
— groß von Rat und mächtig von T. Jer 32,19
— jmd empfängt, was seine T. wert sind Lk 23,41
— jmdn auf frischer T. ertappen Joh 8,4
— mit Gott wollen wir T.n tun Ps 60,14
— Rat und T. Spr 8,14

Täter seid T. des Wortes und nicht Hörer allein Jak 1,22

Taube girren, gurren wie eine T. Jes 38,14
— meine T.; mein Täubchen Hld 6,9
— seid ohne Falsch wie die Tauben Mt 10,16
— T. als Sinnbild des Heiligen Geistes Mt 3,16
— T. und Ölzweig als Friedenssymbole 1.Mose 8,11b

taub tauben Ohren predigen Jes 42,18.20

Taubenauge deine Augen sind wie T.n Hld 1,15

Taufe, taufen 2.Kön 5,14

taugen zum Krieg t. 2.Makk 12,21
Taugenichts Ps 14,1
Taumelbecher ich will Jerusalem zum T. zurichten für die Völker Sach 12,2
tausend auf t. nicht eins antworten können Hiob 9,2.3
— der Barmherzigkeit erweist an vielen T.n 2.Mose 20,6
— Saul hat t. erschlagen, aber David zehntausend 1.Sam 18,7
— t. Jahre sind vor dir wie der Tag, der gestern vergangen ist Ps 90,4
— vieltausendmal t. Ps 68,18
tausendjährig T. Reich Offb 20,2
Teig ein wenig Sauerteig durchsäuert den ganzen T. 1.Kor 5,6
Teil das gute, bessere T. erwählen Lk 10,42b
— du bist allezeit mein Trost und meines Herzens T. Ps 73,26
— ein gut T. 1.Kor 11,30
— gib mir das T. der Güter, das mir gehört Lk 15,12
— sein T. antworten Hiob 32,17
— T. und Erbe haben 1.Mose 31,14
— was haben wir denn T. an David? 1.Kön 12,16
teilen den Raub unter sich t. Jos 11,14
Tempel jmdn zum T. hinausjagen, hinauswerfen Joh 2,15
Tempelreinigung Joh 2,15
Testament Altes T. 2.Kor 3,14
— Neues T. Mt 26,26-28
teuer 1.Kor 6,20
Teuerung 1.Mose 12,10a
Teufel den T. durch (mit) Beelzebub austreiben Mt 12,24
— den T. (im Leib) haben Mt 11,18
— der T. ist in jmdn gefahren Lk 8,30
— der T. ist los Offb 20,3
Teufelsaustreibung Mt 10,8a
Teufelswerk 1 Joh 3,8
teuflisch Jak 3,15
Thomas ungläubiger T. Joh 20,25
Thora Jos 8,31

Thron T. und Altar 1.Kor 9,13
tief der Himmel ist hoch und die Erde ist t. Spr 25,3
— ersäufen im Meer, wo es am tiefsten ist Mt 18,6
— t. (auf)seufzen Tob 3,1
— t. in den Beutel greifen müssen Joh 12,6
— t. schlafen 1.Mose 2,21
— t. Nacht Weish 17,20
Tiefe aus der T. rufe ich, Herr, zu dir Ps 130,1
Tier großes, hohes T. Dan 7,3
— wie ein T. Ps 73,22
tilgen 2.Mose 32,33
Tisch bei T. oben(an) sitzen Mt 23,6
— Brosamen, die von des Reichen T. fallen Lk 16,21
— du bereitest vor mir einen T. im Angesicht meiner Feinde Ps 23,5
— T. des Herrn 1.Kor 10,21
— zu T. sitzen Mt 9,10
— zum T. des Herrn gehen 1.Kor 10,21
Tobias T. sechs, Vers drei Tob 6,3
Tochter ausgehen, die Töchter des Landes zu (be)sehen 1.Mose 34,1
— da sollst du keine Arbeit tun, auch nicht deine T. 2.Mose 20,10
— jmdn wie seine T. halten 2.Sam 12,3
— wie die Mutter, so die T. Hes 16,44
Tochterfirma T.; Tochtergesellschaft 4.Mose 21,25
Tod auch im T. nicht geschieden 2.Sam 1,23
— bleich wie der T. Jer 30,6
— der Herr über Leben und T. Weish 16,13
— der Sünde Sold ist der T. Röm 6,23
— der T. im Topf 2.Kön 4,40
— der T. ist verschlungen in den Sieg 1.Kor 15,54.55
— ein Kind des T. 2.Sam 12,5
— es ist nur ein Schritt zwischen mir und dem T. 1.Sam 20,3
— jäher T. 5.Mose 32,24

tod...

– Liebe ist stark wie der T.   Hld 8,6b
– mit dem T.e ringen   Lk 22,44a
– nur der T. wird dich und mich scheiden   Rut 1,16.17
– o T., wie bitter bist du!   Sir 41,1
– sei getreu bis an den T.   Offb 2,10
– sich zu T.e fressen, fasten, grämen usw   Sir 37,33.34
– T., wo ist dein Stachel? Hölle, wo ist dein Sieg?   1.Kor 15,54.55
– treu bis in den T.   Offb 2,10
– viele haben sich zu T.e gefressen   Sir 37,33.34
– wer wird mich erlösen von dem Leibe dieses T.?   Röm 7,24
– zu T. betrübt   Mt 26,38
tod...   Mt 26,38
Todesfurcht von T. befallen sein   Ps 55,5
Todesgefahr   Sir 34,13
Todeskampf   St zu Est 3,1
Todesnot T.; in Todesnöten   2.Kor 11,23
Todestag   1.Sam 15,35a
todeswürdig   5.Mose 21,22
todkrank   2.Sam 12,15
Todsünde   5.Mose 21,22
Tohuwabohu   1.Mose 1,2
tollkühn   Sir 8,18
Ton als ob der T. dem Töpfer gleich wäre!   Jes 29,16
– wenn die Posaune einen undeutlichen T. gibt   1.Kor 14,8
tönen t.; so wäre ich ein tönendes Erz   1.Kor 13,1
tönern auf t. Füßen stehen; Koloß auf t. Füßen   Dan 2,33
Topf der Tod im T.   2.Kön 4,40
Töpfer als ob der Ton dem T. gleich wäre!   Jes 29,16
Tor der T., der seine Torheit immer wieder treibt   Spr 26,11
– des T.n Herz ist zu seiner Linken   Pred 10,2
Torheit   Jos 7,15
– den Griechen eine T.   1.Kor 1,23

– die T. des Kreuzes   1.Kor 1,18
– eine T. begehen   Jos 7,15
– so ist der Tor, der seine T. immer wieder treibt   Spr 26,11
Torhüter   2.Kön 7,11
töricht du hast t. getan   2.Chr 16,9
tot ein lebender Hund ist besser als ein t. Löwe   Pred 9,4
– heute rot – morgen t.   Sir 10,11.12
– ich möchte lieber t. sein als leben   Jona 4,3
– lasset uns essen und trinken, denn morgen sind wir t.   1.Kor 15,32
– lebendig t. sein   1.Tim 5,6
– töten sie uns, so sind wir t.   2.Kön 7,4
– wem jagst du nach? einem t. Hund   1.Sam 24,15
Tote deine T. werden leben   Jes 26,19
– der Herr führt hinab zu den T. und wieder herauf   1.Sam 2,6
– die T. ihre T. begraben lassen   Mt 8,22
– selig sind die T., die in dem Herrn sterben   Offb 14,13
töten bin ich Gott, daß ich t. und lebendig machen könnte?   2.Kön 5,7
– der Buchstabe t., aber der Geist macht lebendig   2.Kor 3,6
– der Herr t. und macht lebendig   1.Sam 2,6
– du sollst nicht t.   2.Mose 20,13
– t. sie uns, so sind wir tot   2.Kön 7,4
Totschlag   4.Mose 35,6
Trabant   1.Sam 22,17
trachten sie sind gestorben, die dem Kindlein nach dem Leben getr. haben   Mt 2,20
– trachtet zuerst nach dem Reich Gottes und nach seiner Gerechtigkeit   Mt 6,33
Trachten das Dichten und T. des menschlichen Herzens ist böse von Jugend auf; Dichten und T.   1.Mose 8,21
tragen an etw (schwer) zu t. haben   Joh 16,12
– daß sie (die Engel) dich auf den Händen t.   Ps 91,11.12

— des Tages Last und Hitze t.   Mt 20,12
— die Obrigkeit t. das Schwert nicht umsonst   Röm 13,4
— ein Kind unter dem Herzen t.   Tob 4,4
— einer trage des andern Last   Gal 6,2
— Frucht t.   Mt 13,8
— jmdn auf den Händen t.   Ps 91,11.12
— Leid t. um jmdn   1.Sam 15,35b
— reinigt euch, die ihr des Herrn Geräte t.   Jes 52,11
— Schuld t.   1.Mose 43,9b
— sein Kreuz t.   Joh 19,17
— selig sind, die da Leid tr.   Mt 5,4
— siehe, das ist Gottes Lamm, welches der Welt Sünde t.   Joh 1,29
— Sorge t.   2.Kor 11,28
— zur Schau t.   Kol 2,15

Träne die mit T. säen, werden mit Freuden ernten   Ps 126,5
— die T. laufen über die Backen   Klgl 1,2
— Gott wird die T. von allen Angesichtern abwischen   Jes 25,8
— heiße T.n   Tob 7,13
— keine T. über etw vergießen   Jes 16,9
— T.n fließen   Jer 13,17
— T.n vergießen   Jes 16,9

Tränenbrot   Ps 80,6
Tränendrüsen auf die T. drücken   Sir 22,23
Tränensaat   Ps 126,5
Trank Speis(e) und T.   Esr 3,7
Trauben saure T.   Jer 31,29
Traubenblut   5.Mose 32,14
trauen   Ps 34,9
— jmdm, etw t.   Ps 34,9
— wohl dem, der auf ihn t.   Ps 34,9

Trauerhaus   Jer 16,5
Trauerweide   Ps 137,2.4
Träume wo viel Sorgen ist, da kommen T.   Pred 5,2
— wo viel T. sind, da ist Eitelkeit und viele Worte   Pred 5,6

Träumer seht, der T. kommt daher!   1.Mose 37,19

Traurigkeit ein Weib, wenn sie gebiert, hat sie T.   Joh 16,21
— in T. versinken   2.Kor 2,7

treffen   Jona 1,7
— das Los t. jmdn   Jona 1,7
— (iSv: herausfinden) etw t.   Hiob 34,32
— jmdn trifft der Schlag   1.Makk 9,55
— nun es dich t., erschrickst du   Hiob 4,3-5
— wen's t., den t.'s; wie's t., so t.'s   Jer 15,2

Treffen   2.Makk 15,20
Treffer mit einem Los einen T. erzielen   Jona 1,7

treiben das Werk des Herrn t.   1.Kor 16,10
— ein Knabe wird Kälber und junge Löwen miteinander t.   Jes 11,6.8
— ein T. wie das T. Jehus   2.Kön 9,20
— ein Tor, der seine Torheit immer wieder t.   Spr 26,11
— es t.   Jer 2,23
— seinen Spott mit jmdm, etw t.   1.Sam 31,4

trennen die Spreu vom Weizen t.   Mt 3,12

treten (einmal) vor Gott t.   Offb 20,12
— in den Dreck t.   Hiob 30,19
— in jmds Fußstapfen t.   Röm 4,12
— jmdm auf die Füße t.; jmdn mit Füßen t.   Ps 41,10

treu ein t. Freund ist ein großer Schatz   Sir 6,14
— ein t. Mann wird viel gesegnet   Spr 28,20
— t. bis in den Tod   Offb 2,10
— t. und wahrhaftig   Jes 25,1
— wer im Geringsten t. ist, der ist auch im Großen t.   Lk 16,10

Treue auf Treu und Glauben   Jes 33,8
— es ist keine T. mehr im Lande   Hos 4,1
— T. im Kleinen   Lk 16,10
— zu gering aller Barmherzigkeit und aller T.   1.Mose 32,11

Tribut   Hos 8,9

triefen Ps 65,12
Trinität T.; unheilige T. 2.Kor 13,13
Trinitatis 2.Kor 13,13
trinken iß und trink und sei zufrieden Lk 12,19
— lasset uns essen und t., denn morgen sind wir tot 1.Kor 15,32
— laßt uns essen und t. und fröhlich sein! Lk 15,23
— soviel t., wie man sonst nicht zu t. pflegt Jdt 12,21
— trinket alle daraus! Mt 26,26-28
— was werden wir essen, was werden wir t.? Mt 6,31
— wer von mir (der Weisheit) t., den dürstet immer nach mir Sir 24,29
— wie kann ich schmecken, was ich esse und t.? 2.Sam 19,36
Triumph Kol 2,15
trompeten es war, als wäre es *einer,* der trompetete und sänge 2.Chr 5,13
Tropfen die Völker sind geachtet wie ein T. am Eimer Jes 40,15
— mit einem T. pietistischen Öls gesalbt sein Ps 23,5
Trost dein Wort ist meines Herzens Freude und T. Jer 15,16
— du bist allezeit mein T. Ps 73,26
— T. des Alters Tob 5,25
— um T. war mir sehr bange Jes 38,17
trostbedürftig Sir 1,19
trösten dein Stecken und Staben t. mich Ps 23,4
— ich will euch t., wie einen seine Mutter t. Jes 66,13
— selig sind, die da Leid tragen, denn sie sollen getr. werden Mt 5,4
— tröstet, tröstet mein Volk! Jes 40,1
Tröster ihr seid allzumal leidige T.! Hiob 16,2
tröstlich Ps 54,8
trostlos Jes 54,11
Trotz etw aus T. sagen, tun 2.Makk 6,29
trotzig es ist das Herz ein t. und verzagt Ding Jer 17,9

trüben kein Wässerchen t. können Hes 32,2
Trübsal seid geduldig in T. Röm 12,12
— wir müssen durch viel T. in das Reich Gottes gehen Apg 14,22
trübselig Dan 12,1
Trunkenbold 1.Kor 5,11
Trunkenheit 1.Petr 4,3
tüchtig eine t. Frau ist ihres Mannes Krone Spr 12,14
tückisch 2.Kor 12,16
Tugend schmal ist der Weg zur T. Mt 7,13.14
— vom Pfad der T. abweichen Ps 125,5
tugendsam t. Weib Spr 31,10
tummeln sich t. Mk 5,39
tun alles, was dir in die Hände kommt, zu t., das tu Pred 9,10
— alles, was ich für dieses Volk get. habe Neh 5,19
— alles, was ihr t., das t. von Herzen Kol 3,23
— alles, was ihr wollt, daß euch die Leute t., das tut ihnen auch Mt 7,12
— Buße t. in Sack und Asche Mt 11,21
— da (am Sabbat) sollst du keine Arbeit t. 2.Mose 20,10
— das eine t. und das andere nicht lassen Mt 23,23
— das hat Gott get.! Ps 64,10
— daß ihr t., wie ich euch get. habe Joh 13,15
— der große Dinge t. an allen Enden und uns alles Gute t. Sir 50,24
— der Herr kann auch große Dinge t. Joel 2,21
— des Menschen Zorn t. nicht, was vor Gott recht ist Jak 1,20
— die den Willen t. meines Vaters im Himmel Mt 7,21
— ein gutes Werk t. Mt 26,10
— eine Fehlbitte t. Mk 6,26
— er (der Herr) tue, was ihm wohlgefällt 1.Sam 3,18
— es t. mir weh(e) Ps 119,158

tun

- es wird Freude sein im Himmel über *einen* Sünder, der Buße t. Lk 15,7
- etw aus Trotz t. 2.Makk 6,29
- etw für den inneren, äußeren Menschen t. 2.Kor 4,16
- etw mit gutem Gewissen t. Apg 23,1
- etw t. oder es lassen Hes 2,7
- fremd t. 1.Mose 42,7
- habe ich nicht Macht, zu t., was ich will, mit dem, was mein ist? Mt 20,15
- Hilfe t. not Hebr 4,16
- ist das zu wenig, will ich noch dies und das dazu t. 2.Sam 12,8
- ist etwa ein Unglück in der Stadt, das der Herr nicht t.? Am 3,6
- jeder tat, was ihn recht dünkte Ri 17,6
- jmdm Gewalt t. Lk 3,14
- jmdm ist es (nicht) um etw zu t. 2.Sam 21,4
- jmdn jagen, wie's die Bienen t. 5.Mose 1,44
- jung gewohnt, alt get. Spr 22,6
- laß deine linke Hand nicht wissen, was die rechte t. Mt 6,3
- laßt uns Gutes t. Gal 6,9
- Leben und Wohltat hast du an mir get. Hiob 10,12
- mit Gott wollen wir Taten t. Ps 60,14
- mit jmdm, etw, nichts zu t. haben wollen Weish 6,25
- ohne mich könnt ihr nichts t. Joh 15,5
- sechs Tage sollst du arbeiten und alle deine Werke t. 2.Mose 20,9
- segne unser T. und Lassen Mt 23,23
- seht zu, was ihr t.! 2.Chr 19,6
- sein Bestes t. Sir 18,6
- sie wissen nicht, was sie t. Lk 23,34
- so der Herr will und wir leben, wollen wir dies oder das t. Jak 4,15
- so geh hin und tu desgleichen Lk 10,37
- tu deinen Mund auf für die Stummen Spr 31,8
- tu mir die Liebe (an) 1.Mose 47,29
- tu, was dein Herz gelüstet und deinen Augen gefällt Pred 11,9
- tu, was du nicht lassen kannst Apg 4,20
- tue ich's gerne, so wird's mir gelohnet; tue ich's ungern, so ist mir das Amt doch befohlen 1.Kor 9,16
- t., als ob man etw nicht hört 1.Sam 10,27
- T. und Lassen Mt 23,23
- tut Buße, denn das Himmelreich ist nahe herbeigekommen! Mt 3,2
- tut wohl denen, die euch hassen Mt 5,44.45a
- vergiß nicht, was er dir Gutes get. hat Ps 103,1.2
- was der (Josef) euch sagt, das t. 1.Mose 41,55
- was du auch t., bedenke das Ende Sir 7,40
- was du nicht willst, daß man dir tu, das füg auch keinem andern zu Mt 7,12
- was du t., das tue bald Joh 13,27
- was Gott verheißt, das kann er auch t. Röm 4,21
- was ihr get. habt einem von diesen meinen geringsten Brüdern, das habt ihr mir get. Mt 25,40
- was können mir Menschen t.? Ps 118,6
- wenn ihr alles get. habt, was euch befohlen ist Lk 17,10
- wenn man das t. am grünen Holz, was wird am dürren werden? Lk 23,31
- wer da weiß, Gutes zu t., und tut's nicht, dem ist's Sünde Jak 4,17
- wer dem Geringen Gewalt t., lästert dessen Schöpfer Spr 14,31
- wer heiratet, t. wohl; wer ledig bleibt, besser 1.Kor 7,38
- wer Sünde t., der ist der Sünde Knecht Joh 8,34
- wie sollte ich ein solch großes Übel t.? 1.Mose 39,9

Tünche

– wir haben get., was wir zu t. schuldig waren Lk 17,10
– zu gering aller Barmherzigkeit und Treue, die du an mir get. hast 1.Mose 32,11

Tünche Apg 23,3

Tüpfelchen das T. auf dem i; kein T. Mt 5,18

Tür an der T. horchen Sir 21,26
– ein Fauler wendet sich im Bett wie die T. in der Angel Spr 26,14
– eine T. öffnen 1.Kor 16,9
– siehe, ich stehe vor der T. und klopfe an Offb 3,20
– und die T. ward verschlossen Mt 25,10
– vor jmds T. liegen Lk 16,20

Turteltaube T., Kranich und Schwalbe halten die Zeit ein Jer 8,7

Tüttelchen Mt 5,18

Tyrann 1.Mose 6,4

U

u.A.w.g. = um Antwort wird gebeten 1.Makk 12,18

übel etw steht jmdm ü. an 1.Kor 14,35
– habe ich ü. geredet, so beweise, daß es böse ist Joh 18,23
– jmdm ü. wollen Ps 38,13
– nicht ü.!; nicht ü. Lust haben 2.Sam 11,25
– ü. Nachrede 2.Makk 4,1

Übel eure Rede sei: Ja, ja; nein, nein. Was darüber ist, das ist vom Ü. Mt 5,37
– Geiz ist eine Wurzel allen Ü.s 1.Tim 6,10
– unruhiges Ü. Jak 3,8
– was darüber ist, das ist vom Ü. Mt 5,37
– wie sollte ich ein solch großes Ü. tun? 1.Mose 39,9

Übeltäter Hiob 34,22

üben Liebe ü. Mi 6,8

über ü. den Jordan gehen Jos 1,2
– ü. den Kopf wachsen Esr 9,6
– ü. ein Kleines Joh 16,16

überall ü. die gleiche Elle anlegen 3.Mose 19,35

überaus 2.Sam 13,15

überdrüssig dein Nächster möchte dein ü. werden; jmds, einer Sache ü. werden Spr 25,17

übereilen Spr 6,11

Überfluß euer Ü. diene ihrem Mangel 2.Kor 8,14

überflüssig Lk 6,38

übergehen etw g. jmdm in Fleisch und Blut ü. Mt 16,17
– jmdm g. die Augen ü. Joh 11,35
– wes das Herz voll ist, des g. der Mund ü. Mt 12,34

überhandnehmen ü.; die Ungerechtigkeit n. ü. Mt 24,12

überheblich 2.Kön 14,10

überlaut Dan 3,4

überreden nicht viel, und du ü. mich, daß ich ein Christ würde Apg 26,28

überschatten eine Wolke ü. jmdn, etw Mt 17,5

überschlagen (iSv: durchrechnen) Lk 14,28

Überschrift Mt 22,20

überschwenglich Eph 1,19

übersehen Jer 13,14

übertäuben Lk 18,5

übertreiben (Vieh) 1.Mose 33,13

übertreten 2.Mose 23,21

Übertretung die Liebe deckt alle Ü.n zu Spr 10,12

übertünchen Mt 23,27

übervorteilen 3.Mose 25,17

überwinden laß dich nicht vom Bösen ü., sondern ü. das Böse mit Gutem Röm 12,21
– seid getrost, ich habe die Welt überw. Joh 16,33

Übung 1.Tim 4,8

Ungerechtigkeit

um u. Antwort wird gebeten (u.A.w.g.) 1.Makk 12,18
— u. den Abend wird es licht sein Sach 14,7
— u. den Hahnenschrei Mk 13,35
— u. des unverschämten Geilens willen Lk 11,8
— u. die Wette Weish 15,9
— u. Gottes willen! Ps 79,9
— u. Himmelswillen! Mt 6,10
— u. jmdn sein 1.Mose 2,18
— u. meinetwillen 1.Mose 22,12b
— u. sein: ein Jahr ist u. 1.Mose 47,18
— u. sich fressen wie der Krebs 2.Tim 2,17
— u. und u. Hiob 7,5
— u. – willen: s. willen
umgeben von allen Seiten u. du mich Ps 139,5
umgehen (iSv: im Umlauf sein) Hes 5,17
— mit etw u. Ps 38,13
— vernünftig mit jmdm u. Sir 26,16
umgürten die Lenden u. Lk 12,35
umkehren (iSv: umdrehen) wie k. ihr alles u.! Jes 29,16
umkommen jämmerlich u. Jdt 7,14
— k. ich u., so k. ich u. Est 4,16
— wer das Schwert nimmt, der soll durchs Schwert u. Mt 26,52
— wer sich in Gefahr begibt, k. darin u. Sir 3,27
— wie sind die Streitbaren umgek.! 2.Sam 1,27
umsehen sich lange u. 1.Mose 42,1
umsonst die Obrigkeit trägt das Schwert nicht u. Röm 13,4
— u. habt ihr's empfangen, u. gebt es auch Mt 10,8b
— wenn der Herr nicht das Haus baut, so arbeiten u., die daran bauen Ps 127,1
umtreiben von einem bösen Geist umgetr. Lk 6,18
umwenden Ephraim ist wie ein Kuchen, den niemand u. Hos 7,8

unartig Apg 2,40
unaufgedeckt bis auf den heutigen Tag u. 2.Kor 3,14
unaussprechlich Röm 8,26
unbarmherzig u. Gericht Jak 2,13
unbefleckt u. Empfängnis Weish 8,20
unbegreiflich wie u. sind Gottes Gerichte! Röm 11,33
unbekannt der große U. Hiob 36,26
unbeständig ein Zweifler ist u. auf allen seinen Wegen Jak 1,8
unbillig Ps 38,20
und u. alsbald krähte der Hahn Mt 26,74
— u. die Tür ward verschlossen Mt 25,10
— u. ward nicht mehr gesehen 1.Mose 5,24
undeutlich wenn die Posaune einen u. Ton gibt 1.Kor 14,8
unehelich Weish 4,6
uneins jedes Haus, das mit sich selbst u. ist Mt 12,25
unerforschlich der Könige Herz ist u. Spr 25,3
— wie u. sind Gottes Wege! Röm 11,33
unerhört 2.Makk 9,6
Unfall 1.Mose 42,4
unflätig Jes 64,6
unfruchtbar 1.Mose 11,30
ungefähr u.; von u. Weish 2,2
ungefärbt 2.Kor 6,6
ungefragt u. sein wollen Hes 20,3
ungegessen komm u.! Dan 6,19
ungeistlich 1.Tim 6,20
ungelegen Apg 27,12
ungelegt u. Eier Jer 17,11
Ungemach Hebr 11,25
ungeraten u.; u. Kinder Sir 16,1
ungerecht macht euch Freunde mit dem u. Mammon Lk 16,9
— Gott läßt regnen über Gerechte und U.e Mt 5,45b
Ungerechtigkeit die U. nimmt überhand Mt 24,12

ungern ob gern oder u. 1.Kor 9,16.17
— tue ich's u., so ist mir das Amt doch befohlen 1.Kor 9,16.17
ungeschickt Lk 23,41
ungeschlacht Phil 2,15
ungestraft der Herr wird den nicht u. lassen, der seinen Namen mißbraucht 2.Mose 20,7
— wer könnte die Hand an den Gesalbten des Herrn legen und u. bleiben? 1.Sam 26,9
ungewiß ins U. laufen 1.Kor 9,26
ungezogen u. Mensch Sir 20,21
ungezwungen 1.Kor 7,37
ungläubig u. Thomas Joh 20,25
— zieht nicht am fremden Joch mit den U.n 2.Kor 6,14
unglaublich Apg 26,8
Unglück ein U. kommt selten allein Hes 7,5
— ist etwa ein U. in der Stadt, das der Herr nicht tut? Am 3,6
— jmdn ins U. bringen Hos 13,9
— so fürchte ich kein U. Ps 23,4
Ungnade bei jmdm in U. fallen Ps 69,25
unheilig u. Trinität 2.Kor 13,13
— zwischen heilig und u. nicht unterscheiden Hes 22,26
unheilschwanger Jes 59,4
unhöflich Sir 18,18
Unkraut den Weizen mit dem U. ausjäten Mt 13,29.30
— U. unter den Weizen säen Mt 13,25
— Weizen und U. wachsen lassen bis zur Ernte Mt 13,29.30
Unlust Weish 2,12
unmöglich bei Gott ist kein Ding u. Lk 1,37
— sollte dem Herrn etwas u. sein? 1.Mose 18,14
unnatürlich Röm 1,26
unnütz wenn ihr alles getan habt, so sprecht: wir sind u. Knechte Lk 17,10
Unordnung Gott ist nicht ein Gott der U. 1.Kor 14,33

unparteiisch u.; Unparteiischer Jak 3,17
unrecht u. Gut gedeiht nicht Spr 10,2
unrein was zum Mund hineingeht, macht den Menschen nicht u.; sondern was aus dem Mund herauskommt, das macht den Menschen u. Mt 15,11
Unruhe der Mensch lebt kurze Zeit und ist voll U. Hiob 14,1.2
— die Menschen machen sich viel vergebliche U. Ps 39,7b
— mach mir keine U.! Lk 11,7
unruhig u. Übel Jak 3,8
unschlachtig Phil 2,15
Unschuld die Hände in U. waschen Ps 26,6
unschuldig u. wie ein Lamm 1.Petr 1,19
— u. Blut 1.Sam 19,5
Unschuldslamm 1.Petr 1,19
unser u. keiner lebt sich selber, und keiner stirbt sich selber Röm 14,7.8
— u. Leben währet siebzig Jahre, und wenn's hoch kommt, achtzig Jahre Ps 90,10
— u. tägliches Brot gib uns heute Mt 6,11
— u. Vater im Himmel! Mt 6,9
— u. Wissen ist Stückwerk 1.Kor 13,9
Unservater U.; Vaterunser Mt 6,9-13
unsinnig er treibt (es), wie wenn er u. wäre 2.Kön 9,20
unsterblich u. Name Weish 8,13
unstet u. und flüchtig sollst du sein auf Erden 1.Mose 4,12
untauglich 3.Mose 22,25
unten u. auf Erden 2.Mose 20,4
unter u. dem Schatten seiner Flügel Ps 17,8
— u. der Haube sein Jdt 10,3
— u. die Räuber fallen Lk 10,30a
— u. eigenem Dach Sir 29,29
— u. vier Augen Gal 2,11
untereinander Spr 22,2
— ihr seid meine Jünger, so ihr Liebe u. habt Joh 13,35

— können zwei miteinander wandern, sie seien denn einig u.? Am 3,3
— Reiche und Arme müssen u. sein Spr 22,2
untergehen laßt die Sonne nicht über eurem Zorn u. Eph 4,26
untergraben Jer 51,58
Unterhaltung Hes 48,18
Unterlassungssünde Jak 4,17
unterscheiden man konnte Jauchzen und Weinen nicht u. Esr 3,13
— wie kann ich noch u., was gut und schlecht ist? 2.Sam 19,36
— zwischen heilig und unheilig nicht u. Hes 22,26
unterstehen niemand soll sich u., dir zu schaden Apg 18,9.10
— sich u. Jer 48,30
untertan jedermann sei u. der Obrigkeit Röm 13,1
— machet euch die Erde u. 1.Mose 1,28
Untertan, Untertanengeist Röm 13,1
unterweisen siehe, du hast viele unterw. Hiob 4,3.5
unterwinden sich u. 1.Mose 18,27
Untugend 1.Joh 1,9
unverletzt u. Gewissen Apg 24,16
unvermögend Jes 40,29
— er gibt Stärke genug dem U.n Jes 40,29
Unvernunft es ist (eine) U. Sir 21,26
unverschämt um des u. Geilens willen Lk 11,8
unverzagt sei getrost und u. Jos 1,6
unwegsam Hiob 12,24
Unzeit zur Zeit oder zur U. 2.Tim 4,2
Unzucht Hes 23,27
Uriasbrief 2.Sam 11,15
Urteil salomonisches U. 1.Kön 3,16-28

V

Vater Abba, lieber V.! Röm 8,15
— auf daß ihr Kinder seid eures V. im Himmel Mt 5,44.45a
— bin ich V., wo ist meine Ehre? Mal 1,6
— darum sollt ihr vollkommen sein, wie euer V. im Himmel vollkommen ist Mt 5,48
— der die Missetat der Väter heimsucht an den Kindern 2.Mose 20,5
— der Segen des V. baut den Kindern Häuser Sir 3,11
— die den Willen tun meines V. im Himmel Mt 7,21
— die Gerechten werden leuchten wie die Sonne in ihres V. Reich Mt 13,43
— die V. haben saure Trauben gegessen Jer 31,29
— du sollst deinen V. und deine Mutter ehren 2.Mose 20,12
— ein Sohn soll seinen V. ehren und ein Knecht seinen Herrn Mal 1,6
— euer himmlischer V. ernährt die Vögel Mt 6,26
— euer V. weiß, was ihr bedürfet, ehe denn ihr ihn bittet Mt 6,8
— Gnade sei mit euch und Friede von Gott, unserem V. Röm 1,7
— Gott der Väter 2.Mose 3,13
— haben wir nicht alle *einen* V.? Mal 2,10
— ich bin nicht besser als meine Väter 1.Kön 19,4
— in meines V. Hause sind viele Wohnungen Joh 14,2
— macht nicht meines V. Haus zum Kaufhaus! Joh 2,16
— mein V. hat euch mit Peitschen gezüchtigt 1.Kön 12,14
— mein V. hat euer Joch schwer gemacht 1.Kön 12,14
— mein V., mein V., Wagen Israels und seine Reiter! 2.Kön 2,12

Vaterhaus

— muß ich nicht sein in dem, was meines V. ist? Lk 2,49
— niemand kommt zum V. denn durch mich Joh 14,6
— Saul ging aus, seines V. Eselinnen zu suchen 1.Sam 9 u. 10
— unser V. im Himmel! Mt 6,9
— V., ich befehle meinen Geist in deine Hände Lk 23,46
— V., ich habe gesündigt Lk 15,21
— V., segne diese Speise Ps 132,15
— V., Sohn und Heiliger Geist Mt 28,19
— V. und Mutter verlassen 1.Mose 2,24
— V., vergib ihnen, denn sie wissen nicht, was sie tun Lk 23,34
— wie sich ein V. über Kinder erbarmt Ps 103,13
— Zeit oder Stunde, welche der V. in seiner Macht bestimmt hat Apg 1,7
— zu den Vätern fahren 1.Mose 15,15
— zu den V. versammelt werden Ri 2,10

Vaterhaus 1.Mose 12,1
Vaterland 1.Mose 12,1
— der Prophet gilt nichts in seinem V. Mt 13,57
väterlich 1.Petr 1,18
Vaterunser Mt 6,9-13
— alle V. lang; ein V. lang Mt 6,9-13
— etw wie das V. können Mt 6,9-13
verachten ein Vernünftiger v. die Arznei nicht Sir 38,4
— etw ist nicht zu v. Jdt 10,20
— warum v. wir denn einer den andern? Mal 2,10
— wer mich v., der soll wieder v. werden 1.Sam 2,30
Verächter Ps 119,158
verarmen 3.Mose 25,39
Verbalinspiration 2.Petr 1,21
verbergen meinst du, daß sich jemand so heimlich v. könne? Jer 23,24
verbinden der Allmächtige verletzt und v. Hiob 5,18
— du sollst dem Ochsen, der da drischt, nicht das Maul v. 5.Mose 25,4

— er hat uns geschlagen, er wird uns auch v. Hos 6,1
— Herzen v. sich 1.Sam 18,1
verblendet Jes 29,9
verborgen das v. Leben mit Christus in Gott Kol 3,3
— es ist nichts v., das nicht offenbar werde Mk 4,22
— fürwahr, du bist ein v. Gott Jes 45,15
verboten v. Früchte 1.Mose 3,3
verbriefen v.; verbrieft Jer 32,44
verdammen Gott verdamm mich (verdammich) Hiob 10,1.2
Verdammnis der Weg ist breit, der zur V. abführt Mt 7,13.14
verderben als daß das ganze Volk verderbe Joh 11,50
— auf daß du dich nicht verderbest Pred 7,16
— daß meine Seele nicht verdürbe Jes 38,17
— fangt uns die kleinen Füchse, die die Weinberge v. Hld 2,15
— schlechte Beispiele v. gute Sitten 1.Kor 15,33
— sterben und v. Jdt 6,3
— verdirb es nicht, denn es ist ein Segen darin! Jes 65,8
Verderben die Sünde ist der Leute V. Spr 14,34
— du hast mein Leben aus dem V. geführt Jona 2,7
Verdienst Röm 3,24
verdreschen Mi 4,13
verfangen sich im eigenen Netz v. Ps 9,16
verfehlen den rechten Weg v. Weish 5,6
verflixt v. (nochmal) 1.Mose 3,17
verfolgen bittet für die, so euch beleidigen und v. Mt 5,44.45a
— Saul, Saul, was v. du mich? Apg 9,4
— selig sind, die um der Gerechtigkeit willen verf. werden Mt 5,10

verführen seht zu, daß euch nicht jemand verführe! Mt 24,4
— sein (Gottes) ist, der da irrt und der da v. Hiob 12,16
— sie v. und werden verführt 2.Tim 3,13

verführerisch v. Eva 1.Mose 3,6

vergeben deine Sünden sind dir v. Mt 9,2
— ihr sind viele Sünden v., denn sie hat viel geliebt Lk 7,47
— v. und vergessen Jer 31,34
— Vater, vergib ihnen, denn sie wissen nicht, was sie tun Lk 23,34
— vergib uns unsre Schuld, wie auch wir v. unsern Schuldigern Mt 6,12

vergeblich die Menschen machen sich viel v. Unruhe Ps 39,7b
— v. laufen Gal 2,2

vergehen Himmel und Erde werden v.; aber meine Worte werden nicht v. Mt 24,35
— tausend Jahre sind vor dir wie der Tag, der gestern verg. ist Ps 90,4
— weh mir, ich v.! Jes 6,5
— wie Rauch v. Ps 37,20

vergelten der (Herr) wird ihm wieder Gutes v. Spr 19,17
— die Rache ist mein, ich will v. 5.Mose 32,35
— Gutes mit Bösem v. 1.Mose 44,4
— vergeltet niemand Böses mit Bösem Röm 12,17
— vergelt's Gott! Spr 19,17

vergessen kann auch ein Weib ihres Kindleins v.? Und ob sie seiner vergäße, so will ich doch deiner nicht v. Jes 49,15
— vergeben und v. Jer 31,34
— vergesse ich dein, Jerusalem, so werde meiner Rechten v. Ps 137,5
— vergiß nicht, was er dir Gutes getan hat Ps 103,1.2

vergießen keine Träne über etw v.; Tränen v. Jes 16,9

— weil du soviel Blut auf die Erde verg. hast 1.Chr 22,8
— wer Menschenblut v., dessen Blut soll auch durch Menschen verg. werden 1.Mose 9,6

vergiften v. Pfeile verschießen Ps 64,4

Vergißmeinnicht Jes 44,21

vergraben sein Pfund v. Mt 25,25

vergreifen sich im Wort, mit Worten v. Sir 13,26

verhärten sein Herz v. 5.Mose 17,5

verheeren mit Feuer und Schwert v. St zu Est 5,16

verheerend 1.Sam 13,17

verheißen was Gott v., das kann er auch tun Röm 4,21

verhelfen jmdm zu seinem Recht v. 2.Chr 6,35

verhöhnen wer den Armen verspottet, v. dessen Schöpfer Spr 17,5

verhüllen sein Angesicht v. 2.Mose 3,6

verirren ein verirrtes Schaf Ps 119,176

verkalken Hes 13,11

verkaufen kaufen und v. Lk 17,28
— sich v. 1.Kön 21,25
— verraten und verkauft Mt 26,15

verkehren das Recht v. Hiob 8,3

verkehrt v. Weg 4.Mose 22,32

verklären v.; sich verklären Mt 17,2

Verklärung Mt 17,2

verkriechen v.; sich v. 1.Sam 23,23

verkündigen die das Evangelium v., sollen sich auch vom Evangelium nähren 1.Kor 9,14
— wenn nur Christus verk. wird Phil 1,18

Verkündiger Jes 41,26

verlangen wem viel gegeben ist, von dem wird viel verl. Lk 12,48
— verlaß mich nicht, wenn ich schwach werde Ps 71,9

verlassen (jmdn) da verließen sie ihn Mk 14,50
— der Herr (Gott) v. die Seinen nicht Ps 37,28

verlassen

— die Quelle v. und Brunnen graben   Jer 2,13
— für die Sache aller, die v. sind   Spr 31,8
— ich will dich nicht v.   Jos 1,5
— jmd ist (wohl) ganz und gar von Gott v.   Ps 22,2
— mein Gott, mein Gott, warum hast du mich v.?   Ps 22,2; Mt 27,46
— Vater und Mutter v.   1.Mose 2,24
— von allen guten Geistern v. sein   1.Sam 16,14

verlassen (sich) gesegnet ist der Mann, der sich auf den Herrn v.   Jer 17,7
— verlaß dich auf den Herrn von ganzem Herzen, und v. dich nicht auf deinen Verstand   Spr 3,5
— verläßt du dich auf diesen zerbrochenen Rohrstab, auf Ägypten?   2.Kön 18,2
— wer sich auf den Herrn v.   Spr 29,25

verleiden jmdm etw v.   Sir 33,2

verletzen der Allmächtige v. und verbindet   Hiob 5,18

verleugnen v.; sich selbst v.   Mt 16,24
— sich v. lassen   Mt 16,24

Verleumder wenn der V. weg ist, so hört der Streit auf   Spr 26,20

verlieren einen guten Namen zu v. haben   Sir 41,15
— wer sein Leben erhalten will, der wird's v.; wer aber sein Leben v. um meinetwillen, der wird's erhalten   Lk 9,24

verlogen   Jes 30,9

verloren damit alle, die an ihn glauben, nicht v. werden   Joh 3,16
— v. Liebesmüh(e)   3.Mose 26,20
— v. Haufe   Jes 41,14
— v. Schaf   Ps 119,176
— v. Sohn   Lk 15,24

verlöschen wenn kein Holz mehr da ist, so v. das Feuer   Spr 26,20

Vermahnung   Eph 6,4

vermaledeit   Mt 5,44

vermauern jmdm den Weg v.   Klgl 3,9

vermögen wir v. nichts wider die Wahrheit   2.Kor 13,8

vernehmen   Mt 16,9

Vernunft (wieder) zur V. kommen   Dan 4,33
— wir nehmen gefangen alle V. unter den Gehorsam Christi   2.Kor 10,5

vernünftig ein V. verachtet die Arznei nicht   Sir 38,4
— v. mit jmdm umgehen   Sir 26,16
— v. Gottesdienst   Röm 12,1
— v. Mensch   Sir 3,31

verordnen   Eph 1,5; Hebr 12,1
— lasset uns laufen in dem Kampf, der uns verordnet ist   Hebr 12,1

Verordnung   Eph 1,5

verraten deine Sprache v. dich   Mt 26,73
— jmdn für dreißig Silberlinge v.   Mt 26,15
— v. und verkauft   Mt 26,15

Verräter der V. schläft nicht   Mt 26,45.46

verrücken sich das Ziel v. lassen   Kol 2,18

versammeln (sich) v.   1.Mose 49,1
— wie eine Henne v. ihre Küchlein unter ihre Flügel   Mt 23,37
— wo zwei oder drei vers. sind in meinem Namen   Mt 18,20
— zu den Vätern vers. werden   Ri 2,10

Versammlung V.; Christliche V.   Hebr 10,25

verschaffen jmdm (sein) Recht v.   2.Sam 18,19

verscheiden   Mk 15,37

verschieben verschiebe nicht auf morgen, was du heute kannst besorgen   Sir 5,8

verschießen vergiftete Pfeile v.   Ps 64,4

verschlagen (iSv: hinterhältig)   Ps 64,7

verschleißen   Sir 14,18

verschließen der Himmel wie verschl.   1.Kön 8,35

viel

— und die Tür ward verschl. Mt 25,10
verschlingen der Tod ist verschl. in den Sieg 1.Kor 15,54.55
— ein Buch v. Offb 10,9
verschlucken Mücken aussieben und Kamele v. Mt 23,23
verschmachten wenn mir gleich Leib und Seele v. Ps 73,26
verschonen 1.Mose 19,16
versehen ehe man sich's v. 1.Makk 5,28
Versehen aus V. 3.Mose 4,2
versetzen Berge v. Hiob 9,5
versichert 2.Sam 23,1
versiegeln Jer 32,44; Eph 1,13
versinken in Traurigkeit v. 2.Kor 2,7
versöhnen 3.Mose 23,27
— Gott versöhnte in Christus alles mit sich Kol 1,20
Versöhnung, -stag 3.Mose 23,27
versorgen wirf dein Anliegen auf den Herrn; der wird dich v. Ps 55,12
verspotten wer den Armen v., verhöhnt dessen Schöpfer Spr 17,5
Versprecher Sir 20,20
Verstand V. annehmen Jes 29,24
— verlaß dich nicht auf deinen V. Spr 3,5
verstehen mein Volk v.'s nicht Jes 1,3
— (selber) nicht v., was man sagt 1.Tim 1,7
— verstehst du auch, was du liest? Apg 8,30
— zu v. geben Weish 12,19
verstocken v.; verstockt sein 2.Mose 4,21
verstohlen Spr 9,17
verstopft v. Ohren haben Jes 33,15
verstört Hiob 16,7
verstricken v.; sich v. Ps 9,17
versuchen das heißt: Gott v. Apg 15,10
Versuchung führe uns nicht in V. Mt 6,13
versündigen sich v. 1.Mose 40,1

Verteuerung 1.Mose 12,10a
vertragen (iSv: abgetragen) Jer 38,11
— sich mit jmdm v. Hiob 22,21
Vertrauen sein V. auf jmdn setzen Hebr 2,13
vertraut bleibe in dem, was dir v. ist 2.Tim 3,14
Vertreibung V. aus dem Paradies 1.Mose 3,24
vertreten jmds Sache v. Hiob 13,8
verunglimpfen Ps 36,3
verwahrlost Jer 42,20
Verwaiste bei dir finden die V. Gnade Hos 14,4
Verwandtschaft ist doch niemand in deiner V., der so heißt Lk 1,61
verwerfen 3.Mose 26,11
— verwirf mich nicht in meinem Alter Ps 71,9
— verwirf mich nicht von deinem Angesicht Ps 51,12.13
verwerflich andern predigen und selbst v. werden 1.Kor 9,27
verwirken 1.Makk 10,43
Verwüstung Greuel der V. Dan 11,31
verzagt es ist das Herz ein trotzig und v. Ding Jer 17,9
verzärteln Sir 30,9
Verzug 2.Petr 3,9
verzweifeln am Leben v. 2.Makk 9,18
verzweifelt (vor Adjektiv) Jer 30,12
Vesperzeit 1.Mose 8,11a
Vetternstraße die V. ziehen Apg 8,39
Vieh da sollst du keine Arbeit tun, auch nicht dein V. 2.Mose 20,10
— der Gerechte erbarmt sich seines V. Spr 12,10
— wie das dumme (liebe) V. Tob 6,18
viehisch Dan 4,13
viel bringt es v. Frucht Joh 12,24
— Christus liebhaben ist v. besser als alles Wissen Eph 3,19
— der Gerechte muß v. leiden Ps 34,20
— des v.n Büchermachens ist kein Ende Pred 12,12

viele

— die Menschen machen sich v. vergebliche Unruhe Ps 39,7b
— ein treuer Mann wird v. gesegnet Spr 28,20
— es fehlt nicht v. Apg 26,28
— es ist dem Herrn nicht schwer, durch v. oder wenig zu helfen 1.Sam 14,6
— es ist noch v. Land einzunehmen Jos 13,1
— es werden der Knechte v., die sich von ihren Herren reißen 1.Sam 25,10
— jmdm liegt v. daran, an etw 2.Makk 8,8
— seid ihr denn nicht v. mehr als sie (die Vögel)? Mt 6,26
— sie hat v. geliebt Lk 7,47
— v. daran liegen 2.Makk 8,8
— v. erlitten von vielen Ärzten Mk 5,26
— v. Fressen macht krank Sir 37,33.34
— v. Predigen macht den Leib müde Pred 12,12
— v. Sorge und Mühe Lk 10,41
— wem v. gegeben ist, bei dem wird man v. suchen Lk 12,48
— wer v. lernt, der muß v. leiden Pred 1,18
— wer v. redet und hält's nicht Spr 25,14
— wir müssen durch v. Trübsal in das Reich Gottes gehen Apg 14,22
— wo v. Sorgen ist, da kommen Träume Pred 5,2
— wo v. Träume sind, da ist Eitelkeit und viele Worte Pred 5,6
— wo v. Weisheit ist, da ist v. Grämen Pred 1,18

viele der Barmherzigkeit erweist an v. Tausenden 2.Mose 20,5
— die Liebe wird in v. erkalten Mt 24,12
— ihr sind v. Sünden vergeben Lk 7,47
— ihrer sind v., die darauf (auf dem breiten Weg) wandeln Mt 7,13.14
— in meines Vaters Haus sind v. Wohnungen Joh 14,2
— niemand lebt davon, daß er v. Güter hat Lk 12,15
— sie suchen v. Künste Pred 7,29
— siehe, du hast v. unterwiesen Hiob 4,3.5
— v. haben sich zu Tode gefressen Sir 37,33.34
— v. sind berufen, aber wenige sind auserwählt Mt 22,14
— v. Worte machen Mt 6,7
— was ist das unter so v.? Joh 6,9
— wo v. Worte sind, da geht's ohne Sünde nicht ab Spr 10,19

Vielfraß Sir 31,20

vieltausendmal v.; v. tausend Ps 68,18

vier die v. Apokalyptischen Reiter Offb 6,2-8
— unter v. Augen Gal 2,11

vierter bis ins dritte und v. Glied 2.Mose 20,5

Vogel seht die V. unter dem Himmel an; sie säen nicht, sie ernten nicht, und euer himmlischer Vater ernährt sie doch. Seid ihr denn nicht viel mehr als sie? Mt 6,26

Vögelein ein V. singen hören Pred 10,20

Volk allerlei V. Apg 2,5
— daß alle im V. des Herrn Propheten wären 4.Mose 11,29
— das auserwählte V. Ps 105,43
— das wäre ein Prediger für dies V.! Mi 2,11
— dein V. ist mein V. Rut 1,16.17
— die V.r sind geachtet wie ein Tropfen am Eimer und wie ein Sandkorn auf der Waage Jes 40,15
— ein Mann, eines Hauptes länger als alles V. 1.Sam 9,2
— ein V., zerstreut und abgesondert unter allen V.n Est 3,8
— eine feurige Mauer rings um das V. Gottes Sach 2,9

- es ist besser, *ein* Mensch sterbe für das V., als daß das ganze V. verderbe   Joh 11,50
- gedenke an alles, was ich für dies V. getan habe   Neh 5,19
- Gerechtigkeit erhöht ein V.   Spr 14,34
- Herr, sieh dein V. an!   Jes 64,8
- ich habe ein großes V. in dieser Stadt   Apg 18,9.10
- ich will Jerusalem zum Taumelbecher zurichten für die V.r   Sach 12,2
- ich will sein wie du, und mein V. wie dein V.   1.Kön 22,4
- ihr (Israels) Gesetz ist anders als das aller V.r   Est 3,8
- man konnte Jauchzen und Weinen im V. nicht unterscheiden   Esr 3,12.13
- mein V. versteht's nicht   Jes 1,3
- mein V. will das Recht des Herrn nicht wissen   Jer 8,7
- tröstet, tröstet mein V.!   Jes 40,1
- V. des Herrn   4.Mose 11,29

voll alle Lande sind seiner Ehre v.   Jes 6,3
- auf daß mein Haus v. werde   Lk 14,23
- Augen v. Ehebruch   2.Petr 2,14a
- der Mensch lebt kurze Zeit und ist v. Unruhe   Hiob 14,1.2
- die Scheuer v. haben   Spr 3,9.10
- du schenkest mir v. ein   Ps 23,5
- gerüttelt v.   Lk 6,38
- in v. Saft stehen   Ps 104,16
- v. einschenken   Ps 23,5
- v. sein (iSv: übersättigt sein)   Lk 6,25
- v. süßen Weins   Apg 2,13
- v.e Kammern   Spr 24,4
- wes das Herz v. ist, des geht der Mund über   Mt 12,34

vollauf   Hes 16,49
vollbringen es ist vollbracht!   Joh 19,30
 wollen habe ich wohl, aber v. das Gute finde ich nicht   Röm 7,18
- Wollen und V.   Phil 2,13

vollenden wollt ihr's denn nun im Fleisch v.?   Gal 3,3

vollendet   Dan 5,26
vollkommen ihr sollt v. sein, wie euer Vater im Himmel v. ist   Mt 5,48
Vollkommenheit   Mt 5,48
Vollmond   Sir 39,16
vollsaufen sich v.   Jes 56,12
vollschlagen sich den Wanst v.   Hiob 20,20
vom v. Anfang der Welt   Sir 39,25
- v. Aufgang der Sonne bis zu ihrem Niedergang   Ps 113,3
- v. Ende der Welt   Jer 16,19
- v. Scheitel bis zur Sohle   5.Mose 28,35
- v. Stuhl fallen   1.Sam 4,18

von v. Dan bis Beerscheba   1.Sam 3,20
- v. A bis Z   Offb 1,8
- v. Adam und Eva abstammen   1.Mose 3,20
- v. allen Seiten umgibst du mich   Ps 139,5
- v. alters her   Rut 4,7
- v. Anfang der Kreatur   Weish 6,24
- v. Angesicht zu Angesicht   2.Mose 33,11
- v. Ewigkeit zu Ewigkeit   1.Chr 16,36
- v. ganzem Herzen und von ganzer Seele   5.Mose 4,29
- v. Gottes Gnaden   1.Kor 15,10
- v. Herzen gern   Jer 22,27
- v. Herzensgrund   Phil 1,8
- v. Kind auf   2.Tim 3,14
- v. Kind zu Kindeskind   2.Mose 17,16
- v. Mutterleibe an   Ri 13,5a
- v. nun an bis in Ewigkeit   Ps 121,8
- v. oben her   Joh 19,11
- v. Pontius zu Pilatus laufen, schicken   Lk 23,1
- v. Sinnen sein   Mk 3,21
- v. Tag zu Tag   2.Sam 13,4
- v. ungefähr   Weish 2,2

vonnöten v. sein   1.Mose 33,15
vonstatten v. gehen   2.Chr 14,6
vor da sei Gott v.!   1.Makk 2,21
- (einmal) v. Gott treten   Offb 20,12
- v. Augen sein   3.Mose 13,37

voraussehen

— v. dem Herrn   1.Mose 10,9
— v. der Zeit   Sir 30,26
— v. die Säue gehen   Lk 15,16
— v. einem grauen Haupt sollst du aufstehen   3.Mose 19,32
— v. langen Jahren   Mal 3,4
— v. wem sollte ich mich fürchten?   Ps 27,1
— v. wem sollte mir grauen?   Ps 27,1
voraussehen man braucht kein Prophet zu sein, um das vorauszus.   1.Mose 20,7
vorhalten jmdm etw v.   Ps 27,8
Vorhof   2.Mose 38,9
vorig frage nach den v. Zeiten   5.Mose 4,32
Vorläufer   Hebr 6,20
vornehmen sich etw (fest) v.   1.Kor 7,37
Vornehmster wer da will der V. sein, der sei euer Knecht   Mt 20,27
Vorsatz der Weg zur Hölle ist mit guten V. gepflastert   Sir 21,11
vorsätzlich   5.Mose 19,4
Vorschrift   Jos 8,32
vorsehen sich v.   Sir 29,27
Vorsehung   Apg 2,23
vorsintflutlich   1.Mose 6,17
Vorstadt   2.Chr 11,14
Vorsteher   Neh 11,9
vorübergehen an jmdm, etw v.   1.Mose 18,3
— der (bittere) Kelch g. an jmdm v.   Mt 26,39
— wer v. und sich mengt in fremden Streit   Spr 26,17
vorwerfen jmdm etw v.   Sir 25,24
vorzeiten   5.Mose 2,10

W

Waage die Völker sind geachtet wie ein Sandkorn auf der W.   Jes 40,15
— Zünglein an der W.   Weish 11,22
wach die Lebensgeister werden wieder w.   1.Mose 45,27
Wache   Lk 12,38
wachen wachet, denn ihr wißt nicht, an welchem Tag euer Herr kommt   Mt 24,42
wachsen bleibt in Jericho, bis euer Bart gew. ist   2.Sam 10,5
— dagegen ist kein Kraut gew.   Weish 16,12
— der Herr läßt die Arznei aus der Erde w.   Sir 38,4
— er muß w., ich aber muß abnehmen   Joh 3,30
— Gott hat mich w. lassen im Lande meines Elends   1.Mose 41,52
— jmdm w. etw über den Kopf   Esr 9,6
— Weizen und Unkraut w. lassen bis zur Ernte   Mt 13,29.30
Waffe mit der andern Hand hielten sie die W.   Neh 4,11
— mit Simsons W.n fechten   Ri 15,15
Wagen mit Mann und Roß und W. hat sie der Herr geschlagen   2.Mose 15,19
— W. Israels und seine Reiter   2.Kön 2,12
wägen die Worte auf der Goldwaage w.   Sir 21,27
wählen wählt euch heute, wem ihr dienen wollt   Jos 24,15
Wahnsinn   5.Mose 28,28
wahr das ist gewißlich w.   2.Tim 2,11
— (nicht) der w. Jakob   1.Mose 27,36; Apg 12,2
— nicht w.?   4.Mose 14,21
— so w. Gott (der Herr) lebt   2.Sam 2,27
— so w. ich lebe   4.Mose 14,21
— so w. mir Gott helfe   2.Sam 2,27
währen seine Güte währet ewiglich   1.Chr 16,34
— unser Leben währet siebzig Jahre   Ps 90,10
— wie lange wird's w.?   Hab 2,6

wahrhaftig Lk 24,34
— deine Gerichte sind w. und gerecht Offb 16,7
— der Herr ist w. auferstanden Lk 24,34
— treu und w. Jes 25,1
Wahrheit der W. die Ehre geben Joh 9,24
— die ganze W. sagen Mk 5,33
— die ihn anbeten, müssen ihn im Geist und in der W. anbeten Joh 4,24
— ich bin die W. Joh 14,6
— immerdar lernen und nicht zur Erkenntnis der W. kommen 2.Tim 3,7
— was ist W.? Joh 18,38
— wir vermögen nichts wider die W., sondern nur für die W. 2.Kor 13,8
— zweier Zeugen Mund tut die W. kund 5.Mose 19,15
wahrlich Mt 27,54
— w., ich sage dir: Heute wirst du mit mir im Paradies sein Lk 23,43
wahrnehmen und nicht w. den Balken im eigenen Auge Mt 7,3
Waisen Witwen und W. 2.Mose 22,21
Waisenvater Ps 68,6
Wald siehe, ein kleines Feuer, welch einen W. zündet's an! Jak 3,5
Walfisch 1.Mose 1,21
Wallfahrt 1.Mose 47,9
walten Gnade w. lassen Ps 103,11
wälzen die Sau w. sich nach der Schwemme wieder im Kot 2.Petr 2,22
Wand mit dem Kopf durch die W. wollen Spr 21,29
— Zeichen an der W. Dan 5,5
Wandel W. ohne Worte 1.Petr 3,1
wandeln ihrer sind viele, die darauf (auf dem breiten Weg) w. Mt 7,13.14
— steh auf, nimm dein Bett und wandle Mk 2,9
— wandle vor mir und sei fromm! 1.Mose 17,1
— wir w. im Glauben und nicht im Schauen 2.Kor 5,7

wandern können etwa zwei miteinander w., sie seien denn einig untereinander? Am 3,3
— ob ich schon wanderte im finstern Tal Ps 23,4
wann w. willst du aufstehen von deinem Schlaf? Spr 6,9
Wanst fetter W. Hiob 15,27
— sich den W. vollschlagen Hiob 20,20
warm weder kalt noch w. Offb 3,15
— wie kann ein einzelner w. werden? Pred 4,10
wärmen wenn zwei beieinander liegen, w. sie sich Pred 4,10
Warte von jmds W. (aus) Jer 6,1
warten aller Augen w. auf dich Ps 145,15.16
— (iSv: betreuen) 4.Mose 1,53
— das W. der Gerechten wird Freude werden Spr 10,28
— Herr, ich w. auf dein Heil 1.Mose 49,18
— w., bis jmds Stunde gekommen ist Joh 2,4
— w. der Dinge, die da kommen sollen Lk 21,26
— wir w. auf einen neuen Himmel und eine neue Erde 2.Petr 3,13
Wärter, Wartung 4.Mose 3,10
warum w. schläfst du? Ps 44,24
— w. willst du draußen stehen, du Gesegneter des Herrn? 1.Mose 24,31
— w. stehst du draußen? 1.Mose 24,31
— w. verachten wir denn einer den andern? Mal 2,10
was w. darüber ist, das ist vom Übel Mt 5,37
— w. dein Herz begehrt 1.Sam 2,16
— w. der (Josef) euch sagt, das tut 1.Mose 41,55
— w. du auch tust, bedenke das Ende Sir 7,40
— w. du gibst, das gib gern Sir 35,11
— w. du, Herr, segnest, das ist gesegnet ewiglich 1.Chr 17,27

waschen

– w. du nicht willst, daß man dir tu, das füg auch keinem andern zu   Mt 7,12
– w. du tust, das tue bald!   Joh 13,27
– w. geht uns (mich) das an?   Mt 27,4
– w. gilt's?   1.Kön 20,23
– w. Gott gereinigt hat, das mache du nicht gemein   Apg 10,15
– w. Gott verheißt, das kann er auch tun   Röm 4,21
– w. Gott zusammengefügt hat, das soll der Mensch nicht scheiden   Mt 19,6
– w. hast du, das du nicht empfangen hast?   1.Kor 4,7
– w. hilft's?   1.Mose 37,26
– w. hülfe es dem Menschen, wenn er die ganze Welt gewönne?   Mt 16,26
– w. ich geschrieben habe, das habe ich geschrieben   Joh 19,22
– w. ich habe, das gebe ich dir   Apg 3,6
– w. ihr getan habt einem von diesen meinen geringsten Brüdern, das habt ihr mir getan   Mt 25,40
– w. ihr wißt, das weiß ich auch   Hiob 13,2
– w. ist das für ein Mann, daß ihm Wind und Meer gehorsam sind?   Mt 8,27
– w. ist das unter so viele?   Joh 6,9
– w. ist in dich gefahren?   Lk 22,3
– w. ist Wahrheit?   Joh 18,38
– w. kann aus Nazareth Gutes kommen?   Joh 1,46
– w. kein Auge gesehen und kein Ohr gehört hat   1.Kor 2,9
– w. können mir Menschen tun?   Ps 118,6
– w. siehst du den Splitter in deines Bruders Auge?   Mt 7,3
– w. soll mir das Leben?   1.Mose 27,46
– w. werden wir essen? w. werden wir trinken? womit werden wir uns kleiden?   Mt 6,31
– w. will aus diesem Kindlein werden?   Lk 1,66
– w. wollte ich lieber, denn es (das Feuer) brennete schon?   Lk 12,49
– w. zum Mund hineingeht, das macht den Menschen nicht unrein; w. aus dem Mund herauskommt, das macht den Menschen unrein   Mt 15,11

waschen die Hände in Unschuld w.   Ps 26,6

Wäscher, Waschweib   Sir 21,27

Wasser Brunnen ohne W.   2.Petr 2,17
– das W. steht jmdm bis zum Hals   Jes 30,28
– er führet mich zum frischen W.   Ps 23,2
– Feuer und W.   Ps 66,12
– Gottes Brünnlein hat W. die Fülle   Ps 65,10
– jmdm das W. nicht reichen können   2.Kön 3,11
– laß dein Brot über das W. fahren   Pred 11,1
– lebendiges W.   Joh 4,10
– nicht einen Durst nach W.   Am 8,11
– was im W. unter der Erde ist   2.Mose 20,4
– wie der Hirsch schreit nach frischem W.   Ps 42,2
– wie Feuer und W.   Ps 66,12
– zu W. und zu Lande   1.Makk 8,23
– zuweilen Wein, zuweilen W.   2.Makk 15,40

Wässerchen kein W. trüben können   Hes 32,2

Wasserflut   Ps 69,16

wasserscheu   1.Makk 16,6

Wasserträger   Jos 9,21

weben (iSv: sich bewegen) in ihm leben, w. und sind wir   Apg 17,27.28

Weberschifflein die Tage sind schneller dahingeflogen als ein W.   Hiob 7,6

wedeln der Hund w. mit dem Schwanz; der Schwanz w. mit dem Hund   Tob 11,9

weder w. aus noch ein wissen   1.Kön 3,7

- w. kalt noch warm   Offb 3,15.16
- w. zur Rechten noch zur Linken (ab)weichen   4.Mose 20,17

weg heb dich w. von mir, Satan!   Mt 4,10
- w., w. mit jmdm, etw!   Joh 19,25
- wenn der Verleumder w. ist, hört der Streit auf   Spr 26,20

Weg auf dem W. sein   2.Sam 13,30
- befiehl dem Herrn deine W.; befiehl du deine W.   Ps 37,5
- breit ist der W. zur Sünde   Mt 7,13.14
- breiter und schmaler W.   Mt 7,13.14
- daß sie (die Engel) dich behüten auf allen deinen W.   Ps 91,11.12
- deine Augen stehen offen über allen W. der Menschenkinder   Jer 32,19
- den Feind mit Frieden seinen W. gehen lassen   1.Sam 24,20
- den rechten W. verfehlen   Weish 5,6
- den W. aller Welt gehen   1.Kön 2,2
- den W. alles Fleisches gehen   1.Mose 6,13
- der W. ist breit, der zur Verdammnis abführt; der W. ist schmal, der zum Leben führt   Mt 7,13.14
- der W. zur Hölle ist mit guten Vorsätzen gepflastert   Sir 21,11
- dies ist der W., den geht!   Jes 30,21
- dorniger W.   Spr 15,19
- ein Zweifler ist unbeständig auf allen seinen W.   Jak 1,8
- eure W. sind nicht meine W.   Jes 55,8
- führst du uns durch rauhe W.   Bar 4,26
- Gott, dein W. ist heilig; Gottes W.   Ps 77,14
- ich bin der W.   Joh 14,6
- in den W.n des Herrn mutiger werden   2.Chr 17,6
- jmdm den W. vermauern   Klgl 3,9
- jmdm Steine aus dem W. räumen   Jes 62,10
- krumme W.   Ps 125,5
- rauher W.   Bar 4,26
- schmal ist der W. zur Tugend   Mt 7,13.14
- seine(n) eigene(n) W.(e) gehen   Apg 14,16
- seines Weges, seiner Wege gehen   Ri 18,26
- verkehrter W.   4.Mose 22,32
- W., von dem man nicht wiederkommt   Hiob 16,22
- wie unerforschlich sind Gottes W.!   Röm 11,33
- zanket nicht auf dem W.e!   1.Mose 45,24

Wegbereiter   Jes 40,3
wegheben hebe dich weg von mir, Satan!   Mt 4,10
wegstehlen sich w.   2.Sam 19,4
Wegzehrung   1.Mose 42,25
weh ach und w. schreien   Hes 2,10
- es tut mir w.   Ps 119,158
- o w.!   Jes 1,4
- w. dem, der sein Gut mehrt mit fremdem Gut   Hab 2,6
- w. denen, die Böses gut und Gutes böse nennen, die aus Finsternis Licht und aus Licht Finsternis machen, die aus sauer süß und aus süß sauer machen!   Jes 5,20
- w. denen, die Helden sind, Wein zu saufen!   Jes 5,22
- w. dir, Land, dessen König ein Kind ist!   Pred 10,16
- w. dir, mir usw!   4.Mose 21,29
- w. mir, ich vergehe!   Jes 6,5

wehe w. dem, der allein ist, wenn er fällt!   Pred 4,9-11
- w. dem Menschen, durch welchen Ärgernis kommt!   Mt 18,7
- w. den Hirten, die sich selbst weiden!   Hes 34,2

wehen der Wind (Geist) w., wo er will   Joh 3,8
Wehklage(n)   2.Mose 2,24
wehren lasset die Kindlein zu mir kommen und wehret ihnen nicht   Lk 18,16

Weib (siehe auch: Frau)
— das W. schweige in der Gemeinde 1.Kor 14,34
— der Mann ist des Weibes Haupt Eph 5,23
— der Mensch, vom W.e geboren, lebt kurze Zeit Hiob 14,1.2
— du redest, wie die närrischen W. reden Hiob 2,10a
— du sollst nicht begehren deines Nächsten W. 2.Mose 20,17
— ein tugendsam(es) W. Spr 31,10
— ein W., das den Herrn fürchtet, soll man loben Spr 31,30
— ein W., wenn sie gebiert, hat sie Traurigkeit Joh 16,21
— er hat ein W. genommen, darum kann er nicht kommen Lk 14,20
— gedenket an Lots W.! Lk 17,32
— kann auch ein W. ihres Kindleins vergessen? Jes 49,15
— Mann und W. sind ein Leib 1.Mose 2,24
— Schwachheit, dein Name ist W.! 1.Petr 3,7
— seinem W.e anhangen 1.Mose 2,24
— W., siehe, das ist dein Sohn Joh 19,26.27
— W. und Kind 2.Makk 12,21
— W., was habe ich mit dir zu schaffen? Joh 2,4
— Wein und Weiber betören die Weisen Sir 19,2
Weibchen Männchen und W. 1.Mose 6,19
Weiberlist Sir 25,18
Weiblein Männlein und W. 1.Mose 1,27b
Weibsbild 3.Mose 27,3.4
weich Jer 51,46
— nun es aber an dich kommt, wirst du w. Hiob 4,3-5
— w. werden 2.Chr 34,27
— w. Herz Jer 51,46
weichen es sollen wohl Berge w. und Hügel hinfallen, aber meine Gnade soll nicht von dir w. Jes 54,10
— ich will nicht von dir w. Jos 1,5
— weiche von mir, Satan! Mt 4,10
Weide unsre Harfen hängten wir an die W.n dort im Lande Ps 137,2.4
weiden er w. mich auf einer grünen Aue Ps 23,2
— wehe den Hirten, die sich selbst w.! Hes 34,2
— weide meine Schafe! Joh 21,16b
weidlich Rut 2,1
Weihrauch jmdm W. streuen 2.Mose 30,34.35
weiland Joh 9,13
Weile eine kleine W. Joh 5,35
Wein Brot und W. 1.Mose 14,18
— der W. erfreut des Menschen Herz Ps 104,15
— der W. macht Spötter, und starkes Getränk macht wild Spr 20,1
— ein neuer Freund ist wie neuer W. Sir 9,15
— jedermann gibt zuerst den guten W. und, wenn sie betrunken werden, den geringeren; du aber hast den guten W. bis jetzt zurückbehalten Joh 2,10
— jmdm reinen W. einschenken Jes 25,6
— jungen W. in alte Schläuche füllen Mt 9,17
— sieh den W. nicht an, wie er so rot ist und im Glase so schön steht: Er geht glatt ein, aber danach beißt er wie eine Schlange und sticht wie eine Otter Spr 23,31.32
— voll süßen W.s Apg 2,13
— weh denen, die Helden sind, W. zu saufen! Jes 5,22
— W. des Abendmahls Mt 26,26-28
— W. und Weiber betören die Weisen Sir 19,2
— zuweilen W., zuweilen Wasser 2.Makk 15,40
Weinberg Arbeiter im W. des Herrn Mt 20,1

Welt

— fangt uns die kleinen Füchse, die die W.e verderben Hld 2,15
weinen bitterlich w. Ps 69,11
— man konnte Jauchzen und W. nicht unterscheiden Esr 3,12.13
— sich die Augen aus dem Kopf w. Klgl 2,11
— w. hat seine Zeit Pred 3,4
— weint mit den Weinenden Röm 12,15
Weinstock W. und Feigenbaum 1.Kön 5,5
weiß ein Feld, w. zur Ernte Joh 4,35
weise sei nicht allzu gerecht und allzu w. Pred 7,16
— w. Frau 2.Sam 20,16
— w. Lächeln Sir 21,29
Weise auf allerlei W. 2.Thess 3,16
Weiser des W. Herz ist zu seiner Rechten Pred 10,2
— die fünf W. Mt 2,1
— ein W. rühme sich nicht seiner Weisheit Jer 9,22.23
— Geschenke machen die W. blind 5.Mose 16,19
— Wein und Weiber betören die W. Sir 19,2
Weisheit die Furcht des Herrn ist der W. Anfang Ps 111,10
— die W. für sich gepachtet haben Hiob 12,2
— ein Weiser rühme sich nicht seiner W. Jer 9,22.23
— ja, ihr seid die Leute, mit euch wird die W. sterben Hiob 12,2
— salomonische W. 1.Kön 10,7
— W. der Gasse Spr 1,20
— W. ist edler als Perlen Spr 3,15
— wo viel W. ist, da ist viel Grämen Pred 1,18
— zunehmen an Alter und W. Lk 2,52
weit die Pforte ist w. und der Weg ist breit, der zur Verdammnis abführt Mt 7,13.14
— einen Steinwurf w. Lk 22,41
— nicht w. her sein Mt 13,57
— w. und breit Ri 18,10
weiter bis hierher (sollst du kommen) und nicht w. Hiob 38,11
Weizen den W. mit dem Unkraut ausjäten Mt 13,29.30
— die Spreu vom W. scheiden, trennen Mt 3,12
— Unkraut unter den W. säen Mt 13,25
— W. und Unkraut wachsen lassen bis zur Ernte Mt 13,29.30
— wie reimen sich Stroh und W. zusammen? Jer 23,28
Weizenkorn wenn das W. nicht in die Erde fällt und erstirbt, bleibt es allein; wenn es aber erstirbt, bringt es viel Frucht Joh 12,24
Welt alle Reiche der W. und ihre Herrlichkeit Mt 4,8
— alle W. 1.Mose 11,1
— alle W. läuft ihm nach Joh 12,19
— aller W. Enden Ps 22,28
— also hat Gott die W. geliebt Joh 3,16
— arge W. Gal 1,4
— Auswurf dieser W. 1.Kor 4,13
— das ist Gottes Lamm, welches der W. Sünde trägt Joh 1,29
— den Weg aller W. gehen 1.Kön 2,2
— der Acker ist die W. Mt 13,38
— der Fürst dieser W.; Fürst dieser W., so sau'r er sich stellt Joh 12,31
— der Lauf dieser W. Eph 2,2
— der W. abgestorben sein Kol 2,20
— der W. Ende Jer 16,19
— die Ernte ist das Ende der W. Mt 13,39
— die ganze W. gewinnen Mt 16,26
— die(se) W. (wieder) liebgewinnen 2.Tim 4,10
— ehe denn die Erde und die W. geschaffen wurden Ps 90,1.2
— ein Weib denkt nicht mehr an die Angst um der Freude willen, daß der Mensch zur W. geboren ist Joh 16,21
— es ist nicht jeder ein Apostel, der hingeht in alle W. Mk 16,15

Weltende

- Freundschaft mit der W. ist Feindschaft mit Gott   Jak 4,4
- Herren der W.   Eph 6,12
- ich bin bei euch bis an der W. Ende   Mt 28,20
- ich bin das Licht der W.   Joh 8,12
- ich habe die W. überwunden   Joh 16,33
- ihr seid das Licht der W.   Mt 5,14
- in alle W.   Mk 16,15
- in aller W.   1.Chr 16,14
- in der W. habt ihr Angst   Joh 16,33
- mein Reich ist nicht von dieser W.   Joh 18,36
- nicht um die W.   Mt 16,26
- nicht von dieser W. sein   Joh 8,23
- ohne Gott in der W.   Eph 2,12
- seid getrost, ich habe die W. überwunden   Joh 16,33
- stellt euch nicht dieser W. gleich   Röm 12,2
- vom Anfang der W.   Sir 39,25
- vom Ende der W.   Jer 16,19
- was hülfe es dem Menschen, wenn er die ganze W. gewönne   Mt 16,26
- wir haben nichts in die W. gebracht   1.Tim 6,7
- zur W. bringen   Joh 16,21

Weltende   Mt 28,20
Weltflucht   2.Petr 1,4
Weltkind   Lk 16,8
weltklug   Lk 16,8
Weltkreis die den ganzen W. erregen   Apg 17,6
weltlich   Mt 20,25
Weltliebe   1.Joh 2,15
Weltlust   2.Petr 1,4
Weltmann   Lk 16,8
wem w. viel gegeben ist, bei dem wird man viel suchen   Lk 12,48
wen w. soll ich senden? wer will unser Bote sein?   Jes 6,8
wenden alles an etw w.   2.Petr 1,5
- ein Fauler w. sich im Bett wie die Tür in der Angel   Spr 26,14

wenig es ist dem Herrn nicht schwer, durch viel oder w. zu helfen   1.Sam 14,6
- es ist w., kommt aber von Herzen   Tob 4,9
- hier ein w., da ein w.!   Jes 28,10
- ist das zu w., will ich noch dies und das dazu tun   2.Sam 12,8
- laß deiner Worte w. sein (vor Gott)   Pred 5,1
- wißt ihr nicht, daß ein w. Sauerteig den ganzen Teig durchsäuert?   1.Kor 5,6

wenige w. sind auserwählt   Mt 22,14
- w. sind, die ihn (den schmalen Weg) finden   Mt 7,13.14

wenn w. das Weizenkorn erstirbt, bringt es viel Frucht   Joh 12,24
- w. das Weizenkorn nicht in die Erde fällt und erstirbt, bleibt es allein   Joh 12,24
- w. der Herr nicht das Haus baut, so arbeiten umsonst, die daran bauen   Ps 127,1
- w. der Mandelbaum blüht   Pred 12,5
- w. der Wind darüber geht   Ps 103,15.16
- w. dich die bösen Buben locken, so folge ihnen nicht   Spr 1,10
- w. dich jemand auf deine rechte Backe schlägt, dem biete die andere auch dar   Mt 5,39
- w. du betest, so geh in dein Kämmerlein   Mt 6,6
- w. du so klug bist   Hiob 38,4
- w. *ein* Glied leidet, so leiden alle Glieder mit   1.Kor 12,26
- w. ich auch im Finstern sitze, so ist doch der Herr mein Licht   Mi 7,8
- w. ich mit Menschen- und mit Engelzungen redete   1.Kor 13,1
- w. ich nur dich habe, so frage ich nichts nach Himmel und Erde   Ps 73,25
- w. jemand auch kämpft, wird er doch nicht gekrönt, er kämpfe denn recht   2.Tim 2,5

werden

— w. man das tut am grünen Holz, was wird am dürren werden? Lk 23,31
— w. mir gleich Leib und Seele verschmachtet Ps 73,26
— w. nur Christus verkündigt wird Phil 1,18
— wenn's hoch kommt Ps 90,10
— wenn's (das Leben) köstlich gewesen ist, so ist's Mühe und Arbeit gewesen Ps 90,10

wer w. an mich glaubt, der wird leben, ob er gleich stürbe Joh 11,25
— w. andern eine Grube gräbt, fällt selbst hinein Sir 27,29
— w. bin ich, daß du mich bis hierher gebracht hast? 2.Sam 7,18
— w. bis an das Ende beharrt, der wird selig werden Mt 10,22
— w. bist du, daß du einen fremden Knecht richtest? Röm 14,4
— w. da hat, dem wird gegeben Mt 13,12
— w. da will der Vornehmste sein, der sei euer Knecht Mt 20,27
— w. das Schwert nimmt, der soll durchs Schwert umkommen Mt 26,52
— w. dem Geringen Gewalt tut, lästert dessen Schöpfer Spr 14,31
— w. den Armen verspottet, verhöhnt dessen Schöpfer Spr 17,5
— w. des Herrn Namen anrufen wird, der soll errettet werden Joel 3,5
— w. es fassen kann, der fasse es! Mt 19,12
— w. glaubt, der flieht nicht Jes 28,16
— w. heiratet, tut wohl, wer ledig bleibt, besser 1.Kor 7,38
— w. im Geringsten treu ist, der ist auch im Großen treu Lk 16,10
— w. ist dir gleich? Ps 35,10
— w. kann merken, wie oft er fehlet? Ps 19,13
— w. kärglich sät, der wird auch kärglich ernten 2.Kor 9,6
— w. mäßig ißt, lebt desto länger Sir 37,33.34
— w. mich ehrt, den will ich auch ehren 1.Sam 2,30
— w. nicht arbeitet, der soll auch nicht essen 2.Thess 3,10
— w. nicht gegen uns ist, der ist für uns Mk 9,40
— w. nicht hören will, muß fühlen Klgl 3,65
— w. nicht mit mir ist, der ist gegen mich Mt 12,30
— w. nicht mit mir sammelt, der zerstreut Mt 12,30
— w. nun weiß, Gutes zu tun, und tut's nicht, dem ist's Sünde Jak 4,17
— w. ohne Sünde ist, der werfe den ersten Stein auf sie Joh 8,7
— w. Ohren hat, der höre! Mt 11,15
— w. Pech angreift, besudelt sich Sir 13,1
— w. seine Rute schont, der haßt seinen Sohn Spr 13,24
— w. sich des Armen erbarmt, der leiht dem Herrn Spr 19,17
— w. sich in Gefahr begibt, kommt darin um Sir 3,27
— w. sich läßt dünken, er stehe, mag wohl zusehen, daß er nicht falle 1.Kor 10,12
— w. sich selbst erhöht, der wird erniedrigt; und w. sich selbst erniedrigt, der wird erhöht Mt 23,12
— w. sucht, der findet Mt 7,7
— w. Sünde tut, der ist der Sünde Knecht Joh 8,34
— w. vor seinem Schöpfer sündigt, der soll dem Arzt in die Hände fallen Sir 38,15
— w. Wind sät, wird Sturm ernten Hos 8,7
— w. wird den Tag seines (des Herrn) Kommens ertragen können, und w. wird bestehen, wenn er erscheint? Mal 3,2
— wer's glaubt, wird selig Mk 16,16

werden da ward aus Abend und Morgen der erste Tag 1.Mose 1,5
— da wird nichts draus 5.Mose 18,22
— es werde Licht! 1.Mose 1,3

– nichts daraus w.   5.Mose 18,22
– w. wie die Kinder   Mt 18,3
– was will aus dem Kindlein w.?   Lk 1,66
werfen der werfe den ersten Stein auf sie   Joh 8,7
– ein Auge auf jmdn w.   1.Mose 39,7
– etw (eine Last) auf jmdn w.   Ps 55,23
– Perlen vor die Säue w.   Mt 7,6
Werk das W. des Herrn treiben   1.Kor 16,10
– das W. lobt seinen Meister   Sir 9,24
– ein gutes W. tun   Mt 26,10
– euer W. hat seinen Lohn   2.Chr 15,7
– gute Werke   Apg 9,36
– gutes W.   Mt 26,10
– ihre W. folgen ihnen nach   Offb 14,13
– nicht mehr sagen zu den W. unserer Hände: ihr seid unser Gott   Hos 14,4
– sechs Tage sollst du arbeiten und alle deine W. tun   2.Mose 20,9
– sieh an die W. Gottes   Pred 7,13
– zu allem guten W. geschickt   2.Tim 3,17
Werkmeister   5.Mose 27,15
Werktag   Hes 46,1
Werkzeug   1.Petr 3,7
wert aller Ehren w.   1.Tim 6,1
– die Hochzeit ist zwar bereit, aber die Gäste waren's nicht w.   Mt 22,8
– ein Arbeiter ist seiner Speise w.   Mt 10,10b
– ein Arbeiter ist seines Lohnes w.   Lk 10,7
– jmd empfängt, was seine Taten w. sind   Lk 23,41
– jmds wert sein   Mt 10,38
– lieb und w.   Jes 4,2
– nicht w. sein, jmdm die Riemen seiner Schuhe zu lösen   Mk 1,7
wes w. das Herz voll ist, des geht der Mund über   Mt 12,34
– w. Geistes Kind jmd ist   Lk 9,55
Wette um die W.   Weish 15,9
Wetter alle W.!   Jes 54,11
wetterwendisch   Mt 13,21

wetzen die Feder w.   Ps 7,13
– ein Messer w. das andere   Spr 27,17
wider die Sünde w. den Heiligen Geist   Mt 12,32
– w. den Stachel löcken   Apg 26,14
– w. alles Recht   2.Makk 4,34
– w. den Riß stehen   Hes 22,30
– wer mag w. uns sein?   Röm 8,31
– wir vermögen nichts w. die Wahrheit   2.Kor 13,8
Widerchrist   1.Joh 2,18b
widereinander w. seufzen   Jak 5,9
widerfahren Gnade w. lassen   Ps 119,41
Widerhall   Weish 17,19
widerrechtlich   2.Makk 4,34
Widerrede   Ps 38,15
widerrufen   Ri 11,35
Widersacher   Ps 13,5
widerspenstig   Ps 5,11
widersprechen   Hebr 12,3
widerstehen bis aufs Blut w.   Hebr 12,4
– Gott w. den Hoffärtigen   1.Petr 5,5
wie w. bist du vom Himmel gefallen, du schöner Morgenstern!   Jes 14,12
– w. Daniel in der Löwengrube   Dan 6,17
– w. das liebe (dumme) Vieh   Tob 6,18
– w. David und Jonathan   1.Sam 18,1
– w. der Hirsch schreit nach frischem Wasser   Ps 42,2
– w. die Lilien auf dem Feld   Mt 6,28
– w. die Mutter, so die Tochter   Hes 16,44
– w. du mir, so ich dir   Ri 15,11
– w. ein Brand aus dem Feuer gerettet   Am 4,11
– w. ein brüllender Löwe   1.Petr 5,8
– w. ein Dieb in der Nacht   1.Thess 5,2
– w. ein schwankendes Rohr im Wind   Mt 11,7
– w. eine Henne versammelt ihre Küchlein unter ihre Flügel   Mt 23,37
– w. geht es zu?   1.Sam 4,16
– w. Gott will   1.Makk 3,60

— w. kehrt ihr alles um! Jes 29,16
— w. Kinder fromm und fröhlich sein Mt 18,3
— w. lange! Ps 6,4
— w. lange hinket ihr auf beiden Seiten? 1.Kön 18,21
— w. lange liegst du Fauler? Spr 6,9
— w. lange wird's währen? Hab 2,6
— w. neugeboren Joh 3,3
— w. Nikodemus bei Nacht kommen Joh 3,2
— w. Sand am Meer 1.Mose 41,49
— w. sich ein Vater über Kinder erbarmt Ps 103,13
— w. sind die Helden gefallen! 2.Sam 1,27
— w. soll ich fluchen, dem Gott nicht flucht? 4.Mose 23,8
— w. sollte ich ein solch großes Übel tun? 1.Mose 39,9
— w. steht's? Ri 18,8
— w. unbegreiflich sind Gottes Gerichte und unerforschlich seine Wege! Röm 11,33
— w. vom Himmel herab geredet Ps 73,9
wieder damit du ihn auf ewig w. hättest Phlm 15
— w. jung werden Hiob 33,25
— w. lebendig sein 1.Thess 3,8
— w. zur Vernunft kommen Dan 4,33
Wiederbringung W. aller Dinge Apg 3,21
Wiedergeburt Tit 3,5
wiederkommen sie (die Vögel) halten die Zeit ein, in der sie w. sollen Jer 8,7
— Weg, von dem man nicht w. Hiob 16,22
Wiedersehen auf W.! Joh 16,22
wiegen (siehe auch: wägen)
— gewogen und zu leicht befunden Dan 5,27
— (iSv: Bedeutung haben) Ps 62,10
wieviel weißt du, w. Sternlein stehen? 1.Mose 15,5
wild starkes Getränk macht w. Spr 20,1

will's Gott Apg 18,21; Jak 4,21
Wille aus freiem W. 1.Kor 7,37
— dein W. geschehe wie im Himmel so auf Erden Mt 6,10
— den, jmds W. brechen Sir 18,30
— die den W. tun meines Vaters im Himmel Mt 7,21
— jmdm seinen W. lassen Sir 25,33
— jmdm zu W. sein 1.Mose 34,15
→ sich in den W. Gottes ergeben 2.Kor 8,5
willen selig sind, die um der Gerechtigkeit w. verfolgt werden Mt 5,10
— um der Freude w. Joh 16,21
— um des unverschämten Geilens w. Lk 11,8
— um Gottes w.! Ps 79,9
— um seines Namens w. Ps 23,3
willens w. sein, etw zu tun Dan 11,44
willig der Geist ist w., aber das Fleisch ist schwach Mt 26,41b
Willkür 2.Kor 9,7a
Wind der ist wie Wolken und W. ohne Regen Spr 25,14
— der W. bläst (weht), wo er will Joh 3,8
— etw in den W. schlagen Mal 1,13
— in den W. reden 1.Kor 14,9
— was ist das für ein Mann, daß ihm W. und Meer gehorsam sind? Mt 8,27
— wenn der W. darüber geht, so ist sie nimmer da Ps 103,15.16
— wer W. sät, wird Sturm ernten Hos 8,7
— wie ein schwankendes Rohr im W. Mt 11,7
— wie Spreu im W. Hiob 21,18
— W. und Wolken Spr 25,14
— zerstreut in alle W. Jer 49,32
Windrichtung aus allen W. kommen Hes 37,9
Winkel alle W.; in allen W. etw suchen Sir 9,7
Winter Sommer und W. 1.Mose 8,22
wir w. haben ein Gesetz, und nach dem Gesetz muß er sterben Joh 19,7

wirken

- w. haben hier keine bleibende Stadt Hebr 13,14
- w. haben nichts in die Welt gebracht 1.Tim 6,7
- w. haben's erlangt, wir haben's erlebt Klgl 2,16
- w. leben oder sterben, so sind w. des Herrn Röm 14,7.8
- w. müssen durch viel Trübsal in das Reich Gottes gehen Apg 14,22
- w. sind allzumal Sünder Röm 3,23
- w. wandeln im Glauben und nicht im Schauen 2.Kor 5,7
- w. warten auf einen neuen Himmel und eine neue Erde 2.Petr 3,13
- w. wissen, daß denen, die Gott lieben, alle Dinge zum Besten dienen Röm 8,28
- w. wollen nicht, daß dieser über uns herrsche Lk 19,14

wirken es kommt die Nacht, da niemand w. kann Joh 9,4
- Spinnweben w. Jes 59,5

Wirt Röm 16,23

Wissen Christus liebhaben ist besser als alles W. Eph 3,19
- das W. bläst auf, aber die Liebe bessert 1.Kor 8,1

wissen der Storch unter dem Himmel w. seine Zeit Jer 8,7
- die Menschen w. nicht, wer es (das Gesammelte) einbringen wird Ps 39,7
- du w. nicht, ob dies oder das geraten wird Pred 11,6
- du w. nicht, was heute sich begeben mag Spr 27,1
- eh man noch ein Wörtlein spricht, w. schon Gott, was uns gebricht Mt 6,8
- es gebührt euch nicht, Zeit oder Stunde zu w. Apg 1,8
- etw wohl w. 1.Mose 48,19
- euer Vater w., was ihr bedürfet Mt 6,8
- Gott w. es 2.Kor 11,11
- ich w., an wen (woran) ich glaube 2.Tim 1,12
- ich w., daß du das Herz prüfst 1.Chr 29,17
- ich w., daß mein Erlöser lebt Hiob 19,25
- ich w., daß ein Mensch nicht recht behalten kann gegen Gott Hiob 9,2.3
- ich w. wohl 1.Mose 48,19
- ihr w. nicht, an welchem Tag euer Herr kommt Mt 24,42
- jmdn etw w. lassen 2.Mose 33,13
- laß deine linke Hand nicht w., was die rechte tut Mt 6,3
- mein Volk will das Recht des Herrn nicht w. Jer 8,7
- nicht mehr aus noch ein w. 1.Kön 3,7
- nicht w., was rechts oder links ist Jona 4,11
- nichts von Josef w. 2.Mose 1,8
- sie w. nicht, was sie tun Lk 23,34
- sie w. nicht, wer es (das Gesammelte) einbringen wird Ps 39,7b
- um eine Sache w. 1.Sam 20,39
- was ihr w., das w. ich auch Hiob 13,2
- weiß Gott! 2.Kor 11,11
- weißt du nicht? 1.Kor 3,16
- weißt du nicht, daß dich Gottes Güte zur Buße leitet? Röm 2,4
- weißt du, wieviel Sternlein stehen? 1.Mose 15,5
- wer nun w., Gutes zu tun, und tut's nicht, dem ist's Sünde Jak 4,17
- wir sind von gestern und w. nichts Hiob 8,9
- wir w., daß denen, die Gott lieben, alle Dinge zum Besten dienen Röm 8,28
- w., was gut und böse ist 1.Mose 3,5
- wisse, daß dich Gott um das alles vor Gericht ziehen wird Pred 11,9
- wißt ihr nicht? 1.Kor 3,16
- wißt ihr nicht, daß ein Fürst und Großer gefallen ist? 2.Sam 3,38
- wißt ihr nicht, daß ein wenig Sauerteig den ganzen Teig durchsäuert? 1.Kor 5,6

Wolke

— wißt ihr nicht, daß ich sein muß in dem, was meines Vaters ist? Lk 2,49
Wissen unser W. ist Stückwerk 1.Kor 13,9
Wissensdurst Sir 24,29
Witwe W.n und Waisen 2.Mose 22,21
Witz Spr 8,5
wo w. (ein) Aas ist, da sammeln sich die Geier Mt 24,28
— w. dein Schatz ist, da ist auch dein Herz Mt 6,21
— w. der Baum hinfällt, da liegt er auch Pred 11,3
— w. du hingehst, da will ich auch hingehen; w. du bleibst, da bleibe ich auch Rut 1,16b.17
— w. du nicht hin willst Joh 21,18
— w. ist dein Bruder Abel? 1.Mose 4,9a
— w. ist nun dein Gott? Ps 42,4
— w. viele Worte sind, da geht's ohne Sünde nicht ab Spr 10,19
— w. zwei oder drei versammelt sind in meinem Namen Mt 18,20
wohl einem fröhlichen Herzen schmeckt alles w. Sir 30,27
— er (der Herr) wird's w. machen Ps 37,5
— er hat alles w. gemacht Mk 7,37
— etw steht jmdm w. an Spr 17,7
— etw w. wissen 1.Mose 48,19
— gehabt euch w.! 1.Mose 43,23
— jmdm ist es bei jmdm w. 5.Mose 15,16
— laß den neuen Wein alt werden, so wird er dir w. schmecken Sir 9,15
— wer heiratet, tut w., wer ledig bleibt, besser 1.Kor 7,38
— w. dem, der auf ihn (den Herrn) trauet Ps 34,9
— w. (dir, euch usw)! 5.Mose 33,29
— Wollen habe ich w. Röm 7,18
wohlan Jes 55,1
wohlauf 1.Mose 11,4
Wohlfahrt Ps 106,4.5
wohlgefallen es hat Gott w., daß in Christus alle Fülle wohnen sollte Kol 1,20

— es ist der Herr; er tue, was ihm w. 1.Sam 3,18
— Gott mach's mit mir, wie es ihm w. 2.Sam 15,26
Wohlgefallen; W.; den Menschen ein W.; sich in W. auflösen Lk 2,14
— dies ist mein lieber Sohn, an dem ich W. habe Mt 3,17
— du sättigest alles, was lebt, nach deinem W. Ps 145,15.16
wohlgehen wenn ihr's (der Stadt) w., so g.'s auch euch w. Jer 29,7
wohlgeordnet Sir 16,25
wohlmachen siehe: wohl
wohlschmeckend Sir 9,15
Wohltat 1.Sam 12,7
— Leben und W. hast du an mir getan Hiob 10,12
wohltun tut wohl denen, die euch hassen Mt 5,44
wohlwollen jmdm w. Ps 35,27b
Wohlwollen Ps 35,27b
wohnen allein du hilfst mir, daß ich sicher w. Ps 4,9
— da werden die Wölfe bei den Lämmern w. Jes 11,6.8
— das Wort ward Fleisch und wohnte unter uns Joh 1,14
— der Erdkreis und die darauf w. Ps 24,1
— ein neuer Himmel und eine neue Erde, in denen Gerechtigkeit w. 2.Petr 3,13
— es hat Gott wohlgefallen, daß in Christus alle Fülle w. sollte Kol 1,20
— wenn Brüder einträchtig beieinander w. Ps 133,1
Wohnhaus 3.Mose 25,29
Wohnung in meines Vaters Hause sind viele W. Joh 14,2
Wolf da werden die W. bei den Lämmern wohnen Jes 11,6.8
— ein Schaf unter W.n Mt 10,16
— ein W. im Schafspelz sein Mt 7,15
Wolke der ist wie W.n und Wind ohne Regen Spr 25,14

wollen

– jmd, etw ist von einer W. überschattet Mt 17,5
– Wind und W.n Spr 25,14
wollen alles, was ihr w., daß euch die Leute tun, das tut ihnen auch Mt 7,12
– der Schrift, einer Sache Meister sein w. 1.Tim 1,7
– der Wind (Geist) bläst (weht), wo er w. Joh 3,8
– es will Abend werden Lk 24,29
– führen, wo du nicht hin w. Joh 21,18
– Gott hat's so haben w. Tob 12,18
– habe ich nicht Macht, mit dem Meinen zu tun, was ich w.? Mt 20,15
– jmdm übel w. Ps 38,1
– jmdn nicht kennen w. Ps 142,5
– mit dem Kopf durch die Wand w. Spr 21,29
– mit jmdm, etw nichts zu tun haben w. Weish 6,25
– nicht hören w. 2.Mose 3,16
– nicht in der Menschen Hände fallen w. 2.Sam 24,14
– sie seien, wer sie w. Jer 42,17
– so der Herr will und wir leben, w. wir dies oder das tun Jak 4,15
– so Gott w. Apg 18,21
– so w. ich dir die Krone des Lebens geben Offb 2,10
– was du nicht w., daß man dir tu Mt 7,12
– was w. aus diesem Kindlein werden? Lk 1,66
– was wollte ich lieber, denn es brennete schon! Lk 12,49
– wer da w. der Vornehmste sein Mt 20,27
– wie Gott w. 1.Makk 3,60
– will's Gott Apg 18,21; Jak 4,21
– willst du zur Linken, so will ich zur Rechten, oder willst du zur Rechten, so will ich zur Linken 1.Mose 13,9
– wir w. nicht, daß dieser über uns herrsche Lk 19,14

– w. habe ich wohl, aber vollbringen das Gute finde ich nicht Röm 7,18
– W. und Vollbringen Phil 2,13
– w., wie Gott will 1.Makk 3,60
– wollt ihr's im Fleisch vollenden? Gal 3,3
– wollte Gott...! 2.Mose 16,3
– wollte Gott, daß alle im Volk des Herrn Propheten wären! 4.Mose 11,29
– wollte Gott, ich wäre für dich gestorben! 2.Sam 19,1
womit w. jemand sündigt, damit wird er bestraft Weish 11,16
Wonne W.; ich habe große Freude und W. an dir gehabt 2.Sam 1,26
– mit W. 2.Sam 1,26
worauf w. etwas hinaus will Mt 26,58
Wort Anfechtung lehrt aufs W. merken Jes 28,19
– auf dein W. will ich die Netze auswerfen Lk 5,5
– auf jmds W. hin Lk 5,5
– das Reich Gottes steht nicht in W.n, sondern in Kraft 1.Kor 4,20
– das W. ward Fleisch und wohnte unter uns Joh 1,14
– das W. zur rechten Zeit Spr 25,11
– dein W. ist meines Herzens Freude und Trost Jer 15,16
– dein W. ward meine Speise, da ich's empfing Jer 15,16
– die W. auf der Goldwaage wägen Sir 21,27
– Diener am W.; Diener des W. Lk 1,2
– ein W., geredet zur rechten Zeit Spr 25,11
– einen Durst nach dem W. des Herrn Am 8,11
– glatte W. Spr 2,16
– Gottes W. halten Mi 6,8
– Gottes W. ist nicht gebunden 2.Tim 2,9
– gute W. geben Sir 12,15.17
– im Anfang war das W. Joh 1,1

— ist mein Wort nicht wie ein Feuer? Jer 23,29
— jedes W. auf die Goldwaage legen Sir 21,27
— jmdm gute W. geben Sir 12,15
— kein W. Gottes fällt auf die Erde 2.Kön 10,10
— kluge W. 1.Kor 1,17
— laß deiner W. wenig sein (vor Gott) Pred 5,1
— meine W. werden nicht vergehen Mt 24,35
— mit aller Freudigkeit zu reden das W. Apg 4,29
— mit Gottes W. ist nicht zu scherzen 2.Makk 4,17
— nicht für Geld und gute W. Sir 12,15.17
— o Land, Land, Land, höre des Herrn W.! Jer 22,29
— prophetisches W. 2.Petr 1,19
— seid Täter des W. und nicht Hörer allein Jak 1,22
— seine W. abzirkeln Jes 44,13
— selig sind, die das W. Gottes hören und bewahren Lk 11,28
— sich im W., mit Worten vergreifen Sir 13,26
— viele W. machen Mt 6,7
— W. Gottes Apg 4,31
— Wandel ohne W.e 1.Petr 3,1
— wo viel Träume sind, da sind viele W. Pred 5,6
— wo viele W. sind, da geht's ohne Sünde nicht ab Spr 10,19
Wörtlein eh man noch ein W. spricht Mt 6,8
Wucher das ist ja W. Mt 25,27
wuchern mit seinem Pfund w. Mt 25,27
Wunde durch seine W.n sind wir geheilt Jes 53,5
— Öl auf die W.n gießen Lk 10,34
Wunder ein W. vor unseren Augen Ps 118,23
— ein (kein) W. sein 2.Kor 11,14

— es geschehen noch Zeichen und W. 2.Mose 7,3
wunder etw nimmt jmdn w. Joh 4,27
wunderbar sein (des Herrn) Rat ist w. Jes 28,29
wunderlich Ps 4,4; 1.Petr 2,18
— w. Heilige Ps 4,4
Wunderwerk Ps 105,5
wünschen wünschet Jerusalem Glück! Ps 122,6
Wurm da ist der W. drin 2.Mose 16,20
— von den W. gefressen werden Hiob 4,19
Wurzel die Axt an die W. legen Mt 3,10
— es ist ein Ros entsprungen aus einer W. zart Jes 11,1
— Geiz ist eine W. alles Übels 1.Tim 6,10
würzen eine Rede w. Kol 4,6
wüst w. und leer 1.Mose 1,2
Wüste jmdn in die W. schicken 3.Mose 16,21
— Prediger (Rufer) in der W. Jes 40,3
— wie ein Araber in der W. Jer 3,2
Wüterich Sir 4,35

X

Xerxes Est 1,1

Z

Z von A bis Z Offb 1,8
Zagen mit Zittern und Z. Apg 9,6
zaghaft 1.Sam 4,13
Zahl an der Z. Apg 16,5
— ihre Z. ist Legion Mk 5,9
zählen auch die Haare auf eurem Haupt sind alle gez. Lk 12,7
— jmds Tage sind gez. Dan 5,26
— nicht zu z. Hiob 5,9
— Tage und Stunden z. Tob 9,4
— zähle die Sterne; kannst du sie z.? 1.Mose 15,5

zahllos Ps 40,13a

Zahn Auge um Auge, Z. um Z. 2.Mose 21,24
— den Kindern sind die Z. stumpf geworden Jer 31,29
— die Z. zusammenbeißen Hiob 16,9
— jmdm den Raub aus den Z. reißen Hiob 29,17
— mit den Z. knirschen Mk 9,18

Zähneklappern Heulen und Z. Mt 8,12

zähneknirschend Mk 9,18

zanken sich um Moses Grab z. 5.Mose 34,6
— zanket nicht auf dem Wege! 1.Mose 45,24

zart z. Kind Bar 4,26

Zaum die Zunge im Z. halten Jak 1,26

Zaun einen Z. abbrechen Eph 2,14
— Landstraßen und Z.e Lk 14,23

Zebaoth heilig, heilig, heilig ist der Herr Z. Jes 6,3
— ich aber komme zu dir im Namen des Herrn Z. 1.Sam 17,45
— ich bin ja nach deinem Namen genannt, Herr, Gott Z. Jer 15,16

Zeche Ps 69,13

Zeder hochgewachsen wie eine Z. auf dem Libanon Sir 24,17

zehn bin ich dir nicht besser denn z. Söhne? 1.Sam 1,8
— z. ägyptische Plagen 2.Mose 7—11
— Z. Gebote 2.Mose 20,2-17
— z. Gerechte in Sodom 1.Mose 18,32
— z. Männer aus allen Sprachen der Heiden Sach 8,23

zehnmal z. + Komparativ Dan 1,20

zehntausend Saul hat tausend erschlagen, aber David z. 1.Sam 18,7

Zehnter den Z. geben 3.Mose 27,30

Zeichen (ein) Z. setzen 4.Mose 21,9
— es geschehen noch Z. und Wunder 2.Mose 7,3
— Z. an der Wand Dan 5,5
— Z. der Zeit Mt 16,3
— Z. geben 1.Mose 1,14

zeichnen siehe, in die Hände habe ich dich gez. Jes 49,16

zeigen mit Fingern auf jmdn z. Spr 6,13

zeihen wer von euch kann mich einer Sünde z.? Joh 8,46

Zeit abbrechen hat seine Z. Pred 3,3
— alles hat seine Z.; alles zu seiner Z. Pred 1,3
— bauen hat seine Z. Pred 3,3
— das Wort zur rechten Z. Spr 25,11
— der Mensch, vom Weibe geboren, lebt kurze Z. Hiob 14,1.2
— der Storch weiß seine Z. Jer 8,7
— du gibst ihnen ihre Speise zur rechten Z. Ps 145,15.16
— ein Wort, geredet zur rechten Z. Spr 25,11
— erfüllte Z. Mk 1,15
— es gebührt euch nicht, Z. oder Stunde zu wissen Apg 1,7
— es kommt die Z., daß ich einen Hunger ins Land schicken werde Am 8,11
— es sei zur Z. oder zur Unzeit 2.Tim 4,2
— frage nach den früheren (vorigen) Z.n 5.Mose 4,32
— Friede hat seine Z. Pred 3,8
— geboren werden hat seine Z. Pred 3,2
— gelegene Z. Apg 24,25
— hassen hat seine Z. Pred 3,8
— in künftigen Z.n 1.Mose 49,1
— lachen hat seine Z. Pred 3,4
— letzte Z. 1.Petr 1,5
— lieben hat seine Z. Pred 3,8
— meine Z. steht in deinen Händen Ps 31,16
— reden hat seine Z. Pred 3,7
— schicket euch in die Z. Röm 12,11
— schweigen hat seine Z. Pred 3,7
— seit Adams Z.n 1.Mose 3,20
— siehe, es kommt die Z. Am 8,11
— so wirst du es (das Brot) finden auf lange Z. Pred 11,1
— Sorge macht alt vor der Z. Sir 30,26
— sterben hat seine Z. Pred 3,2

- Streit hat seine Z. Pred 3,8
- Turteltaube, Kranich und Schwalbe halten die Z. ein Jer 8,7
- weinen hat seine Z. Pred 3,4
- wollt ihr dem Herrn Z. und Tag bestimmen? Jdt 8,11
- Z. und Stunde Dan 2,21
- Zeichen der Z. Mt 16,3
- zu der Z. war kein König in Israel Ri 17,6
- zur Z. oder zur Unzeit 2.Tim 4,2

Zelot Lk 6,15

Zepter das Z. führen, schwingen 1.Mose 49,10

zerbrechen das zerstoßene Rohr wird er nicht z. Jes 42,3

zerbrochen z. Rohrstab Ägypten 2.Kön 18,21

zerreißen er hat uns zerrissen, er wird uns auch heilen Hos 6,1
- es z. mir das Herz Joel 2,13

zerrinnen alles z. unter den Händen Mal 3,9

zerrüttet seelisch z. 2.Tim 3,8

zerschlagen der Allmächtige z. und seine Hand heilt Hiob 5,18

zerschmeißen wie ein Hammer, der Felsen z. Jer 23,29

zerstreuen wer nicht mit mir sammelt, der z. Mt 12,30

zerstreut z. in alle Winde Jer 49,32
- z. und abgesondert unter allen Völkern Est 3,8

Zerstreuung Apg 8,1

Zeter Z. und Mord(io) schreien Am 3,9

Zeuge Gott ist mein Z. Röm 1,9
- Himmel und Erde zu Z. anrufen 5.Mose 4,26
- zweier Z. Mund tut die Wahrheit kund 5.Mose 19,15

zeugen sie (die Schrift) ist's, die von mir z. Joh 5,39

Zeugnis 1.Mose 21,30
- du sollst nicht falsch Z. reden wider deinen Nächsten 2.Mose 20,16

ziehen ich habe dich zu mir gez. aus lauter Güte Jer 31,3
- (iSv: weiterreisen) er zog seine Straße fröhlich; die Vetternstraße z. Apg 8,39
- laßt mich, daß ich zu meinem Herrn z. 1.Mose 24,56
- seine Straße z. Apg 8,39
- wisse, daß dich Gott um das alles vor Gericht z. wird Pred 11,9
- zieh die Schuhe von deinen Füßen 2.Mose 3,5
- zieh(t) hin in Frieden! Ri 18,6
- zieht nicht am fremden Joch mit den Ungläubigen 2.Kor 6,14

Ziel sich das Z. (nicht) verrücken lassen Kol 2,18a
- sich ein Z. setzen Hiob 14,5
- sich ein Z. stecken Phil 3,14

Zimmermannssohn der Z. aus Nazareth Mt 13,55

Zins Mt 22,17
- jährliche Z.n Esr 4,13

Zion, Zionismus 2.Sam 5,7

Zipfel beim Z. seines Gewandes ergreifen Sach 8,23

zittern das Herz z. Jes 21,4

Zittern Furcht und Z. Hiob 4,14
- mit Z. und Zagen Apg 9,6

Zoll am Z. sitzen Mt 9,9

Zöllner Z. und Sünder Mt 9,10

Zorn des Menschen Z. tut nicht, was vor Gott recht ist Jak 1,20
- die Schalen des Z. über jmdn ausgießen Offb 16,1
- ein jeder Mensch sei langsam zum Z. Jak 1,19
- eine linde Antwort stillt den Z. Spr 15,1
- es ist kein Z. so bitter wie Frauenzorn Sir 25,21
- jmdn zum Z. reizen 1.Kön 14,9
- laßt die Sonne nicht über eurem Z. untergehen Eph 4,26
- ohne Z. und Zweifel 1.Tim 2,8
- Tag des Z. Zef 1,15

— wer den Z. reizt, zwingt Hader heraus Spr 30,33

zornentbrannt Jer 44,6

zu (siehe auch: zur)
— z. allem guten Werk geschickt 2.Tim 3,17
— z. den Vätern versammelt werden Ri 2,10
— z. Fall kommen Sir 22,33
— z. Fuß, wie die Apostel Mt 10,5-15
— z. Füßen fallen 1.Mose 27,29
— z. Hause ein Löwe, draußen ein Lamm Sir 4,35
— z. Herzen nehmen 2.Mose 7,23
— z. Kräften kommen 1.Sam 28,22
— z. Kreuze kriechen Mt 27,40
— z. Tod(e) betrübt Mt 26,38
— z. Wasser und zu Lande 1.Makk 8,23
— z. wenig: ist das z.w., will ich noch dies und das dazu tun 2.Sam 12,8
— zum ewigen Gedächtnis Hiob 19,24

zubereiten Jes 44,2

züchtigen mein Vater hat euch mit Peitschen gez., ich will euch mit Skorpionen z. 1.Kön 12,14
— wen der Herr liebhat, den z. er Hebr 12,6
— wer seinen Sohn liebhat, der z. ihn bald Spr 13,24

Zuchtmeister Gal 3,24

zudecken die Liebe d. alle Übertretungen z.; etw mit dem Mantel der christlichen Nächstenliebe z. Spr 10,12

zudrücken die Augen z. Tob 14,15

zuerst jedermann gibt z. den guten Wein Joh 2,10

zufallen fällt euch Reichtum zu, so hängt euer Herz nicht daran Ps 62,11
— (iSv: sich auf jmds Seite schlagen) jmdm z. Ps 73,10
— trachtet zuerst nach dem Reich Gottes, so wird euch das alles z. Mt 6,33

Zuflucht Herr Gott, du bist unsre Z. für und für Ps 90,1.2
— zu einer Lüge Z. nehmen Jes 28,15

zufrieden iß und trink und sei z. Lk 12,19
— sich z. geben Tob 5,29

zufügen was du nicht willst, daß man dir tu, das füg auch keinem andern zu Mt 7,12

Zug (iSv: Atemzug) in den letzten Z. liegen 2.Makk 3,31

zugehen daß es redlich zugehe 2.Kor 8,21
— hier (da) geht es zu!; wie geht es zu? 1.Sam 4,16

zugreifen bitte z.! Sir 31,21

zugrunde z. gehen 1.Sam 2,10

zuhalten den Beutel z. Joh 12,6
— die Hand z. 5.Mose 15,7
— sich die Ohren z. Sir 27,15

zuhören still sein und z. Jdt 13,16

Zuhörer Ri 11,10

zukehren jmdm den Rücken (zu)kehren Jer 2,27

Zukunft Jak 5,8

zukünftig die z. (Stadt) suchen wir Hebr 13,14

Zulauf Z. haben Apg 21,30

zuleid z.(e) tun 4.Mose 16,15

zulieb z.(e) tun 2.Makk 6,21

zumessen mit welchem Maß ihr messet, wird euch zugem. werden Mt 7,2

zunehmen zu- und abnehmender Mond Sir 43,7
— z. an Alter und Weisheit Lk 2,52
— z. und abnehmen 2.Sam 3,1

zuneigen das Ohr, das Herz jmdm, etw z. Jos 24,23

Zunge das Herz auf der Z. haben Sir 21,28
— die Z. im Zaum halten Jak 1,26
— die Z. ist ein kleines Glied und richtet große Dinge an Jak 3,5
— die Z. klebt am Gaumen Hiob 29,10
— eine schwere Z. haben; etw geht jmdm schwer von der Z. 2.Mose 4,10
— in Z.n reden Mk 16,17
— mit falscher Z. reden Ps 52,6

— sich auf die Z. beißen; sich eher die Z. abbeißen   Offb 16,10
Zungenrede   Mk 16,17; 1.Kor 14,8
Zünglein   Z. an der Waage   Weish 11,22
zur   z. Sache reden   Sir 6,5
— z. Schau tragen   Kol 2,15
— z. Zeit oder z. Unzeit   2.Tim 4,2
zurichten   ich will Jerusalem zum Taumelbecher z. für die Völker ringsumher   Sach 12,2
zürnen   meinst du, daß du billig z.?   Jona 4,4
— zürnet ihr, so sündiget nicht   Ps 4,4
Zusage   Jes 26,3
zusammenbeißen   die Zähne z.   Hiob 16,9
zusammenfügen   was Gott zusammengef. hat   Mt 19,6
zusammenreimen   sich etw z.   Jer 23,28
— wie r. sich Stroh und Weizen z.?   Jer 23,28
zusammenschlagen   die Hände über dem Kopf z.   Jer 2,37
zusammenstoppeln   2.Kön 22,9
zuschanden   Hoffnung läßt nicht z. werden   Röm 5,5
zusehen   (iSv: darauf achten) der mag z., daß er nicht falle   1.Kor 10,12
— (iSv: sich darum kümmern) da sieh du zu!   Mt 27,4
zusehends   Apg 1,9
zusetzen   z.; seiner Länge eine Elle z.   Mt 6,27
zustopfen   sich die Ohren z.   Jes 33,15
Zuversicht   es ist der Glaube eine feste Z.   Hebr 11,1

— gesegnet ist der Mann, des Z. der Herr ist   Jer 17,7
zuwege   z. bringen; mit etw z. kommen   1.Mose 31,1
zuweilen   z. Wein, z. Wasser   2.Makk 15,40
zwacken   einer, der den Hund bei den Ohren z.   Spr 26,17
zwei   z. (gesunde) Hände, Füße haben   Mt 18,8
— können z. miteinander wandern, sie seien denn einig untereinander?   Am 3,3
— niemand kann z. Herren dienen   Mt 6,24
— so ist's besser z. denn eins; wenn z. beieinander liegen, wärmen sie sich   Pred 4,9-11
— wo z. oder drei versammelt sind in meinem Namen   Mt 18,20
— z. oder drei   Mt 18,20
— zweier Zeugen Mund tut die Wahrheit kund   5.Mose 19,15
Zweifel   ohne Zorn und Z.   1.Tim 2,8
Zweifler   ein Z. ist unbeständig auf allen seinen Wegen   Jak 1,8
Zweig   auf einen (keinen) grünen Z. kommen   Hiob 15,32
— sein Z. wird nicht grünen   Hiob 15,32
zweischneidig   Ri 3,16
zweiter   die z. Meile (mitgehen)   Mt 5,41
zwinkern   mit den Augen z.   Spr 6,13
zwischen   z. heilig und unheilig nicht unterscheiden   Hes 22,26
— z. Himmel und Erde schweben   2.Sam 18,9